Reihe Handbücher zur Fremdsprachendidaktik
Herausgegeben von Wolfgang Hallet und Frank G. Königs

Wolfgang Hallet, Frank G. Königs (Hrsg.)

Handbuch Bilingualer Unterricht
Content and Language Integrated Learning

Klett I Kallmeyer

Bibliografische Information der Deutschen Nationalbibliothek
Die Deutsche Nationalbibliothek verzeichnet diese Publikation in der Deutschen Nationalbibliografie;
detaillierte bibliografische Daten sind im Internet über http://dnb.d-nb.de abrufbar.

Impressum

Wolfgang Hallet, Frank G. Königs (Hrsg.)
Handbuch Bilingualer Unterricht
Content and Language Integrated Learning
In der Reihe *Handbücher zur Fremdsprachendidaktik*
Herausgegeben von Wolfgang Hallet und Frank G. Königs

1. Auflage 2013

© 2013. Kallmeyer in Verbindung mit Klett
Friedrich Verlag GmbH
D-30926 Seelze
Alle Rechte vorbehalten.
www.friedrich-verlag.de

Redaktion: Stefan Hellriegel, Berlin
Realisation: Stefan Zielasko
Druck: Kessler Druck + Medien GmbH & Co. KG, Bobingen
Printed in Germany

ISBN: 978-3-7800-4902-5

Reihe Handbücher zur Fremdsprachendidaktik
Herausgegeben von Wolfgang Hallet und Frank G. Königs

Wolfgang Hallet, Frank G. Königs (Hrsg.)

Handbuch Bilingualer Unterricht

Content and Language Integrated Learning

Klett | Kallmeyer

Vorwort 7

I Entstehung und Grundlegung 11

1 Geschichte und Entstehung des Bilingualen Unterrichts in Deutschland:
   Bilingualer Unterricht und Gesellschaftspolitik (Stephan Breidbach) 11

2 CLIL als europäisches Konzept (Dieter Wolff) 18

3 Bilingualer Unterricht: Bildungstheoretische Grundlegung
   (Andreas Bonnet, Stephan Breidbach) 26

4 Mehrsprachigkeit und Bilingualer Unterricht/CLIL:
   Die Begriffsvielfalt von Mehrsprachigkeit (Frank G. Königs) 32

5 Entwicklungstendenzen und Desiderata der bilingualen Sachfachdidaktik
   (Lars Schmelter) 40

6 Sprachen, Sprachenpolitik und Bilingualer Unterricht (Frank G. Königs) 46

7 Schulentwicklung und Bilingualer Unterricht (Wolfgang Hallet) 52

II Organisationsformen und Modelle 60

8 Bilinguale Vorschul- und Kindergartenerziehung (Andreas Rohde) 60

9 Bilingualer Unterricht in Primarschulen:
   Die Fremdsprache in den Lernbereichen der Grundschule (Heiner Böttger) 66

10 Organisationsformen und Modelle in weiterführenden Schulen
   (Hans-Ludwig Krechel) 74

11 Bilingualer Unterricht an berufsbildenden Schulen (Karin Vogt) 80

12 Lehrpläne und Curricula für den Bilingualen Unterricht (Olivier Mentz) 87

13 Deutschsprachiger Fachunterricht an Auslandsschulen (Josef Leisen) 94

14 Bilingualer Unterricht: Lehrerbildung in der 1., 2. und 3. Phase
   (Claus Gnutzmann, Frank Rabe) 102

15 Bilinguale Abschlüsse und Zertifikate (Henny Rönneper) 110

16 Fremdsprachige Studiengänge (Claus Gnutzmann, Kathrin Lipski-Buchholz) 117

III Integration von inhaltlichem und sprachlichem Lernen 124

17 Das Verhältnis von Sprach- und Inhaltslernen im Bilingualen Unterricht
   (Helmut Johannes Vollmer) 124

18 Kompetenzerwerb im Bilingualen Unterricht (Wolfgang Zydatiß) 131

19 Diskursfunktionen und generische Ansätze (Christiane Dalton-Puffer) 138

20 Begriffsbildung und Begriffslernen (Verena Fries) 145

21 Darstellungs- und Symbolisierungsformen im Bilingualen Unterricht
(Josef Leisen) 152

22 Immersion (Petra Burmeister) 160

23 *Language Awareness* und Metakognition (Claus Gnutzmann, Jenny Jakisch) 167

24 Einsprachigkeit, Zweisprachigkeit und Code-Switching (Frank G. Königs) 174

25 Fremdsprachenunterricht und Bilingualer Unterricht (Wolfgang Hallet) 180

IV **Unterrichtsprozesse** 187

26 Unterrichtsprozesse: Interaktion und Bedeutungsaushandlung (Andreas Bonnet) 187

27 Lehrwerke für den Bilingualen Unterricht (Corinna Böwing) 194

28 Aufgaben- und Materialentwicklung (Wolfgang Hallet) 202

29 Evaluation, Leistungsmessung und Prüfungen im Bilingualen Unterricht
(Bärbel Diehr) 209

30 Empirische Erforschung des Bilingualen Unterrichts (Lena Heine) 216

31 Lehrer-/Lernerforschung im Bilingualen Sachfachunterricht (Britta Viebrock) 221

V **Methodik** 229

32 Spezifische Methoden für den Bilingualen Unterricht/CLIL (Eike Thürmann) 229

33 *Scaffolding* (Eike Thürmann) 236

34 Fachmethoden im Bilingualen Unterricht (Karola Pitsch, Alexander Heimes) 243

35 Textarbeit im Bilingualen Unterricht (Hans-Ludwig Krechel) 251

36 Lernmethoden, -techniken und -strategien im Bilingualen Unterricht
(Stefanie Lamsfuß-Schenk) 258

VI **Didaktiken und Methodiken bilingualer Fächer** 265

37 Bildende Kunst (Jutta Rymarczyk) 265

38 Musik (Rita Kupetz, Ulrich Salden) 271

39 Darstellendes Spiel (Heike Wedel) 280

40 Biologie (Matthias Bohn) 286

41 Chemie (Claudia Bohrmann-Linde) 295

42 Physik (Josef Leisen) 302

43 Mathematik (Almut Küppers) 308

44 Informatik (Martin Reinertz, Ludger Humbert) 314

45 Religion (Manfred L. Pirner) 324

46 Philosophie und Ethik (Andrea Thielmann) 331

47 Geografie (Reinhard Hoffmann) 338

48 Geschichte (Alexander Heimes) 345

49 Sozialkunde/Politik und Wirtschaft (Anke Wegner) 352

50 Sport (Birte Lightner) 359

51 Berufsbezogene Fächer (Rita Feick) 366

Anhang

Register 374

Autorenverzeichnis 380

Vorwort

Das *Handbuch Bilingualer Unterricht/Content and Language Integrated Learning* trägt einem bereits seit Längerem wahrgenommenen Desiderat Rechnung: Zum ersten Mal überhaupt wird der aktuelle Stand von Forschung und Praxis zum bilingualen Unterricht in Deutschland in kompakter und übersichtlicher Form dargestellt, bisher verstreute, aber für den gesamten Bereich sehr wichtige und für alle Akteure relevante Ansätze werden in diesem Band zusammengeführt. Auf diese Weise soll das Handbuch einen Eindruck vom Gesamtprofil und den Ausdifferenzierungen dieser Unterrichtsform in der schulischen Praxis und in der Forschung vermitteln.

In den einzelnen Beiträgen werden zunächst die konstitutiven Elemente dieser besonderen Unterrichtsform theoretisch aus unterschiedlichen Perspektiven aufgearbeitet: Teil I *Entstehung und Grundlegung* mit den Artikeln 1–7 befasst sich mit grundlegenden Aspekten, Entscheidungen und Entwicklungen des Bilingualen Unterrichts. Die Artikel 8–16 in Teil II nehmen die *Organisationsformen und Modelle* des Bilingualen Unterrichts mit seinen unterschiedlichen Formaten, Schulformen und Lehrerbildungskonzepten in den Blick. Die *Integration von inhaltlichem und sprachlichem Lernen* (Teil III) im Bilingualen Unterricht, die sich in den vergangenen 15 Jahren als Kern dieser Unterrichtsform herausgeschält hat, steht im Mittelpunkt der Artikel 17–25. Die Lehr- und Lernprozesse im Bilingualen Unterricht werden in den Artikeln 26–31 (Teil IV) aus der Sicht der Forschung und der Unterrichtspraxis, der Lehrwerkarbeit und der Materialentwicklung thematisiert. Zum ersten Mal auch werden in diesem Handbuch (in Teil V) die für den Bilingualen Unterricht/CLIL spezifischen, teils seit Langem bewährten, teils innovativen methodischen Konzepte an einem Ort übersichtlich zugänglich gemacht (Artikel 32–36). In den Artikeln 37–51 in Teil VI schließlich rückt die Praxis des Bilingualen Unterrichts in den Mittelpunkt, indem für jedes einzelne Schulfach die verfügbaren, aber auch perspektivisch denkbaren Profile und Methodiken des bilingualen Lehrens und Lernens dargestellt werden. Gerade weil sich das Fächerspektrum an den allgemeinbildenden Schulen orientiert, ist es wichtig, dass auch die Kindergärten und Grundschulen (Artikel 8 und 9) und die berufsbildenden Schulen (Artikel 11 und 51), die als ein besonders perspektivreiches Entwicklungsfeld erscheinen, ihren gebührenden Platz in diesem Handbuch finden. Am Ende eines jeden Beitrags ist für die Weiterbeschäftigung mit dem Thema die wichtigste Literatur zusammengestellt.

Insbesondere in den forschungsbezogenen Darstellungen (Teile I bis IV bzw. Artikel 1–36), aber auch in den fachspezifischen Beiträgen (ab Artikel 37) geht es weniger um individuelle Ansätze; vielmehr sollen die einschlägigen Konzepte, Ergebnisse und Merkmale des Bilingualen Unterrichts, aber auch die theoretischen Rahmungen für weitere Entwicklungen überblicksartig vorgestellt werden. Diese Darstellungen sollen dabei einerseits den Status quo dokumentieren;

darüber hinaus aber verfolgt dieses Handbuch weitere wichtige Ziele: Zum einen sollen aussichtsreiche Ansätze, die sich in einzelnen Bereichen oder Kontexten bewährt haben, für alle Interessierten zugänglich und transferierbar gemacht werden; zweitens sollen – vor allem in einzelnen curricularen oder Bildungs- oder Fächerbereichen – Perspektiven und weitere Entwicklungspotenziale aufgezeigt werden, wie zum Beispiel im Bereich der berufsbildenden Schulen oder in einzelnen, sehr CLIL-geeigneten Fächern wie Informatik oder Physik. Nicht zuletzt wird hier auch neuen, aber umso perspektivreicheren Ansätzen wie zum Beispiel dem *scaffolding* oder dem Konzept des Wechsels der Darstellungsformen Raum gegeben. Dieses Handbuch möchte also nicht nur den Status quo erfassen, sondern auch zur Weiterentwicklung einer zukunftsorientierten Lern- und Unterrichtsform beitragen und ermutigen.

Wir haben darauf verzichtet, ein zentrales Abkürzungsverzeichnis zu erstellen und gleichzeitig versucht, die Verwendung von Abkürzungen auf die geläufigsten zu beschränken, um die bestmögliche Lesbarkeit jedes einzelnen Beitrags zu gewährleisten. Ebenfalls verzichtet haben wir auf Vereinheitlichungen für Gender-Bezeichnungen; in Absprache mit den Autorinnen und Autoren haben wir nach angemessenen, die Lesbarkeit möglichst nicht behindernden Lösungen gesucht. Das Register am Ende des Bandes soll das vorliegende Handbuch vielseitig verwendbar machen, Einzelfragen auch quer zu den einzelnen Einträgen aufschließen und Querbezüge zwischen den einzelnen Artikeln herstellen.

Insgesamt wendet sich der Band an alle, die in Studium und Forschung, in der Lehreraus-, -fort- und -weiterbildung sowie in der schulischen Praxis mit dem Bilingualen Unterricht befasst sind und sich mit ihm vertraut machen wollen. Er strebt daher einen möglichst vollständigen Überblick über die unterschiedlichen Aspekte an, die diese Unterrichtsform auszeichnen.

Zahlreiche Personen und Institutionen haben dazu beigetragen, dass der Band nur drei Jahre nach dem *Handbuch Fremdsprachendidaktik* erscheinen konnte. In erster Linie gilt unser herzlicher Dank den Autorinnen und Autoren, die sich mit ihren Beiträgen an dem *Handbuch Bilingualer Unterricht/CLIL* beteiligt und sich auf die Konzeption des Bandes, nicht zuletzt auch auf die oftmals engen Vorgaben eingelassen haben. Für die ausgesprochen angenehme, zuverlässige und sachorientierte Kooperation, die das vorliegende Handbuch überhaupt erst möglich gemacht hat, sind wir sehr dankbar. Die inhaltliche und redaktionelle Bearbeitung erfolgte in enger Abstimmung mit den Autorinnen und Autoren durch kleine Redaktionsgruppen in Gießen und Marburg. In diesem Zusammenhang gilt unser herzlicher Dank Ilse Braun, Verena Fries, Maike Berger, Philipp Rüster und Roger D. Jones (Justus-Liebig-Universität Gießen) sowie Andrea Gergen, Till Koerner und Simon Moses Schleimer (Philipps-Universität Marburg).

Herzlich danken möchten wir Klett/Kallmeyer und insbesondere Frau Dr. Gabriela Holzmann für das Interesse am Projekt und dessen kontinuierliche Unterstützung, die sich nicht zuletzt in der vorzüglichen verlegerischen Betreuung niedergeschlagen hat. Herrn Stefan Hellriegel gilt ein besonders herzliches Dankeschön für die wiederum ausgezeichnete redaktionelle Betreuung der Manuskripte, die sorgfältige Erstellung der Druckvorlage und die in jeder Hinsicht problemlose und freundliche Zusammenarbeit.

Mit diesem Dank verbinden wir gemeinsam mit unseren Autorinnen und Autoren die Hoffnung, dass der Bilinguale Unterricht sich als eines jener Felder des Lehrens und Lernens entwickelt, von dem weit über den eigenen Bereich hinaus wichtige Impulse für das schulische Lehren und Lernen und für das Bildungssystem insgesamt ausgehen. Wo, wenn nicht im Prinzip des Bilingualen Unterrichts und der Integration des inhaltlichen und fremdsprachlichen Lernens kann Mehrsprachigkeit als kulturelles und kommunikatives Prinzip zuerst reale Gestalt annehmen?

Gießen und Marburg, im Januar 2013
Wolfgang Hallet (Gießen) und Frank G. Königs (Marburg)

I Entstehung und Grundlegung

1 Geschichte und Entstehung des Bilingualen Unterrichts in Deutschland: Bilingualer Unterricht und Gesellschaftspolitik

Dem Gegenstand Bilingualer Unterricht nähert man sich am besten über das Konzept des *Content and Language Integrated Learning* (CLIL). Der Definition des Eurydice-Projektes zufolge bezeichnet CLIL „all types of provision in which a second language (a foreign, regional or minority language and/or another official state language) is used to teach certain subjects in the curriculum other than the language lessons themselves" (European Commission 2006: 8).

Die Diskussion von CLIL steht unter – nicht immer explizit gemachten – gesellschaftspolitischen Vorzeichen, was auch in dieser sehr weit ausgreifenden Definition bereits erkennbar wird. Indem neben Fremdsprachen auch weitere Sprachen in Abgrenzung zu den offiziellen Schulsprachen einbezogen werden, wird CLIL in das sprachenpolitische Spannungsfeld zwischen Landes-, Zweit- und Minderheitensprachen gestellt (→ Art. 6). Dennoch wird eine der beiden in Deutschland vertretenen Hauptformen von CLIL nicht ausdrücklich eingeschlossen, und zwar Regelunterricht in Deutsch für Lernende, die Deutsch als weitere Sprache lernen. Lernende erleben diese Form von CLIL in einem erweiterten Sinn als ungerichtete frühe Vollimmersion. Sie ereignet sich vorwiegend an Grundschulen und aufgrund der starken sozialen Differenzierungseffekte des deutschen Schulsystems weiterführend an Haupt- und Realschulen bzw. Sekundarschulen in städtischen Räumen mit ausgeprägter Einwandererstruktur (van Avermaet 2006).

Daneben steht Bilingualer Unterricht als zweite Ausprägungsform von CLIL als Fachunterricht, der in einer *Schul*fremdsprache erteilt wird (vgl. Hallet 2010). In der Entwicklung von Bilingualem Unterricht haben die Herkunftssprachen der Lernenden keine entscheidende Rolle gespielt, da Bilingualer Unterricht zunächst als Angebot für Schülerinnen und Schüler deutscher Herkunftssprache konzipiert war. Im Vordergrund standen vielmehr bildungspolitische Ziele und didaktische Modelle. Bilingualer Unterricht und Vollimmersion werden in Deutschland bis heute in unterschiedlichen akademischen Kontexten diskutiert. Ebenso sind der öffentliche Ton der Debatte und die politische Mobilisierung für die jeweiligen CLIL-Teillandschaften stark unterschiedlich (→ Art. 4).

Einen Überblick über die Organisationsformen (→ Art. 10) und quantitative Entwicklung des Bilingualen Unterrichts in den Bundesländern liefern Publikationen der KMK (zuletzt aufgearbeitet in Werner 2009) sowie die Webseiten der Kultusministerien bzw. die Bildungsserver der Länder. Die ermittelten Zahlen stellen dennoch nur Näherungswerte dar, da die Informationen oft nicht zentral verfügbar sind bzw. auch nicht immer erkennbar ist, ob Bilingualer Unterricht nach einer einheitlichen Definition erfasst wird. Dennoch sind der Trend zum Englischen als dominanter Arbeitssprache sowie eine Zunahme an Bilingualem Unterricht in den Grund- und berufsbildenden Schulen klar erkennbar (→ Art. 9, 11).

Bilingualer Unterricht in der Historie von Bildungs- und Schulpolitik

Die Einführung von Bilingualem Unterricht gilt als eine bildungspolitische Maßnahme, die aus dem deutsch-französischen Kooperationsvertrag von 1963 hervorgegangen ist. Dabei ist der Vertrag selbst nicht die Gründungsurkunde des Bilingualen Unterrichts in Deutschland, denn dieser wird im Vertrag nicht ausdrücklich erwähnt. Dies blieb untergeordneten Verwaltungsabkommen in den Folgejahren vorbehalten. Vielmehr ist es die in dem Vertragswerk formulierte Absicht, das Bildungswesen beider Länder für das Ziel der beiderseitigen Aussöhnung heranzuziehen, aus der die Völkerverständigung als moralisch aufgeladenes Leitmotiv von Bilingualem Unterricht in dessen Geschichtsschreibung und in die frühen didaktischen Entwürfe eingegangen ist. Entsprechend finden sich die Schulen mit der längsten Tradition von Bilingualem Unterricht gehäuft entlang der Rheinschiene.

Wenig erforscht ist derzeit noch der Einfluss des zeitgeschichtlichen Kontextes des deutsch-französischen Vertrages auf die bildungspolitischen Richtungsentscheidungen, insbesondere das Ringen zwischen Frankreich, Großbritannien und den USA um geostrategischen Einfluss in Europa und in der NATO, in dem Frankreich sich mit einer stärkeren Anbindung Deutschlands zu positionieren versuchte. Dessen Kultusminister fassten 1964 den ‚Hamburger Beschluss‘, Englisch für alle Schüler und Schülerinnen an allgemeinbildenden Schulen verbindlich zu machen. Die Polarität zwischen Französisch und Englisch, den beiden häufigsten Arbeitssprachen für den Bilingualen Unterricht in Deutschland, lässt sich bis heute in der bildungspolitischen und fachdidaktischen Debatte verfolgen. Die tendenziell von ‚romanistischer‘ Seite vertretene Sichtweise betont die Tradition der deutsch-französischen Verständigungspolitik, verbunden mit einem Schwerpunkt in den gesellschaftsbezogenen Fächern und der didaktischen Favorisierung einer tatsächlich zweisprachigen Unterrichtspraxis (z. B. Christ 2000). Dabei wird die Funktion des Französischen als die stark an die nationale Identität Frankreichs gebundene Sprache geltend gemacht und in einen Gegensatz zum Englischen gebracht, das eher unter der Perspektive der *lingua franca* wahrgenommen wird. Einzelne anglistisch orientierte didaktische Positionen argumentieren ähnlich, viel öfter jedoch wird aus dieser Richtung eine weit gefasste fachliche, fremdsprachliche wie reflexive *Diskurskompetenz* (→ Art. 17–19) als das wesentliche didaktische Problem eines weitestgehend in der Fremdsprache geführten Bilingualen Unterrichts zugrunde gelegt (z. B. Gajo 2007, Zydatiß 2007, Bonnet/Breidbach/Hallet 2009, Vollmer 2009).

Anfänglich steht die Zielsetzung des vorwiegend in Französisch angebotenen Bilingualen Unterrichts im Zeichen der politischen Einigung Europas. Mäsch (1989) versteht Bilingualen Unterricht als gymnasiales Angebot für zukünftige Akteure der politischen Verwaltung der damaligen Europäischen Gemeinschaft. Eine Zäsur in der Entwicklung des Bilingualen Unterrichts stellt die Gründung der Europäischen Union (im Vertrag von Maastricht) dar. Durch die liberalisierte Binnenmarktpolitik und die diskursive Durchsetzung eines Verständnisses von Bildung als permanente individuelle Selbstverpflichtung (z. B. ‚lebenslanges Lernen‘) kommt es zu einem sprunghaften Zuwachs an bilingualen Zweigen. Im Zuge dessen löst das Englische das Französische als meistverwandte Sprache des Bilingualen Unterrichts ab. Die gängige Erklärung wird im Status des Englischen als internationale Verkehrssprache von Wirtschaft und Wissenschaft gesehen. Der Sprachenutilitarismus der 1990er Jahre schlug sich allerdings nicht wesentlich im Fächerkanon des Bilingualen Unterrichts nieder, in dem weiterhin hauptsächlich die gesellschaftsbezogenen Fächer dominieren.

Mit Beginn des 21. Jahrhunderts setzt eine Normalisierungs- und Verbreitungsbewegung ein, die durch zwei in ihren Wirkungen gegenläufige Phänomene gekennzeichnet ist: Unter dem Eindruck der PISA-Ergebnisse und der folgenden Konjunktur von Schulleistungsvergleichen (z. B. DESI) werden seitens der Bildungspolitik verstärkt effiziente Organisationsformen des Fremdsprachenunterrichts gesucht und im Bilingualen Unterricht – vermeintlich – gefunden. Dieser wird als „Erfolgsgeschichte" (KMK 2006: 25) bilanziert und für den weiteren, unter Berufung auf Programmatiken der EU-Kommission (European Commission 2006) und des Europäischen Rates (European Council 2011) mithin auch flächendeckenden Ausbau empfohlen. Die empirische Befundlage zu den Ergebnissen von Bilingualem Unterricht reflektiert derzeit noch zu wenig die Selektionseffekte zugunsten von Bilingualem Unterricht, die sich aus der tendenziellen Abschöpfung leistungsstarker Lernender ergeben, sodass die positiven Evaluationen derzeit nicht seriös auf die gesamte Schülerschaft hochgerechnet werden können (vgl. Apsel 2012). Des Weiteren und gegenläufig zu Programmen wie ‚Bilingual für alle‘ (Nordrhein-Westfalen) wird Bilingualer Unterricht nach wie vor im Kontext einer nachfragegesteuerten Ausrichtung von Schulen (‚Schulautonomie‘) für die Profilierung (→ Art. 7) und damit zur Filterung der Schülerschaft instrumentalisiert (Breidbach/Viebrock 2012).

In der Folge verliert Bilingualer Unterricht mehr und mehr seine curriculare Sonderstellung. Dies macht ihn für die Folgen der für das Bildungswesen typischen kommunikativen Abkopplung der operativen von der politischen Ebene anfällig, und so wird Bilingualer Unterricht mittlerweile in die allenthalben als Qualitätsverbesserung verbrämten Sparmaßnahmen im Schulwesen einbezogen. Dies drückt sich nicht nur in der zunehmend verbreiteten Vorstellung aus, Bilingualer Unterricht für alle könne den Fremdsprachenunterricht zumindest in Teilen ersetzen und so Platz in der Stundentafel etwa für weitere Fremdsprachen schaffen, sondern auch unmittelbar z. B. im fortschreitenden Abbau von Ressourcen für den verstärkten vorlaufenden Fremdsprachenunterricht (i. d. R. Klasse 5 und 6) bzw. in dessen Ersetzung durch vorfachlichen Bilingualen Unterricht in der Primarstufe oder der Kürzung von Entlastungsstunden für Lehrkräfte sowie schließlich im anhaltenden Zögern der Gesetzgeber, einen gesicherten Qualifikationsstandard für Lehrkräfte im Bilingualen Unterricht durchzusetzen und über ausfinanzierte Lehrerbildungsprogramme zu garantieren. Indem er so zur Aushöhlung seiner strukturellen Voraussetzungen führt, muss damit der Erfolg des Bilingualen Unterrichts zukünftig als dessen größte Gefahr angesehen werden. Eine Folge dessen ist bereits im deutlichen Rückgang der jährlichen Neueinrichtungen von bilingualen Unterrichtszweigen sowie im Aufkommen des weniger ressourcenintensiven Modulkonzeptes zu erkennen. Dessen ungeachtet betont der Beschluss der KMK zur Stärkung der Fremdsprachenkompetenz (KMK 2011) die Bedeutung des Bilingualen Unterrichts. Der Beschluss ist auch ein deutlicher (wenn auch nicht ausschließlicher) Fingerzeig in Richtung Englisch als Arbeitssprache. 50 Jahre nach dem deutsch-französischen Kooperationsvertrag hat sich damit ein Wandel mit Blick auf die bevorzugte Arbeitssprache des Bilingualen Unterrichts bis in die höchsten Ebenen der deutschen Bildungspolitik vollzogen.

Problemgeschichte der Didaktik des Bilingualen Unterrichts

Die Problemgeschichte der Didaktik des Bilingualen Unterrichts in Deutschland wird durch zwei Phasen geprägt, die klassische und die integrative (vgl. nachfolgend Breidbach 2007: 48 ff.). In seiner Anfangszeit in den späten 1960er Jahren wurde Bilingualer Unterricht nicht durch eine systematische begleitende Theoriebildung flankiert. Von der Mitte der 1980er bis in die 1990er Jahre hinein wurde Bilingualer Unterricht dann fast nur aus der Problemsicht der Fremdsprachendidaktik erfasst. Das typische Argumentationsmuster dieser klassischen Phase ist die Konzeption von Bilingualem Unterricht als Gegenentwurf zu einem in die Krise geratenen Fremdsprachenunterricht. Insbesondere drei Kritiklinien sind relevant: Kritik an den Wirkungen der philologischen Restauration im Fremdsprachenunterricht in der Nachkriegszeit, an der inhaltlichen Sinnentleerung des Sprachgeschehens in strukturalistischen Unterrichtskonzepten wie der audio-lingualen und audio-visuellen Methode sowie an der weitgehenden Entpolitisierung und Abkopplung des Fremdsprachenunterrichts vom Tagesgeschehen in den ‚Zielländern'. In den späten 1990er Jahren wird Bilingualer Unterricht zudem in die Kontroverse um das Scheitern der kommunikativen Wende einbezogen. In diesem Kontext entwickelt sich das Immersions- bzw. Vehikularsprachenmodell als tonangebendes didaktisches Strukturmodell für den Bilingualen Unterricht (→ Art. 22). Hierbei wird Bilingualer Unterricht zum Idealtyp des kommunikativen Fremdsprachenunterrichts stilisiert, dessen Unterrichtsgegenstände authentisch und dessen Kommunikationsanlässe konsequent inhaltsbezogen seien (Immersion), sodass die Fremdsprache nicht selbst Gegenstand des Unterrichts zu sein braucht, sondern einzig als Kommunikationsmedium dient. Daneben etabliert sich das Bikulturalismus-Modell, das in einer bildungstheoretischen Verknappung davon ausgeht, dass die Inhalte des Bilingualen Unterrichts aus den geografischen, historischen oder kulturellen Räumen der Zielsprache bezogen werden und bereits hierdurch zu einer Perspektivenvielfalt führen, die es den Schülern und Schülerinnen ermöglicht, sogenannte bikulturelle Kompetenzen zu erwerben. Alle drei Modelle unterbieten allerdings die didaktische Komplexität von Bilingualem Unterricht erheblich und erweisen sich daher für eine umfassende Theoriebasis als ungeeignet. Insbesondere bleiben die theoretischen Zusammenhänge zwischen Sprache, Erkenntnis und Wissen sowie die Struktur fachlicher Lernprozesse unberücksichtigt. Der nationalspezifisch strukturierte und damit unterkomplexe Kulturbegriff des Bikulturalismusmodells wird gleichfalls nicht problematisiert.

Versteht man ihn als Ausprägungsform von CLIL und nicht als fachbezogenen Fremdsprachenunterricht, hat Bilingualer Unterricht an den didaktischen, methodischen und bildungstheoretischen Fragestellungen Teil, die seit Einführung der modernen Schule im Raum stehen. Denn spätestens mit der Einführung des Fachprinzips ist die Frage zu beantworten, auf welche Weise die Gegenstände bzw. die intellektuellen Perspektiven der Fächer durch schulischen Unterricht gelehrt und gelernt werden können. Sprache hatte als Interaktions- und Erkenntnismedium immer schon eine zentrale Doppelrolle. Aus dieser Sicht ist Bilingualer Unterricht zuerst ein komplexes erkenntnis- und handlungstheoretisches sowie kognitionspsychologisches Problem und mithin ein primärer Gegenstand der allgemeinen Didaktik sowie der Schulpädagogik. Diesen Problemhorizont erschließt sich die Didaktik des Bilingualen Unterrichts in ihrer integrativen Phase, die gegen Ende der 1990er Jahre einsetzt und bis heute unabgeschlossen ist.

Auch hier lassen sich zwei unterschiedliche Argumentationslinien ausmachen (vgl. nachfolgend Breidbach 2007: 48 ff.): Die erste Linie wird bestimmt durch Modelle, die Aspekte sprachlichen und fachlichen Kompetenzerwerbs als integriert betrachten, die zweite durch Modelle, die Interkulturalität als integratives didaktisches Moment entfalten. Beide Linien können jeweils nach ihrer grundlagentheoretischen Ausrichtung in lern-, schul- und bildungstheoretisch ausgerichtete Modelle differenziert werden (vgl. Tabelle). Beide Linien konvergieren allerdings, indem der Grad der Reflexivität in Richtung bildungstheoretischer Fundierung zunimmt und die Elemente Sprache und Fach bzw. Kultur im Begriff des Diskurses aufeinander bezogen werden.

Ermöglicht wurden integrative Modellbildungen durch die Umstellung von einem nationalsprachlich geprägten auf einen sozio-pragmatischen und interaktional-konstruktivistisch ausgerichteten Sprach(handlungs)begriff sowie konstruktivistische Lerntheorien und schließlich einen soziokulturell interpretierten,

Didaktische Ausrichtung	Integration von Fremdsprache und Sachfach	Integration über Interkulturalität
lerntheoretisch	Entwicklung sprachlich-kognitiver Abstraktionen	Information, Inhalte, Wissensaneignung
schultheoretisch	Sekundärsozialisation: Entwicklung von fachlichen Konzepten/Differenzierung von alltagsweltlicher und fachlicher Identität	Sekundärsozialisation: Aufbau einer weiteren oder Erweiterung der nationalen/ kollektiven Identität
bildungstheoretisch	Entwicklung eines reflektierten Selbstkonzepts des/der Lernenden im Verhältnis zu fachlichen Denkweisen und Diskursen	reflexives Selbst- und Weltverhältnis zu Kulturen als Diskurse

Systematik integrativer Theoriebildung (aus: Breidbach 2007: 162)

diskursiven Kulturbegriff. Lerntheoretische Modelle integrieren daher sprachliches und fachliches Lernen über die kognitionstheoretischen Verknüpfungen von Sprache und *higher order thinking skills*. Sie formulieren das didaktische Ziel, dass Lernende die sprachlichen Fähigkeiten erwerben, um sich Inhalte und diskursive Bedeutungen kognitiver Abstraktionen (z. B. Fachkonzepte und (Fach-)Kulturen) in gemeinsamer Interaktion erschließen zu können (→ Art. 26). Eine schultheoretische Ebene tritt in Modellen hinzu, in denen mitreflektiert wird, dass schulisches Lernen in sozialisatorischer Absicht stattfindet. Entsprechend soll im Bilingualen Unterricht die Begegnung der Schüler und Schülerinnen mit fachlicher bzw. kultureller Fremdheit so inszeniert werden, dass sie zur Erweiterung und Ausdifferenzierung der beginnenden fachlichen bzw. kulturellen Identität der Lernenden führen kann. Bildungstheoretisch fundierte Modelle knüpfen hieran an, reflektieren allerdings noch einmal auf den Diskurscharakter fachlicher wie kultureller Unterrichtsgegenstände. Fachwissenschaften und Kulturen werden hier gleichermaßen als symbolische Ordnungen aufgefasst, deren Gegenstände, Methoden und Bedeutung (sowohl im Sinne von *conceptual meaning* als auch von *social/individual significance*) in diskursiver Praxis entstehen. Ziel des Bilingualen Unterrichts ist es vor diesem Hintergrund, den Lernenden zu ermöglichen, ein reflexives, selbstgestaltetes und -verantwortetes Verhältnis zu den im Unterricht verhandelten fachlichen und kulturellen Symbolordnungen und Diskurspraxen zu entwickeln. Hier steht nicht mehr eine mehrperspektivische fachliche oder kulturelle Identität im Mittelpunkt, sondern die Bildung der Lernenden im Sinne *transformatorischer Bildungsprozesse* (→ Art. 3).

In der Theoriebildung liegen inzwischen verschiedene Ansätze reflexiver, bildungsaffiner Didaktik vor. Angesichts beständig steigender bildungspolitischer

Vereinnahmung ist derzeit allerdings unklar, ob Bilingualer Unterricht auch in der Praxis zu einem Ort der schulischen Bildung im eigentlichen Sinn in der Breite wird fortentwickelt werden können. Sehr zu wünschen wäre es.

Literatur

Apsel, Carsten (2012): Coping with CLIL: Dropouts from CLIL-Streams in Germany. In: *International CLIL Research Journal* 1 (4), 47–56.

Bonnet, Andreas/Breidbach, Stephan/Hallet, Wolfgang ([4]2009): Fremdsprachlich handeln im Sachfach: Bilinguale Lernkontexte. In: Gerhard Bach/Johannes-Peter Timm (Hrsg.): *Englischunterricht. Grundlagen und Methoden einer handlungsorientierten Unterrichtspraxis.* Tübingen, Basel, 172–198.

Breidbach, Stephan (2007): *Bildung, Kultur, Wissenschaft. Reflexive Didaktik für den bilingualen Sachfachunterricht.* Münster.

Breidbach, Stephan/Viebrock, Britta (2012): CLIL in Germany: Results from Recent Research in a Contested Field of Education. In: *International CLIL Research Journal* 1 (4), 5–15.

Christ, Herbert (2000): Zweimal hinschauen – Geschichte bilingual lernen. In: Lothar Bredella/Franz-Joseph Meißner/Ansgar Nünning/Dietmar Rösler (Hrsg.): *Wie ist Fremdverstehen lehr- und lernbar?* Tübingen, 43–83.

European Commission (2006): *Content and Language Integrated Learning (CLIL) at School in Europe.* Eurydice, Brüssel.

European Council (2011): Council Conclusions on Language Competences to Enhance Mobility. 3128th Education, Youth, Culture and Sport Council Meeting Brussels, 28 and 29 November 2011. http://www.consilium.europa.eu/uedocs/cms_data/docs/pressdata/en/educ/126373.pdf [10.09.2012].

Gajo, Laurent (2007): Linguistic Knowledge and Subject Knowledge: How Does Bilingualism Contribute to Subject Development? In: *The International Journal of Bilingual Education and Bilingualism* 10 (5), 563–581.

Hallet, Wolfgang (2010): Bilingualer Unterricht. In: Carola Surkamp (Hrsg.): *Metzler Lexikon Fremdsprachendidaktik.* Stuttgart, 23–25.

KMK = Sekretariat der Ständigen Konferenz der Kultusminister der Länder in der Bundesrepublik Deutschland (2006): *Konzepte für den bilingualen Unterricht – Erfahrungsbericht und Vorschläge zur Weiterentwicklung.* Bonn.

KMK = Sekretariat der Ständigen Konferenz der Kultusminister der Länder in der Bundesrepublik Deutschland (2011): *Empfehlungen der Kultusministerkonferenz zur Stärkung der Fremdsprachenkompetenz.* Bonn.

Mäsch, Nando (1989): Bilingualer Sachunterricht. In: Karl-Richard Bausch/Herbert Christ/Werner Hüllen/Hans-Jürgen Krumm (Hrsg.): *Handbuch Fremdsprachenunterricht.* Tübingen, 280–283.

van Avermaet, Piet (2006): Socially Disadvantaged Learners and Languages of Education. Preliminary Study, Languages of Education. Strasbourg: Council of Europe. http://www.coe.int/t/dg4/linguistic/Source/Van_Avermaet_final_EN.doc [10.09.2012].

Vollmer, Helmut J. (2009): Diskursfunktionen und fachliche Diskurskompetenz bei bilingualen und monolingualen Geografielernern. In: Stephan-Alexander Dietze/Ana Halbach (Hrsg.): *Bilingualer Sachfachunterricht (CLIL) im Kontext von Sprache, Kultur und Multiliteralität.* Frankfurt/M., 165–185.

Werner, Bettina (2009): Entwicklungen und aktuelle Zahlen bilingualen Unterrichts in Deutschland und Berlin. In: Daniela Caspari/Wolfgang Hallet/Anke Wegner/Wolfgang Zydatiß (Hrsg.): *Bilingualer Unterricht macht Schule. Beiträge aus der Praxisforschung.* Frankfurt/M., 19–28.

Zydatiß, Wolfgang (2007): *Deutsch-Englische Züge in Berlin (DEZIBEL). Eine Evaluation des bilingualen Sachfachunterrichts an Gymnasien.* Frankfurt/M.

Stephan Breidbach

2 CLIL als europäisches Konzept

Im vorliegenden Beitrag wird das Konzept des bilingualen Sachfachunterrichts (CLIL) in seinen europäischen Kontext gestellt. Dabei werden zwei Aspekte besonders hervorgehoben: Zum einen die erkennbaren Gemeinsamkeiten und Unterschiede zwischen den einzelnen Ländern, zum anderen die unterschiedlichen Zielsetzungen im Hinblick darauf, wie man CLIL als sprachplanerisches Instrument zur Förderung von Mehrsprachigkeit nutzt.

Bildungspolitischer Hintergrund. CLIL ist in den letzten 20 Jahren zu einem festen Bestandteil der europäischen Bildungssysteme geworden. Das äußert sich in den vielfältigen Bestrebungen, das Konzept an den Schulen zu implementieren, aber auch in der fast exponentiell angewachsenen Zahl von Veröffentlichungen und Tagungen zu CLIL. CLIL ist zu einem pädagogischen Konzept geworden, das nun in ganz Europa erprobt bzw. implementiert wird. Es trifft in den verschiedenen Ländern auf ganz unterschiedliche Schulsysteme und pädagogische Traditionen, die seine Implementierung erleichtern oder erschweren. Gerade der bildungspolitische Hintergrund in den einzelnen Ländern hat dazu geführt, dass sich in Europa viele Varianten von CLIL entwickelt haben, die sich aber auf wenige unterschiedliche Grundformen zurückführen lassen.

Das gewachsene Interesse an CLIL in der Europäischen Union hängt zweifellos mit der aktiven Sprachenpolitik der EU-Kommission in den letzten 15 Jahren zusammen. Schon im Weißbuch *Lehren und Lernen – Auf dem Wege zur kognitiven Gesellschaft* (Kommission der EG 1996) wird die Notwendigkeit einer Stärkung der individuellen Mehrsprachigkeit betont. Auf dem europäischen Gipfel in Barcelona (2002) wurde die Vermittlung von zwei Fremdsprachen schon für die frühe Kindheit gefordert. Und schließlich fokussierte der Aktionsplan 2004–2006 der Kommission auf die Förderung des Sprachenlernens und der Sprachenvielfalt und stellte Mittel für Verbundprojekte zur Verfügung. Von besonderer Bedeutung für die Entwicklung von CLIL war, dass der Ansatz im Aktionsplan explizit als methodisches Konzept zur Förderung des Sprachenlernens genannt wird. Das Interesse an CLIL in Europa ist also auf sprachenpolitische Impulse zurückzuführen: das Konzept wurde lange Zeit überwiegend als ein Konzept zur Förderung der Mehrsprachigkeit verstanden, der sachfachliche Aspekt tritt erst seit wenigen Jahren etwas mehr in den Vordergrund.

Quellen. Die Quellen, auf welchen dieser Beitrag basiert, sind zahlreich, allerdings auch heterogen. Als systematische Grundlagen stehen der Eurydice-Bericht der Europäischen Union (Eurydice 2006) und der Bericht des Europarates (Maljers/Marsh/Wolff 2007) zur Verfügung. Beide sind allerdings ein wenig veraltet. (Von der EU-Kommission wurde für 2012 ein aktualisierter Eurydice-Bericht angekündigt, der allerdings bei Fertigstellung dieses Beitrags noch nicht vorlag.)

Einen umfassenden Überblick über die Entwicklung von CLIL in Europa bis zur Mitte des ersten Jahrzehnts dieses Jahrhunderts gibt auch Wolff (2007). Daneben sind zu einer Reihe von Ländern in verschiedenen Handbüchern Länderberichte erschienen, die in die folgende Darstellung einbezogen wurden. Schließlich geben viele länderübergreifende europäische Projekte Hinweise auf neuere Entwicklungen im Bereich des bilingualen Unterrichts; auch sie wurden in die Darstellung integriert (als Beispiel sei hier das *CLIL Cascade Network* genannt, das im Jahre 2010 abgeschlossen wurde, vgl. http://www.ccn-clil.eu). Forschungsarbeiten zu CLIL wurden ebenfalls berücksichtigt; ihre Zahl hat sich in letzten fünf Jahren vervielfacht. Wichtige Quellen bieten die Zeitschrift *International Journal of CLIL Research* (IJCR), eine seit 2008 erscheinende Online-Zeitschrift, und die vom Verlag Peter Lang herausgegebene Buchreihe *Mehrsprachigkeit in Schule und Unterricht* (MSU), in der inzwischen 13 Bände erschienen sind.

Parameter zur Beschreibung von CLIL. In der folgenden Übersicht sind die wichtigsten Parameter aufgeführt, die für eine Beschreibung des Konzeptes im europäischen Kontext von Interesse sind. Sie sind bei der Analyse der verschiedenen Quellen entstanden und werden für die Beschreibung im folgenden Abschnitt herangezogen.

▸ *Definition:* bezieht sich auf unterschiedliche Definitionen im Hinblick auf den Begriff CLIL;
▸ *Implementierung:* bezieht sich auf die Formen der Implementierung von CLIL in den europäischen Schulsystemen;
▸ *Schulform, Alter, Unterrichtszeit:* bezieht sich auf die Implementierung von CLIL in den verschiedenen Schulformen, auf das Alter der Lernenden und die Unterrichtsstunden;
▸ *Sprache, Sachfach:* bezieht sich auf die Wahl der Sprachen bzw. der Sachfächer für den CLIL-Unterricht;
▸ *Lehreraus- und -fortbildung:* bezieht sich auf die Lehrerausbildungsangebote für CLIL in den verschiedenen europäischen Ländern;
▸ *Methodischer Zugang:* bezieht sich auf die methodischen Verfahren, die im CLIL-Unterricht eingesetzt werden;
▸ *Evaluation:* bezieht sich auf die Verfahren der Bewertung der Schülerleistungen im CLIL-Unterricht.

CLIL und seine unterschiedliche Ausgestaltung im europäischen Kontext

In diesem Abschnitt wird auf Gemeinsamkeiten und Unterschiede von CLIL in den verschiedenen Ländern auf der Basis der vorgestellten Parameter eingegangen.

Definition. Die von Marsh und Langé (2000) entwickelte Definition von CLIL wurde in den letzten Jahren mehrfach modifiziert und zuletzt in die folgende Form gebracht:

> CLIL (Content and Language Integrated Learning) is a dual-focussed approach in which an additional language is used for the learning and teaching of both content and language.
>
> (Marsh u. a. 2010: 1)

Diese Definition von CLIL ist heute allgemein akzeptiert. Die meisten europäischen CLIL-Konzepte lassen sich in ihr wiederfinden. Davon zeugt auch die Übernahme des Begriffs CLIL als EMILE (Enseignement d'une Matière Integrée à une Langue Etrangère, in Frankreich), als AICLE (Aprendizaje Integrado de Contenidos y Lenguas Extranjeras, in Spanien) oder als AILC (Apprendimento Integrato di Lingua e Contenuti, in Italien). Allerdings wird in einigen europäischen Ländern parallel zu CLIL auch der Begriff Immersion verwendet und der Bilinguale Unterricht in Anlehnung an die kanadische Begrifflichkeit als immersiver Unterricht verstanden, d. h. als ein Unterricht, in welchem der Lernende in die fremde Sprache ,eintaucht' und sie im Gebrauch lernt. Diese Begrifflichkeit, die ursprünglich auch in anderen Ländern verwendet wurde, wird aber heute von den meisten Vertretern von CLIL abgelehnt, da sie zu stark auf den ungesteuerten Erwerb der zweiten Sprache abhebt, wohingegen der CLIL-Unterricht für sich in Anspruch nimmt, bewusst auf Sprache zu fokussieren. Der Begriff ,Immersion' ist im europäischen Kontext dem frühen natürlichen L2-Erwerb des Kindes vorbehalten, z. B. in gemischtsprachigen Familien oder in zweisprachigen Kindergärten. Insgesamt lässt sich festhalten, dass die europäischen CLIL-Konzepte heute auf einer einheitlichen Definition basieren, die allerdings entsprechend breit interpretiert werden sollte (vgl. hierzu Wolff 2007).

Implementierung. Die Implementierung von CLIL in die verschiedenen europäischen Schulsysteme hat in den letzten Jahren erstaunliche Fortschritte gemacht. Schon in der Mitte des vergangenen Jahrzehnts konnte der Eurydice-Bericht konstatieren, dass CLIL an einer Vielzahl von Schulen in Europa entweder fest oder in zeitlich begrenzten Projekten verankert ist. Grundsätzlich muss der Begriff ,Implementierung' für die verschiedenen europäischen Länder unterschiedlich interpretiert werden. In vielen Ländern wurde das Konzept durch sogenannte *grass-root-* oder *bottom-up*-Bewegungen in einzelne Schulen hineingetragen, das heißt, individuelle Lehrpersonen erprobten es in ihren Einrichtungen und gaben es an andere Schulen weiter. Erst zu einem späteren Zeitpunkt wurde es offizialisiert. In Österreich und Teilen von Spanien (Andalusien) geschah dies schon zu einem sehr frühen Zeitpunkt. Es gibt aber auch Länder, in welchen dieser Prozess noch nicht abgeschlossen ist und die CLIL-Schulen weitgehend den Charakter von Versuchsschulen haben. Hierzu gehören Schulen in den osteuropäischen Ländern wie Kroatien oder Slowenien und in einigen spanischen Autonomien.

Eine andere Tendenz, die man eher als *top down* bezeichnen könnte, findet sich in Ländern wie Estland oder Italien, wo das CLIL-Konzept entweder sofort oder nach nur kurzer Erprobung fest und flächendeckend durch die Bildungsbehörden implementiert wurde. In Estland geschah dies schon zu Beginn dieses Jahrhunderts, in Italien im vergangenen Jahr: Das italienische Erziehungsministerium hat im Jahre 2010 durch einen Erlass CLIL für alle Gymnasien und beruflichen Zweige verpflichtend gemacht. Ab 2013 soll an diesen Schulen im 13. Schuljahr ein Sachfach in einer Fremdsprache unterrichtet werden.

Schulform, Alter, Unterrichtszeit. In Europa gibt es Unterschiede im Hinblick auf die Schulform, in der CLIL eingeführt wird. Während in einigen Ländern, z.B. im französischsprachigen Belgien, CLIL bereits in vielen Primarschulen implementiert ist (laut Chopey-Paquet 2012 gab es in Wallonien im Schuljahr 2008/2009 126 Primar-, aber nur 69 Sekundarschulen mit einem CLIL-Zweig), gibt es in anderen, z.B. in Polen, CLIL erst in der Sekundarschule. Generell geht die Tendenz im europäischen Kontext dahin, mit dem CLIL-Unterricht so früh wie möglich, also schon in der Primarschule zu beginnen. Grundsätzlich ist festzuhalten, dass in Europa CLIL in der schulischen Erziehung für Schülerinnen und Schüler im Alter von 3 bis 19 Jahren angeboten wird. Dazu kommen CLIL-Angebote für den tertiären Bereich, wo die CLIL-Sprache allerdings den Charakter einer Arbeitssprache hat. Die Zahl der wöchentlichen Unterrichtsstunden variiert in den verschiedenen europäischen Ländern beträchtlich. Während in einzelnen spanischen Autonomien Sachfächer bis zu 9 Stunden in der Fremdsprache unterrichtet werden, weist Frankreich mit 2–4 Stunden einen ungefähren Mittelwert aus. Im sogenannten modularen CLIL, in dem überwiegend in sich geschlossene Unterrichtseinheiten oder Projekte unterrichtet werden, ist der Unterricht in der fremden Sprache natürlich weniger lang und beschränkt sich häufig auf einige Wochen im Jahr. Malta und Luxemburg sind Sonderfälle, sie nutzen die beiden Landessprachen jeweils zu 50 %.

Sprache, Sachfach. Es ist nicht überraschend, dass bei der Wahl der CLIL-Sprache das Englische an der Spitze steht, gefolgt von Französisch, Deutsch, Spanisch und Russisch. Bei dieser Auflistung sollte man sich allerdings vor Augen halten, dass das Englische von über 80 % der Schulen gewählt wird, alle anderen Sprachen zusammen machen nicht mehr als 20 % aus. In einer Reihe von Ländern gibt es Tendenzen, neben den großen europäischen Kultursprachen auch offiziell anerkannte Minderheitssprachen als CLIL-Sprachen zu wählen. So werden in Frankreich Bretonisch, Katalanisch und Okzitanisch, in Norwegen, Schweden und Finnland Sami als CLIL-Sprachen genutzt, in den Niederlanden ist es das Friesische und in Irland das Irische. In einigen Ländern werden auch Minderheitssprachen als CLIL-Sprachen verwendet, die in benachbarten Ländern Mehrheitssprachen sind, so z.B. das Slowenische in Österreich, das Französische und das Deutsche in Italien, das Deutsche in Frankreich und Rumänien. Die Wahl der zweiten Landessprache als CLIL-Sprache ist in vielen Kantonen der deutschsprachigen Schweiz üblich, im flämischsprachigen Belgien hingegen nicht. Migrantensprachen werden zweifellos auch an einigen Schulen genutzt, jedoch gibt es hierzu keinerlei offizielle Informationen.

Im Hinblick auf die Sachfächer, die für den CLIL-Unterricht ausgewählt werden, lassen sich im europäischen Kontext keine systematischen Unterschiede erkennen. Es werden sowohl natur- als auch geisteswissenschaftliche und musische Fächer unterrichtet. Im französischsprachigen Belgien beschränkt man den CLIL-Unterricht in der Primarschule auf die musischen Fächer, in anderen Ländern wird empfohlen, naturwissenschaftliche Fächer, insbesondere Mathematik auszuklammern. Da CLIL aber in vielen Ländern noch nicht fest an allen Schulen implementiert ist, sind es vor allem die vorhandenen Lehrkräfte und ihre Fächer, die die Wahl des Sachfachs bestimmen.

Lehreraus- und -fortbildung. Die Aus- und Fortbildung von Lehrerinnen und Lehrern ist in der europäischen CLIL-Diskussion ein zentrales Thema. Nur in wenigen Ländern (z. B. in Österreich und Norwegen) wird wie in Deutschland für zwei Fächer ausgebildet; die Folge ist, dass es fast nirgendwo Lehrerinnen und Lehrer gibt, die grundständig für CLIL, sondern nur für ein Sachfach oder eine Sprache ausgebildet sind, sodass sie zurzeit das jeweils andere Fach während ihrer Unterrichtstätigkeit im Nachhinein studieren müssen. (So hat das italienische Schulministerium im Zusammenhang mit dem erwähnten Erlass entschieden, Sachfachlehrpersonen ein Angebot zur Ausbildung als CLIL-Lehrperson zu machen, das heißt, sie die gewählte CLIL-Sprache – meist Englisch oder Deutsch – lernen zu lassen. In anderen Ländern wird umgekehrt verfahren: die Sprachlehrperson erwirbt nachträglich die erforderlichen Sachfachkenntnisse.) In allen Ländern gibt es darüber hinaus Fortbildungen für Lehrende, die in einem CLIL-Kontext unterrichten möchten oder dazu verpflichtet werden. Es ist allerdings zu erwarten, dass sich die Situation in den nächsten Jahren beträchtlich verbessert, da viele europäische Hochschulen inzwischen CLIL-Master-Studiengänge anbieten, in die Sachfach und Sprache integriert sind.

Methodischer Zugang. Die CLIL-Bewegung wurde in ganz Europa ursprünglich von Sprachlehrerinnen und -lehrern getragen, die schon früh den Mehrwert des Bilingualen Unterrichts für die Herausbildung umfassender fremdsprachlicher Kompetenzen erkannten. Dies führte dazu, dass der methodische Zugang zunächst fremdsprachendidaktisch ausgerichtet war. Erst in den letzten fünf Jahren hat fast überall ein umfassender Wandel stattgefunden. In Ländern wie Lettland, Litauen und Estland wird die fremdsprachliche Komponente heute noch stärker betont als in den meisten anderen Ländern, wo Vorteile in beiden Bereichen gesehen werden. CLIL-Unterricht wird heute überwiegend als Sachfachunterricht verstanden, der trotz der ,anderen' Sprache methodisch wie Sachfach- und nicht wie Sprachunterricht angelegt ist. Die von Leisen (2010) geprägte Formel, dass der CLIL-Unterricht sprachsensibler Fachunterricht ist, deutet auf den jetzt bevorzugten methodischen Zugang hin. Die Vermittlung der fremden Sprache steht nicht im Hintergrund; es wird immer dann auf sie fokussiert, wenn es im Sinne des Verstehens der Sachfachmaterie sinnvoll ist. Die immer stärkere Berücksichtigung von Sachfachlehrerinnen und -lehrern für den CLIL-Unterricht in vielen Ländern verdeutlicht diesen Paradigmenwechsel von der Sprache zum Sachfach ebenfalls.

Evaluation. Fragen der Bewertung von Schülerleistungen spielen naturgemäß eine wichtige Rolle im Kontext der Implementierung des Bilingualen Unterrichts. Grundlegend lässt sich im europäischen Kontext die Tendenz beobachten, die Leistungen im Sachfach in den Vordergrund zu rücken und der Sprache einen geringeren Stellenwert einzuräumen. Bei Tests und Jahresabschlussprüfungen wird allerdings in einigen Ländern erwartet, dass diese in der Fremdsprache stattfinden (z. B. in Spanien, Frankreich, Italien, Polen, Rumänien, Bulgarien), andere (z. B. Irland, Österreich und Ungarn) stellen die Wahl der Sprache frei. Andere Länder verzichten auf eine Evaluation; reine Sprachprüfungen werden nirgendwo abgehalten. Es leuchtet ein, dass die derzeitigen Regelungen in den meisten Fällen Übergangscharakter haben: Wenn CLIL-Unterricht einmal fester Bestandteil in einem Schulsystem ist, sind Veränderungen desselben zu erwarten. Von Interesse im Kontext der Europäisierung der schulischen Ausbildung sind bilaterale Projekte, die es CLIL-Schülerinnen und -Schülern erlauben, Abschlussqualifikationen parallel im Ausgangs- und im Zielsprachenland zu erwerben. (Besonders populär ist hier das sogenannte AbiBac-Modell, das es französischen und deutschen CLIL-Lernenden erlaubt, das Abitur bzw. das Baccalauréat auch gleichzeitig im jeweils anderen Land zu erwerben. Vorgespräche zur Erweiterung dieses Modells gibt es auch zwischen Italien und Deutschland.)

CLIL als sprachplanerisches Instrument zur Förderung der Mehrsprachigkeit in Europa

Alle Länder, in welchen CLIL eingeführt wurde, benutzen dieses Konzept in stärkerem oder geringerem Maße als ein Instrument der Sprachplanung. Im Eurydice-Bericht von 2006 waren die Zielsetzungen der einzelnen Länder für die Einführung von CLIL noch weitgehend sprach- oder sachfachbezogen interpretiert worden. Schon damals aber wurde die sprachplanerische Natur des CLIL-Konzeptes erkennbar, die heute offenkundig ist. Wenn man sich genauer ansieht, welchen Sprachen man in den verschiedenen Ländern Europas Förderung angedeihen lässt, indem man sie als CLIL-Sprachen verwendet, dann wird deutlich, was mit Sprachplanung im Sinne von CLIL gemeint ist.

Im Hinblick auf die Art der Nutzung von CLIL als Instrument der Sprachplanung lassen sich vier Gruppen von Ländern unterscheiden. Manche Länder verfolgen dabei mehrere sprachplanerische Zielsetzungen gleichzeitig:

▸ Länder, die CLIL im Hinblick auf die Globalisierung als Instrument zur Entwicklung hoher sprachlicher und interkultureller Kompetenzen in einer oder mehreren großen europäischen oder anderen Weltsprachen nutzen. Dies ist der Kontext, in welchem man CLIL gemeinhin ansiedelt. In Ländern wie Großbritannien, Frankreich, Italien, Polen, aber auch in kleineren europäischen Ländern wie den Niederlanden, Finnland, Slowenien werden das Englische, das Französische, das Deutsche, das Italienische, das Russische angeboten, um sprachliche und interkulturelle Kompetenzen zu optimieren und die Lernenden für die globalisierte Welt vorzubereiten.

▸ Länder, die im Hinblick auf die Förderung von Nachbarschaftssprachen Mehrsprachigkeit anstreben, die einer pragmatischen, aber auch einer altruistischen Zielsetzung dienen soll, nämlich grenzübergreifende Wirtschaftsräume zu schaffen und der Völkerverständigung zu dienen. Im Elsass spielt das Deutsche schon in der Grundschule eine wichtige Rolle als CLIL-Sprache, in der autonomen Provinz Aosta ist es das Französische, das als Unterrichtssprache verwendet wird. Häufig ist die Nachbarschaftssprache eine Sprache, die ursprünglich bereits in der Region gesprochen wurde, aber durch politische Veränderungen dann vom jeweiligen Sprachraum abgeschnitten wurde. Dies ist im Aostatal der Fall, aber auch im österreichischen Kärnten, wo das Slowenische inzwischen wieder zu einer Unterrichtssprache wurde. Meist sind es die sprachlichen Minderheiten selbst, die CLIL-ähnlichen Unterricht in eigenen Schulen oder eingebettet in das vorhandene Schulsystem fordern, um auf diese Weise ihre Minderheitssprache zu erhalten.

▸ Länder, die CLIL zur Aufrechterhaltung oder Weiterentwicklung einer dort gesprochenen Mehrheits- oder Minderheitssprache einsetzen. Diese Variante von CLIL ist seltener, aber durchaus von Bedeutung. So gibt es z.B. in Spanien drei autonome Provinzen, in welchen CLIL weitgehend diesem Zweck dient: die Provinz Valencia, in welcher die offizielle Sprache der Provinz, das *Valenciano*, neben dem Spanischen als Unterrichtssprache verwendet wird, um sie gerade bei Jugendlichen zu erhalten oder weiterzuentwickeln, die autonome Provinz Catalunya, wo das Katalanische aufgrund der umfassenden Nutzung in den Schulen bereits den Charakter einer Mehrheitssprache erlangt hat, und das Baskenland, in dem das Baskische durch die Verwendung als CLIL-Sprache wieder zu einer im Alltag verwendeten Sprache geworden ist (vgl. auch Frigols Martin 2008). Von besonderem Interesse ist auch Estland, wo das Estnische als offizielle, aber noch Minderheitssprache des Landes als Unterrichtssprache verwendet wird, um sie der zu mehr als 60 % russischsprachigen Bevölkerung zu vermitteln (vgl. auch Mehisto 2006).

▸ Länder, die neben der Schulsprache zwei CLIL-Sprachen nebeneinander verwenden. Neben den drei genannten spanischen autonomen Provinzen und Estland, die außer den Schulsprachen eine europäische oder Weltsprache (meist Englisch) einsetzen, gehören dazu auch Länder, die CLIL-Unterricht in zwei globalen Sprachen anbieten. (Die italienische autonome Provinz Alto Adige [Südtirol] ist ein Sonderfall. Hier werden bekanntlich drei Sprachen gesprochen, Italienisch, Deutsch und Ladinisch. Während in den voneinander unabhängigen Schulsystemen der beiden größeren Sprachen trotz einer schwierigen sprachenpolitischen Situation inzwischen CLIL-Unterricht auf Deutsch im italienischen und CLIL-Unterricht auf Italienisch im deutschen Schulsystem stattfindet, wird das Ladinische vor allem in der ladinischen Sprachregion gefördert: die Sprache wird nicht als CLIL-Sprache verwendet.)

Fazit

Die Darlegungen in den letzten beiden Abschnitten haben zwei Dinge deutlich werden lassen:

▸ Es gibt im europäischen Kontext eine Vielzahl von kleineren und größeren Unterschieden im Hinblick darauf, wie sich der CLIL-Unterricht darstellt. Diese Unterschiede sind zum Teil historisch bedingt, zum Teil systembedingt, zum Teil beruhen sie schlicht und einfach auch auf Zufällen. Die beschriebenen Parameter erläutern Tendenzen im CLIL-Unterricht der verschiedenen Länder; sie sind vor allem deshalb von Interesse, weil sie zeigen, in welche unterschiedlichen Richtungen sich bestimmte CLIL betreffende Fragestellungen entwickeln können und welche verschiedenen Lösungsoptionen sie für wichtige Themen, die mit der Implementierung von CLIL zusammenhängen, anbieten.

▸ Im europäischen Kontext wird der CLIL-Unterricht auf unterschiedliche Weise als sprachplanerisches Instrument genutzt. In vielen Ländern geht es darum, das Potenzial von CLIL zur Förderung von Mehrsprachigkeit fruchtbar zu machen, in anderen trägt der CLIL-Unterricht dazu bei, Minderheitssprachen, die die offiziellen Sprachen einer bestimmten Region sind oder in einem Land von größeren Sprechergruppen gesprochen werden, zu fördern.

Literatur

Chopey-Paquet, Mary (2012): CLIL in French-Speaking Belgium. Transforming Paradox into Potential. http://aberdeen.academia.edu/MaryChopeyPaquet/Papers/1178100/CLIL_in_French-speaking_Belgium._Transforming_paradox_into_potential [26. 09. 2012].

Eurydice (2006): *Content and Language Integrated Learning at Schools in Europe*. Brüssel.

Kommission der Europäischen Gemeinschaft (1996): *Weißbuch zur allgemeinen und beruflichen Bildung: Lehren und Lernen – Auf dem Wege zur kognitiven Gesellschaft*. http://ec.europa.eu/languages/documents/doc409_de.pdf [11. 09. 2012].

Frígols Martin, María Jesús (2008): CLIL implementation in Spain: an approach to different models. In: Coonan, Mary C. (Hrsg.): *CLIL e l'apprendimento delle lingue. Le sfide del nuovo ambiente di apprendimento*. Venezia, 221–231.

Leisen, Josef (2010): *Handbuch Sprachförderung im Fach – Sprachsensibler Fachunterricht in der Praxis*. Bonn.

Maljers, Anne/Marsh, David/Wolff, Dieter (2007): *Windows on CLIL – Content and Language Integrated Learning in the European Spotlight*. The Hague.

Marsh, David/Langé, Gisella (2000): *Using Languages to Learn and Learning to Use Languages*. Jyväskylä.

Marsh, David/Mehisto, Peeter/Wolff, Dieter/Frígols Martin, María Jesús (2010): *Europäisches Rahmenprogramm für die Ausbildung von CLIL-Lehrkräften*. Graz.

Mehisto, Peeter (2006): *Applying the Stakeholder Approach to the Development of the Estonian Language Immersion Program.* Tartu.

Wolff, Dieter (2007): Bilingualer Sachfachunterricht in Europa: Versuch eines systematischen Überblicks. In: Claus Gnutzmann (Koord.): *Fremdsprache als Arbeitssprache in Schule und Studium. Fremdsprachen lehren und lernen* 36, 13–29.

Dieter Wolff

3 Bilingualer Unterricht: Bildungstheoretische Grundlegung

Derzeit etablierte Zielbestimmungen fassen Bilingualen Unterricht als eine Form von *Content and Language Integrated Learning* (CLIL) auf und formulieren für diese Unterrichtsform fremdsprachliche, sachfachliche und übergeordnete Ziele auf funktional-pragmatischer und reflexiv-emanzipatorischer Ebene. Daher wird als zusammenfassende Zielvorstellung nicht nur von einer fremdsprachigen *Kommunikations-*, sondern *Diskurs*fähigkeit gesprochen (→ Art. 17–19). Für den reflexiv-emanzipatorischen Bereich, der auch die im CLIL-Kontext zentrale interkulturelle Kompetenz umfasst, wird in der deutschen CLIL-Diskussion der Begriff der Bildung verwendet.

In hochdifferenzierten und dynamisierten Informations-, Migrations- oder auch Transformationsgesellschaften sind Menschen Anforderungen ausgesetzt, die ein hohes Maß an Bildung im eigentlichen Sinne erfordern: Bildung als Fähigkeit, produktiv mit Unsicherheit umzugehen und aus dezentrierenden Fremdheitserfahrungen immer wieder mit neuer Stabilität hervorzugehen, ist sowohl im Sinne beruflicher Qualifikation als auch im Sinne persönlicher Identitätskonstruktionen notwendig. Das Konzept der Bildung stellt daher einen sinnvollen Rahmen für die didaktische Modellierung von Bilingualem Unterricht als CLIL dar. Da Bildungsprozesse aber kein selbstverständliches Ergebnis schulischen Lernens sind, ist auch Bilingualer Unterricht nicht aus sich selbst heraus bildend, sondern bedarf spezifischer didaktischer und methodischer Handlungsformen und schultheoretischer Vorentscheidungen.

Bildung, Reflexion, Transformation

Der Bildungsbegriff steht in der Tradition der Aufklärung und des Neuhumanismus. Neben allen Unterschieden in den einzelnen bildungstheoretischen Entwürfen geht es im Konzept der Bildung um die Entwicklung des Verhältnisses des Subjekts zu sich selbst und der Welt sowie um die Kontexte, in denen sich diese Entwicklung vollzieht (vgl. Ehrenspeck 2010: 157 mit Bezug auf Tenorth). Wir beziehen uns im Folgenden auf das Konzept der *transformatorischen Bildung*, das maßgeblich von Kokemohr, Peukert, Marotzki sowie zuletzt Koller entwickelt worden ist (vgl. Überblick bei Koller 2012).

Darin wird zunächst zwischen Bildungs- und Lernprozessen unterschieden. Während in Lernprozessen die Integration von Informationen oder Erfahrungen in bestehende mentale Schemata stattfinden kann, sind „Bildungsprozesse als Lernprozesse höherer Ordnung zu verstehen" (Koller 2012: 15). Hier verändern sich die „grundlegenden *Figuren* des Welt- und Selbstverhältnisses von Menschen" (ebd.: 15f.). Solche Veränderungen werden in dem Moment wahrscheinlich, wenn der Versuch misslingt, Neues in bestehende subjektive Rahmen zu integrieren und dieses Misslingen als bedeutsame „Krisenerfahrung" (ebd.: 16) erlebt wird: „Bildungsprozesse bestehen demzufolge also darin, dass Menschen in der Auseinandersetzung mit neuen Problemlagen neue Dispositionen der Wahrnehmung, Deutung und Bearbeitung von Problemen hervorbringen, die es ihnen erlauben, diesen Problemen besser als bisher gerecht zu werden." (ebd.: 16) Allerdings vollziehen sich diese Auseinandersetzungen nicht unmittelbar und ‚naturwüchsig', sondern stets kontextuell und vermittelt durch sprachliche bzw. semiotische Ordnungen (ebd.: 17).

Demnach kann die Anforderung, sich in einer bestimmten sprachlichen, semiotischen oder kulturellen Ordnung zurechtzufinden bzw. sich diese anzueignen, mit einer bildungsrelevanten Krise verbunden sein, sofern für Individuen hierin eine bestehende Differenz oder Fremdheit zu ihrer bisherigen Selbstverortung erfahrbar wird.

Transformation ist ein Vorgang, über den das Subjekt selbst nicht verfügt, sondern sich immer erst im Rückblick bewusst werden kann. Oevermann (1991) verwendet für diesen Zusammenhang den Begriff ‚Emergenz' und fasst damit Bildung als Entstehung von Neuem in einer Krise, ohne dass dies dem Akteur von Anfang an bewusst sein müsste. Den Abschluss der Krise sieht er dadurch markiert, dass ein Mensch den von ihm durchlaufenen Prozess rückblickend auf den Begriff bringen und für sich mit Sinn füllen kann. Wenn man so will, tritt somit Reflexivität in der zweiten Halbzeit eines Bildungsprozesses hinzu und ist ein notwendiger Bestandteil seines produktiven Abschlusses (vgl. hierzu Koller 2012).

In ausdifferenzierten Gesellschaften ist die Schule dafür zuständig, die Begegnung mit und das Erlernen von Sprachen, (Fach-)Diskursen und kulturellen Lebenswelten zu organisieren. Wenn sie es daneben auch ermöglichen soll, dass Lernende Bildungsprozesse durchlaufen, muss sie „Differenzerfahrungen aus einer fragmentierten Lebenspraxis in diskursiven und persönlich bedeutsamen Erfahrungs- und Lernprozessen für jeden noch einmal reflexiv werden [lassen]" (Kemper 2004: 865). Diese zentrale Grundstruktur transformatorischer Bildung mit ihren zwei Polen – den individuellen Bedürfnissen nach Sinnkonstruktion und den durch die Institution Schule vermittelten gesellschaftlichen Ansprüchen – findet sich mit Blick auf Schule und Unterricht dem Grundsatz nach auch in der Bildungsgangdidaktik (vgl. als Überblick Trautmann 2004). Beide Pole treffen sich in der reflexiven – also zumindest nachträglich ins Bewusstsein gehobenen – Bearbeitung von Entwicklungsaufgaben.

Schulunterricht, der darauf abzielt, Lern- in Bildungsprozesse zu überführen, benötigt somit Phasen und Aufgaben, die Fremdheit und Reflexion in Bezug auf

Sprache, fachliche oder selbstbezogene Aspekte erzeugen. Diese können Anteile kritischen Bewusstseins über die gesellschaftlichen, politischen, erkenntnistheoretischen und ethischen Implikationen fachlicher Praxis beinhalten. Indem Schülerinnen und Schüler diese Aufgaben bearbeiten, werden ihnen reflexive Ideen zugänglich, und sie können über das Annehmen, Ablehnen oder Weiterdenken dieser Inhalte einen subjektiven Bezug zum Fach entwickeln. Es ist anzunehmen, dass in einem solchen Unterricht ein fruchtbarer Boden für Transformation und damit Bildungsprozesse entsteht.

Von den konzeptionellen Erfordernissen eines transformatorischen Bildungsbegriffs lassen sich im Bereich CLIL die Aspekte Fremdheitserfahrung, Reflexion und Reflexivität sowohl in den Zielbeschreibungen als auch in den didaktischen Modellen explizit finden. Was das tatsächliche Aufgreifen und Begleiten sich daraus ergebender Transformationen des Selbst- und Weltverhältnisses der Schüler und Schülerinnen betrifft, können wir hingegen konstatieren, dass dies zwar als übergeordnete Zielvorstellung formuliert, in die meisten didaktischen Modelle aber nicht explizit eingearbeitet ist. Für transformatorische Bildungsprozesse erscheint sowohl ein Aufbrechen der Fächergrenzen (Breidbach 2007) als auch die Transformation der Schule selbst hin zu einer reflexiv-lernenden Institution (Bonnet/Breidbach 2007) erforderlich.

Ziele von Bilingualem Unterricht als CLIL

CLIL und Bilingualer Unterricht teilen einen Gegensatz in ihren Zielsetzungen (Dalton-Puffer/Nikula/Smit 2010: 3 ff.): Während Schüler und Schülerinnen wie auch Eltern darin die Chance sehen, eine arbeitsmarktrelevante überdurchschnittliche Fremdsprachenkompetenz zu erlangen, werden beide Unterrichtsformen in der Praxis über ihre sachfachbezogenen Inhalte und in Bezug auf die sachfachlichen Rahmen- bzw. Bildungspläne definiert und entsprechend organisiert. Im Diskurs der nationalen und europäischen Bildungsadministration wiederum spielt der Erwerb interkultureller Kompetenzen eine wichtige Rolle. In Deutschland liegt dies im historischen Auftrag der Völkerverständigung begründet (→ Art. 1). Auf europäischer Ebene rückt dies durch aktuelle Versuche der Bestimmung einer *crossborder-competence* in den Fokus (Schimek 2010), und in jüngerer Zeit treten hier auch weitere Ziele im Bereich kognitiver Grundfähigkeiten (Stichwort: *higher order thinking skills*), metakognitiver und selbstregulativer Kompetenzen sowie emotionaler Faktoren (Stichwort: *self-confidence* und *motivation*) hinzu.

Damit ergibt sich für Bilingualen Unterricht als CLIL ein Zielspektrum mit folgenden Dimensionen:
- fremdsprachliche Kompetenz
- sachfachliche Kompetenz
- interkulturelle Kompetenz
- metakognitive und selbstbezogene Kompetenzen
- emotional-attitudinale Effekte

Abhängig von der gewählten Perspektive können diese Effekte eher funktional-pragmatisch oder eher reflexiv-emanzipatorisch konzeptualisiert werden (Klieme/Hartig 2007). In den etablierten didaktischen Modellen für CLIL ist das Element der Reflexion ein expliziter Bestandteil. Im international verbreiteten Ansatz der „4Cs" (Coyle 2007) wird dieser Aspekt dadurch erfasst, dass die reflexive Dimension *culture* allen drei anderen Dimensionen (*content, cognition, communication*) unterliegt. In der deutschen Diskussion hat sich die Vorstellung einer fremdsprachigen Diskursfähigkeit durchgesetzt (z. B. Zydatiß 2007, Bonnet/Breidbach/Hallet 2009, Vollmer 2009), in der funktionale Sprachkompetenz durch Reflexion der durch diese Sprache konstruierten (fach-)kulturellen Sprechweisen und Perspektiven erweitert wird. Die Qualität der Transformation mit ihren Konsequenzen für die Institution Schule wird hingegen nur in wenigen Ansätzen ernsthaft diskutiert.

Während also die Dimension der Reflexivität auf der Ebene existierender didaktischer Modelle gut repräsentiert ist, sind empirische Befunde in diesem Bereich noch wenig vorhanden. Im geistes- und sozialwissenschaftlichen Bereich liegen für Geschichte empirische Anzeichen für erhöhtes Fremdverstehen (Lamsfuß-Schenk 2008) vor, die allerdings aus Perspektive der Geschichtsdidaktik bezweifelt werden (Hasberg 2004). In Bezug auf die Naturwissenschaften existiert für Chemie ein Modell interkultureller Bildung als Fremdheitserfahrung (Bonnet 2000), empirische Studien und Unterrichtsberichte zeigen allerdings keine reflexiven Automatismen (vgl. Bonnet 2012). Während also reflexive und transformatorische Elemente sowohl national wie international akzeptierte Ziele von CLIL darstellen, werden sie keinesfalls selbstläufig erreicht, sondern erfordern eine auf ihr Erreichen ausgerichtete Unterrichtsinszenierung. Dazu vorliegende Modelle werden im Folgenden diskutiert.

Bildungsträchtige Inszenierungsformen für Bilingualen Unterricht als CLIL

Seit der Einführung von Bilingualem Unterricht in Deutschland wird argumentiert, dass Sprachvergleichen ein didaktisches Potenzial zukäme. Die verwendeten Standardbeispiele überzeugen jedoch nicht, da zum Beispiel für das Fach Geschichte gezeigt wurde, dass diese Sprachvergleiche keinen ausgebauten Bilingualen Unterricht als CLIL erfordern, tiefer gehende Reflexionen an Spracharmut scheitern und zu teilweise lediglich scheinbarer Authentizität führen (Hasberg 2004). Darüber hinaus existieren aber Ansätze, die über diese Perspektive hinausgehen und sich präzise und umfassend mit dem Potenzial von Sprachvergleichen beschäftigen. Das Ziel dabei ist, dass „zwei Sprachen mit zwei Terminologien und Redeweisen nicht nur aufgerufen, d. h. verbalisiert, zitiert und veranschaulicht, sondern [...] auch vergleichend zur Rede und zur Reflexion gestellt [werden]" (Christ 2000: 76).

Eine Gruppe derartiger Ansätze thematisiert explizit Reflexion und verbleibt innerhalb der bestehenden institutionellen Grenzen. Die Bifokale Unterrichtsplanung (Habekost 2004) kombiniert kommunikative Fremdsprachendidaktik mit ihrem Ziel subjektiver Orientierungs-, Handlungs- und Urteilsfähigkeit mit einem phänomenologisch orientierten Naturwissenschaftsunterricht, der zur Urteilsfähigkeit, z. B. in der Technologiefolgenabschätzung, führen will. Die Erweiterung zur Multifokalen Unterrichtsplanung (Rittersbacher 2009) betont die Perspektive der Lernenden und erfordert linguistische Analysen des Gegenstandsbereichs: Mehrdeutigkeiten und signifikante Unterschiede zwischen Erst- und Zweitsprache werden gezielt thematisiert. In ähnlicher Weise hat auch ein auf Fachkulturen Bezug nehmender Ansatz (Koll 1999) das Ziel, fachliche Konzeptbildung und Urteilsfähigkeit durch vergleichende Reflexion zu vertiefen. Beide Aspekte kombiniert der Ansatz der Mehrperspektivität und konkretisiert sie in Hinblick auf das Fach Geografie (Albrecht/Böing 2010) mit seinem zentralen Konzept des Raums.

Ein derartiger Gedanke des Vergleichs auf mehreren Ebenen liegt auch dem *Bilingual Triangle* (Hallet 1998) zugrunde. Unter Ausarbeitung des darin noch unterbestimmten Verhältnisses von Eigenem und Anderem ist dieses Modell weiterentwickelt worden und bildet einen von zwei Ansätzen mit einer nicht nur reflexiven, sondern explizit transformatorischen Komponente. Anknüpfend an den Begriff des dritten Raums (Bhabha) wird darin Bilingualer Unterricht als interkultureller Diskursraum (Hallet 2004) verstanden, in dem Identität ausgehandelt und damit konstruiert wird. Wie ein solcher Unterricht zu inszenieren wäre, bleibt dagegen offen. Weitergehende Überlegungen dazu finden sich im Konzept einer Reflexiven Didaktik (Breidbach 2007). Dieses geht vom zentralen Moment der Fremdheitserfahrung als Ausgangspunkt von Aushandlungsprozessen von Selbst- und Weltverhältnissen der Lernenden aus und enthält drei wesentliche Aspekte:

(1) Das Fremde und das Eigene können in veränderbaren Graden als soziale (Dazugehörigkeit/Nicht-Dazugehörigkeit) oder kognitive (Vertrautheit/Unvertrautheit) Differenz erfahren werden. (2) Dadurch werden Reflexionsprozesse inszenierbar: (a) Auf einer erkenntnistheoretischen Ebene können Bedingungen der wissenschaftlichen Erkenntnis (Konstruktcharakter, Geschichtlichkeit oder Zweckgebundenheit) fokussiert werden. (b) Auf einer diskursiven Ebene können Strukturbedingungen kommunikativer Repräsentation (Pluralität von Diskursen als symbolische Ordnungen, Perspektivität von Erkenntnis und Wissen, Ausbildung von Fachdiskursen als interaktiv erzeugte Sprachkonventionen) betrachtet werden. (3) Im Unterrichtsmodus des ‚Sprachexperiments' können Lernende im Prozess der Aneignung der Sprache und des Diskurses eines Faches in der gemeinschaftlichen Auseinandersetzung mit den Unterrichtsgegenständen ihr Verhältnis zu den Gegenständen zur Sprache bringen. Diese individuell gefundene Sprache ist nicht vereinheitlicht, sondern die darin zum Ausdruck kommenden „Figuren des Selbst- und Weltverhältnisses" können temporär, divergent und offen für weitere Transformationen bleiben (siehe oben).

Beide transformatorischen Modelle sind bisher noch nicht für einzelne Unterrichtsfächer konkretisiert worden. Allerdings dürften sie vor allem in fächerübergreifender Arbeit ihre volle Wirkung entfalten. Sollen neben den funktional-pragmatischen Zielen auch die national wie international immer wieder betonten reflexiv-emanzipatorischen CLIL-Ziele erreicht werden, dürfte an dieser tiefer gehenden Auseinandersetzung mit der institutionell-organisationalen Seite von Schule und damit auch CLIL allerdings kein Weg vorbeiführen. Die zentrale Aufgabe empirischer Forschung liegt dann im rekonstruktiven Aufweis von Bildungsprozessen in einem reflexiv inszenierten Bilingualen Unterricht.

Literatur

Albrecht, Volker/Böing, Maik (2010): Wider die gängige monolinguale Praxis?! – Mehrperspektivität und kulturelle Skripte als Wegbereiter der Zweisprachigkeit im bilingualen Geographieunterricht. In: Sabine Doff (Hrsg.): *Bilingualer Sachfachunterricht in der Sekundarstufe – Eine Einführung.* Tübingen, 58–88.

Bonnet, Andreas (2000): Naturwissenschaften im bilingualen Sachfachunterricht: *Border Crossings.* In: Dagmar Abendroth-Timmer/Stephan Breidbach (Hrsg.): *Handlungsorientierung und Mehrsprachigkeit: Fremd- und mehrsprachliches Handeln in interkulturellen Kontexten.* Frankfurt/M., 149–160.

Bonnet, Andreas (2012): CLIL im Fach Chemie – Wachsende Orchidee und Motor der Integration. In: Bärbel Diehr/Lars Schmelter (Hrsg.): *Bilingualen Unterricht weiterdenken – Programme, Positionen, Perspektiven.* Frankfurt/M., 201–218.

Bonnet, Andreas/Breidbach, Stephan (2007): Reflexivität inszenierbar machen. Die Bedeutung der Bildungsgangforschung für die Fremdsprachendidaktik. In: Helene Decke-Cornill/Adelheid Hu/Meinert A. Meyer (Hrsg.): *Sprachen lernen und lehren. Die Perspektive der Bildungsgangforschung.* Opladen, 253–272.

Bonnet, Andreas/Breidbach, Stephan/Hallet, Wolfgang (⁴2009): Fremdsprachliches Handeln im Bilingualen Unterricht. In: Gerhard Bach/Johannes-Peter Timm (Hrsg.): *Englischunterricht. Grundlagen und Methoden einer handlungsorientierten Unterrichtspraxis.* Tübingen, 172–198.

Breidbach, Stephan (2007): *Bildung – Kultur – Wissenschaft. Reflexive Didaktik für den Bilingualen Sachfachunterricht.* Münster u. a.

Christ, Herbert (2000): Zweimal hinschauen – Geschichte bilingual lernen. In: Lothar Bredella/Franz-Joseph Meißner/Ansgar Nünning/Dietmar Rösler (Hrsg.): *Wie ist Fremdverstehen lehr- und lernbar? Vorträge aus dem Graduiertenkolleg „Didaktik des Fremdverstehens".* Tübingen, 43–83.

Coyle, Do (2007): The CLIL Quality Challenge. In: David Marsh/Dieter Wolff (Hrsg.): *Diverse Contexts – Converging Goals. CLIL in Europe.* Frankfurt/M., 47–58.

Dalton-Puffer, Christian/Nikula, Tarja/Smit, Ute (Hrsg.) (2010): *Language Use and Language Learning in CLIL Classrooms.* Amsterdam/Philadelphia.

Ehrenspeck, Yvonne (³2010): Philosophische Bildungsforschung: Bildungstheorie. In: Rudolf Tippelt/Bernhard Schmidt (Hrsg.): *Handbuch Bildungsforschung.* Wiesbaden, 155–169.

Habekost, Achim (2004): Bilingualer Unterricht Spanisch-Deutsch im Fach Chemie. Teil I: ein bifokales Unterrichtsplanungsinstrument. In: *chimica didactica* 30 (95), 201–219.

Hallet, Wolfgang (1998): The Bilingual Triangle. Überlegungen zu einer Didaktik des bilingualen Sachfachunterrichts. In: *Praxis des Neusprachlichen Unterrichts* 45, 115–125.

Hallet, Wolfgang (2004): Bilingualer Unterricht als interkultureller Diskursraum. In: Andreas Bonnet/Stephan Breidbach (Hrsg.): *Didaktiken im Dialog. Konzepte des Lehrens und Wege des Lernens im bilingualen Sachfachunterricht.* Frankfurt/M., 141–152.

Hasberg, Wolfgang (2004): Historisches Lernen im bilingualen Geschichtsunterricht (?) In: Andreas Bonnet/Stephan Breidbach (Hrsg.): *Didaktiken im Dialog. Konzepte des Lehrens und Wege des Lernens im bilingualen Sachfachunterricht*. Frankfurt/M., 221–236.

Kemper, Herwart (2004): Schule/Schulpädagogik. In: Dietrich Benner/Jürgen Oelkers (Hrsg.): *Historisches Wörterbuch der Pädagogik*. Weinheim u. a., 834–865.

Klieme, Eckhard/Hartig, Johannes (2007): Kompetenzkonzepte in den Sozialwissenschaften und im erziehungswissenschaftlichen Diskurs. In: *Zeitschrift für Erziehungswissenschaft* 10 (Sonderheft 8), 11–29.

Koll, Beate M. (1999): Leben in naturwissenschaftlicher und kultureller Anschauung. Ein Modell für die Mittelstufendifferenzierung. In: *Neusprachliche Mitteilungen* 52 (2), 117–127.

Koller, Hans-Christoph (2012): *Bildung anders denken. Einführung in die Theorie transformatorischer Bildungsprozesse*. Stuttgart.

Lamsfuß-Schenk, Stefanie (2008): *Fremdverstehen im bilingualen Geschichtsunterricht. Eine Fallstudie*. Frankfurt/M.

Oevermann, Ulrich (1991): Genetischer Strukturalismus und das sozialwissenschaftliche Problem der Erklärung der Entstehung des Neuen. In: Stefan Müller-Dohm (Hrsg.): *Jenseits der Utopie? Theoriekritik der Gegenwart*. Frankfurt/M., 267–336.

Rittersbacher, Christa (2009): Literalität im multifokalen Unterricht: Die Beachtung sprachlicher Phänomene als Katalysator beim sachfachlichen Lernen. In: Stephan-Alexander Ditze/Ana Halbach (Hrsg.): *Bilingualer Sachfachunterricht (CLIL) im Kontext von Sprache, Kultur und Multiliteralität*. Frankfurt/M., 75–90.

Schimek, Franz (2010): Grenzenlos competent. Ein Grundkompetenzmodell für erfolgreiches europäisches Handeln. http://www.oegfe.at/cms/uploads/media/Praesentation_Schimek. pdf, [16.05.2012].

Trautmann, Matthias (2004): *Entwicklungsaufgaben im Bildungsgang*. Wiesbaden.

Vollmer, Helmut J. (2009): Diskursfunktionen und fachliche Diskurskompetenzen bei bilingualen und monolingualen Geografielernern. In: Stephan-Alexander Ditze/Ana Halbach (Hrsg.): *Bilingualer Sachfachunterricht (CLIL) im Kontext von Sprache, Kultur und Multiliteralität*. Frankfurt/M., 165–185.

Zydatiß, Wolfgang (2007): *Deutsch-Englische Züge in Berlin (DEZIBEL). Eine Evaluation des bilingualen Sachfachunterrichts an Gymnasien*. Frankfurt/M.

Andreas Bonnet, Stephan Breidbach

4 Mehrsprachigkeit und Bilingualer Unterricht/CLIL: Die Begriffsvielfalt von Mehrsprachigkeit

Dass Bilingualer Unterricht etwas mit Mehrsprachigkeit zu tun hat, wird angesichts des Begriffs kaum überraschen. Überraschender scheint indes, dass es zwischen den unterschiedlichen Konzepten und Verständnissen von Mehrsprachigkeit auf der einen Seite und dem Verständnis von Bilingualem Unterricht/CLIL auf der anderen Seite erhebliche Diskrepanzen gibt, die die Entwicklung des Bilingualen Unterrichts in Deutschland seit Anbeginn begleitet haben. Diese terminologisch-konzeptuellen Spannungen haben in dem Maße zugenommen, wie sich die unterschiedlichen Felder, die mit dem Begriffspaar angesprochen sind, terminologisch ausdifferenziert haben. Es ist also erforderlich, Antworten auf die Fragen zu finden, was wir denn eigentlich unter ,Mehrsprachigkeit' verstehen, welches Verständnis von ,Bilingualem Unterricht' wir haben und in welchem

Umfang sich diese beiden Realitätsfelder einander annähern oder voneinander entfernen. Diese Antworten ergeben sich nicht zuletzt aus einer differenzierten terminologisch-konzeptuellen Betrachtung des Gegenstands.

Was verstehen wir unter ‚Mehrsprachigkeit‘?

Die einfach anmutende Frage ist indessen nicht so einfach zu beantworten. Wissenschaftshistorisch erlangte die Beschäftigung mit der Zweisprachigkeit zeitlich früher die Aufmerksamkeit der Forschung. Hier lassen sich – auch im Lichte neuerer Publikationen – folgende begriffliche Festlegungen beobachten (vgl. beispielsweise Baker 2006, Zydatiß 2010): Grundsätzlich wird zwischen individueller und kollektiver bzw. gesellschaftlicher Zweisprachigkeit unterschieden. Im Kontext der individuellen Zweisprachigkeit haben in den letzten zwei bis drei Jahrzehnten vor allem Analysen zur Erziehung zur Zweisprachigkeit Beachtung gefunden, nicht zuletzt weil sie mit psycholinguistischem Zuschnitt Einsichten in fremdsprachliche Aneignungsprozesse erlaubten und weil sie mit dogmatisch gefassten, kaum datenbasierten Vorurteilen zur Schädlichkeit zweisprachiger Erziehung aufräumten. Umstritten ist dabei allerdings nach wie vor, ab welchem Kenntnisstand bzw. Kompetenzgrad von tatsächlicher Zweisprachigkeit gesprochen werden kann. Hier lassen sich Extrempositionen feststellen. Auf der einen Seite: jeder Mensch ist zweisprachig, z.B. weil er mehrere Register, Soziolekte etc. beherrscht; auf der anderen Seite: Zweisprachigkeit liegt dann vor, wenn man sich in allen Situationen mit der gleich hohen Kompetenz eines Muttersprachlers intentionsadäquat und situationsangemessen in beiden Sprachen praktisch fehlerfrei bewegen kann. Zwischen diesen Positionen lässt sich eine Vielzahl von Zwischenpositionen definieren:
▸ die subtraktive Zweisprachigkeit, die den sukzessiven Aufbau der Sprachkompetenz in einer Sprache durch den (latenten) Abbau der Kompetenz in einer anderen Sprache erkauft;
▸ die rezeptive Zweisprachigkeit, die die produktive Kompetenz in der zweiten Sprache als eingeschränkt oder gar inexistent ansieht;
▸ die parallele Zweisprachigkeit, bei der die Sprachentwicklung im Kind in zwei Sprachen gleichzeitig stattfindet – im Gegensatz zur sukzessiven Zweisprachigkeit, bei der die zweite Sprache deutlich später aufgebaut wird als die erste und auch häufig nicht mehr mit einer der Erstsprache ähnlichen Kompetenz beherrscht wird;
▸ die natürliche Zweisprachigkeit, bei der das Individuum in beiden Sprachen jeweils mit muttersprachlichen Sprechern zu tun hat, während
▸ in der künstlichen Zweisprachigkeit die sprachlichen Bezugspersonen einer Sprache nicht Muttersprachler dieser Sprache sind.
Nicht zuletzt aufgrund dieser bipolaren Differenzierungen scheint die Unterscheidung zwischen einer starken und einer schwächeren Sprache bei Bilingualen nicht von der Hand zu weisen, sondern geradezu zwingend.

Dass Schülerinnen und Schüler, die zum Beispiel von Hause aus – partiell – zweisprachig sind, weil sie eine andere als die Schul- oder Umgebungssprache als Muttersprache haben, die Schulen insgesamt und den Bilingualen Unterricht im Besonderen vor eine spezielle Herausforderung stellen, hat die Mehrsprachigkeitspädagogik deutlich in das Bewusstsein der Forschung gerückt (vgl. den von Gogolin 1994 beklagten monolingualen Habitus der deutschen Schule). Konkrete methodisch-didaktische Handlungsempfehlungen, durch empirische Forschungsarbeiten unterfüttert, sind dabei allerdings noch eher die Ausnahme als die Regel. Und auch die Frage, ob und gegebenenfalls wie auch der Bilinguale Unterricht dazu beitragen kann, die schwächere Sprache der bereits Bilingualen zu fördern, wird nicht breit diskutiert (→ Art. 24).

Im Gegensatz zum individuellen Bilingualismus scheint die kollektive oder gesellschaftliche Zweisprachigkeit leichter zu fassen. Sie bezieht sich auf Sprachgemeinschaften, in denen zwei Sprachen von den Sprechern der Gemeinschaft gleichermaßen verwendet werden. Zwar lassen sich zahlreiche Staaten finden, in denen zwei (oder mehr) Sprachen offiziell mit gleichem Status anerkannt sind; das bedeutet aber nicht unbedingt, dass die Mitglieder dieser Staaten diese Sprachen auch tatsächlich gleichermaßen kompetent beherrschen und verwenden.

Die Vielschichtigkeit schon allein des Begriffs ‚zweisprachig' lässt kritische Stimmen laut werden, ob der Terminus ‚Bilingualer Unterricht' denn gut gewählt sei. Nicht selten kommen diese Stimmen zu der Auffassung, dass Zweisprachigkeit im Sinne der Bilingualismus-Forschung etwas deutlich Anderes bezeichnet als im Bilingualen Unterricht. Durch Letzteren eine den Bilingualen vergleichbare Sprachkompetenz anstreben zu wollen, hieße den Bilingualen Unterricht eindeutig zu überfordern: Zweisprachigkeit im Sinne der Bilingualismus-Forschung ist durch Unterricht allein – gleich welcher Form – kaum erreichbar, und von daher weckt der Terminus ‚Bilingualer Unterricht' falsche Erwartungen und Hoffnungen (Weller 1993). Nicht zuletzt deshalb, aber auch im Rahmen einer Umorientierung weg vom Bilingualen Unterricht als verlängertem Fremdsprachenunterricht, hat sich zunächst auf europäischer Ebene, dann auch im deutschsprachigen Raum die Bezeichnung *Content and Language Integrated Learning'* etabliert. Dieser Begriff ist insofern offener, als er alle denkbaren Formen des Unterrichts in einer anderen als der Schulsprache umfasst (→ Art. 2). Gleichzeitig wird damit die Auffassung verbunden, dass ein Fachunterricht in der Fremdsprache sehr wohl erreichbar und auch wünschenswert sei, in dem Zweisprachigkeit als methodisches und curriculares Prinzip seinen berechtigten Platz hat (→ Art. 24).

Vielfach differenzieren auch einschlägige Forschungsarbeiten nicht hinreichend zwischen Bilingualität und Mehrsprachigkeit. Letztere lässt sich als die Beherrschung von mindestens zwei Fremdsprachen neben der Muttersprache auffassen. Erst mit einer zunehmenden Betrachtung von drei- oder mehrsprachigen Personen (vgl. z.B. Hoffmann/Ytsma 2004), mit der Fokussierung auf eine sprachenpolitische und gleichermaßen soziologisch-politische Argumentation (Heugh/Skutnabb-Kangas 2010), mit dem Aufkommen der Bedeutung von sogenannten Tertiärsprachen auch im Kontext von Schule und Unterricht (vgl. Bahr u.a. 1996, Hufeisen/Neuner 2003) und der Herausbildung der Mehrsprachigkeitsdidaktik (exemplarisch Martinez/Reinfried 2006) wuchs das Bewusstsein für eine notwendige Differenzierung zwischen Zwei- und Mehrsprachigkeit. Dabei wird bisweilen zwischen einer individuellen Mehrsprachigkeit und einer gesellschaftlichen Vielsprachigkeit unterschieden. Interessant ist diese Diskussion im Zusammenhang mit dem Bilingualen Unterricht aus zwei Gründen: Zum einen zeigen Arbeiten aus den genannten Feldern, dass die (erfolgreiche) kognitive Verarbeitung von Mehrsprachigkeit nicht selten mit einer bewussten, auf die einzelnen Sprachen bezogenen Verarbeitung der sprachlichen Informationen einhergeht; so erklärt sich z.B. die im Kontext der Mehrsprachigkeitsdidaktik entstandene Neubewertung des Transferkonzepts (z.B. Meißner 2002), und so erklärt sich ferner, dass man der Bewusstmachung vorhandenen fremdsprachlichen Wissens für den Aufbau einer Kompetenz in einer weiteren Fremdsprache eine große Bedeutung beimisst. Zum anderen wurde das Bewusstsein für die unterschiedlichen Formen von Mehrsprachigkeit in ihrer Bedeutung für (fremdsprachen-)unterrichtliche Lernprozesse geweckt und geschärft. Die Differenzierung zwischen retrospektiver, retrospektiv-prospektiver und prospektiver Mehrsprachigkeit (vgl. ausführlicher Königs 2004) weist darauf hin, dass wir es im deutschen Schulkontext im Bilingualen Unterricht nicht selten auch mit Schülerinnen und Schülern zu tun haben, die entweder durch eine andere Muttersprache als die Umgebungssprache schon mehrsprachig sind (→ Art. 24) oder aber die ‚Fremdsprache‘ des Bilingualen Unterrichts als Muttersprache haben. Beide Gruppen erfordern entsprechendes unterschiedliches, auf ihre Bedingungen zugeschnittenes didaktisch-methodisches Handeln, insbesondere angesichts einer lernpsychologischen Maxime, die die Schülerinnen und Schüler bei ihrem vorhandenen Wissen ‚abzuholen‘ beabsichtigt.

Bilingualer Unterricht: Auf dem Weg zur Mehrsprachigkeit

Ein beträchtlicher Teil der einschlägigen Literatur zum Bilingualen Unterricht kreist um die Frage, ob er mehr fremdsprachen- oder mehr sachfachdidaktischen Überlegungen und Prinzipien folgen solle. Der anfänglichen, insbesondere aus der Fremdsprachendidaktik gespeisten Anlehnung an fremdsprachendidaktische Diskussionen und damit einer vermeintlichen Verlängerung des Fremdsprachenunterrichts in das Sachfach hinein kann man heute mit guten Gründen eine veränderte Sichtweise entgegenhalten: Bilingualer Unterricht richtet sich nicht nur deutlicher an sachfachdidaktischen Zielsetzungen und curricularen Vorgaben aus als an fremdsprachendidaktischen, sondern er stellt einen Vermittlungskontext sui generis dar, indem er die Schülerinnen und Schüler dazu befähigen will, sich einen sachfachlichen Gegenstand mit den fachspezifischen, wissenschaftlich basierten Methoden durch das Medium der fremden Sprache zu erschließen und ihn in diesem Medium weiter zu vertiefen (→ Art. 25). Anders als in der Mehrsprachigkeitsdidaktik, in der die kognitive Durchdringung von Sprache(n) zum motivationsfördernden und lernerleichternden Prinzip bei der Aneignung genau dieses Lerngegenstandes werden soll, stellt die auf die Sprachen bezogene Durchdringung des sachfachlichen Inhalts im Bilingualen Unterricht diesen Sachfachinhalt *in seiner Multiperspektivität*, wie sie im Umgang mit authentischen Fachtexten in den beiden beteiligten Sprachen ihren Ausdruck findet, in das Zentrum. Damit ist der Einbezug der Schul- oder Umgebungssprache keine vermittlungsmethodische Hilfestellung wie im Fremdsprachenunterricht, die man lieber vermeiden würde, sondern er hat seinen curricularen Platz in der Zielsetzung des Bilingualen Unterrichts, derzufolge die Lernenden fachliches Wissen in zwei Sprachen rezipieren und selbst produktiv sachfachgerecht zum Ausdruck bringen können sollen; dass dabei derjenigen Sprache, die nicht die Muttersprache ist, deutlich mehr Raum gegeben werden muss, liegt auf der Hand.

Insgesamt lassen sich für den Zusammenhang von Mehrsprachigkeit und Bilingualem Unterricht schlagwortartig die folgenden Aussagen machen und Desiderate anführen:

▸ Unterrichtliche Mehr- und Zweisprachigkeit (ob im Fremdsprachen- oder Sachfachunterricht) und natürliche Mehr- und Zweisprachigkeit sind weder vom Ziel noch vom Ergebnis her vergleichbar. Durch Unterricht ist bestenfalls eine Annäherung an natürlich erworbene Kompetenzen erreichbar. Diese Feststellung gilt analog zu einer Unübertragbarkeit von Erkenntnissen zum natürlichen Zweitspracherwerb auf unterrichtliches Fremdsprachenlernen.

▸ Mehrsprachigkeit schließt die Fähigkeit zum Umschalten ein; Code-Switching gilt dabei als eines ihrer natürlichen Merkmale (→ Art. 24). Diese Fähigkeit zu vermitteln, zeichnet einen Bilingualen Unterricht aus, der sich darum bemüht, kognitive Konzeptbildung in beiden (oder mehr) beteiligten Sprachen zu fördern und dabei auch Perspektivenvergleiche anzuregen.

▸ Bilingualer Unterricht leistet mehr als die Erschließung eines in zwei (oder mehr) Sprachen durch ein spezifisches Zeichensystem bezeichneten Lerngegenstandes; vielmehr geht es in ihm um die aufeinander bezogene begriffliche und konzeptuelle fachbezogene kognitive Entwicklung in *und* durch zwei Sprachen mit einem hohen Anteil an bewusstheitsfördernden Vergleichen. Anders als bei natürlich Zwei- oder Mehrsprachigen, denen häufig bescheinigt wird, dass sie gerade nicht zwischen und in zwei (oder mehr) Sprachen vergleichen können, wird das Vergleichenkönnen im Bilingualen Unterricht zu einem wichtigen (freilich nicht alleinigen) Element der Wissensgenerierung und des (sachfachlichen sowie eigen- und fremdsprachlichen) Kompetenzaufbaus sowie des vernetzten Sprachenlernens (Hallet/Königs 2010).

▸ Weitergehend besteht ein Spezifikum und damit auch eine wesentliche Leistung des Bilingualen Unterrichts darin, das Sachfachwissen in zwei Sprachen verfügbar zu machen, zum Teil sogar erst zu entwickeln. Mehrsprachiges Wissen ist damit Teil eines fremdsprachigen Weltverstehens, das dadurch gekennzeichnet ist, dass durch das Medium der beiden Sprachen fachbezogenes Wissen begrifflich und konzeptuell aufgebaut wird (→ Art. 20). Vor allem aber wird die kognitive Verankerung sachfachbezogenen Wissens durch die fremde Sprache bereichert und im Sinne einer *bilingual literacy* zum eigentlichen Leistungspotenzial der Mehrsprachigkeit im Bilingualen Unterricht (Hallet 2007). Der Prozess der Wissensgenerierung wird durch die Fremdsprache nicht nuanciert oder lediglich sprach- und kulturspezifisch perspektiviert, sondern entscheidend erweitert und neu vermessen. Sachfachliches Wissen und fremdsprachiges Weltverstehen werden damit in einer Form generiert, die einsprachigem Fachunterricht zwangsläufig verwehrt bleiben muss.

▸ Die Intensität und der Kompetenzgrad der spezifischen zwei- und mehrsprachigen (aber nicht bilingualen) Kompetenz dürfte in Abhängigkeit von den unterschiedlichen Formaten des Bilingualen Unterrichts stehen (→ Art. 10).

▸ Je mehr es dem Bilingualen Unterricht gelingt, die unterrichtliche Kommunikation der natürlichen authentischen Fachkommunikation anzunähern, desto eher ergibt sich damit eine Annäherung an eine tatsächliche (und nicht nur eine vermittlungsmethodische) Zwei- oder Mehrsprachigkeit.

▸ Das Modell des *Bilingual Triangle* (Hallet 1998) versuchte ja bereits, Ziele, Inhalte und Gegenstände des Bilingualen Unterrichts abzubilden. Dabei war ein wesentlicher Punkt die Möglichkeit der Schülerinnen und Schüler, von ihrem Vorwissen ausgehen zu können. Für die bereits Zwei- oder Mehrsprachigen müsste auch im Bilingualen Unterricht die Möglichkeit geschaffen werden, auf dieses Vorwissen beim Aufbau neuen Wissens zurückzugreifen, wenn dem Vorwissen beim Aufbau neuer, erweiterter Wissensbasen diese hohe Bedeutung zukommt. Hier ist über Formen und Aufgabenformate nachzudenken, in denen dies geschehen kann, ohne dass der damit verbundene zeitliche Verzug die Lerngruppe insgesamt behindert oder demotiviert. Das Ernstnehmen vorhandener Zwei- oder Mehrsprachigkeit scheint es zu gebieten, nach solchen Formaten zu suchen.

▸ Je nach Sprachenfolge und je nach Schulprofil sowie in Abhängigkeit vom jeweiligen Format, das im Rahmen der Schulentwicklung (→ Art. 7) gewählt wurde (→ Art. 10), sollten Überlegungen möglich sein, abgestimmt auf den Lerngegenstand auch *phasenweise* das fachbezogene Arbeiten in anderen (zweiten, dritten, vierten) Sprachen, zumindest die Beschäftigung mit authentischen fachbezogenen Texten in anderen Sprachen, nicht von vornherein auszuschließen.

▸ Wir verfügen in der Zwischenzeit über vertiefte (wenn auch keineswegs vollständige und durch empirische Forschungen in allen Details abgesicherte) Einblicke in Bilingualen Unterricht, wie er sich in Deutschland vor dem Hintergrund der geltenden Bestimmungen und Rahmenvorgaben abspielt. Auch über Modelle Bilingualen Unterrichts in anderen europäischen Ländern wissen wir viel (→ Art. 2). Ein Desiderat scheint in diesem Zusammenhang der durch Forschung begleitete Blick in andere Länder; dazu gehören zum einen entsprechende Untersuchungen an deutschen Schulen im Ausland (→ Art. 13), zum anderen die Erforschung bilingualer Praxen in mehrsprachigen Gesellschaften und Erziehungssystemen (vgl. z. B. Baur/Mamporija/Schymiczek 2010).

▸ Schließlich scheint im Kontext des Verhältnisses von Zwei- und Mehrsprachigkeit und Bilingualem Unterricht ein detaillierterer Blick in die Praxis von Studiengängen aufschlussreich, die in einer fremden Sprache angeboten und absolviert werden (vgl. Gnutzmann 2012).

Der fremdsprachenpolitische Aspekt

Bilingualer Unterricht (in Deutschland) verdankt seine Entwicklung dem Ineinandergreifen fremdsprachenpolitischer Initiativen und dem – häufig genug persönlichen – Engagement von Lehrkräften und Entscheidungsträgern ‚vor Ort‘ (→ Art. 1, 7). Orientierten sich fremdsprachenpolitische Argumentationen in der Anfangszeit insbesondere an dem Wunsch, die eigene Landessprache und die des Nachbarn zu stärken und das gegenseitige Verständnis zwischen jungen Angehörigen zweier Nationen zu fördern, so hat sich mit zunehmender Intensität des Nachdenkens und Forschens ein (zumindest leicht) veränderter fremdsprachenpolitischer Fokus ergeben: Die europäische Forderung, dass jeder europäische Bürger die Möglichkeit erhalten solle, neben seiner Muttersprache mindestens zwei moderne Fremdsprachen zu lernen (→ Art. 6), macht den Bilingualen Unterricht zu einem auch aus fremdsprachenpolitischer Sicht attraktiven Modell, weil es ihm eben nicht (nur) um Sprachvermittlung um ihrer selbst willen geht, sondern weil er den Schülerinnen und Schülern einen authentischen Anwendungsfall für fremdsprachliche Kompetenzen und einen natürlichen Raum für das Verstehen unterschiedlicher kulturbedingter fachbezogener Perspektiven bietet. Ein fremdsprachenpolitisches Eintreten für Bilingualen Unterricht ist damit auch immer ein Eintreten für Mehrsprachigkeit im hier angedeuteten Sinne, und es ist damit immer auch eine Anerkennung der Tatsache, dass *language awareness* in diesem Zusammenhang eine Bildungsaufgabe von Schule ist (→ Art. 23). Gleichzeitig hat diese veränderte fremdsprachenpolitische Sicht mit dazu beigetragen, die unterschiedlichen Formate für Bilingualen Unterricht mitzuentwickeln (→ Art. 10), die man auch als Antwort auf den häufig geäußerten Vorwurf interpretieren kann, dass Bilingualer Unterricht ein Beitrag zur Elitebildung sei und von daher bestimmte Schülerpopulationen ausgrenze. Mehrsprachigkeit an sich ist noch kein Zeichen für Elitebildung, und die oben erwähnte europäische Grundsatzhaltung des ‚Muttersprache plus 2 Fremdsprachen‘ für möglichst alle Bürger der Europäischen Union unterstreicht dies nachdrücklich. Auch von daher stehen

Mehrsprachigkeit und Bilingualer Unterricht in einer wechselseitigen Beziehung zueinander, die es zum Vorteil der Lernenden nutzbar zu halten gilt.

Literatur

Bahr, Andreas/Bausch, Karl-Richard/Helbig, Beate/Kleppin, Karin/Königs, Frank G./Tönshoff, Wolfgang (1996): *Forschungsgegenstand Tertiärsprachenunterricht. Ergebnisse eines empirischen Projekts.* Bochum.

Baker, Colin (⁴2006): *Foundations of Bilingual Education and Bilingualism.* Clevedon.

Baur, Rupprecht S./Mamporija, Irina/Schymiczek, Nelly (2010): Bilinguales Lehren und Lernen an russischen Schulen. In: Alexander Ja. Minor (Hrsg.): *Sprachliche und kulturelle Kontakte.* Saratow, 136–148.

Gnutzmann, Claus (Koord.) (2012): *Fremdsprachen in nichtsprachlichen Studiengängen. Fremdsprachen lehren und lernen* 41 (2).

Gogolin, Ingrid (1994): *Der monolinguale Habitus der multilingualen Schule.* Münster.

Hallet, Wolfgang (1998): Bilingual Triangle, Überlegungen zu einer Didaktik des bilingualen Sachfachunterrichtes. In: *Praxis des neusprachlichen Unterrichtes* 45 (2), 115–125.

Hallet, Wolfgang (2007): *Scientific Literacy* und Bilingualer Sachfachunterricht. In: Claus Gnutzmann (Koord.): *Fremdsprache als Arbeitssprache in Schule und Studium. Fremdsprachen lehren und lernen* 36, 95–110.

Hallet, Wolfgang/Königs, Frank G. (2010): Mehrsprachigkeit und vernetzendes Sprachlernen. In: Wolfgang Hallet/Frank G. Königs (Hrsg.): *Handbuch Fremdsprachendidaktik.* Seelze, 302–307.

Heugh, Kathleen/Skutnabb-Kangas, Tove (Hrsg.) (2010): *Multilingual Education Works from the Periphery to the Centre.* New Delhi.

Hoffmann, Charlotte/Ytsma, Jehannes (Hrsg.) (2004): *Trilingualism in Family, School, and Community.* Clevedon.

Hufeisen, Britta/Neuner, Gerhard (Hrsg.) (2003*): Mehrsprachigkeitskonzept – Tertiärsprachen – Deutsch nach Englisch.* Strasbourg.

Königs, Frank G. (2004): Mehrsprachigkeit ernst genommen. Überlegungen zum Übersetzen (und Dolmetschen) mit Lernern unterschiedlicher Muttersprache. In: ENS Lettres et Sciences humaines – Lyon/The British Council/Goethe-Institut (Hrsg.): *Les langues maternelles dans l'enseignement des langues étrangères. Mother tongues in foreign language teaching. Muttersprachen im Fremdsprachenunterricht. Colloque des 12–13 février 1999.* Lyon, 83–106.

Martinez, Hélène/Reinfried, Marcus unter Mitarbeit von Marcus Bär (Hrsg.) (2006): *Mehrsprachigkeitsdidaktik gestern, heute und morgen. Festschrift für Franz-Joseph Meißner zum 60. Geburtstag.* Tübingen.

Meißner, Franz-Joseph (2002): Transfer aus der Sicht der Mehrsprachigkeitsdidaktik. In: Armin Wolff/Martin Lange (Hrsg.): *Europäisches Jahr der Sprachen: Mehrsprachigkeit in Europa.* Regensburg, 128–142.

Weller, Franz-Rudolf (1993): Bilingual oder zweisprachig? Kritische Anmerkungen zu den Möglichkeiten und Grenzen fremdsprachigen Sachunterrichts. In: *Die Neueren Sprachen* 92 (1–2), 8–22.

Zydatiß, Wolfgang (2010): Zweisprachigkeit. In: Carola Surkamp (Hrsg.): *Metzler Lexikon Fremdsprachendidaktik.* Stuttgart, 339–340.

Frank G. Königs

5 Entwicklungstendenzen und Desiderata der bilingualen Sachfachdidaktik

Entwicklungstendenzen

Lange Zeit wurde die didaktische Diskussion um Begründungen und Ziele des Bilingualen Unterrichts von zwei Polen aus geführt, die – grob verkürzt – im bilingualen Unterricht entweder einen um Sachinhalte erweiterten Fremdsprachenunterricht sahen oder den Unterricht eines Faches in einer Fremdsprache. Die Erkenntnis, dass beide Positionen weder zur didaktischen Begründung noch zu einer befriedigenden curricularen Einbettung und methodischen Gestaltung führen können, forderte eine dritte Position heraus, die nach Konzepten und Theorien sucht, in denen sprachliches und inhaltliches Lernen als miteinander verbunden und aufeinander bezogen betrachtet werden (Zydatiß 2002). Dies hat in den letzten 20 Jahren zu interessanten, insbesondere fremdsprachendidaktischen Ergebnissen in der Theoriebildung zum bilingualen Unterricht geführt. Ob diese jedoch tatsächlich schon ausreichen, um davon auszugehen, dass eine Begründung Bilingualen Sachfachunterrichts „heute nicht mehr erforderlich" sei (Doff 2010: 11), kann hier im Detail nicht diskutiert werden. Jedoch spricht einiges eher dafür, dass eine über die Akzeptanz der bildungspolitischen Setzung bilingualen Unterrichts hinausgehende, allgemeine Anerkennung aus den Didaktiken der bilingual unterrichteten Fächer noch nicht als gegeben gelten kann: die sehr viel vorsichtiger vorgetragenen, nach Begründungen noch argumentativ suchenden Ausführungen z. B. bei Breidbach (2010); die Kritik an der vornehmlich fremdsprachendidaktischen Begründung bilingualen Unterrichts; die Forderung nach einer eigenständigen bilingualen Geschichtsdidaktik sowie nach einer kritischen Begleitung der Entwicklungen bilingualen Unterrichts z. B. bei Hasberg (2009). Nicht nur aus der fremdsprachendidaktischen Perspektive bleibt zudem offen, ob die vorliegenden didaktischen Begründungen, die zumeist mit Blick auf spezifische Organisations- und Schulformen formuliert wurden, tatsächlich für alle organisatorischen Formen Bilingualen Unterrichts Geltung haben können.

Jedenfalls ist die systematische Suche nach einem Mehrwert des Bilingualen Unterrichts gegenüber dem einsprachig in der Schulsprache gehaltenen Unterricht, die lange Zeit gerade die fremdsprachendidaktische Erforschung des Bilingualen Unterrichts bestimmt hat, an Grenzen gestoßen. Jenseits des deutlichen und mehrfach empirisch nachgewiesenen Zuwachses in der Fremdsprachenkompetenz hat es sich als schwierig herausgestellt, einen Mehrwert allein auf die fremd- bzw. zweisprachige Durchführung des Fachunterrichts zurückzuführen. Der Nachweis des Gewinns für die Fremdsprachen ist sicherlich wichtig, war jedoch angesichts der getätigten Investitionen, die insbesondere in der umfangreichen längeren Auseinandersetzung mit der Sprache zu sehen sind (*time on task*), nicht anders zu erwarten. Für die bilingual unterrichteten Fächer scheint der Mehrwert mittlerweile andernorts gesucht zu werden als nur in der zwei- bzw. fremdsprachigen fachbezogenen Kommunikationskompetenz. Insbesondere mit Blick auf übergreifende Lehrziele, wie interkulturelle Kompetenz, scheinen sich fruchtbare Lernsituationen, die im allein schulsprachlichen Unterricht mühsam geschaffen werden müssen, im bilingualen Unterricht ohne besondere Planung, das heißt allein aus der Zwei- bzw. Fremdsprachigkeit des Unterrichts heraus zu ergeben (→ Art. 24).

Stellt man die Entwicklungen im Bereich des Bilingualen Unterrichts der letzten Jahre zusammen, so fällt unter anderem die wachsende Zahl der Fächer auf, in denen Bilingualer Unterricht angeboten wird. Ein möglicher Grund dafür ist die fremdsprachendidaktische Prämisse, dass sich prinzipiell jedes Fach und jede Sprache für Bilingualen Unterricht eignet, solange die jeweils besonderen sprachlichen Herausforderungen in entsprechenden Zielsetzungen und methodischen Herangehensweisen berücksichtigt werden (Mentz 2010). Außerdem haben sich andere Organisationsformen Bilingualen Unterrichts als die anfänglich dominierenden bilingualen Zweige etabliert (siehe → Art. 8–11). So können mit bilingualen Modulen oder AGs auch für diejenigen Fächer Bilinguale Unterrichtsangebote gemacht werden, die nicht in ausreichendem Maße über personale, materielle bzw. inhaltliche Ressourcen für ein durchgängiges reguläres bilinguales Unterrichten verfügen.

Mit den neuen Fächern, die die traditionellen Bilingualfächer Erdkunde, Politik und Geschichte ergänzen, ist möglicherweise auch zu begründen, warum in den einschlägigen Publikationen zunehmend die Notwendigkeit diskutiert wird, fachspezifische Didaktiken zu erarbeiten (vgl. die Beiträge in Diehr/Schmelter 2012). Kunst- und Sportunterricht, in denen sowohl die rezeptive als auch die produktive Schriftlichkeit eher untergeordnete Bedeutung haben, können mit Blick auf die (fremd-)sprachlichen Anforderungen nicht in gleicher Weise betrachtet und gestaltet werden wie das durchgehend durch Sprache bestimmte Fach Geschichte. Fächer wie Biologie, Chemie, Erdkunde oder Mathematik sind durch ihre mehr oder weniger fachspezifischen Symbolsysteme, die die fachliche Kommunikation bestimmen, gekennzeichnet. In diesen Fächern muss der Unterricht stärker als in anderen Fächern nicht nur in den Gebrauch der fachlich aufgeladenen Alltagssprache und in Teilen bereits in die expertenhafte Verwendung der Fachsprache einführen, sondern zugleich die in diesen Fächern üblichen Symbolsysteme verwenden und den Schülern und Schülerinnen vermitteln (Hallet 2010; → Art. 21).

Die damit zusammenhängende Erkenntnis, dass die sprachlichen Anforderungen der bilingual unterrichteten Fächer über die Verwendung von Fachbegriffen hinausgehen, ist – nicht nur in der Diskussion über den Bilingualen Unterricht – noch relativ neu. Einige Fachdidaktiken haben die ihnen eigene Sprachlichkeit und die in Teilen sprachliche Vermitteltheit des Lernens, die sich bereits im schulsprachlichen Unterricht auswirkt, als Herausforderung für das schulische Lehren und Lernen erst in der Folge dessen entdeckt, was Günther-Arndt (2010) für das Fach Geschichte mit dem *PISA-turn* bezeichnet. In der Diskussion, wie Schülerinnen und Schülern geholfen werden kann, das „heimliche Sprachcurri-

culum" (Vollmer/Thürmann 2010) der Schule zu erfüllen, erkennen die Fachdidaktiken die Vielsprachigkeit des Lernens in der Schule (Leisen 2004) und beginnen darauf zu reagieren, indem sie insbesondere aus der Deutschdidaktik,
d. h. der Schulsprachendidaktik und der Didaktik des Deutschen als Zweitsprache, Elemente übernehmen. Jedoch hat Lenz (2002) zufolge auch die Didaktik
und Methodik des bilingualen Erdkundeunterrichts zur Entwicklung des schulsprachlichen Erdkundeunterrichts beigetragen; und zwar nicht nur bezogen auf
die Vermittlung der (fach-)sprachlichen Kompetenzen, sondern auch bezogen
auf inhaltliche Darstellungs- und Vermittlungsmethoden sowie die Auswahl der
Inhalte selbst. Ähnliche Entwicklungen lassen sich aktuell in anderen Fächern
beobachten (siehe das bei Geiss 2009 referierte Potenzial didaktischer Innovation durch das deutsch-französische Geschichtsbuch).

Mit der Tendenz des Bilingualen Unterrichts, sich für weitere Fächer zu öffnen,
wird die didaktische Diskussion über den Bilingualen Unterricht zunehmend
durch Beiträge angeregt, die genuin aus den Didaktiken der bilingual unterrichteten Fächer kommen. Die stärkere Beteiligung der Didaktiken dieser Fächer
an der empirischen Erforschung und konzeptionellen Entwicklung des Bilingualen Unterrichts hat neben der grundsätzlich gewachsenen Sensibilität für die
Sprachlichkeit jeglichen Lernens mit dazu beigetragen, dass das methodische,
zielorientierte funktionale Zusammenspiel der Sprachen im Bilingualen Unterricht erneut diskutiert wird. Dabei geraten nicht nur die Schulsprache sowie die
davon eventuell abweichende(n) Erstsprache(n) und die Fremdsprachenkenntnisse der Schüler und Schülerinnen in den Blick, sondern auch das Verhältnis
von Alltags- und Fachsprache. Diehr (2012) unterscheidet in ihrem Systematisie-
rungsvorschlag für die Verwendung der Schul- und der Fremdsprache im bilingualen Unterricht, der eine fruchtbare Grundlage für die didaktische Diskussion
liefert, drei Typen: (1) Fremdsprache als Medium des Lernens, (2) Fremdsprache
als Leitsprache und (3) Fremdsprache und Schulsprache als komplementäre Bestandteile des bilingualen Unterrichts. Während Helbig (2001) mit Blick auf die
Ausbildung der fachsprachlichen Kommunikationskompetenz in der Schul- und
in der Fremdsprache noch dezidiert einen zweisprachigen Bilingualen Unterricht vertrat, konstatiert Lamsfuß-Schenk (2008) mit Blick auf prominente fremdsprachendidaktische Vertreter des Bilingualen Unterrichts, dass sich diese Position nicht durchgesetzt habe. Demgegenüber betonen in letzter Zeit Vertreter
zum Beispiel der Geschichts-, Geografie- bzw. Biologie-Didaktik (vgl. Barricel-
li/Zwicker 2009; Böing/Palmen 2012; Leykum/Heinze/Gropengießer 2012), dass
die allein bzw. vornehmlich fremdsprachige Gestaltung des Bilingualen Unterrichts zu Defiziten bei der Kompetenz führe, fachliches Wissen in deutschsprachigen Kommunikationssituationen angemessen zu äußern. Die allein auf die
fremdsprachige Begriffsbildung und Diskurskompetenz zielende didaktisch-methodische Gestaltung des Bilingualen Unterrichts (z. B. Bonnet/Breidbach/Hallet
2009) sei daher zumindest problematisch.

Neue Herausforderungen für die Didaktik Bilingualen Unterrichts haben sich mit Blick auf die Primarstufe ergeben. Nachdem der Fremdsprachenunterricht in der Grundschule flächendeckend eingeführt wurde und zu einer regen didaktischen Entwicklungs- und Forschungstätigkeit geführt hat, lässt sich jetzt erkennen, dass die zum Teil curricular gewünschte Ausdehnung des Gebrauchs der Fremdsprache auf den Sachunterricht eigene didaktische Überlegungen notwendig macht (→ Art. 9). Denn sowohl die sprachlichen als auch die kognitiven und damit methodischen Möglichkeiten auf der Primarstufe sind andere als in der Sekundarstufe I und II. Die schon seit längerer Zeit erprobten und wissenschaftlich begleiteten Versuche, Schülerinnen und Schüler auf der Primarstufe immersiv in einer Fremdsprache zu unterrichten, können für die Gestaltung Bilingualen Unterrichts aufgrund der insgesamt geringeren Fremdsprachenkompetenz der Schüler und Schülerinnen und der geringeren zeitlichen Umfänge nur bedingt Anhaltspunkte, aber keine eins zu eins übertragbaren Konzepte liefern.

Desiderata

Für die Zukunft der theoretischen Auseinandersetzung mit Bilingualem Unterricht und für die Entwicklung fach- und eventuell auch sprachspezifischer Didaktiken, die es dann auch erlauben würden, Ziele, Inhalte, Methoden, Standards und Bewertungsmaßstäbe klarer zu formulieren, als dies bislang in Teilen geschieht, ist eine stärkere begriffliche Differenzierung wünschenswert. Die auf der europäischen Ebene gängigen Begriffe CLIL und EMILE (→ Art. 2), die teils synonym, teils bedeutungsverschieden genutzt werden, stehen neben den deutschen Bezeichnungen ‚Bilingualer Unterricht' und ‚Bilingualer Sachfachunterricht'. Doch selbst hier können sich hinter einem Begriff unterschiedliche Typen zum Beispiel des Sprach(en)gebrauchs im Unterricht verbergen (Diehr 2012; → Art. 24). Hier wird es notwendig, deutlicher nach Organisationsformen der bilingualen Angebote sowie nach Funktion und Zielsetzung des Sprachgebrauchs differenzierte Begriffe und wohl auch didaktische Konzepte zu entwickeln.

Die Einbettung des Bilingualen Unterrichts, seiner Ziele, Inhalte und auch Methoden in das Gesamt(sprachen)curriculum steht weiterhin aus. Dies scheint aber gerade mit Blick auf Bestrebungen, den regulären Englisch- bzw. Französischunterricht auf der Sekundarstufe II eventuell durch bilingual erteilten Unterricht zu ersetzen, ein dringendes Desiderat.

Darüber hinaus haben die Publikationen zum Bilingualen Unterricht bislang nur am Rande auf die Folgen der strukturellen Veränderungen von Schule (Verkürzung der Zeit bis zum Abitur auf dem Gymnasium in einigen Bundesländern, Verknappung von Ressourcen, Ganztagsschulen, Schulen ohne Hausaufgaben) reagiert. Hier hinkt die theoretische und empirische Auseinandersetzung mit neuen Herausforderungen der konzeptuellen Entwicklung in der Praxis hinterher.

Auch wenn in der Tendenz eine stärkere Kooperation der Fremdsprachendidaktiken mit den Didaktiken der bilingual unterrichteten Fächer erkennbar wird (z. B. in gemeinsam durchgeführten Forschungsprojekten zum interkulturellen Lernen, vgl. Beetz/Blell/Klose 2005; bei der gemeinsamen Betreuung von Qualifikationsarbeiten, vgl. Staschen-Dielmann 2012; Kooperation bei der Entwicklung von Studiengängen in der Lehrerbildung), so bleibt die engere Kooperation der Fach- und der (Fremd-)Sprachendidaktiken weiterhin ein dringendes Desiderat. Die funktionale und zielgerichtete Auswahl von Inhalten mit Blick auf eine mindestens zweisprachige Sachkompetenz und unter mehrkulturellen Gesichtspunkten kann nur in der Kooperation beider Perspektiven sinnvoll erfolgen.

Dringend notwendig ist diese Kooperation auch bei der Entwicklung fachspezifischer *scaffolds*, die notwendig sind, damit die Schüler und Schülerinnen sich die zur Bewältigung der sprachlichen Anforderungen des bilingual unterrichteten Faches notwendigen Kompetenzen sowohl auf der allgemein- als auch auf der fachsprachlichen Ebene in beiden Sprachen aneignen können (→ Art. 33). Die hier in den letzten Jahren insbesondere von Thürmann, Vollmer und Zydatiß vorgelegten Überlegungen zu Diskursfunktionen und deren Vermittlung (→ Art. 18, 19) sind zwar für die Diskussion anregend, greifen aber in den spezifischen Fällen der einzelnen Fächer wohl zu kurz (siehe z. B. die Kritik bei Hasberg 2009).

Ein letztes Desiderat betrifft die Leistungsmessung und Leistungsbewertung im Bilingualen Unterricht (→ Art. 29). Die bisher vorliegenden, eher allgemein gehaltenen Empfehlungen bzw. Vorgaben der Curricula sowie der didaktischen Publikationen greifen, wenn sie noch zu sehr aus der Perspektive einer fächerübergreifenden Sachfachdidaktik argumentieren, zu kurz, da die fachspezifischen sprachlichen Kompetenzen, die notwendig sind, um die inhaltlichen Kompetenzen über Performanz ermitteln zu können, je andere sind.

Literatur

Barricelli, Michele/Zwicker, Falk (2009): Different words, possible worlds. Zum Problem des code-switching im bilingualen Geschichtsunterricht. In: *Zeitschrift für Geschichtsdidakik* 8, 12–24.

Beetz, Petra/Blell, Gabriele/Klose, Dagmar (2005): Den Anderen ein Stück näher: Fremdverstehen in bilingualen Lehr- und Lernkontexten Geschichte – Englisch. In: Gabriele Blell/ Rita Kupetz (Hrsg.): *Bilingualer Sachfachunterricht und Lehrerausbildung für den bilingualen Unterricht. Forschung und Praxisberichte.* Frankfurt/ M., 15–50.

Böing, Maik/Palmen, Paul (2012): Bilingual heißt zweisprachig! Überlegungen zur Verwendung beider Sprachen im bilingual deutsch-französischen Geographieunterricht. In: Diehr/ Schmelter (Hrsg.), 73–90.

Bonnet, Andreas/Breidbach, Stephan/Hallet, Wolfgang ([4]2009): Fremdsprachlich handeln im Sachfach: Bilinguale Lernkontexte. In: Gerhard Bach/Johannes-Peter Timm (Hrsg.): *Englischunterricht. Grundlagen und Methoden einer handlungsorientierten Unterrichtspraxis.* Tübingen, 172–198.

Breidbach, Stephan ([5]2010): Bilinguale Didaktik – bald wieder zwischen allen Stühlen? Zu den Aussichten einer integrativen Didaktik des bilingualen Sachfachunterrichts. In: Gerhard Bach/Susanne Niemeier (Hrsg.): *Bilingualer Unterricht. Grundlagen, Methoden, Praxis, Perspektiven.* Frankfurt/M., 165–176.

Diehr, Bärbel (2012): *What's in a name?* Terminologische, typologische und programmatische Überlegungen zum Verhältnis der Sprachen im Bilingualen Unterricht. In: Diehr/Schmelter (Hrsg.), 17–36.

Diehr, Bärbel/Schmelter, Lars (Hrsg.) (2012): *Bilingualen Unterricht weiterdenken – Programme, Positionen, Perspektiven.* Frankfurt/M.

Doff, Sabine (2010): Theorie und Praxis des bilingualen Sachfachunterrichts: Forschungsfelder, Themen und Perspektiven. In: Sabine Doff (Hrsg.): *Bilingualer Sachfachunterricht in der Sekundarstufe. Eine Einführung.* Tübingen, 11–25.

Geiss, Peter (2009): Vom Nutzen und Nachteil des bilingualen Geschichtsunterrichts für das historische Lernen. In: *Zeitschrift für Geschichtsdidaktik* 8, 25–39.

Günther-Arndt, Hilke (2010): Hinwendung zur Sprache in der Geschichtsdidaktik – Alte Fragen und neue Antworten. In: Saskia Handro/Bernd Schönemann (Hrsg.): *Geschichte und Sprache.* Berlin, Münster, 17–46.

Hallet, Wolfgang (2010): Mehrsprachige Bildung: Die (Fremd-)Sprachlichkeit des Wissens, semiotische Übersetzung und fremdsprachige Sachfach-literacy, Plenarvortrag im Rahmen der *DGFF-Regionaltagung „Bilinguales Lehren und Lernen"* (23.02.2010) an der Bergischen Universität Wuppertal. http://podcast.uni-wuppertal.de/category/sortierung-nach-audiovideo-formaten/video/page/5/ [13.05.2012].

Hasberg, Wolfgang (2009): Sprache(n) und Geschichte. Grundlegende Annotationen zum historischen Lernen in bilingualer Form. In: *Zeitschrift für Geschichtsdidakik* 8, 52–72.

Helbig, Beate (2001): *Das bilinguale Sachfach Geschichte. Eine empirische Studie zur Arbeit mit französischsprachigen (Quellen-)Texten.* Tübingen.

Lamsfuß-Schenk, Stefanie (2008): *Fremdverstehen im bilingualen Geschichtsunterricht. Eine Fallstudie.* Frankfurt/M.

Leisen, Josef (2004): Der bilinguale Sachfachunterricht aus verschiedenen Perspektiven – Deutsch als Arbeitssprache, als Lernsprache, als Unterrichtssprache und als Sachfachsprache im Deutschsprachigen Fachunterricht (DFU). In: *Fremdsprache Deutsch* 15 (30), 7–14.

Lenz, Thomas (2002): Bilingualer Geographieunterricht im Spannungsfeld von Sachfach- und Fremdsprachendidaktik – eine kritische Positionsbestimmung aus geographiedidaktischer Sicht. In: *Geographie und Schule* 137, 2–12.

Leykum, Simon/Heinze, Thomas/Gropengießer, Harald (2012): Erdwürmer und andere Gründe über bilingualen Biologieunterricht nachzudenken. In: Diehr/Schmelter (Hrsg.), 149–162.

Mentz, Olivier (2010): Alle Fächer eignen sich – oder doch nicht? Überlegungen zu einem bilingualen Fächerkanon. In: Sabine Doff (Hrsg.): *Bilingualer Sachfachunterricht in der Sekundarstufe. Eine Einführung.* Tübingen, 29–43.

Staschen-Dielmann, Susanne (2012): *Narrative Kompetenz im bilingualen Geschichtsunterricht. Didaktische Ansätze zur Förderung der schriftlichen Diskursfähigkeit.* Frankfurt/M.

Vollmer, Helmut Johannes/Thürmann, Eike (2010): Zur Sprachlichkeit des Fachlernens: Modellierung eines Referenzrahmens für Deutsch als Zweitsprache. In: Bernt Ahrenholz (Hrsg.): *Fachunterricht und Deutsch als Zweitsprache.* Tübingen, 107–132.

Zydatiß, Wolfgang (2002): Konzeptuelle Grundlagen einer eigenständigen Didaktik des bilingualen Sachfachunterrichts: Forschungsstand und Forschungsprogramm. In: Stephan Breidbach/Gerhard Bach/Dieter Wolff (Hrsg.): *Bilingualer Sachfachunterricht. Didaktik, Lehrer-/Lernerforschung und Bildungspolitik zwischen Theorie und Empirie.* Frankfurt/M., 31–61.

Lars Schmelter

6 Sprachen, Sprachenpolitik und Bilingualer Unterricht

Das Verhältnis zwischen Sprachenpolitik und Bilingualem Unterricht ist vielschichtig: Gemeinhin gilt Bilingualer Unterricht als ‚Kind der Praxis‘. Unstrittig ist aber auch, dass ohne hinreichendes sprachenpolitisches Handeln, Unterstützen, Empfehlen, Entscheiden der Bilinguale Unterricht nicht auf dem Entwicklungsstand wäre, auf dem er heute ist. Es lohnt sich also durchaus, dieses komplexe Beziehungsgeflecht etwas eingehender zu betrachten. Dabei spielen Antworten auf die folgenden Fragen eine Rolle: Was kann die Aufgabe von Sprachenpolitik sein? Wer sind die wichtigsten Akteure? Welche Auswirkungen haben politische Entscheidungen auf die Unterrichtswirklichkeit? Welche Impulse kommen aus der Praxis für die Sprachenpolitik? Welche Bedingungen müssen gegeben sein, damit die Politik diese Impulse umsetzt?

Sprachenpolitische Wirkmächtigkeit

Geht man davon aus, dass Sprach- und Bildungspolitik sich wechselseitig bedingen und beeinflussen (Raasch 2010), dann besteht eine wichtige Funktion der Sprachenpolitik darin, die bildungs- und sprachenpolitischen Entscheidungsträger von der Notwendigkeit umfassender Fremdsprachenkenntnisse der Mitglieder einer Gesellschaft zum Nutzen eben dieser Gesellschaft zu überzeugen. Fragen der Mehrsprachigkeit, der Zertifizierung von Sprachen oder der Bedeutung des Sprachenlernens insgesamt werden so in die Bildungspolitik hineingetragen und erfahren damit die erforderliche Aufmerksamkeit, damit sich eine Gesellschaft mit diesen Themen befasst. Gleichzeitig diskutiert die Sprachenpolitik die Frage, welche Sprachen die Mitglieder einer Gesellschaft denn beherrschen sollten, wie dies bewerkstelligt und dann auch überprüft werden kann und welchen Nutzen die Gesellschaft insgesamt davon hat (oder zumindest haben könnte). Die Akteure der Sprachenpolitik sind vielfältig und reichen von politischen Mandats- und Entscheidungsträgern über Interessen- und Berufsverbände bis hin zu den einzelnen Lehrerinnen und Lehrern an einer konkreten Schule und den Eltern, Elternvertreterinnen und -vertretern in Schulgremien und natürlich auch bis zur Schülerschaft. Allerdings ist der sprachenpolitische Einfluss der genannten Akteursgruppen sehr unterschiedlich.

Die Entstehung des Bilingualen Unterrichts in Deutschland (→ Art. 1) wird häufig in unmittelbaren Zusammenhang mit dem deutsch-französischen Vertrag von 1963 gebracht. Dieser Vertrag schloss Bilingualen Unterricht indes nicht direkt ein, sondern legte fest, dass Deutschland und Frankreich sich verpflichteten, die Sprache des jeweils anderen im eigenen Land besonders zu fördern. Aus dieser Absichtserklärung heraus entstanden Initiativen zum Bilingualen Unterricht; so erklärte sich auch, dass der Bilinguale Unterricht Französisch hier eine Vorreiterrolle übernahm, obwohl zu diesem Zeitpunkt, Mitte/Ende der 1960er Jahre, Englisch bereits erste und die mit deutlichem Abstand meistgewählte Fremdsprache in Deutschland war. Längst hat die Zahl der bilingualen Angebote mit Englisch diejenigen für Französisch weit überholt und spiegelt damit auch das Kräfteverhältnis zwischen den Sprachen insgesamt deutlich wider. Präzise und aktuelle Zahlen zu erhalten, ist aus unterschiedlichen Gründen schwierig. Die KMK (2006) weist in ihrem Bericht von 2006 für allgemeinbildende Schulen aus, dass an ca. 335 Gymnasien, ca. 50 Gesamtschulen und 60 Realschulen bilinguale Angebote für Englisch existieren; für Französisch werden deutlich geringere Zahlen genannt: knapp 80 Gymnasien und Gesamtschulen und immerhin 6 Realschulen; die Zahl der bilingual unterrichtenden Schulen insgesamt in Deutschland wird mit 847 angegeben (einschließlich Grundschulen, berufsbildenden Schulen etc.). Interessant ist in diesem Zusammenhang, dass andere Sprachen hier beinahe keine Rolle spielen; bilinguale Angebote mit den Bezugssprachen Italienisch, Polnisch, Russisch oder Spanisch – um die wichtigsten Schulsprachen zu nennen – fallen kaum ins Gewicht. Das ist unter zwei Perspektiven durchaus bemerkenswert: Zum einen hat sich der deutliche Trend zum Spanischlernen, das dem Französischlernen in einigen Bildungsbereichen ernsthaft Konkurrenz macht, bei den bilingualen Angeboten (noch) nicht durchgesetzt. Zum anderen haben auch dezidierte sprachenpolitische Forderungen und Positionen zum Lernen von bestimmten (Nachbarschafts-)Sprachen offenbar nur dann Niederschlag gefunden, wenn die Sprache von einer großen Mehrheit der ‚Abnehmer' (Schüler/Schülerinnen, Eltern etc.) auch entsprechend unterstützt wird; so fallen bilinguale Angebote für Polnisch in Brandenburg (noch?) nicht wirklich nennenswert ins Gewicht.

Mittlerweile erhalten nationale Bemühungen um den Bilingualen Unterricht – und die gibt es ja keineswegs nur in Deutschland oder den deutschsprachigen Ländern – deutlich mehr Rückendeckung durch europäische Gremien und Institutionen. In ihrem Weißbuch zur allgemeinen und beruflichen Bildung von 1995 fordert die Europäische Kommission, dass jeder europäische Bürger die Möglichkeit haben sollte, neben seiner Muttersprache mindestens zwei lebende europäische Fremdsprachen in seiner Schul- und Ausbildungszeit zu lernen (Kommission der EG 1995), und im selben Jahr lassen die Bildungsminister der Europäischen Union verlauten, dass Bilingualer Unterricht im Kontext unterrichtlicher Innovation ein wichtiges Element darstelle und folglich auch durch eine entsprechende Lehrerbildung zu stützen sei. Im Jahre 2003 veröffentlichte die europäische Kommission ihren Aktionsplan für die Jahre 2004 bis 2006 und hielt darin fest, dass der Bilinguale Unterricht, verstanden als Fachunterricht in einer Fremdsprache, einen wesentlichen Beitrag zu den Sprachlernzielen der Union leisten kann, nicht zuletzt weil er es für einen größeren Kreis von Lernenden möglich macht, einen Zugang zu Sprachen nicht nur zu finden, sondern auch zu erhalten (Kommission der EG 2003). Vor dem Hintergrund der deutschen Diskussion ist hierbei nicht ohne Bedeutung, dass die Europäische Kommission Bilingualen Unterricht keineswegs als Instrument zur Eliteförderung betrachtet, sondern im Gegenteil davon ausgeht, dass von einem solchen Unterricht auch diejenigen profitieren können, die im allgemeinbildenden Regelschulsystem nicht so gut abgeschnitten haben. Vor dem Hintergrund dieser europaweiten Entwicklung ist der Eurydice-Report (2006a/b) gleich zweifach interessant, dokumentiert er doch einerseits die vielfältigen Programme, Initiativen und Modelle zum Fachunterricht in einer Fremdsprache in Europa, zeigt er andererseits aber auch auf, welche Sonderwege einzelne Länder gegangen sind und benennt dabei auch Stärken und Schwächen der einzelnen Zugänge zum Gegenstandsfeld ‚Bilingualer Unterricht'. So wird deutlich, dass die größte ‚Baustelle' in diesem Zusammenhang in den meisten Ländern eine angemessene Lehrer(aus)bildung ist. Die Europäische Kommission hat darauf mit einem zuerst 2006 veröffentlichten und 2009 erneut publizierten Papier reagiert, in dem sie auf die Notwendigkeit einer angemessenen, auf den Gegenstand ‚Bilingualer Unterricht' fokussierten Lehrerausbildung verweist (Socrates – Education and Culture – CLIL 2006).

Es ist unstreitig, dass die durchaus intensive und bisweilen rasant anmutende Entwicklung, die der Bilinguale Unterricht in Europa genommen hat, nicht losgelöst von sprachenpolitischen Positionsbestimmungen gesehen werden kann. Allerdings scheint es auch vermessen, diese Entwicklung ursächlich und ausschließlich an diese Positionsbestimmungen zu koppeln. Gerade der Eurydice-Report zeigt in seinen Länderberichten, wie vielfältig die Facetten des Bilingualen Unterrichts in Europa sind und wie anregend es sein kann, sich darüber auszutauschen und in länderübergreifenden Projekten gemeinsam zu arbeiten, um dadurch das eigene Format des Bilingualen Unterrichts zu überdenken bzw. weiterzuentwickeln. Und umgekehrt lassen sich die sprachenpolitischen Veröffentlichungen auf europäischer Ebene auch häufig als Absichtserklärung oder Wunschdenken deuten: So enthält die ‚neue Rahmenstrategie für Mehrsprachigkeit' der Kommission der Europäischen Gemeinschaften (2005) vielfältige Bekenntnisse zur Förderung von Mehrsprachigkeit und benennt dabei den Sachfachunterricht in der Fremdsprache als eine wichtige Komponente; indes verfügt die europäische Ebene nicht über die Durchsetzungskraft, um *top down* politische Setzungen in konkrete Maßnahmen zu transponieren. Die Wirksamkeit wird vielmehr durch Programme wie *Socrates* oder *Erasmus* – gleichsam auf Umwegen – unter Beweis gestellt und ist damit vielfach von der Aktivität ‚vor Ort' abhängig. Sprachenpolitische Positionsbestimmungen auf europäischer Ebene werden folglich in dem Maße mit Leben erfüllt, in dem es gelingt, die Beteiligten ‚vor Ort' in gemeinsamen Projekten zu aktivem Handeln zu bewegen.

Auf nationaler Ebene gestalten sich in der Bundesrepublik Deutschland sprachenpolitische Entscheidungsprozesse angesichts der föderalen Struktur des Landes noch schwieriger: Mit der Ständigen Konferenz der Kultusminister der Länder (KMK) gibt es zwar eine Instanz, die für eine gewisse bildungspolitische Vereinheitlichung in Deutschland sorgen soll, doch ist die Umsetzung nach wie vor weitgehend Ländersache und damit nicht selten machtpolitischen Erwägungen in den einzelnen Bundesländern unterworfen. Das KMK-Papier zu den Konzepten für den Bilingualen Unterricht (KMK 2006) zeigt die Heterogenität sehr deutlich, die sich in den unterschiedlichen Bundesländern hinsichtlich Konzeptionen, Schuldichte und Sprachenvielfalt konstatieren lässt. Damit gilt auch für die nationale Ebene, dass die sprachen- und bildungspolitischen *top-down*-Entscheidungen in ihrer Wirkmächtigkeit zurückhaltender zu beurteilen sind, zumindest solange es um Festlegungen geht, die über ein einzelnes Bundesland hinausgehen (sollen). Während auf europäischer Ebene häufig mit Programmangeboten Anreize für die Beteiligung an bildungs- und sprachenpolitischen Initiativen geschaffen werden, wird anstelle dieses Instruments auf nationaler Ebene in letzter Zeit eher mit dem Profilierungsargument und dem Ökonomieprinzip gearbeitet: Auf der einen Seite werden Schulen dazu ermuntert, ihre schuleigene Profilbildung voranzutreiben und auch selbst zu bestimmen; damit werden die Schulen selbst zu wichtigen Akteuren im Rahmen der Schulentwicklung (→ Art. 7); auf der anderen Seite richtet sich die Mittel- und Personalzuweisung nach Schülerzahlen und Profilgesichtspunkten, sodass auf diese Weise – mit stärkerer Verbindlichkeit als auf europäischer Ebene – die Politik über ein hinreichendes Druckmittel verfügt.

Die Erfahrung zeigt, dass bildungs- und sprachenpolitische Entscheidungen auch *bottom up* durch eine ‚Abstimmung mit den Füßen' beeinflusst, begleitet oder gar konterkariert werden. Hier kann für den Bilingualen Unterricht festgehalten werden, dass er sich von Anfang an durchaus eines regen Zuspruchs erfreut hat. Dies kann man als Indiz dafür werten, dass Eltern und Schüler dieser besonderen Form von Unterricht einen Mehrwert beimessen, der sich mit den gesellschaftlichen Anforderungen zu großen Teilen deckt.

Im Zusammenhang mit dem Bilingualen Unterricht sollte nicht unerwähnt bleiben, dass die politischen Forderungen nach Förderung von Mehrsprachigkeit die Schülerpopulationen weitgehend unberücksichtigt gelassen haben, die eine andere Sprache als die Schul- und/oder Umgebungssprache mitbringen (→ Art. 24). So geht der oben erwähnte KMK-Bericht auf diese Gruppe von Schülerinnen und Schülern und auf die damit verbundenen Herausforderungen an den Bilingualen Unterricht nicht ein.

Desiderate der und an die Sprachenpolitik

Sprachenpolitik ist eine Angelegenheit vieler und nicht nur der politischen Mandatsträger. Die folgenden Desiderate richten sich daher an alle Personen(gruppen), die als Akteure der Sprachenpolitik im Kontext des Bilingualen Unterrichts infrage kommen. Sie verstehen sich exemplarisch und sind keineswegs als erschöpfende Zusammenstellung aller Wünsche zu sehen, die sich im Kontext des Bilingualen Unterrichts ergeben.

▸ Die Entwicklung des Bilingualen Unterrichts zeigt, welche bedeutende Rolle den Akteuren an der Basis zukommt. Es muss daher sichergestellt werden, dass die Erfahrungen der Basis bei der Weiterentwicklung des Bilingu-alen Unterrichts angemessen mitberücksichtigt werden und systematisch in sprachenpolitische Entscheidungen einfließen können. Diese Beteiligungs-mechanismen müssen transparent und gleichzeitig effizient sein. Sie sollen garantieren, dass Entscheidungen nicht einseitig *top down* getroffen und ge-sicherte Erfahrungen in die Entscheidungsfindung einfließen können.

▸ Die nationale Sprachenpolitik steht vor der nicht leichten Aufgabe, den Fö-deralismus in Bildungsfragen so weit zu überwinden, dass sich die Gemein-samkeiten auch in unterschiedlichen Strukturen deutlich erkennen lassen und damit Vergleichbarkeit von Bildungszielen und Bildungsinhalten, gege-benenfalls auch in Bildungsformaten, möglich und offenkundig gegeben ist. Gleichzeitig muss jedoch gewährleistet werden, dass begründete Sonderwe-ge oder spezifische, der konkreten Situation vor Ort geschuldete Sonderfor-mate nicht von vornherein ausgeschlossen sind. Hier sei beispielsweise daran erinnert, dass die bilingualen Module ihre Existenz dem Umstand verdanken, dass Initiatoren vor Ort nicht die Möglichkeit zur Einrichtung kompletter bi-lingualer Zweige hatten, jedoch die Grundidee des Bilingualen Unterrichts trotz des Fehlens dieser Voraussetzungen aus guten Gründen nicht aufgeben wollten. Sprachenpolitik muss einen solchen Spagat berücksichtigen.

▸ Ebenso berücksichtigen muss sie den Spagat zwischen der Schaffung von An-reizen zur Einrichtung neuer Unterrichtsformen zwecks Befriedigung gesell-schaftlicher Bedürfnisse auf der einen Seite und einer unkritischen, ungeprüf-ten Akzeptanz jedes beliebigen Trends. Schulentwicklung bedarf hier einer Begleitung, die sich in ihrer Beratung nicht an ökonomischen Kriterien orien-tiert, sondern die Schulentwicklung zum einen als Aufgabe aller Mitglieder einer Schule sieht, zum anderen aber auch Bedarfe und Bedürfnisse im Blick behält. Die bedarfs- und bedürfnisgerechte Verteilung von Schulprofilen auf lokaler oder regionaler Ebene setzt Absprachen der unterschiedlichsten Art voraus (→ Art. 7). Sie setzt aber auch ein Sprachenkonzept für eine Stadt, ei-nen Kreis oder eine Region voraus. Hier ist über Sprachenräte nachzuden-ken, denen in diesem Kontext eine wichtige Aufgabe für die Verteilung von Sprachlernangeboten zukommen könnte, aber auch eine wichtige Beobach-terfunktion hinsichtlich der von den Schülerinnen und Schülern mitgebrach-ten Sprachen (vgl. zum letztgenannten Aspekt Sudhoff 2011).

▸ Die bildungs- und sprachenpolitischen Entscheidungsträger haben es bis-lang versäumt, transparente und vor allem verbindliche Ausbildungsstruk-turen für Lehrerinnen und Lehrer zu schaffen, die qualifizierten Bilingualen Unterricht erteilen sollen. Vielfach sind Lehrpersonen hier auf Eigeninitiative und Engagement angewiesen. An wenigen Orten existieren Zusatzstudien-gänge (→ Art. 14), deren Überführung in die neuen curricularen Formate aber nicht problemlos möglich ist. Dabei böten gerade die neueren Ausbildungs-formate in der Lehrerbildung durchaus Optionen, damit angehende Lehrkräfte an Schulen zu ihrer eigenen Profilbildung gelangen und damit zu einer Professionalisierung der Lehrerbildung beitragen können (vgl. z. B. Königs 2007). Dies könnte z. B. über individuelle Schwerpunktsetzungen im Rahmen eines lehramtsbezogenen Anwendungsmasters oder im Rahmen eines entsprechend ausgerichteten Optionalmoduls im Rahmen des herkömmlichen Staatsexamens erfolgen. Eine solche Ausbildung hätte den Vorteil, dass sie die Besonderheiten des Bilingualen Unterrichts zum wichtigen Bestandteil der Ausbildung und nicht zu einem beliebigen Additum machen könnte.

▸ Das Sprachwahlverhalten, wie es sich im herkömmlichen Fremdsprachenunterricht abzeichnet, findet im Bilingualen Unterricht seine Fortsetzung, wie die oben skizzierten quantitativen Entwicklungen deutlich belegen. Man kann dies im Rahmen einer sprachenpolitisch motivierten Bewegung in Richtung auf Englisch als *lingua franca* gutheißen; man könnte sich aber auch vorstellen, gerade unter dem Aspekt der Mehrsprachigkeitsförderung andere Fremdsprachen stärker zu fördern, als dies bislang der Fall war. Für beide Optionen gibt es durchaus gute Gründe, zumal die Fokussierung auf eine *lingua franca* Englisch nicht so eindeutig und allgemein akzeptiert scheint, wie man annehmen könnte (vgl. dazu Gnutzmann u. a. 2012). Hier wäre zu wünschen, dass die Sprachenpolitik mehr als bisher dafür Sorge trägt, das Sprachenangebot insgesamt breit zu halten und es weiterhin in die Entscheidung des Einzelnen zu stellen, welchen Angeboten er den Vorzug geben will.

▸ In der Vergangenheit ist aus der Sicht des Unterrichts darüber Klage geführt worden, dass es an einschlägigen, auf den Bilingualen Unterricht speziell zugeschnittenen Lehr- und Unterrichtsmaterialien fehle. Auch wenn diese Klage in den letzten Jahren deutlich leiser geworden ist (→ Art. 28), könnte sich die Sprachenpolitik dafür engagieren, eine Zentralstelle zur Sammlung elektronisch verfügbarer Materialien für Bilingualen Unterricht einzurichten. Hier könnten Materialien gesammelt, Interessierten zur Verfügung gestellt und Erfahrungsberichte dokumentiert werden. Eine solche Dokumentation sollte über die in einigen Bundesländern existierenden Plattformen oder pädagogischen Serviceeinrichtungen hinausgehen. Zur Einrichtung einer solchen Stelle – auf nationaler oder europäischer Ebene – bedarf es eines sprachenpolitischen Vorstoßes, durch den gezeigt werden könnte, dass sich Sprachenpolitik und Bilingualer Unterricht gegenseitig ergänzen und stützen können und nicht behindern müssen.

Literatur

Eurydice-Report (2006a): *Content and language integrated learning (CLIL) at school in Europe. Country Reports.* Brüssel.

Eurydice-Report (2006b): *Content and language integrated learning (CLIL) at school in Europe. Survey.* Brüssel.

Gnutzmann, Claus/Jakisch, Jenny/Koenders, Joana/Rabe, Frank (2012): Englisch als Verkehrssprache in Europa – identitätsstiftendes Medium für junge Europäer? In: Claus Gnutzmann (Koord.): *Fremdsprachen in nichtsprachlichen Studiengängen. Fremdsprachen lehren und lernen* 41 (2), 60–83.

KMK = Sekretariat der Ständigen Konferenz der Kultusminister in der Bunderepublik Deutschland] (2006): Konzepte für den bilingualen Unterricht – Erfahrungsbericht und Vorschläge zur Weiterentwicklung. http://www.kmk.org/fileadmin/veroeffentlichungen_beschluesse/2006/2006_04_10-Konzepte-bilingualer-Unterricht.pdf [12.09.2012].

Königs, Frank G. (2007): Sachfachunterricht in der Fremdsprache: Einige (un)realistische Anmerkungen aus der Perspektive der (neuen) Lehrerbildung. In: Claus Gnutzmann (Koord.): *Fremdsprache als Arbeitssprache in Schule und Studium. Fremdsprachen lehren und lernen* 36, 48–62.

Kommission der Europäischen Gemeinschaft (1995): White Paper on Education and Training. Teaching and Learning. Towards the Learning Society. Brüssel. http://europa.eu/documents/comm/white_papers/pdf/com95_590_en.pdf [12.09.2012].

Kommission der Europäischen Gemeinschaft (2003): Förderung des Sprachenlernens und der Sprachenvielfalt: Aktionsplan 2004 – 2006. Brüssel. http://eur-lex.europa.eu/LexUriServ/LexUriServ.do?uri=COM:2003:0449:FIN:DE:PDF [12.09.2012].

Kommission der Europäischen Gemeinschaft (2005): Eine neue Rahmenstrategie für Mehrsprachigkeit. Brüssel 2005. http://eur-lex.europa.eu/LexUriServ/LexUriServ.do?uri=COM:2005:0596:FIN:DE:PDF [12.09.2012].

Raasch, Albert (2010): Sprachen- und Bildungspolitik. In: Wolfgang Hallet/Frank G. Königs (Hrsg.): *Handbuch Fremdsprachendidaktik*. Seelze, 40–45.

Socrates – Education and Culture – CLIL (2006): *CLIL across contexts: A scaffolding framework for CLIL teacher education.* http://clil.uni.lu/CLIL/Home_files/1_Project_Presentation_de.pdf [12.09.2012].

Sudhoff, Julian (2011): Content and Language Integrated Learning/Bilingualer Unterricht – Verborgene Potenziale für DaZ-Kontexte. http://www.uni-due.de/imperia/md/content/prodaz/clil_sudhoff20110324.pdf [12.09.2012].

Frank G. Königs

7   Schulentwicklung und Bilingualer Unterricht

Bilingualer Unterricht als Aufgabe der Schulentwicklung

Die Anfänge und die Entwicklung des Bilingualen Unterrichts in Deutschland sind durch politische Rahmenbedingungen geprägt, die man unter die Überschriften ‚Deutsch-französische Verständigung' und ‚Europäische Integration' fassen kann (→ Art. 1). Von Beginn an wohnt der Entwicklung des Bilingualen Unterrichts also eine programmatische Dimension inne, die Teil seiner Erfolgsgeschichte ist. Diesen gesellschaftlichen und politischen *top-down*-Bedingungen seiner Implementierung im Schulsystem stehen die vielfältigen Initiativen und Projekte einzelner Lehrkräfte, Fachschaften und Schulen gegenüber, die in Manier einer *grassroots*-Bewegung eine modellbildende Unterrichtspraxis für diese fremdsprachige Unterrichtsform entwickelt haben, die letztlich die Grundlage für die später einsetzenden Bemühungen um eine bilinguale Sachfachdidaktik darstellte. Ein Hauptkennzeichen der praktischen Entstehung des Bilingualen Unterrichts an den Schulen selbst war und ist daher andererseits eine unprogrammatische, sehr pragmatische Dimension mit der Abhängigkeit von Einzelinitiativen, oft sogar von einzelnen, sehr wenigen Lehrkräften, die mit Begeisterung und großem Engagement ein bilinguales Angebot in ihrem Fach verfochten und einrichteten und immer noch initiieren – oft genug ohne ausreichende Unterstützung der Kolleginnen und Kollegen oder der Schulleitung, manchmal sogar unter deren bloßer Duldung oder gar gegen Widerstände.

Allerdings haben sich die Bedingungen, unter denen Schulen heute arbeiten, deutlich verändert. Schulen sind dazu übergegangen und in bildungspolitischen Rahmenvorgaben auch angehalten, qualitätssichernde und profilbildende Schulprogramme zu entwickeln, die „eine wichtige Kommunikationsfunktion nach innen" haben im Hinblick auf „gemeinsam getragene Ziele" und „ein gemeinsames Selbstverständnis" einer Schulgemeinschaft (Schratz/Westfall-Greiter 2010: 21; „internal stakeholders" bei Mehisto 2012: 26ff.). Darüber hinaus dienen Schulprogramme „auch der strategischen Kommunikation mit der Öffentlichkeit, etwa in Abgrenzung zu anderen Schulen, als Orientierungshilfe für Eltern" (Schratz/Westfall-Greiter 2010: 21) oder zu ihrer Positionierung in der Kommune („external stakeholders" bei Mehisto 2012: 28ff.). In solchen profilbildenden schulischen Programmatiken liegt für den Bilingualen Unterricht eine große Chance, denn er kann zur deutlichen Sichtbarkeit einer Schule beitragen, z. B. durch einen bilingualen naturwissenschaftlichen oder künstlerischen Schwerpunkt oder sogar durch ein beinahe vollständiges bilinguales Angebot über das Curriculum der Sekundarstufe I hinweg. Die Schule gewinnt in der Außenwahrnehmung ein neues Profil, spricht mit dem Angebot interessierte Elternhäuser und Schülerinnen und Schüler an, die sich für das sprachliche und kulturelle Lernen besonders interessieren, und erhält im Wettbewerb mit anderen Schulen ein besonderes pädagogisches Erkennungsmerkmal.

Die Herausforderungen der Einrichtung eines bilingualen Angebotes sind also heute mindestens zweifacher Art: Zum einen muss die programmatische Dimension des Bilingualen Unterrichts im Sinne seines Bildungsbeitrags und des Schulprofils herausgestellt werden; zum anderen müssen die unterrichtsrelevanten schulorganisatorischen Voraussetzungen geschaffen werden, die zur Einrichtung eines bilingualen Bildungsangebotes erforderlich sind. Beide Anforderungen zusammengenommen verdeutlichen, dass der Bilinguale Unterricht nicht nur eine Aufgabe der Schulentwicklung ist, an der alle Beteiligten mitwirken müssen, sondern auch eine hervorragende Chance für eine Schule bietet, über ihre Ziele und ihr Profil nachzudenken und ein solches nicht nur rhetorisch, sondern unmittelbar unterrichts- und bildungsrelevant zu entwickeln. Bevor die programmatische Dimension weiter entfaltet wird, sollen zunächst noch die Grundbedingungen der Einführung des Bilingualen Unterrichts an einer Schule genannt werden, weil sie für die Schulorganisation und die Planung grundlegend sind (vgl. Mehisto 2012: 22ff.). Folgendes ist zu bedenken:

▸ In der Schule muss Konsens über die Art des einzuführenden bilingualen Unterrichtsmodells, die bilingual unterrichteten Fächer und die Akzeptanz des

Modells auch über die unmittelbar betroffenen Fächer hinaus bestehen (vgl. Baetens-Beardsmore 1993: 49). Am weitreichendsten sind die Auswirkungen (auch in der Stundentafel), wenn ein curriculares Modell mit einem kompletten Bildungsgang in der Sekundarstufe I (z. B. von Klasse 7 bis 9/10), eventuell bis zum Abitur eingerichtet werden soll.

▸ Es muss Konsens über die Integration des Bilingualen Unterrichts in die Stundentafel hergestellt werden. Vor allem Eltern und Schülerinnen und Schüler müssen für die zusätzliche zeitliche Belastung sensibilisiert und gewonnen werden, die häufig mit der Einrichtung bilingualer Angebote einhergeht. Da in vielen Bundesländern für den Bilingualen Unterricht zusätzliche Unterrichtszeit gegenüber der normalen Stundentafel vorgesehen ist, z. B. wegen zusätzlicher deutschsprachiger Anteile im grundsätzlich fremdsprachig erteilten Fachunterricht, sind die Stundentafeln bilingualer Schülerinnen und Schüler oft zeitlich umfangreicher als die ihrer Jahrgangsgenossinnen und -genossen.

▸ Die Schule muss mit Lehrkräften ausgestattet sein oder werden, die über eine Ausbildung und Qualifikation für den Bilingualen Unterricht verfügen und die in der Regel als Lehrende für eine Fremdsprache und ein Sachfach qualifiziert sind. Zudem sollten sie für die spezifische Didaktik und Methodik des Bilingualen Unterrichts aus- oder weitergebildet und wegen der anhaltenden Dynamik der didaktischen Entwicklung besonders fortbildungsbereit sein. Es muss daher Konsens mit der zuständigen Schulbehörde darüber hergestellt werden, dass die Schule entsprechende Lehrer-Zuweisungen erhält.

Neben der Schaffung der organisatorischen Voraussetzungen und der unabdingbaren Qualifizierung der Lehrkräfte (→ Art. 14) ist es aber heute von großer Bedeutung, dass der Bilinguale Unterricht in den größeren Rahmen des Bildungsangebotes einer Schule und ihr entsprechendes Schulprogramm integriert ist. Eine solche Integration im Sinne der Selbstverständigung einer Schulgemeinschaft über ihre Ziele und der Bestimmung des Stellenwertes des Bilingualen Unterrichts im Schulkonzept kann sich am Rahmen des Mehrsprachigkeitskonzepts als Bildungsprogramm orientieren.

Mehrsprachigkeit und Bilingualer Unterricht im Schulprogramm

Ein Kernproblem der deutschen Schule stellt nach wie vor ihr monolingualer Bildungsbegriff dar, der auf die Erfordernisse der Globalisierung, der migrationsbedingten Mehrsprachigkeit und Mehrkulturalität der deutschen Gesellschaft, die Bedeutung der Fremdsprache Englisch als internationaler *lingua franca* der Wissenschaften, der Kultur, der Politik und der Medien sowie des Französischen als europäischer *lingua franca* nicht reagiert (vgl. Hallet/Königs 2010; → Art. 4). Dies ist bis heute an den bildungspolitischen Rahmenvorgaben in den Bildungsstandards ablesbar. Sofern diese für Sachfächer bereits vorliegen (gegenwärtig die Naturwissenschaften), verdeutlichen sie zwar auf vorbildliche und auf den Bilingualen Unterricht problemlos übertragbare Weise die herausragende Rolle der Sprache für den Wissenserwerb und die Sachfach-*literacy* im Sinne der ‚Sprachlichkeit‘ des Wissens, der fachbezogenen ‚Kommunikationskompetenz‘ und der ‚Diskursfähigkeit‘ (vgl. Becker-Mrotzek u. a. 2013); allerdings ist der Sprachbegriff der Bildungsstandards dem monolingualen Lernen verhaftet; mehrsprachiges fachliches Lernen ist dort nicht vorgesehen. Dabei kann gerade die Fähigkeit, Sachverhalte fachlich begründet in verschiedenen Sprachen kommunizieren und zwischen den Sprachen wechseln zu können, als zentral für eine ‚echte‘ Mehrsprachigkeit gelten.

Während die traditionelle schulische Mehrsprachigkeit durch das Neben- und Nacheinander des Erwerbs mehrerer Fremdsprachen gekennzeichnet ist, zeichnet sich die Fremdsprache eines bilingualen Sachfachs durch seine kognitive Verankerung im schulischen Wissen aus: Die Lernenden erwerben fremdsprachig verfasstes wissenschaftsbasiertes Wissen und bauen ein systemisches, theoriegebundenes, intersubjektiv valides Begriffswissen in einem abgrenzbaren Bereich (in einem Fach oder in einem Themengebiet) auf (vgl. im Einzelnen Hallet 2002, Zydatiß 2002: 37 ff.; → Art. 20). Der Bilinguale Unterricht führt also kognitionspsychologisch gesehen zu zwei- oder mehrsprachigem Weltverstehen und durchbricht damit das System der monolingualen Bildung.

Aufgrund dieser ‚echten‘, kognitiv im Wissen verankerten Mehrsprachigkeit kann der Bilinguale Unterricht zu einem leitenden schulischen Modell werden, mittels dessen eine Schule eine Mehrsprachigkeitsprogrammatik entwickelt. Damit eine Schule allerdings eine wirkliche mehrsprachige und kulturell offene Gemeinschaft wird, bedarf es mehr als der Einführung eines bilingualen Unterrichtsfachs. Vielmehr müssen Mehrsprachigkeit und Mehrkulturalität auch im Schulalltag gelebt werden, durch eine inter- und transkulturelle Offenheit und ethische Grundorientierung, durch die gelebte Integration sprachlicher (oft auch sozialer und kultureller) Minderheiten, durch die Pflege vielfältiger internationaler Begegnungen und Partnerschaften und durch die Offenheit für alle Fragen der Verständigung zwischen Menschen unterschiedlicher nationaler, kultureller und ethnischer Herkunft. Insgesamt muss eine solche Schule nicht nur programmatisch, sondern in ihrer alltäglichen Praxis von einer Kommunikations- und Interaktionskultur geprägt sein, die vom Respekt und dem Willen zur gegenseitigen Anerkennung aller Sprachen und Kulturen als gleichwertigen Formen des Zusammenlebens getragen wird. Zu dieser Praxis gehören außer dem Bilingualen Unterricht ein reichhaltiges Sprachenangebot, internationale Partnerschaften und regelmäßige Schulprojekte, die das Feld des inter- und transkulturellen Lernens und die Aufmerksamkeit für Fragen des globalen Zusammenlebens aktiv bearbeiten (vgl. zu allem Hallet 2011: 213 ff.).

Fächerübergreifendes Sprachlernen

Zur pädagogischen Reflexion und zur Entwicklung einer schulischen Programmatik gehört auch die curriculare Systematisierung und Vernetzung des gesamten Feldes des sprachlichen Lernens (vgl. Hallet 2011: 220 ff.). Da sprachliche Kompetenzen alle Prozesse des Lernens und des Wissenserwerbs betreffen und in allen Fächern entwickelt werden müssen (vgl. Becker-Mrotzek u.a. 2013), müssen auch die jeweils fachspezifischen Anteile daran definiert und fächerübergreifend vernetzt werden (,*language across the curriculum*'). Dies betrifft insbesondere auch die jeweils bedeutsamsten Diskursfunktionen (→ Art. 19), die generischen Formen (z.B. Argumentation, narrative Muster, Resümees usw.; vgl. Hallet 2013) sowie die wichtigsten Darstellungsformen wie Gegenstands- und Verlaufsbeschreibungen oder Säulendiagramme und kartografische Darstellungen (→ Art. 21). Auf dem Feld des fächerübergreifenden Sprachlernens sind daher Abstimmungen und schulinterne curriculare Vereinbarungen über zeitliche Rahmungen, Arbeitsteilung zwischen den Fächern und Bezugnahmen erforderlich.

Gegenstand eines Klärungs- und Entscheidungsprozesses zwischen den Fachschaften und im Gesamtkonzept einer Schule sind insbesondere die folgenden Fragen:

▸ *Die Rolle des Bilingualen Sachfachunterrichts im Sprachenangebot der Schule:* Der Bilinguale Unterricht muss mit Blick auf seine spezifischen Bildungsziele im Feld der Fremdsprachen an der Schule platziert und definiert werden. Dazu gehören insbesondere die curriculare Sequenzierung der Fremdsprachen, der Ort des Bilingualen Unterrichts im Sprachenprogramm der Schule und die Integration der gewählten Organisationsform darin (→ Art. 8–15). Mit Blick auf den frühbeginnenden Fremdsprachenunterricht und die erste Fremdsprache an der Schule gehört hierher insbesondere auch die Beratung über die Frage, ob, zu welchem Zeitpunkt im Schulcurriculum und in welcher Weise das fremdsprachige Sachfachlernen gegebenenfalls an die Stelle des regulären Fremdsprachenlernens treten kann (vgl. Schratz/Westfall-Greiter 2010: 72 ff.).

▸ *Methodenlernen:* Der Umgang mit mündlichen und schriftlichen Texten sowie mit elektronischen und multimodalen Texten aller Art gehört zu den sprachlich-diskursiven Fähigkeiten und Kulturtechniken, die in allen Fächern gleichermaßen erfordert, teils aber auch fachspezifisch ausgeprägt sind und entwickelt werden müssen (→ Art. 32, 34, 35). Außer Methoden der Textarbeit sind aber über alle Fächer hinweg Formen des selbständigen Arbeitens, der sozialen und interaktionalen Formen der Zusammenarbeit, des kooperativen Lernens und Präsentationstechniken Teil eines Methodencurriculums, das arbeitsteilig, komplementär und (im Sinne des aufbauenden Kompetenzlernens) wiederaufnehmend zwischen allen Fächern aufeinander bezogen und verlässlich abgestimmt werden muss (vgl. auch Otten 2003: 223 sowie Klippert 2008: 192 ff.), auch zwischen den deutschen und den fremdsprachig erteilten Sachfächern, vor allem aber auch zwischen den bilingualen Sachfächern und dem betreffenden Fremdsprachenunterricht (→ Art. 25).

▸ *Generisches Lernen:* Von besonderer Bedeutung für das fachübergreifende sprachliche Lernen ist der Erwerb generischer Kompetenzen. Die Genres der diskursiven Kommunikation und Interaktion sind grundlegend für jede Form der Äußerung, nicht nur in der Fremdsprache. Sie stellen die konventionalisierten Formen und Strukturen bereit, in denen fachliche und lebensweltliche Kommunikation stattfindet (vgl. Hallet 2013). Darüber hinaus kommt ihnen, da sie verlässliche diskursive und textuelle Strukturen bereithalten, eine wichtige lernunterstützende Funktion zu (*scaffolding;* → Art. 33).

▸ *Sprachvernetzendes Lernen:* Die generischen und textuellen Formen müssen fächerübergreifend mit den anderen sprachlichen und Sachfächern (unter Einschluss von Deutsch und, sofern vorhanden, Latein) Teil eines Curriculums für sprachvernetzendes Lernen sein, in dem die Entwicklung grundlegender Diskurs- und Genrekompetenzen sowie ein entsprechendes metasprachliches Wissen (Strukturen, Grammatikregeln, Termini usw.) festgelegt sind (vgl. Hallet 2011: 223 ff.).

▸ *Themen- und Inhaltsfelder:* Insbesondere zur Abstimmung mit der betreffenden Bezugsfremdsprache, aber auch zur Kooperation mit anderen Sprachen und Sachfächern ist es sinnvoll, ein Themen- und Inhaltscurriculum zu erstellen, aus dem sich gegenseitige Anschlussmöglichkeiten für fächerübergreifendes und -verbindendes Arbeiten ersehen lassen. Ein solches Themencurriculum dient auch der Vermeidung von Redundanzen durch die Behandlung ähnlicher oder gleicher Themen, andererseits aber der Sicherung wichtiger Themen im Verlauf eines Bildungsgangs. Mittels der sprach- und fächerübergreifenden Vereinbarung von Themen und Inhalten lassen sich auch pädagogische und programmatische Zielsetzungen einer Schule in die Unterrichtsarbeit integrieren (vgl. Otten 2003: 223 ff.).

Die Vernetzung des bilingualen Sachfachunterrichts und seiner Lehrkräfte über die Fächer hinweg erlaubt es den Lehrkräften, die Lernpotenziale und Synergien an einer Schule zu identifizieren; vor allem aber ermöglicht sie es den Lernenden, diese Potenziale sinnvoll zu nutzen und das Lernen effizienter zu gestalten. Nicht zu unterschätzen ist auch, dass die fächerübergreifende Vernetzung der mancherorts beobachtbaren Isolation oder Sonderstellung des Bilingualen Unterrichts an einer Schule vorbeugen kann.

Lehrkräfte als *professional learning community*

Wie im Vorangehenden dargestellt, ist der Bilinguale Unterricht wegen des Engagements und der Kompetenzen der Lehrkräfte, wegen des systemischen Charakters von Curricula und Stundentafeln, vor allem aber wegen der Notwendigkeit der Akzeptanz und der aktiven Mitwirkung aller an Schule Beteiligten – vor allem auch der Schulleitung und der Schulaufsicht – eine pädagogische Entwicklungsaufgabe erster Güte. Nicht selten war und ist die Einführung des Bilingualen Unterrichts an einer Schule mit der Entwicklung einer neuen, partizipativen Form der Schul- und Kommunikationskultur verbunden, oft auch der Beginn eines neuen pädagogischen Selbstverständnisses im Sinne einer mehrsprachig denkenden, lernenden und kommunizierenden Schule für die Erfordernisse des 21. Jahrhunderts.

Das zuvor dargelegte umfassende Verständnis von schulischem Sprachenlernen und einer programmatischen Ausrichtung der Schule sowie der Kooperation aller Fächer und Lehrkräfte ist nur dann wirklich chancenreich, wenn die beteiligten Fachschaften, aber auch das gesamte Kollegium sich als *professional learning community* betrachten (vgl. Klippert 2008: 46 ff.; Schratz/Westfall-Greiter 2010: 119 ff.; Hallet 2011: 189 ff.). Die professionelle Qualifikation der bilingual unterrichtenden Lehrkräfte kann als *essential* erster Güte für den Erfolg des Projekts ‚Bilingualer Unterricht' an einer Schule gelten (vgl. Coyle u. a. 2010: 69 ff. u. 163 ff.; Mehisto 2012: 58 ff. u. 81 ff.). Daher rührt die große Bedeutung des gemeinsamen professionellen Lernens, das sich insbesondere bezieht auf

▸ die gemeinsame kontinuierliche Fortbildung für den bilingualen Sachfachunterricht;

▸ die kooperative Unterrichtsentwicklung, in der Themen und Formen des Bilingualen Unterrichts beraten, entwickelt, erprobt und evaluiert werden;

▸ die kooperative und arbeitsteilige Erstellung von Material- und Aufgabenpools (→ Art. 28);

▸ die Darstellung und Kommunikation des Bildungsbeitrags des Bilingualen Unterrichts innerhalb und außerhalb der schulischen Öffentlichkeit.

Ein als Beitrag zur Schulentwicklung verstandener Bilingualer Unterricht kann der Gefahr des Einzelkämpfertums der Beteiligten entgehen und verdeutlichen, dass diese Unterrichtsform ein Angebot darstellt, wie die Schule den Herausforderungen des 21. Jahrhunderts begegnen kann – der Globalisierung, der sprachlichen, kulturellen und ethischen Diversifizierung und der Verständigung und Kommunikation über nationale, kulturelle und ethnische Grenzen hinweg.

Literatur

Baetens-Beardsmore, Hugo (1993): Bilingual Learning: Institutional Frameworks – Whole School Policies. In: Eike Thürmann/Heinz Helfrich (Hrsg.): *Report on Workshop 12A. Bilingual Education in Secondary Schools: Learning and Teaching Non-Language Subjects through a Foreign Language*. Strasbourg, 39–56.

Becker-Mrotzek, Michael/Schramm, Karen/Thürmann, Eike/Vollmer, Helmut Johannes (Hrsg.) (2013): *Sprache im Fach – Sprachlichkeit und fachliches Lernen*. Münster.

Coyle, Do/Hood, Philip/Marsh, David (2010): *CLIL. Content and Language Integrated Learning*. Cambridge.

Hallet, Wolfgang (2002): Auf dem Weg zu einer bilingualen Sachfachdidaktik: Bilinguales Lernen als fremdsprachige Konstruktion wissenschaftlicher Begriffe. In: *Praxis des neusprachlichen Unterrichts* 49, 115–126.

Hallet, Wolfgang (2011): *Lernen fördern Englisch: Kompetenzorientierter Unterricht in der Sekundarstufe I*. Seelze.

Hallet, Wolfgang (2013): Generisches Lernen im Fachunterricht. In: Becker-Mrotzek u. a. (Hrsg.), 59–75.

Hallet, Wolfgang/Königs, Frank G. (2010): Mehrsprachigkeit und vernetzendes Sprachlernen. In: Wolfgang Hallet/Frank G. Königs (Hrsg.): *Handbuch Fremdsprachendidaktik.* Seelze, 302–307.

Klippert, Heinz (2008): *Pädagogische Schulentwicklung. Planungs- und Arbeitstechniken zur Förderung einer neuen Lernkultur.* Weinheim, Basel.

Mehisto, Peeter (2012): *Excellence in Bilingual Education: A Guide for School Principals.* Cambridge.

Otten, Edgar (2003): Towards a Whole School Policy. Kooperationen zwischen Fremdsprachenunterricht und den bilingualen Sachfächern. In: Manfred Wildhage/Edgar Otten (Hrsg.): *Praxis des bilingualen Unterrichts.* Berlin, 217–244.

Schratz, Michael/Westfall-Greiter, Tanja (2010): *Schulqualität sichern und weiterentwickeln.* Seelze.

Zydatiß, Wolfgang (2002): Konzeptuelle Grundlagen einer eigenständigen Didaktik des bilingualen Sachfachunterrichts: Forschungsstand und Forschungsprogramm. In: Stephan Breidbach/Gerhard Bach/Dieter Wolff (Hrsg.): *Bilingualer Sachfachunterricht. Didaktik, Lehrer-/Lernerforschung und Bildungspolitik zwischen Theorie und Empirie.* Frankfurt/M., 31–61.

Wolfgang Hallet

II Organisationsformen und Modelle

8 Bilinguale Vorschul- und Kindergartenerziehung

Während es bilingualen Sachfachunterricht in weiterführenden Schulen bereits seit den 1960er Jahren in Deutschland gibt (Otten/Wildhage 2003: 15), ist ein Großteil der bilingualen Programme in deutschen Kindergärten erst in den vergangenen Jahren entstanden. Auf der Homepage des Vereins für Frühe Mehrsprachigkeit in Kindertagesstätten und Schulen (FMKS) sind zurzeit 723 bilinguale Kita-Programme gelistet (http://www.fmks-online.de/bilikitas.htm). Die Praxis zeigt, dass auf die Forderungen der Europäischen Kommission reagiert wird. In deren Aktionsplan wird auf die Pflicht der Mitgliedsstaaten hingewiesen, bereits in Kindergarten und Grundschule effektives Sprachenlernen sicherzustellen (Commission of the European Communities 2003: 8). Vorschulische Bildung hat unter dem Druck der PISA-Befunde sowie durch die Empfehlungen des Arbeitsstabs Forum Bildung (2001: 6) und die Bildungspläne, die mittlerweile für alle Bundesländer vorliegen, auch in Deutschland an Bedeutung gewonnen (Fthenakis 2009: 3).

Dieser Artikel verfolgt drei Ziele: Zum einen soll der frühe Fremdsprachenerwerb in Kita und Vorschule psycholinguistisch motiviert werden. Zweitens wird gezeigt, dass wir aufgrund soziolinguistischer und soziokultureller Aspekte vier verschiedene Typen bilingualer Programme unterscheiden müssen. Drittens sollen die Ergebnisse eines Comenius-Projekts zeigen, welche Variablen im frühen Fremdsprachenlernen in bilingualen Kita-Projekten eine Rolle spielen und welche Sprachkenntnisse erreicht werden können.

Frühes Fremdsprachenlernen

Wenn eine zweite Sprache nach dem dritten Lebensjahr erlernt oder erworben wird, spricht man per definitionem von Zweitsprachen- bzw. L2-Erwerb (de Houwer 2009), wobei zahlreiche Studien darauf hinweisen, dass eine Muttersprachen(L1)-ähnliche Aneignung des L2-Lautsystems und -Lexikons noch bis zum 6./7. Lebensjahr möglich und die Morpho-Syntax einer L2 sogar noch bis zum Alter von ca. 15 Jahren auf L1-Niveau erlernbar ist (Long 2007: 49f.). Generell lässt sich die Position ‚Je jünger, desto besser' für den Fremdsprachenerwerb jedoch nicht halten. Tendenziell ist es sogar so, dass Jugendliche und Erwachsene in den ersten Stadien des Erwerbs schneller voranschreiten als jüngere Lerner, danach jedoch rascher in ihrem Lernfortschritt stagnieren (ebd.). Kaum kontrovers ist dagegen die Position ‚Je jünger, desto besser auf lange Sicht': Je früher ein Lerner beginnt, eine L2 zu erwerben, und je länger der Erwerbsprozess andauert, desto größer der Lernerfolg (Long 2007). Daraus folgt für bilinguale Programme, dass sie nicht nur idealerweise früh beginnen sollten, bestenfalls bereits in der Krippe (hierzu fehlen noch einschlägige Untersuchungen, vgl. Wode 2009: 74), sondern die bilinguale Erziehung auch möglichst lang andauern sollte, damit der Sprachlernprozess tatsächlich über Jahre gewährleistet werden kann und erworbene Fähigkeiten nicht wieder verloren gehen (zur Übergangsproblematik vgl. Kersten/Rohde im Druck). Gleichzeitig ist es wichtig darauf hinzuweisen, dass aufgrund der begrenzten Zeit, die die Kinder in der Kita verbringen, und aufgrund des zwangsläufig begrenzten Inputs von oftmals nur einer Person, die die L2 spricht, sich keine L1-ähnlichen Sprachfähigkeiten in der L2 entwickeln können. Dennoch erwerben einige Englisch lernende Kinder einen rezeptiven Wortschatz, der mit dem lexikalischen Wissen von L2-Lernern vergleichbar ist, die in Großbritannien Englisch als L2 erwerben (Rohde 2010).

Vier Typen bilingualer Kita-Programme

Aufgrund der Zusammenhänge zwischen psycholinguistischen und soziolinguistischen Aspekten des Spracherwerbs (wie der Sozialisation der Kinder, der Rolle der stärkeren von zwei Sprachen etc.) ergibt sich die Notwendigkeit, bilinguale Kitaprogramme nach sprachlichen, kulturellen und sozialen Gesichtspunkten unterschiedlich zu strukturieren (Wode 2009: 75). Wode unterscheidet vier Typen:

▸ *Typ a:* Monolingual deutsche oder mehrsprachige Kinder mit Deutsch als stärkerer Sprache lernen Englisch, Französisch oder Spanisch.
▸ *Typ b:* Kinder sprachlicher Minderheiten mit L1 Deutsch lernen die Sprache ihrer Vorfahren (wie Friesisch, Sorbisch oder Dänisch) als L2, die schon lange in der jeweiligen Region gesprochen wird.
▸ *Typ c:* Kinder mit Migrationshintergrund, die seit kürzerer Zeit in der Region leben, lernen Deutsch sowie ihre Herkunftssprache.
▸ *Typ d:* Kinder aus verschiedenen Kulturen und mit mehreren Sprachen, die seit kürzerer Zeit in der Region leben, lernen Deutsch in einer heterogenen Kitagruppe.

Programme der Typen a und c sind die am häufigsten in Deutschland vertretenen Konzepte; im Gegensatz zu den Typen b und d sind sie vielfach wissenschaftlich untersucht worden. Sie unterscheiden sich nicht nur durch die involvierten soziokulturellen Faktoren und zu lernenden Sprachen, sie verfolgen auch in Bezug auf die angestrebten sprachlichen Kompetenzen grundsätzlich verschiedene Ziele. Während es in den Kitaprogrammen des Typs a darum geht, ein funktional angemessenes Niveau der L2 zu erreichen, sodass in der Schule früh der Raum für eine weitere Fremdsprache geschaffen wird, gilt es in den Kitas des Typs c zwar auch eine L2 zu erwerben, und zwar das Deutsche, jedoch auf einem L1-ähnlichen Niveau. Dieses Niveau ist erforderlich für die Kinder, um den späteren Schulerfolg gewährleisten zu können.

Kitaprogramme des Typs c

Die Kitaprogramme des Typs c räumen zunächst der Herkunftssprache (z. B. Türkisch) den erforderlichen Raum ein, damit die Kinder in dieser Sprache die *li-*

teracy-Fähigkeiten (Text- und narrative Kompetenz, sprachliche Abstraktionsfähigkeit) erwerben, die die Grundlage für den Schulerfolg bilden (Apeltauer 2004). Es wird angenommen, dass besonders Kinder mit Migrationshintergrund oftmals das Problem haben, weder ihre Herkunftssprache noch das Deutsche als Majoritätensprache altersadäquat zu beherrschen, sodass die Gefahr besteht, an der Bewältigung des Schulstoffs in den Fächern zu scheitern. Lengyel (2008: 54) ermittelte in ihrer Studie zu monolingualen Kindergärten, in denen Kinder mit Migrationshintergrund Deutsch als L2 lernen, dass die Herkunftssprache, wird sie nicht gefördert, ein geringes Prestige genießt und Mehrsprachigkeit oftmals nicht als Wert erachtet wird. Gleichzeitig kann keineswegs garantiert werden, dass das Deutsche verlässlich erworben wird. Reich (2009: 114) weist darauf hin, dass in seinen Untersuchungen im Hamburger Raum keine signifikante Korrelation zwischen der Dauer des Kitabesuchs und dem Stand der Kinder im Deutschen vorliege. Mit anderen Worten: Ungeachtet, welche Qualität der Sprachstand der Kinder mit Migrationshintergrund im Deutschen erreicht hat, ist dies offenbar nicht mit der Dauer und der Qualität des Sprachkontaktes in der Kita zu erklären. Möglicherweise ist ein Grund hierfür im ungünstigen Personalschlüssel der Kitas zu sehen. Je nach persönlicher Veranlagung ist der Input offenbar nicht ausreichend, um gerade den vielleicht eher zurückhaltenden Kindern zu helfen, die Majoritätensprache Deutsch zu stärken. Auch wenn in den Familien Deutsch gesprochen wird, ist der Umfang dieses Anteils kein verlässlicher Indikator für einen erfolgreichen L2-Erwerb des Deutschen. Im Gegensatz zum Anteil der Herkunftssprache in der Familienkommunikation und der Kompetenz in dieser Sprache ist aus dem Deutschanteil keine statistisch signifikante Aussage über den Sprachstand im Deutschen abzuleiten (ebd.). Aus diesem Grund ist es eine der Hauptaufgaben der Kitas des Typs c, die *literacy*-Fähigkeiten in der Herkunftssprache der Kinder anzubahnen, damit zunächst zumindest eine der beiden Sprachen der Kinder auf einem altersgemäßen Stand ist. Es ist gezeigt worden, dass ein entsprechender Stand in der Herkunftssprache dann auch den Erwerb des Deutschen beschleunigt (Reich 2009: 258).

Kitaprogramme des Typs a

Zweisprachige Kitaprogramme, in denen Kinder eine Fremdsprache immersiv lernen, das heißt, dadurch dass mindestens eine Kitabetreuerin oder ein Kitabetreuer die Fremdsprache im Umgang mit den Kindern benutzt und sie so alle täglichen Aktivitäten und Routinen der Kita auch in der Fremdsprache erleben, sind in Deutschland erstmals in den 1990er Jahren untersucht worden (Tiefenthal 1999, Rohde/Tiefenthal 2000). Zahlreiche Programme sind entstanden, als Englisch in den 2000er Jahren in der Grundschule eingeführt wurde (unberücksichtigt bleiben im Folgenden Kitas, die lediglich vereinzelte Unterrichtsstunden in der Fremdsprache anbieten). Es handelt sich im Hinblick auf den Spracherwerbstypen in der Kita des Typs a im Prinzip um natürlichen L2-Erwerb, da keine formalen Lehrverfahren eingesetzt werden und die Sprache den alltäglichen Situationen und Bedürfnissen entspricht und daher grundsätzlich wie die L1 verwendet wird. Aufgrund der niedrigeren Inputintensität stellt die Erwerbssituation in der Kita jedoch einen Sonderfall des natürlichen L2-Erwerbs dar (Rohde 2005: 157). Entscheidend ist darüber hinaus, dass für diese Programme keine Curricula vorliegen und daher keine Zielvorstellungen, welche Kompetenz in der Fremdsprache erwartet wird. Die Forschung weist auch darauf hin, dass sich die Kitas hinsichtlich ihrer Struktur, vor allem in Bezug auf die Inputintensität, stark voneinander unterscheiden und der Erfolg von einem ganzen Komplex an Faktoren abhängt (Kersten u. a. 2010).

In den deutschen Kitas wird jede Gruppe von etwa 20 Kindern jeweils von zwei Kräften betreut. In den bilingualen Kitas bietet in einer Gruppe mindestens eine der beiden Betreuungskräfte Input in der Zielsprache an (sie spricht nicht notwendigerweise die L1). Da die meisten Kitas nach dem Prinzip „One person – one language" (de Houwer 2009) arbeiten, entfallen so theoretisch jeweils 50 % des Inputs auf die L1 der Kinder und 50 % auf die L2 (für Kinder mit Migrationshintergrund ist zu beachten, dass Deutsch die L2 und die Fremdsprache die L3 ist). Die Aufgaben und Funktionen müssen darüber hinaus auf beide Kräfte verteilt werden, sodass die Aktivitäten, die den Kindern besonders Spaß machen oder von ihnen besonders begehrt werden, nicht nur auf eine Person konzentriert sind. Das würde zwangsläufig dazu führen, dass eine der beiden Betreuungskräfte kaum eine Möglichkeit hätte, ein gutes Verhältnis zu den Kindern zu entwickeln (Rohde 2005: 158).

Ein entscheidender Faktor für die Art der Verwendung des Englischen in der Kita ist, dass die Kinder sich die Strukturen und den Wortschatz vorwiegend ohne Erklärungen der Betreuerinnen und Betreuer eigenständig erschließen können müssen. Die Fremdsprache muss daher in die Abläufe der Kita so eingebettet sein, dass den Kindern zum Beispiel die Bedeutungen der ihnen noch fremden Wörter aus den Situationen, in denen sie verwendet werden, klar werden. Dies ist keineswegs eine neue Aufgabe für die Kinder, denn genau auf diese Weise erwerben sie auch ihre L1 – eine Entwicklung, die für die Kinder aller Altersstufen in der Kita noch lange nicht als abgeschlossen gelten kann (ebd.).

Entwicklung der L2 in der Kita. Selbst wenn Kinder 3 Jahre in einer bilingualen Kita verbringen, ist das Hörverständnis der eigenen Sprachproduktion weit voraus. Innerhalb von ca. 6 Wochen kann der Tagesablauf in der Kita in der neuen Sprache bewältigt werden. Zuerst werden verstärkt formelähnliche Ausdrücke gelernt, die häufig wiederkehrende Routinen wie Aufräumen, Zähne putzen, Anziehen etc. bezeichnen. Die Formeln werden zunächst als *chunks* gelernt und nicht morphologisch analysiert. Der passive Wortschatz entwickelt sich stetig (siehe folgender Abschnitt). Entgegen der Annahme, kleine Kinder würden die Aussprache einer L2 mühelos und schnell auf L1-Niveau erlernen, zeigen die mittlerweile umfangreichen Erfahrungen in bilingualen Kitas des Typs a, dass die Kinder, egal ob sie Englisch oder Französisch lernen, die L1-Deutsch-typischen Interferenzen aufweisen (Wode 2009: 89). Möglicherweise ist ein Grund dafür der im Vergleich zu einer natürlichen Erwerbssituation im englisch- oder französischsprachigen Umfeld sehr begrenzte Input. Hinzu kommt, dass die Kinder auch nach 3 Jahren die L2 in der Kita untereinander nicht verwenden. Dieses Verhalten ändert sich nur in den Fällen, in denen auch L1-sprechende Kinder des Englischen oder Französischen die deutsche Kita besuchen.

Das ELIAS-Projekt zu bilingualen Kita-Programmen. Innerhalb des Comenius-Projekts ELIAS *(Early Language and Intercultural Acquisition Studies)* wurden zwischen 2008 und 2010 insgesamt 10 Kitas des Typs a in 4 europäischen Ländern untersucht (7 Programme in Deutschland, jeweils eines in Belgien, Schweden und England – Letzteres zu Vergleichszwecken), in denen jeweils die Landessprache und Englisch als L2 bzw. als L1 gesprochen werden. Im Mittelpunkt standen vor allem die folgenden Fragen:*Welchen Einfluss hat die Beschaffenheit des Inputs?* Anhand des entwickelten IQOS *(Input Quality Observation Scheme)* wurde der Sprachgebrauch der englischsprachigen Betreuerinnen und Betreuer in Interaktionen mit den Kindern analysiert (inwiefern wird die Sprache kontextualisiert und an die Bedürfnisse der Kinder angepasst, inwiefern werden die Kinder zu Output ermutigt, enthält der Input Recasts etc.?). Abgesehen von der Inputqualität wurde auch die Inputintensität erfasst, indem die Anwesenheit der Betreuungskräfte, Öffnungszeiten der Kita sowie der Betreuungsschlüssel berücksichtigt wurden. Während keine Korrelation mit dem rezeptiven Wortschatzerwerb nachgewiesen werden konnte, so korrelierte die Inputqualität jedoch mit der rezeptiven grammatischen L2-Entwicklung der Kinder (Steinlen u. a. 2010a, Weitz u. a. 2010).

▸ *Wie entwickeln sich die rezeptiven grammatischen Fähigkeiten der Kinder?* Die grammatischen Fähigkeiten in der L2 wurden anhand eines neu erstellten, nicht standardisierten Bild-Zeige-Tests analysiert, in dem das Verständnis folgender Kategorien getestet wurde: *subject-verb agreement, possessive case, affirmative vs. negative, plural -s, possessive pronouns, personal pronouns, word order.* Alle Kinder verbesserten ihr Verständnis grammatischer Phänomene von Testzeitpunkt 1 zu 2. Zwischen den Testzeitpunkten lagen ca. 6 Monate. Die Ergebnisse korrelierten sowohl mit der absoluten Dauer des L2-Kontaktes als auch mit der L2-Input-Intensität (Steinlen u. a. 2010a).

▸ *Wie entwickelt sich der rezeptive Wortschatz?* Der rezeptive Wortschatz wurde anhand des standardisierten BPVS *(British Picture Vocabulary Scale)* ermittelt. Dieser Test wurde zwar für L1-Lerner des Englischen entworfen, er ermöglicht jedoch einen Vergleich mit Kindern, die in England Englisch als L2 erwerben. In allen Programmen verbesserten die Kinder ihren Wortschatz signifikant, jedoch ließen sich im Hinblick auf den L2-Kontakt und die L2-Intensität nur teilweise signifikante Korrelationen nachweisen. So korrelieren

z. B. lediglich die Ergebnisse der Gruppierung mit der höchsten Inputintensität zum Testzeitpunkt 1 mit den BPVS-Ergebnissen, nicht jedoch die Ergebnisse der 3 übrigen Gruppen. Es zeigt sich deutlich, dass L2-Input-Intensität nur die potenzielle und nicht die tatsächliche Intensität misst. In einem Kitaprogramm ist es leicht möglich, sich dem L2-Input der Betreuerinnen und Betreuer zu entziehen und sich stattdessen an die L1-deutschsprachigen Kräfte zu halten (Rohde 2010). Diese Ergebnisse erinnern an die Untersuchungen zur L2 Deutsch in Reich (2009), die zeigen, dass allein die Dauer des Kitaaufenthalts nicht mit dem Lernstand des Deutschen korreliert.

▸ *Wie entwickelt sich die L1 Deutsch der Kinder?* Die Entwicklung der L1 Deutsch wurde in deutschen Kitas anhand des SETK 3–5 (Sprachentwicklungstest für 3- bis 5-jährige Kinder) ermittelt. Der Test ergab, dass keinerlei Defizite in der L1 auftreten. Für alle Untersuchungen galt darüber hinaus, dass keine signifikanten Unterschiede hinsichtlich der Variablen Geschlecht und Migrationshintergrund festgestellt werden konnten (Steinlen u. a. 2010b).

Ausblick

Die bisherige Forschung zu bilingualen Kitaprogrammen der Typen a und c zeigt, dass die Programme geeignet sind, entweder Deutsch als L2 (Typ c) oder eine Fremdsprache (Typ a) zu lernen. Die Ziele der Programme sind unterschiedlich: Die L2 Deutsch muss von den Migrantenkindern auf einem L1-ähnlichen Niveau gelernt werden, die Fremdsprache hingegen auf einem funktional angemessenen Niveau. Während Untersuchungen in Kitas des Typs c keine signifikanten Korrelationen zwischen der L2 Deutsch-Kontaktdauer hervorbrachten, scheinen Kinder in L2-Englisch-Programmen von der Kontaktdauer, der Intensität und Qualität des Inputs zu profitieren, zumindest im Hinblick auf ihre Entwicklung der rezeptiven grammatischen Fähigkeiten. Weitere Studien müssen differenzierter zeigen, ob und inwieweit Kitas verlässliche Sprachstände garantieren können. Anders als in Schulprogrammen können sich Kinder dem L2-Input gezielt entziehen. Dennoch zeigen die bisher untersuchten Kita-Programme eindeutig, dass sprachliche Fähigkeiten erworben werden, die es dann in den entsprechenden Primarschulprogrammen weiter auszubauen gilt.

Literatur

Apeltauer, Ernst (2004): *Sprachliche Frühförderung von zweisprachig aufwachsenden türkischen Kindern im Vorschulbereich. Bericht über die Kieler Modellgruppe (März 2003 bis April 2004)*. Flensburg.

Arbeitsstab Forum Bildung (2001): Empfehlungen des Forum Bildung. http://www.ganztagsschulen.org/_downloads/Forum-Bildung-Empf.pdf [13. 09. 2012].

Commission of the European Communities (2003): Communication from the Commission to the Council, the European Parliament, the Economic and Social Committee of the Regions. Promoting Language Learning and Linguistic Diversity: An Action Plan 2004–2006. http://ec.europa.eu/education/doc/official/keydoc/actlang/act_lang_en.pdf [13. 09. 2012].

de Houwer, Annick (2009): *Bilingual First Language Acquisition*. Bristol.

Fthenakis, Wassilios (2009): Vorwort zur Reihe. Für einen guten Start: Frühzeitig Kompetenzen stärken. In: Wode (2009), 3–4.

Kersten, Kristin/Rohde, Andreas (im Druck): On the Road to Nowhere? The Transition Problem of Bilingual Teaching Programmes. In: Daniela Elsner/Jörg-Uwe Keßler (Hrsg.): *Bilingual Learning and CLIL in Primary School*. Tübingen.

Kersten, Kristin/Rohde, Andreas/Schelletter, Christina/Steinlen, Anja K. (Hrsg.) (2010): *Bilingual Preschools. Volume 1: Learning and Development*. Trier.

Lengyel, Drorit (2008): *Zweitspracherwerb in der Kita. Eine integrative Sicht auf die sprachliche und kognitive Entwicklung mehrsprachiger Kinder*. Münster.

Long, Michael H. (2007): *Problems in SLA*. Mahwah, NJ.

Otten, Edgar/Wildhage, Manfred (2003): Content and Language Integrated Learning. Eckpunkte einer „kleinen" Didaktik des bilingualen Sachfachunterrichts. In: Manfred Wildhage/Edgar Otten (Hrsg.): *Praxis des bilingualen Unterrichts*. Berlin, 12–45.

Reich, Hans H. (2009): *Zweisprachige Kinder: Sprachaneignung und sprachliche Fortschritte im Kindergartenalter*. Münster.

Rohde, Andreas (2005): *Lexikalische Prinzipien im Erst- und Zweitsprachenerwerb*. Trier.

Rohde, Andreas (2010): Receptive L2 lexical knowledge in bilingual preschool children. In: Kersten u. a. (Hrsg.), 45–68.

Rohde, Andreas/Tiefenthal, Christine (2000): Fast mapping in early L2 acquisition. In: *Studia Linguistica* 54, 167–174.

Steinlen, Anja K./Håkansson, Gisela/Housen, Alex/Schelletter, Christina (2010a): Receptive L2 Grammar Knowledge Development in Bilingual Preschools. In: Kersten u. a. (Hrsg.), 69–100.

Steinlen, Anja/Neils, Katharina/Piske, Thorsten/Trumpp, Christian (2010b): SETK 3–5: A Developmental Language Test on German. In: Kersten u. a. (Hrsg.), 119–135.

Tiefenthal, Christine (1999): *Die Entwicklung des Wortschatzes der Fremdsprache in einem deutsch-englisch bilingualen Kindergarten*. Magisterarbeit, Universität Kiel.

Weitz, Martina/Pahl, Svenja/Flyman Mattsson, Anna/Buyl, Aafke/Kalbe, Elke (2010): The Input Quality Observation Scheme (IQOS): The Nature of L2 Input and its Influence on L2 Development in Bilingual Preschools. In Kersten u. a. (Hrsg.), 5–44.

Wode, Henning (2009): *Frühes Fremdsprachenlernen in bilingualen Kindergärten und Grundschulen*. Braunschweig.

Andreas Rohde

9 Bilingualer Unterricht in Primarschulen: Die Fremdsprache in den Lernbereichen der Grundschule

Der folgende Artikel soll aufzeigen, wie zusammen mit dem Erwerb einer Fremdsprache auch ein Beitrag zum Lernen in anderen Lernbereichen der Grundschule geleistet werden kann. In zwei Sprachen zu lernen heißt, die Fremdsprache in die Lernbereiche der Grundschule einzubeziehen und zugleich den reinen Sprachunterricht durch Einbeziehung fachlicher Lerninhalte zu bereichern (vgl. ausführlicher BIG-Kreis 2011, Böttger 2011).

Früh in zwei Sprachen lernen

Die wachsende Diskussion um die Rolle der Fremdsprache in den Lernbereichen der Grundschule ist keineswegs Ausdruck eines Modetrends. Zum einen folgt sie der Verbreitung dieser Unterrichtsform im europäischen und außereuropäischen Ausland, zum anderen nimmt sie die Ergebnisse zahlreicher Forschungen auf. Die Fremdsprache in den Lernbereichen der Grundschule lässt die Möglichkeiten der Einbettung des Fremdsprachenlernens in unterschiedliche Lernbereiche offen und begrenzt sie nicht auf ein bestimmtes Fach oder auf wenige Fächer. Es gilt, den grundschulgemäßen Ansatz zu verfolgen, bei dem die Inhalte der Fächer und Lernbereiche thematisch aufeinander abgestimmt werden und ein fächerübergreifendes und -verbindendes Gesamtkonzept mit den Kindern umgesetzt wird. Der Sachunterricht als Leitfach wird dabei immer eine wichtige Rolle spielen, aber letztlich geht es beim Lernen in zwei Sprachen um den gesamten schulischen Bildungsprozess.

Die Arbeit der Lehrkräfte im Fremdsprachenunterricht ist mit der im fremdsprachlichen Sachfachunterricht durchaus vergleichbar: Sie kommunizieren in der Fremdsprache und arbeiten themenorientiert. Im Fremdsprachenunterricht sind es die Bildungsplanthemen, die der Entwicklung der Sprachkompetenz dienlich sind, im Sachfachunterricht dagegen sind es die vom Rahmenplan vorgegebenen Sachziele/-inhalte, die der Entwicklung der sachfachlichen Kompetenz dienlich sind, aber in der Fremdsprache vermittelt werden.

Was von Anfang an für jegliche Form des Fremdsprachenunterrichts in der Grundschule gilt, ist ihre Einbettung in die Grundschulpädagogik, bei der das Kind im Mittelpunkt steht, an dem sich didaktische und methodische Entscheidungen zu orientieren haben. Das gilt genauso für die Fremdsprache in den Lernbereichen der Grundschule.

Rahmenbedingungen schaffen

Die institutionellen Regelungen und Vorgaben der einzelnen Länder zum Fremdsprachenlernen in der Grundschule unterscheiden sich konzeptionell und folglich auch im fremdsprachlichen Unterrichtshandeln. Diese Unterschiede werden zunächst deutlich beim Zeitpunkt der Einführung von Fremdsprachenlernen und im Umfang der dafür vorgesehenen Unterrichtszeit. Ferner gibt es unterschiedliche Lehr-, Bildungs- und Rahmenpläne in den einzelnen Bundesländern und schließlich verschiedene Anforderungen und Anweisungen an die Dokumentation der Lern- und Leistungsentwicklung. Die Unterschiede zeigen sich aber auch in der Lehrerbildung und beziehen sich auf die Studiengänge für das Lehramt an Grundschulen und die entsprechenden Fort- und Weiterbildungsangebote, insbesondere die zur Weiterentwicklung sprachlicher und methodisch-didaktischer Kompetenzen bei nicht in der Fremdsprache ausgebildeten Lehrkräften. Lernen in zwei Sprachen ist nicht zuletzt darauf angewiesen, dass Lehrkräfte für diesen Aufgabenbereich professionell nachqualifiziert werden. In der Lehrerfortbildung sollen auch Lehrkräfte in anderen Funktionen, zum Beispiel in der Klassen- oder Seminarleitung, darauf vorbereitet werden, die Fremdsprache in ihren Unterricht einzubeziehen und ihre Expertise einzubringen.

Fremdsprachenunterricht in der Grundschule folgt dem Grundsatz inhalts- und themenbezogener Sprachvermittlung. Anwendungsbereiche hierfür lassen sich in fast allen Fächern und Lernfeldern finden (vgl. unten). Die einhergehende Ausweitung fremdsprachlicher Kontaktzeiten ist dazu in allen Klassenstufen erforderlich und möglich. Sie wird idealiter durch Stundentafeln so geregelt, dass die fremde Sprache möglichst häufig und in möglichst vielen Fächern und Lernbereichen gebraucht wird.

Wenn die Fremdsprache derart einbezogen wird, ist es hilfreich, dass dies bereits in den Schulentwicklungsplan bzw. in das Entwicklungsprogramm der Schule aufgenommen wird. Eine solche Maßnahme wirkt sich auf die Lehrauftragsverteilung ebenso aus wie auf die Stundenplangestaltung. Sie wird auch im Schulbudget sowie im Fortbildungskonzept der Schule berücksichtigt.

In diesem Sinne wird die Fremdsprache ein selbstverständlicher Bestandteil des Schullebens und der Ausgestaltung des Schulgebäudes. Fächerübergreifende Projekte, besondere schulische Veranstaltungen wie Einschulung, Schulfeste und die Ausgestaltung der Schule mit mehrsprachigen Hinweisen, Ausstellungen und Präsentationen setzen diesen Anspruch um. Austauschstudenten/-studentinnen und Fremdsprachenassistenten/-assistentinnen in das Schulleben einzubinden, wirkt ebenso förderlich wie die Teilnahme der Lehrkräfte an Fortbildungen, Sprachlehrgängen im In- und Ausland und an internationalen Projekten. Eine umfassende Information der Eltern über das Konzept ,In zwei Sprachen lernen' bewirkt dessen Akzeptanz und fördert seine erfolgreiche Umsetzung.

Unterricht in zwei Sprachen planen

Bei der Einführung und Erarbeitung von Sachthemen im Fremdsprachenunterricht gelten weiterhin die bisherigen Kriterien für den Englischunterricht in der Grundschule wie unter anderem Authentizität, Kindgemäßheit, Multisensorik. Allerdings verändern sich nicht nur dessen Themen, sondern auch die sprachlichen Mittel, die für ihre Behandlung notwendig sind.

Das Lernen in zwei Sprachen erweitert die bisherigen Inhalte des Englischunterrichts der Grundschule um Sachthemen aus anderen Lernbereichen und bietet somit eine große Chance, Sprache nicht nur als Kommunikationsmittel, sondern in vielfältigen neuen Zusammenhängen vor allem auch sachbezogen anzuwenden.

Kompetenzerwerb berücksichtigen. Jedes Fach und jeder Lernbereich in der Grundschule leistet seinen Beitrag zur Entwicklung und Förderung von Kompetenzen, die von den Schülerinnen und Schülern benötigt werden, um ihren Lebensalltag zu verstehen und eigenständig gestalten zu können. Der Sachfachunterricht in einer Fremdsprache verfolgt dabei vorrangig die vorgegebenen spezifischen Ziele des Sachfaches, die indes mit den Anforderungen an einen modernen Fremdsprachenunterricht verbunden werden. Zur Bewältigung dieser

Aufgaben greifen die Lernenden auf die im Fremdsprachenunterricht erworbenen grundlegenden sprachlichen Mittel zurück und erweitern diese um das notwendige fachspezifische Vokabular und um die erforderlichen Redemittel.

Die in allen Bereichen der Grundschule angestrebte Kompetenzorientierung erfordert es, auf fächerübergreifende Kompetenzen zurückzugreifen und zum Erreichen der Ziele einzusetzen:

▸ In den verschiedenen sachfachbezogenen Bereichen können die Kinder unter anderem Sachwissen erwerben, Probleme lösen, Fakten und Daten sammeln und sortieren, Pflanzen und Tiere bestimmen und untersuchen, Bilder zeichnen und vergleichen, Theater spielen, Modelle konstruieren und bauen, Versuche planen und durchführen, Arbeitsergebnisse vorstellen, Sport- und Spielanweisungen ausführen und geben, Regeln berücksichtigen.

▸ Im Bereich Sprache werden die bekannten Fertigkeiten gefördert: Hörverstehen (z. B. durch Erfassen von Anweisungen und Textinhalten), Sprechen (z. B. durch Imitieren, Reproduzieren und Produzieren von Wörtern und Sätzen, durch gestütztes Berichten und Beschreiben), Leseverstehen (z. B. durch Entnehmen von Informationen und Anleitungen aus Sachtexten), Schreiben (z. B. durch Beschriften von Abbildungen oder Vervollständigen von Sätzen bzw. Texten), Sprachmittlung (z. B. durch Wiedergabe von Anweisungen und Textinhalten in der Muttersprache).

▸ Im lernstrategischen Bereich üben die Kinder beispielsweise, wie sie Sachbücher verwenden, in Wörterbüchern nachschlagen, mit Arbeitsmitteln umgehen, Tabellen vervollständigen, Notizen machen, Lernergebnisse einschätzen und präsentieren, Lernzeiten einteilen, Lösungsprozesse organisieren.

Themen wählen. Die Auswahl von Themen und Inhalten, die sich in allen Lernbereichen der Grundschule finden lassen, erfolgt in Kooperation der in einer Jahrgangsstufe tätigen Lehrkräfte. Gemeinsam wählen sie Inhalte aus den Lernbereichen, die sich für das Lernen in zwei Sprachen besonders eignen, beispielsweise

▸ für den Sportunterricht z. B. *Body and movements, My favourite sport, The Olympic Games;*

▸ für den Heimat- und Sachunterricht z. B.: *Healthy and unhealthy food, The water cycle, Weather;*

▸ für Mathematik z. B.: *Calculating, Measures, Shapes;*

▸ für Ethik/Religion z. B.: *Families in different countries, Friendship, Feelings;*

▸ für Musik z. B.: *Traditional children's songs, Musical comedies, Noises around us;*

▸ für Kunst z. B.: *Expression of feelings through colours, Colours of the seasons, Making figures;*

Wenn das Ziel des Lernens in zwei Sprachen der Zugewinn an fachlichem und sprachlichem Können ist, müssen bei der vorbereitenden Planung folgende Aspekte berücksichtigt werden:

▸ die sprachlichen und fachlichen Voraussetzungen der Lerngruppe,

▸ die sprachlichen Anforderungen, die das gewählte Thema stellt,

▸ die für die sachbezogene Kommunikation erforderliche sprachliche Vorbereitung und Unterstützung,

▸ eine eventuell erforderliche Reduzierung des Themas bzw. der Inhalte,

▸ die personellen Voraussetzungen: Übernimmt die Englischlehrkraft die Behandlung des Themas oder kann die Fachkraft sie in der Fremdsprache durchführen?

Auch unterrichtspraktische Überlegungen wie Zeitumfang, Nutzung von Medien, Wahl der Unterrichtsformen (z. B. Stationenlernen oder Durchführung als fächerübergreifendes Projekt), Methodenwahl (z. B. *storyline approach*), Gestaltung der Lernumgebung (Lernszenarien) etc. gehören zur vorbereitenden Planung.

Unterstützen. In den fremdsprachlichen Unterrichtsabschnitten des Sachfachunterrichts wird der stark handlungsorientierte Unterricht durch die Lehrkraft möglichst weitgehend in der Zielsprache geführt. Den Lernenden soll freigestellt werden, welche Sprache sie im Unterricht verwenden. Im Verlauf des Unterrichts werden die Schülerinnen und Schüler die Fremdsprache immer häufiger in alltäglichen und sachfachlichen Kommunikationssituationen einsetzen und dazu auch besonders von der Lehrkraft ermutigt.

Grundsätzlich müssen die Äußerungen der Lehrkraft dem Sprachniveau der Schülerinnen und Schüler entsprechen und durch nonverbale Hilfen unterstützt werden, und vor allem auch durch unterstützende sprachliche Maßnahmen (*scaffolding*, soufflieren etc.; → Art. 33). Dazu kann die Lehrkraft je nach Bedarf die Sprechgeschwindigkeit reduzieren, die Äußerungen durch Pausen deutlich voneinander trennen, einzelne Aussagen wiederholen bzw. in umformulierter Form darbieten und damit die Verständlichkeit durch die Redundanz der Aussagen gewährleisten, ohne dass die sprachliche Qualität der Aussagen leidet. Zeit und Lob erhöhen den positiven Effekt.

Der Einsatz von Sprachmittlung kann zur Begriffsklärung, Verständnissicherung und Hilfestellung sinnvoll sein, um das Verständnis des Fachwortschatzes sowie der Inhalte sowohl in der Muttersprache als auch in der Fremdsprache zu sichern. Durch Vergleichen von muttersprachlichen und fremdsprachlichen Begriffen wird Sprachreflexion angebahnt (→ Art. 23).

Von besonderer Bedeutung ist die Gestaltung einer medial anregenden Lernumgebung, in der sowohl das jeweilige Thema in Form thematischer Poster, beschrifteter Realien, Bilder, Bücher und Zeitschriften als auch die sprachlichen Mittel in Form von Wortsammlungen, Postern mit häufig verwendeten Satzbausteinen und Wörterbüchern präsent sind. Auf diese Weise können die Lernenden auf Sprachmittel und bildliche Darstellungen zurückgreifen und Materialien zum Nachschlagen nutzen.

Neben geeigneten Zusatzlektüren in Form von fremdsprachigen Kinder- und Sachbüchern sowie fiktionalen Texten sorgt auch eine angemessene Berücksichtigung der Fremdsprache in den Lehrwerken der Sachfächer für einen authentischen Umgang mit der englischen Sprache. Auch digitale Medien, interaktive Tafeln und entsprechend ausgestattete Fremdsprachenräume fördern die fremdsprachige Kommunikation zwischen den Lernenden. Außerschulische Lernorte fördern das zweisprachige Lernen, weil sie in besonderem Maße vielfältige Möglichkeiten für erlebnisbetonten Wissens- und Spracherwerb bieten.

Aufgaben und Arbeitsformen auswählen

Der Sachfachunterricht bietet viele Möglichkeiten, dem Bedürfnis der Kinder nach praktischem Tun zu entsprechen. Handlungen wie Experimente, Basteln, (Mini-)Rollenspiele, Dialoge und Sketche helfen, das Sachthema zu verstehen und die Fremdsprache dafür einzusetzen.

▸ Sorgfältig vorbereitete Aufgaben zur sprachlichen (Re-)Produktion sowie ein angemessener *language support* ermöglichen den Lernern, sich in der fremden Sprache mündlich und schriftlich zu äußern.

▸ Bei Aufgaben, in denen Bilder und Sätze zuzuordnen sind, beschreiben sie Vorgänge und Erscheinungen. Sie können Texte nach Vorlagen schreiben oder *minibooks* zu einem Sachthema in der Fremdsprache anfertigen.

▸ Neben kleinen mündlichen Präsentationen stellen sie ihre Arbeitsergebnisse als *factsheets,* Poster, *mind maps,* Portfolios oder auch in digitaler Form vor.

▸ Kognitive Aufgaben wie Ordnen, Auflisten, Klassifizieren sowie das Erstellen von Grafiken und Tabellen erfordern einen minimalen Sprachaufwand.

▸ Sprachlich komplexere Aufgaben wie Vergleichen und Problemlösen können mit dem Partner bearbeitet werden.

▸ Aufgaben, die nonverbales Reagieren der Lernenden ermöglichen, tragen dazu bei, dass eine aktive und sinnvolle Teilnahme auch dann möglich ist, wenn das thematisch notwendige Niveau der Unterrichtssprache über dem aktuellen Sprachniveau der Schülerinnen und Schüler liegt.

▸ Verschiedene Formen der Interaktion zwischen den Lernenden schaffen vielfältige Möglichkeiten für fremdsprachiges Handeln auch im Sachfach. Sie können zum Beispiel durch Gruppenpuzzles, Kugellager oder Denken-Besprechen-Austauschen angebahnt werden.

Voraussetzungen für den erfolgreichen Einsatz dieser Arbeitsformen sind immer eine vorbereitende Planung sowie die sprachliche Unterstützung der Kommunikation zwischen den Lernenden.

Der Kontakt zu und Austausch mit Kindern in anderen Ländern, die Nutzung der englischen Sprache als Verständigungsmittel über Alltagsdinge und Sachthemen wirken in hohem Maße motivierend. Gäste bringen nicht nur Abwechslung in den Unterricht, sondern auch die Sprache und Kultur ihrer Länder, ihr Spezialwissen und ihre Erfahrungen zu den Themen ein.

Lernstände ermitteln, fördern und bewerten

Bezüglich der Lernstandsermittlung muss eine begründete Balance zwischen dem inhaltlichen und dem sprachlichen Aspekt gefunden werden. Es muss beobachtet und festgehalten werden, inwieweit die Schülerinnen und Schüler eine Kompetenzentwicklung sowohl in fremdsprachlicher als auch in fachlicher Hinsicht aufzeigen. Ob der Schwerpunkt eher auf den fachlichen oder sprachlichen Kompetenzen liegt, hängt davon ab, welche Zielentscheidungen die Lehrkraft für den jeweiligen Unterricht in zwei Sprachen getroffen hat.

Grundsätzlich sollten nur die Unterrichtsinhalte, die in der Fremdsprache vermittelt worden sind, auch in der Fremdsprache überprüft werden. Dabei muss sichergestellt werden, dass die Bearbeitung einer Aufgabe nicht bereits am Nichtverstehen der Aufgabenformulierung scheitert.

Aus fremdsprachlicher Perspektive ist bei der Konstruktion von Testaufgaben auf das angemessene Verhältnis von sprachlichen Fertigkeiten und Sprachebenen (Aussprache, Wortschatz, grammatische Strukturen, Redemittel) zu achten. Es empfiehlt sich, die Schwierigkeit der Aufgabenstellung langsam zu steigern und zunächst mit der Kombination von einer Fertigkeit und einer Sprachebene zu beginnen.

Die Lösbarkeit von Aufgaben kann auch dadurch vereinfacht werden, dass zum Beispiel die für eine Beschriftung eines Objektes benötigten fremdsprachigen Fachbegriffe ganz oder teilweise auf dem Aufgabenblatt vorhanden sind. Ein aussagekräftiges Beispiel weist den Lernenden den Weg zur richtigen Lösung. Mehrere, voneinander unabhängige Aufgaben ermöglichen es, den Schwierigkeiten bei aufeinander aufbauenden Aufgaben aus dem Weg zu gehen.

Neben dem Produkt muss auch der Lernprozess berücksichtigt und in die Bewertung einbezogen werden. Hierfür können Beobachtungsbögen eingesetzt werden oder auch Portfolios und Lerntagebücher, die sich vorzüglich zur Auswertung eignen und den Vorteil haben, dass sie durch die Dokumentation des Unterrichtsgeschehens und Selbsteinschätzungsbögen sowohl den sachfachlichen als auch den fremdsprachlichen Lernfortschritt belegen.

Der Einsatz der Fremdsprache durch die Lernenden ist gekennzeichnet vom Experimentieren, Probehandeln und auch von unbekümmerter Vermischung mit der Muttersprache, dem sogenannten Code-Switching beziehungsweise *code mixing*. Fehler sind dabei stets Teil des Lernprozesses. Zu viel Korrektur engt jedoch die Spontaneität der Äußerungen ein und demotiviert mehr, als dass sie hilft. Eine unterstützende Fehlerkorrektur ist dann geboten, wenn eine Schüleraussage missverständlich oder falsch ist. Durch verbale ‚Einhilfen' (vor allem Soufflieren, Ergänzen) wird dem Kind das richtige Wort, die bessere sprachliche Wendung zugespielt.

Differenzieren

Das Lernen in zwei Sprachen scheint auf den ersten Blick das Problem der Differenzierung noch zu verdoppeln. Der fremdsprachliche Zugang zu einem bereits bekannten Thema lässt dieses aber mitunter besonders reizvoll erscheinen, weil sich Stärken und Schwächen der Kinder unterschiedlich verteilen. In einem so ausgerichteten Unterricht ist es möglich, mit den bekannten Formen der Differenzierung unterschiedliche Angebote und Aufgaben für die Kinder bereitzuhalten:

▸ Umfang und Sprachniveau der Themenbearbeitung und Arbeitsaufgaben können sowohl in inhaltlicher wie in sprachlicher Hinsicht so gestellt werden, dass die Lernenden sie entsprechend ihrer jeweiligen Fähigkeiten, Lernwege und Interessen umsetzen können.

▸ Auch die Hilfs- und Unterstützungsangebote im sprachlichen Bereich, mit denen die Inhalte für die Kinder erschlossen werden, bieten Raum für differenzierte Angebote. Dabei kommt es darauf an, dass die individuellen Voraussetzungen im sprachlichen Bereich berücksichtigt werden.

▸ Die Kinder entscheiden selbst, in welchem Ausmaß sie schon in der Fremdsprache kommunizieren können und wollen oder noch die deutsche Sprache dazu benötigen.

Das Kontinuum in den Blick nehmen

Der Fremdsprachenunterricht gewinnt durch das Lernen in zwei Sprachen neue sprachliche und interkulturelle Handlungsfelder und wird durch die kommunikative Öffnung weggeführt von der Gefahr der methodischen Monotonie durch immer wieder gleiche Rituale und Vorgehensweisen.

Es ist insbesondere die spezielle Dynamik und Flexibilität, durch die das Lernen in zwei Sprachen sowohl den Fremdsprachenunterricht als auch die nichtsprachlichen Sachfächer bzw. Lernfelder bereichert. Es unterliegt keiner starren Progression und ist völlig abhängig vom individuellen Zugang der Lerner, der möglichst früh gelegt werden muss, um ein Kontinuum des lebenslangen Sprachenlernens zu gewährleisten.

Literatur
BIG-Kreis (Hrsg.) (2011): *Lernen in zwei Sprachen. Die Fremdsprache in den Lernbereichen der Grundschule. Empfehlungen des BIG-Kreises in der Stiftung LERNEN.* München.
Böttger, Heiner (2011): *Learning in two languages.* In: Gerlinde Egger/Christine Lechner (Hrsg.): *Primary CLIL Around Europe. Learning in Two Languages in Primary Education.* Marburg, 98–116.

Heiner Böttger

10 Organisationsformen und Modelle in weiterführenden Schulen

In den verschiedenen europäischen Ländern haben sich unterschiedliche Modelle von bilingualem Sachfachunterricht entwickelt. Das hängt vor allem mit den jeweiligen nationalen Besonderheiten wie der nationalen Sprachen- und Bildungspolitik, dem Schulsystem und den vorherrschenden Traditionen des Fremdsprachenunterrichts zusammen (→ Art. 2).

In der Bundesrepublik Deutschland hat sich der Begriff ‚Bilingualer Unterricht' oder ‚bilingualer Sachfachunterricht' durchgesetzt, der unabhängig von seiner schulischen Rahmensetzung und Intensität sehr verschiedene Ausprägungen umfasst. Im Hauptstrom lassen sich drei Realisierungen beobachten: ‚Lernen in zwei Sprachen' (im Grundschulbereich) und im weiterführenden Schulwesen die bilingualen Bildungsgänge sowie Arbeitssprachenunterricht, besonders in Form bilingualer Module. Dieser Unterricht unterscheidet sich von einigen Nebenströmen Bilingualen Unterrichts, so z. B. in Schulen sprachlicher Minderheiten (sorbische, dänische), in Europäischen Schulen oder ausländischen Schulen, in denen Deutsch als Arbeitssprache in nichtsprachlichen Fächern gebraucht wird, die hier nicht genauer dargestellt werden sollen. (vgl. KMK 2006; → Art. 13).

Bilingualer Unterricht im Rahmen bilingualer Bildungsgänge

In allen Bundesländern wird Bilingualer Unterricht im Rahmen bilingualer Bildungsgänge vor allem an Gymnasien durchgeführt. Der bilinguale ‚Zug', ‚Zweig' oder ‚Bildungsgang' ist institutionell verankert und deutlich strukturiert, mit einem Kontinuum in zumeist mehreren Sachfächern bis zur Qualifizierungsphase mit bilingualem Abitur in mindestens einem Sachfach.

Schulen mit bilingualen Zügen sind keine binationalen Schulen, die partiell einer ausländischen Schulaufsicht unterstehen. Es sind auch keine Schulen, in denen die Sprache der Mehrheit oder der Minderheit gelernt wird und die der Integration von Minderheiten dienen (Christ 1994: 56). Schulen mit bilingualen Zügen sind ganz normale deutsche Schulen, allerdings mit einem eigenen Profil. Sie richten sich schwerpunktmäßig an deutsche Kinder, die die Fremdsprache im Sekundarbereich ab Klasse 5 erlernen, allerdings mit erhöhter Stundenzahl. Hinzu kommt, dass die Fremdsprache als Vehikularsprache in weiteren Fächern verwendet wird. Die Bilingualität oder Zweisprachigkeit bezieht sich nicht auf die Ausbildungssituation von Lernenden, die von Hause aus zweisprachig sind. Der Begriff beinhaltet vielmehr die Zielsetzung, dass am Ende der Sekundarstufe II die Schülerinnen und Schüler der bilingualen Zweige tendenziell zweisprachig sein sollen. Das bedeutet: Die fremdsprachliche Kompetenz der Schülerinnen und Schüler muss nicht so weit ausgebildet sein wie die muttersprachliche Kompetenz, soll aber über diejenige, die im normalen Fremdsprachenunterricht erworben wird, weit hinausreichen. Zudem sollen die Schülerinnen und Schüler am Ende ihrer Schullaufbahn in der Lage sein, in zwei Vehikularsprachen (Muttersprache und Fremdsprache) über zentrale Aspekte von Gesellschaft, Staat, Wirtschaft und Kultur mündlich und schriftlich zu kommunizieren und dabei eigene Positionen angemessen zu vertreten (vgl. Mäsch 1993).

Bilinguale Züge an Gymnasien existieren in Deutschland seit 1969. Dabei waren es insbesondere politische Gründe, die die Entstehung bilingualer Züge bedingten. Die ersten Züge waren mit einer Ausnahme deutsch-französische Züge, die in Folge des 1963 geschlossenen ,Vertrages über die deutsch-französische Zusammenarbeit' entstanden. Gemäß dem Vertrag sollte die Sprache des Nachbarlandes besonders gefördert werden. Die geringere Verbreitung der französischen Sprache im Vergleich zum Englischen sollte durch Intensivierung des Unterrichtes wettgemacht werden. Dabei sollte die Fremdsprache nicht als *lingua franca*, sondern als Sprache des europäischen Nachbarn, als Partnersprache gelehrt und gelernt werden. Seit Ende der 1990er Jahre lässt sich unter dem Einfluss von Globalisierung und politischen Entwicklungen in Europa ein deutlicher Zugang an neuen bilingualen Zügen verzeichnen. Insbesondere boomten die deutsch-englischen Züge, die die deutsch-französischen Züge quantitativ überholten. Sehr vereinzelt finden sich heute Schulen mit deutsch-spanischem, deutsch-italienischem, deutsch-niederländischem, deutsch-russischem, deutsch-polnischem und deutsch-tschechischem Zug (vgl. KMK 2006) (→ Art. 6).

Die Besonderheit dieser Bildungsgänge ist das kontinuierliche Nebeneinander von Fremdsprachenunterricht und Sachfachunterricht in der Fremdsprache, zumeist in wechselnden Fächern und Fächerkombinationen. Sie sind in zwei Typen vertreten: der additive Typ in Rheinland-Pfalz und der integrative Typ in Nordrhein-Westfalen und den anderen Bundesländern. Im additiven Typ unterrichten ein Zielsprachen-Muttersprachler und zusätzlich eine deutsche Lehrkraft. Ein oder zwei Fächer (Erdkunde und/oder Geschichte) können in der Partnersprache vom Zielsprachen-Muttersprachler bereits in der Sekundarstufe I erteilt werden. Bilingualen Klassen steht dabei eine zusätzliche Wochenstunde zur Verfügung, die von einer deutschen Lehrkraft erteilt wird, um den deutschsprachlichen Anteil im Sachfach abzudecken. Zwischen beiden Lehrkräften muss eine enge Zusammenarbeit stattfinden.

Im integrativen Typ unterrichtet eine einzige Lehrkraft (im Idealfall auch ein Zielsprachen-Muttersprachler) inhaltlich und sprachlich integrativ. Da der integrative Typ am verbreitetsten ist, soll auf ihn näher eingegangen werden.

Jahrgang		Anzahl der Wochenstunden in			
		Fremdsprache	Sachfächern		
			Erdkunde bzw. Geschichte		
SEK II	12	5 (6)	3		
	11	5 (6)	3		
	10	5 (6)	3		
			Erdkunde (Biologie)	Politik	Geschichte
SEK I	9	3	2	3 (2)	2
	8	4		–	2
	7	4	3 (2)	–	–
	6	6	–	–	–
	5	6	–	–	–

Die Grundstruktur der integrativen Form Bilingualen Unterrichts an Sekundarschulen in Nordrhein-Westfalen (G8)

In den Jahrgangsstufen 5 und 6 erhalten die Schüler und Schülerinnen im Vergleich zum normalen Fremdsprachenunterricht zwei Stunden mehr Unterricht in der Fremdsprache (5 + 1 = 6 Stunden wöchentlich). Ab Klasse 7 erfolgt zusätzlich mehrsprachiger Erdkundeunterricht (Klasse 7: 3 Stunden; Klassen 8 und 9: je 2 Stunden wöchentlich; in Klasse 10 findet kein Erdkundeunterricht statt). Ab Klasse 8 wird zusätzlich bilingual Geschichte und ab Klasse 9 bilingual Politik unterrichtet (je 2 Stunden wöchentlich bis Klasse 10). An einigen deutsch-englischen Zügen wird statt eines gesellschaftswissenschaftlichen Sachfaches bilingual Biologie unterrichtet, das Fach Arbeitslehre bilingual gibt es an Haupt- und Gesamtschulen. Obligatorisch ist also in der Sekundarstufe I bilingualer Unterricht in drei Sachfächern. Fakultativ können auch Sport und Kunst in der Fremdsprache ab Klasse 6 erteilt werden. In der Sekundarstufe II (Jahrgangsstufen 10–12 bei G8) ist der Leistungskurs in der Fremdsprache (5–6 Wochenstunden) obligatorisch. Hinzu kommt ein bilinguales Sachfach, Erdkunde oder Geschichte (3 Wochenstunden), das im Abitur Bestandteil der schriftlichen oder mündlichen Prüfung ist. Auf dem Abiturzeugnis steht der ,bilinguale Vermerk', der eine Zusatzqualifikation beinhaltet und die Schülerinnen und Schüler von Sprachprüfungen vor Aufnahme eines Studiums im Partnerland befreit.

In den letzten 20 Jahren haben sich auch hier verschiedene Varianten in den einzelnen Bundesländern entwickelt. Sie weisen jedoch alle Gemeinsamkeiten auf:

▸ 1–2 zusätzliche Wochenstunden Fremdsprachenunterricht in der 5. und 6. Klasse;
▸ 2 oder 3 verschiedene bilinguale Sachfächer in den folgenden Jahren der Sekundarstufe, begleitet vom Fremdsprachenunterricht.

Eine besondere Ausformung dieses Bildungsgangs ist der 3-jährige deutsch-französische Bildungsgang (*la double délivrance du Bac et de l'Abitur'* oder ,Abi-Bac'), der zum gleichzeitigen Erwerb des Abiturs und des *baccalauréat* führt (Kästner 1993). Dieser spezielle Bildungsgang ist an strikte Parallelität in Deutschland und Frankreich gebunden. Die Schülerinnen und Schüler wählen in der Sekundarstufe II bis zum Abitur zwei bilinguale Sachfächer: Geschichte und Erdkunde.

Bilinguale Züge existieren auch an Realschulen seit mehr als 20 Jahren, und zwar vor allem in Englisch, aber auch in Französisch und Niederländisch. Die Schulen führen meist eine bilinguale Klasse pro Jahrgangsstufe als bilingualen Zug: ab Klasse 7 Erdkunde, ab Klasse 8 Geschichte, an einigen Schulen in Klasse 10. Das jeweils einsetzende Sachfach wird um eine Zusatzstunde erweitert.

Bilingualer Unterricht im Konzept ,Fremdsprache als Arbeitssprache'

Neben der Konsolidierung der bilingualen Zweige lässt sich heute in der deutschen Schullandschaft in den meisten Bundesländern in allen Schulformen, mit Ausnahme der Hauptschule, ein zunehmendes Angebot an verschiedenen Formen des Arbeitssprachenunterrichts beobachten. Seit den 1990er Jahren spricht man von ,Fremdsprachen als Arbeitssprachen', ausgehend von der österreichischen Bezeichnung ,Englisch als Arbeitssprache' (vgl. Frühauf/Coyle/Christ 1996, Wolff 2007). Das Konzept ,Fremdsprache als Arbeitssprache' wird an Schulen in Deutschland in zwei Modellen angeboten: kontinuierlicher Arbeitssprachenunterricht und Arbeitssprachenunterricht in Form bilingualer Module.

Kontinuierlicher Arbeitssprachenunterricht wird durchgehend während mindestens eines Schuljahres in Mittel- oder Oberstufe erteilt. An den meisten Schulen wird er allerdings neben dem regulären Fremdsprachenunterricht angeboten. An einzelnen Schulen, z. B. in Nordrhein-Westfalen, ist dieses Konzept auch mit einer Reduzierung des Fremdsprachenunterrichts verbunden und ersetzt diesen in der Oberstufe.

An Gesamtschulen wird kontinuierlicher Arbeitssprachenunterricht seit 1990 durchgeführt. In keinem Bundesland werden gesonderte bilinguale Klassen oder Züge eingerichtet. Die Zielsprache ist hier Englisch. Es nehmen Schülerinnen und Schüler verschiedener leistungsheterogen gebildeter Klassen teil. Die Schülerinnen und Schüler, die den Bilingualen Unterricht wählen, werden im Rahmen des Differenzierungsunterrichtes ab der Jahrgangsstufe 7 einem Erweiterungskurs im Fach Englisch zugewiesen. Die Schulen entscheiden selbständig unter Berücksichtigung ihrer speziellen Voraussetzungen, welche Fächer aus dem Lernbereich der Gesellschafts- oder Arbeitslehre sie als bilinguale Sachfächer anbieten, z. B. Erdkunde, Geschichte, Politik, Wirtschaftslehre. In den Jahrgangsstufen 7 und 8 erhöht sich die Wochenstundenzahl des bilingualen Faches um eine Wochenstunde. Der bilinguale Unterricht an Gesamtschulen wird mit

Ende der Sekundarstufe I abgeschlossen. Fortsetzungsmöglichkeiten können sich in der Oberstufe am Angebot der Gymnasien orientieren, werden aber noch nicht häufig wahrgenommen.

An den Schulen mit CertiLingua-Abschluss wird Arbeitssprachenunterricht in einem oder zwei Sachfächern im Umfang von mindestens 70 Stunden neben Unterricht in zwei modernen Fremdsprachen durchgeführt. Die Schülerinnen und Schüler erwerben hier mindestens das Niveau B2 des *Gemeinsamen europäischen Referenzrahmens für Sprachen* und nehmen zusätzlich an internationalen Projekten teil (→ Art. 15).

Seit Ende der 1990er Jahre wurde das Unterrichtskonzept ‚Bilinguale Module‘ entwickelt. In den letzten Jahren lässt sich in fast allen Bundesländern ein deutlicher Zuwachs an Angeboten von bilingualen Modulen beobachten, insbesondere an Gymnasien, Realschulen und Gesamtschulen, aber auch an berufsbildenden Schulen. Bilinguale oder mehrsprachige Module werden in Englisch, Französisch, vereinzelt in Niederländisch, Spanisch, Italienisch und Russisch angeboten (vgl. KMK 2006). Bilinguale Module sind nicht eine vereinfachte Ausgabe der sogenannten bilingualen Bildungsgänge. Sie sind flexibel einsetzbar und passen in viele Situationen im Lehr- und Lernprozess, z. B. in die Projektarbeit. Im Unterschied zum ‚klassischen Angebot‘ von Bilingualem Unterricht in den Fächern Erdkunde, Geschichte, Politik an den Schulen mit bilingualen Zweigen wird unter ‚flexiblen Modulen‘ das fakultative, phasenhaft durchgeführte Angebot von Fachunterricht in der Fremdsprache in allen nichtsprachlichen Fächern verstanden, darunter auch Mathematik, den Naturwissenschaften, den künstlerischen Fächern und Sport. Dabei wird die Fremdsprache als Arbeitssprache zumindest rezeptiv eingesetzt, nach Möglichkeit auch produktiv. Bilinguale Module unterscheiden sich von mehrsprachigen Modulen, in denen mehrere Fremdsprachen flexibel als Arbeitssprachen eingesetzt werden können (mehrsprachige Module in verschiedenen Sachfächern wurden am Studienseminar Bonn im Rahmen des Memoprojektes [Comenius 2.1] erprobt). Durch das Angebot an bilingualen Modulen werden neue Wege beschritten, die das bilinguale Lernen und Arbeiten in Zukunft wesentlich erweitern und sich der jeweiligen Lerngruppe flexibel anpassen lassen. Sie sind nicht an bestimmte Schuljahre und Fächer gebunden und für Lernende und Lehrkräfte ein Experimentierfeld, in dem sie neue Möglichkeiten des Lernens und des unterrichtlichen Arbeitens entdecken. Diese Angebote können in Fachunterricht von weniger als einem Schuljahr, aber gegebenenfalls durchaus während mehrerer Jahre bestehen. Zu Beginn geschieht dies oft aufgrund der Initiative einzelner Fachlehrkräfte und noch nicht als Bestandteil einer schulischen Gesamtkonzeption. Bilinguale Module können an Gymnasien mit bilingualen Zügen das bilinguale Angebot ergänzen, und das Angebot an bilingualen Modulen kann an Schulen des CertiLingua-Programms kontinuierlichen Arbeitssprachenunterricht vorbereiten oder auch unter gewissen Bedingungen ersetzen (→ Art. 15).

Im Einzelnen können folgende Formen von flexiblen bilingualen Modulen unterschieden werden:

▸ epochale Unterrichtsphasen mit einer Fremdsprache als Arbeitssprache im regulären Sachfachunterricht in einem breiten Spektrum von Fächern, und zwar in verschiedenen Organisationsformen:

▸ der Sachfachunterricht findet für den Zeitraum eines Moduls, dessen Dauer flexibel ist, vollständig in der Fremdsprache statt;

▸ fremd- und muttersprachliche Unterrichtsphasen wechseln sich innerhalb eines Moduls ab;

▸ vereinzelt werden fremdsprachliche Elemente eingebaut, z. B. bei der Behandlung von authentischen fremdsprachlichen Quellen;

▸ fachbezogene Arbeitsgemeinschaften in der Fremdsprache;

▸ fachübergreifende bilinguale inhaltlich orientierte Projekte oder entsprechende Projekte zum Methodenerwerb (Erarbeitung bestimmter sprachlicher Fertigkeiten);

▸ fachorientierte Unterrichtseinheiten, die in den Fremdsprachenunterricht integriert sind, besonders auch zur Vorbereitung bilingualer Module im Sachfachunterricht;

▸ der gezielte Einsatz der Fremdsprache als Arbeitssprache in Kleinprojekten und grenzüberschreitenden Projekten: Internetprojekte, Projekte von Austauschmaßnahmen und internationalen Begegnungen, Betriebspraktika im Ausland.

Ziele des Einsatzes bilingualer Module sind im Wesentlichen die Ausweitung des fremdsprachlichen Handelns auf andere fachbezogene Anwendungsbereiche, die Erweiterung der fremdsprachlichen Kompetenz bei der Bewältigung fachspezifischer Situationen und Anforderungen sowie die Verbesserung der Berufsvorbereitung durch den Kontakt mit fachspezifischem Französisch oder Englisch. Sie können der Förderung und Entwicklung der Mehrsprachigkeit dienlich sein, wenn mehrsprachige Module entwickelt werden oder wenn nacheinander Module in verschiedenen Sprachen angeboten werden.

Bilinguale Module können einen unbestreitbaren Mehrwert erbringen, wenn sie in geeigneten thematischen Zusammenhängen – also bei bilateral, bikulturell und bilingual (oder multilateral, multikulturell und plurilingual) interessanten Themen – eingesetzt werden. Der epochale Einbezug der Sprachen muss den gegebenenfalls weniger sprachinteressierten Lernenden in besonderer Weise inhaltlich plausibel sein. Bilinguale Module bieten sich besonders an bei Themen, die einen landeskundlichen Bezug zum Partnerland haben, deren Behandlung unter dem Gesichtspunkt der Multiperspektivität besonders interessant ist, bei denen sich ein fachübergreifendes Arbeiten besonders anbietet oder deren fremdsprachliche Erarbeitung große berufliche Bedeutung hat (vgl. http://www. schulministerium.nrw.de).

Mit den zuletzt genannten Modellen des Konzeptes ‚Fremdsprache als Arbeitssprache' verbindet sich die Intention, grundsätzlich allen Schülerinnen und Schülern, nicht nur denen eines Zuges, die Erfahrung des Umgangs mit der Fremdsprache als Arbeitssprache zu vermitteln. Arbeitssprachenunterricht lässt sich an Schulen nur dann längerfristig etablieren, wenn er fest im Schulprogramm der jeweiligen Schule verankert ist, stellt allerdings eine Herausforderung für Curriculum- und Materialentwicklung dar und verlangt die Festigung und Förderung der fremdsprachlichen Kenntnisse der Lehrkräfte aller Fächer und die Vermittlung bestimmter didaktisch-methodischer Kompetenzen zur Durchführung von erfolgreichem bilingualen Unterricht in der Lehreraus- und -fortbildung, wenn dauerhaft ein angemessener Standard gesichert werden soll.

Literatur

Christ, Ingeborg (1994): Bilingualität in der Schule, Chance oder Notwendigkeit im Europa der Zukunft? In: Goethe-Institut Amsterdam (Hrsg.): *Grenzübergreifender Sprachunterricht*, No 1. Amsterdam, 49–60.

Finkbeiner, Claudia (Hrsg.) (2002): *Bilingualität und Mehrsprachigkeit.* Hannover, Frankfurt/M.

Fruhauf, Gianna (Hrsg.) (1996): *Fremdsprache als Arbeitssprache in Sachfächern. Praxis und Perspektiven bilingualen Lehrens und Lernens in Europa.* Alkmaar.

Kästner, Harald (1993): Zweisprachige Bildungsgänge an Schulen in der Bundesrepublik Deutschland. In: *Die Neueren Sprachen* 92 (1/2). S. 23–53.

KMK = Sekretariat der ständigen Konferenz der Kultusminister der Länder in der Bundesrepublik Deutschland (2006): *Konzepte für den bilingualen Unterricht – Erfahrungsbericht und Vorschläge zur Weiterentwicklung.* Bonn.

Mäsch, Nando (1993): Grundsätze des bilingual deutsch-französischen Bildungsgangs am Gymnasium in Deutschland. In: *Der fremdsprachliche Unterricht: Französisch* (9/1), 3–8.

Wolff, Dieter (2007): Bilingualer Sachfachunterricht in Europa : Versuch eines systematischen Überblicks. In: Claus Gnutzmann (Koord.): *Fremdsprache als Arbeitssprache in Schule und Studium. Fremdsprachen lehren und lernen* 36, 13–29.

Hans-Ludwig Krechel

11 Bilingualer Unterricht an berufsbildenden Schulen

Hinsichtlich der Vorteile Bilingualen Unterrichts besteht in der deutschsprachigen Literatur weitgehend Konsens: vermehrte Lernorientierung (Timm 2002), mehr rezeptiver und produktiver Umgang mit der Fremdsprache, Förderung fachspezifischer Diskurskompetenz (Coetzee-Lachmann 2006), ein nachweislich besseres Kompetenzniveau in bilingualen Zweigen (Nold u. a. 2008).

Eigentlich läge es nahe, diese Vorteile auf den beruflichen Bereich zu übertragen. Gerade im beruflichen Bereich erfahren die Lernenden im Bilingualen Unterricht die Notwendigkeit der Fremdsprache in Zusammenhang mit den Inhalten des Sachfachs und werden in die Lage versetzt, erworbene berufliche Kenntnisse im Unterricht und nicht erst in ferner Zukunft anwenden zu können. Synergieeffekte zugunsten der Fremdsprache entstehen durch die zeitliche Ausweitung der Anwendung einer Fremdsprache in den Sachfächern und befördern im Idealfall insbesondere die spontane Kommunikation. Auch die Lernbereitschaft spielt eine Rolle, wenn die Lernenden erfahren, dass sie die Fremdsprache in beruflich relevanten, anwendungsbezogenen Kontexten verwenden müssen.

Müsste nicht also Bilingualer Unterricht längst etabliert sein an berufsbildenden Schulen? Dieser Artikel gibt zunächst einen Überblick über die Situation des Bilingualen Unterrichts an berufsbildenden Schulen in Deutschland mit anschließenden Beispielen für Bilingualen Unterricht an verschiedenen Bildungsgängen der beruflichen Schule, bevor Spezifika und aktuelle Probleme des Bilingualen Unterrichts an berufsbildenden Schulen erörtert werden. Der Schwerpunkt liegt dabei auf Englisch als Zielsprache.

Bilingualer Unterricht an berufsbildenden Schulen: ein Überblick

Die offiziell vorliegenden Informationen zu bilingualen Angeboten in den beruflichen Schulen in Deutschland lassen den Schluss zu, dass bilingualer Unterricht insgesamt begrüßt und sowohl von Schulverwaltungs- als auch von Seite der Schülerinnen, Schüler und Eltern als attraktives Zusatzangebot wahrgenommen wird.

Die am häufigsten vorkommende Art der bilingualen Angebote (→ Art. 10) sind Angebote in Modulform, die die Vorteile von inhaltlicher und organisatorischer Flexibilität mit der Realität begrenzter personeller Ressourcen verbinden können. Auch das Konzept der Fremdsprache als Arbeitssprache findet Zuspruch, während veritable bilinguale Züge eher selten anzutreffen sind. Bei den Bildungsgängen, in denen bilinguale Angebote vorherrschen, sticht vor allem die duale Berufsschule heraus, deren Lernfeldkonzept sich gut mit modularisierten Angeboten vereinbaren lässt. In den letzten Jahren werden bilinguale Angebote zunehmend in vollzeitschulische Bildungsgänge integriert, vor allem in das berufliche Gymnasium, z. B. der Modellversuch in Rheinland-Pfalz für bilinguale Züge an beruflichen Gymnasien (Bildungsserver Rheinland-Pfalz 2011) oder das Wahlfach *Business Communication* an beruflichen Gymnasien in Baden-Württemberg, das eingebettet sein kann in das bilinguale Profil ‚Internationales Management‘.

Der folgende Überblick basiert hauptsächlich auf dem KMK-Erfahrungsbericht *Konzepte für den bilingualen Unterricht* (KMK 2006), der den Sachstand vom Schuljahr 2004/2005 wiedergibt und damit neuere Tendenzen nicht aufnimmt. Ergänzend wurden Lehrpläne, Handreichungen etc. der Bundesländer hinzugezogen. Es muss auch betont werden, dass punktuelle und informelle Formen bilingualen Lernens generell nicht in offizielle Dokumente Eingang finden, solange sie nicht institutionalisiert sind. Viele Schul- und Modellversuche, beispielsweise an den Berufskollegs in Baden-Württemberg, werden nicht systematisch erfasst, sodass für die Vollständigkeit der Daten keine Gewähr übernommen werden kann.

Bilinguale Angebote allgemein. In 11 Bundesländern gibt es institutionalisierte bilinguale Angebote im berufsbildenden Schulwesen, davon in 3 Bundesländern bilinguale Züge (Nordrhein-Westfalen, Schleswig-Holstein, Baden-Württemberg). Insgesamt dominiert klar die Modulform, danach folgt das Angebot in Form von Fremdsprache als Arbeitssprache. In einigen Bundesländern werden mehrere Formen von Bilingualem Unterricht angeboten.

Anzahl der Schulen. Gemessen an der großen Anzahl von berufsbildenden Schulen sind es verhältnismäßig wenige Schulen, die ein bilinguales Angebot in irgendeiner Form bereitstellen, z. B. nur 23 von 377 Schulen in Nordrhein-Westfalen, das in Sachen Bilingualer Unterricht eine Vorreiterrolle innehat. Zu den Bundesländern, in denen bilinguale Angebote am meisten verbreitet sind, zählen Hamburg, Nordrhein-Westfalen und Sachsen, wobei Angebote in Form von Modulen zu überwiegen scheinen.

Zielsprachen. Bei den im bilingualen Angebot eines Bundeslandes zu findenden Fremdsprachen herrscht Englisch als Zielsprache vor; bisweilen sind auch Nachbarsprachen wie Französisch (z. B. in Baden-Württemberg und im Saarland) oder Polnisch (z. B. in Brandenburg) neben klassischen ‚Schulfremdsprachen‘ wie Spanisch oder Italienisch vertreten. Russisch spielt als bilinguales Angebot in Form des Konzepts ‚Fremdsprachen als Arbeitssprachen‘ lediglich in Sachsen eine Rolle. Man kann also den Schluss ziehen, dass sich wie im allgemeinbildenden Bereich die Dominanz des Englischen fortsetzt, was die Realität der späteren beruflichen fremdsprachlichen Kontakte widerspiegelt.

Bildungsgänge mit bilingualem Angebot. Um Lesbarkeit und Überblick zu optimieren, unterscheide ich an dieser Stelle zwischen drei Arten von Bildungsgängen an berufsbildenden Schulen, und zwar
▸ die dualen Berufsschulen, die i. d. R. den schulischen Teil anerkannter Ausbildungsberufe (z. B. Einzelhandelskaufleute) übernehmen;
▸ die beruflichen Gymnasien, die mit unterschiedlichen beruflichen Schwerpunkten (z. B. Wirtschaft, Technik, Ernährung) zur allgemeinen Hochschulreife führen;
▸ die Vielzahl von vollzeitschulischen Bildungsgängen, die entweder zu einem allgemeinen Bildungsabschluss (z. B. Fachhochschulreife, Mittlerer Bildungsabschluss) führen oder eine berufliche Ausbildung in Vollzeit bieten.
Bei den bilingualen Angeboten sind basierend auf den Informationen der KMK (2006) Schwerpunkte auszumachen, was die Bildungsgänge angeht. Duale Berufsschulen bieten am häufigsten bilingualen Unterricht an, und zwar meist in Form von Modulen. Dies liegt möglicherweise an dem Lernfeldkonzept, dem seit 1996 alle neugeordneten Ausbildungsberufe strukturell zugrunde liegen. Lernfelder werden definiert als „durch Inhalte und Zeitrichtwerte beschriebene the-

matische Einheiten, die an beruflichen Aufgabenstellungen und Handlungsabläufen orientiert sind und die den Arbeits- und Geschäftsprozess reflektieren" (KMK 2007: 17). Traditionelle Fächergrenzen werden dabei mit der Möglichkeit der Integration z. B. von Fremdsprachen oder IT-Anwendungen aufgehoben. Ziel ist die Schaffung von holistischen und berufsnahen Lernsituationen zur Förderung der Handlungskompetenz von Lernenden. So können z. B. in den Rahmenlehrplänen in jedem Lernfeld bis zu 40 Unterrichtsstunden der Fremdsprache integriert werden (KMK 2007), was die strukturellen Voraussetzungen für modularisierte bilinguale Lernangebote erheblich erleichtert.

Ein weiterer quantitativer Schwerpunkt ist bei den vollzeitschulischen Bildungsgängen auszumachen, wobei hier die ohnehin fremdsprachenaffinen Ausbildungsgänge wie Fremdsprachenkorrespondenten/-korrespondentinnen, Internationale Touristikassistenten/-assistentinnen etc. vorzugsweise bilingualen Unterricht im Format ‚Fremdsprache als Arbeitssprache' erhalten. Dieses Format, unter dem die KMK (2006: 10) eine durchgehende Beschulung im Fach in der Fremdsprache während mindestens eines Schuljahres versteht, bietet sich für vollzeitschulische Bildungsgänge an, weil anders als an der dualen Berufsschule die zeitlichen Ressourcen deutlich günstiger sind. In den beruflichen Gymnasien scheint sich das Angebot an bilingualem Unterricht eher auf das Format ‚Fremdsprachen als Arbeitssprachen' zu konzentrieren, vermutlich weil es einfacher zu organisieren ist, auch mit personell beschränkten Ressourcen. Lediglich ein Fachgymnasium in Schleswig-Holstein bietet einen bilingualen Zug an, bei dem das Fach Wirtschaftstheorie und Politik in englischer Sprache unterrichtet wird. Neben einem Vorkurs in der 11. Klasse wird ein Zertifikat nach erfolgreichem Bestehen der Abiturprüfung ausgestellt.

Bilingual erteilte Sachfächer. Bei den dualen Berufsschulen überwiegen bilinguale Angebote in Form von Modulen in Lernfeldern wie z. B. ‚Marketing und Verträge' bei Kaufleuten für Spedition und Logistikdienstleistung oder ‚Marketing' bei Reiseverkehrskaufleuten (KMK 2006). Andere Angaben erfolgen weniger spezifisch (z. B. ‚ausgewählte Lernfelder', ‚Berufsfeld Elektrotechnik'). Bei den Fachgymnasien sind es vornehmlich berufliche Fächer wie Volkswirtschaftslehre, Betriebswirtschaftslehre, Wirtschaftslehre mit Rechnungswesen oder Ähnliches, aber auch allgemeinbildende Fächer wie Geschichte oder Sozialkunde. In vollzeitschulischen Ausbildungen, die einen fremdsprachlichen Schwerpunkt haben, werden in manchen Fällen alle Fächer in der Fremdsprache erteilt (z. B. Schleswig-Holstein, Niedersachsen im Schulversuch; KMK 2006).

Zertifizierung. In den Informationen der KMK (2006) machen lediglich zwei Bundesländer Angaben zur Zertifizierung von Bilingualem Unterricht. In den meisten Fällen wird es zumindest einen Vermerk im Zeugnis oder ein hausinternes

Zertifikat für die erfolgreiche Teilnahme geben. In Schleswig-Holstein erhalten Schülerinnen und Schüler solch ein Zertifikat für das besuchte bilinguale Angebot nach erfolgreichem Bestehen ihrer Abiturprüfung. Die Absolventen der bilingualen Angebote in der dualen Berufsschule haben die Möglichkeit, ihre Kompetenzen mittels eines Zertifikats aus der Reihe *Business English Certificates* von Cambridge ESOL oder eines berufsspezifischen KMK-Zertifikats unter Beweis zu stellen. Ähnlich verhält es sich in Thüringen, wo eine Teilnahmebestätigung auf dem Zeugnis, die Teilnahme am KMK-Zertifikat oder eines der Zertifikate des London Chamber of Commerce and Industry möglich sind.

Beispiele für Bilingualen Unterricht in ausgewählten Bildungsgängen an beruflichen Schulen

Insgesamt ist ein vollständiger Überblick über den Gegenstandsbereich schwierig. Im Folgenden soll daher exemplarisch an zwei Beispielen versucht werden, die Vielfalt des Bilingualen Unterrichts an beruflichen Schulen darzustellen.

Duale Berufsschule. An einem berufsbildenden Schulzentrum in Thüringen fließen Ergebnisse aus dem LEONARDO-Projekt ‚Sprachenkompetenz für Europa durch bilingualen Fachunterricht an berufsbildenden Schulen' in Form von bilingualen Unterrichtsmodulen ein (Staatliches Berufsbildendes Schulzentrum Jena-Göschwitz 2008, siehe auch Eistert u. a. 2007). Es handelt sich hier um bilinguale Module, die im Rahmen von Lernfeldern bei der Ausbildung von Hotelfachleuten und Restaurantfachleuten in englischer Sprache unterrichtet werden. Hier ist die fremdsprachliche Kommunikation integriert in Lernfelder, wobei die curricularen Vorgaben auf den Thüringer Handreichungen zur Umsetzung des KMK-Rahmenlehrplans basieren (Thillm/Thüringer Kultusministerium 2009, 2010). Ziel ist die Förderung der Kommunikationsfähigkeit in fachlichen Zusammenhängen.

Im 1. Ausbildungsjahr, in dem Restaurantfachleute und Hotelfachleute noch gemeinsam unterrichtet werden, erfolgt das Erteilen von Bilingualem Unterricht im Rahmen von fünf Unterrichtsstunden im Lernfeld ‚Arbeiten in der Küche' zu den Themen ‚Küchenausstattung' und ‚Mahlzeiten und Speisenfolge'. Im 2. Ausbildungsjahr wird die Anzahl der Stunden auf 40 von 55 Stunden im Lernfeld ‚Marketing' gesteigert, wobei inhaltlich die Beratung der Gäste, die Aufnahme von Bestellungen und Reklamationen mit Schriftverkehr im Vordergrund stehen. Im 3. Jahr werden die Hotelfachleute allein unterrichtet und erhalten wieder 40 Stunden bilingualen Unterricht im Lernfeld ‚Arbeiten im Empfangsbereich' (von 75 Stunden). Hier geht es inhaltlich um die Beschreibung des Hotels, die Erläuterung von Fremdenverkehrsangeboten, Beratungsgespräche, die Planung und Durchführung von Konferenzen und die Durchführung von Bewerbungsgesprächen.

Berufliches Gymnasium. *Global Studies* wurden an beruflichen Gymnasien in Baden-Württemberg bereits zum Schuljahr 2004/2005 als Wahlfach eingeführt. Zunächst erteilt im Umfang von vier Wochenstunden, kann es als mündliches oder schriftliches Prüfungsfach im Abitur gewählt werden. Seit dem Schuljahr 2011/2012 wird es im Wirtschaftsgymnasium mit entsprechendem Profil 4-stündig, an anderen beruflichen Gymnasien mit zwei Wochenstunden erteilt. Das Fach, das ursprünglich als Schulversuch startete, wird seit 2011/2012 an vielen (in diesem ersten Schuljahr: 57) beruflichen Gymnasien im Land unterrichtet. Mindestens 50 % des Unterrichts muss in Englisch erteilt werden. Ziele des Unterrichts sind die weitgehend selbständige Erarbeitung fachübergreifender Themenbereiche, der Erwerb der Kompetenz, sich in einem interkulturellen Umfeld zurechtzufinden, und die Förderung der Kommunikationsfähigkeit in der Fremdsprache (beispielsweise mittels *debating*). *Global Studies* verfolgt einen fächerübergreifenden Ansatz mit Inhalten aus Volkswirtschaftslehre, Betriebswirtschaftslehre, Wirtschaftsgeografie, aber auch Geschichte und Gemeinschaftskunde unter Einbindung aktueller politischer und weltwirtschaftlicher Entwicklungen, z. B. nachhaltiges Wirtschaften, Kulturenvergleich. Angestrebt wird auch die Zusammenarbeit mit ortsansässigen Firmen, die international tätig sind, um Unterrichtsinhalte in die Praxis zu überführen (Landesinstitut für Schulentwicklung 2005). Weitere Schulversuche im beruflichen Gymnasium in Baden-Württemberg, wie das Profil ‚Internationale Wirtschaft' im Wirtschaftsgymnasium, verfolgen explizit das Ziel, Bilingualen Unterricht in der Fläche zu befördern.

Spezifika und Probleme Bilingualen Unterrichts an beruflichen Schulen. Während beim Bilingualen Unterricht im allgemeinbildenden Bereich häufig ausschließlich die Fremdsprache verwendet wird, ist laut Eistert u. a. (2007) eine Besonderheit des Bilingualen Unterrichts an beruflichen Schulen, dass er genuin zweisprachig ist. Damit verbunden ist ein häufiges Code-Switching (→ Art. 24), um sicherzustellen, dass die Fachbegriffe, die auch im Deutschen für die Schülerinnen und Schüler neu sind, in beiden Sprachen verstanden und korrekt verwendet werden können.

Bilingualer Unterricht ist im beruflichen Bereich mehr noch als allgemeinbildende Sachfächer in einen fachlichen Zusammenhang eingebettet. Die fachlichen Zusammenhänge sind durch ihren beruflichen Bezug viel unmittelbarer, was einen Vorteil für Akzeptanz und Motivation seitens der Lernenden darstellt und potenziell auch Ergebnisse des Unterrichts besser ausfallen lässt. Ein besonderes Lernziel für den berufsbildenden Bereich ist die Genauigkeit der Aussage, deren Fehlen im beruflichen Alltag gravierende Nachteile wie kostspielige Missverständnisse bei Vertragsdetails zur Folge haben kann (Eistert u. a. 2007). Die Relevanz Bilingualen Unterrichts ist im berufsbildenden Bereich damit für alle Akteure ungleich einsichtiger.

Das Hauptproblem beim Bilingualen Unterricht an berufsbildenden Schulen ist die Heterogenität der sprachlichen Kompetenzen, die die Lernenden einbringen. Insbesondere in der dualen Berufsschule kann ein Hauptschulabsolvent zusammen mit einer Studienabbrecherin, die den gleichen Beruf erlernt, gemeinsam beschult werden. Durch beschränkte personelle und zeitliche Ressourcen ist oftmals keine äußere Differenzierung möglich, sodass eine Notwendigkeit für innere Differenzierungsmaßnahmen besteht. Dies erhöht die Anforderungen an die Lehrkraft und erzeugt einen Bedarf an Fortbildungsmaßnahmen.

Die Anforderungen an die Lehrkraft sind im Allgemeinen nicht unerheblich. Personelle Ressourcen sind bereits im allgemeinbildenden Bereich ein Problem. Durch die Vielfalt der beruflichen Fächer, die im Prinzip alle für den bilingualen Sachfachunterricht infrage kommen, wird das Problem der Qualifizierung von Lehrkräften verschärft (und kreiert auch ein Kontinuitätsproblem, das hier nicht weiter aufgegriffen werden kann). Zudem haben viele Lehrkräfte an berufsbildenden Schulen weniger eine Kombination von bilingualem Sachfach und Fremdsprachen, sondern überwiegend Abschlüsse in zwei beruflichen Fächern. Vielerorts sind es daher Lehrkräfte ohne Fakultas in den Fremdsprachen, die im beruflichen Bereich bilingual unterrichten. Hier stellt sich das Problem der Aus- und insbesondere der Fortbildung für bilingual unterrichtende Lehrkräfte an beruflichen Schulen (→ Art. 14).

Trotz der geschilderten Probleme ist Bilingualer Unterricht gerade wegen seiner direkten fachlich-beruflichen Einbettung lohnend, die Fachlernen neben Fremdsprachenlernen besonders begünstigt – ein wichtiges Ziel von Bilingualem Unterricht.

Literatur

Bildungsserver Rheinland-Pfalz (2011): *Bilingualer Unterricht*. http://bbs.bildung-rp.de/projekte-schulversuche/bilingualer-unterricht.html [08.02.2012].

Coetzee-Lachmann, Debbie (2006): Eine Definition fachspezifischer Diskurskompetenz. In: Johannes-Peter Timm (Hrsg.): *Fremdsprachenlernen und Fremdsprachenforschung: Kompetenzen, Standards, Lernformen, Evaluation. Festschrift für Helmut Johannes Vollmer*. Tübingen, 249–265.

Eistert, Ulrike/Fünffinger, Matthias/Lanbein, Anne Françoise/Ueberschaar, Ralf/Szabóné Virág, Katalin (2007): *Bilingualer Unterricht an beruflichen Schulen. Ausgewählte Methoden*. Baltmannsweiler.

KMK = Sekretariat der ständigen Konferenz der Kultusminister der Länder in der Bundesrepublik Deutschland (2006*): Bericht „Konzepte für den bilingualen Unterricht – Erfahrungsbericht und Vorschläge zur Weiterentwicklung". Bericht des Schulausschusses vom 10.04.2006*. http://www.kmk.org/fileadmin/veroeffentlichungen_beschluesse/2006/2006_04_10-Konzepte-bilingualer-Unterricht.pdf [02.02.2012].

KMK = Sekretariat der ständigen Konferenz der Kultusminister der Länder in der Bundesrepublik Deutschland (2007): *Handreichung für die Erarbeitung von Rahmenlehrplänen der Kultusministerkonferenz für den berufsbezogenen Unterricht in der Berufsschule und ihre Abstimmung mit Ausbildungsordnungen des Bundes für anerkannte Ausbildungsberufe*. http://www.kmk.org/fileadmin/veroeffentlichungen_beschluesse/2007/2007_09_01-Handreich-Rlpl-Berufsschule.pdf [05.02.2012].

Landesinstitut für Schulentwicklung Baden-Württemberg (2005): *Berufliches Gymnasium der sechs- und dreijährigen Aufbauform. Global Studies.* http://www.ls-bw.de/bildungsplaene/beruflschulen/bg/bg_schv/pdf/04_3382-neu.pdf [09.02.2012].

Nold, Günter/Hartig, Johannes/Hinz, Silke/Rossa, Henning (2008): Klassen mit bilingualem Sachfachunterricht: Englisch als Arbeitssprache. In: DESI-Konsortium (Hrsg.): *Unterricht und Kompetenzerwerb in Deutsch und Englisch. Ergebnisse der DESI-Studie.* Weinheim, 451–457.

Staatliches Berufsbildendes Schulzentrum Jena-Göschwitz (2008): *Informationsschrift zur Berufsschule (duales System, bilinguale Klasse) Berufsfeld: Ernährung/Hauswirtschaft, Ausbildungsberufe: Hotelfachmann/-frau, Restaurantfachmann/-frau.* http://www.sbsz-jena.de/?cmd=link&url=bs_dualbili.htm&head=Berufsschule%20%28Dual,Bilingual%29 [09.02.2012].

Thillm = Thüringer Institut für Lehrerfortbildung, Lehrplanentwicklung und Medien/Thüringer Kultusministerium (2009): *Handreichung zur Umsetzung des KMK-Rahmenlehrplanes für das zweite Ausbildungsjahr der gastgewerblichen Berufe und für die dreijährige Berufsfachschule.* Bad Berka.

Thillm = Thüringer Institut für Lehrerfortbildung, Lehrplanentwicklung und Medien/Thüringer Kultusministerium (2010): *Handreichung zur Umsetzung des KMK-Rahmenlehrplanes für das dritte Ausbildungsjahr der gastgewerblichen Berufe und für die dreijährige Berufsfachschule.* Bad Berka.

Timm, Johannes-Peter (2002): Bilingualer Sachfachunterricht revisited. Fremdsprachenlernen in einem ‚integrierten Sachfach- und Fremdsprachenunterricht'. In: *Praxis des neusprachlichen Unterrichts* 49 (1), 12–16.

Karin Vogt

12 Lehrpläne und Curricula für den Bilingualen Unterricht

Die Ausgangslage

Als in den 1960er Jahren Bilingualer Unterricht im deutschen Schulsystem seine Anfänge nahm, waren keine spezifischen curricularen Grundlagen dafür vorhanden. Die Lehrkräfte, allesamt Autodidakten, richteten sich nach den gültigen Lehrplänen für ihr jeweiliges Sachfach in deutscher Sprache. Somit wurden die Unterrichtsinhalte sozusagen entlang dem deutschsprachigen Lehrplan ausgewählt. Diese Orientierung war zur damaligen Zeit notwendig und hatte Vorteile: Sie gab eine curriculare Sicherheit, und die bilingual unterrichteten Lernenden bearbeiteten aus sachfachlicher Perspektive identische Inhalte wie die monolingual unterrichteten. Dadurch war die Durchlässigkeit zwischen deutschsprachigem und bilingualem Bildungsgang stets gewährleistet.

Diese Orientierung hatte aber auch Nachteile: Für viele Themen gab es keine geeigneten Lehr- und Lernmaterialien, und die Themen unterlagen zu einem gewissen Teil der Schwierigkeit, dass die Schere zwischen fremdsprachlicher Kompetenz der Lernenden und sachfachlicher Komplexität zu groß war – die Lernenden konnten die Erwartungen nicht erfüllen.

Die Ministerien erließen in der Folge Verwaltungsvorschriften für bilinguale Züge und entwickelten Empfehlungen für den Bilingualen Unterricht. Mittlerweile gibt es auch erste spezifische Bildungspläne für Bilingualen Unterricht. Der aktuelle curriculare Stand lässt sich folgendermaßen darstellen:

▶ *Verordnungen, Verwaltungsvorschriften:* in Bayern, Berlin, Brandenburg, Hamburg, Hessen, Mecklenburg-Vorpommern, Niedersachsen, Saarland, Sachsen-Anhalt, Schleswig-Holstein.

▶ *Empfehlungen:* in Baden-Württemberg, Nordrhein-Westfalen.

▶ *spezifische Bildungspläne:* in Bremen, Rheinland-Pfalz, Sachsen, Thüringen.

‚Planlos' bilingual

Noch heute haben die meisten Bundesländer keine spezifischen Bildungspläne oder -standards für Bilingualen Unterricht erstellt. Auch wenn die zuständigen Ministerien aller Bundesländer auf Anfrage angeben, Bilingualer Unterricht spiele in ihren bildungspolitischen Zielsetzungen eine große Rolle, beschränkt sich die Politik vielerorts darauf, die Rahmenbedingungen in Ausführungsverordnungen festzuhalten. In diese Rubrik der ‚Planlosigkeit' gehören auch diejenigen Bundesländer, in denen Bilingualer Unterricht zwar in den Bildungsplänen erwähnt wird, dies aber lediglich nominell oder informativ erfolgt.

In *Hamburg* und *Schleswig-Holstein* wird bilingual unterrichtet, dies schlägt sich aber weder in spezifischen Bildungsplänen noch in besonders ausgearbeiteten Vorschriften nieder. In *Mecklenburg-Vorpommern* wird Bilingualer Unterricht von ministerieller Seite stark unterstützt. Zumeist erfolgt dies im Rahmen von CertiLingua-Schulen, allerdings gibt es auch hier keine konkreten Vorgaben und Vorschriften. In *Brandenburg* beschränken sich die Vorgaben auf einige Sätze in der gymnasialen Oberstufenverordnung und in den dazu bestehenden Verwaltungsvorschriften (vgl. Ministerium für Bildung, Jugend und Sport Brandenburg 2011). *Sachsen-Anhalt* reglementiert lediglich die Einführung Bilingualen Unterrichts und bestimmt die Orientierung des Unterrichts an den Vorgaben des jeweiligen Sachfaches (vgl. Kultusministerium des Landes Sachsen-Anhalt 2004).

Auch das *Saarland* besitzt keine offiziellen Lehrpläne für den Bilingualen Unterricht. In Verordnungen über Schulen mit bilingualen Zügen wird allerdings erläutert, dass der Unterricht nach den dafür geltenden Lehrplänen erteilt wird und sich an Didaktik und Methodik des jeweiligen Sachfaches orientiert (vgl. Ministerium für Bildung, Kultur und Wissenschaft des Saarlandes 2010; nach Kenntnis des Verfassers gibt es Lehrplanentwürfe für den Bilingualen Unterricht, die aber nicht öffentlich zugänglich sind, weil dieser Unterricht noch immer als Schulversuch gilt).

In *Berlin* gibt es Ausführungsbestimmungen, in denen neben Überlegungen zu Klassenzuteilungen und Prüfungsmodalitäten auch die unterrichtlichen Rahmenaspekte geregelt werden (vgl. Senatsverwaltung für Bildung, Jugend und Wissenschaft Berlin 2008). Darüber hinaus findet sich in den Vorgaben der Sachfächer ein Hinweis auf die Funktion des Bilingualen Unterrichts, denn dieser sei besonders dafür geeignet, fachübergreifend und fächerverbindend zu lernen. Der Bilinguale Unterricht „bezieht verstärkt Themenbeispiele, Sichtweisen und methodisch-didaktische Ansätze aus den jeweiligen Bezugskulturen ein. Auf diese Weise fördert er die multiperspektivische Auseinandersetzung mit fachspezifischen Zusammenhängen und damit die Reflexion und Neubewertung der eigenen Lebenswirklichkeit und der eigenen Wertvorstellungen" (Senatsverwaltung für Bildung, Jugend und Wissenschaft Berlin 2006: 8).

In *Bayern* dagegen gibt es keine konkreten Ausführungsbestimmungen. Lediglich ein Rundschreiben des Kultusministeriums gibt Aufschluss darüber, wie Bilingualer Unterricht erfolgen soll. Immerhin wird Bilingualer Unterricht in den Lehrplänen mancher Fächer erwähnt (Katholische Religionslehre, Moderne Fremdsprachen, Physik, Geschichte, Geografie, Wirtschaft und Recht). Dabei wird verdeutlicht, dass fachübergreifende Aspekte im Bilingualen Unterricht besonders gut aufgegriffen werden können (vgl. Bayerisches Staatsministerium für Unterricht und Kultus 2007 und 2009).

Auch *Hessen* hat keine spezifischen Bildungspläne. Allerdings finden sich hier in den Kerncurricula explizit Hinweise bei den Fächern auf die Zielsetzung von Bilingualem Unterricht. Es wird erläutert, dass sich im bilingualen Sachfachunterricht der Erwerb fachlicher Kompetenzen in der jeweiligen Fremdsprache vollzieht und dabei inhaltliches und fremdsprachliches Lernen miteinander verknüpft werden. Dabei sollen die Lehrkräfte auf authentisches Material aus dem nichtdeutschen Sprachraum zurückgreifen. Dadurch sollen die Lernenden mit unterschiedlichen kulturellen Deutungsmustern konfrontiert werden; dieser Perspektivwechsel soll ihnen dazu verhelfen, auch einen fachsprachlichen Diskurs mit Menschen aus anderen Ländern führen zu können (vgl. Hessisches Kultusministerium 2011).

Eine besonders ausführliche Variante der Erwähnung in Bildungsplänen wird in *Niedersachsen* in Form von weiterführenden Hinweisen praktiziert. Hier gibt es zwar auch keine spezifischen Bildungspläne für Bilingualen Unterricht, allerdings finden sich in den Kerncurricula von Englisch und Französisch sowie der Sachfächer Geschichte und Erdkunde erste spezifische Anmerkungen dazu. Während bei den beiden Zielsprachen darauf hingewiesen wird, dass sich der Unterricht an den Vorgaben der Sachfächer orientiert, machen die Curricula der beiden betroffenen Fächer deutlich, dass der fremdsprachig erteilte Unterricht auf den jeweiligen didaktischen und methodischen Prinzipien basiert und das Lernen der Fremdsprache den sachfachlichen Aspekten nachgeordnet ist (vgl. z. B. Niedersächsisches Kultusministerium 2008: 29).

Ein wesentlicher Grund dafür, dass diese Bundesländer keine eigenständigen Bildungspläne für Bilingualen Unterricht haben, mag darin liegen, dass die in der Regel bilingual unterrichteten Fächer aus formaler Sicht Sachfächer sind und damit den Bildungsplanvorgaben für den deutschsprachigen Unterricht in ebendiesen Fächern unterliegen. Da darüber hinaus die Sprache bei den Anforderungen – und damit auch bei der Leistungsbeurteilung – keine maßgebliche Rolle spielen darf, ist dies umso verständlicher.

In der Regel wird in diesen Bundesländern erwartet, dass an den Schulen schulinterne Fachcurricula erstellt werden. In den meisten Fällen dürften diese allerdings lediglich die jeweilig auf Deutsch unterrichteten Sachfachcurricula widerspiegeln.

‚Empfohlenes' bilinguales Unterrichten

Gleichwohl scheint die Übertragung der deutschsprachigen Bildungspläne auf den Bilingualen Unterricht nicht ganz so einfach zu sein. Daher ist zu verstehen, dass in Nordrhein-Westfalen und Baden-Württemberg zwar keine eigenen Curricula für Bilingualen Unterricht erstellt, aber sogenannte Empfehlungen oder Handreichungen erarbeitet wurden. Es handelt sich hier um Handlungshilfen für Bilingualen Unterricht.

In *Nordrhein-Westfalen* wird in diversen Runderlassen aus den Jahren zwischen 1994 und 2001 erwähnt, dass es für den zielsprachlichen Unterricht in den Sekundarstufen I und II für die Sprachen Englisch, Französisch, Italienisch, Spanisch, Neugriechisch und Russisch Empfehlungen gibt, die den Lehrkräften verdeutlichen sollen, wie die Richtlinien und Lehrpläne der betroffenen Sachfächer (Geschichte, Politik, Erdkunde, Biologie) im Rahmen eines bilingualen Bildungsgangs umgesetzt werden können (siehe die entsprechenden Runderlasse des nordrhein-westfälischen Ministeriums; exemplarisch sei verwiesen auf: Ministerium für Schule, Wissenschaft und Forschung des Landes Nordrhein-Westfalen 2000). Im Rahmen dieser Empfehlungen werden Prinzipien des bilingualen Lehrens und Lernens präsentiert, Hinweise zu den Lerninhalten und der Lernorganisation gegeben und auch Aspekte der Leistungsbewertung thematisiert. Bezüglich der Lerninhalte wird festgehalten, dass diese zwar durch die verpflichtenden Vorgaben der jeweiligen Lehrpläne bestimmt sind, die didaktischen Besonderheiten der einzelnen Fächer aber gewisse Modifikationen bedingen. Vor allem wird erwähnt, dass die Auswahl der Beispiele häufiger Räume und Geschehnisse der Zielsprachengebiete berücksichtigen soll.

Insgesamt wird immer wieder deutlich gemacht, dass die Vorgaben der jeweiligen Sachfachlehrpläne zur Obligatorik im Bereich der Aufgaben und Ziele der Fächer, der Lernbereiche, der Konstruktionsprinzipien, Lerninhalte und Grundsätze der Unterrichtsgestaltung und der Leistungsbewertung auch im Bilingualen Unterricht gültig sind.

Auch in den Kernlehrplänen der jeweiligen Zielsprachen wird der Bilinguale Unterricht erwähnt. Exemplarisch sei hier Portugiesisch genannt: Der Unterricht in Portugiesisch bereitet den bilingualen Sachfachunterricht vor und begleitet diesen, schafft nötige Voraussetzungen für bilinguale Module, in denen Portugiesisch als Arbeits- und Kommunikationssprache phasenweise angewendet wird, bahnt nötige Kompetenzen an, die das fach- und anwendungsorientierte Lernen der portugiesischen Sprache im Bilingualen Unterricht und in bilingualen Modulen ermöglichen (vgl. Ministerium für Schule und Weiterbildung des Landes Nordrhein-Westfalen 2009: 11).

Auch wenn diese Empfehlungen Nordrhein-Westfalens keine eigenständige Gestaltung der Bildungspläne selbst beinhalten, so wird durch die separat von den muttersprachlichen Curricula dargestellten Empfehlungen der Stellenwert der Unterrichtsform deutlich.

In *Baden-Württemberg* gibt es eine ca. 60-seitige Handreichung für den Bilingualen Unterricht in deutsch-englischen Zügen an Gymnasien. Hier werden neben allgemeinen Rahmenbedingungen und Hinweisen zu den betroffenen Sachfächern (Geografie, Geschichte, Gemeinschaftskunde, Biologie, Wirtschaft, Seminarkurs) deren jeweilige Besonderheiten erläutert. Dabei geht es nicht nur darum, wie spezifischer Fachwortschatz aufgebaut werden kann, sondern ebenfalls um die Frage der Materiallage und fachdidaktischer Überlegungen. Auch wenn die Handreichungen nicht so tiefgreifend sind wie ihre nordrhein-westfälischen Pendants, wird deutlich, dass Bilingualer Unterricht auch in Baden-Württemberg einen besonderen Stellenwert hat, der Vorgaben erfordert, die über einfache Vorschriften hinausgehen und Spezifizierungen bedingen (vgl. Ministerium für Kultus und Sport Baden-Württemberg 2008).

‚Planvolles' Vorgehen – spezifische Bildungspläne für Bilingualen Unterricht

Doch auch die Arbeit mit Empfehlungen war für einige Bundesländer nicht ausreichend. Aus diesem Grund wurden spezifische Curricula für den Bilingualen Unterricht entwickelt. Diesen Weg beschritt *Rheinland-Pfalz* als erstes Bundesland. Dort existieren bereits seit dem Ende der 1990er Jahre eigenständige Bildungspläne für Bilingualen Unterricht in der Sekundarstufe II. Noch heute ist der damalige fremdsprachige Bildungsplan für das Fach Gemeinschaftskunde gültig. Der Lehrplan bildet den Abschluss des durchgängigen bilingualen Bildungsgangs. Er beinhaltet nicht den gesamten Lehrplan des Faches, sondern nur seinen auf 3 Wochenstunden angelegten bilingualen Anteil der Jahrgangsstufen 11 bis 13. Ziel ist dabei, „den Grundbestand an Zielen und Themen der jeweils ersetzten Teilfächer in der jeweiligen Jahrgangsstufe" (Ministerium für Bildung, Wissenschaft und Weiterbildung Rheinland-Pfalz 1998: 6) zu erhalten und ein Profil zu akzentuieren, das auf die jeweilige Partnerkultur bezogen ist. Da der Bildungsplan nur ca. 60 % der zur Verfügung stehenden Unterrichtszeit abdeckt, ist es für die Lehrkräfte darüber hinaus möglich, eigene Schwerpunkte zu setzen (vgl. ebd.).

Für die Sekundarstufe I existieren keine eigenständigen Lehrpläne für Bilingualen Unterricht. Allerdings bestehen seit 1996 Lehrplanentwürfe für die Fächer Geschichte und Erdkunde in englischer oder französischer Sprache.

In *Thüringen* gibt es spezifische Bildungspläne für den bilingualen Geografie- und Geschichtsunterricht, in denen die zu behandelnden Themenbereiche jeweils auf Deutsch begründet und auf Englisch bzw. Französisch dargestellt werden. Allerdings stellt sich bei genauerem Hinsehen heraus, dass es sich nicht um einen eigenständigen Bildungsplan im eigentlichen Sinne handelt, sondern weitgehend nur um die Übertragung des für den deutschsprachigen Unterricht aufgestellten Bildungsrahmens in die jeweilige Zielsprache. Hervorzuheben ist aber, dass durch die Darstellung als spezifische Bildungspläne der Stellenwert der Unterrichtsform erhöht wird.

Ausführlich gehen die Lehrpläne des Freistaates *Sachsen* für Englisch, Französisch, Polnisch und Tschechisch auf Bilingualen Unterricht ein. Für den Fremdsprachenunterricht im Rahmen der bilingualen Ausbildung gibt es spezifische Inhalte, die in erster Linie mit der Entwicklung einer differenzierten Kommunikations- und Diskursfähigkeit sowie einer interkulturellen Handlungsfähigkeit verbunden werden. Hierdurch erfolgt eine Verankerung der Unterrichtsform in den Fremdsprachen und nicht in den Sachfächern. Das könnte erklären, warum es in den Sachfächern keine spezifischen bilingualen Bildungspläne gibt.

Allerdings gibt es für den zum AbiBac führenden bikulturellen, französischsprachigen Bildungsgang in Geografie und Geschichte einen speziellen Lehrplan, der jeweils einen spezifischen Fokus auf frankophone Regionen hat.

Bremen geht in der Entwicklung von Bilingualem Unterricht einen ganz besonderen Weg. Dort gibt es spezifische Bildungsstandards, die weit über das Vorgenannte hinausreichen. Für die Klassenstufen 8 und 9 an Gymnasien wurde das neue Fach *European Studies* eingeführt, ein Fächerverbund mit historischer, geografischer, gesellschaftlicher und europäischer Dimension. Das fremdsprachig unterrichtete Fach besitzt einen eigenen Lehrplan, in dem die Standards für das Ende der Klasse 9 definiert, Kriterien für die Leistungsbeurteilung festgelegt sowie eine Liste der relevanten Operatoren ausgeführt werden.

Für die Qualifikationsphase der Gymnasialen Oberstufe gibt es einen eigenen Bildungsplan für Geschichte bilingual, der allerdings inhaltlich identisch mit seinem deutschsprachigen Pendant ist (vgl. Senatorin für Bildung und Wissenschaft der Freien Hansestadt Bremen 2007 und 2009).

Desiderata

Aus bilingualdidaktischer Sicht ist bemerkenswert, dass sich fast 50 Jahre nach der Einführung von Bilingualem Unterricht in Deutschland erst vier Bundesländer auf den Weg gemacht haben, dieser Unterrichtsform eigene Bildungsperspektiven in Form eigenständiger Bildungspläne zu geben. Einerseits mag dies verständlich sein, wird doch immer wieder hervorgehoben, dass Bilingualer Unterricht Sachfachunterricht in einer Fremdsprache ist – und daher keiner eigenen Bildungspläne bedürfe.

Andererseits dreht sich die Diskussion um eine eigenständige bilinguale Didaktik auch darum, dass eine fachliche Diskurskompetenz zu entwickeln ist, in der fachliches Denken und entsprechendes Sprachhandeln unmittelbar miteinander verbunden sind. Dies macht es notwendig, eine fachliche Bildungssprache systematisch aufzubauen. Damit ist nicht einfach nur der Erwerb eines fachspezifischen Wortschatzes gemeint, sondern der Aufbau einer fachbezogenen *literacy*, die es den Lernenden ermöglicht, fachliche Begründungszusammenhänge sachgerecht in der Fremdsprache darzustellen.

Es ist daher zu wünschen, dass die Bundesländer zunehmend eigene Lehrpläne für Bilingualen Unterricht erstellen, die sich nicht einfach nur nach dem deutschsprachigen Sachfachunterricht richten, sondern vielmehr die sprachlichen Kompetenzen der Lernenden angemessen als Grundlage nehmen und trotzdem die sachfachlichen Erwartungen nicht nach unten schrauben. Für einen solchen Unterricht wäre es wichtig, ganz im Sinne der Kompetenzorientierung der Fächer eigene Kompetenzbeschreibungen zu entwickeln, die die zu erreichenden Kompetenzniveaus aus sachfachlicher Perspektive definieren und dabei auch Kompetenzen aufgreifen, die im Bereich der Bedeutungsaushandlung durch und mit Sprache liegen.

Ein besonderer Dank gilt Kornelia Buchholz und Raja Herold für die Durchsicht der Lehrpläne aller deutschen Bundesländer.

Literatur
Bayerisches Staatsministerium für Unterricht und Kultus (2007): Kultusministerielles Schreiben zum bilingualen Unterricht vom 29. Mai 2007. http://www.bayern-bilingual.de/gymnasium/userfiles/Allgemeine_Informationen/KMS_Bilingualer_Unterricht_Gymnasium_2007.pdf [03.03.2012].
Bayerisches Staatsministerium für Unterricht und Kultus (Hrsg.) (2009): *Lehrplan für das Gymnasium in Bayern.* München.
Hessisches Kultusministerium (Hrsg.) (2011): *Bildungsstandards und Inhaltsfelder. Das neue Kerncurriculum für Hessen Sekundarstufe I – Gymnasium.* Wiesbaden.
Kultusministerium des Landes Sachsen-Anhalt (Hrsg.) 2004: Bilingualer Unterricht im Gymnasium. http://www.bildung-lsa.de/schule/schulrecht/im_schulverwaltungsblatt_veroeffentlicht/2004.html?historyback=1#art8337 [02.03.2012].
Ministerium für Bildung, Jugend und Sport Brandenburg (2011): Verwaltungsvorschriften zur Gymnasiale-Oberstufe-Verordnung vom 12. April 2011. http://www.bravors.brandenburg.de/sixcms/detail.php?gsid=land_bb_bravors_01.c.50126.de [02.03.2012].
Ministerium für Bildung, Kultur und Wissenschaft des Saarlandes (2010): Verordnung-Schulordnung – über Gymnasium für bilingualen Zug. http://sl.juris.de/cgi-bin/landesrecht.py?d=http://sl.juris.de/sl/gesamt/BilingGymV_SL.htm#BilingGymV_SL_rahmen [18.05.2012].
Ministerium für Bildung, Wissenschaft und Weiterbildung Rheinland-Pfalz (Hrsg.) (1998): *Lehrplan Gemeinschaftskunde. Bilingualer Zug Französisch. Jahrgangsstufen 11 bis 13 der gymnasialen Oberstufe.* Worms.
Ministerium für Kultus und Sport Baden-Württemberg (Hrsg.) (2008): *Bilingualer Unterricht deutsch-englisch an allgemein bildenden Gymnasien.* Stuttgart.
Ministerium für Schule und Weiterbildung des Landes Nordrhein-Westfalen (Hrsg.) (2009): *Kernlehrplan für das Gymnasium – Sekundarstufe I in Nordrhein-Westfalen. Portugiesisch.* Frechen.
Ministerium für Schule, Wissenschaft und Forschung des Landes Nordrhein-Westfalen (Hrsg.) (2000): *Empfehlungen für den bilingualen deutsch-spanischen Unterricht in der*

Sekundarstufe I – Gymnasium/Gesamtschule/Realschule des Landes Nordrhein-Westfalen. Politik. Frechen.

Niedersächsisches Kultusministerium (Hrsg.) (2008): Kerncurriculum für das Gymnasium Schuljahrgänge 5–10. Geschichte. Hannover.

Sächsisches Staatsministerium für Kultus und Sport (Hrsg.) (2011): Lehrplan Gymnasium. Dresden.

Senatorin für Bildung und Wissenschaft der Freien Hansestadt Bremen (Hrsg.) (2007): European Studies. Bildungsplan für das Gymnasium Jahrgangsstufe 8–9. Bremen. http://www.lis.bremen.de/sixcms/media.php/13/07-08-23_eustudies_gy8-9.pdf [08.03.2012].

Senatorin für Bildung und Wissenschaft der Freien Hansestadt Bremen (Hrsg.) (2009): Geschichte bilingual. Bildungsplan für die Gymnasiale Oberstufe – Qualifikationsphase. Bremen. http://www.lis.bremen.de/sixcms/media.php/13/GES_bili_GyQ_2009.pdf [08.03.2012].

Senatsverwaltung für Bildung, Jugend und Wissenschaft Berlin (Hrsg.) (2006): Rahmenlehrplan für die Sekundarstufe I. Jahrgangsstufe 7–10 Hauptschule, Realschule, Gesamtschule, Gymnasium. Geografie. Berlin.

Senatsverwaltung für Bildung, Jugend und Wissenschaft Berlin (Hrsg.) (2008): Ausführungsvorschriften für bilingualen Unterricht an weiterführenden allgemeinbildenden Schulen. http://www.berlin.de/imperia/md/content/sen-bildung/rechtsvorschriften/av_bilingualer_unterricht.pdf [02.03.2012].

Olivier Mentz

13 Deutschsprachiger Fachunterricht an Auslandsschulen

Das deutsche Auslandsschulwesen im Überblick

Zur Einschätzung des Stellenwerts des Deutschsprachigen Fachunterrichts (DFU) an Auslandsschulen folgt einführend ein kurzer Überblick über das Auslandsschulwesen.

Das Deutsche Auslandsschulwesen wird oft als das 17. Bundesland bezeichnet. Die Zentralstelle für das Auslandsschulwesen mit Sitz in Köln betreut mit ca. 90 Mitarbeiterinnen und Mitarbeitern und rund 50 Fachberaterinnen und -beratern die schulische Arbeit im Ausland. Weltweit werden ca. 1000 Schulen, darunter 140 Deutsche Auslandsschulen, die überwiegend in privater Trägerschaft geführt werden, personell und finanziell gefördert. Rund 2000 Auslandsdienstlehrkräfte, Programmlehrkräfte und Fachberater befinden sich an diesen Einrichtungen.

Den größten Anteil von rund 85 % am Auslandsschulwesen haben die Schulen mit deutschsprachigem Unterricht gegenüber den Deutschen Auslandsschulen mit einem Anteil von etwa 15 %. Das Auslandsschulwesen ist vielfältig und kennt folgende Schultypen.

▶ *Deutschsprachige Auslandsschulen:* Das sind Deutsche Schulen im Ausland, an denen Kinder von vorübergehend im Ausland ansässigen Experten aus meist deutschsprachigen Ländern nach deutschen Lehrplänen unterrichtet und zu deutschen Abschlüssen der Sekundarstufe I bzw. II geführt

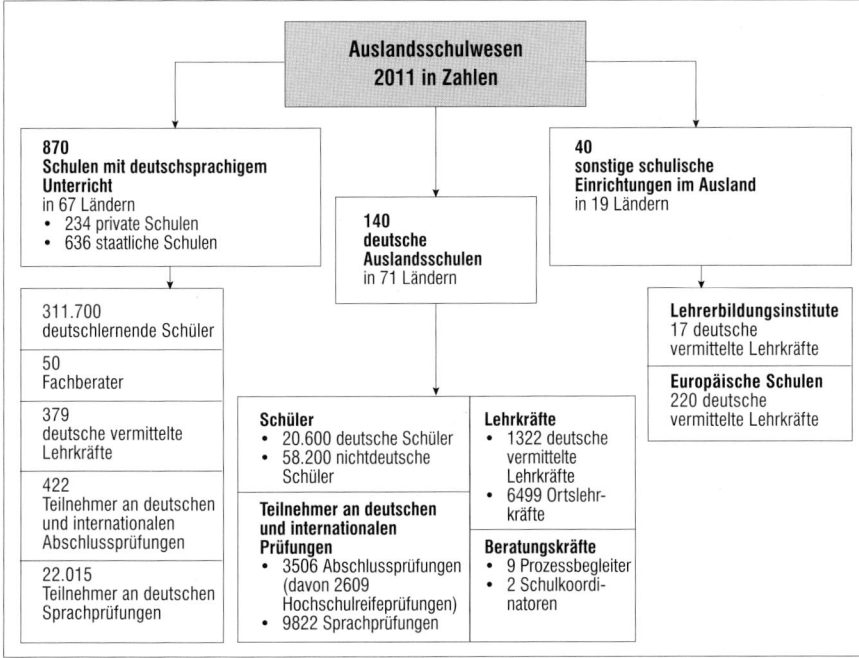

Das Auslandsschulwesen in Zahlen (Quelle: Bundesverwaltungsamt 2012: 8)

werden. Voraussetzung für die Aufnahme sind muttersprachliche Deutschkenntnisse.

‣ *Begegnungsschulen mit bikulturellem Schulziel:* Deutsche Schulen im Ausland (meist in privater Trägerschaft), an denen Schülerinnen und Schüler aus
deutschsprachigen Ländern zusammen mit Schülerinnen und Schülern des
Gastgeberlandes durch deutsche und einheimische Lehrkräfte zu deutschen
und landeseigenen Abschlüssen geführt werden.

‣ *Schulen mit verstärktem Deutschunterricht:* An diesen Schulen wird
Deutsch als Fremdsprache unterrichtet, und zusätzlich wird deutschsprachiger Fachunterricht in ausgewählten Fächern erteilt.

‣ *Staatliche Schulen mit erweitertem Deutschunterricht:* An ausgewählten Schulen im Ausland setzt der Deutschunterricht bereits in der 1. oder
2. Grundschulklasse ein und wird bis zum Abschluss mit erhöhter Stundenzahl erteilt. Diese Schulen führen bei entsprechender Förderung zum Deutschen Sprachdiplom in der Niveaustufe C1 (GeR).

‣ *Deutsche Abteilungen an staatlichen Spezialgymnasien:* Ausgewählte
Schulen in Mittel- und Osteuropa und in den baltischen Staaten haben Deutsche Abteilungen, in denen die Schülerinnen und Schüler des Gastgeberlan-

des zusammen mit dem Landesabschluss das deutsche Abitur erwerben und bis zum Deutschen Sprachdiplom KMK, Stufe II, geführt werden.

▶ *Schulen/Abteilungen mit Bilingualer Dualer Berufsausbildung:* Neben zwei berufsbildenden Schulen bestehen an 16 Deutschen Schulen im Ausland berufsbildende Zweige für kaufmännische Ausbildungsgänge in deutscher Sprache.

▶ *Europäische Schulen:* Schulen, die vor allem für die Kinder von Bediensteten der Europäischen Union bestimmt sind.

An allen Schulen, ausgenommen an denen mit erweitertem Deutschunterricht, spielt der deutschsprachige Fachunterricht eine wichtige Rolle. Der Umfang des erteilten Fachunterrichts in deutscher Sprache variiert nach Fächern, Umfang und Dauer. An den Schulen, die zum deutschen Abitur führen, entspricht der Umfang an deutschsprachigem Fachunterricht (fast) dem an innerdeutschen Schulen. An 60 der 140 Deutschen Auslandsschulen gibt es die Funktionsstelle eines DFU-Fachleiters. Sein Aufgabenbereich umfasst

▶ die Konzeptarbeit und Koordination des DFU vor Ort,

▶ die Einführung neuer Lehrkräfte in die didaktische und methodische DFU-Arbeit an der Schule und die Beratung der Fachlehrkräfte in den spezifischen Belangen des DFU,

▶ die Sichtung, Verbreitung und Entwicklung von DFU-Materialien,

▶ die Organisation von DFU-Sitzungen, DFU-Arbeitsgruppen und DFU-Fortbildungen an der Schule,

▶ den Kontakt zum regionalen Fortbildungskoordinator in der für die Schule zuständigen Region,

▶ die Zusammenarbeit mit der Schulleitung in allen Belangen des DFU.

Die Qualität des DFU an der jeweiligen Auslandsschule hängt sehr von der Arbeit des DFU-Fachleiters, vom Engagement der Fachkollegen und der etablierten DFU-Kultur an der Schule ab.

Der Deutschsprachige Fachunterricht an Auslandsschulen

DFU ist Fachunterricht in deutscher Sprache mit Schülerinnen und Schülern, deren Muttersprache nicht Deutsch ist. Er wird hauptsächlich an Grundschulen, Fachmittelschulen und Gymnasien in den Fächern Mathematik, Biologie, Chemie, Physik, Geografie, Informatik und auch in Geschichte erteilt. DFU spielt im deutschen Auslandsschulwesen vor allem an den bikulturellen Begegnungsschulen sowie an den Schulen mit verstärktem Deutschunterricht eine wichtige Rolle. Er ist aus der Lernersicht bilingualer Sachfachunterricht. An ihn werden alle didaktischen und methodischen Anforderungen eines bilingualen Fachunterrichts gestellt.

Die originäre Aufgabe des DFU ist das Sprachlernen im Fach. Denn ohne das Sprachlernen im Fach gibt es auch kein Fachlernen. Sprache ist nicht vor den Inhalten da, sondern entwickelt sich gleichzeitig mit dem Lernen der Fachinhalte. Insofern kann man Fach und Sprache nicht voneinander trennen – weder fachdidaktisch noch sprachdidaktisch noch lernpsychologisch. In der Folge müssen Fachinhalte und Sprache aber auch gleichzeitig gelernt und gelehrt werden. Es geht dabei um das Lernen der Bildungssprache (CALP; die Unterscheidung zwischen *Cognitive Academic Language Proficiency* [CALP] und *Basic Interpersonal Communication Skills* [BICS] geht zurück auf Cummins 1979) im Fach. Das gilt für jeden Fachunterricht unabhängig davon, ob er in der Muttersprache oder der Fremdsprache – hier der deutschen Sprache – erteilt wird. Der DFU bringt die Lerner in ein bildungssprachliches Sprachbad (CALP-Sprachbad).

Das Sprachlernen im Fach erfolgt im handelnden Umgang mit Sprache an fachlichen Inhalten und in sprachlichen Standardsituationen. Dabei beobachten die Lerner die Bildungssprache, nehmen Sprache auf, imitieren sie, erproben Sprache und wenden sie an, generieren Sprache und entwickeln dabei Sprachbewusstheit. Damit das Sprachlernen im bildungssprachlichen Sprachbad des Faches gelingt, muss das Sprachbad folgende Bedingungen erfüllen. Es muss

▸ sprachlich reichhaltig und kognitiv anregend sein (durch passende Standardsituationen),
▸ sprachfördernd und sprachsensibel sein (durch gute Aufgabenstellungen),
▸ lernergerecht und zu bewältigen sein (durch unterstützende Methoden-Werkzeuge).

DFU muss demnach als sprachsensibler Fachunterricht konzipiert sein. Dieser betreibt sachbezogenes Sprachlernen, das heißt, Sprache wird an und mit der Sache (den Fachinhalten) gelernt. Dabei bildet und fördert er die Sprache an und mit den Fragestellungen des Fachs. Dem Konzept des sprachsensiblen DFU liegen folgende Leitlinien der Sprachbildung zugrunde:

▸ Die Lerner werden in fachlich authentische, aber zu bewältigende *Sprachsituationen* (Sprachbad, sprachliche Standardsituationen) gebracht.
▸ Die *Sprachanforderungen* liegen knapp über dem individuellen Sprachvermögen (kalkulierte sprachliche Überforderung).
▸ Die Lerner erhalten so viele *Sprachhilfen*, wie sie zum erfolgreichen Bewältigen der Sprachsituationen benötigen (Sprachförderung, Sprachunterstützung).

Sprachlernen im DFU: Wo und wie die Lerner ihre Sprachkompetenzen im DFU erwerben

Neben den oben skizzierten Leitlinien der Sprachbildung gilt: Standardsituationen des sprachlichen Lernens sind Sprachlernsituationen, die jeder Lerner regelmäßig und fast in jeder Unterrichtsstunde bewältigen muss. Diese lassen sich unterschiedlichen Kategorien zuordnen, die nach Schwierigkeitsgrad gestaffelt sind.

Kategorie	Sprachliche Standardsituationen im Fachunterricht	
A: Wissen sprachlich darstellen	1	etwas (Gegenstand, Experiment etc.) darstellen und beschreiben
	2	Darstellungsformen (Tabelle, Diagramm, Skizze etc.) verbalisieren
	3	fachtypische Sprachstrukturen anwenden
B: Wissenserwerb sprachlich begleiten	4	Sachverhalte präsentieren und strukturiert vortragen
	5	Hypothesen, Vorstellungen, Ideen etc. äußern
	6	Informationen nutzen und Fragen stellen
C: Wissen mit anderen sprachlich verhandeln	7	Sachverhalte erklären und erläutern
	8	fachliche Probleme lösen und mündlich oder schriftlich verbalisieren
	9	auf Argumente eingehen und Sachverhalte diskursiv erörtern
D: Text- und Sprach- kompetenzen ausbauen	10	einen Fachtext lesen
	11	einen Fachtext verfassen
	12	Sprachkompetenz sichern und ausbauen

Sprachbildung entfaltet sich im Fachunterricht an den sprachlichen Standardsituationen. Deshalb sollten sie im Mittelpunkt des Lernraumes stehen. Die Professionalität der Lehrkräfte besteht darin, gute sprachliche Lernumgebungen zu gestalten.

Die Gestaltung guter sprachlicher Lernumgebungen steht und fällt mit den Aufgabenstellungen, die authentische Sprachsituationen schaffen und nach dem Prinzip der kalkulierten Überforderung konzipiert werden. Die Entwicklung von Sprachkompetenzen muss schon in der Aufgabenstellung angelegt sein und darf nicht als Nebeneffekt erhofft werden.

Sprachlehren und Sprachlernen im DFU müssen durch Methodenwerkzeuge unterstützt werden. Methodenwerkzeuge sind lehrergesteuerte oder schüleraktive Verfahren, Materialien, Hilfsmittel zur Unterstützung von Lehr- und Lernprozessen. Zur Unterstützung des DFU wurde die Entwicklung von Methodenwerkzeugen von der Zentralstelle für das Auslandsschulwesen gefördert (vgl. Leisen 1994).

Standards zum Sprachlehren im DFU: Was Fachlehrkräfte im DFU können sollten

Fachlehrkräfte sollten wissen, wie Sprachlernprozesse ablaufen, wann und wie welche Sprache(n) gelernt wird (werden), in welchem Verhältnis Sprachlernen, Fachlernen und Fremdsprachenlernen zueinander stehen, wie Bilingualer Unterricht anzulegen und zu gestalten ist, wie mit Standardsituationen umzugehen ist und wie sie mit Leseverstehen, Sprachfehlern, Bewertung etc. umgehen sollen.

Konkret sollten Fachlehrkräfte des DFU in Vorbereitungs- und Fortbildungskursen Folgendes lernen:

▸ Wie wird in meinem Fach kommuniziert? (Sprache im Fach, Darstellungsformen, morphologische und syntaktische Besonderheiten, BICS und CALP, Schriftlichkeit und Mündlichkeit etc.)

▸ Wie sprechen, lesen, schreiben meine Lerner? (Sprachprobleme, Diagnostik etc.)

▸ Wie erwerben und lernen meine Lerner die Sprache? (Sprach- und Zweit-spracherwerb, Submersion und Immersion, Sprachlernen und Kognition etc.)

▸ Wie fördere ich die Lerner beim Spracherwerb im Fach? (Sprachsensibler Fachunterricht, Kompetenzentwicklung, Fördermethodik, sprachliche Standardsituationen, Methodenwerkzeuge, individuelle Förderung, Umgang mit Heterogenität, Aufgabenstellungen etc.)

Die Kompetenzen der Fachlehrkräfte beziehen sich auf vier Bereiche.

Bereich	Fragen zur Sprachförderung im Fachunterricht	
Sprach- und Sprach-erwerbstheorien	1	Welche Merkmale weist die deutsche Sprache auf?
	2	Wie werden Sprachen eigentlich gelernt?
	3	Welche ,Sprachen' werden in meinem Fach benutzt?
Didaktik der Sprachförderung	4	Wie funktioniert das Sprachlernen im Fach?
	5	Welche sprachdidaktischen Ansätze gibt es?
	6	Welche Prinzipien muss ich unbedingt beachten?
Methodik der Sprach-förderung	7	Welche Methoden, Werkzeuge, Materialien gibt es überhaupt?
	8	Wie erstelle ich gute Aufgaben zur Sprachförderung?
	9	Wie erstelle ich gute Sprachübungen?
Pragmatik der Sprach-förderung	10	Wie mache ich das denn ganz konkret?
	11	Wie integriere ich die Spracharbeit in den Fachunterricht?
	12	Wo nehme ich die Zeit bloß her?

Die Standards für DFU-Lehrkräfte beschreiben die Kompetenzen, damit sie Sprachlehrsituationen erfolgreich und für die Lerner sprachfördernd bewältigen:

▸ *Standard 1:* Über ein Wissen über Sprache und Spracherwerb im Fach verfügen

▸ *Standard 2:* Über ein didaktisches Wissen zum Sprachlernen, zur Sprachdiagnostik und Sprachförderung im Fach verfügen

▸ *Standard 3:* Über ein methodisches Wissen zum Sprachlernen, zur Sprachdiagnostik und Sprachförderung im Fach verfügen

▸ *Standard 4:* Sprachförderprozesse im Fachunterricht planen und gestalten

▸ *Standard 5:* Mit sprachlichen Standardsituationen im Fachunterricht professionell umgehen

▸ *Standard 6:* Nachhaltige Sprachförderung im Fachunterricht betreiben

▸ *Standard 7:* Sprachdiagnostische Methoden im Fachunterricht nutzen

▸ *Standard 8:* Sich in den Kompetenzen der Sprachförderung im Fach entwickeln

Zur adäquaten Gestaltung der Lernumgebungen müssen auch Fachlehrkräfte über ein gewisses Grundlagenwissen in den Bereichen ,Sprach- und Spracherwerbstheorien' sowie ,Didaktik der Sprachförderung' verfügen. Denn nur so können sie sprachdidaktisch tragfähige Sprachlernsituationen konzipieren und sprachmethodisch wirkungsvoll gestalten.

Die Ausführungen zur Sprachtheorie stellen dabei eine Art ‚Hintergrundfolie' für die Gestaltung von sprachbildenden Lernumgebungen dar.

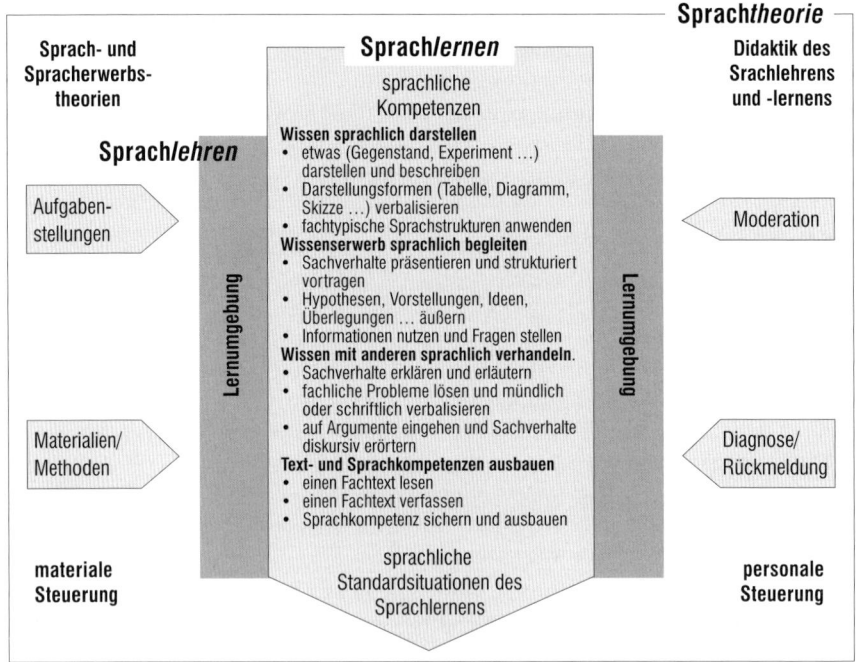

Sprachlehren – Sprachlernen – Sprachtheorie

Die Fortbildung von DFU-Lehrkräften berücksichtigt drei Ebenen:
▸ sprach- und Spracherwerbstheorien und Sprach(erwerbs)didaktik als Grundlagenwissen: *Sprachtheoretische* und *sprachdidaktische* Ebene;
▸ sprachliche Kompetenzen und sprachliche Standardsituationen: Ebene des Sprach*lernens*;
▸ die materiale und personale Gestaltung und Steuerung von Sprachförderprozessen: Ebene des Sprach*lehrens*.
Eine gute Aus- und Fortbildung setzt alle drei Ebenen stets zueinander in Beziehung und verdeutlicht das Gefüge.

Eine kurze Geschichte des DFU im Auslandsschulwesen

Erst durch die verstärkte Gründung von bikulturellen Begegnungsschulen in den 1970er Jahren trat durch die vermehrte Beschulung nicht muttersprachlich deutscher Schüler die Notwendigkeit eines spezifischen DFU in das Bewusstsein der Schulen sowie der Zentralstelle für das Auslandsschulwesen. Man reagierte darauf mit der verstärkten Vorbereitung von Lehrkräften in 2- oder 3-wöchigen Lehrgängen vor der Entsendung an die Auslandsschulen. Bis in die Mitte der 1990er Jahre hinein umfasste der Vorbereitungslehrgang einen Inlandteil an der Zentralstelle in Köln und einen Auslandteil an einer meist europäischen Begegnungsschule (z. B. Valencia, Barcelona, Helsinki) als Fortbildungsschule. Um den spezifischen Belangen in den Regionen Rechnung zu tragen, wurde die Vorbereitung und Fortbildung regionalisiert. Mitte der 1990er Jahre wurden insgesamt 30 regionale Fortbildungszentren mit einem Fortbildungskoordinator geschaffen. Der frühere Auslandteil des Vorbereitungskurses findet nunmehr vor Ort an der Schule durch Unterstützung der schulischen DFU-Fachleiter und des DFU-Koordinators statt.

Die Fachdidaktik und Fachmethodik des deutschen Fachunterrichts unterschied und unterscheidet sich oft gravierend von der des Gastlandes, auch wenn zunehmend eine Annäherung durch die Internationalisierung stattfindet. Ein experimentgestützter, induktiv-forschender, kontextorientierter Fachunterricht kontrastiert mit Unterrichtsvorstellungen der Elternschaft, die durch einen faktenorientierten, deduktiven, fachsystematischen Unterricht gekennzeichnet sind. Dies wird einerseits sehr geschätzt, andererseits kritisch hinterfragt. Der DFU ist zum Erfolg verpflichtet, wenn er die hohen Erwartungen der Eltern bedienen will. Das erfolgreiche Sprachlernen im Fachunterricht mit guten Schulleistungen und Schulnoten steht ganz im Fokus der Eltern und des Schulvereins als Schulträger.

In den 1980er Jahren wurden an verschiedenen Auslandsschulen von engagierten Lehrkräften immer wieder Arbeitsmaterialien meist in Form von Arbeitsblättern erstellt. Bedingt durch eine Aufenthaltsdauer im Mittel von fünf Jahren an einer Auslandsschule wurde die Entwicklungsarbeit immer wieder unterbrochen oder anders konzeptionalisiert, zumal die Lehrkräfte aus stets unterschiedlichen Bundesländern mit eigenen Lehr-Lern-Traditionen kamen. Die eingeführten Lehrbücher aus Deutschland erwiesen sich in der Regel unter sprachdidaktischen Gesichtspunkten als nicht geeignet. Der immer wieder geäußerte Wunsch nach einem speziell auf das Auslandsschulwesen zugeschnittenen Schulbuch im Fach erweist sich als nicht durchführbar. Zu unterschiedlich sind die nationalen Curricula, an denen sich die Deutschen Schulen im Ausland in vielen Ländern – der zentralen Abschlussprüfungen wegen – halten müssen. Zu unterschiedlich sind aber auch der Einsatz, der Umfang und das Abschlussprofil der jeweiligen Fächer in den verschiedenen Ländern. Der an Schülerzahlen große Markt ist bei genauer Analyse durch den hohen Differenzierungsgrad kein wirtschaftlicher Markt.

Eine Unterstützung der DFU-Lehrkräfte vor Ort muss deshalb erfolgen durch:
▸ Handbücher und Handreichungen, die weitgehend universell und unabhängig von den nationalen Curricula sind und die den DFU-Lehrkräften eine zu-

griffsfreudige und pragmatische Orientierung in der Didaktik und Methodik des Sprachlernens und Sprachlehrens geben (vgl. Leisen 1994, 2003, 2010);

▸ gute Praxisbeispiele, die sich im Einsatz bewährt haben und am günstigsten online verfügbar sind und situativ angepasst werden können;

▸ Vorbereitungskurse und begleitende Fortbildungskurse mit Teilnehmern der Region, die von Mentoren betreut werden, in denen die DFU-Lehrkräfte ihre Erfahrungen einbringen und ausbauen und in denen die Teilnehmerinnen und Teilnehmer an wechselnden Aufgabenstellungen gemeinsam intensive Arbeitskontakte haben und sich über einen längeren (begrenzten) Zeitraum immer wieder mit dem Thema beschäftigen sowie am Ende ein Zertifikat erhalten. Hier sind internetbasierte Kurse (E-Learning-Kurse) ein Gebot der Zeit.

Literatur

Bundesverwaltungsamt/Zentralstelle für das Auslandsschulwesen (2012): Deutsches Auslandsschulwesen 2012 in Zahlen. http://www.auslandsschulwesen.de/cln_100/nn_2178068/Auslandsschulwesen/DieZfA/WirUeberUns/ZahlenausderZfA/AuslandsschulwesenZahlen2011,templateId=raw,property=publicationFile.pdf/AuslandsschulwesenZahlen2011.pdf [22.11.2012].

Cummins, James (1979): Linguistic Interdependence and the Educational Development of Bilingual Children. In: *Review of Educational Research* 49, 222–251.

Leisen, Josef (1994): *Handbuch des deutschsprachigen Fachunterrichts (DFU). Didaktik, Methodik und Unterrichtshilfen für alle Sachfächer im DFU und fachsprachliche Kommunikation in Fächern wie Physik, Mathematik, Chemie, Biologie, Geographie, Wirtschafts-/Sozialkunde.* Bonn.

Leisen, Josef (Hrsg.) (2003): *Methoden-Handbuch des Deutschsprachigen Fachunterrichts (DFU).* Bonn.

Leisen, Josef (2010): *Handbuch Sprachförderung im Fach – Sprachsensibler Fachunterricht in der Praxis.* Bonn.

Josef Leisen

14 Bilingualer Unterricht: Lehrerbildung in der 1., 2. und 3. Phase

Die Diversifizierung der Organisationsformen des Bilingualen Unterrichts (→ Art. 10, 11) spiegelt sich in der bilingualen Unterrichtsausbildung wider. Inzwischen gibt es Ausbildungsprogramme in allen Phasen der Lehrerbildung, die sich in Zielsetzung, Inhalt und Umfang beträchtlich voneinander unterscheiden (eine umfangreiche Linksammlung zum Thema bietet Bildungsserver Hessen 2012). Gleichzeitig rückt das Thema der bilingualen Lehrerbildung mit der wachsenden Verbreitung des Bilingualen Unterrichts zunehmend ins Blickfeld von Forschung und Praxis. Während die Pioniere des Bilingualen Unterrichts in Deutschland ihre Aus- und Weiterbildung noch in Eigeninitiative organisierten, wird mittlerweile die Notwendigkeit einer systematischen Ausbildung erkannt. Der Umstand, dass in Deutschland ausgebildete Lehrkräfte im Normalfall eine doppelte Lehrbefähigung besitzen, schafft günstige Voraussetzungen für den Bilingualen Unterricht. Ob durch Formen des bilingualen Lehrens und Lernens jedoch ein sprachlicher und sachfachlicher „Mehrwert" (Wildhage/Otten 2003: 18ff.) in die Schulen getragen wird oder der Bilinguale Unterricht sogar zur „ultimate communicative methodology" (Graddol 2006: 86) avancieren kann, hängt zu einem großen Teil von der Verfügbarkeit qualifizierter Lehrkräfte und damit von der Qualität der Lehrerbildung ab. Dieser Beitrag bietet einen Überblick zur aktuellen Situation in den einzelnen Ausbildungsabschnitten, zu phasenübergreifenden Ausbildungsthemen sowie zur Weiterentwicklung der bilingualen Lehrerbildung.

1. Phase

Das Angebot universitärer bilingualer Ausbildungsprogramme hat sich in den letzten Jahren merklich verändert. Verantwortlich hierfür sind unter anderem die Umstellung auf die Bachelor-/Master-Struktur und die Modularisierung der Lehrerausbildung, durch die sich der Umfang wahlfreier Lehrangebote verringerte. Darüber hinaus liefen Studienprogramme aus und wurden nicht fortgesetzt, sodass an einigen Standorten die Ausbildung eingestellt wurde (z. B. Trier, Koblenz-Landau), aber auch neue Programme wie in Eichstätt und Ludwigsburg hinzukamen. Die auf Blell und Kupetz (2005: 13) Bezug nehmende Tabelle bietet eine aktuelle Übersicht universitärer Ausbildungsprogramme (nur solche im Internet repräsentierten Ausbildungsprogramme wurden aufgenommen, die neben einem Lehrangebot zum Bilingualen Unterricht ein Zertifikat anbieten, das Studienumfang und -inhalte verbindlich regelt).

Institution und Angebotsbezeichnung	Umfang	Sachfach*	Sprachen	Schulform
Grundständige Studiengänge				
PH Karlsruhe/PH Freiburg: Europalehramt	8-semestriger Studiengang inkl. eines Auslandssemesters	frei	Engl., Frz.	GS, HS, RS, WRS
U Saarbrücken: Integriertes deutsch-französisches Lehramtsstudium	3-semestriges Auslandsstudium	GE, EK	Frz.	GY, GS
KU Eichstätt-Ingolstadt: Masterstudiengang CLIL	60 SWS (teilweise aus Lehramtsstudiengang anrechenbar)	GE, EK	Engl.	HS, RS, GY
Integrative Zusatzqualifikationen				
TU Braunschweig: Schwerpunkt Bilingualer Sachfachunterricht/CLIL	6 SWS + obligatorische Masterarbeit zu CLIL	frei	Engl.	GY
U Hamburg: Zusatzqualifikation zum Bilingualen Unterricht	11 SWS (davon 8 SWS anrechenbar)	frei	Engl.	LA Sek. I+II

➲U Bremen: Zusatzqualifikation Bilinguales Lernen und Lehren	6 SWS	frei	Engl.	LA Sek. I+II
Additive Zusatzqualifikationen				
U Bochum: Zusatzstudium Bilinguales Lehren und Lernen	30 SWS	frei	DaF, Engl., Frz., Span.	LA Sek. I+II
U Dortmund: Zusatzstudium Bilinguales Lehren und Lernen	30 SWS	frei	Engl.	LA Sek. I+II
U Kassel: Zertifikat Bilingualer Unterricht	8 SWS + 3 SWS Praxis	frei	Engl.	LA Sek. I+II
U Köln: Zusatzstudiengang Bilingualer Unterricht – Englisch	30 SWS	POL, EK, BIO	Engl.	LA
U Mainz: Zusatzausbildung Bilingualer Unterricht	6 SWS	EK, GE, POL	Engl., Frz.	GY
PH Ludwigsburg: Zusatzzertifikat Bilingualer Sachfachunterricht	4 SWS + 2 Stunden eigener Unterricht	frei	Engl.	RS
U Halle-Wittenberg: Studienpro-gramm Bilingualer Sachfachunterricht	8 SWS	frei	Engl., Frz.	LA Sek. I+II

Übersicht universitärer Ausbildungsprogramme zum Bilingualen Unterricht

* Erklärung der Abkürzungen: *frei*: alle angebotenen Sachfächer; *GY*: Gymnasium; *GS*: Gesamtschule; *RS*: Realschule; *WRS*: Werkrealschule; *LA Sek. I+II*: alle angebotenen Lehramtsstudiengänge für die Sekundarstufen I und II; *LA*: alle angebotenen Lehramtsstudiengänge.

Die in der Tabelle aufgeführten Angebote lassen sich in grundständige Studien-gänge sowie integrative und additive Zusatzqualifikationen unterscheiden. Der angegebene *Ausbildungsumfang* reicht von 4 SWS und 2 zu haltenden Unter-richtsstunden (PH Ludwigsburg) bis zu einem Zusatzstudium mit 30 SWS (z.B. Bochum). Dabei können jedoch viele der im regulären Studium absolvierten Lehrveranstaltungen angerechnet werden (MSW 2005: § 7), sodass der eigentli-che Umfang und insbesondere der spezifisch bilinguale Anteil am Programm ge-ringer ausfallen dürfte. Als *Zugangsvoraussetzung* wird im Allgemeinen ein Lehramtsstudium in einem Sprach- und einem Sachfach gefordert, häufig wird darüber hinaus ein Auslandsstudium oder ein Auslandsaufenthalt als Fremd-sprachenassistent erwartet. Der Mangel an bilingual unterrichtenden Lehrerin-nen und Lehrern hat allerdings eine gewisse Lockerung der Zugangsmodalitäten bewirkt, sodass mitunter ,reine' Sachfachlehrkräfte eine Zusatzqualifikation er-werben können, sofern sie über die notwendigen Fremdsprachenkompetenzen verfügen. In fachlicher Hinsicht werden die meisten Ausbildungsangebote von fremdsprachendidaktischen und angewandt-linguistischen Inhalten bestimmt. Einige Ausbildungsformate sehen zudem literaturwissenschaftliche Studienan-teile vor, die allerdings im Hinblick auf den Bilingualen Unterricht nicht unbe-dingt einschlägig erscheinen. Die Tatsache, dass sich größere Studienanteile im fremdsprachlich zu unterrichtenden Sachfach bzw. der Sachfachdidaktik dagegen seltener finden, lässt auf eine eher geringe Involviertheit der Sachfächer und ihrer Didaktiken an der bilingualen Ausbildung schließen. Eine Herausforderung für die Zukunft wird es deshalb sein, die Sachfachdidaktiken verstärkt in die Konzeption und Gestaltung bilingualer Studienangebote einzubeziehen und die hierzu geäußerte Kritik (z. B. Hasberg 2007) stärker zur Kenntnis zu nehmen, um so die bilinguale Lehrerbildung auf eine breitere sachfachliche Basis zu stellen. Eine neue Entwicklung sind *Integrative Ausbildungskonzepte*, die sich den Bedingungen der modularisierten Studienstruktur anpassen und diese nutzbar machen, indem Studierende durch eine Schwerpunktsetzung im Studium eine erste bilinguale Qualifikation erwerben können, die in der 2. Phase durch zusätzliche Unterrichtserfahrungen um eine praktische Komponente erweitert werden kann. Angesichts voller Studienpläne können zeitsparende integrative Konzepte eine pragmatisch sinnvolle Lösung sein, um die universitäre bilinguale Lehrerbildung zu stärken und weiter auszubauen. Exemplarisch soll hier der „Vertiefungsschwerpunkt Bilingualer Sachfachunterricht/CLIL" im Masterstudiengang Lehramt an Gymnasien Englisch an der TU Braunschweig vorgestellt werden (vgl. Gnutzmann 2007): Das Konzept verbindet den Erwerb theoretischer und forschungsmethodischer Kenntnisse zum Bilingualen Unterricht mit der Durchführung schulpraktischer Studien an einem Gymnasium mit bilingualem Zweig. Hinzu kommt die obligatorische Erstellung einer empirisch basierten Masterarbeit zu einer Fragestellung des Bilingualen Unterrichts, die sich für die Studierenden aus den Lehrveranstaltungen und den Erfahrungen im Fachpraktikum ergibt. Dass integrative Angebote nicht auf alle Facetten des Bilingualen Unterrichts vorbereiten können, ist insofern kein substanzieller Einwand, als es weder notwendig noch wünschenswert erscheint, dass wegen der nachfolgenden zweiten (Referendariat) und dritten (Fortbildung im Schuldienst) Phase die bilinguale Lehrerbildung bereits im Studium abgeschlossen wird. Vielmehr wäre eine *phasenübergreifende Ausbildung* erstrebenswert, bei der die Universitäten dafür verantwortlich sind, theoretische Grundlagen des Bilingualen Unterrichts zu vermitteln und zur Durchführung einer empirischen Untersuchung anzuleiten, aber auch erste schulpraktische Erfahrungen zu ermöglichen. Eine bessere Vernetzung der Ausbildung durch phasenübergreifende Portfolionutzung (wie z. B. an der PH Ludwigsburg) könnte dazu beitragen, die Verbindung zwischen den verschiedenen Phasen zu stärken, da hierdurch der jeweils vorhandene Kenntnisstand der Auszubildenden besser berücksichtigt und sogar individuelle Ausbildungsschwerpunkte gefördert werden können, beispielsweise im Bereich der Leistungsmessung oder Materialentwicklung.

2. Phase

Die Anzahl der Studienseminare, die eine bilinguale Zusatzausbildung anbieten, ist in den letzten Jahren kontinuierlich gestiegen. In der Regel umfasst die Ausbildung ein Seminar zur Didaktik und Methodik des Bilingualen Unterrichts, ca. 15 Stunden Ausbildungsunterricht sowie gegebenenfalls einen (benoteten) Unterrichtsbesuch und ein Kolloquium. Manche Studienseminare bieten zusätzlich mehrwöchige Austausche mit ausländischen Schulen an oder fordern als Prüfungsleistung eine schriftliche Hausarbeit (KMK 2006: 22f.). Studienseminare, die eine bilinguale Zusatzausbildung für Gymnasien anbieten, gibt es inzwischen an einer Reihe von Standorten, vereinzelt auch für Grund- und Hauptschulen sowie in bestimmten Regionen verstärkt für Realschulen (z.B. in Baden-Württemberg). Zu den Stärken dieser Qualifikationsform zählen die praktische, schulnahe Ausrichtung der Ausbildung und die Möglichkeit, interessierte und geeignete Referendare entsprechend zu fördern. Es ist aber offensichtlich, dass eine Seminarveranstaltung allein nicht ausreicht, um eine mit der universitären Ausbildung vergleichbare intensive theoretische und forschungsorientierte Auseinandersetzung mit dem Bilingualen Unterricht zu ermöglichen. Aus diesem Grund sollten sowohl Ausbildungsangebote der 1. als auch der 2. Phase einen festen Platz in der bilingualen Lehrerbildung haben. Eine weitere Möglichkeit, eine Ausbildung mit bilingualer Relevanz zu erlangen, ist das in Großbritannien vergebene *Postgraduate Certificate in Education* (PGCE). Zwar ist das PGCE formal gesehen ein Studium, inhaltlich und funktional ist es aber eher der 2. Phase zuzuordnen. Die hohen Studiengebühren in England können EU-Bewohner durch Studienkredite abdecken; in bestimmten Mangelfächern werden zusätzlich Stipendien vergeben, sodass das PGCE weiterhin für mobile Absolventen attraktiv bleiben kann. Während die Vorteile dieser Ausbildung auf der Hand liegen (Sach-, Sprach-, Unterrichtskompetenz, ‚Systemwechsel'), bleibt zu beachten, dass sich die Anerkennung als Referendariat in vielen Bundesländern als Hindernis erweist (Küppers 2006: 13ff.).

3. Phase

Die Bildungseinrichtungen der meisten Länder bieten inzwischen berufsbegleitende bilinguale Fortbildungen an, die von Materialbörsen bis zu mehrtägigen Aufbaukursen für Neueinsteiger reichen. Eine innovative Fortbildungsmöglichkeit, sogenannte eSessions, bietet der Freistaat Bayern an, um dem schnell wachsenden Anteil an Realschulen mit Angebot an Bilingualem Unterricht Rechnung zu tragen: Über das Internet werden Vorträge zu Themen des Bilingualen Unterrichts übertragen, die von den Lehrerinnen und Lehrern flexibel rezipiert werden können. Interaktion wird dadurch ermöglicht, dass Fragen während des Vortrages aufgenommen und im Anschluss diskutiert werden (vgl. Bayern bilingual: http://www.bayern-bilingual.de; bietet zahlreiche Unterrichtsmaterialien, Informationen und methodisch-didaktische Artikel für die Schulformen Gymnasium [Engl., Frz., Ital.], Realschule [Engl.] und Berufsschule [Engl.]). Neben den Landeseinrichtungen stellen weitere öffentliche und private Bildungsträger Fortbildungsmöglichkeiten bereit. So ist es Lehrkräften möglich, an den vom Comenius-Programm geförderten bilingualen Fortbildungen teilzunehmen, wenn dadurch die Fähigkeit, „in der Fremdsprache (bilingualer Unterricht) zu unterrichten" (PAD 2012), gefördert wird. Als weiteres Beispiel sei die Arbeitsgemeinschaft der Gymnasien mit zweisprachig deutsch-französischem Zug genannt, die jährlich eine mehrtägige Fortbildungsveranstaltung für ihre Mitglieder organisiert. Darüber hinaus existieren kommerzielle Online-Kurse (z.B. *Cambridge Teaching Knowledge Test*, CLIL), die allerdings häufig auf die Zielsprache Englisch beschränkt sind und die schulischen Gegebenheiten in Deutschland nicht berücksichtigen. Eine weitere Fortbildungsmöglichkeit stellen Internet-Lernplattformen (z.B. CLILmatrix) und Foren zum Bilingualen Unterricht dar (z.B. http://www.bilingualer-Unterricht.de, http://www.onestopenglish.com/clil). Angebote dieser Art ermöglichen den Austausch von Materialien und Links, die Diskussion und Reflexion von Unterrichtsprinzipien und -problemen und stellen somit für die Lehrerbildung in Bezug auf Bilingualen Unterricht nicht zu unterschätzende Ressourcen dar.

Übergreifende Themen

Internationalisierung. Die von der EU verfolgte Förderung der Mehrsprachigkeit und des Sprachenlernens in Europa beeinflusst auch die Lehrerbildung für Bilingualen Unterricht. Auf internationaler Ebene werden eine stärkere Integration der Lehrerbildung (*CLIL Cascade Network*: http://ccn-clil.eu; stellt u.a. ein *CLIL Research Journal*, eine umfangreiche mehrsprachige Bibliografie sowie Dokumente zur CLIL-Lehrerbildung, wie z.B. *The CLIL Teacher's Competences Grid*, bereit) und eine Qualitätsdiskussion im Hinblick auf die „Nachhaltigkeit" (Coyle/Hood/Marsh 2010: 161) des Bilingualen Unterrichts gefordert. Wie zahlreiche Unterschiede zwischen den verschiedenen europäischen Ländern hinsichtlich der Ein- oder Zweifachlehrbefähigung, der Anzahl der Fremdsprachenstunden im Curriculum und des Status von Fremdsprachen als obligatorisch oder fakultativ nahelegen, wird eine strukturelle Vereinheitlichung der Lehrerbildung nur schwer zu bewerkstelligen sein. Diese Divergenzen zeigen die Grenzen einer Vereinheitlichung der Lehrerbildung in Bezug auf bilingualen Unterricht auf, verdeutlichen aber zugleich die Bedeutung von Kompetenzkatalogen, wie dem Europäischen Rahmenprogramm für die Ausbildung von CLIL-Lehrkräften, die auf eine europäische Annäherung der bilingualen Ausbildungsinhalte abzielen. Ziel ist es, „Prinzipien und Ideen bereitzustellen, auf deren Grundlage ein Curriculum für die CLIL-LehrerInnenausbildung entwickelt werden kann" (EFSZ 2011: 3). Instrumente dieser Art können zum Nachdenken über und gegebenenfalls zur Modifikation bestehender Ausbildungsinhalte anregen und somit zu einer europäischen Lehrerbildung für Bilingualen Unterricht beitragen.

Ausbildungsfächer. Obwohl inzwischen weitgehend Einigkeit darüber besteht, dass sich prinzipiell alle Sachfächer für den Bilingualen Unterricht eignen, wird nach wie vor hauptsächlich in Fächern des sozialwissenschaftlichen Bereichs ausgebildet, während naturwissenschaftliche Fächer weniger einbezogen werden. Verantwortlich hierfür ist partiell die restriktive Fächerwahl an Universitäten (Physik wird in der Regel mit Mathematik studiert), aber vor allem die Interessenlage von Studierenden, die eher selten eine Kombination aus Sprach- und naturwissenschaftlichem Sachfach wählen. Angesichts der personellen Engpässe in diesen Fächern findet man in der 3. Phase der Lehrerbildung Initiativen wie die Weiterbildung *Science in English* für Berliner Chemie- und Biologielehrer, die auch ‚reine' Sachfachlehrer für den Bilingualen Unterricht qualifizieren sollen. Insbesondere im Hinblick auf die Funktion des Englischen als quasi-offizielle Wissenschaftssprache in den Naturwissenschaften erscheint eine verstärkte Förderung der Lehrerbildung in diesen bilingual zu unterrichtenden Fächern angezeigt.

Schularten. Obwohl die meisten Ausbildungen für Bilingualen Unterricht nach wie vor für das Gymnasium angeboten werden, ist mittlerweile eine Öffnung für andere Schulformen festzustellen. So wurden in Bayern im Rahmen eines Modellversuchs bisher an 80 Realschulen bilinguale Zweige eingerichtet (vgl. Bayern bilingual), und in Baden-Württemberg ist geplant, bis zu 20 % aller Realschulen mit bilingualen Zweigen auszustatten (MKJS o.J.: 3). Entsprechende Lehrkräfte für Grund- und Hauptschulen werden derzeit nur vereinzelt ausgebildet, es ist aber davon auszugehen, dass mit der Verbreitung bilingualer Module die Ausweitung des Bilingualen Unterrichts auf alle Schulformen unterstützt wird und dadurch ein höherer Bedarf an entsprechend qualifizierten Lehrkräften entsteht.

Sprachenspektrum. In der bilingualen Ausbildung ist das Englische weiterhin dominant, vor dem Französischen und anderen Fremdsprachen. Obwohl punktuell zwar erste Ausbildungsmöglichkeiten für Spanisch und Italienisch existieren (z. B. Universität Bochum, Studienseminar Stuttgart), ist in vielen Regionen das Englische die einzige Sprache, für die bilinguale Lehrkräfte ausgebildet werden.

Regionale Verfügbarkeit. Einige Bundesländer engagieren sich in besonderem Maße für die bilinguale Ausbildung (z. B. Nordrhein-Westfalen), während andere bisher nur über wenig Erfahrung darin verfügen und keine Zusatzausbildungen anbieten. Ein Desiderat wäre in diesem Zusammenhang die Gründung einer länderübergreifenden Institution, die Ausbildungsangebote koordiniert, sodass jedes Bundesland zumindest ein bilinguales Zertifikat anbieten und somit ein Mindestmaß an qualifizierten Lehrkräften bereitstellen kann (Königs 2007: 55). Eine erste Aufgabe einer solchen Institution könnte es sein, Daten zu vorhandenen bilingualen Ausbildungsplätzen und Absolventen bereitzustellen, sodass eine bessere Passung von vorhandenen Ausbildungskapazitäten und dem Lehrkräftebedarf für Bilingualen Unterricht erreicht werden kann (Hollm u. a. 2010: 168).

Perspektiven

Obwohl ihm das Potenzial zugeschrieben wird, der Mehrsprachigkeit förderlich zu sein, kommt der Bilinguale Unterricht diesem Ziel bisher nur in begrenztem Umfang entgegen. Die entsprechende Lehrerbildung für andere Fremdsprachen als das Englische muss deshalb ausgebaut werden. Eine verstärkte Zusammenarbeit der Sachfach- und Sprachdidaktiken bei der Ausbildung für Bilingualen Unterricht und eine Erweiterung der Ausbildung auf naturwissenschaftliche Fächer wären ebenso wünschenswert. Darüber hinaus könnten bereits existierende Ausbildungsmöglichkeiten aufgewertet werden, indem z. b. eine Zusatzausbildung zur Voraussetzung für das Erteilen von Bilingualem Unterricht erklärt wird. Diese erhöhte Verbindlichkeit wäre der Qualitätssicherung zuträglich, da Zertifikate den Erwerb für Bilingualen Unterricht relevanter Kompetenzen belegen könnten. Nicht zuletzt scheinen Portfoliokonzepte in besonderer Weise geeignet, die häufig unvermittelt nebeneinander existierenden Phasen der Lehrerbildung stärker zu verbinden und ihre jeweiligen Ausbildungsziele in systematischer Form miteinander abzugleichen.

Literatur
Blell, Gabriele/Kupetz, Rita (Hrsg.) (2005): *Bilingualer Sachfachunterricht und Lehrerausbildung für den bilingualen Unterricht*. Frankfurt/M.
Coyle, Do/Hood, Philip/Marsh, David (2010): *CLIL. Content and Language Integrated Learning*. Cambridge.
EFSZ = Europäisches Fremdsprachenzentrum (Hrsg.) (2011): Europäisches Rahmenprogramm für die Ausbildung von CLIL-Lehrkräften. http://clil-cd.ecml.at/LinkClick.aspx?file ticket=1OP6IOu3oxA%3D&tabid=2254&language=en-GB [01. 03. 2012].
Gnutzmann, Claus (2007): Der neue Braunschweiger Master-Lehramtsstudiengang Englisch – Schwerpunkt „Bilingualer Sachfachunterricht/Content and Language Integrated Learning". In: Claus Gnutzmann (Koord.): *Fremdsprache als Arbeitssprache in Schule und Studium. Fremdsprachen lehren und lernen* 36, 63–75.
Graddol, David (2006): *English Next. Why Global English May Mean the End of 'English as a Foreign Language'*. London: http://www.britishcouncil.org/learning-research-english-next.pdf [06. 03. 2012.]
Hasberg, Wolfgang (2007): Historisches Lernen – bilingual? Vorgaben für den englischsprachigen Geschichtsunterricht kritisch gelesen. In: Petra Bosenius/Jürgen Donnerstag/Andreas Rohde (Hrsg.): *Der bilinguale Unterricht Englisch aus der Sicht der Fachdidaktiken*. Trier, 37–63.
Hollm, Jan/Hüttermann, Armin/Keßler, Jörg-Uwe/Schlemminger, Gérald (2010): BiliReal 2012: Bilinguale Züge für Englisch und Französisch in der Realschule. Erste Ergebnisse der wissenschaftlichen Begleitforschung zum Schulversuch in Baden-Württemberg. In: *Beiträge zur Fremdsprachenvermittlung* 49, 153–187.
KMK = Ständige Konferenz der Kultusminister (Hrsg.) (2006): Konzepte für den bilingualen Unterricht – Erfahrungsbericht und Vorschläge zur Weiterentwicklung. http://www.kmk. org/fileadmin/veroeffentlichungen_beschluesse/2006/2006_04_10-Konzepte-bilingualer-Unterricht.pdf [07. 03. 2012].
Königs, Frank G. (2007): Sachfachunterricht in der Fremdsprache: Einige (un)realistische Anmerkungen aus der Perspektive der (neuen) Lehrerbildung. In: Claus Gnutzmann (Koord.): *Fremdsprache als Arbeitssprache in Schule und Studium. Fremdsprachen lehren und lernen* 36, 48–62.

Küppers, Almut (2006): *Bunte Berufsbiografien – Zur Situation von PGCE-AbsolventInnen während des Teacher Training in England und nach ihrer Rückkehr in Deutschland.* http://www.artbitter.de/akueppers2/download/publikationen/PGCE-%20Bunte%20Berufsbiografien.pdf [06.03.2012].

MKJS = Ministerium für Kultus, Jugend und Sport Baden-Württemberg (Hrsg.) (o.J.): Bilinguale Züge an Realschulen. http://www.kultusportal-bw.de/servlet/PB/show/1266316/PPT%20bilinguale%20Z%FCge%20an%20Realschulen.pdf [06.03.2012].

MSW = Ministerium für Schule und Weiterbildung des Landes Nordrhein-Westfalen (Hrsg.) (2005): Verordnung zum Erwerb der Zusatzqualifikation „Bilinguales Lernen". http://www.zfsl.nrw.de/Rechtsrahmen/Bilinguales_Lernen/BASS_20-04_15.pdf [05.03.2012].

PAD = Pädagogischer Austauschdienst (Hrsg.) (2012): COMENIUS-Lehrerfortbildung. Förderung von Fortbildungsmaßnahmen für Bildungspersonal an Schulen. http://www.kmk-pad.org/programme/comenius-lehrerfortbildung.html#c5844 [07.02.2012].

Wildhage, Manfred/Otten, Edgar (Hrsg.) (2003): *Praxis des bilingualen Unterrichts.* Berlin.

Claus Gnutzmann, Frank Rabe

15 Bilinguale Abschlüsse und Zertifikate

Bilingualer Unterricht bereitet Schülerinnen und Schüler in besonderer Weise auf die sprachlichen und kulturellen Gegebenheiten in einem zusammenwachsenden Europa vor. Durch die Intensivierung fremdsprachlichen Lernens und die Ausweitung fremdsprachlichen Handelns auf den Fachunterricht entwickeln sie bilinguale Sprach- und Fachkompetenzen: Sie erschließen fachlich bedeutsame Sachverhalte und Problemstellungen mithilfe von zwei Sprachen – einer Fremdsprache und Deutsch.

Die intensive Auseinandersetzung mit den Kulturräumen der Bezugsländer im Bilingualen Unterricht orientiert sich an den Grundprinzipien des interkulturellen Lernens. Hierzu gehören u. a. Perspektivwechsel, die Reflexion der eigenen Lebenswirklichkeit aus der Sicht anderer und der kritische Umgang mit Vorurteilen. Interkulturelle Handlungskompetenz bildet einen wichtigen Baustein für ein selbstbestimmtes Leben in einer internationalen Welt und fördert die Persönlichkeitsentwicklung von Schülerinnen und Schülern (vgl. MSW 2011: 3).

Auch auf europäischer Ebene wird in zahlreichen Veröffentlichungen auf die Bedeutung des Bilingualen Unterrichts verwiesen, um den alltäglichen und beruflichen Herausforderungen in einem Europa der Sprachen- und Kulturenvielfalt zu begegnen. Der Europäische Rat (vgl. Rat der Europäischen Union 2008) und die Europäische Union (vgl. Europäische Union 2006) weisen in ihren Empfehlungen auf die Bedeutung Bilingualen Unterrichts hin, auch und gerade im Kontext der Stärkung interkultureller Handlungsfähigkeit bei Schülerinnen und Schülern.

Die jüngst veröffentlichte Empfehlung der KMK zur Stärkung der Fremdsprachenkompetenz unterstreicht den besonderen Stellenwert des bilingualen Lernens im Rahmen des fremdsprachlichen und interkulturellen Kompetenzerwerbs und weist dieser Unterrichtsform eine herausgehobene Bedeutung bei der Weiterentwicklung des schulischen Fremdsprachenlernens insgesamt zu (vgl. KMK 2011: 2).

In Nordrhein-Westfalen wurde im Jahr 2007 das Programm ‚Bilingual für alle' ins Leben gerufen. Diese Initiative hat zum Ziel, möglichst vielen Schülerinnen und Schülern im Laufe ihrer Schullaufbahn die Möglichkeit zu geben, das Anwenden einer Fremdsprache als Arbeitssprache in einem Sachfach zu erproben und damit eine in Studium und Beruf geforderte Fähigkeit zu erproben. Um dieses Ziel zu erreichen, wurde die Möglichkeit eröffnet, bilinguale Unterrichtsangebote in allen Jahrgangsstufen und Schulformen anzubieten. Zurzeit besuchen mehr als 52.000 Schülerinnen und Schüler bilingualen Unterricht an über 300 Schulen aller Schulformen in Nordrhein-Westfalen.

Bei der Zertifizierung Bilingualen Unterrichts gilt es, die sprachliche, fachliche und kulturelle Dimension des Bilingualen Unterrichts zu berücksichtigen, um neben den bilingualen auch die interkulturellen Leistungen von Schülerinnen und Schülern in besonderer Weise zu würdigen und zu dokumentieren.

Zeugnisse mit bilingualem Profil

Auch wenn die sehr unterschiedlichen Noten- und Bildungssysteme in Europa gemeinsame Zeugnisse erschweren, ist eine zentrale Bedingung für eine erfolgreiche Zertifizierung Bilingualen Unterrichts die internationale Anerkennung und die Verknüpfung bilingualer und interkultureller Kompetenzen. Die deutschen Bundesländer haben vielfältige Formen der Zertifizierung von Bilingualem Unterricht entwickelt, die von unterschiedlicher Reichweite sind. Im Folgenden werden am Beispiel des Landes Nordrhein-Westfalen die verschiedenen Dokumentationsformen Bilingualen Unterrichts vorgestellt. Die Dokumentation der Teilnahme an bilingualen Unterrichtsangeboten richtet sich in Nordrhein-Westfalen nach der Unterrichtsform und der Dauer der Angebote. Bilingualer Unterricht wird sowohl im Rahmen bilingualer Bildungsgänge, durchgehend von Beginn der Sekundarstufen I bis zum Abitur, als auch außerhalb bilingualer Bildungsgänge, phasenweise oder in flexibler Form in den Sekundarstufe I und II, erteilt (vgl. MSW 2011: 6 ff.) (→ Art. 10, 11).

Im Rahmen von bilingualen Bildungsgängen wird in den Zeugnissen und Schullaufbahnbescheinigungen ein bilingual erteiltes Sachfach mit dem Zusatz der Unterrichtssprache versehen (z. B. Erdkunde ‚bilingual deutsch-englisch'). Bei erfolgreichem Abschluss des bilingualen Bildungsgangs mit dem Abitur erhalten die Schülerinnen und Schüler eine zusätzliche Bescheinigung zum Abschlusszeugnis, in der die Fächer und Klassen des bilingualen Unterrichts ausgewiesen werden. Das Abiturzeugnis enthält zudem einen Vermerk, der auf die Teilnahme und das Ablegen der Abiturprüfung in einem bilingualen Sachfach hinweist.

Nehmen Schülerinnen und Schüler an bilingualen Unterrichtsangeboten außerhalb bilingualer Bildungsgänge in Form von durchgehend bilingualem Unterricht in einem Sachfach teil, wird ihnen in den Zeugnissen und Schullaufbahnbescheinigungen ein durchgehend erteiltes bilinguales Sachfach mit dem Zusatz der Unterrichtssprache bescheinigt (z. B. Erdkunde ‚bilingual deutsch-englisch‘).

CertiLingua – europäisches Exzellenzlabel für mehrsprachige, europäische und internationale Kompetenzen

Eine besondere Form der Zertifizierung bilingualer und interkultureller Kompetenzen ist das Exzellenzlabel CertiLingua. Das Exzellenzlabel für mehrsprachige, europäische und internationale Kompetenzen ist ein Kooperationsprogramm der Bildungsministerien von derzeit 10 deutschen Bundesländern und 8 europäischen Partnerländern. CertiLingua wird ergänzend zum Abschlusszeugnis der Allgemeinen Hochschulreife vergeben und weist Kompetenzen in einer international vergleichbaren und anerkannten Weise aus, basierend auf den europäischen Konventionen zur gegenseitigen Anerkennung von Bildungsabschlüssen.

Die von den obersten Bildungsbehörden der teilnehmenden Länder akkreditierten CertiLingua-Schulen vergeben das Exzellenzlabel an Schülerinnen und Schüler, die neben der Mutter- bzw. Erstsprache in zwei und gegebenenfalls weiteren Fremdsprachen in besonderem Maße international handlungsfähig sind und dies unter anderem durch die erfolgreiche Teilnahme an Bilingualem Unterricht in der gymnasialen Oberstufe unter Beweis gestellt haben.

Die Voraussetzungen für die Vergabe des CertiLingua-Exzellenzlabels sind der Nachweis

▸ fremdsprachlicher Kompetenz mindestens auf dem Niveau B2 des Gemeinsamen europäischen Referenzrahmens für Sprachen (GeR) in mindestens zwei modernen Fremdsprachen;

▸ bilingualer Sprach- und Fachkompetenz im Umfang von 90 Schulstunden im Rahmen der Qualifikationsphase der gymnasialen Oberstufe bzw. 180 Schulstunden in den letzten 4 Jahren vor dem Abitur mit angemessenem Anteil in der Qualifikationsphase;

▸ europäischer und internationaler Kompetenzen in den Teilbereichen Wissen, kritische Reflexion und interkulturelle Handlungskompetenz, dokumentiert in einem fremdsprachigen Projektbericht;

▸ überdurchschnittlicher Leistungen in den genannten Kompetenzbereichen.

Die beiden letztgenannten Voraussetzungen werden erfüllt und nachgewiesen durch erfolgreiches Absolvieren entsprechender Unterrichtseinheiten in einem oder in mehreren Fächern in der gymnasialen Oberstufe. Der Teilbereich interkulturelle Handlungskompetenz im europäisch-internationalen Bereich wird durch die erfolgreiche Teilnahme der Schülerinnen und Schüler an einem mehrtägigen internationalen Begegnungsprojekt nachgewiesen, z. B. im Rahmen einer projektorientierten internationalen Begegnung oder in einem internationalen Betriebspraktikum.

Das CertiLingua-Begegnungsprojekt ist curricular in fachliches Lernen eingebunden, geht von einer individuellen und interkulturellen Fragestellung aus und leitet Schülerinnen und Schüler zu einer intensiven Beschäftigung mit einem Thema in Form einer Dokumentation, in deren Rahmen die individuelle Fragestellung in einem europäischen bzw. internationalen Kontext ausgewertet und reflektiert wird.

Besonders leistungsbereiten Schülerinnen und Schülern bietet CertiLingua damit die Chance, überdurchschnittliche Leistungen im Bereich fremdsprachlicher, bilingualer und interkultureller Kompetenzen zu erbringen und nachzuweisen. Das Zertifikat motiviert Schülerinnen und Schüler, bestehende Bildungsangebote ihrer Schulen intensiver zu nutzen, um Kompetenzen zu erwerben, die den Zugang zu internationalen Studiengängen, zu Hochschulen im Ausland und zur europäischen Arbeitswelt erleichtern (vgl. Ritzenhofen/Vogt 2010: 44).

Die jährlichen Evaluationsberichte des Exzellenzlabels belegen, dass Certi-Lingua zugleich neue Impulse für die Einrichtung und Weiterentwicklung bilingualer und international ausgerichteter schulischer Angebote setzt. Weitere Informationen zum europäischen Exzellenzlabel CertiLingua finden sich unter http://www.certilingua.net.

AbiBac

Beispielhaft für andere länderübergreifende Formen eines ‚klassisch' bilingualen Abschlusses steht das deutsch-französische Kooperationsprogramm *AbiBac*. Deutsche und französische Schülerinnen und Schüler haben im Rahmen des Programms die Möglichkeit, gleichzeitig das Abitur und das französische *Baccalauréat* zu erwerben. Das AbiBac-Programm wurde ins Leben gerufen, um fremdsprachliches und interkulturelles Lernen zwischen und in den Partnerländern zu fördern.

Das AbiBac basiert auf einem bilingualen deutsch-französischen Bildungsgang und intensiviertem deutsch-französisch bilingualem Unterricht in der gymnasialen Oberstufe. Neben einem Leistungskurs Französisch (Kurs auf erhöhtem Anforderungsniveau) belegen die Schülerinnen und Schüler zwei bilinguale Sachfächer, die als Fächer der schriftlichen und mündlichen Abiturprüfung festgelegt sind.

In AbiBac-Schulen werden Schülerinnen und Schüler in beiden Partnerländern nicht nur in der Fremdsprache, sondern auch in gesellschaftswissenschaftlichen Sachfächern, z. B. Geschichte und Geografie, in der Sprache des Partnerlandes unterrichtet. Die AbiBac-Schulen kooperieren mit einer AbiBac-Schule im Nachbarland und bieten Lehrkräften und Schülerinnen und Schülern die Möglichkeit, in Austauschprojekten ihre sprachlichen und interkulturellen Kenntnisse anzuwenden und zu vertiefen.

Mit der AbiBac-Doppelqualifikation weisen die Schülerinnen und Schüler nach, dass sie besonders leistungsbereit und leistungsstark sind. Sie qualifizieren sich in besonderer Weise für verantwortungsvolle Tätigkeiten im deutsch-französischen Zusammenhang. Die AbiBac-Absolventinnen und -Absolventen sind mit dieser Doppelqualifikation für ein Hochschulstudium in beiden Ländern besonders gut vorbereitet und verbessern ihre Chancen im zunehmend globalisierten Wettbewerb auf dem internationalen Ausbildungs- und Arbeitsmarkt.

Deutschlandweit bieten zurzeit 60 Schulen ihren Schülerinnen und Schülern die Möglichkeit des Erwerbs dieser Doppelqualifikation. Eine aktuelle Liste der AbiBac-Schulen in Deutschland und Frankreich wird vom Centre International d'études pédagogiques (CIEP) veröffentlicht und ist unter http://www.fplusd. org/franzoesisch-lernen/in-der-schule-lernen/abibac/?sword_list abrufbar.

Deutsche Internationale Abiturprüfung (DIAP)

Neben den verschiedenen Formen der Dokumentation bilingualer Kompetenzen der deutschen Länder steht auch für die Deutschen Schulen im Ausland (→ Art. 13) ein eigenständiger bilingualer Abschluss zur Verfügung. Die Kultusministerkonferenz (KMK) hat unter anderem zur Förderung des Bilingualen Unterrichts die Deutsche Internationale Abiturprüfung (DIAP) für Deutsche Schulen im Ausland entwickelt. Bilinguales und eigenverantwortliches Lernen werden durch diese Prüfung in besonderer Weise zertifiziert. Für den Bildungsgang zur DIAP sind neben dem Fremdsprachenunterricht mindestens ein fremdsprachig und ein bilingual unterrichtetes Sachfach verpflichtend. Die Abiturprüfung schließt eine mehrsprachige schulische Ausbildung durch schriftliche und mündliche Prüfungen mit fremdsprachigen Anteilen ab, die Integration von landesspezifischen Bildungsgängen, Prüfungen und Abschlüssen ist zugleich möglich.

Die DIAP verknüpft die Überprüfung und Bewertung fremdsprachiger und bilingualer Kompetenzen mit handlungsorientierten Elementen. Neben den traditionellen schriftlichen und mündlichen Prüfungsformaten wurde in Form eines Kolloquiums, das projektorientiertem und fächerübergreifendem Lernen in besonderer Weise Rechnung trägt, ein neues Prüfungselement in die Abiturprüfung integriert.

Die Deutsche Internationale Abiturprüfung wurde im Frühjahr 2009 an den 3 deutschen Auslandsschulen in Shanghai, Kuala Lumpur und Silicon Valley erstmalig abgenommen. Mittlerweile können Schülerinnen und Schüler an über 20 deutschen Schulen im Ausland die Deutsche Internationale Abiturprüfung ablegen.

Abitur/Internationales Baccalaureate

Der gleichzeitige Erwerb der Allgemeinen Hochschulreife und des Internationalen Baccalaureate (IB) wird außer von ausländischen bzw. internationalen Schulen in Deutschland auch von einigen Gymnasien angeboten. Im Laufe ihres Oberstufenunterrichts absolvieren die Schülerinnen und Schüler Anteile des Fachunterrichts in geistes- und naturwissenschaftlichen Fächern in Englisch, verfassen eine Forschungsarbeit in Englisch und weisen ihre Sozialkompetenz bei Gemeinschaftsaufgaben nach. Die Prüfungsaufgaben werden von der International Baccalaureate Organisation (IBO) in Genf gestellt und zentral ausgewertet.

Das IB ist ein von der Dachorganisation International Baccalaureate Organisation (IBO) in Genf entwickelter Schulabschluss, der international von Universitäten als Hochschulzugang ohne weitere Sprachprüfung anerkannt wird. Für die Vorbereitung, Organisation und Prüfung entstehen erhebliche Kosten. Daher wird das IB überwiegend von internationalen Schulen in freier Trägerschaft angeboten. Unter bestimmten Bedingungen kann das IB als allgemeine Hochschulreife anerkannt werden. Die Anerkennungsbedingungen sind unter http://www.kmk.org abrufbar, eine Liste der Schulen ist unter http://www.ibo.org einsehbar.

Europass und das Europäische Portfolio für Sprachen

Für Schülerinnen und Schüler aller Schulformen und Jahrgänge stellt der Europass ein transparentes Instrumentarium zur Dokumentation fremdsprachlicher und interkultureller Kompetenzen und Erfahrungen dar. Der Europass greift die bilinguale Lernsituation in seiner bestehenden Form noch nicht explizit auf, bietet aber mit seinen verschiedenen Instrumenten durchaus geeignete Möglichkeiten, bilinguale Kompetenzen zu dokumentieren. Der Europass besteht aus dem Europäischen Lebenslauf, dem Sprachenpass und dem Mobilitätspass und ist besonders als Bewerbungsunterlage für Praktika und Ausbildungen im internationalen Zusammenhang geeignet. Der Mobilitätspass bietet verschiedene Anknüpfungspunkte zur *Autobiography of Intercultural Encounters (AIE)* des Europarates. Weitere Informationen sind unter http://www.coe.int/t/DG4/autobiography verfügbar.

Das Europäische Portfolio für Sprachen, vom Europarat konzipiert und von den Bundesländern Berlin, Bremen, Hessen und Nordrhein-Westfalen im Rahmen des Verbundprojekts ‚Sprachen lehren und lernen als Kontinuum' weiterentwickelt, dokumentiert mutter- und fremdsprachliche Fähigkeiten auf der Basis des Gemeinsamen europäischen Referenzrahmens für Sprachen (GeR). Hinweise und Erläuterungen zum Grund- und Aufbauportfolio sind unter http://www.europass-info.de und http://www.sprachenportfolio.de abrufbar.

Für die Dokumentation bilingualen Lernens gilt es in Zukunft, die Vorzüge des *portfolio assessments*, zum Beispiel im Rahmen des Europasses, Sprachenportfolios oder der *Autobiography of Intercultural Encounters* stärker zu nutzen und vorhandene Ansätze zu vernetzen. Die Form der Portfolio-Dokumentation bietet die notwendige fächerverbindende Offenheit hinsichtlich der gesammelten Produkte und sorgt für Transparenz und Verständlichkeit in der Kommunikation über Lernerfolge, Leistungen und Kompetenzen zwischen Bildungseinrichtungen und den ‚abnehmenden' oder ‚weiterführenden' Institutionen.

Der Einsatz von Portfolios zur Leistungsdokumentation im bilingualen Unterricht stärkt Lernende darin, sich individuelle Ziele zu setzen, das Erreichen der Ziele zu überprüfen und eingeschlagene Lernwege zu reflektieren, und verlagert die Verantwortung für sprachliche und interkulturelle Lernprozesse hin zu den Lernenden.

Fazit und Ausblick

Das Interesse an Bilingualem Unterricht und sein Erfolg in Deutschland und Europa unterstreichen das hohe Interesse an fremdsprachigen, bilingualen und interkulturellen Bildungsangeboten und das darin liegende Motivationspotenzial. Die unterschiedlichen europäischen Bildungssysteme erschweren gemeinsame Zeugnisse auf europäischer Ebene. Es gilt daher, aus der Not eine Tugend zu machen. Die zweisprachige und fächerverbindende Dimension des bilingualen Lernens erschwert eine Einordnung der erbrachten Leistungen in bestehende Zeugnisse. Sie bietet aber die große Chance, portfoliobasierte und am Gemeinsamen europäischen Referenzrahmen für Sprachen orientierte Dokumentationsformen weiterzuentwickeln, die bilinguale und interkulturelle Kompetenzen integriert nachweisen und die besonderen Leistungen der Schülerinnen und Schüler angemessen würdigen.

Das Programm des europäischen Exzellenzlabels CertiLingua, das auf bereits vorhandene Dokumente und Strukturen in den beteiligten Ländern zurückgreift, setzt an eben dieser Stelle an. Der Erfolg des Exzellenzlabels unterstreicht zugleich die beschriebene Notwendigkeit, bei der Zertifizierung bilingualer Unterrichtsangebote die verschiedenen Kompetenzbereiche in den Blick zu nehmen. Der Bedarf und die Rückmeldungen der ‚Abnehmerseite‘ zeigen, dass zukunftsfähige Dokumentationsformen für Europa eine integrative Zertifizierung fremdsprachiger, bilingualer und interkultureller Kompetenzen erfordern.

Literatur

Europäische Union (2006): *Schlüsselkompetenzen für lebensbegleitendes Lernen – ein europäischer Referenzrahmen*, Amtsblatt der Europäischen Union, L 394/13 vom 30. 12. 2006. http://eur-lex.europa.eu/LexUriServ/LexUriServ.do?uri=OJ:L:2006:394:0010:0018:de:PDF [22. 03. 2012].

KMK = Sekretariat der ständigen Konferenz der Kultusminister der Länder in der Bundesrepublik Deutschland (2006): *Konzepte für den bilingualen Unterricht – Erfahrungsbericht und Vorschläge zur Weiterentwicklung*, Bericht des Schulausschusses vom 10. 04. 2006. http://www.kmk.org/fileadmin/veroeffentlichungen_beschluesse/2006/2006_04_10-Konzepte-bilingualer-Unterricht.pdf [08. 03. 2012].

KMK = Sekretariat der ständigen Konferenz der Kultusminister der Länder in der Bundesrepublik Deutschland (2008): *Europabildung in der Schule*, Beschluss der Kultusministerkonferenz vom 08. 06. 1978 i. d. F. vom 05. 05. 2008. http://www.kmk.org/fileadmin/veroeffentlichungen_beschluesse/1978/1978_06_08_Europabildung.pdf [08. 03. 2012].

KMK = Sekretariat der ständigen Konferenz der Kultusminister der Länder in der Bundesrepublik Deutschland (2011): *Empfehlungen der Kultusministerkonferenz zur Stärkung der Fremdsprachenkompetenz*, Beschluss der Kultusministerkonferenz vom 08. 12. 2011. http://www.kmk.org/fileadmin/veroeffentlichungen_beschluesse/2011/2011_12_08-Fremdsprachenkompetenz.pdf [08. 03. 2012].

MSW = Ministerium für Schule und Weiterbildung des Landes Nordrhein-Westfalen (2009): *Europäisches Portfolio der Sprachen – Grund- und Aufbauportfolio. Handreichungen*

für Lehrerinnen und Lehrer. Berlin, Bremen, Hessen, Nordrhein-Westfalen. http://www.
schulministerium.nrw.de/BP/Unterricht/Faecher/Fremdsprachen/Europaeisches_Portfolio_
der_Sprachen____Internationaler_Nachweis_der_Fremdsprachenkenntnisse/Lehrerhand-
reichung-GrundundAufbauportfolio.pdf [08.03.2012].

MSW = Ministerium für Schule und Weiterbildung des Landes Nordrhein-Westfalen (2011):
Bilingualer Unterricht in NRW. Düsseldorf.

Rat der Europäischen Union (2008): *Entschließung des Rates vom 21. November 2008 zu
einer europäischen Strategie für Mehrsprachigkeit*, Amtsblatt Nr. C 320 vom 16/12/2008,
S. 0001 – 0003. http://eur-lex.europa.eu/LexUriServ/LexUriServ.do?uri=OJ:C:2008:320:000
1:01:de:HTML [02.03.2012].

Ritzenhofen, Ute/Vogt, Nadja (2010): Schulexterne Sprachzertifikate – Das CertiLingua Exzellenzlabel. In: *Der fremdsprachliche Unterricht: Englisch* 108, 44 – 45.

Henny Rönneper

16 Fremdsprachige Studiengänge

Fremdsprachige Studiengänge sind universitäre Bildungsangebote, deren Lehrveranstaltungen ganz oder zumindest überwiegend in einer anderen als der Landessprache durchgeführt werden. In Deutschland sind fremdsprachige Studiengänge größtenteils faktisch englischsprachige Studiengänge, die aufgrund ihrer
im Hinblick auf Internationalisierung angepassten Curricula auch als internationale Studiengänge bezeichnet werden (vgl. Coleman 2006). Mit der Übernahme
der angelsächsischen gestuften Studienstruktur BA/MA sowie der Einführung
des *European Credit Transfer System* (ECTS) wurden günstige Rahmenbedingungen für die Internationalisierung der Hochschul(aus)bildung und die damit
verbundene Einrichtung fremdsprachiger Studiengänge geschaffen. Diese Re-
formbereitschaft der Universitäten wurde allerdings stets auch kritisch betrachtet, wobei die Stimmen der Internationalisierungsgegner mit der zunehmenden
Präsenz fremdsprachiger Studiengänge leiser werden. Mittlerweile wird daher
weniger eine Grundsatzdiskussion zu fremdsprachigen Studiengängen geführt,
sondern der Blick verstärkt auf Universitäten mit mehrjährigen Erfahrungen in
fremdsprachiger Lehre gerichtet, um Chancen und Grenzen von fremdsprachigen Studiengängen aufzeigen zu können (vgl. hierzu den Artikel von Gnutz-
mann/Lipski-Buchholz 2008, der als Ausgangspunkt für Überlegungen zu diesem Beitrag dient).

Entwicklung fremdsprachiger Studiengänge

In Deutschland wurde ein Großteil der heute bestehenden fremdsprachigen Studiengänge Ende der 1990er Jahre eingerichtet. Mit welcher Dynamik sich insbesondere englischsprachige Studiengänge in der deutschen Hochschulland-
schaft etabliert haben, kann an den folgenden Zahlen abgelesen werden: Waren
es 2002 noch 121 englischsprachige Studiengänge (Maiworm/Wächer 2002: 62),
so gab es 2008 bereits 616 (Gnutzmann/Lipski-Buchholz 2008: 148), und mittler-

weile sind es sogar 1015 Studiengänge, in denen u. a. Englisch als Arbeitssprache verwendet wird (DAAD-Datenbank 2012). Neben den englischsprachigen Studiengängen weist die DAAD-Datenbank derzeit 59 französisch-, 36 spanisch-, 13 italienisch-, 12 russisch- sowie 9 chinesischsprachige Studiengänge aus. Auch wenn diese Zahlen die Dominanz des Englischen als Wissenschaftssprache andeuten, so muss angemerkt werden, dass neben fremdsprachigen Studiengängen noch andere Modelle des integrierten Fremdsprachen- und Fachlernens existieren. Die Deutsch-Französische Hochschule (DFH) als Verbund von kooperierenden Hochschulen in Deutschland und Frankreich beispielsweise koordiniert derzeit 130 binationale Studiengänge, die zu doppelten Abschlüssen führen und bei denen Studienleistungen und -dauer gleichwertig verteilt an den Partnerhochschulen absolviert werden (DFH 2012, Hellmann 2012). Während die DFH u. a. um Vielfalt bei den beteiligten Wissenschaftsdisziplinen bemüht ist, verlief die Einrichtung englischsprachiger Studiengänge je nach Fachrichtung unterschiedlich. In Europa beschränkt sich ihr Angebot hauptsächlich auf die Bereiche „[m]anagement, business administration" und „[e]ngineering, technology" (Maiworm/Wächter 2002: 54). Diese Disziplinen gehören zu den ‚anglophon geprägten' Wissenschaften, die sich dadurch auszeichnen, dass in der internationalen Wissenschaftskommunikation – genau wie in den ‚anglophonen' (Natur-)Wissenschaften – das Englische als *lingua franca* Verwendung findet, im nationalen Austausch nach wie vor jedoch die Landessprache von großer Bedeutung ist (zur Kategorisierung der Wissenschaften vgl. Skudlik 1990: 210 ff.). Ausschlaggebend für die Wahl der Studienfächer bei der Einrichtung englischsprachiger Studiengänge war demnach vermutlich weniger der Grad der Anglophonie der betreffenden Wissenschaften als die Nachfrage seitens der internationalen Studierenden. Darüber hinaus zeigt sich im europäischen Hochschulraum ein deutliches quantitatives Nord-Süd-Gefälle bei der Einrichtung englischsprachiger Studiengänge: Finnland und die Niederlande nehmen die Spitzenpositionen ein, Belgien, Deutschland, Schweden und die Schweiz belegen das Mittelfeld, gefolgt von Frankreich, Griechenland, Italien, Portugal und Spanien auf den hinteren Rängen (Maiworm/Wächter 2002: 31).

Die Beweggründe der Universitäten für die Ausweitung ihres Angebots auf fremdsprachige Studiengänge sind dabei vielfältig und reichen von Überlegungen zur Mehrsprachigkeitsförderung bis hin zu Existenzsicherungsmaßnahmen durch entsprechende Profilbildung. Auch die Steigerung des Attraktivitätsgrades für ausländische Studierende spielt dabei eine nicht unwichtige Rolle (Ammon/McConnell 2002: 171), wodurch Universitäten nicht zuletzt wirtschaftliche Interessen verfolgen. „[D]ie zunehmende Dominanz der Ökonomie im europäischen Hochschulwesen" (Isserstedt/Schnitzer 2005: 5) besitzt dabei durchaus politischen Rückhalt, was sich an der Zielsetzung zeigte, „bis Ende des Jahrzehnts zum wettbewerbsfähigsten wissensbasierten Wirtschaftsraum in der Welt zu werden" (Kommission der Europäischen Gemeinschaften 2003: 3). Größere Zahlen ausländischer Studierender stellen die Universitäten vor die Herausforderung, individuelle Betreuung und intensiven Deutschunterricht anzubieten sowie den Kontakt zur deutschsprachigen Umgebung zu fördern. Neben der fachlichen und sozialen Integration ausländischer Studierender bedeuten die fremdsprachliche Vorbereitung und Materialentwicklung einen zeitlichen Mehraufwand für die Lehrenden in fremdsprachigen Studiengängen. Darüber hinaus wird von ihnen ein neues Selbstverständnis in Bezug auf ihre Lehrziele und die damit verbunde-ne didaktische Vorgehensweise gefordert. Studierende in fremdsprachigen Stu-diengängen sind in den meisten Fällen auch Fremdsprachenlernende, die neben der Wissensvermittlung zudem gezielte Förderung beim Spracherwerb benöti-gen. Inwiefern nichtmuttersprachliche Lehrende den sprachlichen Anforderun-gen fremdsprachiger Studiengänge gewachsen sind, bleibt meist ihrer Selbst-einschätzung überlassen. Da das Testen ihrer Sprachkenntnisse ein sensibles Thema darstellt, wird im Allgemeinen auf ein vorgeschriebenes Mindestniveau verzichtet (Beier 2006: 139).

Charakteristika fremdsprachiger Studiengänge

In Deutschland gibt es fremdsprachige Studiengänge für den BA-, MA- sowie für den Promotionsbereich, wobei mit knapp 650 von über 1000 Programmen der Schwerpunkt in der MA-Ausbildung liegt (DAAD-Datenbank 2012). Das Lehr-veranstaltungsangebot ist dabei ganz bzw. überwiegend fremdsprachig. In mehr als 200 von den insgesamt 1000 englischsprachigen Studiengängen wird aller-dings beispielsweise ein gewisser Prozentsatz an deutschsprachigen Pflichtver-anstaltungen gefordert (ebd.), deren Absolvierung für ausländische Studierende oft eine Hürde darstellt (Motz 2005a: 244). Der enge Zeitplan des Fachstudiums lässt ihnen wenig Freiraum für zusätzliche Sprachkurse, sodass vor allem seitens der Sprachdozentinnen und -dozenten für eine stärkere Verknüpfung von Fach- und Sprachlernen plädiert wird (vgl. Davison/Trent 2007; Vogel 2007). Die Inte-gration von Fach- und Sprachlernen setzt eine intensive Zusammenarbeit von den mit der (Fach-)Sprachenvermittlung betrauten Lehrenden und den betei-ligten Fachwissenschaftlerinnen und -wissenschaftlern voraus, die jedoch durch die universitären Rahmenbedingungen – ungleicher Status der beteiligten Ein-richtungen (forschend bzw. nichtforschend) sowie das unterschiedliche Selbst-verständnis der Lehrenden (Sprach- bzw. Fachlehrer) – erschwert werden kann. Zielgruppe der fremdsprachigen Studiengänge sind im Wesentlichen ausländi-sche Studierende, denen der Zugang zum deutschen Hochschulbildungsangebot aufgrund fehlender Deutschkenntnisse sonst verwehrt wäre. Fremdsprachige Studiengänge können aber auch für einheimische Studierende ein interessan-tes Angebot darstellen, durch das sie sich fachlich und sprachlich auf den glo-balisierten Arbeitsmarkt vorbereiten können (Ammon/McConnell 2002: 171). In Deutschland – wie vermutlich aber auch in anderen Ländern – erkennen inländi-sche Studierende durchaus das sprachförderliche Potenzial von fremdsprachigen

Lehrveranstaltungen und Studiengängen, entscheiden sich jedoch aufgrund des erwarteten sprachbedingten höheren Arbeitsaufwands und den möglicherweise daraus resultierenden schwächeren fachlichen Leistungen dennoch gegen diese Studienangebote (Knapp/Münch 2008: 191 f.). Dabei wäre eine sprachlich heterogene Studierendengruppe für die Universitäten insgesamt erstrebenswert, um den Fremdsprachenerwerb durch Kommunikation der Studierenden untereinander zu fördern und einen isolierenden Rückzug der internationalen Studierenden in ihre Muttersprache zu verhindern.

Mit der fremdsprachlichen Ausgestaltung von Lehrveranstaltungen ist häufig auch eine neue inhaltliche Schwerpunktsetzung verbunden. Gerade im BA- und MA-Bereich werden im Vergleich zu den äquivalenten landessprachlichen Veranstaltungen weniger landesspezifische Inhalte, sondern vermehrt Themen von internationaler Relevanz behandelt (Wilkinson 2008: 176), um Absolventen auf die Anforderungen des internationalisierten Arbeitsmarktes vorzubereiten. In den stark forschungsbezogenen Promotionsprogrammen fällt die fremdsprachenbedingte Anpassung der Inhalte sicherlich geringer aus, da diese Programme im Allgemeinen bereits ohnehin eine internationale Ausrichtung besitzen und daher auch von einheimischen Studierenden die Lektüre fremdsprachiger Texte und das Verfassen der Dissertation in englischer Sprache fordern.

Diskussion

Wie eingangs erwähnt wird die Verbreitung fremdsprachiger Studiengänge vor dem Hintergrund möglicher Nachteile für den Wissenschaftsstandort Deutschland durchaus kritisch betrachtet. Insbesondere wird ein Statusverlust des Deutschen als Wissenschaftssprache befürchtet, wenn das Englische die Funktion einer *lingua franca* nicht nur im Wissenschafts-, sondern auch im Bildungsbereich übernimmt (zum Erhalt des Deutschen als Wissenschaftssprache vgl. Ammon 2005, Ehlich 2004). Damit würde der Tendenz Vorschub geleistet, keine neuen deutschen Fachbegriffe zu prägen, wodurch die nationale Wissenschaftskommunikation sowie die (populärwissenschaftliche) Verbreitung von Forschungsergebnissen erschwert würden. Dem kann jedoch gegenübergestellt werden, dass alle ausländischen Studierenden in fremdsprachigen Studiengängen auch potenzielle Deutschlernende sind, sodass fremdsprachige Studiengänge bestenfalls sogar einen Beitrag zur Verbreitung des Deutschen als Fremdsprache leisten können (Wahl 2005). Darüber hinaus wird der Verbreitung des Englischen als Wissenschaftssprache der Verlust an wissenschaftlicher Vielfalt angelastet, da zum einen ein wissenschaftlicher Monolingualismus die Wissenschaftskulturen vereinheitlicht und an die Nationalsprachen geknüpfte Denkansätze verloren gehen. Es ist allerdings festzustellen, dass in den Naturwissenschaften in manchen Bereichen fast ausschließlich auf Englisch publiziert wird und diese Tatsache unter den Experten für irreversibel gehalten wird. Zum anderen werden aufgrund allgemeiner Finanzknappheit im Bildungssektor nationalsprachlich geprägte

kleinere Studiengänge zugunsten prestigeträchtiger und stärker nachgefrag-
ter internationaler Studiengänge eher geschlossen. Des Weiteren kann bemän-
gelt werden, dass Universitäten aufgrund ihrer Präferenz für englischsprachige
Studiengänge keinen Beitrag zur Mehrsprachigkeitsförderung leisten. Curriculare Freiräume für das Lernen weiterer Fremdsprachen sowie nationale konkrete Maßnahmen zur Förderung von Studiengängen in nichtenglischen Arbeitssprachen – abgesehen von den Erfolgen der DFH – fehlen bislang. Die mit der
Einrichtung von fremdsprachigen Studiengängen erhoffte Belebung des Wissen-
schafts- und Arbeitsstandortes Deutschland durch qualifizierte Wissenschaftler
und Fachkräfte wird zudem angezweifelt, da ausländische Studierende Deutschland aufgrund der niedrigeren Studiengebühren gegenüber den englischsprachigen Ländern lediglich zur Qualifikation für den internationalen Arbeitsmarkt
nutzen könnten (Ehlich 2005: 44). Gelingt die Bindung ausländischer Studierender nicht, entstünde für Deutschland sogar ein wirtschaftlicher Nachteil, da die
kostenintensive Ausbildung dem nationalen Arbeitsmarkt nicht zugute kommen
würde. Es ist in diesem Zusammenhang anzumerken, dass die angelsächsischen
Länder in der universitären Bildung die Frage der Finanzierung direkt an die stu-
dentischen ‚Kunden' weitergeben, wie an der Höhe der Studiengebühren leicht
ablesbar ist. So liegen nach Angaben des DAAD die durchschnittlichen Studiengebühren pro Studienjahr in den USA bei 12.000 bis 16.000 Dollar. In Großbritannien können Universitäten ab dem Wintersemester 2012/13 von europäischen
Studierenden jährlich bis zu 9000 Pfund verlangen. Für internationale Studierende werden im Allgemeinen noch höhere Studiengebühren berechnet.

Forschungsstand und Ausblick

Im Zentrum der Forschung zu fremdsprachigen Studiengängen standen bisher
die Analyse von Entwicklungstendenzen fremdsprachiger Studiengänge (z.B.
Maiworm/Wächter 2002, Wächter 2008), die durch englischsprachige Studiengänge begünstigte Dominanz des Englischen in der Wissenschaftskommunikation und deren Auswirkung auf nichtenglische Wissenschaftssprachen (z.B. Motz
2005b), die Sprachkompetenz von Studierenden und Lehrenden und die damit
verbundene Qualitätssicherung fremdsprachiger Studiengänge (z.B. Wilkinson/
Zegers/van Leeuwen 2006) sowie Charakteristika der Interaktion in fremdsprachigen Studiengängen (z.B. Knapp 2011, Motz 2005a, Smit 2010). Fremdsprachige Studiengänge haben sich mittlerweile aufgrund der großen Nachfrage nach
einer internationalisierten Ausbildung fest in der europäischen Hochschulland-
schaft etabliert. Eine Umkehr zu ausschließlich nationalsprachlichen Studiengängen ist derzeit nicht denkbar und angesichts der Vorzüge fremdsprachiger
Studiengänge wohl auch nicht erstrebenswert. Vielmehr müssen Überlegungen
zu Maßnahmen der Qualitätsverbesserung vor dem Hintergrund der genannten Kritikpunkte angestellt werden. In Deutschland wären eine Intensivierung
der Deutschausbildung durch gezielte Sprachkurse zu Beginn des Studiums und

ein gewisser Prozentsatz an Pflichtveranstaltungen in deutscher Sprache in höheren Semestern für die Bindung der Studierenden an Deutschland sowie für den Erhalt des Deutschen als Wissenschaftssprache förderlich. Darüber hinaus bedarf die Mehrsprachigkeitsentwicklung aktiver Förderung. Denkbar wären hierfür beispielsweise die Integration weiterer Sprachkurse in das Fachstudium sowie das Schaffen von Anreizen, den gegenwärtigen Anteil der in fremdsprachlichen Studiengängen verwendeten Arbeitssprachen zu erhöhen. Den Lehrenden in fremdsprachigen Studiengängen müssten zudem weitere Hilfestellungen zur Bewältigung der erhöhten sprachlichen Anforderungen und der zeitlichen Mehrbelastung angeboten werden, um die Qualität der Lehre sicherzustellen.

Literatur

Ammon, Ulrich (2005): Welche Rolle spielt Deutsch als Wissenschaftssprache neben Englisch? In: Motz (Hrsg.)(2005b), 67–86.

Ammon, Ulrich/McConnell, Grant (2002): *English as an Academic Language in Europe.* Frankfurt/M.

Beier, Rudolf (2006): Englisch als fachliche Lingua franca in Vorlesungen. In: Werner Forner/Stephan Habscheid (Hrsg.): *Sprachliche und fachliche Kompetenzen: Zwei Seiten eines Blattes?* Frankfurt/M., 131–149.

Coleman, James A. (2006): English-Medium Teaching in European Higher Education. In: *Language Teaching* 39, 1–14.

DAAD-Datenbank (2012): *International programmes in Germany 2012.* http://www.daad.de/idp [21.03.2012].

Davison, Chris/Trent, John (2007): Contradictory Discourses: Learning and Teaching in and through English in an English-Medium University in Asia. In: Claus Gnutzmann (Koord.): *Fremdsprache als Arbeitssprache in Schule und Studium. Fremdsprachen lehren und lernen* 36, 200–216.

DFH = Deutsch-Französische Hochschule (2012): Die Deutsch-Französische Hochschule im Überblick. http://www.dfh-ufa.org/ueber-die-dfh/uebersicht [18.02.2012].

Ehlich, Konrad (2004): The future of German and other non-English languages. In: Andreas Gardt/Bernd Hüppauf (Hrsg.): *Globalization and the Future of German.* Berlin u.a., 173–184.

Ehlich, Konrad (2005): Deutsch als Medium wissenschaftlichen Arbeitens. In: Motz (Hrsg.) (2005b), 41–51.

Gnutzmann, Claus/Lipski-Buchholz, Kathrin (2008): Englischsprachige Studiengänge: Was können sie leisten, was geht verloren? In: Claus Gnutzmann (Hrsg.): *English in Academia. Catalyst or Barrier?* Tübingen, 147–168.

Hellmann, Jochen (2012): Binationale integrierte Studiengänge: Akademischer Mehrwert durch Bilingualität und Bikulturalität am Beispiel der Studiengänge der Deutsch-Französischen Hochschule. In: Claus Gnutzmann (Koord.): *Fremdsprachen in nichtsprachlichen Studiengängen. Fremdsprachen lehren und lernen* 41 (2), 84–96.

Knapp, Annelie (2011): When Comprehension is Crucial: Using English as a Medium of Instruction at a German University. In: Annick De Houwer/Antje Wilton (Hrsg.): *English in Europe Today. Sociocultural and Educational Perspectives.* Amsterdam u.a., 51–70.

Knapp, Annelie/Münch, Anja (2008): Doppelter Lernaufwand? Deutsche Studierende in englischsprachigen Lehrveranstaltungen. In: Annelie Knapp/Adelheid Schumann (Hrsg.): *Mehrsprachigkeit und Multikulturalität im Studium.* Frankfurt/M., 171–196.

Kommission der Europäischen Gemeinschaften (2003): *Mitteilung der Kommission an den Rat, das Europäische Parlament, den Wirtschafts- und Sozialausschuss und den Ausschuss der Regionen. Förderung des Sprachenlernens und der Sprachenvielfalt: Akti-*

onsplan 2004 – 2006. http://ec.europa.eu/education/doc/official/keydoc/actlang/act_lang_ de.pdf [18.02.2012].

Maiworm, Friedhelm/Wächter, Bernd (Hrsg.) (2002): *English-Language-Taught Degree Programmes in European Higher Education. Trends and Success Factors.* Bonn.

Motz, Markus (2005a): *Ausländische Studierende in Internationalen Studiengängen: Motivation, Sprachverwendung und sprachliche Bedürfnisse.* Bochum.

Motz, Markus (Hrsg.) (2005b): *Englisch oder Deutsch in Internationalen Studiengängen?* Frankfurt/M.

Skudlik, Sabine (1990): *Sprachen in den Wissenschaften. Deutsch und Englisch in der internationalen Kommunikation.* Tübingen.

Smit, Ute (2010): *English as a Lingua Franca in Higher Education. A Longitudinal Study of Classroom Discourse.* Berlin u.a.

Vogel, Thomas (2007): Wie kommen Fach und Sprache zusammen? Die Integration der Fremdsprachenausbildung in die Studiengänge: Überlegungen aus der Praxis. In: Claus Gnutzmann (Koord.): *Fremdsprache als Arbeitssprache in Schule und Studium. Fremdsprachen lehren und lernen* 36, 185–199.

Wächter, Bernd (2008): *English-Taught Programmes in European Higher Education. The Picture in 2007.* Bonn.

Wahl, Ulrich (2005): Internationalisierung der Hochschulen – ein Deutschproblem. In: Motz (Hrsg.) (2005b), 31–37.

Wilkinson, Robert (2008): English-taught study courses: principles and practice. In: Claus Gnutzmann (Hrsg.): *English in Academia. Catalyst or Barrier?* Tübingen, 169–182.

Wilkinson, Robert/Zegers, Vera/van Leeuwen, Charles (Hrsg.) (2006): *Bridging the Assessment Gap in English-Medium Higher Education.* Bochum.

Claus Gnutzmann, Kathrin Lipski-Buchholz

III Integration von inhaltlichem und sprachlichem Lernen

17 Das Verhältnis von Sprach- und Inhaltslernen im Bilingualen Unterricht

Das Spezifikum des Bilingualen Unterrichts ist seine Fremdsprachlichkeit. Damit die fachlich gesetzten Ziele erreichbar sind, bedarf es der Sicherung der sprachlich-kommunikativen Grundlagen des Inhaltslernens. Da diese i.d.R. in der Fremdsprache noch nicht ausreichend vorliegen, müssen sie zeitgleich mit und an den Fachinhalten aufgebaut bzw. weiterentwickelt werden – insofern benötigt man didaktische Konzepte für den Bilingualen Unterricht, die weder allein die des monolingualen Sachfachunterrichts noch die des Fremdsprachenunterrichts sein können.

Entwicklung des Bilingualen Unterrichts in Richtung *Content and Language Integrated Learning* (CLIL)

Es gibt kein einheitliches Konzept von Bilingualem Unterricht, nicht in Deutschland und erst recht nicht in Europa. Historisch war der Bilinguale Unterricht in Deutschland eher ein Anliegen der Fremdsprachenlehrenden als der Sachfachlehrenden. Seit Beginn war die Frage kontrovers, ob und in welcher Weise die fremde Sprache nicht nur zu benutzen, sondern bewusst und gezielt mitzuentwickeln sei. Auf keinen Fall sollte der Sachfachunterricht zu einem verkappten Fremdsprachenunterricht verkommen. Die Kontroverse reagierte auf den Widerspruch, dass die Fachinhalte im Bilingualen Unterricht zunehmend anspruchsvoll und komplexer werden, während die fremdsprachliche Ausstattung der Schülerinnen und Schüler, ihr linguistisch-diskursives Repertoire in der Arbeits- und Zielsprache dem (noch) nicht entspricht. An dieser Diskrepanz zwischen kognitiv-sprachlichen Anforderungen der Fachinhalte und (zunächst) eingeschränktem Umgang mit ihnen aufgrund der Fremdsprache hat auch ein intensivierter Fremdsprachenvorlauf in den Klassen 5 und 6 (z.B. in Schleswig-Holstein) nur graduell etwas geändert.

Insgesamt hat dieser Widerspruch dazu geführt, die Ansätze des Bilingualen Unterrichts europaweit weiterzuentwickeln in Richtung auf ein integriertes Inhalts- und Sprachlernen (englisch: *Content and Language Integrated Learning*, abgekürzt CLIL; → Art. 2). In diesem Rahmenkonzept wird der funktionale Erwerb der jeweiligen Fremdsprache (ohne Anspruch auf Systematik wie im Fremdsprachenunterricht) als gleichberechtigt mit dem der Fachinhalte anerkannt, beides wird als ‚Ganzes‘ gesehen und im Verbund behandelt. Damit kann Sprache nicht nur als Instrument genutzt, sondern selbst zum Gegenstand des Lernens und der Reflexion werden, allerdings immer wieder in enger Rückbindung an das behandelte Sachthema und die Aufgabenstellung. Und neben der Fremdsprache könnte dann auch gezielt auf die jeweilige L1 zurückgegriffen werden, etwa bei Begriffsvergleichen oder bei interkultureller Sensibilisierung gegenüber gesellschaftlich-kulturellen Unterschieden zwischen Sprachgemeinschaften bzw. Fachkulturen – was der Förderung wirklicher Bilingualität dienlich wäre.

Ein solches Verständnis von Bilingualem Unterricht hat sich in Deutschland allerdings noch nicht voll durchgesetzt. Dennoch ist unbestritten, dass dieses Konzept dem Sachfach- wie dem Fremdsprachenlernen eine vergleichbare Bedeutung einräumt, wie es auch den neueren Erkenntnissen einer fortgeschrittenen (monolingualen) Sachfachdidaktik entspricht, in der die konstitutive Rolle von Sprache/Kommunikation und die Notwendigkeit einer expliziten Förderung von fachbasierter Diskursfähigkeit zunehmend diskutiert und verankert wird (vgl. etwa Bildungsstandards für Mathematik, die Naturwissenschaften oder Geografie). Im Bilingualen Unterricht aber ist die durchgängige Bezugnahme auf Sprache als Fremdsprache unabdingbar.

Die enge Verknüpfung von Sprache und Inhalt ist allgemein belegt: Inhalte drücken sich in Sprache aus, realisieren sich über Sprache, können nur sprachlich voll im Denken verankert werden. Schulisches Wissen ist weitgehend sprachlich geformt, Sprache ist das Transport- und Ausdrucksmittel von inhaltlichen Einsichten, sie ermöglicht die Anbahnung von Verstehen ebenso wie die Mitteilung von Verstandenem. Mehr noch: Sprache ist das Medium, in dem sich Gedanken und Konzepte formen, Sprache ermöglicht und begleitet Denken, das seinerseits zur Versprachlichung drängt: Sprache ist also konstitutiv für Inhaltslernen. Heine (2010) hat durch den Einsatz von Laut-Denk-Protokollen nachgewiesen, dass es zwei intern verschiedene Speicher für Inhalt und für Sprache gibt, zwischen denen der Fokus wechseln kann, wobei die Art der Durchlässigkeit zwischen ihnen eine Besonderheit bilingualen Lernens ausmacht.

Es ist selbstverständlich, dass die jeweilige Unterrichtssprache über deren permanenten Gebrauch im Fach implizit mitgelernt wird. Aber kann und muss dies im Bilingualen Unterricht wegen der Fremdsprache auch explizit passieren? Oder nimmt eine solche Aufwertung der Sprache als Gegenstand des Lernens im Bilingualen Unterricht nicht unangemessen viel Zeit in Anspruch, auf Kosten der Qualität des Sachfachunterrichts? Die Antwort darauf fällt inzwischen eindeutig aus: Ein systematischer Fremdsprachenerwerb kann im Bilingualen Unterricht ohnehin nicht erfolgen (dazu braucht es nach wie vor den Fremdsprachenunterricht), wohl aber können jene Teile der Fremdsprache gezielt vermittelt werden, die fachlich notwendig sind. Das Sprachlernen im Bilingualen Unterricht ist kein Luxus, kein Additum, auf das man verzichten könnte; vielmehr müssen die spezifische Fachsprache, das spezifische Denken und Kommunizieren im Fach als Teil der angestrebten Fachkompetenz selbst gesehen und fremdsprachlich verankert werden. Dies geht weit über eine sprachliche Sensibilisierung des Fachlernens oder die Aneignung neuer Terminologien hinaus, es erfordert ein Begriffslernen (Bonnet/Breidbach/Hallet 2003) und damit einen bewusstmachenden Stützunterricht, um die Inhalte kognitiv angemessen zu durchdringen, die neuen Vorstellungen mit vorhandenen zu vernetzen und die Lernenden in die Lage zu versetzen, sich in fachbasierter Kommunikation über ihr Wissen auszutauschen bzw. es auszuhandeln. Viele Fachbegriffe sind auch in der L1 nicht vertraut oder nur alltagssprachlich konnotiert; sie müssen also erst zu spezifisch fachbezogenen, fremdsprachlich markierten Konzepten aus- oder umgebaut werden. Dieser Prozess ist eine der besonderen Herausforderungen des Bilingualen Unterrichts, aber auch seine Chance, weil die verstärkten Anstrengungen bedingt durch die *Hürde* der Fremdsprache zu einer vertieften Form der Bearbeitung, der Aneignung und der Verfügung durch die Lernenden führt oder führen kann (Lamsfuß-Schenk 2008, Vollmer 2006, 2009, Zydatiß 2007).

Während man früher an gelegentliche Fokusverschiebungen zugunsten des Sprachlernens dachte (z.B. an die Reservierung bestimmter zeitlicher Inseln, um mit dem fremdsprachlichen Lernen nachzukommen), wird inzwischen das Prinzip einer Gleichberechtigung und Integration von Sprach- und Inhaltslernen als hohes Ziel postuliert (z.B. Wolff/Marsh 2007). In anderen Teilen Europas wird dieses Verhältnis ohnehin (bereits) viel lockerer gesehen, auch weil es dort oft nur Ein-Fach-Lehrer gibt, sodass eine enge Kooperation von Sachfachlehrkraft und Fremdsprachenlehrkraft angezeigt ist; sie führt dazu, dass etwa remediale fachbasierte Spracharbeit oder gezielte *follow-up activities* bis hin zu fokussierten Unterrichtsstunden über Sachthemen des Bilingualen Unterrichts im Fremdsprachenunterricht weitergeführt werden (Dale/Tanner 2012: 23). Eine solche Perspektive scheint beiden Fächern zu nützen; in der deutschen Fächerschule jedoch wird beides mehr oder minder strikt auseinandergehalten.

Fachkompetenz schließt semiotische, generische und diskursive Kompetenz ein

In den letzten Jahren hat sich die Erkenntnis durchgesetzt, dass Fachkompetenz aus mindestens drei (miteinander interagierenden) Dimensionen besteht: der inhaltlichen (dem vernetzten Fachwissen), der prozeduralen (der Fähigkeit, Denk- und Erkenntnisvorgänge erfolgreich zu strukturieren) und der sprachlichen Dimension (der Fähigkeit zur Versprachlichung, die für den Prozess der Wissensaneignung und Wissensartikulation konstitutiv ist). Wir können die drei Teilkompetenzen zwar analytisch getrennt betrachten (z.B. für diagnostische oder didaktische Zwecke), in der Wirklichkeit aber treten sie gemeinsam auf. Wie eng Denken und Sprechen, Fach- und Sprachlernen miteinander verknüpft sind, zeigt sich immer wieder exemplarisch an Unterrichtstranskripten, in denen es nicht allein um die Bereitstellung von sprachlichen Mitteln (als formalen Ausdruckshilfen) für inhaltliches Denken geht, sondern um die Entwicklung und Benennung von in den Lernenden bereits vorhandener Denksprache und vorhandenen Denkansätzen im Prozess der Erarbeitung von zentralen Konzepten wie etwa dem der Brüche, der (chemischen) Reaktion oder des genetischen Fingerabdrucks. Alternativ könnte man auch von sprachlicher *Explizierung* der Bedeutung eines Begriffs oder von Lehrerhilfen bei der Überführung von Zeigehandlungen eines Lernenden in versprachlichte Formen reden, auch wenn die Ersteren selbst noch nicht kognitiv prägnant genug oder zutreffend ausgereift sind, sondern erst dorthin geführt werden müssen. Dies macht den Kern allen interaktiven Inhalts-Sprachlernens im Bilingualen Unterricht aus (Zwiers 2008, Walqui/van Lier 2010: 44 ff.). Es bedarf allerdings noch einer besseren Metasprache zur Beschreibung dieses integrativen fachlich-sprachlichen Konstruktions- und Entwicklungsprozesses im Bilingualen Unterricht, in dessen Verlauf parallel inhaltliche wie bildungssprachliche Aspekte von Fachkompetenz erworben werden.

Vielfalt semiotischer Bedeutungsträger. Es reicht nicht aus, von *Sprache* als einer Dimension fachlichen Lernens im Bilingualen Unterricht zu sprechen. Vielmehr gibt es eine Reihe sehr unterschiedlicher inhaltlicher *Bedeutungsträger* oder Repräsentationsformen: die Bedeutung eines Konzepts, eines Sachverhalts, einer Verknüpfung oder einer Modellierung kann nicht nur sprachlich, sondern auch durch nichtsprachliche Zeichen ausgedrückt werden, z.B. in einer Grafik, einer Statistik, einem Bild oder einer Tabelle. Diese Tatsache stellt im Bilingualen Unterricht eine zusätzliche Herausforderung im Sinne von ‚Mehrsprachigkeit' dar, denn verschiedene semiotische Systeme müssen miteinander verknüpft, zwischen ihnen gewechselt und sie ineinander übersetzt werden, um die Aussage(n) jeweils zu verstehen. Häufig interagieren verbale und nonverbale Aspekte von Bedeutungskonstitution in ein und demselben Material miteinander (z.B. Einbindung eines Diagramms, Text-Bild-Zusammenhang, Legende/Graph-Beziehung), andere Bedeutungen verbergen sich in mathematisch-symbolischer Abstraktion oder gar in chemischer Formelsprache (Leisen 2005, 2010).

Somit kann man nicht mehr von einfacher Sprach-Inhalts-Relation sprechen; vielmehr geht es im Bilingualen Unterricht um den Aufbau von semiotischer Kompetenz in der Fremdsprache als Teil von Fachkompetenz und fachlicher Bildung (Hallet 2013). Dies impliziert die anspruchsvolle Fähigkeit der multimedialen Transformation von Aussagen, des sich Bewegens in verschiedenen semiotischen Subsystemen und des Übersetzens komplexer Art zwischen der einen und anderen Repräsentationsart. Sämtliche Formen der Visualisierung und Abstrahierung aber bedürfen letztlich der Versprachlichung oder zumindest der Bezugnahme auf verbale Informationen. Dabei folgt jedes Medium den eigenen Regeln der Bedeutungskonstituierung, z.B. Bildanalyse, Auswertung einer Statistik, Deutung eines Cartoons, ‚Lesen' einer Grafik oder Hör-Seh-Verstehen, wenn es um den Einsatz von Tonmaterial oder Videografie geht. Damit erweitern sich die Anforderungen an das Inhaltsverstehen enorm, aber auch dessen Möglichkeiten, weil damit zugleich allgemeine, transferfähige Fertigkeiten und Kompetenzen ausgebildet werden, wie sie auch für andere bilinguale Fächer und in außerschulischen Verwendungssituationen von Belang sind.

Generische Kompetenz, Diskursfunktionen, fachbasierte Diskursfähigkeit.
Es geht im Bilingualen Unterricht aber noch um mehr: um den Aufbau bzw. die Erweiterung von kognitiv-sprachlichen Grundfunktionen (logischen Grundstrukturen, Diskursfunktionen), wie sie für die Strukturierung von Welt- und von fachlichem Wissen nötig sind und für die in anderen Fächern (allen voran im muttersprachlichen Unterricht) bereits partiell Grundlagen gelegt wurden (Dalton-Puffer 2007, Vollmer/Thürmann 2010, Vollmer 2011; → Art. 19). Und es geht um die Aneignung von fachlichen Text- und Gesprächsformen (Genres), wie sie sich für das inhaltliche Reden und Schreiben unter Verwendung bestimmter Muster und konventionalisierter Sprachformen in einem Fach traditionell herausgebildet haben. Solche Genres sind nicht nur in ihrem Aufbau und Gebrauchswert zu durchschauen, sondern bedingt auch produktiv zu nutzen, um sukzessive an den dynamischen Auseinandersetzungen der jeweiligen fachlichen Diskursgemeinschaft teilzuhaben. Manche mögen dieses Ziel für zu hoch angesetzt halten, aber als Perspektive ist es allemal richtig (Vollmer 2010, Hallet 2013).

Im Bilingualen Unterricht werden seit Langem drei solcher Makrofunktionen bzw. Diskurstypen unterschieden: Beschreiben, Erklären, Bewerten (Wildhage/Otten 2003, Zydatiß 2005); diese sind inzwischen weiter ausdifferenziert und je nach Sachfach mit zentralen Erweiterungen oder Unterfunktionen versehen worden (z. B. Protokollieren, Berichten, Zusammenfassen, Begründen, Definieren, Hypothesen bilden usw.). Selbst die mentalen Such- und Rechercheprozesse sind von fachlichen Denk- und Verbalisierungsvorgängen begleitet, z. B. solchen des inneren Sprechens. Allen Fächern gemeinsam ist die Wichtigkeit des Argumentierens als komplexe Denk- und Diskursfunktion. Der Bilinguale Unterricht hat (wie jeder Sachfachunterricht) dafür Sorge zu tragen, dass die Lernenden nicht nur einschlägige Fachgenres kennenlernen (ohne sie blind zu reproduzieren), sondern eben auch jene basalen kognitiven Funktionen und Sprachhandlungen als deren Bausteine mit einzelsprachlichen Realisierungen in der jeweiligen Fremdsprache (z. B. Begründen: *because*, zeitliches Sequenzieren: *first, second*, Vergleichen: *on the one/other hand*, Abwägen: *whereas*, Konsequenzen aufzeigen: *to the effect that*). Die so anzustrebende Gesamtfähigkeit ist als Textkompetenz (Zydatiß 2004), als generische Kompetenz (Hallet 2013) bzw. als fachbasierte Diskurskompetenz (Vollmer 2010, 2012) charakterisiert worden. Sie ist Ausdruck des übergeordneten Bildungsziels aller Fächer, so auch des Bilingualen Unterrichts: eine nachhaltige sachfachliterale Wissens- und Handlungsbasis aufzubauen, die zur diskursiven Teilnahme an gesellschaftlich-kulturellen Auseinandersetzungen befähigt, soweit sie für die Lernenden von subjektiver Bedeutung sind. Hier muss der Bilinguale Unterricht teilweise formal kompensieren, was vielleicht im Deutsch- oder Fremdsprachenunterricht an generischem Wissen oder Beherrschung zentraler Diskursfunktionen nicht systematisch genug aufgebaut worden ist.

All dies macht die kognitiv-sprachliche Seite des Inhaltslernens im Bilingualen Unterricht aus. Wie sie konkret umgesetzt werden kann, wird in anderen Artikeln ausgeführt. Auf jeden Fall laufen diese fachlich-semiotischen Erwerbsprozesse im Bilingualen Unterricht kaum automatisch ab, sie bedürfen der expliziten Unterstützung und Förderung im Rahmen von Fachaufgaben.

Stützung des Inhalts- und Sprachlernens

Das Fachlernen im Bilingualen Unterricht erfordert vielfältige sprachlich-kognitive Anstrengungen, um erfolgreich zu sein; umgekehrt hat die Spracharbeit im Bilingualen Unterricht dem Inhaltslernen zu dienen. Die Bereitstellung inhaltlicher, konzeptueller wie sprachlicher Stützmaßnahmen spielt zur Verwirklichung von Inhaltslernen die entscheidende Rolle. Ein solches *scaffolding* bringt Orientierung und Annäherung von Sprache und Inhalt (→ Art. 33). An anderer Stelle (Thürmann 2010, Zydatiß 2010) sind viele Möglichkeiten der Strukturierung des Fachlernens und der Sprachförderung auf den verschiedenen Ebenen (Wortebene, Analyse/Gliederung von Texten, Verknüpfung von Konzepten usw.) genauer aufgelistet worden. Die Lernenden müssen mit einem grundlegenden Repertoire an mentalen Werkzeugen, an Textsortenwissen und an diskursiven Funktionen sowie passenden sprachlichen Handlungsroutinen ausgestattet sein, um an den realen gesellschaftlichen Diskursen fachbezogener Art teilhaben zu können. Kritisch ist zu bedenken, dass zu große Textformen nicht als Ganzes erlernt und angewendet (oder gar memoriert) werden können; stattdessen bedarf es des Aufbaus und der Einübung von überschaubaren Struktureinheiten (z. B. Routinen).

Für die bilinguale Sachfachlehrkraft ist dies sicherlich die größte Herausforderung, von der Schülersprache ausgehend diese inhaltlich wie sprachlich Schritt für Schritt in Richtung auf bildungssprachliche Formen in der Fremdsprache weiterzuentwickeln, immer wieder Angebote zur sprachlichen Paraphrase oder inhaltlichen Präzisierung zu machen und dennoch den Lernenden genügend Raum zur Selbsterfahrung und zum Selbstausdruck zu belassen, vor allem im Rahmen kooperativer Lernformen, die sich für die Zielsetzung eines integrierten Sprach-Inhalts-Lernens als günstig erwiesen haben (Walqui/van Lier 2011). Eine solche funktionale Gesprächs- und Unterrichtsführung muss neben dem Aufbau semiotischer Kompetenzen unbedingt in der Aus- und Weiterbildung von Sachfachlehrkräften besser verankert werden, um CLIL zum Durchbruch zu verhelfen.

Literatur

Bonnet, Andreas/Breidbach, Stephan/Hallet, Wolfgang ([3]2003): Fremdsprachliches Handeln im bilingualen Sachfachunterricht. In: Gerhard Bach/Johannes-Peter Timm (Hrsg.): *Englischunterricht. Grundlagen und Methoden einer handlungsorientierten Unterrichtspraxis.* Tübingen, 172–196.

Dale, Liz/Tanner, Rose (2012): *CLIL Activities.* Cambridge.

Dalton-Puffer, Christiane (2007): *Discourse in Content and Language Integrated Learning (CLIL) Classrooms.* Amsterdam u. a.

Doff, Sabine (Hrsg.) (2010): *Bilingualer Sachfachunterricht in der Sekundarstufe. Eine Einführung.* Tübingen.

Hallet, Wolfgang (2012). Semiotic Translation and Literacy Learning in CLIL. In: David Marsh/Oliver Meyer (Hrsg.): *Quality Interfaces: Examining Evidence & Exploring Solutions in CLIL.* Eichstätt, 191–201.

Hallet, Wolfgang (2013): Generisches Lernen im Fachunterricht. In: Michael Becker-Mrotzek/Karen Schramm/Eike Thürmann/Helmut J. Vollmer (Hrsg.): *Sprache im Fach – Sprachlichkeit und fachliches Lernen.* Münster, 59–75.

Heine, Lena (2010): *Problem Solving in a Foreign Language. A Study in Content and Language Integrated Learning.* Berlin u. a.

Lamsfuß-Schenk, Stefanie (2008): *Fremdverstehen im bilingualen Geschichtsunterricht. Eine Fallstudie.* Frankfurt/M.

Leisen, Josef (2005): Wechsel der Darstellungsformen. In: *Der fremdsprachliche Unterricht: Englisch* (78), 9–11.

Leisen, Josef (2010): *Handbuch Sprachförderung im Fach.* Bonn.

Lyster, Roy (2007): *Learning and Teaching Languages through Content. A Counterbalanced Approach.* Amsterdam.

Thürmann, Eike (2010): Zur Konstruktion von Sprachgerüsten im bilingualen Sachfachunterricht. In: Doff (Hrsg.), 137–153.

Vollmer, Helmut J. (2006): Fachlichkeit und Sprachlichkeit: Zwischenbilanz eines DFG-Projekts. In: *Zeitschrift für Fremdsprachenforschung* 17 (2), 201–244.

Vollmer, Helmut J. (2009): Diskursfunktionen und fachliche Diskurskompetenz bei bilingualen und monolingualen Geographielernern. In: Stephan Ditze/Ana Halbach (Hrsg.): *Bilingualer Sachfachunterricht (CLIL) im Kontext von Sprache, Kultur und Multiliteralität.* Frankfurt/M., 165–185.

Vollmer, Helmut J. (2010): Fachkompetenz als fachbasierte Diskursfähigkeit am Beispiel Geographie. In: Doff (Hrsg.), 242–257.

Vollmer, Helmut J. (2011): Schulsprachliche Kompetenzen: Zentrale Diskursfunktionen. http://www.home.uni-osnabrueck.de/hvollmer/VollmerDF-Kurzdefinitionen.pdf [26.11.2011].

Vollmer, Helmut J. (2012): Fachliche Diskursfähigkeit bei bilingualen und monolingualen Geographielernern. In: Horst Bayrhuber u. a. (Hrsg.): *Formate fachdidaktischer Forschung.* Münster, 85–107.

Vollmer, Helmut J./Thürmann, Eike (2010): Zur Sprachlichkeit des Fachlernens: Modellierung eines Referenzrahmens für Deutsch als Zweitsprache. In: Bernt Ahrenholz (Hrsg.): *Fachunterricht und Deutsch als Zweitsprache.* Tübingen, 107–132.

Walqui, Aida/van Lier, Leo (2010): *Scaffolding. The Academic Success of Adolescent English Language Learners.* San Francisco.

Wildhage, Manfred/Otten, Edgar (Hrsg.) (2003): *Praxis des bilingualen Unterrichts.* Berlin.

Wolff, Dieter/Marsh, David (2007): *Diverse Contexts – Converging Goals. CLIL in Europe.* Frankfurt/M.

Zwiers, Jeff (2008): *Building Academic Language. Essential Practices for Content Classrooms.* San Francisco.

Zydatiß, Wolfgang (2004): Überlegungen zur fächerübergreifenden Evaluation des bilingualen Unterrichts: Textkompetenz als Schlüsselqualifikation fremdsprachigen Sachfachlernens. In: Andreas Bonnet/Stephan Breidbach (Hrsg.): *Didaktiken im Dialog.* Frankfurt/M., 91–102.

Zydatiß, Wolfgang (2005): Diskursfunktionen in einem analytischen curricularen Zugriff auf Textvarietäten und Aufgaben des bilingualen Sachfachunterrichts. In: Franz-Joseph Meißner (Koord.): *,Neokommunikativer' Fremdsprachenunterricht. Fremdsprachen lehren und lernen* 34, 156–173.

Zydatiß, Wolfgang (2007): *Deutsch-Englische Züge in Berlin (DEZIBEL). Eine Evaluation des bilingualen Sachfachunterrichts an Gymnasien.* Frankfurt/M.

Zydatiß, Wolfgang (2010): Scaffolding im Bilingualen Unterricht. Inhaltliches, konzeptuelles und sprachliches Lernen stützen und integrieren. In: *Der fremdsprachliche Unterricht: Englisch* (106), 4–6.

Helmut Johannes Vollmer

18 Kompetenzerwerb im Bilingualen Unterricht

Generalisierbare Kompetenzen im Bilingualen Unterricht?

Dem funktionalen Kompetenzbegriff von Weinert (2001: 21 f.) zufolge sind Kompetenzen mehrfach dimensionierte Dispositionen eines Menschen, die einerseits Wissen, Fertigkeiten und Fähigkeiten (also kognitive Potenziale) und andererseits Einstellungs- und handlungsbezogene Merkmale wie Erfahrungen, Motivationen, Absichten, Bereitschaft zum Handeln und soziale Aspekte umfassen. Sie befähigen einen Menschen, konkrete aber variable und komplexe „Anforderungssituationen eines bestimmten Typs zu bewältigen" (Klieme u. a. 2003: 59). In diesem Sinne ‚kompetent' zu sein, setzt den Willen und das Können voraus (über einen Transfer ‚von unten nach oben'), in den Fächern erworbene Kompetenzen für ganzheitliche schulische Projekte bzw. lebensweltliche Anwendungen auch tatsächlich einzusetzen, wodurch eine gewisse Problemlösefähigkeit aufgerufen wird. Von daher soll hier die folgende Fragestellung thematisiert werden: Gibt es generalisierbare Kompetenzen, die über die Grenzen der fremdsprachig unterrichteten Fächer hinweg transferierbar sind und die deshalb in dieser Unterrichtsform gezielt entwickelt werden sollten? Die positive Antwort auf diese Frage führt zu den funktionalen wie objektsprachlichen Kompetenzen, die im didaktischen Blickfeld aller Lehrenden liegen sollten, die im Bilingualen Unterricht tätig sind.

Begründungsstränge für einen fächerübergreifenden Kompetenzerwerb

Auf bildungstheoretische Überlegungen wird in diesem Band an anderer Stelle eingegangen (→ Art. 3). Hier reicht der Hinweis, dass mehrjährige Bildungsgänge übergeordnete Zielsetzungen wie ‚Allgemeinbildung und Ausbildungsreife' (beim Mittleren Schulabschluss) bzw. ‚Vertiefte Allgemeinbildung, Wissenschaftspropädeutik und Studierfähigkeit' (beim Abitur) verfolgen. In schulorganisatorischer Hinsicht ist dabei zu beachten, dass die bilingualen Sachfächer in unterschiedlichen Kombinationen und zeitlichen Abfolgen angeboten werden, was die Frage nach den fächerübergreifenden Kernkompetenzen dieser Unterrichtsform aufwirft. Selbst wenn sich die Bildungspolitik (sprich: die KMK) im Allgemeinen noch nicht für ein (in Teilen oder in Gänze) bundesweit einheitliches ‚Zentralabitur' entscheiden konnte (vgl. die jüngsten Empfehlungen durch den Aktionsrat Bildung 2011), so können die faktischen Entwicklungen nicht ausgeblendet werden. Die transnationale Mobilität von Arbeitnehmern und Studierenden ist in der Europäischen Union gewünscht, und es werden immer mehr Studiengänge auf Englisch bzw. im deutsch-französischen Tandem angeboten (→ Art. 16). Gerade der Bilinguale Unterricht dürfte ein hohes Potenzial dafür haben, die diskursiv-fachkommunikativen Anforderungen einer absolut notwendigen disziplinenübergreifenden fremdsprachlichen Studierfähigkeit einzulösen (mit Auswirkungen auf den fortgeschrittenen Unterricht in der ersten Fremdsprache).

Der Sprachgebrauch in den Fächern ist von ‚anderer Natur' als die kommunikative Sprachverwendung in Alltagssituationen. Die Inputmaterialien eines Sachfachs, das fachkommunikative Unterrichtsgespräch und die fachbezogenen Klausurtexte der Schülerinnen und Schüler zeigen eine andere Sprachgebung als spontane, situativ eingebettete *face-to-face*-Interaktionen unter *peers* (die eher die Kontaktfunktion von Sprache einlösen). Für immersiv-bilinguale Unterrichtskontexte sind eine Reihe gut begründeter Konstrukte für das dabei aufgerufene Sprachregister vorgelegt worden: z. B. *„CALP"* (*Cognitive-Academic Language Proficiency*) bei Cummins (1978, 1979), „Bildungssprache" bei Gogolin (2006) oder „Schulsprache" bei Vollmer und Thürmann (→ Art. 17, 32). In den inhaltlich fokussierten Fachzusammenhängen kommt ein objektsprachlich stärker differenziertes, lexikalisch dichteres und abstrakteres Sprach- und Diskursrepertoire zur Anwendung; denn dabei geht es um die Konzeptualisierung fachlicher Gegenstände und Konstrukte, die Modellierung kognitiver Prozesse, die De- und Rekonstruktion von Wissensstrukturen sowie um sachbezogene, diskursiv-textgebundene Darstellungsverfahren (die die kognitive Funktion der Sprache aufrufen). Jeder Fachlichkeit ist eine konzeptuell-diskursive Sprachlichkeit eingeschrieben. Ein übergeordnetes Bildungsziel des Bilingualen Unterrichts besteht folglich darin, transferfähige Diskurskompetenzen auszubilden, die den Lernenden erlauben, fremdsprachlich kodierte, textgebundene Fachinhalte rezeptiv wie produktiv zu verarbeiten, die über die ehemals bilingual unterrichteten Fächer hinausgehen: *from concrete task performance in selected school subjects to abstract underlying constructs and from specific subject knowledge to transferable academic discourse competencies.* Das curriculare Konzept des Bilingualen Unterrichts sollte sich somit zunehmend an den im tertiären Sektor verstärkt geforderten (und dort weiter auszubauenden) Fähigkeiten einer disziplinenübergreifenden ‚*General Academic Proficiency*' zur Erschließung neuen Wissens und Könnens in einer Fremdsprache orientieren. Hiermit ist zudem eine Anbindung an das allgemeindidaktische Konzept der *literacy* möglich (vgl. Bonnet 2004; → Art. 34 und Teil VI zu den verschiedenen Sachfächern).

Dimensionen generalisierbarer Diskurskompetenzen

Der Weg zu einer unabhängigen fächer- bzw. disziplinenübergreifenden Performanz in inhaltlich anspruchsvollen Berufs- und Studienkontexten (die fremd-

sprachlich-diskursiv zu bewältigen sind) führt über sprachsensible und sprach-
fördernde fachkommunikative Lernaufgaben in den bilingualen Sachfächern,
die bestimmte distinktive Merkmale des ‚akademischen' Sprachgebrauchs besonders berücksichtigen. Hierbei werden die didaktischen Hilfen (*assisted task
performance via high teacher scaffolding:* → Art. 33) nach und nach zurückgenommen.

Ein Modell. Die Abbildung auf S. 134 ist der Versuch, die Komponenten derartiger Lernumgebungen in einem Modell zusammenzufassen, die für die Ausbildung einer im Bilingualen Unterricht anzustrebenden generalisierten Diskurskompetenz konstitutiv sind.

Interdependenzen zwischen Inhalt, Denken und Sprache. Inhalte, Denken
und Sprache stehen in engen Wechselbeziehungen zueinander, wenn unterrichtliche Lernaufgaben in den Sachfächern zu bearbeiten sind. Die jeweilige Aufgabenstellung induziert eine bestimmte kommunikative ‚Makrofunktion', die
mit textgebundenen kognitiven Operationen einhergeht. Diese lassen sich auf
der Makroebene nach einer beschreibend-klassifizierenden, einer erklärenden
und einer bewertenden Dimension gliedern, die in ihrer Gesamtheit einen ‚Referenzrahmen für Wissensstrukturen' bilden („*knowledge framework*" bei Mohan 1986, weitergeführt in Zydatiß 2007: 439–446) – eine Systematik, die auch
die didaktische Stufung der Klausuraufgaben in der gymnasialen Oberstufe leitet. Konkretisiert werden die von den Schülern erwarteten sprachproduktiven
Leistungen in einem spezifischen ‚verbalen Operator' (siehe Abb. S. 134), dessen
Begriffsinhalt und Anforderungspotenzial den Lernenden transparent sein muss;
denn die verschiedenen ‚*instruction verbs*' implizieren eine Hierarchie diskursiv
transportierter Kognitionen (*from lower to higher order thinking skills: recall,
understand, apply, analyse, synthesise and evaluate*).

Dimensions of the Knowledge Framework		
Description: concepts and classification	**Relations and Explanation:** chronological sequence and principles	**Perspective Taking:** opinions, taking decisions or making choices and evaluation
underline, match, list, name, circle, label – observe, describe, define, classify, state, summarise	outline, trace, show, study (the table, chart, graph), locate, find the correct order, select and report on – explain, interpret, examine, analyse, compare, relate, explore	suggest, comment, predict, make a case, imagine, justify, criticise, develop – discuss, rank, rate, judge, argue, convince, recommend

Diskursiv zu verarbeitende Denkoperationen und *‚instructive verbs'*

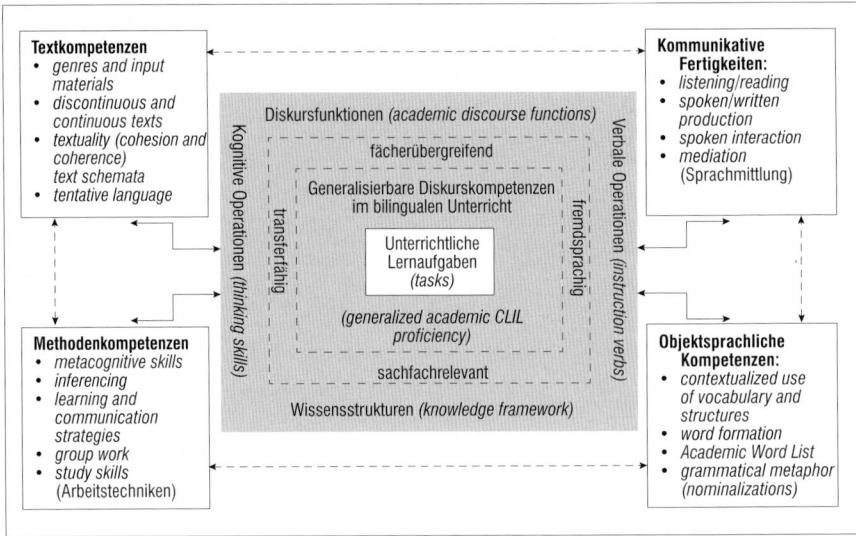

Generalisierbare Diskurskompetenzen im Bilingualen Unterricht

Ein wichtiges Zwischenglied bei der diskursiven Verarbeitung fachlicher Inhalte (und zwar bei den rezeptiven wie den sprachproduktiven Leistungen) sind die ‚akademischen' Diskursfunktionen (*mini-genres*; → Art. 19), die einen hohen Transferwert über die verschiedenen Fächer haben (siehe Tabelle). Lernende können bei der Lösung der Fachaufgaben unterstützt werden, indem ihnen die objektsprachlichen Realisierungen zusammen mit visuell-grafischen Darstellungen der Diskursfunktionen bereitgestellt werden: als Teil eines nach Abstraktionsebenen gestuften *input and output scaffolding* (vgl. Zydatiß 2007: 447 f.; → Art. 21).

Beschreibung	Erklärung	Bewertung
observing objects, persons, situations; describing objects, movement, use or function; similarities and differences; contrast and comparison; classifications and taxonomies; definitions (operational and formal)	chronology of events; stages of a process; formulating and testing or modifying and refuting hypotheses; making inferences and drawing conclusions; explaining causes and their effects; explaining processes and devices	forming and expressing personal opinions; distinguishing facts and opinions, claims or beliefs; assessing the truth of statements; ranking and rating opinions or decisions; judge sources and methods; analyse goals, policies and strategies; suggest and justify solutions or recommendations; building complex arguments for or against something

Akademische Diskursfunktionen

Text- und Methodenkompetenzen. Für die hier fokussierte Fragestellung nach den generalisierbaren Kompetenzen ist die Unterscheidung von kontinuierlichen und diskontinuierlichen Texten essenziell, da in den Sachfächern aufgrund der grafischen Präsentation von Informationen und Abläufen sowie der Verarbeitung numerischer Daten ‚diskontinuierliche Texte' (*discontinuous texts*) einen hohen Stellenwert haben: Tabellen, Kurvenzüge, Karten, Karikaturen, Säulen-, Streifen-, Torten- oder Fließdiagramme und andere Schaubilder bzw. Illustrationen. Das sinnentnehmende Dekodieren der in diesen Materialsorten enthaltenen Informationen muss gezielt vermittelt und eingeübt werden; wobei die Schülerinnen und Schüler vorrangig Ausdruckspotenziale der folgenden Art zu erwerben haben: *the language of change, describing major trends and sudden developments, comparing data, describing the phases of various processes or the stages of procedures, explaining how something works.* Wie bei den kontinuierlichen Fachtexten ist auch bei den diskontinuierlichen Textarten ein differenziertes Schlussfolgern (*inferencing*) gefragt, damit die Fachgegenstände inhaltlich durchdrungen werden; diskursive Fähigkeiten, die somit auch in den Sachfächern bewusst zu entwickeln sind (Tabelle nach Rost 2002: 66f.).

Typologie und semantische Struktur von Schlussfolgerungen	
initiating links: cause *and* effects, reasons *and* consequences	**classification links:** B includes/is made of/ has got the parts {x, y, z}
schematic links: A implies/entails x, y and z	**enabling links:** A makes something possible; A enables B
reference links: C [he/this/the latter] refers to X, Y or Z	**sequential links:** A precedes B which comes before C; C followed B after A had happened
logical links: A + B + C → [leading to/ resulting in] Z	**elaboration links:** according to my sources/ knowledge A must be ...; Z presupposes ...

Textverstehen und Schlussfolgern (*making inferences*)

Nach Zydatiß (2007) sind die Leistungen beim sachfachbezogenen diskursiven Schreiben wenig zufriedenstellend, was für eine gezielte Förderung des generischen Schreibens in den Sachfächern spricht (vgl. Cope/Kalantzis 1993 zum Genre-Ansatz der Schreiberziehung; → Art. 19, 35). Für alle textbasierten kommunikativen Aktivitäten, für die rezeptiven (etwa *skimming, scanning, reading for gist or detail* beim Leseverstehen) und ebenso für die sprachproduktiven Fertigkeiten des zusammenhängenden oder interaktiven Sprechens (z. B. bei der Vorbereitung von *presentations* und *discussions*) sowie die des textsortengebundenen Schreibens sind grafische Strukturierungshilfen (*visual organizers*) äußerst sinnvoll. Sie gliedern sich in fünf Kategorien (vgl. Zydatiß 2007: 455f.): *hierarchical, web-like, matrix, cyclical, linear organization.* Lernende, denen derartige Textschemata transparent sind und die aktiv über Arbeitstechniken (*study skills*) wie *concept/topic webs, spidergrams, WH-charts, flow charts, event/*

time lines, cause and effect grids, Venn – bzw. *push and pull diagrams* verfügen, können sich unbekannte Texte leichter erschließen, sie behalten die Inhalte besser und können diese in neuen Kontexten eigenständiger anwenden.

Objektsprachliche Kompetenzen. Letzteres ist eine *conditio sine qua non* des Bilingualen Unterrichts, wobei die Wortschatzarbeit sich nicht in der Vermittlung und Sicherung des Fachwortschatzes erschöpft. Hier ist zuallererst die Wortbildung zu nennen, also das Eingehen auf die bedeutungstragenden Präfixe und Suffixe von Lexemen, die meistens der eher formalen ‚akademischen‘ Sprachebene angehören (vgl. Zydatiß 2007: 462, McCarthy/O'Dell 2008: 128–131). Sind die Affixe den Lernern transparent, vergrößert sich der potenzielle Wortschatz in einer Zielsprache wie Englisch um den Faktor 4, was das eigenständige Erschließen unbekannter Begriffe aus dem Textzusammenhang erheblich erleichtert. Weiterhin ist die aktive Verfügbarkeit über Antonyme und Synonyme wichtig (z. B. *absolute/relative, logical/illogical, area/field, benefit/advantage, to change/alter, to speed up/accelerate*), da das Paraphrasieren von Textaussagen (die in den Inputmaterialien vorkommen) beim lernerseitigen Schreiben unabdingbar ist (u. a. um Plagiate zu vermeiden). Von hohem Transferwert für Definitionen und die Darstellung subjektiv ‚neuer‘ Sachzusammenhänge sind die abstrakten Begriffe der *Academic Word List* (Coxhead 2000), die in fachlichen Diskursen vor allem übergeordnete Konzepte ausdrücken *(common ideas):* z. B. Nomina wie *notion, factor, approach, principle, system, concern, process, cause;* aber auch Verben wie *accumulate, amend, transmit, pursue, revise, mediate* oder Adjektive wie *adequate, finite, sufficient, widespread, preliminary.* Ferner muss das Merkmal der lexikalischen Dichte schriftlicher Fachtexte betont werden *(lexical density)*, das vor allem auf das Phänomen der sogenannten „grammatischen Metapher" (Halliday 1993) zurückgeht (ein Prozess, der seinerseits auf dem hohen Anteil von Nominalisierungen in der Sach- und Fachprosa beruht). Ein Beispiel aus dem *Time Magazine* (07. 11. 2011): *According to UN data released to mark the world's 7 bn-person milestone 6 of the 10 fastest-growing megacities are in South Asia.* Diese über den Nominalstil kondensierten Konstruktionen sind für Lernende schwer verständlich (semantisch *opaque*), wodurch im Unterrichtsdiskurs Paraphrasierungen aufgerufen werden. In Lehrbuchtexten stehen *grammatical metaphors* oft am Ende eines sukzessiv-induktiven Explikationszusammenhangs (z. B. *Emissionshandel, return of equity* oder *orographic rainfall*), wobei die Nominalisierung (als abgeleiteter Fachbegriff; → Art. 20) ein komplexes Wirkungsgefüge mehrerer, aufeinander bezogener Prozesse bezeichnet. Wer das Konzept verstanden hat, kann die vielschichtigen Wirkungskanäle diskursiv erläutern und den Begriff eigenständig sowie kontextgerecht gebrauchen.

Logische Verknüpfungen werden in erster Linie über Konjunktionen und Satzadverbien *(sentence-linking adverbs)* realisiert, bei denen im Wesentlichen

7 semantische Kategorien zu unterscheiden sind (siehe Tabelle). Daneben ist (in einer sachfachbezogenen Schreiberziehung) ein satzübergreifendes Strukturenrepertoire aufzubauen *(combining clauses and complex sentences)*, das abgesehen von den Konnektoren die in der Fachprosa häufig anzutreffenden Konstruktionen der *to-infinitive, participial* und *relative clauses* miteinschließt.

Grundformen semantischer Verknüpfung und Konnektoren
time relationships: before/after, during, while; first, then, next; soon, subsequently
comparison and contrast: like, as, also, similarly, equally, in the same way, likewise; but, yet, however, despite, in spite of, although, even though, on the other hand, nevertheless
cause and effect/reasons and results: because, due to, owing to, since, as a result, thus, therefore, consequently, so that, if
adding information: and, besides, moreover, in addition, furthermore, on top of which
giving examples: for instance/example, such as, especially, particularly, a case in point
clarification: that is (to say), i. e., in other words, namely, to put it another way
summary: finally, to sum up, summing up, all in all, overall, on balance, on the whole

Objektsprachliche Realisierungen logischer Verknüpfungen

Etliche grammatische Strukturen haben in fachkommunikativen Texten eine distinktive Funktion, was für eine kontextsensitive Unterweisung spricht: so etwa das *agentless passive* in der technisch-naturwissenschaftlichen Fachprosa (in *lab reports, process descriptions* oder *technical explications*), aber auch in sozialwissenschaftlichen Texten, um z. B. *distance from personal responsibility* auszudrücken (im Fachunterricht eine Chance, um textbezogenes *critical thinking* einzuleiten). Insbesondere im Fach Geschichte ist der Lerner auf die aktive Verfügbarkeit der Tempora zum Ausdruck von Vor-, Nach- und Gleichzeitigkeit sowie der verschiedenen semantischen Typen von Konditionalsätzen angewiesen, um *historical contingencies* bzw. *speculations* zu versprachlichen; nicht zu vergessen die indirekte Rede beim Bezug auf Quellen oder persönliche Standpunkte (*hearsay reports*), für die man u. a. bestimmte *reporting verbs (claim, state, argue, assume, indicate, discover)* und *backshift of tenses* braucht. Modale Fügungen nehmen in natur- und in sozialwissenschaftlichen Texten einen breiten Raum ein, denn es geht darin nicht selten um *assumptions, (un)certainty, predictions, possibilities, expectations, necessities* oder *advice*. In diesem Zusammenhang muss auch auf das diskursiv realisierte Phänomen des *hedging (mitigation* oder *downtoning)* in fachkommunikativen Texten verwiesen werden, das ‚absolute Aussagen' bewusst vermeidet; da bei vielen wissenschaftlichen Erkundungen eher eine *cautious/tentative language* angesagt ist, die über Formulierungen wie *to suggest/tend to/presume/assume, (would) seem/appear to* bzw. *rather/quite/usually, most* oder *it is likely that* realisiert wird.

Literatur

Aktionsrat Bildung (2011): *Gemeinsames Kernabitur*. Münster.

Bonnet, Andreas (2004): *Chemie im bilingualen Unterricht*. Opladen.

Cope, Bill/Kalantzis, Mary (eds.) (1993): *The Powers of Literacy. A Genre Approach to Teaching Writing*. London.

Coxhead, Averil (2000): A New Academic Word List. In: *TESOL Quarterly* 34 (2), 213–238.

Cummins, James (1978): The Cognitive Development of Children in Immersion Programs. In: *Canadian Modern Language Review* 34, 855–883.

Cummins, James (1979): Linguistic Interdependence and the Educational Development of Bilingual Children. In: *Review of Educational Research* 40, 222–251.

Gogolin, Ingrid (2006): Bilingualität und die Bildungssprache der Schule. In: Paul Mecheril/ Thomas Quehl (Hrsg.): *Die Macht der Sprachen*. Münster, 79–85.

Halliday, Michael A. K. (1993): Some Grammatical Problems in Scientific English. In: Michael A. K. Halliday/James R. Martin: *Writing Science*. London, 69–85.

Klieme, Eckhard u. a. (2003): *Zur Entwicklung nationaler Bildungsstandards: Eine Expertise*. Frankfurt/M.

McCarthy, Michael/O'Dell, Felicity (2008): *Academic Vocabulary in Use*. Cambridge.

Mohan, Bernard (1986): *Language and Content*. Reading/MA.

Rost, Michael (2002): *Teaching and Researching Listening*. Harlow.

Weinert, Franz E. (Hrsg.) (2001): *Leistungsmessung in Schulen*. Weinheim, Basel.

Zydatiß, Wolfgang (2007): *Deutsch-Englische Züge in Berlin (DEZIBEL)*. Frankfurt/M.

Wolfgang Zydatiß

19 Diskursfunktionen und generische Ansätze

In den verschiedenen Formen von Bilingualem Unterricht bzw. *Content and Language Integrated Learning* (CLIL) (→ Art. 10, 11) wird – wenn auch je nach Implementierung in unterschiedlichem Ausmaß – eine Integration von Fach- und Sprachlernen angestrebt. Jenseits programmatischer Ankündigungen hat sich eine begriffliche und empirische Erfassung dieses Ziels bisher als sperrig erwiesen. Dieser Artikel gibt einen Einblick in Forschungsansätze im Bereich der Diskursanalyse, Text- und Pragmalinguistik, die eine erklärende Beschreibung dieser dualen Lernprozesse versuchen. Es muss aber betont werden, dass sowohl auf empirischer als auch auf konzeptueller Ebene weiterer Forschungsbedarf besteht und gesicherte Wissensbestände dünn gesät sind.

Lerntheoretische Aussagen zu Bilingualem Unterricht/CLIL beziehen sich zunächst eher auf das Sprachlernen und sehen in der Immersionssituation eine passende Inszenierung für ,natürlichen Sprachwerb'. In der empirischen CLIL-Forschung wird allerdings sozialkonstruktivistischen Positionen vermehrt Raum gegeben. Ausgehend von der Prämisse, dass Wissen nicht von einer Person auf eine andere übertragen wird (Transferdidaktik), sieht man Lernen als Prozess der dialogischen Wissenskonstruktion, durch den Lehrende die Lernenden führen und begleiten (Wertsch 1979, Vygotsky 1987, Mercer 2008). Lernen im Sinne der Theorie von Vygotsky ist demnach ein Hineinwachsen in und die zunehmend kompetente Teilnahme an den Diskursen, Praktiken und Normen einer fachlichen *Community of Practice* (Lave/Wenger 1991). Die institutionellen Rahmenbedingungen mit ihren Strukturen, Konventionen und Ritualen stellen also die Grundlagen schulischen Lernens dar. Sie sind sehr stark sprachlich dominiert, viel stärker als zum Beispiel beim Erlernen eines handwerklichen Berufs (z. B. Herstellung einer Leimverbindung beim Tischlern), eine Tatsache, auf die auch Ehlich und Rehbein (1986: 1) sehr eindringlich hingewiesen haben.

Eine attraktive Eigenschaft des Vygotsky'schen Ansatzes im Zusammenhang mit Bilingualem Unterricht/CLIL ist, dass es sich hier um eine allgemeine Lerntheorie handelt, die Fach- und Sprachlernen in gleicher Weise zu fassen vermag und gleichzeitig der Sprache eine zentrale Rolle im menschlichen Lernen einräumt (siehe auch Ehlich/Rehbein 1986). Einerseits ist Sprache symbolisches Werkzeug für die Herstellung intersubjektiver Bedeutung und der sozialen Konstitution von ‚Wissen‘ im Dialog der Lehrperson mit den Lernenden und der Lernenden untereinander. Andererseits ist sie aber auch das Medium der darauf begründeten Internalisierung dieses Wissens in die Kognition des Individuums. Der Weg des Wissens in das Denken (intraindividuelle Kognition) verläuft also immer über die interindividuelle Kognition und bedarf des Mediums Sprache. Der Art und Weise, wie Lehrende dieses Medium an die Lernenden richten und welche Sprechanlässe sie für die Lernenden generieren, kommt daher grundlegende Bedeutung zu. Sprechen und Denken sind zwar nicht dasselbe, aber die Entwicklung höherer Denkprozesse ist auf Versprachlichung angewiesen. Wie können wir uns diese ‚Sprache des Lernens‘ nun aber vorstellen?

Academic language functions – Diskursfunktionen der Wissensaneignung

Das oben skizzierte soziokulturelle Lernmodell legt nahe, dass interindividuelle Prozesse der Wissensaneignung kognitiv-diskursive Schritte durchlaufen, die über Fachgrenzen hinweg Gültigkeit haben (→ Art. 33). Durch die im Verlauf des Lernens sich wiederholenden Anforderungen formieren sich diese Schritte zu Strategien, welche wiederum in bestimmten Denkfiguren und sprachlichen Mustern ihre Ausprägung finden. Eine hinreichende Beherrschung solcher kognitiv-diskursiver Strategien und Kompetenzen mag als Voraussetzung für erfolgreiches institutionelles Lernen gelten und wurde aus dem theoretischen Blickwinkel der Funktionalen Pragmatik von Ehlich und Rehbein (1986) exemplarisch dargestellt.

Die Konkretisierung einer breiteren Palette solcher Kompetenzen in der Form von Diskursfunktionen wurde bisher vor allem im angelsächsischen Raum, in Zusammenhang mit der *Language-Across-the-Curriculum*-Bewegung in Angriff genommen und in Europa auf Situationen von Bilingualem Unterricht und CLIL übertragen (z. B. Chamot/O'Malley 1994, Snow 1987, Kidd 1996, Zydatiß 2005, Dalton-Puffer 2007a, b). Tatsächlich ist die Forschung aber noch ein gutes Stück weit von einer theoretisch kohärenten Modellierung entfernt. Dennoch sind einige praktikable Taxonomien von Diskursfunktionen der Wissensaneignung im

Umlauf, die in der Zwischenzeit als Werkzeug bei der Ausdifferenzierung und Konkretisierung dieses Bereichs dienen können. Eine alphabetische Zusammenstellung folgt hier:

(1) Diskursfunktionen
Analysieren, Argumentieren, Begründen, Berichten, Beschreiben, Bewerten, Definieren, Erklären, Erzählen, Fragen stellen, Hypothesenbilden, Informieren, Klassifizieren, Meinung ausdrücken, Schlussfolgerungen ziehen, Spekulieren, Überzeugen, Vergleichen, Vorhersagen.

Die sprachliche Ausformung dieser Funktionen hat man sich sehr unterschiedlich vorzustellen: Manche sind an relativ klar umrissene lexikalische und syntaktische Muster gebunden, während andere viel gröbere oder größere Strukturmuster haben. Erstere könnte man auch als Mikrofunktionen bezeichnen, da sie typischerweise kurz sind und markante Satzmuster oder Diskursmarker mit sich bringen, wie zum Beispiel *Klassifizieren* (*x is a* y), *Vergleichen* (*whereas, while, similar to, larger than*) oder *Spekulieren* (*it might be the case that, I can imagine, perhaps*). Die Makrofunktionen andererseits umfassen wesentlich längere Diskursabschnitte, und eine Analyse muss sich statt bloß syntaktisch-lexikalischer auch rhetorischer und textlinguistischer Kategorien bedienen (Kidd 1996: 291). So wäre es zum Beispiel äußerst schwierig festzumachen, durch welche spezifische lexikogrammatische Form die Funktion *Überzeugen* charakterisiert ist und inwieweit sie sich mit anderen Funktionen, z. B. *Informieren*, überschneidet. Hinzu kommt, dass Listen von Funktionen wie die obige vielfach auf der Analyse schriftlicher Dokumente beruhen, während deren Ausformung im mündlichen Unterrichtsdiskurs eher wenig erforscht wurde, obwohl die mündliche Interaktion im Klassenzimmer eine zentrale Instanz institutioneller Bildungsprozesse darstellt. Loses Analyse (2007) der Schüler-Redebeiträge in einer 6-stündigen bilingualen Unterrichssequenz im Fach Biologie identifiziert die Bereiche *Begründen, Beschreiben, Meinung ausdrücken* sowie *Spekulieren und Hypothesen bilden* und deren sprachliche Realisierung durch die Schülerinnen und Schüler.

> Begründen:
> S: Yeah, it's because of the uhm, the salt concentration inside the cells.
> S: because the cell takes more and more water in and so the cell walls xxx to stretch.
> Spekulieren und Hypothese bilden:
> S: ... if the cell inside would still be hypertonic it would still take up water
> S: So I think maybe this hypotonic fish loses water ...
>
> (Lose 2007: 100 – 103)

Loses Diagnose, dass die Schülerinnen und Schüler „nur einen Bruchteil der Redemittel verwenden, die ihnen (eigentlich) aus dem Englischunterricht bekannt
sein müssten" (2007: 104), wird mit einem Plädoyer für explizite Spracharbeit bei
fachlichen Aufgabenstellungen verknüpft, und es werden dafür auch konkrete Vorschläge gemacht. Dalton-Puffers (2007a, b) Studie zu *Definieren, Hypothesen Bilden* und *Erklären* in 40 bilingualen/CLIL-Stunden unterschiedlicher
Fächer bezieht die Redebeiträge von Lernenden *und* Lehrenden in die Analyse mit ein und endet ebenfalls mit der Forderung nach expliziter Spracharbeit.
Die Lehrpersonen demonstrieren zwar ihr prozedurales Wissen der Diskursfunktionen, gehen aber im gesamten Datenkorpus niemals auf die Metaebene, um
Diskurs- bzw. Denkschritte zu thematisieren und die Lernenden dahingehend
anzuleiten. Der enge Zusammenhang zwischen Reden und Denken wird nie thematisiert. Die Realisierungen der Funktionen auf Seite der Lernenden stellen sich
analog Loses Befund dar, sind also von konzeptionell schriftsprachlichen Aus-
formungen einigermaßen entfernt. Inwieweit eine konzeptionelle Schriftlichkeit
in einem Fachunterricht, der weitgehend ohne mediale Schriftlichkeit (speziell
ohne aktives Schreiben durch die Lernenden) auskommt, überhaupt zu erreichen
ist, steht auf einem anderen Blatt (Schmölzer-Eibinger 2008). Noch einschneiden-
der ist allerdings die Beobachtung, dass im von Dalton-Puffer untersuchten Datenkorpus ein durchgängiges Defizit an Anlässen herrscht, die besagten Diskursfunktionen zu äußern. Besonders eklatant ist dies im Fall von *Hypothesen bilden*
mit (statistisch) weniger als einem Fall pro Unterrichtsstunde. Dies ist in einer
konzeptionell monologischen Unterrichtsführung begründet, die auf Nennung
von Fakten, wenn schon nicht abzielt, so doch weitgehend beruht. Eine Haltung
des forschenden Lernens ist selten auszumachen (siehe unten *Exploratory Talk*
im Sinne Mercers 2008).

Eine interessante Strukturierung der in (1) gelisteten Funktionen haben Vollmer und Thürmann (2010) vorgelegt. Ihre Konzeptualisierung von schulsprachlichen Kompetenzen am Ende der Pflichtschulzeit beruht auf einer umfassenden Analyse schriftlicher Dokumente (Curricula, Lehrbücher, Positionspapiere),
harrt aber noch der empirischen Verortung im Unterrichtsgeschehen selbst. Dennoch handelt es sich m. E. um einen wichtigen Meilenstein in der Sichtbarma-
chung des ‚heimlichen Lehrplans', mit dem sich alle Schülerinnen und Schüler
konfrontiert sehen. In der speziellen Situation des Bilingualen Unterrichts/CLIL
wird diese Anforderung einfach eindringlicher bewusst. Thürmann und Vollmer
gliedern die ‚Kommunikativ-kognitiven Strategien und Diskursfunktionen' (diese sind selbst Teil eines vier weitere Dimensionen umfassenden Modells schul-
sprachlicher Kompetenzen am Ende der Pflichtschulzeit; → Art. 18) in 6 Bereiche:

(2) Kommunikativ-kognitive Strategien und Diskursfunktionen
Benennen, Definieren Beschreiben, Darstellen Berichten, Erzählen Erklären, Erläutern Bewerten, Beurteilen Argumentieren, Stellung beziehen

Die von der Bildungs(gang)forschung postulierte Progression weg vom persönlichen Erlebnisraum der Lernenden zu einem von konkreten Situationen abstrahierten und intersubjektiv ausgehandelten Wissen, das zunehmend auch argumentativ gestützt werden soll (Epistemisierung) kann in diesen 6 Bereichen m. E. gut abgebildet werden. Empirische Forschungen im Bereich Deutsch als Unterrichtssprache sind dazu im Gange (z. B. Schmölzer-Eibinger 2008, Pohl o. J.). Die Transferpotenziale dieser Grundlagenforschung in den Bereich Bilingualer Unterricht/CLIL sind hoch, sollten aber mit der englischsprachigen Forschung vernetzt und mit weiterer spezifischer Empirie unterlegt werden.

Generische Formen

Jenseits einzelner Diskursfunktionen geschieht Lehren und Lernen natürlich auch in großflächigeren sprachlichen Formen bzw. zielt auf diese ab. Die Sprachwissenschaft stellt für diese Gebilde den Begriff *Genre* zur Verfügung, den wir hier unabhängig von spezifischen theoretischen Ansätzen als ein mehrere prototypische Stadien durchlaufendes, zielgerichtetes Sprachhandeln verstehen wollen, dem eine (gewöhnlich implizite) soziale bzw. kulturelle Übereinkunft zugrunde liegt (vgl. Swales 1990, Christie/Martin 1997, Bhatia 2002). Ein alltagssprachliches Beispiel wäre das morgendliche Verkaufsgespräch im Laden um die Ecke. In der Schule werden einzelne Genres für gewöhnlich in den Sprachfächern bearbeitet (z. B. Lebenslauf, Beschwerdebrief, Erörterung). Im Sachfachunterricht der deutschsprachigen Länder sind analoge Ziele mit wenigen Ausnahmen (mündliche Referate, Laborberichte in Chemie) bis vor Kurzem wenig bis gar nicht zum Tragen gekommen. Ausgehend von ihrem eigenen im Lauf des Studiums internalisierten Wissen setzen Lehrende solche Text- und Literalitäts-Kompetenzen bei ihren Schülerinnen und Schülern voraus, bzw. verlassen sich auf die naturwüchsige ‚Entwicklung‘ derselben; häufig zu Unrecht, wie z. B. Leung (2001) und Beacco u. a. (2010) eindrucksvoll argumentieren. Erst wenn die Lehrperson selbst in einer Zweitsprache agiert, wie das in Bilingualem Unterricht/CLIL der Fall ist, treten in diesem prozeduralen Wissen Brüche auf, und die sprachlichen Anforderungen werden nun stärker auch als ihr eigenes Problem erlebt und nicht allein als eines der Lernenden. Gerade hier liegt meines Erachtens aber auch die Chance, auf eine Didaktik einzuschwenken, die darauf ausgelegt ist, die Sprachlichkeit des Lernens aktiv anzugehen, also eine ‚*performance pedagogy*‘ im Sinne Bernsteins (1996).

Vor allem in Australien wurde diesbezüglich seit den 1990er Jahren eindrucksvolle Arbeit geleistet (z. B. *Write It Right Project:* Veel 2006, Christie/Martin 1997) und in zahlreichen Schulprojekten fächerübergreifend umgesetzt. Unter anderem entstand daraus ein Portfolio von *Foundation Genres* (in etwa: Textypen):

(3) Foundation Genres at Secondary Level
Recount Narrative Report Explanation Exposition

Vergleicht man diese *Foundation Genres* mit Vollmers und Thürmanns (2010) oben erwähnten Strategien und Diskursfunktionen, ergibt sich zumindest vordergründig eine ganz gute Passung, die aber noch weiter ausgelotet werden muss.

Zur differenzierten Ausgestaltung dieser Grunddimensionen in den Fächern Geschichte, Geografie und in den Naturwissenschaften gibt es zahlreiche Arbeiten (siehe Veel 2006). Da man aber von einer 100%-igen Übertragbarkeit australischer Genres auf die Bildungssysteme deutschsprachiger Länder nicht ausgehen kann, auch wenn das Unterrichtsmedium in Bilingualem Unterricht/CLIL zumeist Englisch ist, ist hier noch viel empirische Forschung angesagt. Die methodisch-didaktische Umsetzung jedoch wurde von der Deutschdidaktik inzwischen aufgegriffen. Schmölzer-Eibinger (2008) stellt ein 3-Phasen-Modell der Textkompetenz vor: 1. Lernerwissen aktivieren; 2. Text(re)konstruktion und -bearbeitung 3. Wissenstransfer und eigene Textproduktion, das der australischen *genre-based pedagogy* verwandt ist.

Im Hinblick auf die Umsetzung der *Foundation Genres* im mündlichen Unterrichtsdiskurs ist die Forschung noch sehr rar. Morton (2010) und Llinares und Morton (2010) haben dafür anhand von Daten aus Spanien einen richtungweisenden Schritt gesetzt.

Schlussbemerkung

Fragen der Interdependenz von Sprache und Lernen erregen in der besonderen Situation des Bilingualen/CLIL-Unterrichts erhöhte Aufmerksamkeit, sie sind aber in allen Unterrichtssituationen präsent, wenn auch häufig unterhalb der Bewusstseinsschwelle oder als ein ausschließlich bei den Schülerinnen und Schülern angesiedeltes Problem mangelnder Sprachkompetenz (wegen Migratonshintergrund). Dass diese Diskussion derzeit in Europa intensiv geführt wird, davon zeugt das *Languages-of-Schooling*-Projekt des Europarats (2006).

Empirische Unterrichtsforschung in den USA und Großbritannien hat inzwischen Nachweise dafür erbracht, dass die Grundannahmen des Sozial-Konstruktivismus tatsächlich zutreffen dürften. Unter dem Oberbegriff *Exploratory Talk* (Mercer 2008) wurden förderliche Diskursstrategien identifiziert und in Unterrichtsprojekten implementiert. Zentrale Charakteristika dieser Art der Gesprächsführung sind:

▸ Fragen nach Begründungen, Ausformulieren eigener Denkprozesse, Hinterfragen der Aussagen anderer, Formulieren von Dissens, Argumentieren usw.

▸ Lehrpersonen modellieren und ermutigen diese Art der Gesprächsführung im Klassengespräch;

▸ Schülerinnen und Schüler werden in dieser Art der Gesprächsführung explizit geschult und bekommen Aufgabenstellungen, die sie in Gruppen bearbeiten, in denen die Lehrperson nur im Notfall interveniert.

Empirische Untersuchungen zeigen, dass die Explizitmachung von Denkschritten gelernt und danach eingesetzt wird. Auch der Übergang von interpersoneller zu intrapersonaler Kognition findet statt: im *Exploratory Talk* geschulte Lernende sind auch im individuellen Lösen von Denkaufgaben besser (Mercer 2008).

Auch wenn Bilingualer Unterricht/CLIL vom Transfereffekt aus einer diesbezüglich (hoffentlich) besser entwickelten Erstsprache profitieren kann, so bleibt doch die Herausforderung, die Epistemisierung des Wissens unterrichtlich abzubilden und auch in der Zweitsprache die nötigen sprachlichen Mittel zu Verfügung zu stellen.

Literatur

Beacco, Jean-Claude/Coste, Daniel/van de Ven, Piet-Hein/Vollmer, Helmut (2010): Language and School Subjects. Linguistic Dimensions of Knowledge Building in School Curricula. Council of Europe. http://www.coe.int/t/dg4/linguistic/Source/Source2010_ForumGeneva/1-LIS-sciences2010_EN.pdf [17.11.2012].

Bernstein, Basil (1996): *Pedagogy, Symbolic Control and Identity.* London.

Bhatia, Vijay (2002): Applied Genre Analysis. Analytical Advances and Pedagogical Procedures. In: Ann Johns (Hrsg.): *Genre in the classroom. Multiple perspectives.* Mahwah/NJ, London, 279–284.

Caspari, Daniela/Hallet, Wolfgang/Wegner, Anke/Zydatiß, Wolfgang (Hrsg.) (2007): Bilingualer Unterricht macht Schule: Beiträge aus der Praxisforschung. Frankfurt/M.

Chamot, Anna/O'Malley, Michael (1994): *The CALLA Handbook: Implementing the Cognitive Academic Language Learning Approach.* Reading/MA.

Christie, Frances/Martin, James (Hrsg.) (1997): *Genres and Institutions: Social Processes in Workplace and School.* London.

Dalton-Puffer, Christiane (2007a): *Discourse in Content and Language Integrated Learning (CLIL) Classrooms.* Amsterdam.

Dalton-Puffer, Christiane (2007b): Die Fremdsprache Englisch als Medium des Wissenserwerbs: Definieren und Hypothesen bilden. In: Caspari u.a. (Hrsg.), 67–79.

Ehlich, Konrad/Rehbein, Jochen (1986): *Muster und Institution. Untersuchungen zur schulischen Kommunikation.* Tübingen.

Europarat (2006). *Languages of Schooling.* Council of Europe. http://www.coe.int/t/dg4/linguistic/langeduc/boxd2-othersub_EN.asp [17.11.2012].

Kidd, Richard (1996): Teaching Academic Language Functions at the Secondary Level. In: *Canadian Modern Language Review* 52, 285–307.

Lave, Jean/Wenger, Etienne (1991): *Situated Learning. Legitimate Peripheral Participation.* Cambridge.

Leung, Constant (2001): English as an Additional Language. Distinct Language Focus or Diffused Curriculum Concerns? In: *Language and Education* 15 (1), 33–55.

Llinares, Ana/Tom Morton (2010): Historical Explanations as Situated Practice in Content and Language Integrated Learning. In: *Classroom Discourse* 1, 46–65.

Lose, Jana (2007): The Language of Scientific Discourse. Ergebnisse einer empirisch-deskriptiven Interaktionsanalyse zur Verwendung fachbezogener Diskursfunktionen im bilingualen Biologieunterricht. In: Caspari u. a. (Hrsg.), 97–107.

Mercer, Neil. (2008): Talk and the development of reasoning and understanding. In: *Human Development* 51, 90–100.

Morton, Tom (2010): Using a Genre-Based Approach to Integrating Content and Language in CLIL. The Example of Secondary History. In: Christiane Dalton-Puffer/Tarja Nikula/Ute Smit (Hrsg.): *Language Use and Language Learning in CLIL Classrooms.* Amsterdam, 81–104.

Schmölzer-Eibinger, Sabine (2008): *Lernen in der Zweitsprache: Grundlagen und Verfahren der Förderung von Textkompetenz in mehrsprachigen Klassen.* Tübingen.

Snow, Catherine E. (1987): Beyond conversation: second language learners' acquisition of description and explanation. In: James P. Lantolf/Angela Labarca (Hrsg.): *Research in second language learning: focus on the classroom.* Proceedings of the 6th Delaware Symposium on Language Studies, October 1984. Norwood, 3–16.

Swales, John (1990): *Genre Analysis. English in Academic and Research Settings.* Cambridge.

Veel, Robert (2006): *The Write it Right* Project. Linguistic Modelling of Secondary School and the Workplace. In: Rachel Whittaker/Michael O'Donnell/Ann McCabe (Hrsg.): *Language and Literacy. Functional Approaches.* London, 66–92.

Vollmer, Helmut/Thürmann, Eike (²2010): Zur Sprachlichkeit des Fachlernens: Modellierung eines Referenzrahmens für Deutsch als Zweitsprache. In: Bernt Ahrenholz (Hrsg.): *Fachunterricht und Deutsch als Zweitsprache.* Tübingen, 107–132.

Vygotsky, Lew (1987): *The Collected Works of L. S. Vygotsky. Bd. 1: Problems of General Psychology.* Hrsg. R. W. Rieber, M. J. Hall. New York.

Wertsch, James (1979): From Social Interaction to Higher Psychological Processes. A Clarification and Application of Vygotsky's Theory. In: *Human Development* 22 (1), 1–22.

Christiane Dalton-Puffer

20 Begriffsbildung und Begriffslernen

Begriffsbildung, Wissen und Lernen

Im Grundgedanken von Begriffsbildungsprozessen in Lehr-/Lern-Kontexten findet sich ein gemeinsamer Nenner, der über die Perspektive einzelner Sachfächer hinausgeht, da sich darin das integrierte Sprach- und Fachlernen manifestiert. Man geht von zwei unterschiedlichen Wissenssystemen aus, dem Alltagswissen und dem wissenschaftspropädeutischen Schulwissen. Begriffsbildung beschreibt bestimmte Veränderungen des Wissens von naiven, alltäglichen Vorstellungen zu wissenschaftlich angemessenen Begriffen (*conceptual knowledge*). Diese Systeme existieren nicht unabhängig voneinander, sie sind eng verwoben. Es geht beim Begriffslernen um den Weg, auf dem Lernende zur Beherrschung von

Wissenschaftssprache gelangen und auf dem sie wissenschaftliche Begriffe und die mit ihnen verbundenen Vorgänge, Erscheinungen, Konzepte oder Handlungen erwerben (vgl. Günther-Arndt 2006: 251). In vergleichbaren Zusammenhängen sind auch Bezeichnungen wie *concept formation*, Begriffsentwicklung oder *conceptual change* gebräuchlich. Der Terminus der Begriffsbildung impliziert in Anlehnung an linguistische Vorstellungen eine Orientierung an sprachlichen *labels;* er beinhaltet eine Zustandsveränderung und Weiterentwicklung (Bildung), ohne auf einen ‚Wechsel' im Sinne des Ersetzens von Konzepten beschränkt zu sein. Es geht nicht um eine Tilgung sogenannter Fehlkonzepte, sondern auch um Erweiterungen, Verfeinerungen und Systematisierungen von Schülervorstellungen. Im CLIL-Unterricht ist die Ausbildung fremdsprachiger Begriffe ein zentraler Aspekt des Lernens. Nicht rein sprachliches *oder* rein fachliches Lernen findet hier statt, sondern konzeptuales, begriffliches Lernen *in* der Fremdsprache, bei dem fachliches und sprachliches Lernen zusammenfallen (Hallet 2002, Zydatiß 2002, Bonnet/Breidbach/Hallet 2009: 183;→ Art. 17).

In den traditionell monolingualen Fachdisziplinen gibt es Unterschiede hinsichtlich der Integration dieses Konzeptes in die Fachdidaktiken. Zwar existieren Einzelansätze und -modelle, eine kohärente Theoriegrundlage der Begriffsbildung als Ausbildung fachlicher Handlungskompetenz fehlt jedoch noch weitgehend, was eine interdisziplinär angelegte Beschreibung erschwert. Daher soll im Folgenden zunächst auf fächerübergreifende Aspekte aus vorwiegend lernpsychologischer Perspektive eingegangen werden, es folgt eine Auseinandersetzung mit dem Umgang mit Begriffslernen in einzelnen fachdidaktischen Feldern und im bilingualen Unterricht. Im letzten Schritt werden Vorschläge für die Unterrichtspraxis kurz dargestellt.

Zum Wesen des Begriffs und der Begriffsbildung

Begriffe. Die Antwort auf die Frage, was eigentlich genau unter einem Begriff zu verstehen ist, unterscheidet sich je nach linguistischer, erkenntnis- oder lerntheoretischer Perspektive. In Anbetracht der Theorien- und Perspektivenvielfalt soll hier eine vereinfachte Darstellung vorgenommen werden. In der strukturalistischen Sprachwissenschaft nach Saussure ist die Beziehung zwischen Wort und Begriff klar: es ist die zwischen *signifiant* (Bezeichnendes) und *signifié* (Bezeichnetem), zwischen sprachlichem *label* und inhaltlichem Gegenstand. In den Sachfach-Didaktiken scheint eine ähnlich klare Eingrenzung nicht selten umgangen zu werden, die Vielfalt von Perspektiven lässt noch keine einheitliche Theorie zu.

In der pädagogischen Psychologie wird unter einem Begriff eine bestimmte Vorstellung verstanden, die sich ein Individuum von einem Phänomen gemacht hat und welche untrennbar mit einem dazugehörigen Wort (im Sinne von Namen für Erfasstes) verbunden ist. Mit einem Begriff (*concept*) ist demnach zunächst eine mentale, nichtlinguistische Repräsentation einer Klasse oder Kategorie gemeint, die dann eine Verbindung mit einem Wort eingeht. So wird aus einer Ansammlung von Buchstaben eine bedeutungshaltige sprachliche Einheit, mittels derer ein bestimmter Weltaspekt oder -ausschnitt kategorial erfasst oder klassifiziert wird. Es handelt sich um Abstraktionen, welche mit unterschiedlichen Wörtern benannt werden können, wie dies beispielsweise bei Synonymen oder in unterschiedlichen Sprachen der Fall ist. Dies bedeutet allerdings auch, dass ein anderes Wort in der Regel zu konzeptuellen Bedeutungsdifferenzen führt. *Rosten* und *oxidieren* benennen den gleichen Sachverhalt, unterscheiden sich aber begrifflich, weil sie verschiedenen Begriffssystemen angehören.

Begriffsbildung. Zunächst werden Wörter spontan mit entsprechenden Gegenständen assoziiert; ein Kind begegnet einem Gegenstand mit einem bestimmten Namen, bis Wort und Gegenstand fest verbunden sind. Beiden, dem wahrgenommenen Phänomen und dem damit verbundenen Wort, werden dann nach und nach bestimmte Eigenschaften zugeordnet oder abgesprochen, es werden Abgrenzungen gefunden und Zuordnungen vorgenommen. So werden konkrete Wahrnehmungen und Sachverhalte in dauerhafter Kombination mit einem sprachlichen Zeichen zu zunehmend komplexeren Begriffen und abstrakten Kategorien, die ihrerseits wiederum die Wahrnehmungen präfigurieren. Mit Bezug auf Lev S. Vygotski fasst Roger Saljö diesen Prozess zusammen:

> We appropriate spontaneous concepts (brother, sister, family) in everyday interaction, that is, we learn from below, metaphorically speaking. Other concepts […] we have to learn through some form of explicit instruction or guidance […], understanding then implies learning to contextualize a particular class of phenomena by means of an abstract principle. Supporting this specific type of learning is the responsibility of schooling and the teacher.
>
> (Saljö 2011: 62)

Im Alltag wird reichhaltiges, begrifflich gefasstes Wissen erworben. Oft aber ist dieses Wissen nicht (oder scheinbar nicht) mit dem in der Schule vermittelten Wissen kompatibel, da dieses wissenschaftlich fundiert und mit begrifflichen Systemen verknüpft ist. Schulisches Lernen zielt also auf die Veränderung des alltagskonzeptuellen Wissens im Sinne einer Reorganisation, aber auch des Erwerbs neuer, zuvor im Alltag (z.B. mangels Erfahrungsgelegenheiten oder Erfahrbarkeit) nicht erworbener Konzepte.

Die meisten konstruktivistischen Erklärungsansätze zum Wissensaufbau basieren auf Jean Piagets Sichtweise auf Lernen als Äquilibrationsprozess. Nach diesem Modell wird Lernen als Einordnung von Umwelterfahrungen in schon vorhandene subjektive (alltagsweltliche) Begriffs- und Bezugssysteme der Lerner (Vorwissen) gesehen. Entweder wird Neues als ähnlich mit bereits Bekanntem wahrgenommen und in bestehende Systeme eingeordnet (Assimilation); oder aber etwas verhält sich auf nicht erwartete Weise. Dann kommt es zum Zustand der Perturbation, einer Störung oder Unstimmigkeit im Vergleich mit dem bisher Erfahrenen und dem Vorwissen. Eine solche Irritation in den subjektiven Bezugssystemen strebt nach Auflösung, nach Äquilibration, die im Alltag wie in institutionellen Lernkontexten durch die Bildung eines neuen Begriffes (oder Schemabegriffs) beantwortet wird (Akkomodation). Die Veränderung existierender Wissensstrukturen erfolgt in Abwägung ihrer Viabilität, ihrer Brauchbarkeit für Handlungs- und Welterklärungszwecke, weshalb eine problemorientierte, handelnde Auseinandersetzung mit dem Neuen notwendig wird (vgl. Bonnet 2004, Seel 2000). Piagets Modell wurde mittlerweile modifiziert; z. B. geht man in schematheoretischen Ansätzen der Instruktionspsychologie davon aus, dass die Veränderung konzeptueller Strukturen auf dreierlei Weise vonstattengeht (Rumelhart/Norman 1981): als Erweiterung (*accretion*), Verfeinerung bzw. Ausdifferenzierung (*tuning*) und Restrukturierung (*restructuring*).

Auf die Vorstellung von Lernen als Prozess der Begriffsbildung angewendet bedeutet dies: Ein Begriff erweist sich hinsichtlich der Erklärung eines Phänomens oder der Einordnung eines Sachverhaltes als unzureichend und muss verändert werden; oder aber ein passendes Konzept ist nicht verfügbar, es muss daher ein neuer Begriff erworben werden. Im CLIL-Kontext erfährt dies eine besondere Relevanz, da muttersprachliche Alltagsbegriffe zu fremdsprachig manifestierten wissenschaftlichen Begriffen erweitert, umstrukturiert und systematisiert werden (Hallet 2002).

Für das schulische, systematische Begriffslernen ist besonders wichtig, dass Begriffe nicht für sich stehen, sondern in Netzwerken miteinander verknüpft sind. Bei allem Wissen handelt es sich um „Verknüpfungen von Konzepten, d. h. Strukturen, die aus Konzepten zusammengesetzt sind und gleichzeitig die Beziehungen der Konzepte zueinander repräsentieren" (Wolff 2004: 52). Die Art der Verknüpfung in einem bestimmten Kontext wird in Propositionen repräsentiert, die in sprachlichen Zuordnungen wie Definitionen oder *cause-effect*-Relationen (Diskursfunktionen, *academic language functions*; → Art. 19) zum Ausdruck gebracht werden. Jede Begriffsveränderung verändert daher auch das gesamte System (die ‚Theorie'). Eine zunehmende Systematisierung und Vielfalt von Verknüpfungen ist gleichzusetzen mit einer größeren Komplexität und Erklärungskraft des Wissens. Wenn Schüler in einer anderen Sprache kommunizieren, ist es möglich, dass Repräsentationen inhaltlich verarbeitet wurden und neues Wissen propositional zutreffend dargestellt wurde, obwohl z. B. Fehler bei Wortwahl oder Grammatik auftreten können (Woolfolk 2008: 321).

Von der naturwissenschaftlichen Wissenschaftstheorie zur bilingualen Fachdidaktik

Die Wurzeln zur Erforschung der Begriffsbildung in institutionellen Lernprozessen finden sich in den Fachdidaktiken der Naturwissenschaften, genauer gesagt in der Wissenschaftstheorie (Kuhn 1962); der Erkenntnisprozess der Wissenschaft ist in seinen Grundzügen dem des individuellen Lerners nicht unähnlich: Tauchen Erscheinungen auf, die nicht durch das aktuelle Paradigma erklärbar sind, müssen neue Paradigmen entworfen werden. Existierende Vorstellungen müssen dann so verändert werden, dass Probleme anhand objektivierbarer Kriterien gelöst werden können (vgl. Peschl 1999). Die Naturwissenschaftsdidaktik bemüht sich zunehmend, Kenntnisse über die Lernwege von lebensweltlichen Paradigmen (Alltagsbegriffen) zu wissenschaftlichen Begriffen zu ermitteln (z. B. Krope/Wolze 2005). Meist wird hier von einem radikalen Wechsel (*conceptual change*) als Lernweg vom Fehlkonzept (*misconception*) zum wissenschaftlichen Konzept ausgegangen (Vosniadou 2008).

Die Vorstellung von Begriffen als „Bausteine[n] des Wissens" (Günther-Arndt 2009), die von den Naturwissenschaften abgeleitet wurde, lässt sich nicht ohne Weiteres auf den Wissensaufbau in gesellschaftswissenschaftlichen Fächern übertragen. Es handelt sich weniger um klar abgrenzbare Klassen mit festen Eigenschaften, wie es beispielweise in Biologie der Fall ist. Trotzdem ist der Grundgedanke übertragbar: für das Fach Politik wurde der Versuch unternommen, Basis- und Fachkonzepte zu systematisieren und auf dieser Basis ein Kompetenzmodell zu entwickeln. Dieses beschreibt inhaltsbezogene kognitive Fähigkeiten und damit verbundene fachliche Begriffe, über die Schüler verfügen müssen, um fachliche Probleme lösen zu können (Weißeno u. a. 2010).

Eine weitere Schwierigkeit in diesen Fächern liegt darin, dass es sich beim Unterrichtsgegenstand etwa im Geschichts- oder Politikunterricht nicht um unmittelbar wahrnehmbare Objekte der Welt handelt. Begriffe wie ‚Demokratie' sind Ergebnisse von Abstraktionen und nur diskursiv über Texte zugänglich. Sie lassen sich kaum in objektive Definitionen fassen und oft nur aus unterschiedlichen Perspektiven ‚begreifen', z. B. auf dem Weg der historiografischen Erzählung (Langer-Plän/Beilner 2006). Obwohl solche Annäherungen sich vom (naturwissenschaftlich-klassischen) *conceptual-change*-Ansatz unterscheiden, entsprechen sie durchaus dem angenommenen Wissensumbau und -erweiterung von der Alltagsvorstellung zur wissenschaftlichen, begriffssystematischen Vorstellung.

Im CLIL-Kontext stellen die Initiierung und Gestaltung von Begriffsbildungsprozessen eine mehrfache Herausforderung dar. Zum einen müssen alltagsweltliche Konzepte (manchmal auch, im Sinne exakter Wissenschaftlichkeit, Fehlkonzepte) in neu zu erlernende systemische, wissenschaftlich fundierte Konzepte transformiert werden. Zum anderen muss die Bildung fremdsprachiger wissenschaftlicher Begriffe in einer Umgebung muttersprachlich, manchmal auch zweisprachlich ausgeprägter Alltagsbegriffe vollzogen werden; das alltagsweltliche Begriffssystem der Lernenden muss zum fremdsprachigen System wissenschaftlicher Begriffe in Beziehung gesetzt werden (Hallet 2002: 124). Es muss davon ausgegangen werden, dass zwischen den sprachlichen Anforderungen in Alltagssituationen und solchen in akademisch-institutionellen Kontexten ein qualitativer Unterschied besteht, z. B. hinsichtlich der Exaktheit, der Komplexität und des Registers (z. B. Latinismen der Fachterminologie).

Konsequenzen für die Unterrichtspraxis

Im Zusammenhang mit bilingualem Unterricht findet eine bewusste Auseinandersetzung mit dem Prozess der Begriffsbildung noch eher selten statt (z. B. Hallet 2002; Breidbach 2007; Morton 2012; Heine 2010). Doch gerade hier, an der Schnittstelle von Sprach- und Sachfachdidaktik, ist eine systematische Herangehensweise unumgänglich. In formalen Lernumgebungen (insbesondere in der Fremdsprache) vollziehen sich Begriffsbildungsprozesse systematischer und durch ‚Experten' angeleitet, gestützt und reflektiert, sie müssen durch gezielte Unterrichtsarrangements und entsprechende Materialien angestoßen werden. In folgender Zusammenstellung sollen methodisch-didaktische Theorieansätze und Prinzipien zur Stützung von Begriffsbildungsprozessen skizziert werden:

▸ *Outcome- und Prozessorientierung:* In Anlehnung an outcomeorientierte Ansätze werden Lernprozesse im Sinne der Rückwärtsplanung von ihrem Ende her bestimmt. Lehrende müssen sich damit auseinandersetzen, über welche Begriffe und konstitutiven Begriffskomponenten (*sub-concepts*) Schülerinnen und Schüler verfügen müssen, um fachliche Probleme lösen zu können. Von dieser zielorientierten Leitfrage ausgehend werden dann zielgerichtet Aufgaben und Szenarien entwickelt.

▸ *Scaffolding und Vorwissen* (→ Art. 33): Lernunterstützung muss im CLIL-Unterricht zweifacher Natur sein: zum einen müssen Geländer und Gerüste den Weg zum zu erwerbenden Begriffssystem stützen, zum anderen müssen gerade in Frühphasen Stützmaßnahmen getroffen werden, welche die Kluft zwischen sachfachlichen Anforderungen und den im Aufbau befindlichen fremdsprachlichen Kompetenzen der Lernenden überbrücken. Daher ist es erforderlich, sich sowohl über deren aktuellen Wissensstand (fachlich und sprachlich) Klarheit zu verschaffen als auch darüber, welches neue Begriffswissen sie mit Unterstützung von *peers* oder der Lehrperson erreichen können (*zone of proximal development*).

▸ *Metakognition* (→ Art. 23): Um Prozesse vom muttersprachlichen bzw. schulsprachlichen zum fremdsprachigen Konzept verstehen und reflektieren zu können, sind auch metakognitive Strategien und Prozeduren erforderlich. Schnittstellen zwischen Sprachen bieten hohes Reflexionspotenzial, wie es beispielsweise der Vergleich von Begriffen mit unterschiedlichen, teilweise wertenden, sprachlichen *labels* für ein vergleichbares Phänomen zeigt (z.B. Völkerwanderung – *migration des barbares/les grandes invasions;* Christ 2000: 57f.). Eine Ausdifferenzierung von Begriffen stellt sich jedoch nicht selbstwirksam durch die Verwendung der Fremdsprache ein. Kulturelle, fachliche und sprachliche Perspektivunterschiede müssen bewusst gemacht werden (*critical language awareness*) (vgl. z.B. Fehling 2008: 203).

▸ *Interaktion* (→ Art. 26): Piaget, Wygotski und Bruner gehen gleichermaßen davon aus, dass begriffliche Konstruktionsprozesse in soziale Kontexte eingebunden sind. Auch in der jüngeren Forschung zum Fachunterricht in der Fremdsprache wird nahegelegt, dass gerade die Fremdsprache nicht als Hindernis oder Erschwernis verstanden werden muss, sondern durchaus positiven Einfluss auf begriffliches Lernen und semantische Tiefenverarbeitung hat (Heine 2010), wenn das Ringen um den ‚richtigen‘ Begriff in fremdsprachige Interaktion überführt wird. Solche Interaktionen müssen gewissenhaft vorbereitet und angeleitet und von den Schülern erlernt werden (Bonnet 2004).

▸ *Diskursfunktionen* (→ Art. 19): Um die in Begriffen gespeicherten Bedeutungen miteinander in Bezug zu setzen und diese kommunizieren zu können, müssen die Lernenden in die Lage versetzt werden, konzeptuelle Zusammenhänge in Diskursfunktionen zum Ausdruck zu bringen. Solche Relationierungs-Operationen müssen zugleich als diskursive und kognitive erlernt, angeleitet und bewusst gemacht werden.

▸ *Darstellungs-/Symbolisierungsformen* (→ Art. 21): Im CLIL-Unterricht besitzen unterschiedliche Darstellungsmöglichkeiten (Diagramme, Karten) von Inhalten große Bedeutung: Zum einen um Lernenden nichtsprachliche Alternativen anzubieten (*scaffolding*), zum andern um durch Transformationen von Darstellungsweisen die gedankliche Durchdringung der Inhalte und Begriffssysteme zu initiieren (Breidbach 2007: 99; Zydatiß 2002).

Literatur

Bonnet, Andreas (2004): *Chemie im bilingualen Unterricht. Kompetenzerwerb durch Interaktion.* Opladen.

Bonnet, Andreas/Breidbach, Stephan/Hallet, Wolfgang (2009): Fremdsprachlich handeln im Sachfach: Bilinguale Lernkontexte. In: Gerhard Bach/Johannes-Peter Timm (Hrsg.): *Englischunterricht. Grundlagen und Methoden einer handlungsorientierten Unterrichtspraxis.* Tübingen, 172–198.

Breidbach, Stephan (2007): *Bildung, Kultur, Wissenschaft. Reflexive Didaktik für den bilingualen Sachfachunterricht.* Münster.

Christ, Herbert (2000): Zweimal hinschauen – Geschichte bilingual lernen. In: Lothar Bredella u. a. (Hrsg.): *Wie ist Fremdverstehen lehr- und lernbar? Vorträge aus dem Graduiertenkolleg „Didaktik des Fremdverstehens".* Tübingen, S. 43–83.

Fehling, Sylvia (2008): *Language Awareness und bilingualer Unterricht: Eine komparative Studie.* Frankfurt/M.

Fehling, Sylvia (2010): *Critical Language Awareness* im bilingualen Unterricht: Relevanz für die Lernenden und unterrichtliche Umsetzungsmöglichkeiten. In: Sabine Doff (Hrsg.): *Bilingualer Sachfachunterricht in der Sekundarstufe. Eine Einführung.* Tübingen, 182–195.

Günther-Arndt, Hilke (2009): Conceptual Change-Forschung. Eine Aufgabe für die Geschichtsdidaktik. In: Hilke Günther-Arndt/Michael Sauer (Hrsg.): *Geschichtsdidaktik empirisch. Untersuchungen zum historischen Denken und Lernen.* Berlin, 251–277.

Hallet, Wolfgang (2002): Auf dem Weg zu einer bilingualen Sachfachdidaktik. Bilinguales Lernen als fremdsprachige Konstruktion wissenschaftlicher Begriffe. In: *Praxis des neusprachlichen Unterrichts* 49, 115–126.

Heine, Lena (2010): Fremdsprache und konzeptuelle Repräsentation. Bilingualer Unterricht aus kognitiver Perspektive. In: Sabine Doff (Hrsg.): *Bilingualer Sachfachunterricht in der Sekundarstufe. Eine Einführung.* Tübingen, 199–212.

Krope, Peter/Wolze, Wilhelm (2005): *Konstruktive Begriffsbildung – Vom lebensweltlichen Wissen zum wissenschaftlichen Paradigma der Physik.* Münster.

Kuhn, Thomas (1962): *The Structure of Scientific Revolutions.* Chicago.

Langer-Plän, Martina/Beilner, Helmut (2006): Zum Problem historischer Begriffsbildung. In: Hilke Günther-Arndt/Michael Sauer (Hrsg.): *Geschichtsdidaktik empirisch. Untersuchungen zum historischen Denken und Lernen.* Münster, 215–250.

Morton, Tom (2012): Classroom Talk, Conceptual Change and Teacher Reflection in Bilingual Science Teaching. In: *Teaching and Teacher Education* 28 (1), 101–110.

Peschl, Markus F. (1999): The Development of Scientific Concepts and their Embodiment in the Representational Activities of Cognitive Systems. In: Philip van Loocke (Hrsg.): *The Nature of Concepts: Evolution, Structure and Representation.* London, 184–215.

Rumelhart, David E./Norman, Donald A. (1981): Analogical Processes in Learning. In: John R. Anderson (Hrsg.): *Cognitive Skills and Their Acquisition.* Hillsdale, 335–360.

Saljö, Roger (2011): Learning in a Sociocultural Perspective. In: Vibeke Grøver Aukrust (Hrsg.): *Learning and Cognition in Education.* London, 59–63.

Seel, Norbert (2000): *Psychologie des Lernens. Lehrbuch für Pädagogen und Psychologen.* München.

Vosniadou, Stella (2008): Conceptual Change Research. An Introduction. In: Stella Vosniadou (Hrsg.): *International Handbook of Research on Conceptual Change.* New York, xiii–xxviii.

Weißeno, Georg u. a. (2010): *Konzepte der Politik – ein Kompetenzmodell.* Bonn.

Wolff, Dieter (2002): *Fremdsprachenlernen als Konstruktion: Grundlagen für eine konstruktivistische Fremdsprachendidaktik.* Frankfurt/M.

Woolfolk, Anita (2008): *Pädagogische Psychologie.* München u. a.

Zydatiß, Wolfgang (2002): Konzeptuelle Grundlagen einer eigenständigen Didaktik des bilingualen Sachfachunterrichts: Forschungsstand und Forschungsprogramm. In: Stephan Breidbach/Gerhard Bach/Dieter Wolff (Hrsg.): *Bilingualer Sachfachunterricht. Didaktik, Lehrer-/Lernerforschung und Bildungspolitik zwischen Theorie und Empirie.* Frankfurt/M., 31–61.

Verena Fries

21 Darstellungs- und Symbolisierungsformen im Bilingualen Unterricht

Die sprachliche Seite der Darstellungs- und Symbolisierungsformen

Jedes Fach hat spezifische Formen entwickelt, um ‚seine' Sachverhalte darzustellen. So werden beispielsweise im Fach Erdkunde Bilder, Schnittzeichnungen, topografische Karten, Klimakarten, Profilschnitte, Klimadiagramme, Tabellen, Graphen, synoptische Darstellungen, Strukturdiagramme, Modelle usw. eingesetzt. Im Fach Biologie dagegen sind es Naturobjekte, Präparate, Bilder, Zeichnungen, Schnittskizzen, Funktionsmodelle, Strukturdiagramme, Flussdiagramme, Listen, Sachtexte, chemische Formeln, Modellbildungsdiagramme, mathematische Gleichungen usw. Diese unterschiedlichen Darstellungsformen gehören von ihrem Charakter her zu den Fachmethoden und sind somit – wie die fachlichen Inhalte selbst – Gegenstand des Fachlernens.

▸ Die *gegenständliche Darstellung* ist konkret und ‚handgreiflich'. Gegenstände, Experimente und Handlungen sind häufig genutzte Formen der Darstel-

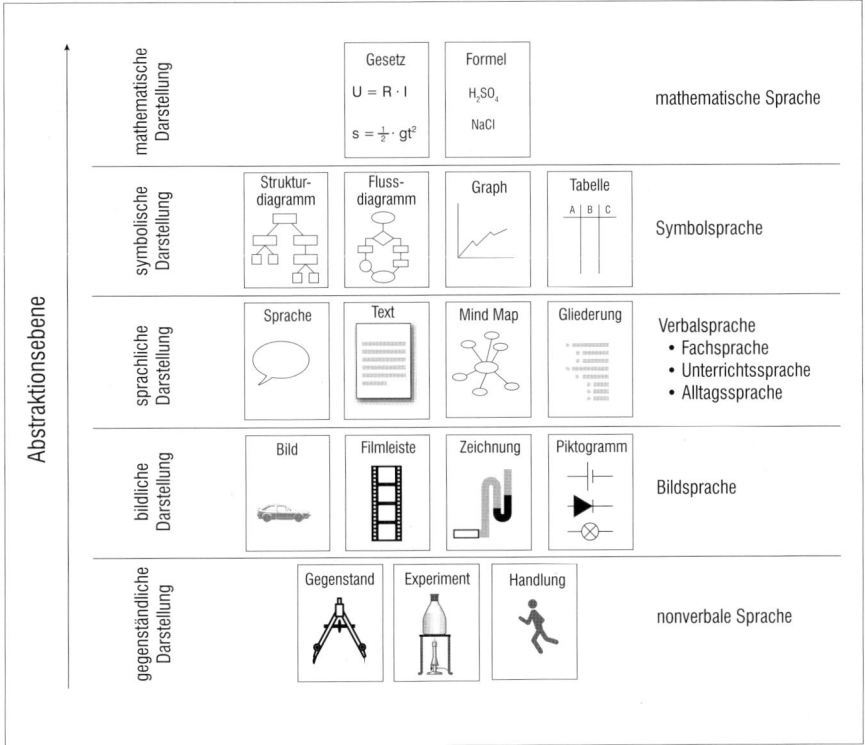

Symbolisierungsformen

lung im experimentellen Unterricht. Dadurch wird Sprache im wahrsten Sinne des Wortes ‚anschaulich', was den bilingualen Lernenden das Verstehen erleichtert und es oft überhaupt erst ermöglicht. Die gegenständliche Darstellung nutzt die nonverbale Sprache. Sie ist für viele fremdsprachige Schülerinnen und Schüler ein ausgezeichnetes Ausdrucks- und Darstellungsmittel und erleichtert das Verstehen.

▸ Die *bildliche Darstellung* stellt meist Prozesse dar; sie bedient sich der Bildsprache, einer spezifischen Ausprägung der nonverbalen Sprache. Die Darstellung oder Symbolisierung erfolgt in Fotos, Bildern, Filmleisten, Zeichnungen und Piktogrammen.

▸ Auf der sprachlichen Ebene sind Texte eine bevorzugte Darstellungsform. Aber auch sprachlich und grafisch orientierte Darstellungen wie *mind maps* und Gliederungen gehören dieser Ebene an, wenn sie viele sprachliche Anteile enthalten. Nicht nur der geschriebene Text, sondern auch das gesprochene Wort gehört auf diese Ebene. In der *sprachlichen Darstellung* können

Sachverhalte in der Alltagssprache oder in der Fachsprache formuliert sein. Darüber hinaus bietet sich unter didaktischen und methodischen Gesichtspunkten die Unterrichtssprache als methodische Zwischensprache an. Dabei bestimmt die Art der jeweils verwendeten Verbalsprache (Fach-, Unterrichts- oder Alltagssprache) das Sprachniveau.

▸ Die *symbolische Darstellung* nutzt Formen (Symbolisierungsformen) wie beispielsweise Strukturdiagramme, Flussdiagramme, Grafen, Tabellen usw. Der Umgang mit der Symbolsprache verlangt vom Lernenden ein höheres Abstraktionsvermögen. Dementsprechend bedarf er zur sinnvollen Nutzung dieser Darstellungsformen bereits einer beachtlichen Fachmethodenkompetenz. Bei fremdsprachigen Lernenden erweist sich die symbolische Darstellung bei entsprechender Übung als hilfreiche Methode, Sprachprobleme aufzufangen, zu entschärfen oder zu umgehen.

▸ Die abstrakteste Symbolisierung eines Sachverhaltes findet z.B. in der Mathematik in mathematischen Formeln statt. Für viele Lernende stellt diese mathematische Sprache eine besondere Hürde dar. Andererseits ist sie für manche ein ausgezeichnetes Ausdrucks- und Darstellungsmittel; auch sie muss aber verbalisiert werden.

Die aufgeführten Beispiele zeigen, dass einige Darstellungsformen sehr konkret und anschaulich, andere hingegen sehr abstrakt sind. Die unterschiedlichen Darstellungsformen liegen somit auf Ebenen unterschiedlicher Abstraktion. Dabei sind abstrakte Darstellungen für Lernende oft – aber nicht immer und nicht zwingend – schwieriger und unzugänglicher als konkrete Darstellungen.

Die Darstellungsformen gehören zum Begriffs- und Methodenrepertoire des jeweiligen Faches. Lehrkräfte wie Schülerinnen und Schüler, die ihr Fach beherrschen oder beherrschen wollen, müssen deshalb zwischen den verschiedenen Darstellungsformen wechseln und diese wechselseitig ineinander überführen können. Die Befähigung der Lernenden zum Wechsel der Darstellungsformen ist ein unverzichtbares fachliches Ziel des Fachunterrichts.

Die semiotische Seite der Darstellungs- und Symbolisierungsformen

Darstellungsformen, auch Symbolisierungsformen oder Repräsentationsformen genannt, sind Formen der Darstellung, Symbolisierung oder Repräsentation von Wahrnehmungen, Empfindungen, Erkenntnissen und Wissen. Es sind mentale Muster als Erkennungsschablonen, die das Bewusstsein aufgrund von rückgekoppelter Erfahrung entwickelt hat. Das Bewusstsein sucht nach Ordnung (*pattern matching*) und arbeitet produktiv bedeutungskonstruierend. Die Darstellungen erfolgen in Form von Zeichen, und somit gehören Darstellungs- und Symbolisierungsformen in den Bereich der Semiotik, der Lehre von den Zeichen. Nach Peirce (2000) ist die Semiotik nicht nur die Grundlage jeder Kommunikation, sondern auch die Voraussetzung für jede Form der Erkenntnis, denn jedes Denken ist ein Denken in Zeichen (so ähnlich auch Wittgenstein

1981: 54). Zu untersuchen ist, wie das Verweisverhältnis von Begriff, Zeichen, Sprache und Gegenstand gesehen wird. Ist es ein repräsentationalistisches oder ein instrumentalistisches Verhältnis (vgl. hierzu Breidbach 2007: 103 ff.)? Bei repräsentationalistischer Sehweise besteht ein Abbildverhältnis, bei instrumentalistischer Sehweise ein Bedeutungsverhältnis. Wittgenstein vertritt eine instrumentalistische Sprachauffassung: „Die Bedeutung eines Wortes ist sein Gebrauch in der Sprache." (Wittgenstein 1984: §43) Breidbach (2007: 103 ff.) stellt unter Bezug auf Keller (1996) überzeugend heraus, dass diese Unterscheidung für die Konzeptionalisierung des Spracherwerbs folgenreich ist. Hinsichtlich der Darstellungs- und Symbolisierungsformen stellt sich die Frage, ob Begriffe und Bedeutungen bereits vorliegen und beim Spracherwerb die Zeichenrepräsentationen gelernt werden oder ob beim Spracherwerb Konsensualität im Sinne einer Einigung über die Beschaffenheit eines Umstandes oder einer Sache im Gebrauch ausgehandelt wird. Symbolisierungsformen erschließen sich demnach über die Praxis des Sprachgebrauchs und wirken damit bedeutungskonstruierend. Für Maturana und Varela ist Sprache „ein fortdauernder Prozeß, der aus dem In-der-Sprache-Sein besteht und nicht in isolierten Verhaltensweisen. [...] Im Fluß rekursiver sozialer Interaktionen tritt Sprache dann auf, wenn die Operationen in einem sprachlichen Bereich zur Koordination von Handlungen in Hinsicht auf Handlungen führen, die zum sprachlichen Bereich selbst gehören." (Maturana/Varela 1987: 226)

Dies geschieht im „Bereich sozialer Koppelung", und der Bildungsbereich ist ein solcher, nämlich durch Interaktion in einer von den Lehrkräften gestalteten Lernumgebung. In den gemeinsamen Aktivitäten passt der Lernende sein Verständnis von einem Begriff, Darstellungen, Symbolisierungen immer mehr an die Bedeutungen an, die demselben von den anderen Personen zugeschrieben werden. So werden dann im Lernprozess die sogenannten Präkonzepte immer mehr durch Konzepte ersetzt, die durch wissenschaftlich definierte Begriffe und Symbolisierungen gefasst sind. Dies geschieht nach Piaget (vgl. Breidbach 2007: 101) in der aktiven Auseinandersetzung mit der Umwelt als permanenter Prozess mentaler Konstruktion. Seiner Auffassung nach ist das Denken durch bestimmte kognitive Strukturen, den sogenannten Schemata bestimmt. Schemata sind in der Auseinandersetzung mit der Welt erworbene Verhaltens- und Denkmuster, also Konstrukte mit denen ein Mensch an die Umwelt herantritt. Zunächst versucht er seine Erfahrung im Prozess der Assimilation zu strukturieren und zu deuten. Bei Erfolg hat sich das kognitive Schema stabilisierend bewährt und die Balance (Äquilibration) ist hergestellt. Gelingt das im Rahmen des Schemas jedoch nicht, so ist im Prozess der Akkomodation ein Umbau des Schemas oder der Aufbau eines neuen Schemas notwendig, um die Balance (Äquilibration) herzustellen.

Was hat das mit den Symbolisierungsformen im bilingualen Sachfachunterricht zu tun? Symbolisierungsformen sind mit wissenschaftlichen Schemata –

auch ‚Konzepte' genannt – derart mental assoziiert, dass sie das Denken und Handeln an der Sache und mit der Sache im Sachfachunterricht einleiten und bestimmen. Damit eröffnet sich in Anlehnung an das Zitat von Maturana und Varela die didaktische Seite der Darstellungs- und Symbolisierungsformen, indem im Fluss rekursiver sozialer Interaktionen Darstellungs- und Symbolisierungsformen auftreten, die Operationen zur Koordination von Handlungen in Hinsicht auf Handlungen hervorrufen, die selbst Darstellungs- und Symbolisierungsformen darstellen. Anders formuliert: Die didaktische Seite der Darstellungs- und Symbolisierungsformen erschließt sich im Wechsel derselben.

Die didaktische Seite der Darstellungs- und Symbolisierungsformen

Die didaktische Seite der Darstellungs- und Symbolisierungsformen erschließt sich aus der Notwendigkeit der Bedeutungskonstruktion im Schnittfeld von Situation, Gebrauch und Sprachgemeinschaft (nach Pöschek 2005: 20). Innerhalb einer Sprachgemeinschaft (d. h. einer Lerngruppe mit Lehrkraft) müssen Situationen (d. h. fachbezogene Sprachsituationen) geschaffen werden, die den Gebrauch der Darstellungs- und Symbolisierungsformen erzwingen. Lernende müssen in den handelnden Umgang mit Fach- und Sprachwissen im Zusammenhang mit Darstellungs- und Symbolisierungsformen gebracht werden. Die Bedeutung ist immer nur die ausgehandelte Bedeutung innerhalb der Diskursgemeinschaft. Hier kommt ein Aspekt hinein, den Piaget ausgeblendet hat: Vygotski (1971) jedoch erkannte, dass sie entscheidend mitbestimmen, was Kinder lernen und wissen. In seiner Auffassung lernen Kinder vor allem von Menschen, in sozialen Interaktionen und durch emotionale Beziehungen zu ihnen. Im Ansatz der Ko-Konstruktion findet Lernen durch Zusammenarbeit, d. h. in sozialer Kopplung statt, und Lernprozesse werden von Lernenden und Lehrenden gemeinsam konstruiert. Dies gilt es in die Gestaltung der Lehr-Lern-Prozesse einzubeziehen.

In der Mathematikdidaktik ist unter Bezug auf Piaget das EIS-Prinzip nach Jerome Bruner bekannt, wonach drei Repräsentationsebenen unterschieden werden:

▸ *Enaktiv:* Erfassung von Sachverhalten durch eigene Handlungen;
▸ *Ikonisch:* Erfassung von Sachverhalten durch Bilder;
▸ *Symbolisch:* Erfassung von Sachverhalten durch Symbole (Text, Zeichen etc.).

Leisen (2004, 2005, 2010) hat das Prinzip auf die Didaktik des Bilingualen Unterrichts übertragen und erweitert. Der Wechsel der Darstellungsformen auf einer Ebene untereinander und vor allem zwischen verschiedenen Ebenen bildet den Kern einer Didaktik des bilingualen Fachunterrichts. Der Ebenenwechsel ist nach Leisen mit hochwertigen kognitiven Operationen verknüpft, nämlich dem Verbalisieren, Visualisieren, Formalisieren und Konkretisieren.

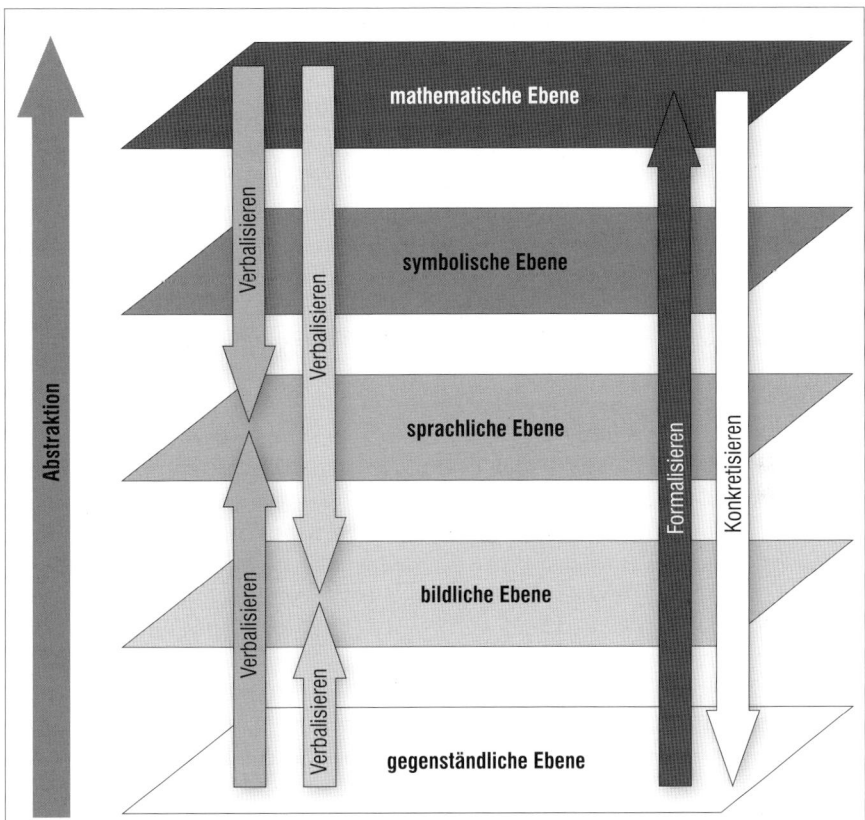

Darstellungsformen

Dadurch, dass Lernende Darstellungsformen in andere übertragen, eröffnen sich didaktisch fruchtbare Chancen. Denn was sie in der einen Darstellungsform nicht verstehen, erschließt sich ihnen vielleicht in einer anderen besser oder überhaupt erst. Somit arbeiten die Darstellungsformen einander wechselseitig zu, und deren Wechsel erweist sich oft als didaktischer Schlüssel zum fachlichen Verstehen. Zudem bietet jeder Wechsel einen Anlass zur fachlichen Kommunikation, denn immer dann, wenn eine Darstellungsform in eine andere überführt wird, eröffnen sich Gelegenheiten zum Sprechen, zum Schreiben und zum Lesen.

Darstellungsformen sind somit Mittel und Zweck zur Verbalisierung fachlicher Sachverhalte. Es ist deshalb didaktisch klug, ja sogar zwingend, die Methode ‚Wechsel der Darstellungsformen' in das Zentrum der Didaktik des bilingualen Fachunterrichts zu stellen, da die hierdurch herbeigeführte Kommunikation einen ausgesprochen hohen Beitrag zur Sprachbildung und Sprachförderung leistet.

Beispiele für den Wechsel von Darstellungsformen sind:

▸ Man blendet zu einem aufgebauten Experiment eine Schaltskizze oder eine Versuchszeichnung auf Folie oder Whiteboard ein.

▸ Vorgänge und deren Bedingungen werden in Strukturdiagrammen und Tabellen übersichtlich dargestellt. Ein erläuternder Text und Lehrerkommentare eröffnen weitere Zugänge zu den Sachverhalten.

▸ Experimentelle Daten werden in einer Tabelle erfasst, als Graphen dargestellt und anschließend in einer mathematischen Formel als Gesetz formuliert. Das Gesetz selbst wird wiederum sprachlich als Text verfasst.

▸ Die zeitlichen Stationen in einem Versuchsablauf oder bei technischen Vorgängen können verständlich und einprägsam in einer Filmleiste oder *storyboard* dargestellt werden und können die Arbeitsgrundlage für eine Versuchsbeschreibung in sprachlicher Form sein.

▸ Eine Versuchsanleitung in sprachlicher Darstellung wird meistens durch eine bildliche Darstellung ergänzt. Die Versuchsdurchführung überträgt die sprachliche Darstellung in eine Handlung.

Diese Liste lässt sich unschwer erweitern. Die systematische Zusammenstellung in der vorstehenden Abbildung zeigt, dass die verschiedenen Darstellungsformen auf unterschiedlichen Darstellungsebenen liegen; diese unterscheiden sich wiederum in Bezug auf das damit verbundene Abstraktionsniveau (vgl. Leisen 2010: 33 ff.).

Für den Einsatz und den Wechsel der Darstellungsformen im Fachunterricht gibt es gute Argumente:

▸ *fachlich:* Es handelt sich um eine den Sachverhalten angemessene Darstellung.

▸ *didaktisch:* Ein Sachverhalt wird leichter und besser verstanden, wenn er über verschiedene Formen der Darstellung angegangen wird.

▸ *methodisch:* Ein Wechsel der Darstellungsformen ist motivierender.

▸ *lernpsychologisch:* Es werden mehrere Wahrnehmungskanäle benutzt, und die verschiedenen Darstellungsformen sprechen Lernende unterschiedlich an.

▸ *pädagogisch:* Die Nutzung unterschiedlicher Darstellungsformen erlaubt eine ebenso angemessene wie leistbare Binnendifferenzierung und lässt die arbeitsteilige Bearbeitung in Gruppen zu.

Weitere Argumente sind:

▸ *Der Wechsel der Darstellungsform dient der Vertiefung und Übung:* Wenn z. B. ein Experiment als Bildfolge in Form einer Filmleiste vorliegt, so ist es im Rahmen einer Hausaufgabe eine sinnvolle Übung und Vertiefung, zu dieser Bildfolge einen Text zu formulieren und als kleines Referat vorzubereiten.

▸ *Der Wechsel der Darstellungsform ist ein Beitrag zum Methodenlernen:* Ein bekannter Sachverhalt, der z. B. als Text vorliegt, kann in eine *mind map* ‚übersetzt' werden, die wiederum als ‚Spickzettel' für ein Referat dient. So vergrößert sich allmählich das eigene Methodenrepertoire.

▶ *Der Wechsel der Darstellungsform fördert die Fachkompetenz:* Ein bekannter Sachverhalt, der z. B. als Text vorliegt, kann in eine Tabelle übertragen werden. Dabei werden Begriffe und Sachverhalte in neue fachliche Zusammenhänge gebracht.

▶ *Der Wechsel der Darstellungsform fördert die Sprachkompetenz:* Häufig ist der Wechsel der Darstellungsform auch verbunden mit einem Wechsel der Sprachebene. Wenn z. B. gesetzmäßige Zusammenhänge im Rahmen einer Versuchsbeschreibung in Textform vorliegen, so können diese in die mathematische Sprache (Formelzusammenhänge) übertragen werden. Ein Sachverhalt, der im Unterrichtsgespräch in der Unterrichtssprache erarbeitet und ,ausgehandelt' wurde, kann unter Zuhilfenahme von Fachwortlisten in eine druckreife fachsprachliche Fassung überführt werden.

▶ *Der Wechsel der Darstellungsformen fördert und stimuliert die kognitive Tätigkeit in besonderem Maße,* da sie beim Lerner Assoziationen, also Bilder und Vorstellungen hervorrufen.

Der Wechsel der Darstellungsebenen – von der gegenständlichen Anschauung über verbalsprachliche Texte bis hin zur formalen Symbolsprache der Sachfächer – stellt die entscheidende Brücke für die Verbindung von alltagsweltlichem und sachfachlich-wissenschaftlichem Verstehen – also die Verbindung von *Basic Interpersonal Communication Skills* (BICS) und *Cognitive Academic Language Proficiency* (CALP) – dar. Sie ist damit die Voraussetzung für die Reintegration fachlichen Wissens in die alltagssprachliche Weltsicht und die Teilhabe an alltagsweltlichen Diskursen auf der Grundlage des Fachwissens.

Die methodische Seite der Darstellungs- und Symbolisierungsformen

Die methodische Seite der Darstellungs- und Symbolisierungsformen zeigt sich in der unterrichtlichen Anwendung des didaktischen Prinzips vom Wechsel der Darstellungsformen. Durch geschickten Ebenen- und Formenwechsel stellt die Lehrkraft eine dem Könnens- und Sprachstand der Lerngruppe entsprechend abgestimmte Lernumgebung her. So bieten sich methodisch unterschiedliche Lehr- und Lernwege an (vgl. Leisen 2010: 72–110).

Darstellungs- und Symbolisierungsformen haben als Leseprodukte im Umgang mit Texten eine hervorgehobene Bedeutung (vgl. Leisen 2010: 133). Lesen ist bekanntlich eine aktive konstruktive Tätigkeit des Lerners im Sinne des ,Herauslesens' aus dem Text und des ,Hineinlesens' in den Text. Eine gute Aufgabenstellung zu einem Sachtext führt den Lernenden zu einem handelnden Umgang mit Wissen, sei es Vorwissen oder neu gelerntes Wissen. Es ist aus diagnostischer Sicht didaktisch wie methodisch sinnvoll, dem handelnden Umgang mit dem Wissen eine sichtbare Seite zu geben, nämlich ein vorzeigbares Leseprodukt. Dieses Leseprodukt kann eine andere Darstellungs- bzw. Symbolisierungsform sein. Der Wechsel der Darstellungsform erlaubt die Loslösung von einer Textvorlage und die Konstruktion eines eigenen Textes.

Literatur

Breidbach, Stephan (2007): *Bildung, Kultur, Wissenschaft. Reflexive Didaktik für den bilingualen Sachfachunterricht.* Münster.

Keller, Rudi (1996): *Begriff und Bedeutung.* In: Joachim Grabowski/Gisela Harras/Theo Herrmann (Hrsg.): *Bedeutung, Konzepte, Bedeutungskonzepte. Theorie und Anwendung in Linguistik und Psychologie.* Opladen, 47–66.

Leisen, Josef (2004): Konkret – Symbolisch – Abstrakt – Der Wechsel der Darstellungsformen, eine wichtige Strategie im Deutschsprachigen Fachunterricht. In: *Fremdsprache Deutsch* 30, 15–21.

Leisen, Josef (2005): Wechsel der Darstellungsformen – Ein Unterrichtsprinzip für alle Fächer. In: *Der Fremdsprachliche Unterricht: Englisch* 78, 9–11.

Leisen, Josef (2010): *Handbuch Sprachförderung im Fach – Sprachsensibler Fachunterricht in der Praxis.* Bonn.

Leisen, Josef (2011): Sprachsensibler Fachunterricht. Ein Ansatz zur Sprachförderung im mathematisch-naturwissenschaftlichen Unterricht. In: Susanne Prediger/ Erkan Özdil (Hrsg): *Mathematiklernen unter Bedingungen der Mehrsprachigkeit.* Münster, 143–162.

Maturana, Humberto/Varela, Francisco (1987): *Der Baum der Erkenntnis. Die biologischen Wurzeln des menschlichen Erkennens.* Bern, München, Wien.

Peirce, Charles Sanders (2000): *Semiotische Schriften.* 3 Bände. Hrsg. von Christian Kloesel, Helmut Pape. Frankfurt/M.

Pöschek, Andreas (2005): Die Bedeutung in der Sprache: Die Bedeutung der Semantik in Wittgensteins Sprachtheorien. http://www.poeschek.at/files/publications/wittgenstein-bedeutung-semantik.pdf [24.12.2011].

Wittgenstein, Ludwig (1981): *Philosophische Bemerkungen.* Hrsg. von Rush Rhees. Frankfurt/M.

Wittgenstein, Ludwig (1984): *Philosophische Untersuchungen.* Frankfurt/M.

Wygotski, Lew Semjonowitsch (1971): *Denken und Sprechen.* Frankfurt/M.

Josef Leisen

22 Immersion

CLIL *(Content and Language Integrated Learning)* gibt es in vielfältigen organisatorischen Ausprägungen. Die Bandbreite an Unterrichtsangeboten im CLIL-Kontinuum reicht von sporadischen fremdsprachlichen Unterrichtsphasen in einzelnen Sachfachstunden bis hin zu Immersions-Programmen, in denen ein substanzieller Anteil des Curriculums über mehrere Jahre in einer Zweit- oder Fremdsprache (L2) unterrichtet wird.

Immersion (von engl. *immerse* = eintauchen) ist die zeitaufwendigste Variante von CLIL, da die Kontaktzeit zur L2 in Kindertagesstätten bzw. Schulen über mehrere Jahre hinweg mindestens 50 % ausmacht (Swain 2000: 199, Genesee 2004: 549). Die Gründe für die ‚Notwendigkeit' des vergleichsweise umfangreichen L2-Kontakts erklären sich zum einen aus den Zielen von Immersion sowie aus den Grundannahmen darüber, wie L2-Erwerb am besten funktioniert. Zum anderen zeigen Forschungsergebnisse, dass es einen Zusammenhang gibt zwischen Dauer und Intensität des L2-Kontakts und dem (Sprach-)Lernerfolg (z.B. Wesche 2002: 368).

Dieser Artikel liefert eine Kurzeinführung in das Thema ‚Immersion'. Nach einer Skizze der Ziele und Grundannahmen werden die Ergebnisse (internationaler) Studien zur Wirksamkeit von Immersion zusammengefasst. Ein besonderer Fokus liegt auf den Erfahrungen mit partieller Immersion an deutschen Grundschulen.

Ziele und Grundannahmen von Immersion

Immersion zielt auf die Förderung von Zwei- bzw. Mehrsprachigkeit, d. h. auf die altersgemäße Entwicklung der L1 (Muttersprache, Schulsprache) sowie auf das Erreichen einer funktionalen Kompetenz in der L2. In Immersionsverfahren soll zudem das gleiche Niveau an Sachfachwissen erzielt werden wie in Programmen, in denen der jeweilige Stoff in der L1 unterrichtet wird (Überblick in Genesee 1987, Wode 1995, Wesche 2002, Genesee 2004). Während das Bestreben, Zweisprachigkeit zu fördern und die Lehrplanziele zu erreichen, grundlegend für Immersion weltweit ist, gibt es Unterschiede die jeweilige L2 (oder L3) betreffend. So gibt es z. B. Immersionsprogramme zur Förderung der offiziellen Sprachen eines Landes, zur Förderung bzw. zum Erhalt indigener Minderheitensprachen, zur Förderung von Migranten- oder Fremdsprachen.

Die Lerner in Immersionsprogrammen gehören zumeist der Majoritätensprache an und lernen die jeweilige L2 zum Ziel der ‚Bereicherung' (*enrichment*). Im Unterschied dazu gibt es sogenannte *Sub*mersionsprogramme, in denen das Curriculum zwar zeitweise in zwei Sprachen unterrichtet wird, die aber letztendlich auf (relative) Einsprachigkeit und Assimilation (oder Apartheid) zielen (Baker 1996: 174).

Die Grundannahmen über erfolgreichen L2-Erwerb in Immersionsverfahren basieren auf Forschungsergebnissen, die einen frühestmöglichen Beginn sowie eine in quantitativer und qualitativer Hinsicht möglichst intensive Kontaktzeit zur L2 nahelegen (Wesche 2002: 358). Zum einen sollte also möglichst viel Zeit in der L2 verbracht werden – und zwar kontinuierlich, über mehrere Jahre hinweg. Zum anderen sollte die Lernumgebung so gestaltet sein, dass die Verwendung der L2 für die Kinder bzw. jungen Erwachsenen eine hohe Relevanz besitzt (ebd.: 358). Eine weitere Grundannahme ist, dass das Lernen in zwei Sprachen aufgrund einer Interdependenz von „cognitive/academic or literacy-related skills across languages" grundsätzlich möglich ist (Cummins 2009: 25).

Kennzeichen von Immersion

Der Klassiker der ‚modernen' Immersion ist *Canadian Early Total French Immersion*. Das Programm wurde in den 1960er Jahren in Montréal, Québec, eingerichtet mit dem Ziel, die Kinder der Majoritätensprache Englisch zweisprachig (mit Französisch als L2) zu erziehen.

Early Total French Immersion beginnt zumeist im Kindergarten, wo die Erzieherinnen und Erzieher ausschließlich die L2 verwenden. In den ersten (mindestens 2) Grundschuljahren ist Französisch dann die alleinige Unterrichtssprache, das heißt, die Kinder lernen Lesen und Schreiben sowie alle Sachfachinhalte in der L2. Die Unterrichtsinhalte entsprechen denen in Schulen ohne Immersion. Im weiteren Verlauf der Schulzeit wird der Anteil der in der L2 erteilten Fächer zugunsten des Unterrichts in der L1 auf etwa 50 % reduziert (Überblicke in Genesee 1987, Wode 1995, Wesche 2002).

Neben der frühen, vollständigen Immersion gibt es weitere Typen von Immersion in Kanada, die sich hinsichtlich des Beginns, das heißt im Kindergarten, in der Grundschule, zu Anfang oder im Verlauf der weiterführenden Schule (*early, middle, late immersion*), bzw. in Bezug auf den Umfang des Unterrichts in der L2 (*partial immersion* > 50 % bis *total immersion* = 100 %) unterscheiden. In Programmen mit früher, partieller Immersion werden die Kinder in der Schulsprache alphabetisiert. Untersuchungen haben jedoch ergeben, dass frühe, vollständige Immersion insgesamt bessere Ergebnisse erzielt (z. B. Wesche 2002).

Leistungsfähigkeit von Immersion

Der Großteil der umfangreichen Forschung zur Wirksamkeit von Immersion stammt aus Kanada. Dort wurden, zumeist in Querschnittsstudien, Leistungsvergleiche zwischen Schülerinnen und Schülern mit und ohne Immersion mithilfe standardisierter Tests in der L1, L2 und in Sachfächern (*science* und Mathematik) durchgeführt. Darüber hinaus gibt es viele Studien, die sich mit unterrichtlichen Faktoren oder spezifischen fachdidaktischen Fragestellungen beschäftigen (Swain 2000, Genesee 2004).

Die Studien zur Entwicklung der L1 in den *Early Total Immersion Programs*, in denen die Kinder, mindestens während der ersten 2 Schuljahre, den gesamten Unterricht in der L2 erhalten und auch in der L2 Lesen und Schreiben lernen, haben gezeigt, dass die muttersprachliche Entwicklung der Kinder nicht leidet. Anfängliche Defizite in den Bereichen Lesen, Rechtschreibung und Zeichensetzung, die zu Anfang mangels muttersprachlichen Lese- und Schreibunterrichts auftreten können, sind etwa 1 Jahr nach Einsetzen des L1-Unterrichts ausgeglichen. In einigen Teilbereichen weisen die Kinder aus Immersionsprogrammen sogar bessere L1-Fähigkeiten auf als Kinder ohne Immersion.

Die Forschung hat darüber hinaus zeigen können, dass die Immersionskinder ein ähnliches Niveau an rezeptiven Fähigkeiten (Lese- und Hörverständnis) im Französischen erlangen wie Lernende mit Französisch als L1. Die produktiven L2-Fähigkeiten der Immersionskinder erreichen zumeist kein muttersprachliches Niveau, sind aber signifikant besser als bei Lernenden, die die L2 im Fremdsprachenunterricht lernen. Studien haben ergeben, dass Defiziten im produktiven Sprachbereich durch stärkere Aufgaben- und Handlungsorientierung im Unterricht, durch stärkeren *focus on form* sowie durch mehr Kontakt zu L1-Französischsprechenden begegnet werden kann (Überblick in Swain 2000).

Die Leistungen in den Sachfächern sind mit denen aus Programmen ohne Immersion vergleichbar und z. T. besser (Wesche 2002, Genesee 2004).

Kinder mit Förderbedarf haben, bei entsprechender Unterstützung, keine Nachteile durch Immersion (Genesee 2007). Immersionskinder mit unterdurchschnittlichen kognitiven Fähigkeiten erreichen denselben Leistungsstand in der L1 und in Mathematik wie vergleichbare Kinder in Klassen ohne Immersion. Allerdings waren diese Immersionsschülerinnen und -schüler signifikant besser in der L2 als vergleichbare Schülerinnen und Schüler, die die L2 im Fremdsprachenunterricht lernten. Untersuchungen haben zudem ergeben, dass das durch Immersion erreichbare Niveau an mündlicher kommunikativer Kompetenz in der L2, unabhängig davon, wie hoch der IQ ist, höher ist als das, was durch Fremdsprachenunterricht erreicht werden kann.

> Overall, these results indicate that low academic/intellectual ability is no more of a handicap in FI [French Immersion] than it is in English programs and that, to the contrary, low-performing students can experience a net benefit from immersion in form of bilingual proficiency.
>
> (Genesee 2007: 660)

Immersionsprogramme nach kanadischem Muster gibt es, in verschiedenen Ausprägungen und mit unterschiedlichen Zielsprachen, jedoch mit ähnlichen Forschungsergebnissen, z.B. in Nordamerika, in Australien, in Finnland, Frankreich, Spanien oder Wales (Johnson/Swain 1997).

Frühimmersion in Deutschland

In Deutschland ist die Anzahl an Schulen mit Immersion vergleichsweise gering, da in CLIL-Zweigen zumeist nicht mehr als 2 oder 3 Sachfächer in einer Fremdsprache unterrichtet werden, und der CLIL-Anteil somit weniger als 50 % der Unterrichtszeit ausmacht.

Da das Fach Deutsch in Deutschland zum Pflichtkanon gehört, gibt es zudem keine Grundschulen mit vollständiger Immersion nach kanadischem Muster, in denen der *gesamte* Unterricht in der L2 erteilt wird und die Kinder in der L2 alphabetisiert werden. Auch Grundschulklassen mit früher, partieller Immersion sind selten. Ausnahmen bilden z.B. die Staatlichen Europa-Schulen Berlin, an denen sogenannte *reziproke Immersion* angeboten wird. Dort wird der Unterricht zur Hälfte in Deutsch und zur anderen Hälfte in einer von 9 Partnersprachen erteilt, wobei ungefähr die Hälfte der Kinder L1-Sprecher der jeweiligen Sprache sind (Zydatiß 2000: 20). Partielle Immersion wird zudem an nichtstaatlichen Schulen, wie z.B. den Europäischen Schulen, den Internationalen Schulen, bikulturellen Schulen oder Schulen für Angehörige nationaler Minderheiten angeboten. Die Anzahl der staatlichen Grundschulen in Deutschland mit partieller Immersion ist nach wie vor vergleichsweise gering (siehe: http://www.fmks-online.de/bilischulen.html).

Forschungsergebnisse aus deutschen Grundschulen mit partieller Immersion

Die meisten wissenschaftlichen Studien stammen aus norddeutschen Grundschulen mit partieller Immersion, in denen vom ersten Schultag an bis zum Ende der Grundschulzeit (nach Klasse 4), alle Fächer – bis auf Deutsch – in der L2-Englisch unterrichtet werden. Der Anteil des auf Englisch erteilten Unterrichts beträgt damit etwa 70 %.

Wie zu erwarten, wurde bei Immersionskindern ein vergleichsweise hohes Niveau an L2-Kenntnissen im Bereich Hören und Sprechen festgestellt, ist doch der Kontakt zur L2 in den Immersionsgruppen deutlich höher als in Klassen mit 2 Wochenstunden (z. B. Burmeister 2006, Keßler 2006, Wode 2009). Auch im Schriftlichen entwickeln sich die Schülerinnen und Schüler gut. Sie können, ohne speziellen Lese- und Schreibunterricht in der L2, inhalts- und adressatengerechte Texte auf Englisch schreiben (Burmeister 2010).

Die Entwicklung von Deutschkenntnissen in diesen norddeutschen Immersionsschulen ist im Rahmen des DFG-Projekts *MOBI Lernen im immersiven Unterricht: Die Bedeutsamkeit von Schülervariablen* (Leitung: Prof. Dr. Jens Möller, Universität Kiel) untersucht worden. In einer Längsschnittstudie, die die gesamte Grundschulzeit umfasst, wurden Kinder mit und ohne Immersion hinsichtlich ihrer Entwicklung im Bereich der L1-Leseflüssigkeit und der L1-Rechtschreibleistungen verglichen (Gebauer u. a. 2012). Insgesamt wurden 657 Kinder (davon 53,4 % aus Immersionsklassen) von 5 Grundschulen in Schleswig-Holstein und Hamburg untersucht. Die Schülerinnen und Schüler sind mehrheitlich monolingual deutsch. Da sie auf Elternwunsch in die Immersionsklassen bzw. in die Klassen ohne Immersion eingeschult wurden, wurden Faktoren wie kognitive Fähigkeiten und sozioökonomischer Hintergrund in die Untersuchungen einbezogen, um Selektionseffekte besser kontrollieren zu können. Die kognitiven Fähigkeiten im Sinne von Analogieschlussdenken und Regelerkennen wurden, ebenso wie Informationen zum familiären Hintergrund, im 1. Halbjahr des 1. Schuljahres erhoben. Die Tests zur L1-Leseflüssigkeit und zur L1-Rechtschreibleistung wurden von Klasse 1 bis 4, jeweils vor Ende des Schuljahres, durchgeführt.

Die Ergebnisse zeigen, dass die Immersionskinder, die lediglich 30 % ihres Unterrichts in deutscher Sprache erhielten, am Ende der 1. Klasse eine vergleichbar hohe Leseflüssigkeit im Deutschen aufwiesen wie Kinder aus Klassen ohne Immersion, die in allen Fächern auf Deutsch unterrichtet wurden – sieht man von zwei Wochenstunden Englisch ab Klasse 3 ab (Gebauer u. a. 2012: 191). Die Entwicklung der L1-Leseflüssigkeit im Laufe der Grundschulzeit ist bei den Immersionskindern durch einen starken Zuwachs von Klasse 1 zu Klasse 2 und einen vergleichsweise geringen Zuwachs von der 3. bis zur 4. Klasse gekennzeichnet, während die Entwicklung bei den Schülern ohne Immersion von der 1. bis 4. Klasse kontinuierlich zunahm. Am Ende der 4. Klasse haben sich die Leistungen beider Gruppen im Bereich L1-Leseflüssigkeit wieder angeglichen. Da der geringe Anstieg der L1-Leseflüssigkeitsleistungen bei den

Immersionskindern in Klasse 3 und 4 auf einen Deckeneffekt zurückzuführen ist, ist diese Leistungsentwicklung nur begrenzt interpretierbar. Es ist denkbar, dass bei einem Testverfahren, das auch im oberen Leistungsbereich differenziert, ein Vorsprung in der L1-Leseflüssigkeitsleistung für die Immersionskinder nachgewiesen werden könnte (entsprechende Ergebnisse gibt es aus kanadischen Studien, z. B. Genesee 2004).

Auch im Bereich der L1-Rechtschreibleistungen wiesen die Immersionskinder und die Kinder ohne Immersion am Ende der Klasse 1 ein vergleichbares Niveau auf, jedoch bei ähnlichen Entwicklungsverläufen von der 1. bis zur 4. Klasse (Gebauer u. a. 2012).

Gebauer u. a. kommen insgesamt zu dem Schluss, „dass der Besuch immersiven Unterrichts im Vergleich zu konventionellem Unterricht keine negativen Effekte auf die Entwicklung der L1-Leseflüssigkeit und -Rechtschreibleistung in den vier Grundschuljahren hat" (2012: 193). Damit bestätigen die Ergebnisse dieser Längsschnittstudie die Befunde internationaler Untersuchungen zur L1-Entwicklung in Immersionsprogrammen (Genesee 2004).

Im Rahmen des DFG-Projekts *MOBI* ist neben der gerade skizzierten Längsschnittstudie auch eine Studie zum Vergleich von Mathematikleistungen durchgeführt worden (Zaunbauer/Möller 2007). Untersucht wurden 139 Erstklässler (54 % aus Immersionsklassen) am Ende des 1. Schuljahres. Die Mathematikleistungen wurden mithilfe eines deutschsprachigen, standardisierten Tests gemessen. Als Kontrollvariablen wurden Elternfragebögen mit Informationen zum familiären Hintergrund, Schülerangaben zu Interesse und Motivation sowie Tests zur Konzentration, Intelligenz und zum Verbalgedächtnis einbezogen.

Die Ergebnisse zeigen „bei Kontrolle kognitiver Grundfähigkeiten und des Verbalgedächtnisses sogar bessere Leistungen der immersiv unterrichteten Schüler in einem deutschsprachigen Mathematiktest, obwohl sie mathematische Konzepte in der L2 lernen" (Zaunbauer/Möller 2007: 149). Auch dieses Resultat bestätigt Befunde internationaler Studien. Zaunbauer und Möller (2007) weisen jedoch auf mögliche Einschränkungen hinsichtlich der Interpretierbarkeit der Ergebnisse hin. So konnten gemessene Unterschiede zwischen immersiv und nichtimmersiv unterrichteten Kindern im Bereich nonverbale Intelligenz und Gedächtnisspanne zwar statistisch ‚kontrolliert' werden, deuten aber auf die in diesem Zusammenhang viel diskutierte „Eingangsselektivität" hin (ebd.: 151, Genesee 2004).

Zusammenfassung

Die Ergebnisse weltweiter Studien zur Wirksamkeit von Immersion, durchgeführt in unterschiedlichen soziolinguistischen und soziopolitischen Kontexten, in einer Vielzahl von Schulen mit unterschiedlichen Organisationsstrukturen, ergeben folgendes, recht einheitliches Muster: Das Niveau an L2-Kenntnissen ist signifikant höher als das, was durch Fremdsprachenunterricht erreicht werden kann, und die Entwicklung der Muttersprache leidet nicht. In den immersiv unterrichteten Sachfächern wird der gleiche Kenntnisstand erreicht wie im L1-Sachfachunterricht. Immersion scheint darüber hinaus für alle Schülerinnen und Schüler gleichermaßen geeignet zu sein. Auch Kinder mit Förderbedarf profitieren, bei entsprechender Förderung, in Bezug auf das erreichbare Niveau an L2-Fähigkeiten.

Die Forschung an deutschen Grundschulen mit Immersion befindet sich noch in den Anfängen. Die ersten Ergebnisse im Bereich L2, L1-Deutsch und Mathematik liegen jedoch im internationalen Trend. Neben Studien zur Entwicklung von Sachfachkenntnissen in Immersion fehlen systematische Studien zu unterrichtlichen Faktoren sowie Vergleiche zwischen CLIL-Programmen mit unterschiedlichen L2-Kontaktzeiten. Erste Untersuchungen in bilingualen Kindergärten haben signifikante Zusammenhänge zwischen Kontaktdauer und Sprachentwicklung sowie zwischen sprachlichen Fähigkeiten und der Qualität des Inputs ergeben (Kersten 2012). Es kommt eben – auch in der Immersion – immer auf die Lehrkraft an!

Literatur
Baker, Colin ([2]1996): *Foundations of Bilingual Education and Bilingualism*. Clevedon.
Burmeister, Petra (2006): Immersion und Sprachunterricht im Vergleich. In: Manfred Pienemann/Jörg-U. Keßler/Eckhard Roos (Hrsg.): *Englischerwerb in der Grundschule*. Paderborn, 197–216.
Burmeister, Petra (2010): •Did you now that 15 difrent Fish arts in the Kiel Canal live? On Foreign Language Writing in Partial Immersion Primary School Classrooms. In: Bärbel Diehr/Jutta Rymarczyk (Hrsg.): *Researching Literacy in a Foreign Language among Primary School Learners. Forschung zum Schrifterwerb in der Fremdsprache bei Grundschülern*. Frankfurt/M., 131–145.
Cummins, Jim (2009): Fundamental Psycholinguistic and Sociological Principles Underlying Educational Success for Linguistic Minority Students. In: Tove Skutnabb-Kangas/Robert Phillipson/Ajit K. Mohanty/Minati Panda (Hrsg.): *Social Justice through Multilingual Education*. Bristol, 19–35.
Gebauer, Sandra K./Anna C. M. Zaunbauer/Jens Möller (2012): Erstsprachliche Leistungsentwicklung im Immersionsunterricht. Vorteile trotz Unterrichts in einer Fremdsprache? In: *Zeitschrift für Pädagogische Psychologie, 26* (3), 183–196.
Genesee, Fred (1987): *Learning through Two Languages: Studies of Immersion and Bilingual Education*. Cambridge, Mass.
Genesee, Fred (2004): What Do We Know About Bilingual Education for Majority-Language Students? In: Tej K. Bhatia/William C. Ritchie (Hrsg.): *The Handbook of Bilingualism*. Malden, 547–576.
Genesee, Fred (2007): French Immersion and At-Risk Students. A Review of Research Evidence. In: *The Canadian Modern Language Review/La revue canadienne des langues vivantes, 63* (5), 655–688.
Johnson, Robert K./Swain, Merrill (Hrsg.) (1997): *Immersion Education: International Perspectives*. New York.
Kersten, Kristin (2012): Fremdsprachenerwerb im Kindesalter. Forschungsergebnisse aus bilingualen Kitas. In: Friedrich Lenz (Hrsg.): *Bilinguales Lernen – Unterrichtskonzepte zur Förderung sachbezogener und interkultureller Kompetenz*. Frankfurt/M., 25–56.

Keßler, Jörg-U. (2006): Englischerwerb im Anfangsunterricht der Primar- und Sekundarstufe. Plädoyer für ein empirisch fundiertes Übergangsprofil. In: Manfred Pienemann/Jörg-U. Keßler/Eckhard Roos (Hrsg.): *Englischerwerb in der Grundschule.* Paderborn, 159–184.
Swain, Merrill (2000): French Immersion Research in Canada. Recent Contributions to SLA and Applied Linguistics. In: *Annual Review of Applied Linguistics* 20, 199–212.
Wesche, Marjorie Bingham (2002): Early French Immersion. How Has the Original Canadian Model Stood the Test of Time? In: Petra Burmeister/Thorsten Piske/Andreas Rohde (Hrsg.): *An Integrated View of Language Development. Papers in Honor of Henning Wode.* Trier, 357–379.
Wode, Henning (1995): *Lernen in der Fremdsprache. Grundzüge von Immersion und bilingualem Unterricht.* Ismaning.
Wode, Henning (2009): *Frühes Fremdsprachenlernen in bilingualen Kindergärten und Grundschulen.* Braunschweig.
Zaunbauer, Anna C. M./Möller, Jens (2007): Schulleistungen monolingual und immersiv unterrichteter Kinder am Ende des ersten Schuljahres. In: *Zeitschrift für Entwicklungspsychologie und Pädagogische Psychologie* 39 (3), 141–153.
Zydatiß, Wolfgang (2000): *Bilingualer Unterricht in der Grundschule. Entwurf eines Spracherwerbskonzeptes für zweisprachige Immersionsprogramme.* Ismaning.

Petra Burmeister

23 *Language Awareness* und Metakognition

Bilingualer Sachfachunterricht ist weder anhand fachlicher Inhalte durchgeführter Fremdsprachenunterricht noch in einer anderen als der gängigen Schulsprache stattfindendes inhaltliches Lernen, sondern zeichnet sich durch die Integration von Inhalts- und Sprachenlernen aus. Der Fremdsprache kommt in dieser Unterrichtsform eine besondere Rolle zu, denn sie ist anders als im regulären Fremdsprachenunterricht nicht Unterrichtsgegenstand, sondern dient der Vermittlung und kommunikativen Verhandlung sachfachlicher Inhalte. Die daraus vor allem zu Beginn bilingualer Lehrgänge resultierende mögliche Diskrepanz zwischen den kognitiven Fähigkeiten der Schülerinnen und Schüler und ihren fremdsprachlichen Kompetenzen kann durch die Förderung von *Language Awareness* (LA) sowie die gezielte Nutzung metakognitiver Strategien überbrückt werden. Gerade aus der den bilingualen Sachfachunterricht kennzeichnenden inhaltlichen und sprachlichen Arbeit ergibt sich ein besonderes Potenzial für die Herausbildung von LA und Metakognition und damit für die Entwicklung von Fähigkeiten, die nicht nur für Studium und Beruf, sondern auch angesichts der Forderung von individueller Mehrsprachigkeit sowie der angestrebten Vorbereitung auf lebenslanges Sprachenlernen von besonderer Bedeutung sind.

Definitionen: *Language Awareness* und Metakognition

Das Konzept LA hat sich vor dem Hintergrund vor allem sprachlich bedingter Schulprobleme in Großbritannien in den 1960er und 1970er Jahren herausgebildet (vgl. Hawkins 1992). LA, für das sich im deutschen Kontext die Entsprechungen ‚Sprachbewusstheit' oder ‚Sprachbewusstsein' finden, entzieht sich einer einheitlichen Begriffsbestimmung (vgl. die Übersichtsartikel zu LA von Svalberg 2007 und Gnutzmann 2010). Einen Anknüpfungspunkt bietet die Definition der *Association for Language Awareness*, die unter LA „explicit knowledge about language, and conscious perception and sensitivity in language learning, language teaching and language use" (ALA 2012) versteht. Die in dieser Beschreibung zum Ausdruck gebrachte zweifache Perspektivierung des Begriffs in Form einer expliziten Wissensdimension und einer Wahrnehmungskomponente, die die Sensibilisierung für sprachliche Phänomene und die verschiedenen Ebenen des Sprachgebrauchs einschließt, lässt die Tragweite des Konzepts erkennen. Darüber hinaus zeigt die genannte Definition die mit LA verbundenen Domänen auf: So bezieht sich LA nicht nur auf Sprache und Sprachgebrauch, sondern schließt das Lernen und Lehren von Sprachen mit ein. Daher geht mit LA immer auch *Language Learning Awareness* (LLA) oder deutsch ‚Sprachlernbewusstheit' als die Fähigkeit, das eigene Sprachenlernen bewusst zu gestalten und kritisch zu reflektieren, einher.

Während LLA sich auf die Bewusstmachung und gezielte Steuerung sprachlicher Lernprozesse richtet, ist Metakognition weiter gefasst und nicht auf sprachliches Lernen begrenzt. Vielmehr versteht man darunter in der Psychologie die „Wissensbestände eines Lerners zu seinen eigenen Kenntnissen, Gedächtnisleistungen und anderen lernrelevanten Eigenschaften" (Krapp/Weidenmann 2006: 248). Dieses ‚Wissen über das eigene Wissen' umfasst eine deklarative und eine prozedurale Komponente und schließt daher die Nutzung metakognitiver Strategien zur Steuerung, Überwachung und Selbstevaluation von Lernprozessen, in Abhängigkeit vom eigenen Vorwissen, ein. Kompetenzen zur Auseinandersetzung mit den eigenen kognitiven Prozessen entwickeln sich i. d. R. nicht von selbst, und es ist fraglich, in welchem Maße man sich ihrer bewusst sein kann. Sie bedürfen daher der systematischen unterrichtlichen Förderung. Ziel ist dabei, das Spektrum möglicher Strategien ins Bewusstsein der Lerner zu heben und sie dazu zu befähigen, in Abhängigkeit von Lernaufgabe, Vorwissen und gegebenen Rahmenbedingungen die für sie geeigneten Strategien auszuwählen, ihr eigenes Lernen zu steuern und zu kontrollieren, die erzielten Resultate und den Erfolg der gewählten Strategien zu überprüfen sowie die gewonnenen Erkenntnisse und Erfahrungen in die Bearbeitung eines neuen Problems einfließen zu lassen (Transfer).

Das Potenzial des bilingualen Sachfachunterrichts für die Förderung von *Language Awareness* und Metakognition

LA als übergreifendes Konzept, das sich sowohl im Mutter- als auch im Fremdsprachenunterricht verankern lässt, kann auch im Bilingualen Unterricht zum Tragen kommen. Die Fremdsprache ist hier zwar nicht systematisch zu betrachtender Unterrichtsgegenstand, es steht jedoch außer Frage, dass die angestrebte Verknüpfung von inhaltlichem und sprachlichem Lernen die Fähigkeit zum sprachlichen Verständnis der in der Fremdsprache behandelten Themen voraussetzt. Immerhin sind diese maßgeblich für die Unterrichtsgestaltung, da sich in der Regel die Ziele und Inhalte des bilingualen Unterrichts an den Vorgaben des jeweiligen Sachfachs bemessen. Insofern stehen bilinguale Unterrichtsformen trotz der dienenden Funktion der Fremdsprache in der Verantwortung, den Schülerinnen und Schülern entsprechende sprachliche Hilfestellungen an die Hand zu geben, denn die kognitiven und kommunikativen Anforderungen des bilingual unterrichteten Faches können nur dann von den Lernenden bewältigt werden, wenn sie über eine entsprechende fachliche Diskurskompetenz verfügen (vgl. Gnutzmann 2006: 187).

Im bilingualen Sachfachunterricht bieten sich verschiedene Anknüpfungsmöglichkeiten für LA-Aktivitäten und sprachreflexive Betrachtungen (vgl. Gnutzmann 2003). Zwar lassen sich LA und LLA ebenso im herkömmlichen (Fremd-) Sprachen- und Sachfachunterricht fördern, die Lernumgebung des Bilingualen Unterrichts fordert ihre Berücksichtigung jedoch geradezu heraus. Denn während im muttersprachlichen Sachfachunterricht nur allzu leicht davon ausgegangen wird, dass die Lernenden aufgrund ihrer Kompetenzen in der Schulsprache dazu in der Lage sind, die behandelten Inhalte zu verstehen, zwingt der Gebrauch der Fremdsprache dazu, mögliche sprachliche Hürden zu antizipieren und Verständnisproblemen sprachlicher und inhaltlicher Art durch ein gezieltes Strategieangebot, wie z. B. Lese- und Schreibstrategien, entgegenzuwirken. Die zunächst retardierende Wirkung der Fremdsprache kann dabei insofern das inhaltliche Lernen begünstigen, als sie Anlass zu einer intensiveren Auseinandersetzung mit den sachfachlichen Inhalten geben kann.

Der Aufforderungscharakter für ein Nachdenken über Sprache scheint jedoch je nach bilingual unterrichtetem Fach unterschiedlich groß zu sein: Die traditionell das Feld des Bilingualen Unterrichts dominierenden geistes- und sozialwissenschaftlich basierten Fächer wie Geschichte, Erdkunde und Politik bieten sich für sprachreflexive Betrachtungen an, weil hier die Untersuchungs- bzw. Lerngegenstände durch Sprache und die mit dieser Sprache verbundenen Kultur oder Kulturen konstituiert werden. Da die Rolle der Sprache in den Naturwissenschaften hingegen als kulturunabhängig bzw. kulturübergreifend und der wissenschaftliche Diskurs als universelle, von den Einzelsprachen losgelöste Kommunikation beschrieben wird (Widdowson 1979), kommen sie für sprachreflexive wie auch interkulturelle Zugänge weniger infrage. Die Auffassung, dass der naturwissenschaftliche Diskurs abstrakt und sprachenübergreifend sei, stützt sich auf die Beobachtung, dass naturwissenschaftliche Sachverhalte sehr häufig durch mathematische Formeln, Diagramme und Schaubilder dargestellt werden. Durch die zunehmende Bedeutung des Englischen als *lingua franca* und internationale Wissenschaftssprache kommt auch diesen Fächern ein gesteigerter Stellenwert zu, und es wäre wünschenswert, sie zukünftig häufiger als bilingual unterrichtete Fächer an Schulen vorzufinden.

Möglichkeiten der Förderung von *Language Awareness* und Metakognition im bilingualen Sachfachunterricht

In Abgrenzung zum herkömmlichen Fremdsprachenunterricht bieten sich im bilingualen Sachfachunterricht folgende Möglichkeiten zur Förderung von LA:

▸ *Terminologievergleich zwischen Ausgangs- und Zielsprache:* Ausgehend von der ursprünglichen und durch die Verwendung des Adjektivs ‚bilingual' zum Ausdruck gebrachten Konzeption des bilingualen Sachfachunterrichts als eine Form des zweisprachigen Lernens und Lehrens bietet sich ein Vergleich der mutter- und fremdsprachlichen Begrifflichkeiten für einen behandelten Unterrichtsgegenstand an. Dies ist schon allein deshalb notwendig, weil sichergestellt werden muss, dass bilingual unterrichtete Schülerinnen und Schüler keine Domänenverluste in ihrer Bildungssprache erleiden. In der Fremdsprache erworbene Fachterminologie sollte den Lernenden daher immer auch in der Muttersprache verfügbar sein. Neben Begriffen, für die sich nahezu identische Bezeichnungen finden, wie es zu weiten Teilen auf die Naturwissenschaften zutreffen dürfte, sind vor allem solche Fälle interessant, in denen es zu Abweichungen kommt. Ein vielfach zitiertes Beispiel dafür aus dem Kontext des Geschichtsunterrichts ist das der *barbarian invasion* (englisch) bzw. *les grandes invasions* (französisch), für das sich im Deutschen die wesentlich neutralere Formulierung der *Völkerwanderung* findet. Die Thematisierung der sich hinter diesen unterschiedlichen Bezeichnungen verbergenden Bedeutungen sowie ihrer ideologischen Färbung kann die Sensibilität der Lernenden für die je nach Sprache unterschiedlich vorgenommenen Konzeptualisierungen stärken und sie so zu *Critical Language Awareness* (Fehling 2010: 182), d. h. der Herausbildung eines kritischen Bewusstseins gegenüber Sprache, anregen. Voraussetzung dafür ist allerdings, dass die zweisprachige Komponente des bilingualen Lernens, das häufig als ausschließlich in der Fremdsprache stattfindender Unterricht missverstanden wird, systematisch berücksichtigt wird (→ Art. 24).

▸ *Kontrastive Materialarbeit und Übersetzung:* Ähnliches gilt für die kontrastive Quellenarbeit sowie die Möglichkeit der Übersetzung: Bilingualer Sachfachunterricht bietet die Chance, Quellen und andere Unterrichtsmaterialien nicht nur einer Sprache zu nutzen, sondern deren Übersetzung als zusätzliche Informationsressource einzubeziehen. Ein kontrastiver Vergleich von in der Fremd- und Muttersprache vorliegendem Material kann zu vertieften Einsichten in die textuellen Zusammenhänge führen und das inhaltliche Verständnis sichern. Darüber hinaus werden die Lernenden für die Ausdrucksmöglichkeiten sowie damit möglicherweise verbundene Präzisierungen bzw. Ungenauigkeiten ihrer eigenen Muttersprache sensibilisiert. Dies lässt sich auch durch das Anfertigen von Übersetzungen anregen, bei denen Lernende gefordert sind, ein Gespür für die textuellen und stilistischen Besonderheiten der jeweiligen Sprache zu entwickeln und diese in angemessener Form in ihre Übersetzung einfließen zu lassen. Mit der Schwierigkeit konfrontiert, eine adäquate Übersetzung für den deutschen Begriff der *Reichskristallnacht* zu finden, sind die Schülerinnen und Schüler gezwungen, zwischen verschiedenen fremdsprachigen Begriffen abzuwägen und gegebenenfalls eine situationsadäquate Umschreibung zu wählen. Nicht nur Genauigkeit im sprachlichen Ausdruck, sondern auch Sensibilität im sprachlichen Umgang mit interkulturellen Phänomenen, für die eine passende sprachliche Entsprechung gefunden werden muss, lassen sich dadurch fördern.

▸ *Bewusstmachung syntaktischer und textlinguistischer Charakteristika von Fachtexten in Ausgangs- und Zielsprache:* Neben einem spezifischen und disziplinabhängigen Wortschatz sind Fachtexte durch bestimmte syntaktische Strukturen sowie charakteristische Diskursmuster gekennzeichnet. Hierzu gehören z. B. zum einen ein gehäuftes Vorkommen der Verwendung von Präsens und Passiv (besonders das agenslose Passiv) und zahlreiche Nominalisierungen sowie zum anderen typische Wendungen zur Realisierung gehäuft vorkommender Sprechakte des wissenschaftlichen Diskurses wie Beschreiben, Diskutieren, Schlussfolgern o. Ä. Ihre Thematisierung im fortgeschrittenen bilingualen Unterricht kann dazu beitragen, die Verständlichkeit wissenschaftlicher Texte für Lernende zu erhöhen sowie die aus dem Gebrauch bestimmter Strukturen resultierende Wirkung auf die Leserinnen und Leser, wie z. B. eine Distanzierung vom beschriebenen Inhalt (*hedging*) oder eine größere Versachlichung, transparenter zu machen. Die Fähigkeit, mit wissenschaftlichen Texten umzugehen und ihre syntaktisch-stilistischen Besonderheiten zu erkennen, dient vor allem der wissenschaftspropädeutischen Ausbildung der Teilnehmer bilingualer Unterrichtsangebote.

▸ *Entwicklung fremd- und fachsprachlicher Lese- und Schreibkompetenzen:* Fremdsprachliche fachbezogene, schriftliche Materialien spielen für das inhaltliche Lernen im bilingualen Sachfachunterricht eine zentrale Rolle. Daher müssen die Lernenden in noch stärkerem Maße als im herkömmlichen Fremdsprachen- bzw. Sachfachunterricht zum adäquaten Umgang damit befähigt werden, das heißt, ihren Lese- und Schreibkompetenzen kommt eine essenzielle Bedeutung zu. Da diese nicht vorausgesetzt werden können, besteht eine grundlegende Aufgabe des Bilingualen Unterrichts darin, die metakognitiven Fähigkeiten der Lernenden so zu entwickeln, dass diese durch den gezielten Einsatz geeigneter Strategien in der Lage sind, sich Texte eigenständig zu erschließen und ihnen relevante Informationen zu entnehmen. Diese dann nicht nur in der Muttersprache, sondern in zwei Sprachen schriftlich kommunizieren zu können, stellt eine wesentliche im bilingualen Sachfachunterricht zu erreichende Kompetenzerweiterung der Lernenden dar.

Da all diese Aktivitäten im Bilingualen Unterricht nicht als ‚Selbstzweck‘ betrieben werden, sondern zur Bearbeitung eines sachfachlichen Problems beitragen, dürfte ihr Nutzen den Lernenden eher evident erscheinen als in anderen Unterrichtsformen.

Doch nicht nur Sprache in ihren verschiedenen Erscheinungsformen und ihrem Gebrauch kann Ausgangspunkt für metareflexive Betrachtungen im bilingualen Unterricht sein. Vielmehr haben die vorgestellten LA-Aktivitäten auch eine auf die Bewusstmachung des eigenen Lernens abzielende Komponente (LLA). Dabei kommt vor dem Hintergrund einer verstärkten Hinwendung zum Sprachen*lerner* und der intensiveren Berücksichtigung der lernerseitigen individuellen kognitiven Verarbeitungs- und Steuerungsprozesse der Förderung von metakognitiven Strategien und der Thematisierung des ‚Lernen lernen' eine zentrale Bedeutung zu. Zwar sind die Grenzen zwischen Kognition und Metakognition fließend, man geht jedoch davon aus, dass Lernende qua unterrichtlicher Anregung zur Auseinandersetzung mit den eigenen kognitiven Prozessen motiviert und durch die Bereitstellung eines entsprechenden Angebots an Strategien dazu angeleitet werden können, diese gezielt einzusetzen und ihr individuelles Lernen dadurch bewusst(er) zu steuern (zur Bedeutung von Metakognition im Fremdsprachenunterricht vgl. insbesondere die Arbeiten von Wenden, exemplarisch Wenden 1998).

Für die im bilingualen Sachfachunterricht angestrebte Verknüpfung von Sprach- und Inhaltslernen sind nach Wolff (2009: 146–150) vor allem folgende Lernstrategien bedeutsam:

▸ *Strategien zum Erwerb sprachlicher Mittel:* z.B. die Fähigkeit, mithilfe des sprachlichen Vorwissens und kontextueller Hinweise, aber auch anhand von (elektronischen) Wörterbüchern und Korpora die Bedeutung unbekannter Wörter zu erschließen;

▸ *fertigkeitsbezogene Strategien:* z.B. Strategien der gezielten Informationsentnahme aus Sachtexten (Lesestrategien), Strategien zur schriftlichen Zusammenfassung dieser Informationen (Schreibstrategien) oder Strategien zum Umgang mit sachfachspezifischen Materialien wie Karten oder Grafiken und den darin enthaltenen nichtsprachlich kodierten Informationen;

▸ *auf Sprachreflexion bezogene Strategien:* z.B. Strategien des Erstellens von Terminologiefeldern;

▸ *auf das Lernen bezogene Strategien:* z.B. Strategien der Selbstregulation zur Planung des Lernprozesses oder Strategien zur Selbstevaluation des eigenen Lernens;

▸ *auf soziale Kooperation bezogene Strategien:* z.B. Strategien für das gemeinsame Lernen mit Mitschülerinnen und Mitschülern oder Strategien des Hypothesentestens.

Die Anbindung dieser Strategien, die sowohl individuell eingesetzt als auch im Klassenverband thematisiert werden können, an das fachlich-inhaltliche *und* sprachliche Lernen im Bilingualen Unterricht lässt in besonderem Maße ihren Anwendungsbezug deutlich werden.

Zusammenfassung

Eine verstärkte Fokussierung auf LA und Metakognition, wie sie sich im bilingualen Sachfachunterricht besonders gut verankern lässt, kann zu vertiefenden Einsichten in strukturelle und funktionale Aspekte von Sprache und Sprachgebrauch sowie die mit dem Lernen verbundenen Prozesse führen und durch mehr Verantwortungsübergabe an die Schülerinnen und Schüler einen wichtigen Beitrag zur Entwicklung von Lernerautonomie leisten. Darüber hinaus verbindet sich mit der Förderung von LA und der Nutzung metakognitiver Strategien die Annahme, dass dadurch Lernprozesse effektiviert und optimiert werden können. Ob durch LA-Aktivitäten angeregte Reflexionsmomente und eine stärkere Thematisierung des ‚Lernen lernen‘ sich jedoch tatsächlich begünstigend auf das deklarative und in der Folge auch das prozedurale Wissen der Lernenden auswirken und dadurch zu einer Verbesserung ihrer sprachlichen Performanz und ihrer fachlichen Leistungen beitragen, ist allerdings schwer nachweisbar. Zum einen entziehen sich die damit verbundenen kognitiven Vorgänge der direkten Beobachtung, zum anderen ist kaum zu ermitteln, zu welchem Anteil individuelle Lernerfolge tatsächlich darauf zurückzuführen sind. Bisherige empirische Untersuchungen (u. a. Fehling 2005, Morkötter 2005, Heine 2010) legen allerdings durchaus die Annahme nahe, dass ein durch Nachdenken über Sprache und das eigene Lernen entwickeltes explizites Wissen zumindest in Teilen in Sprachhandlungs- und Problemlösesituationen als implizites Wissen wirksam werden kann.

Literatur

ALA = Association for Language Awareness (2012): About. http://www.languageawareness. org/web.ala/web/about/tout.php [11. 04. 2012].

Fehling, Sylvia (2005): *Language Awareness und bilingualer Unterricht. Eine komparative Studie*. Frankfurt/M.

Fehling, Sylvia (2010): *Critical Language Awareness* im bilingualen Unterricht: Relevanz für die Lernenden und unterrichtliche Umsetzungsmöglichkeiten. In: Sabine Doff (Hrsg.): *Bilingualer Sachfachunterricht in der Sekundarstufe. Eine Einführung*. Tübingen, 182–195.

Gnutzmann, Claus (2003): *Language Awareness* im bilingualen Sachfachunterricht? In: Liesel Hermes/Friederike Klippel (Hrsg.): *Früher oder später? Englisch in der Grundschule und Bilingualer Sachfachunterricht*. Berlin u. a., 21–34.

Gnutzmann, Claus (2006): Zu den Funktionen des Englischen im bilingualen Sachfachunterricht: gesellschaftswissenschaftlich vs. naturwissenschaftlich basierte Fächer. In: Johannes-Peter Timm (Hrsg.): *Fremdsprachenlernen und Fremdsprachenforschung: Kompetenzen, Standards, Lernformen, Evaluation. Festschrift für Helmut Johannes Vollmer*. Tübingen, 179–196.

Gnutzmann, Claus (2010): Language Awareness. In: Wolfgang Hallet/Frank G. Königs (Hrsg.): *Handbuch Fremdsprachendidaktik*. Seelze, 115–119.

Hawkins, Eric (1992): Awareness of Language/Knowledge about Language in the Curriculum in England and Wales. An Historical Note on 20 Years of Curricular Debate. In: *Language Awareness* 1, 5–17.

Heine, Lena (2010): *Problem Solving in a Foreign Language. A Study in Content and Language Integrated Learning*. Berlin, New York.

Krapp, Andreas/Weidenmann, Bernd (Hrsg.) (^{5}2006): *Pädagogische Psychologie. Ein Lehrbuch*. Weinheim.

Morkötter, Steffi (2005): *Language Awareness und Mehrsprachigkeit. Eine Studie zu Sprachbewusstheit und Mehrsprachigkeit aus der Sicht von Fremdsprachenlernern und Fremdsprachenlehrern*. Frankfurt/M.

Svalberg, Agneta M.-L. (2007): Language Awareness and Language Learning. In: *Language Teaching* 40, 287–308.

Wenden, Anita (1998): Metacognitive Knowledge and Language Learning. In: *Applied Linguistics* 19, 515–537.

Widdowson, Henry G. (1979): The Description of Scientific Language. In: Henry G. Widdowson: *Explorations in Applied Linguistics*. Oxford, 51–61.

Wolff, Dieter (2009): Strategien im bilingualen Sachfachunterricht. In: Manfred Raupach (Koord.): *Strategien im Fremdsprachenunterricht. Fremdsprachen lehren und lernen 38*, 137–157.

Claus Gnutzmann, Jenny Jakisch

24 Einsprachigkeit, Zweisprachigkeit und Code-Switching

Das Verhältnis der Sprachen im Bilingualen Unterricht

Die Frage nach der Rolle der Muttersprache und dem Verhältnis zwischen Mutter- und Fremdsprache haben die Fremdsprachendidaktik lange und auch immer wieder bewegt. Stellt man jedoch in Rechnung, dass es sich beim Bilingualen Unterricht bzw. CLIL gerade nicht um eine Verlängerung des Fremdsprachenunterrichts in den Sachfachunterricht hinein handelt, verlangt die Frage nach dem Verhältnis der ‚beteiligten' Sprachen eine differenziertere Antwort. Methodische, curriculare und auf den Spracherwerb bezogene psycholinguistische Überlegungen zur Sprach- und Informationsverarbeitung führen im Zusammenhang mit dieser Form des Unterrichts zu Betrachtungen, die denjenigen fremdsprachendidaktischen Positionsbestimmungen, die sich auf den ‚normalen' Fremdsprachenunterricht beziehen, ein Stück weit zu widersprechen scheinen. Hinzu kommt, dass die zweite ‚beteiligte' Sprache neben der Fremdsprache keineswegs für alle Lerner die Muttersprache sein muss, wie die zahlreichen Lerner mit Migrationshintergrund an deutschen Schulen täglich vor Augen führen. Für sie geht es nicht nur um ein Arrangement des Verhältnisses von Fremdsprache und der Umgebungssprache, sondern auch um den Bezug zu ihrer Muttersprache, sodass für diese Lerner häufig drei Sprachen im Spiel sind und miteinander koordiniert werden müssen. Umso mehr muss die Frage bedacht werden, unter welchen Bedingungen die Sprachen wechseln sollten und welche Funktionen mit diesem Wechsel verbunden sind bzw. verbunden sein können.

Methodische Aspekte des Sprachwechsels

Der Bilinguale Unterricht gilt als unter schulischen Bedingungen weitgehend natürlicher Fall der Anwendung einer Fremdsprache zu Kommunikationszwecken und zum Zwecke des authentischen Austausches von Informationen. Nicht zuletzt mit diesem Argument ist immer wieder dafür geworben worden, auch diesen Unterricht möglichst einsprachig, und zwar in der Fremdsprache, zu gestalten: Damit schlagen wieder fremdsprachendidaktische Ansichten durch, wonach der möglichst einsprachige intensive Sprachumsatz die größte Gewähr dafür bietet, dass sich Lernende die fremde Sprache auf eine Art und Weise aneignen, die es ihnen ermöglicht, in konkreten Kommunikationssituationen intentionsadäquat auf ihren fremdsprachlichen Wissensbestand zurückzugreifen. Von daher bietet – so die Annahme – der ausdrückliche Verzicht auf den Einsatz der Mutter- bzw. Umgebungs- oder Schulsprache in kommunikativ reichhaltigen Situationen am ehesten Anlass für die Vermutung, dass sich bei den Lernenden eine effektive Aneignung der Fremdsprache vollziehen kann. Dieser Position ist jedoch mit unterschiedlichen Argumenten entgegengetreten worden: Zum einen lässt sich unter Anlehnung an die ‚Aufgeklärte Einsprachigkeit' argumentieren, dass eine Semantisierung schwieriger fremdsprachlicher Bedeutungselemente ohne Rückgriff auf die Erstsprache mental belastender und zeitlich ineffektiv ist. Zum Zweiten darf die Ausblendung der Muttersprache nicht zu einer emotionalen bzw. affektiven Distanzierung vom Thema des Sachfachunterrichts führen. Und schließlich sollte zum Dritten das Arbeiten in der Fremdsprache nicht zur Folge haben, dass sachfachliche Inhalte von der Fremdsprache mühsam in die Muttersprache „rückimportiert" (Hallet 2002: 121) werden müssen. Dieser Rückimport bedeutet nicht nur einen zeitlichen Mehraufwand, sondern wird – zumindest aus der Perspektive einzelner Unterrichtsfächer – auch unter dem Gesichtspunkt einer fachbezogenen simultanen mutter- und fremdsprachlichen Konzeptbildung als Notlösung angesehen (Heimes 2011: 50). Wir haben es im bilingualen Unterricht also mit einer funktionalen Mehrsprachigkeit zu tun, in der ein Einbezug der Muttersprache weiterreichende Funktionen hat als die mentale Unterstützung beim Aufbau eines fremdsprachlichen Bedeutungssystems. So definieren Otten/Wildhage (2003: 31 f.) folgerichtig, dass die Verwendung von Mutter- und Fremdsprachen funktional zu bestimmen sei „nach Lern- und Arbeitssituation bezogen auf fachrelevante Arbeitsweisen sowie die kognitiven und kommunikativen Anforderungen der jeweiligen Aufgabenstellung im Lernprozess". Der Wechsel von der Fremdsprache in die Muttersprache (und umgekehrt!) folgt damit nicht nur lernpsychologischen Überlegungen zur Aneignung der fremden Sprache, sondern erfüllt gleichzeitig eine wichtige Funktion bei der Durchdringung sachfachlicher Themen und Inhalte. Damit unterscheidet er sich aber gleichzeitig von eher aus der Fremdsprachendidaktik abgeleiteten unterrichtsmethodischen Prinzipien, wie sie beispielsweise Butzkamm (2005) beschrieben hat.

Noch differenzierter stellt sich die Situation für die eingangs erwähnten Schülerinnen und Schüler dar, deren Muttersprache nicht mit der Schul- oder Umgebungssprache identisch ist. Was oben als durchaus nachvollziehbarer und sinnvoller Rückgriff auf die Muttersprache beschrieben worden ist, stellt für sie den Einbezug einer weiteren Fremdsprache dar. Erst in dem Zusammenwirken von zu lernender Fremd- und einer für diese Schülerpopulation nichtmuttersprachlichen Umgebungs- oder Schulsprache entfaltet sich ein umfassendes Miteinander der Sprachen im Lernenden, das unterschiedlichen Zielsetzungen von der bloßen Erschließung des Sinngehalts über den Aufbau einer kognitiven Verankerung der Fremdsprache bis hin zu einer durch zwei (oder mehr) Fremdsprachen geprägten Mehrsprachigkeit mit dem Ziel der Stärkung der Erstsprache dieser Lernenden verpflichtet ist. Nicht von ungefähr wird im Fach Deutsch als Fremd- und Zweitsprache immer wieder betont, dass der Aufbau einer angemessenen Kompetenz in der Zweitsprache Deutsch an den gleichzeitigen weiteren Auf- bzw. Ausbau der erstsprachlichen Kompetenz gebunden ist (→ Art. 4).

Curriculare Aspekte des Sprachwechsels

Zu Recht wird vielerorts betont, dass der Sachfachunterricht keine Verlängerung des Fremdsprachenunterrichts in den Sachfachunterricht hinein bedeuten darf, sondern dass die inhaltlichen und curricularen Belange des Sachfachs Vorrang haben müssen. Zu diesen Belangen gehört, dass die inhaltliche Durchdringung und die Erarbeitung sachfachlicher Themen mit den fachlich angemessenen Methoden unverzichtbare Eckpfeiler eines das Sachfach und die Sprache(n) integrierenden Konzepts (CLIL) sind. Damit muss der bilinguale Unterricht mehr und auch anderes leisten, als einen authentischen Anwendungsfall für fremdsprachliche Kenntnisse und Kompetenzen darzustellen. Vielmehr gilt es, den parallelen Aufbau fachlichen und fachsprachlichen Wissens in Mutter- bzw. Umgebungs-/Schulsprache und Fremdsprache zu sichern, um damit eine gegenüber dem ausschließlich umgebungssprachlichen Sachfachunterricht eine breitere Grundlage für das zentrale Unterrichtsziel zu gewinnen, nämlich den Auf- und Ausbau einer umfassenden sachfachlichen Kompetenz in zwei Sprachen. Für Lernende, deren Erstsprache nicht mit der Umgebungs- oder Schulsprache identisch ist, potenziert sich damit das Spektrum der zu bewältigenden Aufgaben, da für sie neben Schul- und zu lernender Fremdsprache auch der weitere Ausbau einer muttersprachlichen Kompetenz von Bedeutung ist oder zumindest sein kann.

Zu der umrissenen Aufgabe, den Aufbau einer sachfachlichen Kompetenz in zwei Sprachen funktional aufeinander bezogen voranzutreiben, leistet die in beiden Sprachen stattfindende Auseinandersetzung mit den fachlichen Inhalten einen fundamentalen Beitrag. Der Aufbau einer fachspezifischen Terminologie in zwei Sprachen und einer sie umschließenden fachlich angemessenen Diskurskompetenz wird somit in den Dienst der Durchdringung fachspezifischer Inhalte und Methoden gestellt. Damit ist auch verbunden, dass die jeweils unterschiedlichen Formate für Bilingualen Unterricht (→ Art. 10) dazu beitragen, den Einbezug der Mutter- oder Umgebungssprache jeweils anders zu motivieren: Der durch zeitliche Vorgaben bedingte Einsatz der Fremdsprache – etwa im Rahmen von zeitlich eng geschnittenen, auf die Fremdsprache konzentrierten Modulen – funktionalisiert den Codewechsel in anderer Weise als ein Fachunterricht, der je nach Textgrundlage in die jeweilige Sprache wechselt, also z. B. den Geschichtsunterricht deshalb zeitweise auf Englisch führen lässt, weil die herangezogenen (Quellen-)Texte in dieser Sprache geschrieben sind. Im letztgenannten Fall ist bei bestimmten Fächern (wie Geschichte) der Sprachwechsel viel stärker mit einem Wechsel der Perspektiven auf den sachfachlichen Gegenstand des Fachunterrichts verbunden.

Psycholinguistische Aspekte des Sprachwechsels

In der Fremdsprachendidaktik ist viel Argumentationspotenzial darauf verwendet worden zu zeigen, dass der Aufbau einer fremdsprachlichen Kompetenz durch die Muttersprache (oder zuvor gelernte Sprachen) nicht behindert, sondern gefördert oder erleichtert werden kann (‚aufgeklärte Einsprachigkeit'). Dies hängt u. a. mit den grundsätzlichen Annahmen darüber zusammen, wie man sich eine fremde Sprache aneignet (vgl. Königs 2010a, b) und welche Prozesse dabei ausgelöst werden. Dabei zielen die genannten Überlegungen auf einen Unterricht, der die Aneignung von Sprache in den Mittelpunkt stellt und die Funktionen, die mit dieser Sprache zum Ausdruck gebracht werden sollen, soweit zum Gegenstand des Unterrichts macht, wie es dem Unterrichtsziel, nämlich der Aneignung einer fremden Sprache, angemessen und dienlich erscheint. Demgegenüber unterscheidet sich der Bilinguale Unterricht von einer solchen Sichtweise in zweifacher Hinsicht:

▸ Zum einen wird der Wechsel in eine andere Sprache nicht als Hilfsmittel oder Aneignungsprinzip gesehen, sondern als gegenstandsgenuiner Bestandteil eines Sachfachunterrichts, der zwei Sprachen gleichermaßen in den Blick nimmt. Es geht um die durch Sprache, aber auch durch andere Darstellungsformen (→ Art. 21) ausgedrückten Inhalte. Sie machen als Gegenstände des Sachfachs ebenso den Lerngegenstand aus wie die Versprachlichung dieser Darbietungsformen. Dabei bezeichnet der im englischen Sprachraum in diesem fachlichen Zusammenhang verwendete Terminus *translanguaging* die Möglichkeit und vor allem die Freiheit der Lernenden, „to move in and out of languages while working" (Gallagher 2011: 10). Diese Form des Code-Switching, ansonsten eher zweisprachigen Individuen zugeschrieben, wird hier nicht als funktionales kommunikatives Verhalten gedeutet, sondern als Indiz für tatsächliches Verstehen eines in der Fremdsprache geäußerten Sachverhaltes: Wenn Schüler etwas in zwei Sprachen verstehen, „they have *really* understood" (Baker 2006: 297). Bilingualer Unterricht strebt also an, Code-Switching nicht als kommunikative Strategie zur Überwindung fremdsprachlicher Ausdrucksschwierigkeiten zu sehen, sondern als Ausdruck einer Erschließung sachfachlicher Inhalte, zu der notwendig die kognitive und auf einander bezogene sprachliche Durchdringung der Lerngegenstände und ihrer Bezeichnungen in zwei Sprachen gehört. Damit dies aber überhaupt möglich wird, muss die kognitive Durchdringung von solcher Qualität sein, dass sie nicht nur die Sprache als Kommunikationsinstrument erfasst, sondern auch die durch Sprachen und fachspezifische Darstellungsformen zum Ausdruck gebrachten Konzepte als zentralen Lerngegenstand ansieht.

‣ Zum anderen geht es damit eben nicht ‚nur‘ um die dem Fremdsprachenunterricht zugeschriebene Akkumulierung und möglichst vielfältige Verknüpfung sprachlicher Items mit einer nachgeordneten Bedeutung der durch sie zum Ausdruck gebrachten Inhalte, sondern es geht primär um sachfachlich bestimmte Inhalte, deren Erschließung eben über beide involvierten Sprachen – die Umgebungs- und die Lernsprache – zu erfolgen hat. Anders ausgedrückt: In einem bilingualen Unterricht, der die sachfachlichen Zusammenhänge und ihre Erschließung durch die Lernenden in den Mittelpunkt stellt, „sind Weltverstehen und Welterklärung in mehr als einer Sprache möglich, Konzepte und Systematiken sind von der einen in die andere(n) Sprache(n) übersetzbar und gegenseitig anschließbar; es ist sogar denkbar, dass sich kognitive Begriffssysteme (als hybride Gebilde) aus Elementen verschiedener Sprachen zusammensetzen" (Hallet 2007: 106).

Diese Position ist in der Forschung zum Bilingualen Unterricht ebenso kontrovers diskutiert worden wie der Einsatz oder die Vermeidung der Mutter- bzw. Umgebungssprache im ‚normalen‘ Fremdsprachenunterricht. Unter anderem Laupenmühlen (2011) hat darauf hingewiesen, dass auch die Gegenposition vertreten ist, wonach es Aufgabe des Bilingualen Unterrichts sei, durch einen möglichst ausschließlichen Gebrauch der Fremdsprache die lernerseitige Kompetenz zu erhöhen. Sie argumentiert jedoch selbst zugunsten eines systematischen Einbezugs der Mutter- bzw. Umgebungssprache und begründet dies unter anderem damit, dass fachliche Konzepte häufig in beiden Sprachen erst durch die Lernenden aufgebaut und lernerbezogen entwickelt werden müssen und dass diese erst lernen müssen zu erkennen, welche fachlichen Unterschiede zwischen ähnlich anmutenden oder in beiden Sprachen äquivalent gesetzten Begrifflichkeiten bestehen. Gerade aus diesem Grunde sei der systematischen, beide Sprachen gleichermaßen bedenkenden Terminologiearbeit und Konzepterkennung der Vorrang vor der ausschließlichen Konzentration auf die Fremdsprache zu geben (2011: 245).

Unterrichtliche Aspekte des Sprachenwechsels

Aus den vorangehenden Überlegungen ergeben sich auf der konkreten Unterrichtsebene fachspezifische Konsequenzen für den Bilingualen Unterricht (→ dazu ausführlicher Teil VI dieses Buches). Aus ihnen resultiert nämlich, dass auf der Grundlage der jeweiligen Fachlichkeit die Bezeichnungen für die einzelnen fachspezifischen Gegenstände und Konzepte ebenso wie die fachspezifischen Diskursformate und Darstellungsformen nicht nur präsentiert, gelernt und den erstsprachlichen Bezeichnungen als Eins-zu-eins-Äquivalente an die Seite gestellt werden müssen, sondern dass der Unterricht für die kontrastierende Erfassung und Bearbeitung der jeweiligen Konzepte und Bezeichnungen in beiden Sprachen Raum lassen muss. Albrecht/Böing (2010) haben exemplarisch für den Geografieunterricht gezeigt, wie man mit Begriffen und Konzepten umgehen kann, die im Deutschen und Französischen trotz grafischer Ähnlichkeit verschiedene fachliche Bedeutungen aufweisen und wie man Begriffe behandeln kann, die für ähnliche Phänomene unterschiedliche Terminologien und daraus folgend unterschiedliche Bedeutungen besitzen. Sie verweisen insbesondere auf kulturelle Skripte, die kulturspezifische konnotative Merkmale transportieren, „d. h. kulturelle Spezifika, Konzepte, Wissensstrukturen, Repräsentationen und Bedeutungsnuancen" (2010: 64), die es unter Bereitstellung eines hinreichenden Zeitvolumens für beide Kulturen im Unterricht aufzuarbeiten gilt. Unbeschadet der Tatsache, dass Schwerdtfeger (1991) bereits auf die Bedeutung von kulturellen Symbolen für den Fremdsprachenunterricht insgesamt hingewiesen und Zeit für deren Behandlung angemahnt hatte, soll hier deren besondere Leistungsfähigkeit für den Bilingualen Unterricht betont werden: Durch ihre Thematisierung im Unterricht erfahren Lernende die Kulturgebundenheit von Konzepten und Bezeichnungen, lernen kulturspezifische wie kulturübergreifende Inhalte, Begriffe und Konzepte in ihrer jeweils spezifischen fachlichen Verortung kennen und in beiden Sprachen gegenstandsangemessen zu versprachlichen. Hierbei hilft das geordnete und systematische Nebeneinander der beiden Sprachen mehr als der ausschließlich methodisch begründete Verbleib in der Fremdsprache. Dieses Vorgehen ist freilich als ein Prinzip zu verstehen, dass sich insbesondere bei bedeutsamen und kulturgebundenen, nicht jedoch bei über die Kulturen hinweg universellen Symbolen anbietet. Es soll zeigen, das ein bilingualer Unterricht die planvolle, sachfachbezogene Arbeit in und an der Schul- oder Umgebungssprache ebenso braucht wie die einsprachige Unterrichtsführung dort. Einsprachigkeit, Zweisprachigkeit und Code-Switching schließen sich also nicht aus, sondern ergänzen sich – methodisch, curricular und psycholinguistisch.

Literatur

Albrecht, Volker/Böing, Maik (2010): Wider die gängige monolinguale Praxis?! Mehrperspektivität und kulturelle Skripte als Wegbereiter der Zweisprachigkeit im bilingualen Geographieunterricht. In: Sabine Doff (Hrsg.): *Bilingualer Sachfachunterricht in der Sekundarstufe. Eine Einführung.* Tübingen, 58–71.

Baker, Colin (⁴2006): *Foundations of Bilingual Education and Bilingualism.* Clevedon.

Butzkamm, Wolfgang (³2005): Über die planvolle Mitbenutzung der Muttersprache im bilingualen Sachfachunterricht. In: Gerhard Bach/Susanne Niemeyer (Hrsg.): *Bilingualer Unterricht. Grundlagen, Methoden, Praxis, Perspektiven.* Frankfurt/M., 91–108.

Gallagher, Eithne (2011): Young Children Have Stories to Share. In: Edna Murphy (Hrsg.): *Welcoming Linguistic Diversity in Early Childhood Classrooms. Learning from International Schools.* Bristol, 3–15.

Hallet, Wolfgang (2002): Auf dem Wege zu einer bilingualen Sachfachdidaktik. Bilinguales Lernen als fremdsprachige Konstruktion wissenschaftlicher Begriffe. In: *Praxis des neusprachlichen Unterrichts* 49, 115–126.

Hallet, Wolfgang (2007): *Scientific Literacy* und Bilingualer Sachfachunterricht. In: Claus Gnutzmann (Koord.): *Fremdsprache als Arbeitssprache in Schule und Studium. Fremdsprachen lehren und lernen* 36, 95–110.

Heimes, Alexander (2011): *Psycholinguistic Thought Meets Sociocultural Theory. Die inte-grativen Zusammenhänge von Fachmethodik und Fremdsprachenlernen im bilingualen (Geschichts-)Unterricht.* Frankfurt/M.

Königs, Frank G. (2010a): Lernpsychologische und psycholinguistische Grundlagen des Fremdsprachenlernens. In: Wolfgang Hallet/Frank G. Königs (Hrsg.): *Handbuch Fremd-sprachendidaktik.* Seelze-Velber, 326–329.

Königs, Frank G. (2010b): Zweitsprachenerwerb und Fremdsprachenlernen: Begriffe und Konzepte. In: Hans-Jürgen Krumm/Christian Fandrych/Britta Hufeisen/Claudia Riemer (Hrsg.): *Deutsch als Fremd- und Zweitsprache. Ein internationales Handbuch.* 1. Halb-band. Berlin, 754–764.

Laupenmühlen, Janine (2011): Making the Most of L1 in CL (1+2)IL. In: David Marsh/Oliver Meyer (Hrsg.): *Quality Interfaces: Examining Evidence & Exploring Solutions in CLIL.* Eichstätt, 237–251.

Otten, Edgar/Wildhage, Manfred (2003): Content and Language Integrated Learning. Eck-punkte einer „kleinen" Didaktik des bilingualen Sachfachunterrichts. In: Manfred Wildha-ge/Edgar Otten (Hrsg.): *Praxis des bilingualen Unterrichts.* Berlin, 12–45.

Schwerdtfeger, Inge Christine (1991): Kulturelle Symbole und Emotionen im Fremdsprachen-unterricht. Umriß eines Neuansatzes für den Unterricht von Landeskunde. In: *Informatio-nen Deutsch als Fremdsprache* 18 (3), 237–251.

Frank G. Königs

25 Fremdsprachenunterricht und Bilingualer Unterricht

Die Verschiedenartigkeit des Lernens

Noch aus den Anfängen des Bilingualen Unterrichts und seiner starken Orien-tierung an Sprachlernkonzepten und der Fremdsprachendidaktik rührt eine häufig zu beobachtende Unklarheit darüber her, wodurch sich Fremdsprachen-unterricht und Bilingualer Unterricht eigentlich unterscheiden. Eine Standardde-finition besagt, dass es sich im einen Fall um das Erlernen der Sprache handelt, im anderen um das Lernen im Medium einer Sprache, die nicht die Schulsprache ist. Eine weitere Unterscheidung richtet sich auf die jeweils vermittelten sprach-lichen Register, die man mit Cummins (2003) für den Fremdsprachenunterricht als *Basic Interpersonal Communication Skills* (BICS), für den Bilingualen Fach-unterricht als *Cognitive Academic Language Proficiency* (CALP) bezeichnen kann. Eine ähnliche Unterscheidung findet sich bei Zydatiß (2002), der von einer im Fremdsprachenunterricht zu erwerbenden allgemeinen Sprachhandlungsfä-higkeit, für den Bilingualen Unterricht von der ‚Sachfachliteralität' spricht. Hinter all diesen Unterscheidungen steckt im Kern die Verschiedenartigkeit der Lern-vorgänge und der Kognitionen: Während diese sich im Fremdsprachenunterricht auf lebensweltliches Wissen und die Fremdsprache selbst mit ihren Strukturen und der Lexik beziehen, stellt der Erwerb von konzeptuellem, systematisiertem und wissenschaftlich fundiertem Wissen und Können den Kern des Sachfachler-nens im Bilingualen Unterricht dar. Dies schlägt sich, entgegen dem landläufigen Eindruck, der von der langjährigen ‚Federführung' der Fremdsprachendidaktik auf dem Feld des Bilingualen Unterricht herrührt, darin nieder, dass für den Bilingualen Unterricht die Sachfachdidaktiken, für den Fremdsprachenunterricht die Fremdsprachendidaktiken zuständig sind.

Bilingualer Sachfachunterricht und Englischunterricht: Kooperation und Arbeitsteilung

Generell kann gelten: Der Fremdsprachenunterricht zielt auf das Verstehen und auf die fremdsprachliche Geläufigkeit im Bereich der Alltagsdiskurse und der fremdsprachigen Kulturen einschließlich der Literaturen, während es im Bilingualen Sachfachunterricht um den Aufbau eines fremdsprachigen fachlichen Weltverstehens und die Möglichkeit der Teilhabe an fremdsprachigen fachspezifischen, wissenschaftsbasierten Diskursen geht (vgl. Tabelle).

Bilingualer Sachfachunterricht	Englischunterricht
wissenschaftsbasiertes Weltverstehen	Alltagswissen
wissenschaftliche Begriffe	Alltagsbegriffe
wissenschaftsbasierte und fachspezifische Diskurse	Alltagsdiskurse
Fachtexte	alltagsweltliche Texte
kognitive Fremdsprachlichkeit	fremdsprachliche Kompetenz
funktionale Sprachverwendung, Spracherwerb	Sprachlernen
fachspezifische textuelle und methodische Kompetenzen	allgemeine und übergreifende textuelle und methodische Kompetenzen
fremdsprachiges Lernen	**Fremdsprachenlernen**

Bilingualer Sachfachunterricht und Englischunterricht

Die kleinsten Einheiten, an denen sich, hier am Beispiel der Vorstellungen von ,Regen', der Unterschied der beiden Unterrichtsarten gut verdeutlichen lässt, sind die Konzepte oder ,Begriffe' (oder, mit Zydatiß 2002: 39, die ,ontologischen Seinsbegriffe'), die wir – im Sinne einer sozialen Konstruktion – für die Deutung und das Verstehen von Welt erwerben (→ Kap. 20). Während sich der Englischunterricht weitgehend auf die Vermittlung alltagsweltlichen Wissens und die Verwendung fremdsprachiger Alltagsbegriffe (in der Fremdsprache eher rudimentär ausgebildete Begriffe) beschränkt, vermittelt der bilinguale Sachfachunterricht wissenschaftliche Wissens- und Begriffssysteme. Diese zeichnen sich durch Intersubjektivität, Systematik und Theoriegebundenheit aus (siehe nachfolgenden Tabelle; vgl. Zydatiß 2002: 39 ff., Hallet 2002: 117 ff., und Bonnet u. a. 2009: 182 f.). Der Erwerb des Konzeptwissens dient also der Entwicklung einer fremdsprachigen Sachfach-*literacy*, einer fremdsprachigen Diskursfähigkeit z. B. in Biologie, Geschichte, Bildender Kunst usw. (vgl. genauer Hallet 2007).

,Regen'/,*rain*' als Alltagsbegriff	,Regen'/,*rain*' als wissenschaftlicher Begriff
vorwissenschaftliches und Erfahrungswissen	wissenschaftliches Wissen
,Wasser von oben' ,Nässe' Nutzen und Gefahren	,Niederschlag'/,*precipitation*' Teil des Wasserkreislaufs Teil größerer Systeme (Wetter, Klima etc.)
gegenständlich, intuitiv, spontan, erfahrungsbasiert	abstrakt, systemisch, theoriegeleitet
subjektiv	intersubjektiv
muttersprachliche Ausformung fremdsprachliche ,Minikonzepte' im Fremdsprachenunterricht	**fremdsprachiges Konzept im bilingualen Sachfachunterricht**

Alltagssprache und Wissenschaftssprache

Eine Komplikation ergibt sich bei allen Definitionen freilich daraus, dass die scheinbar scharfen Trennungen im Wesentlichen heuristischer Natur sind; denn bildungstheoretisch, kognitionspsychologisch (im Sinne der soziokulturellen Sprach- und Lerntheorie Wygotskis) und im Hinblick auf den Kern des *litera-cy*-Gedankens geht es natürlich letztlich darum, dass das in der Schule in den einzelnen Fächern erworbene wissenschaftsbasierte Fachwissen (*academic knowledge*, gepaart mit *academic language proficiency*) Eingang in das alltags-weltliche Begriffs- und Sprachrepertoire der Lernenden findet und zu einer allge-meinen wissensbasierten Diskursfähigkeit führt. Daraus ergibt sich auch für den Fremdsprachenunterricht eine wichtige Aufgabe: Er muss mit dafür Sorge tra-gen, dass in die von ihm beförderte allgemeine fremdsprachige Diskursfähigkeit zunehmend auch schulisches Wissen integriert wird, wie es in den Sachfächern und im bilingualen Sachfachunterricht vermittelt wird. Dennoch ist es wichtig, klare Ziel- und Aufgabenvorstellungen für diese beiden Lerndomänen zu unter-scheiden, aus denen sich dann systematisch Formen der Arbeitsteilung und der Kooperation ableiten lassen.

Vollständige Integration: Der Vorkurs in Klasse 5/6

Ein gut etabliertes Feld der Integration von Fremdsprachenunterricht und Bilin-gualem Unterricht ist der Vorkurs in den Klassen 5 und 6 für den eigentlichen bi-lingualen Sachfachunterricht (meist ab Klasse 7), wie er in den meisten Bundes-ländern in Deutschland in der Stundentafel bilingualer Schulen fest vorgesehen ist. Gängigerweise wurde der Vorkurs lange Zeit als erweiterter Englischunter-richt verstanden, der dazu dienen sollte, durch eine rasche Zunahme der münd-lichen, teils auch der schriftlichen Ausdrucksfähigkeit die Kluft zu überwinden, die besonders in den ersten Lernjahren im Bilingualen Unterricht zwischen den komplexen inhaltlichen und kognitiven Anforderungen des Sachfachs und den zunächst geringer ausgeprägten fremdsprachlichen Fähigkeiten besteht. Vor allem im Zusammenhang mit dem frühbeginnenden Fremdsprachenunterricht, der dieses Problem – zumindest perspektivisch – abmildert, zeigt sich in jüngster Zeit die Tendenz, diesen Vorkurs nicht nur zur Verbesserung der fremdsprachlichen Fähigkeiten und *skills* zu verwenden, sondern den Schülerinnen und Schülern bereits Einblick in die Themen, Methoden und spezifischen Beschreibungssprachen der Sachfächer zu geben. In den jüngst erschienenen Lehrwerken für den Vorlaufunterricht (Böttger/Meyer 2010; Hallet [Hrsg.] 2010; Hoffmann 2011) besitzen die Themen der einzelnen Lerneinheiten daher im Hinblick auf die nachfolgenden bilingualen Sachfächer bereits einen propädeutischen (wenngleich sehr exemplarischen) Charakter; ebenso enthalten sie bereits erste Hinführungen zu fachspezifischen Methoden (→ Art. 34) und tragen, anders als frühere Materialien, stärker der Tatsache Rechnung, dass alle Sachfächer ihre Gegenstände und Sachverhalte nicht nur mittels der menschlichen Sprache erschließen, sondern auch mithilfe besonderer fachspezifischer symbolischer Darstellungsformen wie z. B. kartografischen Darstellungen und Klimadiagrammen in Erdkunde oder Querschnittzeichnungen in Biologie (→ Art. 21). Weil gleichzeitig immer noch das Training zur raschen Verbesserung der fremdsprachlichen Geläufigkeit ein wichtiges Ziel ist, kann dieser Vorkurs als Beispiel für die vollständige Integration von Fremdsprachenunterricht und Bilingualem Unterricht gelten.

Arbeitsteilung und Kooperation zwischen Fremdsprachenunterricht und Bilingualem Unterricht

Obwohl der Bilinguale Unterricht in beinahe allen Fällen von Lehrkräften erteilt wird, die zugleich eine Fremdsprachenfakultas besitzen, ist die Kooperation zwischen den beiden Unterrichtsdomänen institutionell oft nicht sehr gut entwickelt und didaktisch wenig systematisiert. Dabei liegt es auf der Hand, dass von einer sinnvollen Arbeitsteilung und Kooperation beide Lehr- und Lernfelder profitieren können. Die Aufgaben des Englischunterrichts, bezogen auf den bilingualen Bildungsgang an einer Schule, lassen sich am besten in dreifacher Weise fassen (vgl. Otten/Wildhage 2003: 32ff.; Otten 2003; Bonnet/Breidbach/Hallet 2009: 196ff.):

▸ *Sprachliches Lernen:* Der Englischunterricht schafft die fremdsprachlichen Voraussetzungen, die im Sinne anschlussfähiger Fähigkeiten und Fertigkeiten die Basis für erfolgreiches Sachfachlernen in der Fremdsprache darstellen (Thürmann 2000: 80f.). Neben den allgemeinen kommunikativen *skills* und dem Alltagswortschatz ist im Hinblick auf eine aktive Teilnahme am Bilingualen Unterricht besonders die fortwährende Weiterentwicklung der mündlichen und schriftlichen Geläufigkeit relevant. Sehr bedeutsam ist auch die Einübung und Festigung jener sprachlichen Muster und Strukturen, die für den Erwerb fachspezifischer, häufig aber auch fachübergreifender Diskursfunktionen wie *Beschreiben*, *Erklären* oder *Definieren* erforderlich sind (Zydatiß 2005a und 2005b, Dalton-Puffer 2007; → Art. 19). Oft handelt es sich um generische Formen oder *discourse types* wie *Bericht, Beschreibung* oder *Argumentation*, die fachspezifisch ausgeprägt, aber als generelle generische Kompetenzen der Lernenden in mehreren Fächern – nicht nur in den sprachlichen – benötigt werden und entwickelt werden müssen (vgl. Hallet 2013; → Art. 7 und 17). Darüber hinaus ergeben sich aus einer engen Kommunikation zwischen den beteiligten Lehrkräften immer Hinweise darauf, welche spezifischeren sprachlichen Anforderungen sich aus einer bestimmten bilingualen Unterrichtseinheit ergeben oder wo Schwächen oder Defizite erkennbar sind, die durch remediale Spracharbeit im Fremdsprachenunterricht behoben werden können, da der Bilinguale Unterricht (als Fachunterricht) keine Spracharbeit im engeren Sinne betreiben kann.

▸ *Methodenlernen:* Der Fremdsprachenunterricht kann zum einen besonders die Beherrschung jener Methoden einüben und festigen, die im Wesentlichen sprach- und textbasiert sind. Dazu gehören Strategien und Techniken der Textarbeit (→ Art. 35), des Umgangs mit Bildmedien und der fremdsprachigen Textproduktion. Auch Recherche-Methoden (für Print- und elektronische Medien) sowie Vortrags- oder Präsentationstechniken gehören zu diesem fachübergreifenden Feld. Zum fächerübergreifenden Methodenlernen, zu dem der Fremdsprachenunterricht beitragen kann, gehört auch das gesamte Feld der kooperativen Arbeits-, Interaktions- und Sozialformen. Mittlerweile herrscht Konsens darüber, dass auch kollaborative Arbeits- und Unterrichtsformen nur dann erfolgreich praktiziert werden können, wenn sie aufbauend und systematisch eingeübt werden. Auch hier kann, neben anderen Fächern, der Fremdsprachenunterricht einen erheblichen Beitrag leisten (vgl. Hallet 2011: 128 ff.). Viele Schulen haben mittlerweile ein Methodencurriculum als verlässlichen Bezugsrahmen für alle Fächer und Lehrkräfte entwickelt. Auch helfen enge Absprachen zwischen den Lehrkräften, um einen besonderen methodischen Bedarf bei einer bestimmten Unterrichtseinheit zu identifizieren, der im Fremdsprachenunterricht mitbearbeitet werden kann.

▸ *Inhaltlich-thematische Arbeit:* Ein genereller Bildungsauftrag der Schule besteht darin, die Lernenden zu befähigen, das in der Schule erworbene Wissen wirksam in lebensweltlichen Kontexten anzuwenden oder es dorthin zu übersetzen und zu kommunizieren. Im Grunde ist dies der Kern aller bildungstheoretischen Überlegungen, die auf die Partizipations- und Diskursfähigkeit der jungen Menschen zielen (vgl. Hallet 2011: 54 ff.). Die Aufnahme und Bearbeitung von lebensweltlich wichtigen Themen und Diskursen, die in Sachfächern behandelt werden, ist ein wichtiger Weg zur Integration schulischen Wissens in die Alltagsdiskurse der Lernenden (vgl. Otten 2003: 223 ff.). Fragen der Gentechnik oder die AIDS-Problematik sind Beispiele dafür, wie Themen des Biologieunterrichts mit der Arbeit im Fremdsprachenunterricht verbunden werden können. Dies kann auf dem Wege einer einfachen Themen-Absprache zwischen den jeweiligen Lehrkräften geschehen. Es kann aber auch sehr sinnvoll sein, etwas längerfristiger mit der bilingualen und anderen Lehrkräften einer Klasse ein fächerübergreifendes Projekt zu vereinbaren. Ein solcher eher ganzheitlicher Zugang zu einem Thema wirkt der Isolierung einzelner fachlicher Aspekte entgegen, verhindert den Erwerb einseitigen Spezialwissens und verdeutlicht die lebensweltliche Relevanz des im Sachfach Erlernten (vgl. Bonnet/Breidbach/Hallet 2003: 197). Auf diesem Wege erfährt die fremde Sprache der Lernenden eine Durchdringung mit schulisch erworbenem Wissen, die man als Ziel der schulischen Bildung betrachten kann.

Curriculare Koordination

Ein wichtiges Feld der schulischen Koordination, gegebenenfalls auch der Kommunikation mit der Schulbehörde, betrifft den curricularen Rahmen, in dem sich die Fremdsprachen – und hier nicht nur die Bezugssprache des Bilingualen Unterrichts – und der bilinguale Sachfachunterricht bewegen. Denn das Verhältnis des bilingualen zum fremdsprachlichen Unterricht sowie zu den Sachfächern betrifft aus vielerlei Gründen das gesamte Gefüge und die Abfolge von Fremdsprachen und Fachunterricht an einer Schule (→ Kap. 7). Es stellt sich insbesondere die Frage, an welchen Stellen und in welchem Zeitrahmen der Bilinguale Unterricht regulären Fremdsprachenunterricht ersetzen kann und wie die entsprechenden Folgen, z.B. für den Fremdsprachenunterricht, in nachfolgenden Jahrgängen oder in der Oberstufe einzuschätzen sind oder aufgefangen werden können. Beispielsweise kann der Bilinguale Unterricht nicht den Literatur- und Kulturunterricht ersetzen, der ja ein Bestandteil des regulären Fremdsprachenunterrichts ist (vgl. Bonnet/Breidbach/Hallet 2009: 194 ff.). Andererseits kann von einem inhaltsbezogenen fremdsprachigen Fachunterricht nach einer Phase des Fremdsprachenlernens, die sich durch den frühbeginnenden Fremdsprachenunterricht deutlich verlängert hat, ein erheblicher Motivationsschub ausgehen. Aufgabe eines schulischen Curriculums ist es daher, auf die jeweilige Schülerschaft und die Schule bezogene passgenaue Lösungen zu finden, die Bezugnahmen, Abfolgen und Vernetzungen beschreiben und eine verlässliche Grundlage für die Arbeitsteilung und die Kooperation zwischen Fremdsprachenunterricht und Bilingualem Unterricht darstellen.

Literatur

Böttger, Heiner/Meyer, Oliver (2010): *Going CLIL. Prep Course*. Berlin.
Bonnet, Andreas/Breidbach, Stephan/Hallet, Wolfgang ([4]2009): Fremdsprachlich handeln im Sachfach: Bilinguale Lernkontexte. In: Gerhard Bach/Johannes-Peter Timm (Hrsg.): *Englischunterricht. Grundlagen und Methoden einer handlungsorientierten Unterrichtspraxis*. Tübingen, Basel, 172–198.

Cummins, Jim (2003): BICS and CALP. Origins and Rationale for the Distinction. In: Christina Bratt Paulston/G. Richard Tucker (Hrsg.): *Sociolinguistics: The Essential Readings*. London, 322–328.

Dalton-Puffer, Christiane (2007): *Discourse in Content and Language Integrated Learning (CLIL) Classrooms*. Amsterdam.

Hallet, Wolfgang (2002): Auf dem Weg zu einer bilingualen Sachfachdidaktik: Bilinguales Lernen als fremdsprachige Konstruktion wissenschaftlicher Begriffe. In: *Praxis des neusprachlichen Unterrichts* 49 (2), 115–126.

Hallet, Wolfgang (2005): Bilingualer Unterricht. Fremdsprachig denken und sprechen, lernen und handeln. *Der fremdsprachliche Unterricht: Englisch* 78, 2–8.

Hallet, Wolfgang (2007): *Scientific Literacy* und Bilingualer Sachfachunterricht. In: Claus Gnutzmann (Koord.): *Fremdsprache als Arbeitssprache in Schule und Studium. Fremdsprachen lehren und lernen* 36, 95–110.

Hallet, Wolfgang (Hrsg.) (2010): *English CLIL. Getting Started. Klasse 5 und 6*. Stuttgart.

Hallet, Wolfgang (2011): *Lernen fördern Englisch: Kompetenzorientierter Unterricht in der Sekundarstufe I*. Seelze.

Hallet, Wolfgang (2013): Generisches Lernen im Fachunterricht. In: Michael Becker-Mrotzek/Karen Schramm/Eike Thürmann/Helmut Johannes Vollmer (Hrsg.): *Sprache im Fach – Sprachlichkeit und fachliches Lernen*. Münsterm, 59 – 75.

Hoffmann, Reinhard (2011): *Starter. CLIL Activity Book for Beginners: Geography, History, Sciences*. Braunschweig.

Otten, Edgar (2003): Towards a Whole School Policy. Kooperationen zwischen Fremdsprachenunterricht und den bilingualen Sachfächern. In: Manfred Wildhage/Edgar Otten (Hrsg.): *Praxis des bilingualen Unterrichts*. Berlin, 217–244.

Otten, Edgar/Wildhage, Manfred (2003): *Content and Language Integrated Learning*. Eckpunkte einer „kleinen" Didaktik des bilingualen Sachfachunterrichts. In: Manfred Wildhage/Edgar Otten (Hrsg.): *Praxis des bilingualen Unterrichts*. Berlin, 12–45.

Thürmann, Eike (2000): Eine eigenständige Methodik für den bilingualen Sachfachunterricht? In: Gerhard Bach/Susanne Niemeier (Hrsg.): *Bilingualer Unterricht. Grundlagen, Methoden, Praxis, Perspektiven*. Frankfurt a. M. u. a., 75–93.

Zydatiß, Wolfgang (2002): Konzeptuelle Grundlagen einer eigenständigen Didaktik des bilingualen Sachfachunterrichts: Forschungsstand und Forschungsprogramm. In: Stephan Breidbach/Gerhard Bach/Dieter Wolff (Hrsg.): *Bilingualer Sachfachunterricht: Didaktik, Lehrer-/Lernerforschung und Bildung zwischen Theorie und Empirie*. Frankfurt/M. u. a., 31–61.

Zydatiß, Wolfgang (2005a): Diskursfunktionen in einem analytischen curricularen Zugriff auf Textvarietäten und Aufgaben des bilingualen Sachfachunterrichts. In: Franz-Joseph Meißner (Koord.): *‚Neokommunikativer' Fremdsprachenunterricht. Fremdsprachen Lernen und Lehren* 34, 156–173.

Zydatiß, Wolfgang (2005b): Chronological Sequencing. Eine Methode zum integrierten Sach-Sprachlernen. In: *Der fremdsprachliche Unterricht: Englisch* 78, 50–53.

Wolfgang Hallet

IV Unterrichtsprozesse

26 Unterrichtsprozesse: Interaktion und Bedeutungsaushandlung

Die Begriffe ‚Interaktion‘, ‚Bedeutungsaushandlung‘ und ‚Diskurs‘

Interaktion wird allgemein als aufeinander bezogenes Handeln verstanden und von Kommunikation abgegrenzt (z. B. Edmondson/House 2003). Im Unterschied zur enger gefassten Kommunikation geht Interaktion über sprachlichen und intentionalen Austausch hinaus. ‚Interaktion‘ bezeichnet somit eine Sequenz von mindestens zwei Handlungen, die aufeinander folgen und in einem gegenseitigen Bezug zueinander stehen. Im Folgenden werden zunächst begriffliche Klärungen vorgenommen, dann empirische und theoretische Befunde und Konzepte der CLIL-Forschung zu Interaktion diskutiert, um schließlich methodische Schlussfolgerungen zu ziehen.

Im Zusammenhang mit Interaktion werden oft die Begriffe ‚Bedeutungsaushandlung‘ und ‚Diskurs‘ verwendet. Der Zusammenhang zwischen Interaktion und Bedeutungsaushandlung ist vom symbolischen Interaktionismus (z. B. Blumer 1998, zuerst 1969) herausgearbeitet worden. Darin werden zwei Interaktionsformen unterschieden: Nichtsymbolische Interaktion, vor allem Reiz-Reaktionsgeschehen, kommt ohne die Konstruktion von Bedeutung aus. Alle reflexiven und auch sonstigen weiterführenden Denkoperationen stellen Formen der symbolischen Interaktion dar. Daraus ergibt sich folgender Grundgedanke:

> The first premise is that human beings act towards things on the basis of the meaning the things have for them […] The second premise is that the meaning of such things is derived from, or arises out of, the social interaction one has with one's fellows. The third premise is that these meanings are handled in, and modified through, an interpretative process used by the person in dealing with the things he encounters. (Blumer 1998: 2)

Interaktion wird also im Kern als Aushandlung von Bedeutung betrachtet. Diese Verknüpfung hat sich auch in der Fremdsprachenforschung durchgesetzt. Interaktion wird dort verstanden als

> der wechselseitige sprachliche und nichtsprachliche Austausch von Wissenselementen sowie die Aushandlung von Bedeutung und von sprachlicher Form zwecks Verständigung zwischen zwei und mehreren Partnern. (Vollmer u. a. 2001: 79)

Der Begriff der Bedeutungsaushandlung ist auf unterschiedliche Art und Weise gewendet worden (zusammenfassend dazu z. B. Bonnet 2004: 97 ff.; Badertscher/Bieri 2009: 125 ff.). Für CLIL bedeutungsvoll sind Unterscheidungen entlang zweier Dimensionen (siehe Abb.).

Zum einen können zwei Perspektiven unterschieden werden: Die individuelle Perspektive fokussiert auf die Wirkungen von Bedeutungsaushandlungen auf einzelne Personen. Im Zentrum des Interesses stehen die von einer Person konstruierten Konzepte, die sowohl die Umwelt (z. B. sachfachliche Konzepte wie Raum, Stoff oder Gerechtigkeit) als auch die Person selbst (z. B. Identität) betreffen können. Es wird beforscht, wie sich diese Konzepte in Prozessen der Bedeutungsaushandlung herausbilden oder verändern. Die andere, die strukturelle Perspektive geht über individuelle Sinnkonstruktion hinaus. Wie auch kulturtheoretische Ansätze untersucht diese Perspektive, wie sich Bedeutungen kollektiv durchsetzen und dadurch soziale Strukturen (z. B. Institutionen) in Bedeutungsaushandlung konstruiert werden. Zur Untersuchung werden sozialwissenschaftliche Methoden verwendet.

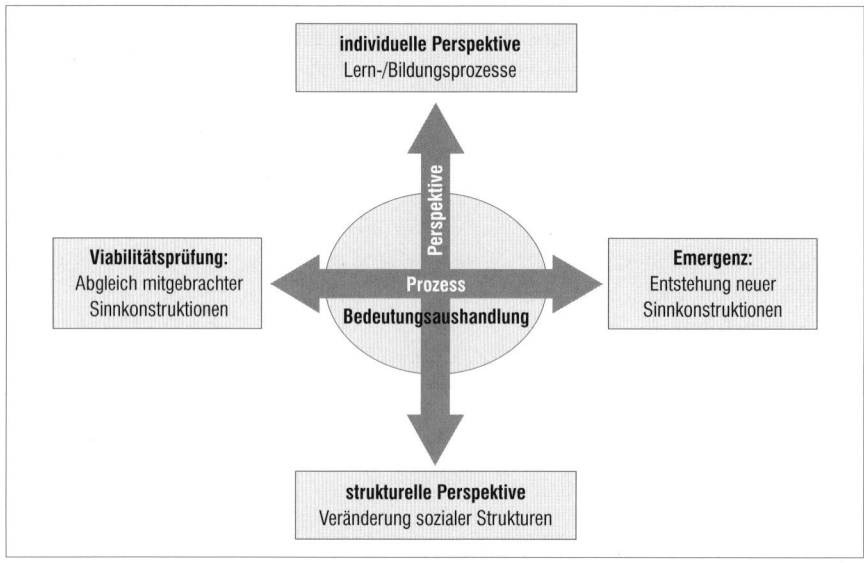

Vier Pole von Interaktion als Bedeutungsaushandlung entlang der zwei Dimensionen Perspektive und Prozess

Die zweite Unterscheidung betrifft die interaktiven Prozesse. Empirisch sind zwei Typen zu beobachten. Der erste Typ ist gegeben, wenn die Lernenden ihre mitgebrachten Sinnkonstruktionen gegenseitig interaktiv abgleichen. Verläuft diese kritische Diskussion (konstruktivistisch: Viabilitätsprüfung) konstruktiv, so können die Lernenden ihre Vorstellungen weiterentwickeln (konstruktivistisch: Akkommodation). In vielen sachfachlichen Bereichen werden diese Lernprozesse als Konzeptwechsel modelliert: Alltagstheorien verändern sich schrittweise in Richtung komplexerer, erklärungsmächtigerer wissenschaftlicher Konzepte. Im Bereich des Spracherwerbs wird Interaktion ebenfalls als zyklischer Vorgang des Testens (hier:

sprachlicher) Hypothesen verstanden. Im produktiven Fall kommt es ebenfalls zur Ausdifferenzierung kognitiver Strukturen (z. B. des mentalen Lexikons).

In Unterrichtsdaten finden sich aber auch interaktiv konstruierte Bedeutungen, die über die von den Anwesenden mitgebrachten Vorstellungen hinausgehen. Dies kann sowohl fachliche oder institutional-organisationale Aspekte als auch die Vorstellungen der Lernenden von sich selbst, also Identität, betreffen. Derartige Bedeutungsaushandlung führt zur Entstehung von Neuem (sozialwissenschaftlich: Emergenz). Betrifft dies den Bereich des Selbst, genauer des ,Selbst- und Weltverhältnisses', werden dabei transformatorische Bildungsprozesse angestoßen (→ Art. 3).

Auch für den Begriff des Diskurses lassen sich unterschiedliche Bedeutungen herausarbeiten (Bublitz u. a. 1999). Zum einen kann man Diskurs als Mikrophänomen im Sinne interaktionalen Handelns in konkreten Situationen verstehen. Damit ist zunächst nur das Phänomen des Austauschs bezeichnet, dessen Elemente z. B. mithilfe der linguistischen Diskursanalyse beschrieben werden können. Zum anderen kann man aber auch sozialwissenschaftliche Verfahren der Diskursanalyse wählen, um in Aufzeichnungen interpersonaler (Gespräche) oder schriftlicher (Dokumente) Interaktion soziale Aspekte, wie z. B. Machtstrukturen, zu rekonstruieren (→ Art. 17).

Befunde: CLIL und Interaktion

In der CLIL-Diskussion spielen sowohl der Begriff der Bedeutungsaushandlung als auch der des Diskurses eine zentrale Rolle. In normativen Überlegungen sind beide vorhanden. Als übergeordnetes CLIL-Ziel werden sowohl funktional-pragmatische als auch reflexiv-emanzipatorische Kompetenzen gefordert. Dementsprechend wird das übergeordnete Ziel von CLIL nicht nur als fremdsprachige *Kommunikations-*, sondern als *Diskurs*kompetenz gefasst (z. B. Bonnet u. a. 2009; → Art. 18). Unterrichtliche Bedeutungsaushandlung soll sich daher nicht auf inhaltliche Konzeptbildung beschränken, sondern in Hinblick auf alltagssprachliche und bildungssprachlich-sachfachliche Interaktion auch eine Reflexion auf die Wirkungen der jeweiligen Sprachverwendung ermöglichen, z. B. auf die historisch erzeugten Perspektiven (Geschichte) oder die durch Normierung und Formalisierung erzeugten Verengungen des fachspezifischen Weltbildes (Naturwissenschaften). Dies soll die Schülerinnen und Schüler zu kritischer und damit emanzipierter Teilhabe an gesellschaftlichen Diskursen unterschiedlicher Art und zur Entwicklung einer eigenen kulturellen Identität befähigen.

Im Bereich der sprachlichen Kompetenz gibt es empirische Hinweise darauf, dass die angezielten Kompetenzen erreicht werden. So wird konstatiert (Dalton-Puffer u. a. 2010), dass CLIL-Lernerinnen und -Lerner gegenüber Kontrollgruppen höhere sprachliche Leistungen erbringen. In allen anderen Kompetenzbereichen ist die Situation deutlich unklarer, denn empirische Daten finden sich nur in Bezug auf einzelne Aspekte und Altersgruppen (vgl. genauer z. B. Bonnet 2012).

Bei der spontanen mündlichen Sprachproduktion (Dalton-Puffer u. a. 2010: 280) können die erhöhten Erträge auch auf CLIL-Unterricht zurückgeführt werden. In den anderen Bereichen bleibt offen, inwieweit erhöhte Leistungen auch der tatsächlichen Unterrichtspraxis zuzuschreiben sind. Die Anhänger einer solchen Perspektive führen die besonderen Eigenschaften der Interaktion im CLIL-Unterricht, vor allem deren Mitteilungsorientierung und Authentizität, an. Daran bestehen jedoch Zweifel. So zeigt sich, dass CLIL in unterschiedlichen Kontexten (Dalton-Puffer 2007, Maillat 2010) eine Tendenz zu instruktivistisch-lehrerorientierter Praxis auf reproduktivem Anforderungsniveau hat. Dies stellt die Annahme einer für Kompetenzerwerb besonders günstigen Interaktionssituation infrage. Außerdem finden sich empirische Anzeichen für Selektion auf der Ebene der Lernenden (Zydatiß 2007) und Lehrenden (Bruton 2011).

Ein zweiter, für die Rolle unterrichtlicher Interaktion beim Kompetenzerwerb wichtiger Befund ergibt sich in Hinblick auf die limitierenden Effekte der Verwendung der Fremdsprache. So finden sich Kontexte, in denen die Performanz der Lernenden sowohl im sprachlichen als auch im sachfachlichen Bereich nicht durch ihre mangelnde Sprachkompetenz, sondern durch das Frageverhalten der Lehrenden (Maillat 2010) oder deren interaktionale Kompetenzen (Bonnet 2004) begrenzt wird. In beiden Fällen kann gezeigt werden, dass die Lernenden unter veränderten Rahmenbedingungen höhere Performanz erbringen. Insgesamt konstatieren Dalton-Puffer u. a. daher,

> that the institutional setting is *a*, if not *the*, crucial factor in determining how teachers and learners *use* language in CLIL lessons. As a consequence, the institutional context also crucially co-determines the language *learning* that will take place.
>
> (Dalton-Puffer u. a. 2010: 279)

Konsequenzen: CLIL als Bedeutungsaushandlung

Im Lichte dieser Befunde wäre es unangemessen, davon auszugehen, dass CLIL oder Bilingualem Unterricht Interaktionsformen eigen wären, die *higher order thinking skills*, Authentizität oder Reflexivität garantieren. Vielmehr ist sinnstiftende und kompetenzerwerbfördernde Bedeutungsaushandlung auch hier eine Frage der unterrichtlichen Inszenierung. Und umfassende Reflexivität kann nur erreicht werden, wenn nicht nur kulturelle Identitäten, sondern auch die institutional-organisationalen Rahmenbedingungen zum Gegenstand unterrichtlicher Bedeutungsaushandlung werden. Ziele und Wege dazu finden sich in der Diskussion aktueller Bildungstheorien für CLIL. Daraus ergibt sich, dass Interaktion als Ziel und als Prozess des Unterrichts relevant ist. Um die CLIL-Ziele zu erreichen, ist es sowohl lerntheoretisch als auch mit Blick auf die institutional-organisationale Dimension erforderlich, dass CLIL selbst zu einem interkulturellen Diskursraum (Hallet 2004) wird, in dem Bedeutungsaushandlung auf allen Ebenen inszeniert wird (siehe oben). Für einen derartigen Unterricht stehen bildungstheoretische Grundkonzepte (z. B. universale Solidarität) und didaktische Modelle (z. B. bi- oder multifokale Unterrichtsplanung) zur Verfügung (→ Art. 3).

Aus Sicht der Lernenden ist eine derartige Bedeutungsaushandlung aber ausgesprochen komplex. Das muss sie auch sein, denn optimaler Kompetenzerwerb findet nicht dadurch statt, dass die Anforderungen durch Vereinfachungen reduziert werden. Vielmehr ist es erforderlich, das Anforderungsniveau hoch zu halten und gleichzeitig Unterstützungsmaßnahmen auf allen Ebenen bereitzustellen. Diese Unterstützungsmaßnahmen stellen ein unterstützendes Gerüst *(scaffolding)* für die Lernenden bereit, um einen jeweils möglichst großen Entwicklungsschritt machen zu können (→ Art. 33). Daraus ergibt sich ein methodisches Modell von CLIL (Bonnet 2007), in dem die unterrichtliche Bedeutungsaushandlung, verstanden als Viabilitätsprüfung und Emergenz, in einem gegenseitigen Verhältnis zu drei empirisch bestätigten Kernkompetenzen steht (vgl. Abb.).

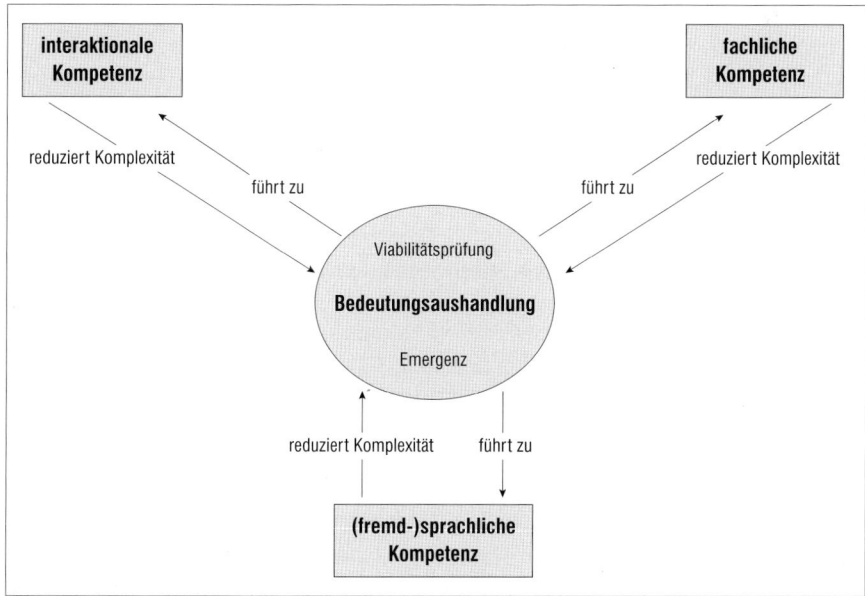

Interaktion bei CLIL als Bedeutungsaushandlung mit ihren beiden Formen Viabilitätsprüfung und Emergenz steht in gegenseitiger Abhängigkeit mit der fremdsprachlichen, sachfachlichen und interaktionalen Kompetenz der Lernenden

Am umfangreichsten ist bislang das *scaffolding* (Zydatiß 2010) im Bereich der fremdsprachlichen Kompetenz thematisiert worden. Dazu gehören:
▸ die Bereitstellung unmittelbar wirksamer Sammlungen sprachlicher Mittel;
▸ die Unterstützung von Prozessen sprachlicher Produktion und Rezeption durch die explizite Vermittlung entsprechender Strategien (Krechel 2003);

▸ die Vermittlung von Strategien des Inferierens oder der Wörterbuchverwendung;

▸ die explizite Arbeit an der sprachlichen Realisierung von Diskursfunktionen (Zydatiß 2005);

▸ ein Voranschreiten von der alltags- zur bildungssprachlichen Behandlung der Gegenstände, für das die CLIL-Matrix (Coyle u. a. 2010: 43) eine sehr gute Orientierung bietet.

Der zweite Bereich des *scaffolding* ist der Erwerb sachfachlicher Kompetenz. Auch wenn dessen Gewicht je nach Fach verschieden ist, kann man zunächst davon ausgehen, dass dem Konzeptwechsel (siehe oben) große Bedeutung beim sachfachlichen Kompetenzerwerb zukommt (Hallet 2002; → Art. 20). Im Sinne des integrativen Charakters von CLIL ist es nicht verwunderlich, dass sprachliche Unterstützungsstrategien auch sachfachlich relevant sind. So bringt die Arbeit mit Diskursfunktionen eine intensive Beschäftigung mit den fachlichen Konzepten und Arbeitsweisen mit sich (→ Art. 19). Und die sprachliche Progression durch die CLIL-Matrix entspricht dem langsamen Voranschreiten von alltagssprachlichen Deutungen der Lernenden (z. B. Verbrennung als Vernichtung eines Stoffes) zu wissenschaftlichen Konzeptualisierungen (Verbrennung als Stoffumwandlung unter Erhaltung von Masse und Energie). Weitet man diesen Übergang von lebensweltlichen zu fachlichen Deutungen auf den Modus der Darstellung als solchen aus, erhält man mit dem Prinzip des „Wechsel[s] der Darstellungsformen" (Leisen 2005) ein Unterrichtsprinzip, das sich zur Strukturierung auf allen Ebenen (Aufgabe, Einzelstunde, Unterrichtseinheit) eignet (→ Art. 21). Bei den dadurch inszenierten Übergängen zwischen Darstellungsformen unterschiedlichen Abstraktionsgrades – von der gegenständlichen Darstellung (z. B. Handlung in Experimenten oder Simulationen) über sprachliche (mündliche oder geschriebene Texte) bis hin zu mathematischen (z. B. Formeln oder Gesetze) – können die Lernenden nicht einfach Versatzstücke aufgenommener Informationen reproduzieren, sondern müssen sie kognitiv verarbeiten, um sie in einer anderen Darstellungsform ausdrücken zu können. Dadurch kommt es zu intensivierter Bedeutungsaushandlung und einem deutlichen Zuwachs an Feedback für Lehrende und Lernende.

Der dritte Bereich ist jener der interaktionalen Kompetenz. Es hat sich empirisch gezeigt (z. B. Bonnet 2004), dass Lernende insbesondere in kooperativen Unterrichtsinszenierungen vier Probleme lösen müssen:

▸ Das Partizipationsproblem ist gelöst, wenn die Lernenden zu einer paritätischen und demokratischen Verteilung der Redebeiträge kommen. Dies erfordert Moderationskompetenz.

▸ Das Beziehungsproblem ist gelöst, wenn die Lernenden konstruktiv mit Antipathie und Sympathie umgehen. Dies erfordert Mediationskompetenz.

▸ Das Komplexitätsproblem erfordert es, die Interaktion zu steuern. Dazu müssen die Lernenden ihre Arbeit regelmäßig resümieren und durch Werkzeuge (von *Concept Maps* bis zu Projektplänen) strukturieren.

‣ Das Argumentationsproblem schließlich ist gelöst, wenn die Interaktion der Lernenden unter die Oberfläche der Problembearbeitung dringt. Dazu ist es erforderlich, dass sie nicht nur Schlussfolgerungen oder Behauptungen mitteilen, sondern durch Begründungen komplexe Argumentationen aufbauen.

Zusammenfassung und Forschungsperspektive

CLIL und Bilingualer Unterricht sind keine Garantie dafür, dass Authentizität, Reflexivität und höhere Denkoperationen tatsächlich umgesetzt werden. Will man dies erreichen, müssen entsprechende Inszenierungsformen gewählt werden. CLIL kann verstanden werden als ein Diskursraum, in dem Bedeutungsaushandlung stattfindet, die einerseits Viabilitätsprüfung und andererseits Emergenz ermöglicht. Damit dies auch für die Lernenden zu bewältigen ist, sind Unterstützungsmaßnahmen *(scaffolding)* erforderlich, die über den Bereich der Sprache hinausgehen müssen und darüber hinaus mindestens den Bereich der sachfachlichen als auch den der interaktionalen Kompetenz umfassen. CLIL ist damit selbst ein Raum, in dem jene Handlungsmuster erprobt werden können, die später von den Lernenden im Sinne kritischer Teilhabe an fremdsprachigen gesellschaftlichen Diskursen gefordert werden. CLIL ist dann eine *community of practice*, die Kompetenzerwerb durch Teilhabe ermöglicht. Die Komplexität dieser unterrichtlichen Inszenierung wiederum verlangt nach einer Forschung, die diese Komplexität auch erfassen kann. Dazu ist es günstig, qualitative und quantitative Ansätze zu integrieren, um CLIL aus Produkt-, Prozess- und Akteursperspektive zu beforschen (Bonnet 2012).

Literatur

Badertscher, Hans/Bieri, Thomas (2009): *Wissenserwerb im Content and Language integrated Learning. Empirische Befunde und Interpretationen.* Bern, Stuttgart, Wien.

Blumer, Herbert (1998): *Symbolic Interactionism. Perspectives and Method.* Berkeley, Los Angeles [zuerst 1969].

Bonnet, Andreas (2004): *Chemie im bilingualen Unterricht. Kompetenzerwerb durch Interaktion.* Opladen.

Bonnet, Andreas (2007) Fach, Sprache, Interaktion – Eine 3-Säulen-Methodik für CLIL. *Fremdsprachen lehren und lernen* 36, 126–141.

Bonnet, Andreas (2012): Towards an evidence base for CLIL. How to integrate qualitative and quantitative as well as process, product and participant perspectives in CLIL research. In: *International CLIL Research Journal* 1 (4), 66–78.

Bonnet, Andreas/Breidbach, Stephan/Hallet, Wolfgang ([4]2009): Fremdsprachlich handeln im Sachfach. Bilinguale Lernkontexte. In: Gerhard Bach/Johannes-Peter Timm (Hrsg.): *Englischunterricht.* Tübingen, Basel, 172–198.

Bruton, Anthony (2011): Are the Differences between CLIL and Non-CLIL Groups in Andalusia Due to CLIL? A Reply to Lorenzo, Casal and Moore (2010). In: *Applied Linguistics* 32/2, 236–241.

Bublitz, Hannelore/Bührmann, Andrea D./Hanke,Christine/Seier, Andrea (Hrsg.) (1999): *Das Wuchern der Diskurse. Perspektiven der Diskursanalyse Foucaults.* Frankfurt/M.

Dalton-Puffer, Christiane (2007): *Discourse in Content-and-Language-Integrated Learning (CLIL) Classrooms.* New York.

Dalton-Puffer, Christiane/Nikula, Tarja/Smit, Ute (Hrsg.) (2010): *Language Use and Language Learning in CLIL Classrooms*. Amsterdam, Philadelphia.
Edmondson, Willis/House, Juliane (⁴2003): Interaktion beim Lehren und Lernen fremder Sprachen. In: Karl-Richard Bausch/Herbert Christ/Hans-Jürgen Krumm (Hrsg.): *Handbuch Fremdsprachenunterricht*. Tübingen, 242–247.
Hallet, Wolfgang (2002): Auf dem Weg zu einer bilingualen Sachfachdidaktik. In: *Praxis des neusprachlichen Unterrichts* 49 (2), 115–126.
Hallet, Wolfgang (2004): Bilingualer Unterricht als interkultureller Diskursraum. In: Andreas Bonnet/Stephan Breidbach (Hrsg.): *Didaktiken im Dialog – Konzepte des Lehrens und Wege des Lernens im bilingualen Sachfachunterricht*. Frankfurt/M., 141–152.
Krechel, Hans-Ludwig (2003): Bilingual Modules – Flexible Formen bilingualen Lehrens und Lernens. In: Manfred Wildhage/Edgar Otten (Hrsg.): *Praxis des bilingualen Unterrichts*. Berlin, 194–216.
Leisen, Josef (2005): Wechsel der Darstellungsformen – Ein Unterrichtsprinzip für alle Fächer. In: *Der fremdsprachliche Unterricht: Englisch* 78, 9–11.
Maillat, Didier (2010): The pragmatics of L2 in CLIL. In: Dalton-Puffer/Nikula/Smit (Hrsg.), 39–58.
Vollmer, Helmut J./Henrici, Gert/Finkbeiner, Claudia/Grotjahn, Rüdiger/Schmid-Schönbein, Gisela/Zydatiß, Wolfgang (2001): Lernen und Lehren von Fremdsprachen: Kognition, Affektion, Interaktion. Ein Forschungsüberblick. In: *Zeitschrift für Fremdsprachenforschung* 12 (2), 1–146.
Zydatiß, Wolfgang (2005) Diskursfunktionen in einem analytischen curricularen Zugriff auf Textvarietäten und Aufgaben des bilingualen Sachfachunterrichts. In:Franz-Joseph Meißner (Koord.): *,Neokommunikativer' Fremdsprachenunterricht. Fremdsprachen lehren und lernen* 34, 156–173.
Zydatiß, Wolfgang (2007) *Deutsch-Englische Züge in Berlin (DEZIBEL) – Eine Evaluation des bilingualen Sachfachunterrichts an Gymnasien*. Frankfurt/M.
Zydatiß, Wolfgang (Hrsg.) (2010): *Scaffolding im Bilingualen Unterricht. Der fremdsprachliche Unterricht: Englisch* 106 [Themenheft].

Andreas Bonnet

27 Lehrwerke für den Bilingualen Unterricht

Eine Kernfrage – und auch zentrale Problematik – des Bilingualen Unterrichts stellt seit dessen Einführung an deutschen Schulen die Verfügbarkeit von inhaltlich und fremdsprachlich altersgerecht aufbereiteten Unterrichtsmaterialien dar. Bentley (2010: 50) beschreibt die vielen Lehrerinnen und Lehrern bekannte, aufwendige Materialsuche und -erstellung so: „CLIL materials […] are selected because of the subject content, e. g. mathematics, art, history. The language needed to support the subject is then considered. Materials can be translated from the L1 curriculum, taken from native speaker coursebooks, downloaded from the Internet or made by teachers." Coyle/Hood/Marsh (2010:86) äußern sich zu dieser Thematik folgendermaßen: "In contrast to the vast English language teaching coursebook and resource market, there are very few ready-made CLIL materials available. "

Beide Aussagen werfen die Frage nach dem aktuellen Angebot von Lehrwerken für den bilingualen Unterricht auf dem deutschen Schulbuchmarkt auf. Der

Fokus wird dabei auf den bilingualen Unterricht auf Englisch in der Sekundar-stufe I am Gymnasium gelegt; auf andere Schulformen sowie auf den bilingualen Unterricht auf Französisch wird verwiesen. Die Verfügbarkeit von Lehrwerken ist natürlich mit Fragen der Lehrwerkwahl und den Kriterien dafür verbunden. Hier soll die Frage der Integration von Inhalt und Sprache im Mittelpunkt stehen.

Überblick über die verfügbaren Lehrwerke

Mit *Spotlight on History* (1996 und 1999) und *Around the World* (1993 und 1999) kamen vor knapp 20 Jahren die ersten bilingualen Lehrwerke für die Fächer Ge-schichte und Erdkunde auf den Markt. Mittlerweile gibt es mit *Invitation to History* einen Nachfolgeband zu *Spotlight*, von *Around the World* liegt eine *New Edition* vor – für Erdkunde, Geschichte und Biologie ist gegenwärtig ein regel-rechter Boom auf dem Schulbuchmarkt zu verzeichnen:

Erdkunde. Mit *Around the World* (*new edition*, 2008) und *Diercke Geography* (2006 bis 2008) bieten Cornelsen und Westermann Schülerbücher für den bilin-gualen Erdkundeunterricht an. Außerdem geben beide Verlage Module heraus, die inhaltlich auf den Schülerbüchern basieren: 2009 erschienen bei Cornelsen z. B. *Hot Deserts* und *Polar Zones* sowie 2010 und 2011 bei Westermann u. a. *Developing Countries* und *European Union*.

Mit *Terra Geography/Terra Géographie* wird gegenwärtig bei Klett eine neue Schulbuchreihe auf Englisch und Französisch entwickelt: Bisher sind z. B. *Dynamic Earth* sowie *Zones climatiques* erschienen. Lehrerhandreichungen (mit CD-ROM) gibt es zu *Terra* sowie auf CD-ROM zu *Around the World*. Wester-mann bietet *Solutions* zu *Diercke Geography*, *Basic*, *Vol. 1 und 2* an. Außerdem liegen das Methodenheft *Toolkit* und *workbooks* zu *Basic* und *Vol. 1* vor. Für die Sekundarstufe II gibt es von Westermann *Diercke Geography – advanced level*. Cornelsen weist für die Oberstufe *Geography* von Oxford University Press aus. Bilinguale Atlanten liegen von Klett (auch digital), Westermann und über Oxford University Press auch bei Cornelsen vor.

Geschichte. Im Cornelsen-Verlag sind die Schülerbände *Invitation to History* (2006 und 2010) erschienen. Bisher wurden u. a. die *CLIL Modules The American Revolution* (2007) sowie *National Socialism* (2011) ausgekoppelt.

Die Schülerbücher *Exploring History* (2007 und 2009) sind mit *workbooks*, zu denen Lösungen erhältlich sind, bei Westermann erschienen. Themenhefte für die Oberstufe, *Exploring History S II*, werden herausgegeben, z. B. *Conflict in the Middle East* (2011).

Der Klett-Verlag bietet die *History*-Themenhefte für den Einstieg in den bi-lingualen Geschichtsunterricht an. Bisher sind u. a. *The Middle Ages* und *Ancient Times* (2010 bis 2012) erschienen. Inhaltlich schließt sich *Geschichte und Geschehen bilingual* mit *19th century* (2009) und *20th century* (2008) an. Lehrerhandreichungen sind lieferbar, das Quellenheft *Sources of Modern History Sek II* (Tempora) kann hinzugezogen werden. Weiterhin veröffentlicht Klett für die Sekundarstufe II *Topic Books*, u. a. *Imperialism: Focus on Great Britain and Germany* (2011). Mit *Geschichte kompetent* (2009) gibt es ein spielerisch aufbereitetes Methodenheft.

Biologie. Vom Cornelsen-Verlag wird das Schulbuch *Discover Biology, Vol. 1* (2010) herausgegeben, Handreichungen sind auf DVD erhältlich. Daraus ausgekoppelt wurden u. a. die *CLIL Modules Your Blood* und *Your Eyes and Ears*. Für die Sekundarstufe II werden die Lehrwerke von Biozone und Oxford University Press ausgewiesen. Der Klett-Verlag veröffentlichte in der Reihe *Natura for Bilingual Classes* u. a. die Themenhefte *Human Senses* (2009) und *Heart – Circulation – Respiration* (2012), Lösungen gibt es als Download. *Natura* ist auch für die Sekundarstufe II erhältlich, u. a. sind *Cells and Metabolism* (2008) und *Evolution* (2009) erschienen. Die Module sind inhaltlich mit den deutschen *Natura*-Bänden identisch; die Begleit-CDs liefern Lösungen, Arbeitsblätter und Vokabellisten.

Bilinguale *Linder Workbooks* werden vom Schroedel-Verlag z. B. zu den Themen *Ecology – Terrestrial Systems* (2010) und *Human Biology – Breathing, Circulation, Movement* (2012) herausgegeben, Lösungshefte sowie Lehrermaterialien auf CD-ROM sind erhältlich. Die Materialienhefte *Guided Studies, 1 – 3* (2009 bis 2010) sind für die Sekundarstufe II vorgesehen.

Weitere Materialien. Für den bilingualen Politik- und Wirtschaftsunterricht hat der Cornelsen-Verlag für die Sekundarstufe I u. a. die *CLIL Modules Laws* und *Your Carbon Footprint* (2008) herausgegeben. Bei Klett ist für die Realschule das Themenheft *Shoes: Pricing – Selling – Buying* (2010) erschienen.

Einen Sammelordner mit bilingualen Modulen für alle Fächer gibt Westermann für Realschulen und Gymnasien heraus, Ergänzungen können abonniert werden. Ein ähnliches System bietet auch der Raabe-Verlag an (*Raabits Geschichte bilingual*).

Spezifisches Fachvokabular wird seit 2009 für Erdkunde, Geschichte, Biologie und Politik-Wirtschaft zusammengestellt und als *Englischer Wortschatz* bei Klett verlegt.

Seit 2010 sind mit *Going CLIL – Prep Course* (Cornelsen, mit Handreichungen und CD ROM), *English CLIL – Getting Started* (Klett, mit Audio-CD und Lehrerheft) und *Starter – CLIL Activity Book for Beginners* (Westermann, Online-Lehrermaterialien verfügbar) altersgemäß aufbereitete Materialien zur Vorbereitung auf den bilingualen Fachunterricht entwickelt worden. 2011 erschien der *Diercke Atlas for Children* (Westermann, mit Audio-CD); Lehrermaterialien sind erhältlich.

Durch das kontinuierlich verbesserte Angebot konnte die Materialsuche und -aufbereitung in den Fächern Erdkunde, Geschichte und Biologie reduziert werden. Der Einsatz ausländischer Lehrwerke bot einerseits regelmäßig anschauliche und authentische Abbildungen und Texte, die auch Möglichkeiten des interkulturellen Lernens eröffneten; andererseits war eine Adaption in curricularer und sprachlicher Hinsicht oftmals notwendig. Auch die unterschiedliche Didaktik des Faches musste berücksichtigt werden. So gibt es z. B. im englischen und deutschen Geschichtsunterricht der Sekundarstufe I Unterschiede hinsichtlich des Einsatzes und der Länge von Quellentexten oder hinsichtlich der Bedeutung des problemorientierten Ansatzes (vgl. Coyle/Hood/Marsh 2010: 65; Wildhage/ Otten 2003: 110).

Dennoch ist der Einsatz zielsprachlicher Materialien nach wie vor ertragreich: So greifen Biologielehrer u. a. auf die *Coloring Books* (Addison Wesley Longman) zurück, die komplexe Inhalte, etwa zur Anatomie, auf motivierende Weise vermitteln. Der Verband VBIO empfahl auf dem V. Workshop zum englischsprachigen Biologieunterricht (Kassel, September 2011) das *student workbook Senior Biology* von *Biozone* (2011), das ein vielseitiges und eigenständiges Lernen ermöglicht. In Erdkunde hat sich *Earthworks* (John Murray) durch seine anschauliche Materialaufbereitung und motivierenden *activities* bewährt. Das *Cambridge History Programme* (Cambridge University Press) bietet in Geschichte zu gängigen Themen sprachlich verständliche und altersgerecht aufbereitete Schulbücher an.

Paradigmenwechsel

Organisatorisch. Der Überblick über die derzeit verfügbaren bilingualen Unterrichtsmaterialien zeigt, dass die Schulbuchverlage auf die unterschiedlichen Organisationsformen des Bilingualen Unterrichts reagieren und sich auf dessen verbreitete Modularisierung (vgl. Hallet 2005: 12, Wolff 2010: 300) eingestellt haben. So dominieren mittlerweile Themenhefte über die klassischen – als Lehrgang angelegten – Schülerbücher. Besonders deutlich wird dies auch im Bilingualen Unterricht auf Französisch: Bei Cornelsen und Klett werden zu den Französisch-Lehrwerken *Découvertes* und *À Plus* mit *Découvertes Atelier* und *À Plus Entrainement* für die Sekundarstufe I Handreichungen für bilinguale Module in nahezu allen Sachfächern herausgegeben.

In den Regionalausgaben von *Unsere Erde*, die gegenwärtig bei Cornelsen in Kooperation mit National Geographic für Realschulen in Hessen und Nordrhein-Westfalen erscheinen, fallen die bilingualen Module besonders speziell aus: Die deutschsprachigen Lehrwerke schließen pro Band 2 bis 4 Abschnitte auf Englisch (*Geo-bilingual*) ein, so z. B. in *Vol. 1* (Hessen) *Let's explore Limburg* (Kap. 1) oder *Welcome to London* (Kap. 6). Um ein globales Phänomen geht es in *Vol. 3 Child Labour – A Problem just in Developing Countries?*

Konzeptionell. Für den bilingualen Unterricht galt in den 1990er Jahren das Konzept des fremdsprachlichen Sachfachunterrichtes. Häufig musste dieses Modell mit dem Verweis gerechtfertigt werden, dass es sich um Unterricht im Sachfach und nicht um erweiterten Fremdsprachenunterricht handele. Heute ist der Bilinguale Unterricht im Fächerkanon allgemein anerkannt. Darüber hinaus besteht in der fachdidaktischen Literatur Konsens, dass die Fremdsprache im Sinne des *Content and Language Integrated Learning* unbedingt gezielt im Unterricht berücksichtigt und betrachtet werden muss: „CLIL is an educational approach in which various language-supportive methodologies are used which lead to a dual-focused form of instruction where attention is given both to the language and the content." (Coyle/Hood/Marsh 2010: 3) Aktuelle Aufsätze zum Bilingualen Unterricht auf Englisch und Französisch beschäftigen sich speziell mit der Thematik, wie sprachliche Unterstützungssysteme (*scaffolding;* → Art.33) fachliches und methodisches Lernen fördern (z. B. Meyer 2010 und Böing 2011). Thürmann (2010: 137 f.) begrüßt darüber hinaus sogar ein „komplementäres und gleichwertiges Verhältnis von sprachlichem und sachfachlichem Lernen", sieht die Umsetzung dieses Desiderats im Unterrichtsalltag aber eher skeptisch.

Um Lehrwerke in der Sekundarstufe I auf ihre Eignung zu überprüfen, müssen vor dem Hintergrund der konzeptionellen Veränderung des Bilingualen Unterrichts folgende Kriterien vorrangig betrachtet werden: *Content, Language and Support of Language (Scaffolding), Support of Content (Skills)* sowie *Activating Content and Language (Tasks)*. Die nachfolgende Tabelle, die ausgehend vom *4Cs Framework* (von Coyle/Hood/Marsh 2010: 36 f., 40) entwickelt wurde, schlüsselt die Kategorien genauer auf (vgl. dazu Bentley 2010: 43, 52, Hallet 2010: 5, Leisen 2005: 10, Thürmann 2010: 139 f., Wildhage 2003: 80 f. und 104 sowie Zydatiß 2010: 4 f.) und ergänzt sie um das unterrichtspraktisch relevante Kriterium der ‚Lehrwerkkomponenten'.

	Grundsätzliches	Materialien und deren Einsatz im Unterricht	Interkulturelles Lernen
Content	curriculare Vorgaben/ Kompetenzen des Sachfaches	• altersgemäße Auswahl • Vielseitigkeit und Progression • Veranschaulichung, auch durch Visualisierung	nationale (auch lokale) und zielsprachliche Perspektiven; globale Phänomene
Language and Support of Language (Scaffolding)	sprachliches Niveau	Rezeption/Input: *scaffolding:* • Gliederung nach Sinnabschnitten *(text chunks)* • Visualisierungen; Veranschaulichung: • Vokabelhilfen Produktion/Output: *scaffolding:* • Fachspezifische Diskursfähigkeit (z. B. *cause and effect*) • Methodische Diskursfähigkeit (z. B. *working with maps*) • Fächerübergreifende Diskursfähigkeit (z. B. *describe, explain, evaluate*) • Textsortengebundenes Schreiben (z. B. *lab* reports) • Wortfeldarbeit/Ausbau der Fachsprache	Kontrastierung mutter- und zielsprachlicher Fachterminologie und Konnotationen; Funktionale Mehrsprachigkeit: Zweisprachige Schulung des Fachvokabulars (*key terms/glossary*)
Support of Content (Study Skills)	fachspezifische Methoden und Lernstrategien	Vermitteln fachspezifischer Standardoperationen: • altersgemäße Aufbereitung • Veranschaulichung, auch durch Visualisierung siehe auch *Language and Support of Language* (Output: *scaffolding*)	konzeptuelle und methodische Differenzen
Activating Content and Language (Tasks)	Integration inhaltlichen, sprachlichen und methodischen Lernens durch Aufgaben	• Progression • *tasks (task-based approach)* • Lernerautonomie • Grafisch-visuelles *scaffolding* • Wechsel der Darstellungsform (z. B. Textinformationen als Flussdiagramm darstellen) siehe auch *Language and Support of Language* (Output: *scaffolding*)	Lebensweltbezug; Perspektivenwechsel
Components	Lehrwerkkomponenten mit einer guten Verweisstruktur	Lehrwerkkomponenten: Schülerbuch, Schülerarbeitsheft, Lehrerhandbuch, weitere Medien (z. B. Videos auf DVD), Downloads	Authentizität der Materialien und Angebote in den Lehrwerkkomponenten

Lehrwerkevaluation am Beispiel ‚sprachlicher Unterstützung'

Eine Evaluation ausgewählter Lehrwerke kann nur ansatzweise erfolgen, der Fokus wird auf den Aspekt der gezielten sprachlichen Unterstützung gelegt.

Erdkunde. Die Integration von sprachlichem und inhaltlichem Lernen hat seit dem Erscheinen von *Diercke Geography* 2006 stetig zugenommen. Die Angabe von *key terms* und die *skills pages* in *Diercke Geography* sind bereits charakteristisch für CLIL. *Vol. 1* und 2 wirken jedoch im Ansatz noch wie übersetzte deutsche Fachbücher, und so überrascht es kaum, dass die Rolle der Sprache in den ausgekoppelten Modulen konsequent aufgewertet wurde: Neben Vokabelhilfen werden im Sinne von *scaffolding helpful words and phrases* geliefert. Die Muttersprache wird jetzt berücksichtigt, indem die *key terms* im Glossar englische Definitionen und deutsche Übersetzungen aufweisen.

In den aus *Around the World, Vol. 1* ausgekoppelten Modulen werden die sprachlich anspruchsvollen Originalkapitel häufig leicht gekürzt. Sprachliche Hilfen werden u. a. durch regelmäßiges *scaffolding* angeboten. Die *skills pages* und die Zusammenstellung von *key terms* unterstützen die zielsprachliche Erarbeitung der Inhalte und Methoden; diese werden durch die *revision and further exercises* vertieft. Ein zweisprachiges *geographical dictionary* befindet sich im Anhang.

Terra setzt CLIL am konsequentesten um: Dazu tragen u. a. der vielfache *language support*, die *tasks*, die sich auch auf den deutschen Fachwortschatz beziehen, und die *skills pages* bei. Die *orientation* und *exercise pages* sind insofern innovativ, da die Inhalte und die Fachsprache eigenständig wiederholt werden können. Der Anhang enthält eine zweisprachige Vokabelliste.

Geschichte. Auch hier ist festzustellen, dass CLIL zunehmend umgesetzt worden ist. So werden in *Invitation to History* und seinen ausgegliederten Modulen Vokabelhilfen und konsequentes *scaffolding* bereitgestellt. Hilfreich ist das grafisch-visuelle *scaffolding (charts and diagrams)* im Anhang. Die sehr zahlreichen *tasks* zielen auf die zielsprachliche Anwendung der Inhalte und Methoden ab; dies wird z. B. durch die Angabe von *key terms* (einsprachig) und *history skills* unterstützt. Im Anhang befindet sich u. a. ein zweisprachiges Vokabelverzeichnis.

Die *History*-Module, die durch *text chunks* übersichtlich gegliedert sind, führen das CLIL-Konzept weiter und fallen besonders altersgerecht aus. Gezielte sprachliche Unterstützung wird durch *language support*, Vokabelhilfen sowie *toolboxes* und *activity boxes*, die regelmäßig *working vocabulary* für die *tasks* bereitstellen, geleistet. Die *check-and-create*-Seiten bedienen sich typischer Wortschatzübungen aus dem Fremdsprachenunterricht (*matching, labelling, word puzzle*). Das *glossary of key terms* ist zweisprachig.

Geschichte und Geschehen bilingual fällt textlastiger aus, berücksichtigt aber auch die Sprache in besonderem Maße: Fachtermini werden übersetzt und sogar auf Deutsch erläutert. *Working vocabulary* wird u. a. zu den *skills pages* geliefert.

Biologie. In *Discover Biology* – und den ausgegliederten Modulen – werden häufiger anspruchsvolle Fließtexte mit Schaubildern, in die relevantes Vokabular integriert wird, kombiniert. Im Sinne von CLIL wird das sprachliche Lernen außerdem u. a. durch *scaffolding* und die *skills pages* unterstützt. *Key terms* und Vokabelverzeichnisse werden zweisprachig geliefert.

In *Natura* wird CLIL ebenfalls konsequent umgesetzt, etwa durch anschauliche Methodenseiten und spezielle sprachliche Unterstützung wie z. B. *scaffolding* und zweisprachige Vokabelhilfen. Die Anwendung des relevanten Fachvokabulars wird u. a. durch die *revision pages* ermöglicht. Anhand der *check-out solutions* kann der Lernfortschritt selbständig überprüft werden.

Die *Linder Bilingual Workbooks* beziehen regelmäßig Übungen aus dem Englischunterricht ein: Inhalte und Methoden werden z. B. durch *matching, labelling* und *put … into the correct order* wiederholt; die Fachsprache muss mindestens rezeptiv verstanden werden. *Test your knowledge* schließt die zweisprachige Schulung des Fachvokabulars ein.

Fazit

Auf dem deutschen Schulbuchmarkt erleben bilinguale Unterrichtswerke auf Englisch in den Fächern Erdkunde, Geschichte und Biologie derzeit einen klaren Aufschwung. Weiterhin reagieren die Verlage durch die vermehrte Herausgabe von Themenheften auf die Modularisierung des Bilingualen Unterrichts. Dies geht so weit, dass auch in deutschsprachigen Lehrwerken kürzere bilinguale Einheiten angeboten werden.

An dieser Stelle ist besonders hervorzuheben, dass die aktuellen Lehrwerke zur Aufwertung des sprachlichen Lernens im Bilingualen Unterricht das Prinzip des *scaffolding* berücksichtigen und den Erwerb von Inhalt und Sprache durch geeignete Aufgabenstellungen zunehmend integrativ fördern. Des Weiteren fällt eine stärkere Orientierung an der Gestaltung von Unterrichtsmaterialien aus dem angelsächsischen Raum auf; diese Ausrichtung verbessert die Altersangemessenheit der bilingualen Lehrwerke.

Literatur

Bentley, Kay (2010): *The TKT Course: CLIL Module.* Cambridge.

Böing, Maik (2011): *Le Viaduc de Millau comme attraction touristique?* In: *Der fremdsprachliche Unterricht: Französisch* 110, 9–15.

Coyle, Do/Hood, Philip/Marsh, David (2010): *CLIL: Content and Language Integrated Learning.* Cambridge.

Hallet, Wolfgang (2005): Bilingualer Unterricht: Fremdsprachig denken, lernen und handeln. In: *Der fremdsprachliche Unterricht: Englisch* 78, 2–8 u. 12–13.

Hallet, Wolfgang (2010): Konzeption und Ziele von English CLIL – Getting Started. In: Hallet, Wolfgang (Hrsg.): *English CLIL – Getting Started für Klasse 5 und 6.* Stuttgart, 3–7.

Leisen, Josef (2005): Wechsel der Darstellungsformen. In: *Der fremdsprachliche Unterricht: Englisch* 78, 9–11.
Meyer, Oliver (2010): A Great Day at the Roman Baths. Scaffolding durch Visualisierungen und Szenarien. In: *Der fremdsprachliche Unterricht: Englisch* 106, 12–20.
Thürmann, Eike (2010): Zur Konstruktion von Sprachgerüsten im bilingualen Sachfachunterricht. In: Sabine Doff (Hrsg.): *Bilingualer Sachfachunterricht in der Sekundarstufe*. Tübingen, 137–153.
Wildhage, Manfred/Otten, Edgar (Hrsg.) (2003): *Praxis des bilingualen Unterrichts*. Berlin.
Wolff, Dieter (2010): Bilingualer Sachfachunterricht/CLIL. In: Wolfgang Hallet/Frank G. Königs (Hrsg.): *Handbuch Fremdsprachendidaktik*. Seelze, 298–302.
Zydatiß Wolfgang (2010): Scaffolding im Bilingualen Unterricht. In: *Der fremdsprachliche Unterricht: Englisch* 106, 2–11.

Auswahl von Lehrwerken:
Hoffmann, R. (Hrsg.): *Diercke Geography*. Braunschweig: Westermann, *Basic* 2006, *Vol.1* 2007, *Vol.2* 2008.
Fugel, J. u.a.: *Around the World. New Edition*. Berlin: Cornelsen, *Vol.1* 2008, *Vol.2* 2009.
Falk, G. (Hrsg.): *Terra Geography*. Stuttgart: Klett, *Global Environments and Climatic Regions* sowie *Dynamic Earth* 2011.
Weeke, A. u.a.: *Invitation to History*. Berlin: Cornelsen, *Vol.1* 2006, *Vol.2* 2010.
Tiefenthal, C. u.a.: *History – The Middle Ages* und *The Early Modern Era* sowie Lochon-Wagner, K.: *History – Times of Revolution*, Stuttgart: Klett, 2010 u. 2011.
Theis, R. u.a.: *Geschichte und Geschehen*, Stuttgart: Klett, *19th century* 2009, *20th century* 2008.
Mathews, H.-D.: *Discover Biology*, Berlin: Cornelsen, 2010.
Speidel, A. u.a.: *Natura – The Human Senses* sowie Hartmannsgruber, M.: *Natura – Water*, Stuttgart: Klett, 2009 u. 2011.
Brandau, S. u.a.: *Linder – Bilingual Workbook*, Braunschweig: Schroedel, *Cells* 2008, *Ecology – Aquatic Systems* 2009, *Ecology – Terrestrial Systems* 2010.

Corinna Böwing

28 Aufgaben- und Materialentwicklung

Kompetenzentwicklung mit Aufgaben und Materialien

Zu einem nicht geringen Teil ist die Didaktik und Methodik des Bilingualen Unterrichts auf der Grundlage des praktischen Unterrichts und der von den bilingualen Lehrkräften in den Schulen oder in ministeriellen Arbeitsgruppen selbst erstellten Materialien und Aufgaben entstanden (→ Art. 1). Es ist geradezu ein Gütemerkmal dieser Unterrichtsart, dass die Kolleginnen und Kollegen, die das Projekt des Bilingualen Unterrichts vor Ort entwickelten, sich der Herausforderung der Erstellung passgenauer Materialien und Aufgaben stellen mussten: In den Anfangszeiten und, je nach Fach, bis in die Gegenwart hinein sind weder ausländische noch in deutschsprachigen Ländern konzipierte fremdsprachige Sachfachlehrwerke verfügbar, die den vielfältigen curricularen, fachlichen und fachdidaktischen Anforderungen eines fremdsprachigen Sachfachunterrichts gerecht werden (→ Art. 27).

Die Entwicklung passender Materialien und Aufgaben, die auf die nationalen Bildungsstandards, die Ländercurricula und nicht zuletzt auf die Schulcurricula für den deutschsprachigen Fachunterricht abgestimmt sind, ist daher nach wie vor eine wichtige Anforderung an die einzelne Lehrkraft, an die Fachschaften jener Fächer einer Schule, in denen bilingualer Fachunterricht erteilt wird, sowie an schulübergreifende Arbeitsgruppen, die in vielen Bundesländern Materialien für pädagogische Zentren oder Lehrerbildungseinrichtungen erstellen (vgl. Bentley 2010: 50ff., Coyle u. a. 2010: 86). Natürlich hat das Internet die Zugänglichkeit und die Zahl der verfügbaren Materialien entscheidend erhöht, und die Materialrecherche ist im Vergleich zu den Anfangszeiten des Bilingualen Unterrichts wesentlich komfortabler geworden. Die Bildungsserver der meisten Bundesländer oder von deren Lehrerbildungsinstituten und pädagogischen Service-Einrichtungen halten ebenso wie das Schulfernsehen (z. B. http://www. planet-schule.de) Materialangebote für den bilingualen Unterricht in vielen Fächern und Hinweise auf Weblinks für die Materialbeschaffung bereit.

Zugleich ist im Zusammenhang mit der Kompetenzorientierung des Fachunterrichts (→ Art. 18) die Einsicht gewachsen, dass die Auswahl von Materialien und deren Arrangement entscheidend von den Kompetenzzielen abhängt, die mit einem Bildungsgang, einer Unterrichtseinheit und den Unterrichtsprozessen verbunden sind. Die Kompetenzentwicklung wird jedoch nicht durch Materialien selbst gesteuert, sondern durch Aufgaben, die, orientiert an Kompetenzzielen, entsprechende Lernprozesse initiieren. Daher müssen auch die Materialarrangements so beschaffen sein, dass sie Lernangebote für die jeweils zu entwickelnden Kompetenzen im Kontext einer Aufgabenstellung machen. Generell sind bei der Materialwahl (bezogen auf eine Unterrichtssequenz, nicht unbedingt auf jede einzelne Stunde) die folgenden Kompetenzfelder zu unterscheiden (vgl. Bonnet u. a. 2009: 176ff.):

▶ *Fachliches Wissen:* Das Material muss so beschaffen sein, dass es den Lernenden ermöglicht, fachliches Wissen und die mit ihm verbundenen zentralen Kategorien und Begriffe aufzubauen (,Konzeptlernen'; vgl. Bonnet u. a. 2009: 182ff., Hallet 2007; → Art. 20). Wichtig ist, dass das Material dieses Wissen nicht zur Reproduktion anbietet, sondern so beschaffen ist, dass es dessen aktive kognitive Konstruktion erfordert und anregt (vgl. auch Bentley 2010: 51; Coyle u. a. 2010: 87).

▶ *Fachbezogene fremdsprachige Diskursfähigkeit:* Die sprachliche Dimension allen Lernens (vgl. Becker-Mrotzek u. a. 2013) und die fremdsprachige Dimension des Lernens im bilingualen Fachunterricht verlangen eine besondere Aufmerksamkeit für die sprachlichen Merkmale des jeweiligen Materials. Im Sinne des pädagogischen Prinzips der *zone of proximal development* (vgl. Hallet 2011: 124) muss das sprachliche Niveau des Materials einerseits an den Sprachstand der Lernenden anschließen, andererseits muss es Angebote für dessen Weiterentwicklung in der fachlich und fachsprachlich gebotenen

Weise machen. Fachbasierte *literacy* (oder Diskursfähigkeit) umfasst jedoch nicht allein die Fremdsprache, sondern auch die anderen symbolischen Darstellungsformen und Genres, wie sie so gut wie alle Fächer und wissenschaftlichen Disziplinen entwickelt haben. Oft stellen diese sogar zentrale Erkenntnisformen eines Faches dar, wie z. B. die Formelsprache in der Mathematik oder die kartografische Darstellung in Erdkunde (Leisen 2005, Vollmer u. a. 2008, Vollmer 2009, Hallet 2012, 2013; → Art. 21). Für das sprachlich-diskursive wie für das symbolische und generische Lernen (→ Art. 19) ist es von großer Bedeutung, dass der Materialinput Modelltexte und -formen bereitstellt, aufgrund derer die Lernenden ihre eigenen diskursiven und symbolischen Darstellungs- und Denkformen entwickeln können. Zur Entwicklung der sprachlichen Dimension gehört auch, dass sprachliche Mittel (wie z. B. solche für die Diskursfunktionen) aktiviert oder neu bereitgestellt werden. Zum Aufbau einer fachbezogenen *literacy* und zur Sachfachbildung gehört auch die Fähigkeit, fachliches Wissen in lebensweltliche Kontexte zu ,übersetzen' und umgekehrt. Daher müssen regelmäßig auch alltagssprachlich verfasste Texte Teil des Materials sein, die eine Vorstellung von der Bedeutung und Modelle für die ,Übersetzung' des Fachwissens in lebensweltliche Kontexte vermitteln.

▸ *Die praktisch-methodische Dimension:* Der Fachunterricht zeichnet sich dadurch aus, dass er außer dem Wissen auch die disziplinspezifischen Erkenntniswege, Methoden, Arbeitstechniken, Fertigkeiten und, vor allem in den experimentellen und den künstlerischen Fächern sowie in Sport, praktisches Können vermittelt. Daher müssen die Materialien so beschaffen sein, dass die Lernenden die jeweiligen fachspezifischen Methoden, Arbeitstechniken und praktischen Fertigkeiten erproben, anwenden und erwerben können.

▸ *Die reflexive Dimension:* Der bildende Charakter des fachlichen Wissenserwerbs kann sich nur dann entfalten, wenn der jeweils erschlossene Weltaspekt in Verhältnis zu persönlichen Denkweisen, Einstellungen und kulturellen Erfahrungen der Lernenden gesetzt werden kann (Breidbach 2007; → Art. 3). Solche Reflexionen betreffen z. B. das Verhältnis des wissenschaftlichen Wissens zu Alltagserfahrungen, die praktische Anwendbarkeit des Wissens oder die ethische Vertretbarkeit von Anwendungen. Zu solchen Reflexionen müssen Materialien, z. B. in Form von Kommentaren, Karikaturen oder kritischen Fragen Anstöße geben.

Die Bedeutung von Aufgaben

In den Fachdidaktiken und in der Allgemeinen Didaktik hat sich in jüngerer Zeit das Konzept der Lernprozessinitiierung und -steuerung durch Lernaufgaben herausgebildet (vgl. Kiper u. a. 2010). Damit ist die Vorstellung verbunden, dass Aufgaben eine zentrale Rolle in der Kompetenzentwicklung zukommt, dass diese prozessorientiert, offen und lebensweltbezogen sein müssen (Maier u. a. 2010) und dass sie als „Lernarrangement" (Müller 2010: 88 ff.) oder „Lernumgebung" (Leisen 2010) zu verstehen sind. Erst solche komplexen Aufgaben verwandeln Materialarrangements in Modellierungen komplexer Problemlösungen und stoßen entsprechende kognitive Anstrengungen der Lernenden sowie damit verbundene interaktionale Aushandlungen an (vgl. auch Poisel 2012; → Art. 26). Materialien stellen daher im Verein mit Problemlösungsaufgaben eine Rahmenvorgabe *(framework)* für einen Arbeits- und Lösungsprozess dar, der von den Lernenden möglichst selbständig gestaltet wird.

Zu einer komplexen Aufgabe gehören neben den Materialien auch verschiedene Teilaufgaben, Unterstützungsangebote und Strukturierungshilfen für den Arbeitsprozess *(scaffolding;* → Art. 33), Übungen und die Aufgabeninstruktion selbst, die Hinweise auf das Vorgehen, Arbeitsschritte und Arbeitsformen enthält (vgl. Hallet 2011: 144 ff.).

Komplex ist eine Kompetenzaufgabe, wenn sie

▸ Anforderungen so modelliert, dass lebensweltliche Problem- und Herausforderungssituationen mittels fachlicher Kenntnisse und Methoden bewältigt werden müssen; prinzipiell sind die Lösungswege offen, auch mit Blick auf das Materialangebot; dessen Nutzung und Verwertung sollten die Lernenden möglichst selbständig mit Blick auf die gewählte Problemlösung bestimmen, und sie sollten erkennen können, welches fachliche Wissen und Können sie jeweils einsetzen müssen;

▸ mit Blick auf die Komplexität lebensweltlicher Anforderungen und Diskurse von den Lernenden im Problemlösungsprozess die Aktivierung und Integration verschiedener kognitiver, sprachlich-diskursiver und sozial-interaktionaler Kompetenzen und Fähigkeiten verlangt;

▸ in den Prozess der Problemlösung und der Aufgabenbearbeitung ein Bündel von Teilaufgaben und Übungen integriert (vgl. Coyle u. a. 2010: 98 ff., Poisel 2012);

▸ den Prozess der Aufgabenbearbeitung als mehrdimensionale Sequenzierung von individuellen kognitiven und von sozialen, kooperativen und interaktionalen Arbeitsformen bei größtmöglicher Selbständigkeit und Eigenverantwortung der Lernenden für die Organisation des Arbeitsprozesses (Coyle u. a. 92 ff.; → Art. 26) gestaltet.

In diesem Sinne sind Aufgabenstellung und Materialwahl nicht nur aufeinander bezogen, sondern integrale Bestandteile eines Lernarrangements, das Grundlage der Wissenskonstruktion und der Kompetenzentwicklung ist.

Prinzipien der Materialkonstruktion

Die Anforderungen an die Materialien, die im oben angegebenen Sinne integraler Bestandteil der komplexen Aufgabe sind, zeichnen sich in mehrerlei Hinsicht durch Multiplizierungen aus, die teils aus dem Charakter der komplexen Aufgabe herrühren, teils aber auch aus den Besonderheiten des bilingualen Unterrichts gegenüber dem deutschsprachigen Fachunterricht.

Multiplizität der Inputinformationen. Problemlösungsprozesse haben, um hinreichend komplex zu sein, aber auch um genügend Daten für die Problembearbeitung zu haben, in der Regel verschiedene Inputinformationen zum Ausgangspunkt, die zueinander in Beziehung gesetzt, bewertet und gewichtet werden müssen. Problemlösungsprozesse beziehen sich vor allem auf Entscheidungen darüber, welche Daten und Informationen in welcher Weise relevant sind. Der Materialinput modelliert auf diese Weise die Komplexität lebensweltlicher Problemlagen. Bei den Inputinformationen kann es sich um Texte, Bilder, Diagramme, Karten, Zahlen und Daten aller Art handeln.

Multiperspektivität. Im Bilingualen Unterricht ist mit dem multiplen Materialinput eine Multiplizierung der kulturellen Perspektivierungen verbunden. Als praktisches Planungsmodell und Entscheidungsgrundlage hat sich in der Materialwahl das *Bilingual Triangle* bewährt. Es fokussiert auf die kulturellen Diskurssphären, denen Texte und Informationen entnommen werden, und erlaubt bewusste Schwerpunktsetzungen und perspektivierende Gewichtungen. Unterschieden werden (I) die lebensweltliche und schulsprachliche Diskurssphäre, (II) die fremdsprachige Diskurssphäre und (III) die Sphäre der transkulturellen, mehrkulturellen und globalen Diskurse. Zusammen mit den Schüler- und Lehrertexten konstituieren die Texte, Materialien und Informationen den transkulturellen Diskursraum des Bilingualen Unterrichts (Hallet 2004).

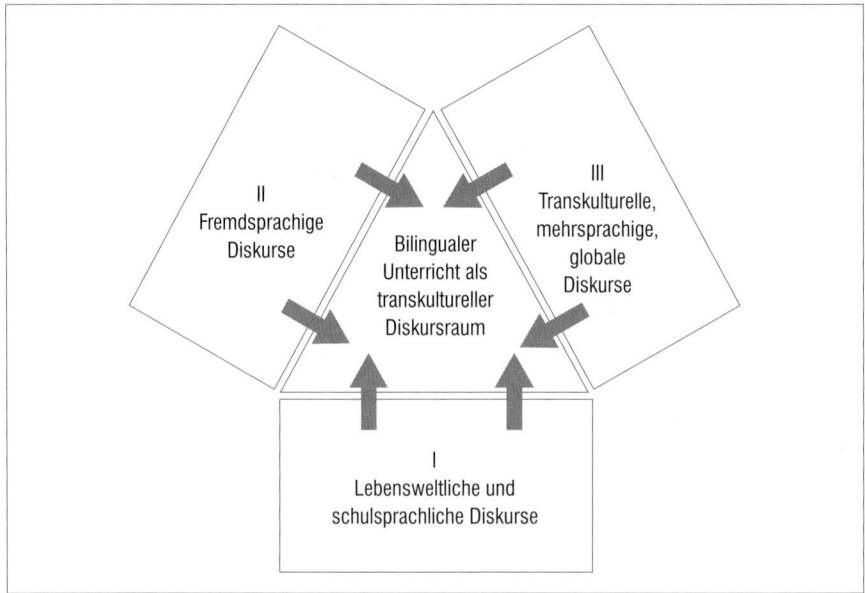

Diskurssphären des Bilingualen Unterrichts als Planungsfelder für die Materialwahl und -kombination

Multimodalität. Die Materialien, die zur Initiierung der Lern- und Unterrichtsprozesse ausgewählt werden, sollten aus mehreren Gründen verschiedenen Symbolisierungs- und Darstellungsformen angehören. Zum einen sind die in den wissenschaftlichen Disziplinen herausgebildeten fachspezifischen Darstellungsweisen und Symbolsprachen Teil des zu erwerbenden Fachwissens und der fachlichen Erkenntnisformen. Zum Zweiten ist die Kombination verschiedener semiotischer Modi wie z. B. eines Textes, einer diagrammatischen Darstellung und einer Zeichnung in vielen Fächern ein Standardfall der Problemlösungsaufgabe. Der Umgang mit Kombinationen semiotischer Modi ist daher ein wichtiger Bestandteil des Kompetenzerwerbs. Drittens ist die Fähigkeit der Übersetzung unterrichtsfachspezifischer Symbolsprachen in die Alltagssprachen (Schulsprache und Fremdsprache) der Kern der Sachfachbildung (vgl. zu allem Leisen 2005, Hallet 2012, 2013). Viertens ist besonders im Bilingualen Unterricht zu bedenken, dass andere Darstellungsformen und Symbolsprachen im Sinne der Differenzierung und Individualisierung den Lernenden nicht nur Angebote für die Nutzung verschiedener Wahrnehmungskanäle und Lernwege machen, sondern dadurch auch, vor allem in den frühen Jahrgangsstufen, das Verstehen fremdsprachiger Informationen entlastet, unterstützt und erleichtert wird. Die Aufgabenstellung muss im Sinne des sprachlich-diskursiven und des generischen Lernens sowie des Erwerbs fachspezifischer semiotischer Kompetenzen Anteile enthalten, die auf das Einüben und die Aneignung der verschiedenen Modi durch die Lernenden zielen (vgl. Becker-Mrotzek u. a. 2013, Hallet 2013).

Scaffolding-Angebote. Die Kombination von Texten und anderen Darstellungsformen wie Bildern oder Karten ist ein Beispiel dafür, dass bereits Materialwahl und -kombination implizit ein Angebot zur Lernunterstützung *(scaffolding)* darstellen. Daneben sind aber auch andere, speziell zur Unterstützung des Lern- und Arbeitsprozesses entworfene Elemente Teil des Aufgaben- und Materialarrangements. Solche Angebote reichen von zusätzlichen Erläuterungen über sprachliche Hilfen (wie z. B. sprachliche Mittel für Diskursfunktionen; → Art. 19) bis hin zu Hinweisen für die Strukturierung des Arbeitsprozesses (→ Art. 33).

Kooperative Aufgaben- und Materialentwicklung.
▶ Zwar ist die Konzipierung und Erstellung von Aufgaben- und Materialarrangements für den Bilingualen Unterricht auch für die individuelle Lehrkraft mit einigem Aufwand leistbar, jedoch hat die Kooperation mehrerer Lehrkräfte bei der Erstellung von Aufgaben und Materialien unübersehbare Vorteile. Dabei geht es nicht nur um die Arbeitsentlastung, die durch den Aufbau eines Aufgaben- und Materialpools durch die Fachkollegien für die einzelne Lehrkraft entsteht. Vielmehr ist die gemeinsame Erstellung von Aufgaben und Materialien ein wichtiger Weg des Abgleichs der Lern- und Leistungsanforderungen und der interindividuellen Einschätzung der Lernstufeneignung,

des Schwierigkeitsgrades und der Komplexität von Materialien und Aufgaben. Gleiches gilt für den Abgleich der Kompetenzziele, Teilkompetenzen und *skills* mit den Bildungsstandards, den curricularen Rahmenvorgaben und dem Schulcurriculum.

▸ Darüber hinaus ist die Aufgaben- und Materialentwicklung einer der Bereiche, in denen sich bilinguale Fachschaften zu *professional learning communities* entwickeln können (vgl. Schratz/Westfall-Greiter 2010: 119 ff., Coyle u. a. 2010: 69 ff. u. 163 ff., Hallet 2011: 192 ff.). Denn die mit dieser Entwicklungsarbeit verbundene kooperative Unterrichtsvorbereitung ist für bilinguale Lehrkräfte ein wichtiger Weg des professionellen Lernens und der individuellen Weiterbildung, wie sie auf dem an vielen Schulen noch nicht gut etablierten Feld des Bilingualen Unterrichts und bei einer nur gering entwickelten Lehrerbildung für diese spezielle Unterrichtsform besonders vonnöten ist. Die Material- und Aufgabenentwicklung kann auf diese Weise sogar zum Motor bilingualer Unterrichtsentwicklung und der Schulentwicklung werden (→ Art. 7).

Literatur

Becker-Mrotzek, Michael/Schramm, Karen/Thürmann, Eike/Vollmer, Helmut Johannes (Hrsg.) (2013): *Sprache im Fach – Sprachlichkeit und fachliches Lernen.* Münster.

Bentley, Kay (2010): *The TKT Teaching Knowledge Test Course. CLIL Module. Content and Language Integrated Learning.* Cambridge.

Bonnet, Andreas/Breidbach, Stephan/Hallet, Wolfgang (^{4}2009): Fremdsprachlich handeln im Sachfach: Bilinguale Lernkontexte. In: Gerhard Bach/Johannes-Peter Timm (Hrsg.): *Englischunterricht. Grundlagen und Methoden einer handlungsorientierten Unterrichtspraxis.* Tübingen, Basel, 172–198.

Breidbach, Stephan (2007): *Bildung, Kultur, Wissenschaft: Reflexive Didaktik für den bilingualen Sachfachunterricht.* Münster.

Coyle, Do/Hood, Philip/Marsh, David (2010): *CLIL. Content and Language Integrated Learning.* Cambridge.

Hallet, Wolfgang (1998): *The Bilingual Triangle.* Überlegungen zu einer Didaktik des bilingualen Sachfachunterrichts. In: *Praxis des neusprachlichen Unterrichts* 48 (2), 115–125.

Hallet. Wolfgang (2004): Bilingualer Sachfachunterricht als interkultureller Diskursraum. In: Andreas Bonnet/Stephan Breidbach (Hrsg), *Didaktiken im Dialog.* Frankfurt/M., 141–152.

Hallet Wolfgang (2007): *Scientific Literacy* und Bilingualer Sachfachunterricht. In: Claus Gnutzmann (Koord.): *Fremdsprache als Arbeitssprache in Schule und Studium. Fremdsprachen lehren und lernen* 36, 95–110.

Hallet, Wolfgang (2011): *Lernen fördern: Englisch. Kompetenzorientierter Unterricht in der Sekundarstufe I.* Seelze.

Hallet, Wolfgang (2012): Semiotic Translation and Literacy Learning in CLIL. In: David Marsh/Oliver Meyer (Hrsg.): *Quality Interfaces: Examining Evidence & Exploring Solutions in CLIL.* Eichstätt, 191 – 201.

Hallet, Wolfgang (2013): Generisches Lernen im Fachunterricht. In: Michael Becker-Mrotzek/ Karen Schramm/Eike Thürmann/Helmut Johannes Vollmer (Hrsg.): *Sprache im Fach – Sprachlichkeit und fachliches Lernen.* Münster, 59 – 75.

Kiper, Hanna/Meints, Waltraud/Peters, Sebastian/Schlump, Stephanie/Schmit, Stefan (Hrsg.) (2010): *Lernaufgaben und Lernmaterialien im kompetenzorientierten Unterricht.* Stuttgart.

Leisen, Josef (2005): Wechsel der Darstellungsformen. In: *Der fremdsprachliche Unterricht: Englisch* 78, 9–11.

Leisen, Josef (2010): Lernaufgaben als Lernumgebung zur Steuerung von Lernprozessen. In: Kiper u. a. (Hrsg.), 60–67.

Maier, Uwe/Kleinknecht, Marc/Metz, Kerstin (2010):. Ein fächerübergreifendes Kategoriensystem zur Analyse und Konstruktion von Aufgaben. In: Kiper u. a. (Hrsg.), 28–43.

Müller, Hans-Joachim (2010): Lernaufgaben und der Aufbau des Wissens. In: Kiper u. a. (Hrsg.). 84–100.

Poisel, Eva (2012): Competence Development through Task-Based Learning. In: David Marsh/Oliver Meyer (Hrsg.): *Quality Interfaces: Examining Evidence & Exploring Solutions in CLIL.* Eichstätt, 252–264.

Schratz, Michael/Westfall-Greiter, Tanja (2010): *Schulqualität sichern und weiterentwickeln.* Seelze.

Vollmer, Helmut Johannes (2009): *Language in Other Subjects.* Strasbourg.

Vollmer, Helmut/Thürmann, Eike/Arnold, Christof/Ohm, Udo (2008): *Elements of a Framework for Describing the Language of Schooling in Subject-Specific Contexts: A German Perspective.* [Draft Version.] Strasbourg.

Wolfgang Hallet

29 Evaluation, Leistungsmessung und Prüfungen im Bilingualen Unterricht

Evaluation bezieht sich im Sinne des institutionellen Qualitätsmanagements auf die Beurteilung der Wirksamkeit *des* Bilingualen Unterrichts. Leistungsmessung und Prüfung hingegen beziehen sich auf die Erhebung individueller Lernleistungen *im* Bilingualen Unterricht. Beide Maßnahmen dienen der Qualitätsentwicklung und -sicherung und stehen in engem wechselseitigem Zusammenhang. Sie unterliegen den Gütekriterien Validität, Reliabilität und Objektivität. Es gibt allerdings keine einheitlichen Vorgaben, wie Erhebungen und Prüfungen durchzuführen sind. Zudem lassen sich neuere Forschungsergebnisse zu Evaluation und Leistungsbeurteilung schwer vergleichen, weil sie zum einen von unterschiedlichen Organisationsformen bilingualen Lernens (z. B. Zügen oder Modulen) ausgehen und zum anderen auf divergierenden Auffassungen über das Wesen des Bilingualen Unterrichts beruhen. Bisher liegen zur Evaluation des Bilingualen Unterrichts nur wenige und zur Leistungsmessung im Bilingualen Unterricht fast gar keine Publikationen vor. Garcías Einschätzung der Dringlichkeit von vermehrter Forschungs- und Entwicklungstätigkeit zur Leistungsbeurteilung trifft daher auch auf den Bilingualen Unterricht in Deutschland zu: „No area in bilingual education is in more need of development than that of bilingual assessment." (García 2009: 378)

Evaluation des bilingualen Lehrens und Lernens

Mehrere Studien gehen der Frage nach dem Nutzen des bilingualen Lernens mittels der Erhebung subjektiver Theorien nach und erfragen die Sicht von Lehrenden und Lernenden (z. B. Abendroth-Timmer 2007, Viebrock 2007; → Art. 31). Evaluationsstudien, die prüfen, zu welchen messbaren Ergebnissen bilinguale Bildungsangebote führen, gibt es erst wenige. Danach besteht kein Zweifel, dass Bilingualer Unterricht eine leistungssteigernde Wirkung auf die fremdsprachliche Kompetenz und das Sprachbewusstsein hat. Bezüglich der fachlichen Leistungen lässt sich diese Wirkung nicht eindeutig nachweisen. Besonders schwierig erweist sich der Beleg des interkulturellen Lernfortschritts im Bilingualen Unterricht, der sich vor allem in veränderten Sichtweisen und Multiperspektivität manifestiert.

Fächerübergreifende Evaluationsstudien. In der von Zydatiß durchgeführten Evaluation des DEZIBEL (Deutsch-Englisch Züge in Berlin) Schulversuchs an Berliner Gymnasien zeigten die Zehntklässler der bilingualen Züge höhere fremdsprachliche Leistungen als die Probanden der nichtbilingualen Regelklassen (Zydatiß 2007: 228). Bezüglich der von Zydatiß modellierten sachfachbezogenen Diskurskompetenzen „sind die sachfachbezogenen Leistungen der beiden Klassenzüge im Großen und Ganzen vergleichbar (mit leichten Vorteilen für die DEZ-Schüler)" (Zydatiß 2007: 377).

Im Rahmen der Großstudie DESI, in der u. a. die Leistungen von Neuntklässlern aus bilingualen Klassen zu den Leistungen von Lernern einer vergleichbaren nichtbilingual unterrichteten Vergleichsgruppe in Beziehung gesetzt wurden, kommen Nold, Hartig, Hinz und Rossa (2008: 456) zu dem Schluss, „dass das Konzept von bilingualem Sachfachunterricht die mit ihm verbundenen Hoffnungen umfassend erfüllt". Als Beleg werden die höheren sprachlichen Kompetenzniveaus der bilingualen Gruppe angeführt. Da bei der Erhebung der Englisch-Kompetenzen die Vergleichbarkeit der Faktoren Gesamtleistung Deutsch, Bildungsgang, sozioökonomischer Status, kognitive Grundfähigkeit, Erstsprache und Geschlecht beachtet wurde, kann die höhere fremdsprachige Leistung der bilingualen Gruppe mit großer Wahrscheinlichkeit auf die Wirkung des Bilingualen Unterrichts zurückgeführt werden und nicht auf andere begünstigende Faktoren. Allerdings bleibt ein weiteres forschungsmethodologisches Problem bestehen: Die Tatsache, dass die bilingual unterrichtete Gruppe deutlich mehr Kontakt zur Fremdsprache hatte als die Vergleichsgruppe, wurde weder in DESI noch in DEZIBEL berücksichtigt.

Fachspezifische Untersuchungen zur Wirksamkeit Bilingualen Unterrichts. Bei der Erhebung fachlicher Erträge steht die Wissenschaft vor dem Problem, dass fachliches Können kaum anders als in sprachlicher Form erhoben werden kann. Mehrere Autoren kommen zu dem Schluss, dass die Schülerinnen und Schüler, die an bilingualen Angeboten teilnehmen, mindestens gleichwertige fachliche Leistungen erbringen wie Lernende im monolingual deutschsprachigen Fachunterricht. Teilweise wird sogar von Vorteilen für die bilingual unterrichteten Lerner berichtet (vgl. z. B. für *Biologie* Osterhage 2007, für *Chemie* Bonnet 2004, für *Geschichte* Lamsfuß-Schenk 2008 und für *Kunst* Rymarczyk 2003). In der Regel wurden die fachbezogenen Evaluationen nicht mit standardisierten Verfahren durchgeführt, sodass eine Wiederholbarkeit schwierig und eine Verallgemeinerbarkeit der Ergebnisse nicht gegeben erscheinen. Einige Untersuchungen, für die ähnliche forschungsmethodologische Bedingungen gelten wie für die vorgenannten Arbeiten, kommen zu negativen Befunden (vgl. z. B. für *Biologie* Kondring und Ewig 2005, für *Erdkunde* Müller 2008). Vollmer konnte bestätigen, dass die in Erdkunde bilingual unterrichteten Lerner seiner Studie „fachlich durchaus vergleichbar viel [lernen] wie die Regelschüler desselben Unterrichtsfaches" (Vollmer 2009: 176); zwei Befunde geben jedoch Anlass zur Besorgnis. Zum einen schneiden in beiden Gruppen Schüler mit nichtdeutscher Muttersprache schlechter ab als die deutschen Muttersprachler (177). Zum anderen zeigten sich in beiden Lerngruppen unzureichend ausgebildete konzeptuelle Modelle sowie große sachfachliterale Defizite (179).

Drei Tendenzen zeichnen sich ab: 1. Das Potenzial und gleichzeitig die besondere Herausforderung des Bilingualen Unterrichts liegen in der markierten Sprachlichkeit des Unterrichts, da Sprache von den Lernenden bewusst aufgenommen und verarbeitet werden muss. 2. Der fachliche Mehrwert durch Bilingualen Unterricht konnte bisher nicht nachgewiesen werden, die fachliche Gleichwertigkeit der Lernerträge erscheint jedoch im Vergleich mit einsprachig deutschem Unterricht realistisch. 3. Ein Mehrwert, sei er interkultureller, sprachlicher oder fachlicher Art, kann wahrscheinlich nur durch vermehrten Einsatz und intensivierte Anstrengungen erzielt werden.

Leistungsmessung im Bilingualen Unterricht

Es besteht Konsens darüber, dass Leistung im Bilingualen Unterricht erhoben und bewertet werden muss und dass die pädagogische Leistungsmessung die Funktionen Rechenschaftslegung, Bericht, formative Beurteilung, summative Beurteilung und individualisierte Lernberatung erfüllen soll (Diehr/Frisch 2008: 25 f.). Die Notwendigkeit, sich mit messbaren Lernleistungen auseinanderzusetzen, wird in jüngerer Zeit durch die Bildungsstandards verstärkt. Da keine Standards speziell für den Bilingualen Unterricht vorliegen, gelten in den meisten Bundesländern die Sachfach-Standards (Hallet 2007: 19). In theoretischer wie in praktischer Sicht stellen sich daher folgende Fragen: 1. Worin besteht der Gegenstand der Leistungsmessung im Bilingualen Unterricht? 2. In welcher Sprache soll die Leistung erhoben werden? In einigen europäischen Ländern wird nur in der Zielsprache getestet, in anderen können die Lerner wählen (Wolff 2007: 23). In Deutschland wird erwartet, dass die Lernenden den Fachdiskurs sowohl in der Fremd- als auch in der Schulsprache beherrschen, es gibt jedoch kaum Vorschläge zur zweisprachigen Leistungsüberprüfung. 3. Mit welchen Aufgaben, Impulsen und Materialien kann die bilinguale Leistung am besten erhoben werden? 4. Nach welchen Kriterien und mit welchen Instrumenten kann das Lernergebnis eingestuft und beurteilt werden? 5. In welchem Umfang und auf welche Weise ist der Lernprozess einzubeziehen?

Leistungsmessung und -beurteilung im Spiegel der curricularen Rahmung. Trotz aller Unterschiede zwischen den Bundesländern sehen die Ministerien die Verantwortung für die Leistungsmessung im Bilingualen Unterricht tendenziell bei den Sachfächern. Dazu hat die Empfehlung der KMK beigetragen, dass die fachlichen Kenntnisse und Leistungen für die Bewertung im Bilingualen Unterricht ausschlaggebend sind (Sekretariat der KMK 2006: 19); sie verweist darüber hinaus auf die Bewertungsvorschriften der Länder (74 ff.). Aufgrund der föderalen Vielfalt finden sich diese Vorschriften an unterschiedlichen Publikationsorten (Handreichungen, Empfehlungen, Rechts- und Verwaltungsvorschriften) und weisen unterschiedliche Grade an Verbindlichkeit und Explizitheit auf. Die jüngste Handreichung in Nordrhein-Westfalen verweist ausdrücklich darauf, dass die Lehrpläne der Sachfächer maßgeblich sind (MSW 2011: 17) und dass „[b]ei der Beurteilung der Leistungen in den bilingualen Sachfächern [...] vorrangig die fachlichen Leistungen im Sachfach bewertet" werden (12). Zum Aspekt der Berücksichtigung des sprachlichen Ausdrucksvermögens bleiben die ministeriellen Ausführungen allerdings vage und gehen, wenn überhaupt, nur knapp auf die Problematik der Sprachwahl und das Verhältnis der Sprachen ein (z. B. in Baden-Württemberg, Bayern und Sachsen).

Programmatische Überlegungen zur Leistungserhebung und Leistungsmessung im Bilingualen Unterricht. Bereits 2002 leitete Vollmer aus drei Grundtypen des Bilingualen Unterrichts Konsequenzen für die Leistungsbewertung ab, die im Folgenden durch neuere Positionen und Fragestellungen ergänzt werden. Obwohl die curricular vertretbare Ausweitung des Fremdsprachenlernens als eine der Triebfedern hinter der Entwicklung von Bilingualem Unterricht und CLIL galt, wird eine ausschließlich fremdsprachlich orientierte Position, bei der die Leistungserhebung sich auf die fremdsprachliche Kompetenz beschränken könnte, heute nicht mehr vertreten. Auch die Auffassung, dass im Bilingualen Unterricht ausschließlich die fachliche Leistung beurteilt wird, findet kaum Fürsprecher, da sprachliche Vermitteltheit eine Grundkonstante schulischen Lernens ist und die Berücksichtigung des sprachlichen Ausdrucksvermögens sowohl im deutsch- wie im fremdsprachigen Fachunterricht stattfinden muss. In mehreren Entwürfen wird die Meinung vertreten, dass eine integrierte Leistungserhebung wegen des integrierten CLIL-Charakters des Bilingualen Unterrichts unumgänglich sei. Sie soll „nicht auf punktuell abfragbares Wissen oder auf formale Sprachrichtigkeit [abheben], sondern auf sprachlich-inhaltliche Denk- und Lernprozesse" (Bonnet u. a. 2003: 194). Diese Auffassung schlägt sich in holistischen Skalen und Niveaustufen nieder, mit der die Erhebung z. B. narrativer Kompetenz im bilingualen Geschichtsunterricht (Staschen-Dielmann 2010: 235 f.) und geografischer Kompetenz im bilingualen Erdkundeunterricht (Vollmer 2010: 251) erprobt wurde. Aber nicht nur das Problem der Kompetenzstufen blieb vorerst ungelöst (Vollmer 2010: 256). Die bisherigen Entwürfe zeichnen sich durch fachliche Unbestimmtheit bei gleichzeitiger Sprachbetonung aus. Damit bleibt auch das Dilemma ungelöst, dass trotz der sprachlichen Vermitteltheit eines großen Teils von Fachkompetenzen eine Gleichsetzung von Sprache, Denken und Können nicht zulässig ist. Der ebenfalls am CLIL-Verständnis von Bilingualem Unterricht ausgerichtete Vorschlag von Wolff/Quartapelle (2011) regt die doppelt-fokussierte Betrachtung von Kompetenzerwartungen (43 ff.) und Leistungsbewertung (91 ff.) an. Der für den Unterricht in Italien vorgelegte Entwurf enthält am GeR ausgerichtete Kompetenzbeschreibungen und schlägt für die Fächer Chemie, Geschichte, Kunst, Physik, Sozialkunde, Sport und Theater exemplarische Konkretisierungen vor, überlässt jedoch den Sachfachlehrenden die Entwicklung von Deskriptoren (45 ff.). Für die Leistungserhebung werden praxisorientierte Kriterien vorgelegt, nach denen die sachfachliche und sprachliche Leistung voneinander getrennt erhoben und beurteilt werden kann (96 f.). Wolff/Quartapelles Entwurf entspricht daher Garcías (2009: 371) Auffassung: „It is also important to develop scoring criteria that can differentiate between subject-matter knowledge and abilities, and the language in which the students respond [...]." Massler sieht in getrennten Kriterien für Sprache und Inhalt die Chance zur Gewichtung: Wenn der Sprachzuwachs in bestimmten Unterrichtsphasen Vorrang hatte, kann er bei der Leistungsbeurteilung stärker berücksichtigt werden; standen fachliche Konzepte im Vordergrund, kann die Lehrperson das fremdsprachige Können nachrangig bewerten (2010: 135 ff.). Die jüngste Debatte um das Verhältnis der Sprachen im Bilingualen Unterricht (Diehr/Schmelter 2012) deutet darauf hin, dass neben der getrennten Beurteilung von fachlichem und sprachlichem Können außerdem eine Differenzierung innerhalb der sprachlichen Leistung sinnvoll ist: Die Lernenden im Bilingualen Unterricht sollen Fachvokabular und Diskurskompetenz in der jeweiligen Fremdsprache und in der Schulsprache Deutsch erwerben (Diehr 2012). Bisher gibt es zur Leistungsbeurteilung in zwei Sprachen noch keine Skalierungsvorschläge, wohl einige Elizitierungsempfehlungen z. B. in Form von Sprachmittlungsaufgaben und *Concept Maps* (Bohn/Doff 2010: 85 f.). García empfiehlt den Einsatz der *translanguaging mode* (2009: 371 f.), wonach wechselweise Teile der Ausgangs- und Zieltexte in der einen und dann in der anderen Sprache rezipiert bzw. produziert werden. Auf diese Weise soll eine Benachteiligung bei der Einschätzung des konzeptuellen Wissens und Könnens durch eine mindere fremdsprachige Kompetenz vermieden werden.

Desiderate

Trotz der vielversprechenden neueren Ansätze müssen die Forschungsdefizite im Bereich der Leistungsmessung als gravierend betrachtet werden, da in der Praxis Handlungsdruck herrscht und bilingual unterrichtende Lehrkräfte ihre Lernenden regelmäßig beurteilen, benoten und beraten müssen. Folgende Schwerpunkte zukünftiger Forschungs- und Entwicklungsarbeit zeichnen sich ab: 1. Um es den Lernenden zu ermöglichen, Leistung im Bilingualen Unterricht auf vielfältige Weise zu erbringen, werden verschiedene Arten von Elizitierungsaufgaben benötigt, mit der das fachliche Können teils sprachfrei, teils sprachvermittelt und teils sprachbetont erhoben werden kann. Dabei ist die unterschiedliche Sprachhaltigkeit der Fächer zu berücksichtigen, denn sprachfreie und spracharme Aufgaben dürften z. B. im Fach Kunst oder Sport eher möglich sein als z. B. in Geschichte. 2. Um Einseitigkeit zu vermeiden und um Lernerautonomie zu fördern, müssen Formen der Fremd- und der Selbsteinschätzung im Bilingualen Unterricht weiterentwickelt und erprobt werden. 3. Lehrkräfte sollten einander ergänzende holistische sowie analytische Beurteilungsverfahren einsetzen. Für die kompetenzorientierte Leistungserhebung sind Deskriptoren und Niveaustufen der fachlichen Kompetenz zu formulieren. Hallet (2007:17) und Vollmer (2010: 250f.) warnen allerdings auch vor den Gefahren einer Fokussierung auf testbare Teilkompetenzen. 4. Möglichkeiten, sowohl die Schul- als auch die Fremdsprache bei der Leistungsmessung zu berücksichtigen, sind zu erproben. Da die Schulsprache im deutschen Kontext bereits für viele Lerner eine Zweitsprache darstellt, wäre vorrangig zu erforschen, wie sichergestellt werden kann, dass diese Lerner von *translanguaging* für den Erwerb beider Sprachen profitieren. Es empfiehlt sich, die genannten Forschungs- und Entwicklungsaufgaben in interdisziplinärer Zusammenarbeit der Didaktiken der Fächer und der Sprachen anzugehen.

Literatur

Abendroth-Timmer, Dagmar (2007): *Akzeptanz und Motivation: Empirische Ansätze zur Erforschung des unterrichtlichen Einsatzes von bilingualen und mehrsprachigen Modulen.* Frankfurt/M.

Bohn, Matthias/Doff, Sabine (2010): Biologie bilingual: Die Perspektive der Unterrichtspraxis. In: Doff (Hrsg.), 72–88.

Bonnet, Andreas (2004): *Chemie im bilingualen Unterricht – Kompetenzerwerb durch Interaktion.* Opladen.

Bonnet, Andreas/Breidbach, Stephan/Hallet, Wolfgang (2003): Fremdsprachlich handeln im Sachfach: Bilinguale Lernkontexte. In: Gerhard Bach/Johannes-Peter Timm (Hrsg.): *Englischunterricht. Grundlagen und Methoden einer handlungsorientierten Unterrichtspraxis.* Tübingen, Basel, 172–196.

Diehr, Bärbel/Frisch, Stefanie (2008): *Mark their words. Sprechleistungen im Englischunterricht der Grundschule fördern und beurteilen.* Braunschweig.

Diehr, Bärbel (2012): What's in a name? Terminologische, typologische und programmatische Überlegungen zum Verhältnis der Sprachen im Bilingualen Unterricht. In: Diehr/Schmelter (Hrsg.), 17–36.

Diehr, Bärbel/Schmelter, Lars (Hrsg.) (2012): *Bilingualen Unterricht weiterdenken – Programme, Positionen, Perspektiven.* Frankfurt/M.

Doff, Sabine (2010) (Hrsg.): *Bilingualer Sachfachunterricht in der Sekundarstufe. Eine Einführung.* Tübingen.

García, Ofelia (2009): *Bilingual Education in the 21st Century. A Global Perspective.* Chichester.

Hallet, Wolfgang (2007): Zwischen Bildungsstandards und Mehrsprachigkeit: Kompetenzerwerb im Bilingualen Unterricht. In: Petra Bosenius/Jürgen Donnerstag/Andreas Rohde (Hrsg.): *Der bilinguale Unterricht Englisch aus der Sicht der Fachdidaktiken.* Trier, 17–35.

Kondring, Birgit/Ewig, Michael (2005): Aspekte der Leistungsmessung im bilingualen Biologieunterricht. In: *IDB* 14, 49–62.

Lamsfuß-Schenk, Stefanie (2008): *Fremdverstehen im bilingualen Geschichtsunterricht: Eine Fallstudie.* Frankfurt/M.

Massler, Ute (2010): Schwierig aber machbar. Leistungsbewertung im CLIL-Unterricht der Grundschule. In: Ute Massler/Petra Burmeister (Hrsg.): *CLIL und Immersion. Fremdsprachlicher Sachfachunterricht in der Grundschule.* Braunschweig, 131–142.

Ministerium für Schule und Weiterbildung (MSW NRW) (Hrsg.) (2011): *Bilingualer Unterricht in Nordrhein-Westfalen.* Düsseldorf.

Müller, Michael (2008): Probleme der Leistungsmessung im bilingualen Unterricht. In: *PRAXIS Fremdsprachenunterricht* 5 (4), 37–41.

Nold, Günter/Hartig, Johannes/Hinz, Silke/Rossa, Henning (2008): Klassen mit bilingualem Sachfachunterricht: Englisch als Arbeitssprache. In: DESI-Konsortium (Hrsg.): *Unterricht und Kompetenzerwerb in Deutsch und Englisch. Ergebnisse der DESI-Studie.* Weinheim, 451–457.

Osterhage, Sven (2007): Sachfachkönnen (scientific literacy) bilingual und monolingual unterrichteter Biologieschüler: ein Kompetenzvergleich. In: Daniela Caspari/Wolfgang Hallet/Anke Wegner/Wolfgang Zydatiß (Hrsg.): *Bilingualer Unterricht macht Schule. Beiträge aus der Praxisforschung.* Frankfurt/M., 41–50.

Rymarczyk, Jutta (2003): *Kunst auf Englisch. Ein Plädoyer für die Erweiterung des bilingualen Sach-Fachkanons.* München.

Sekretariat der KMK (2006): Bericht „Konzepte für den bilingualen Unterricht – Erfahrungsbericht und Vorschläge zur Weiterentwicklung". http://www.kmk.org/fileadmin/veroeffentlichungen_beschluesse/2006/2006_04_10-Konzepte-bilingualer-Unterricht.pdf [28.03.2012].

Staschen-Dielmann, Susanne (2010): Eine integrierte Beurteilung von fachspezifischen und fremdsprachlichen Kompetenzen: Vorschläge für die Leistungsfeststellung im bilingualen Geschichtsunterricht. In: Doff (Hrsg.), 228–241.

Viebrock, Britta (2007): *Bilingualer Erdkundeunterricht. Subjektive didaktische Theorien von Lehrerinnen und Lehrern.* Frankfurt/M.

Vollmer, Helmut Johannes (2002): Leistungsfeststellung und Leistungsbewertung im bilingualen Sachfachunterricht: Ein Desideratum. In: Stephan Breidbach/Gerhard Bach/Dieter Wolff (Hrsg.): *Bilingualer Sachfachunterricht. Didaktik, Lehrer-/Lernerforschung und Bildungspolitik zwischen Theorie und Empirie.* Frankfurt/M., 101–121.

Vollmer, Helmut Johannes (2009): Diskursfunktionen und fachliche Diskurskompetenz bei bilingualen und monolingualen Geografielernern. In: Stephan-Alexander Ditze/Ana Halbach (Hrsg.): *Bilingualer Sachfachunterricht (CLIL) im Kontext von Sprache, Kultur und Multiliteralität.* Frankfurt/M., 165–185.

Vollmer, Helmut Johannes (2010): Fachkompetenz als fachbasierte Diskursfähigkeit am Beispiel Geographie. In: Doff (Hrsg.), 242–257.

Wolff, Dieter (2007): Bilingualer Sachfachunterricht in Europa: Versuch eines systematischen Überblicks. In: Gnutzmann, Claus u.a. (Hrsg.). *Themenschwerpunkt: Fremdsprache als Arbeitssprache in Schule und Studium Fremdsprachen lehren und lernen* 36, 13–29.

Wolff, Dieter/Quartapelle, Franca (2011): *CLIL in deutscher Sprache in Italien. Ein Leitfaden.* Mailand.

Zydatiß, Wolfgang (2007): *Deutsch-Englische Züge in Berlin (DEZIBEL). Eine Evaluation des bilingualen Sachfachunterrichts an Gymnasien. Kontext, Kompetenzen, Konsequenzen.* Frankfurt/M.

Bärbel Diehr

215

30 Empirische Erforschung des Bilingualen Unterrichts

In Bezug auf die Zielsetzungen des Bilingualen Unterrichts bestehen allgemein bestimmte Annahmen: Zum einen soll das Fremdsprachenlernen im Vergleich zum herkömmlichen Fremdsprachenunterricht optimiert werden; so wird er als Möglichkeit gesehen, das Ziel der Mehrsprachigkeitserziehung besser zu erreichen als der traditionelle Fremdsprachenunterricht, unter anderem wird er häufig als besonders förderlich für das Erreichen interkultureller Lernziele betrachtet (→ Art. 4). Zum anderen sollen simultan dazu sachfachliche Kompetenzen mindestens vergleichbar mit dem Regelunterricht aufgebaut werden. Dabei werden unter anderem spezifische didaktische Effekte wie verstärkte Aktivitäten zur Verstehenssicherung und eine Erhöhung der Lernermotivation als typisch für den Bilingualen Unterricht angesehen. Hierbei ist zu beachten, dass sich trotz der bereits etwa 50-jährigen Geschichte des Bilingualen Unterrichts erst seit wenigen Jahren systematisch eine wissenschaftliche Fundierung durch empirische Erforschung herausbildet, auf deren Grundlage entschieden werden kann, ob die genannten Erwartungen erfüllt werden und was das Spezifikum des Bilingualen Unterrichts eigentlich ist.

Dieser Überblick konzentriert sich auf die Erforschung des Bilingualen Unterrichts im deutschsprachigen Raum.

Empirische Erforschung des fremdsprachlichen Zugewinns

Das empirische Interesse am Bilingualen Unterricht war und ist durch Untersuchungen bestimmt, die den Bilingualen Unterricht vor allem unter dem Aspekt des fremdsprachlichen Zugewinns untersuchen. Herkömmlicherweise werden dabei L2-Kompetenzen von Schülerinnen und Schülern des Bilingualen Unterrichts mit denen aus Regelklassen verglichen.

Die Ergebnisse zeigen, dass bilinguale Lernende eher über einen großen generellen wie spezifischen L2-Wortschatz verfügen und diesen angemessener und stilistisch sicherer einzusetzen wissen als Regelschüler (z. B. Jexenflicker/Dalton-Puffer 2010, Passon 2007, Zydatiß 2007), im Hör- und Leseverstehen sowie bei der Textrekonstruktion teilweise bedeutend besser abschneiden (Zydatiß 2007) und auch im mündlichen Ausdruck flüssiger sind als Regelschüler (Wode u. a. 1996, Zydatiß 2007).

Im Einzelnen zeigen sich Hinweise, dass sich sprachliche Vorteile besonders in lexikalischer und morphosyntaktischer Komplexität und Korrektheit äußern (Jexenflicker/Dalton-Puffer 2010, Wode u. a. 1996, Zydatiß 2007) und bilinguale Lernende auch in diskurspragmatischer Hinsicht die L2 angemessener und kohärenter verwenden als Regelschüler (Jexenflicker/Dalton-Puffer 2010, Zydatiß 2007). Coetzee-Lachmann (2007) stellt in ihrer kriteriumsorientierten Untersuchung bilingualer Lerner in diesen Bereichen allerdings auch klare Defizite fest.

Als spezifischere Dimension fremdsprachlicher Kompetenz ist der Bereich *Language Awareness* untersucht worden (Fehling 2005), in dem bilinguale Lerner im Mittel ebenfalls besser abschneiden als Regelschüler.

Die bis heute vorliegenden empirischen Untersuchungen zeigen damit weitgehend einhellig, dass Lernende des Bilingualen Unterrichts eine höhere allgemeine Sprachkompetenz erreichen als solche, die nur am regulären L2-(Englisch-) Unterricht teilnehmen. Zwar können sprachaffine Lernende auch im Regelunterricht sehr hohe Leistungen erbringen, jedoch scheint der Bilinguale Unterricht besonders das Lerner-Mittelfeld zu höheren Leistungen anzuspornen (siehe insbesondere Zydatiß 2007).

Die Gründe für die höheren Kompetenzausprägungen sind nicht in gleicher Weise klar erforscht, unter anderem weil eindeutige Kausalitätszuschreibungen wegen hoher Faktorenkomplexion nur schwierig herzustellen sind. Eine mögliche Erklärung könnte zum Beispiel einfach darin bestehen, dass bilinguale Lernende durch die intensive sprachliche Vorbereitung auf den Bilingualen Unterricht und die fortgesetzte Teilnahme am regulären Fremdsprachenunterricht mehr Kontakt mit der L2 haben als Regelschüler. Damit wäre nicht der Bilinguale Unterricht die einflussnehmende Größe, sondern der verstärkte L2-Kontakt. Dies ist in den bisherigen Studien nicht kontrolliert worden.

Auch wird angenommen, dass Lernende im Bilingualen Unterricht eine eher sprachaffine und motiviertere Lernergruppe darstellen (z. B. Zydatiß 2007), mehr Strategien zur Erschließung unbekannten Wortschatzes in der L2 kennen und mehr Selbstvertrauen besitzen (Bredenbröker 2002, Fehling 2005) und deshalb bessere sprachliche Leistungen erbringen. Hierbei ist noch nicht eindeutig geklärt, ob diese Merkmale das Resultat des Bilingualen Unterrichts sind oder nur tendenziell eine bestimmte Schülerklientel vom Bilingualen Unterricht angezogen wird, die diese Charakteristika bereits mitbringt. Die Ergebnisse von Passon (2007) deuten darauf hin, dass die besseren Sprachleistungen nicht durch die Schülerauswahl vorherbestimmt sind.

Im Hinblick auf die Fähigkeit von Lernenden im Bilingualen Unterricht, komplexere morphosyntaktische Strukturen verwenden zu können sowie über einen größeren spezifischen Wortschatz zu verfügen, kann eine Begründung in den besonderen sprachlichen Anforderungen im Bilingualen Unterricht gesucht werden, die weniger auf alltagssprachliche Kontexte, sondern fachliche Zusammenhänge abzielen. Hier kann plausibel angenommen werden, dass der Fokus auf den Fachgegenstand zu eher inhaltsorientierter und elaborierter Sprachverwendung führt als der herkömmliche Fremdsprachenunterricht, wodurch wiederum die Ausbildung fachlich relevanter Register gefördert wird (Zydatiß 2007). Coetzee-Lachmann (2007) liefert jedoch Evidenz, dass sich diese Kompetenzen bei Lernenden im Bilingualen Unterricht nicht automatisch entwickeln, sondern gezielter Förderung bedürfen. Auch Dalton-Puffer (2007) stellt heraus, dass der Bilinguale Unterricht nicht notwendigerweise günstigere Kommunikationssituationen bereitstellt als der reguläre Fremdsprachenunterricht und durchaus auch kontraproduktiv auf die aktive Teilnahme am Unterrichtsdiskurs wirken kann, was unter anderem für die Ausbildung von wissenschaftlicher Diskurskompetenz nicht optimal bewertet wird.

Empirische Erforschung des sachfachlichen Zugewinns

Bisher wurden nur wenige Studien durchgeführt um zu untersuchen, inwiefern der Bilinguale Unterricht seiner Rolle als vollwertigem Sachfachunterricht gerecht zu werden vermag. Die Ursache hierfür ist zunächst in rein forschungspraktischen Umständen zu suchen: Während erprobte und valide Tests für die Sprachstandsmessung vorliegen, fehlt es bisher an gültigen Überprüfungsmöglichkeiten für sachfachspezifische Kompetenzen. Aus diesem Grund untersuchen die meisten Studien mit Sachfachfokus weniger den zentralen sachfachlichen Kompetenzzuwachs, sondern den Erwerb ausgewählter Wissensinhalte mit Hilfe von Prä-Post-Testdesigns (Badertscher 2004, Golay 2005, Koch/Bünder 2006). Innerhalb der überprüften Lernergebnisse kann hier übereinstimmend nachgewiesen werden, dass die überprüften bilingual Lernenden mindestens zu gleichwertigen Ergebnissen gelangen wie Vergleichsgruppen von Regelschülern.

In diesem Kontext ist die Studie um Vollmer hervorzuheben, in der ein Kompetenztest (für Erdkunde) entwickelt und validiert wird, bevor dieser an bilingual Lernenden und einer Vergleichsgruppe zum Einsatz kommt (Ergebnisse dargestellt in Passon 2007). Auch hier stehen die bilingualen Lernenden am Ende ihrer schulischen Grundausbildung den Regelschülern nicht nach. Auch Bonnet (2004) entwickelt ein Kompetenzmodell für den bilingualen Chemieunterricht und versucht, die damit identifizierten Kompetenzen bilingualer Chemielerner an beobachtete Lernprozesse im Unterricht rückzubinden. Die bilinguale Gruppe schneidet hier fachlich sogar besser ab als die Vergleichsgruppe, was Bonnet vor allem auf beobachtete kooperative Bedeutungsaushandlungen zurückführt. Lamsfuß-Schenk (2008) versucht ebenfalls, Lernerleistungen auf bilinguale spezifische Lernprozesse zurückzuführen und konzentriert sich auf die für den Geschichtsunterricht zentrale Kompetenz des Fremdverstehens. Sie stellt klare Vorteile der Experimentalgruppe gegenüber der Vergleichsgruppe fest und führt diese auf den Einfluss der Fremdsprache zurück. Da jedoch zu viele potenziell einflussnehmende Variablen unkontrolliert bleiben, ist unklar, wie weit die Ergebnisse dieser Studie tragen. Kollenrotts (2008) Ergebnisse lassen Skepsis aufkommen, inwiefern Fremdverstehen und interkulturelles Lernen in der Unterrichtspraxis des bilingualen Geschichtsunterrichts tatsächlich Raum finden; automatisch jedenfalls treten sie hier nicht in den Vordergrund.

Insgesamt lässt sich trotz der Begrenzungen der genannten Studien festhalten, dass der Bilinguale Unterricht als Fachunterricht zumindest vergleichbare Ergebnisse zu erzielen scheint wie der Regelunterricht. Dies wirft die Frage auf, weshalb der Aufbau sachfachlicher Kompetenzen trotz der unvollständigen Be-

herrschung der Arbeitssprache nicht behindert wird. Hierfür werden didaktische Kleinschrittigkeit und verstärkte Aktivitäten der Verstehenssicherung, etwa
durch nonverbale Medien, genannt (z. B. Lamsfuß-Schenk 2008), was durchaus
hohe Augenscheinvalidität aufweist; ob dies jedoch tatsächlich der Fall ist, ist bisher empirisch unbeantwortet. Heine (2010) bietet einen anderen Erklärungsan-
satz und zeigt, wie die Verwendung einer unvollständig beherrschten L2 als Arbeitssprache unter Umständen zu vertiefter Verarbeitung von Fachinhalten führt
und damit ein vordergründiger Nachteil des bilingualen Lernens sich als Vorteil
für die sachfachliche Durchdringung von Fachinhalten entpuppen kann.

Sonstige Forschungsfelder und Erklärungsansätze

Ein weiterer Begründungsansatz für den Erfolg des Bilingualen Unterrichts
wird durch Erhebungen nahegelegt, die die Einstellungen von Lehrern und SuS
gegenüber dieser Unterrichtsform erheben. Sie fallen in der Regel positiv aus
(Dalton-Puffer 2007, Hüttner/Dalton-Puffer im Druck, Kollenrott 2008, Müller-
Schneck 2006, Viebrock 2007); Schülerinnen und Schüler geben an, dass sie den
Bilingualen Unterricht als motivationssteigernd und interessanter wahrnehmen
(Fehling 2005, Meyer 2003) und sich prinzipiell durch die L2 nicht behindert fühlen (Heine 2010). Selbst dann, wenn die subjektiven Lerntheorien der am Bilingualen Unterricht beteiligten Personen nicht am wissenschaftlichen Erkennt-
nisstand orientiert sind, entspricht die besondere Ausrichtung des Bilingualen
Unterrichts häufig viel eher den Erwartungen von Lehrenden und Lernenden an
guten L2-Unterricht als der Regelunterricht (Hüttner/Dalton-Puffer im Druck),
was zumindest teilweise seine Popularität erklären kann.

Auch die eher schwierige Verfügbarkeit von spezifischen bilingualen Lehr-
materialien kann sich positiv auswirken: Da bilingual Lehrende sich weniger an
Lehrwerken orientieren können als im Regelunterricht, müssen sie verstärkt didaktisch reflektieren und selbständiger über die Auswahl entscheiden (Müller-
Bittner 2008), was sich positiv auf die Güte der Unterrichtsgestaltung auswirken
kann (→ Art. 27, 28).

Helbig (2001) untersucht die konkrete Unterrichtspraxis des Bilingualen Unterrichts, insbesondere, welche Rolle Textarbeit spielt (→ Art. 35). Aufbauend auf
die Ergebnisse gibt sie Empfehlungen für die didaktische Entwicklung von Strategien, mit denen trotz begrenzter L2-Kompetenzen Texte erschlossen werden
können.

Angeregt durch die Ergebnisse der DESI-Studie, die eine überraschend hohe
Englischkompetenz von Schülerinnen und Schülern des Bilingualen Unterrichts
zeigt, schneidet Rauschelbach (im Druck) ein neues Forschungsfeld an. Sie richtet den Fokus auf bilinguale Schülerinnen und Schüler mit Zuwanderungsge-
schichte und kommt unter anderem zu dem Ergebnis, dass die L2 Englisch einen
erleichterten Zugang zum Sachfach und damit zu schulischem Erfolg für diese
Schülergruppe darstellen kann.

Fazit

Bei der Interpretation der dargestellten Ergebnisse ist zu bedenken, dass der Bilinguale Unterricht in einer Vielzahl von Varianten vorkommt und eine besonders komplexe Lehr-Lernumgebung darstellt, in der eine Vielzahl von Faktoren einen Einfluss auf die Untersuchungsergebnisse ausüben kann. Dadurch ergeben sich Begrenzungen in der Reichweite der Ergebnisse. Dennoch kann der Bilinguale Unterricht sowohl als sinnvolle L2-Lernumgebung als auch als vollwertiges Sachfach betrachtet werden, wenn bedacht wird, dass nicht allein der Einsatz der L2 als Arbeitssprache den Erfolg dieser Lehr-Lernform garantiert. Vielmehr müssen bestimmte kognitive und didaktische Parameter hinzutreten. Welche dies im Einzelnen sind, ist zum jetzigen Zeitpunkt noch nicht abschließend erfasst, allerdings zeichnet sich ab, dass zumindest eine ausreichende L2-Beherrschung der Lernenden, inhaltliche Verstehenssicherung und sprachliche Entlastung durch den Einsatz bestimmter Strategien, nonverbaler Medien sowie sprachfördernder Unterrichtsaktivitäten, bei denen auch Diskursnormen in den Blick genommen werden, notwendig sind, um die Ziele des Bilingualen Unterrichts zu erreichen.

Ein bisher noch nicht abschließend bearbeiteter Blickwinkel, der wirklich integrativ ist und auch das hohe sachfachliche Potenzial des Bilingualen Unterrichts erklären könnte, ist die Betrachtung des Bilingualen Unterrichts als erstes Feld, das mit der allseits geforderten Sprachförderung im Fach, insbesondere in Bezug auf Bildungs- und Fachsprache, wirklich ernst macht. Hier wäre zu zeigen, inwiefern Sprache einen integralen Bestandteil von Fachlichkeit ausmacht und letztlich dazu beiträgt, das Verständnis von Fachkonzepten zu vertiefen und zu schärfen und damit den ureigenen Zielen des Sachfaches zugute kommt.

Literatur

Badertscher, Hans (2004): *Wissenserwerb im Bilingualen Unterricht. Eine Empirische Studie zur Bedeutung der Sprache im Sachlernen (Schlussbericht).* Bern (Pädagogische Hochschule).

Bonnet, Andreas (2004): *Chemie im bilingualen Unterricht. Kompetenzerwerb durch Interaktion.* Opladen.

Bredenbröker, Winfried (2002): Förderung fremdsprachlicher Kompetenz durch bilingualen Sachfachunterricht: Empirische Untersuchungen. In: Gerhard Bach/Susanne Niemeier (Hrsg.): *Bilingualer Sachfachunterricht.* Frankfurt/M. u. a., 187–237.

Coetzee-Lachmann, Debbie (2007): *Assessment of Subject-Specific Task Performance of Bilingual Learners. Analyzing Aspects of Subject-Specific Written Discourse.* Dissertation, Universität Osnabrück. http://deposit.d-nb.de/cgi-bin/dokserv?idn=99327868x&dok_var=d1&dok_ext=pdf&filename=99327868x.pdf [30.04.2012].

Dalton-Puffer, Christiane (2007): *Discourse in Content and Language Integrated Learning (CLIL) Classrooms.* Amsterdam.

Fehling, Sylvia (2005): *Language Awareness und bilingualer Unterricht. Eine komparative Studie.* Frankfurt/M. u.a.

Golay, David (2005): *Das bilinguale Sachfach Geographie. Eine empirische Untersuchung zum sachfachlichen Lernzuwachs im bilingual deutsch-französischen Geographieunterricht in der Sekundarstufe I (mit unterrichtsmethodischen Empfehlungen und erprobten Materialien für die Praxis).* Nürnberg.

Heine, Lena (2010): *Problem Solving in a Foreign Language*. Berlin u. a.

Helbig, Beate (2001): *Das bilinguale Sachfach Geschichte. Eine empirische Studie zur Arbeit mit französischsprachigen (Quellen-)Texten*. Tübingen.

Hüttner, Julia/Dalton-Puffer, Christiane (im Druck): Der Einfluss subjektiver Sprachlerntheorien auf den Erfolg der Implementierung von CLIL-Programmen. In: Britta Viebrock/Stephan Breidbach (Hrsg.): *Content and Language Integrated Learning: Research, Policy and Practice*. Frankfurt/M.

Jexenflicker, Silvia/Dalton-Puffer, Christiane (2010): The CLIL Differential. Comparing the Writing of CLIL and Non-CLIL Students in Higher Colleges of Technology. In: Christiane Dalton-Puffer/Tarja Nikula/Ute Smit (Hrsg.): *Language Use and Language Learning in CLIL Classrooms*. Amsterdam u. a., 169–189.

Koch, Angela/Wolfgang Bünder (2006): Fachbezogener Wissenserwerb im bilingualen naturwissenschaftlichen Anfangsunterricht. In: *Zeitschrift für Didaktik der Naturwissenschaften* 12, 67–76.

Kollenrott, Anne Ingrid (2008): *Sichtweisen auf deutsch-englisch bilingualen Geschichtsunterricht. Eine empirische Studie mit Fokus auf interkulturelles Lernen*. Frankfurt/M.

Lamsfuß-Schenk, Stefanie (2008): *Fremdverstehen im bilingualen Sachfachunterricht. Eine Fallstudie*. Frankfurt/M.

Meyer, Christiane (2003): *Bedeutung, Wahrnehmung und Bewertung des bilingualen Geographieunterrichts. Studien zum zweisprachigen Erdkundeunterricht (Englisch) in Rheinland-Pfalz*. Dissertation, Universität Trier. http://ub-dok.uni-trier.de/diss/diss45/20021118/20021118.pdf [03. 01. 2012].

Müller-Bittner, Anke (2008): *Rezeption und Verwendung geographischer Lehr- und Lernmaterialien im bilingualen Sachfachunterricht. Interviewstudie mit Lehrkräften des deutsch-französischen Erdkundeunterrichts in Nordrhein-Westfalen und Rheinland-Pfalz*. Dissertation, Ruhr-Universität Bochum. http://www-brs.ub.ruhr-uni-bochum.de/netahtml/HSS/Diss/MuellerBittnerAnke/diss.pdf [12. 03. 2012].

Müller-Schneck, Elke (2006): *Bilingualer Geschichtsunterricht. Theorie, Praxis Perspektiven*. Brüssel u. a.

Passon, Peter (2007): *Evaluation von Fachlernen und Sprachlichkeit im Kontext bilingualer Bildung*. Diplomarbeit, Universität Osnabrück. http://www.home.uos.de/hvollmer/Diplomarbeit-Peter-Passon.pdf [30. 04. 2012].

Rauschelbach, Lisa (im Druck): *Individuelle Mehrsprachigkeit im bilingualen Unterricht*. Dissertation, Ruhr-Universität Bochum.

Viebrock, Britta (2007): *Bilingualer Erdkundeunterricht. Subjektive didaktische Theorien von Lehrerinnen und Lehrern*. Frankfurt/M.

Wode, Henning/Burmeister, Petra/Daniel, Angelika/Kickler, Kay-Uwe/Knust, Maike (1996): Die Erprobung von deutsch-englisch bilingualem Unterricht in Schleswig-Holstein: Ein erster Zwischenbericht. In: *Zeitschrift für Fremdsprachenforschung* 7 (1), 15–42.

Zydatiß, Wolfgang (2007): *Deutsch-Englische Züge in Berlin (DEZIBEL). Eine Evaluation des bilingualen Sachfachunterrichts in Gymnasien: Kontext, Kompetenzen, Konsequenzen*. Frankfurt/M.

Lena Heine

31 Lehrer-/Lernerforschung im Bilingualen Sachfachunterricht

Lehrer- und Lernerforschung im bilingualen Sachfachunterricht bezeichnet jene Forschungsaktivitäten, die sich mit den Hauptakteuren dieser Unterrichtsform, den Schülerinnen und Schülern und den Lehrerinnen und Lehrern sowie deren

Interaktionen befassen. Die Lehrer- und Lernerforschung lässt sich dem *stakeholder research* zuordnen, eine Forschungsrichtung, die alle beteiligten Interessensgruppen im Prozess der Implementierung von Innovationen im Erziehungs- und Bildungssystem in den Blick nimmt. Genauer unterscheiden Dalton-Puffer und Hüttner (2013) unmittelbar am Unterrichtsprozess beteiligte *stakeholder* und mittelbar involvierte, die ihre Interessen beispielsweise im Rahmen von bildungspolitischen Entscheidungen und Strategien sowie in Form von Richtlinien und Positionspapieren vertreten. Letztere werden im vorliegenden Beitrag nicht berücksichtigt.

Weder hinsichtlich der thematischen Fokussierung der Arbeiten noch ihrer forschungsmethodologischen Ausrichtung (qualitativer, quantitativer oder *mixed method approach*) trifft die Bezeichnung ‚Lehrer- und Lernerforschung‘ eine Vorentscheidung. Entsprechend vielfältig ist die Bandbreite der Themen und Ansätze. Im Folgenden sollen zentrale Arbeiten und ihre Erkenntnisse vorgestellt werden. Es liegt in der Natur der Sache, dass didaktische und unterrichtsbezogene Forschung mit wenigen Ausnahmen immer auch die Akteure betrifft, zugleich aber auch anderen thematischen Kategorien zugeordnet werden kann. Die hier vorgenommene Systematisierung legt den Fokus zunächst auf die Lehrerinnen und Lehrer, bevor im darauf folgenden Abschnitt die Lernerinnen und Lerner und abschließend die unterrichtlichen Interaktionsprozesse im Mittelpunkt stehen.

Fokus: Lehrerinnen und Lehrer

Wenngleich die Annahme als gesichert gilt, dass die Lehrkraft mit ihren Einstellungen und alltagstheoretischen Annahmen einen zentralen Einflussfaktor im unterrichtlichen Geschehen und dessen Planung sowie in der institutionellen Entwicklung darstellt, liegen bisher vergleichsweise wenige Arbeiten vor, die sich explizit mit den Lehrkräften im Bilingualen Unterricht beschäftigen. Sie sind meist von der Fremdsprachenforschung inspiriert, in der sich über die vergangenen 20 Jahre eine umfangreiche Forschungsliteratur zu Lehrerprofilen, ihrem Erfahrungswissen sowie ihrem Selbstverständnis entwickelt hat.

Für den Bilingualen Unterricht lassen sich im Wesentlichen zwei Forschungsrichtungen unterscheiden, die zum einen der Biografie- und Identitätsforschung (Dirks 2004, D'Angelo 2013), zum anderen dem Konzept der subjektiven Theorien (Viebrock 2007, Dalton-Puffer/Hüttner 2013) zugeordnet werden können. Zielsetzung der an der Biografieforschung orientierten Arbeiten ist es, Einsichten in persönlichkeitsbezogene Faktoren im Zusammenhang mit der Entwicklung der beruflichen Profilbildung zu erhalten. Dazu gehört die Frage biografischer Einflüsse im Prozess der Professionalisierung. Methodologisch basieren diese Arbeiten üblicherweise auf dem Paradigma der *grounded theory*. Die zentralen Daten bestehen aus biografischen Erzählungen in Form von narrativen Interviews, wobei die Narration ihre Struktur aus der Chronologie bestimmter Ereignisse erhält.

Zentrales Ergebnis der Arbeiten von Dirks (2004: 132 ff.) ist die Beschreibung zweier Handlungs- und Strukturtypen bilingualer Lehrkräfte: der ‚Kulturhüter‘ und der ‚Weltenwanderer‘. Beide haben charakteristische Merkmale hinsichtlich ihres berufsbiografischen Hintergrunds, ihrer Sprachkompetenz, ihrer unterrichtlichen Handlungs- und Kommunikationsschemata, ihrer eigenen Motivationen etc. Während Ersterer vor allem „die Wahrung der jeweiligen Fach- und Disziplinlogik im Blick hat", zeichnet sich Letzterer durch „eine eher unbekümmerte, fachlich weniger fokussierte Auseinandersetzung mit neuen Anforderungen" (ebd.: 136) aus. Er weist eine „Tendenz zur Öffnung der Sinngrenzen des bilingualen Sachfachs" (ebd.: 132) auf und neigt zu methodischer und inhaltlicher Vielfalt sowie zu prozess- und kommunikationsorientierten Verfahren.

D'Angelo (2013) kommt in ihren Studien zum Selbstverständnis bilingualer Lehrkräfte zu sehr positiven Einschätzungen, die sie unmittelbar dem Ansatz des Bilingualen Unterrichts zuschreibt: „CLIL increases their self-esteem and their motivation; they re-discover the pleasure of teaching and activating skills and competencies they acquired during their personal experiences." Die Lehrkräfte wissen berufsbiografische Entwicklungen aktiv zu gestalten und zu ihrem Vorteil zu nutzen. Dalton-Puffer und Hüttner (2013) setzen die „erstaunliche Akzeptanz" der Implementierung des Bilingualen Unterrichts und die Bereitschaft zur Innovation durch die Lehrkräfte in direkten Bezug zu deren alltagstheoretischen Vorstellungen, insbesondere ihren subjektiven Sprachlerntheorien, welche den erweiterten Anwendungsbereich der Fremdsprache im Bilingualen Unterricht positiv hervorheben.

Eine Untersuchung der subjektiven didaktischen Theorien von Lehrerinnen und Lehrern (Viebrock 2007) zeigt allerdings auch kritische Aspekte auf: Lehrkräfte ziehen die Wahrnehmung (besonderer) sprachlicher Anforderungen im Bilingualen Unterricht zur Rechtfertigung einer ausgesprochenen Lehrerzentrierung heran und setzen die Konzentration auf die Inhalte des Sachfachs, die nicht immer auf ihre Relevanz hin geprüft und explizit begründet werden, vorschnell mit einer Authentizität der Kommunikation gleich. Viebrock liefert damit einen empirischen Beleg für Decke-Cornills (1999: 167) Bedenken, der Ansatz, den Sachfachunterricht in der Fremdsprache durchzuführen, könne „einem instruktivistischen Unterricht, vom Lehrplan, vom Lehrenden her wieder Boden zurück erobern, also die Abstraktion und Entwirklichung von Schule verstärken" und berge „die Gefahr einer Gegenkraft gegen eine Pädagogik vom Lernenden aus" (ebd.: 166). Mehr als *der* bilinguale Unterricht dürfte eine bestimmte Praxis gemeint sein, die es sorgfältig zu reflektieren gilt. Zu hinterfragen bleibt, inwieweit der Bilinguale Unterricht Gefahr läuft, zu überholten Unterrichtsformen und Rollenbildern zurückzukehren.

Die Forschungsarbeiten, die sich auf das Konzept der subjektiven Theorien beziehen, bringen trotz abweichender theoretischer Kontextualisierung und methodologischer Umsetzung in Form von deutlich stärker vorstrukturierten, meist problemzentrierten Interviews ähnliche Ergebnisse zu Tage wie biografisch orientierte Forschungsansätze. Ihr Erkenntnisinteresse bezieht sich allerdings weniger auf die biografische Verankerung und stärker auf die Inhalte und die argumentativen Strukturen der subjektiven Wissensbestände von Lehrerinnen und Lehrern.

Fokus: Lernerinnen und Lerner

Forschungsarbeiten, welche die Lernenden in den Mittelpunkt stellen, sind deutlich zahlreicher und können in diesem Beitrag nur überblicksartig dargestellt werden (für eine ausführlichere Darstellung vgl. Breidbach/Viebrock 2012). Sie betrachten eine Vielzahl unterschiedlicher Aspekte mithilfe vielfältiger theoretisch-methodologischer Bezüge.

Spracherwerb. In den späten 1990er Jahren untersuchte Bredenbröker (2000) in einem komparativen Ansatz die Entwicklung der Sprachkompetenz von bilingualen und nicht bilingualen Lernern (n = 195) über einen Zeitraum von zwei Jahren mithilfe eines C-Tests, eines Grammatik- und eines Leseverstehenstests. Die Lerner im Bilingualen Unterricht schneiden vor allem im Leseverstehen sowie im Strategiegebrauch signifikant besser ab. Allerdings müssen die Ergebnisse vor dem Hintergrund kritisch betrachtet werden, dass bereits die erste Testreihe signifikant bessere Ergebnisse dieser Lerner ausweist. Die positiven Ergebnisse am Ende können also nicht nur dem Bilingualen Unterricht zugeschrieben werden, sondern beruhen möglicherweise auf einer insgesamt höheren kognitiven Kapazität dieser Lernergruppe.

Zydatiß (2007) hat in einer groß angelegten quantitativen Evaluationsstudie des bilingualen Unterrichts in Berlin sowohl die Sprachkompetenz (*proficiency* und *achievement*) als auch die Sachfachliteralität der Lerner getestet und konnte den statistischen Nachweis liefern, dass Letztere mit der Sprachkompetenz der Lerner korreliert. Bezug nehmend auf Cummins' Immersionsstudien beschreibt Zydatiß zwei Schwellenniveaus, welche die akademische Sprachkompetenz und damit das fachliche Lernen beeinflussen: ein unteres, unterhalb dessen eine erfolgreiche Teilnahme am Bilingualen Unterricht kaum möglich ist, und ein oberes, oberhalb dessen der Bildungserfolg sicher vorausgesagt werden kann.

Eine linguistisch orientierte Forschungstradition wird von Rumlich (2013) fortgesetzt, der sich mit der sprachlichen Richtigkeit *(accuracy)* schriftlicher Lernertexte befasst. Er zeigt in einer Fallstudie, dass die sprachliche Richtigkeit in den Texten bilingualer Lerner signifikant besser ist als bei nicht bilingualen Lernern, muss allerdings selbstkritisch einräumen, dass die untersuchte Population höchst unterschiedlichen Einflussfaktoren ausgesetzt war (was z. B. Lehrkraft, Stundenumfang, Fächer, Stichprobenauswahl betrifft), sodass eine Rückführung der positiven Ergebnisse auf den Ansatz des Bilingualen Unterrichts eine unzulässige Generalisierung wäre, die nur mit einer geplanten größeren Erhebung eingeholt werden kann.

Fachkompetenz, kognitive Entwicklung und Lernerstrategien. Den Aspekt der kognitiv-fachlichen Kompetenzentwicklungen fokussieren die Arbeiten von Bonnet (2004), Vollmer (2009), Dielmann (2009) sowie Hawker (2013), ohne dabei aus dem Blick zu verlieren, dass jegliches Wissen immer auch sprachlich vermittelt ist.

In seiner quasi-experimentellen qualitativ-interpretativen Studie zum chemischen Kompetenzerwerb von Lernern im Bilingualen Unterricht konnte Bonnet (2004) nachweisen, dass diese ein gleichwertiges Kompetenzniveau wie nicht bilingual unterrichtete Lerner erreichen. Das Vorkommen von Code-Switching in seinem Datenkorpus lässt sich auf eine nicht voll entwickelte Sprachkompetenz der Lerner zurückführen, diese Strategie hilft ihnen jedoch nicht bei der Überwindung konzeptueller Missverständnisse. Ebenso interessant wie dieses Ergebnis sind Bonnets Einsichten in die Einflüsse sozialer Konstellationen auf den Lernprozess. Er konnte zeigen, dass die ‚soziale Partizipationsstruktur', d. h. die Rolle des einzelnen Lerners in Kleingruppendiskussionen sowie die etablierten Regeln zur Teilnahme am Diskurs, einen größeren Einfluss auf den Erfolg des Lernprozesses ausübt als die ‚akademische Aufgabenstruktur', d. h. das kognitive Anforderungsniveau der zu bewältigenden Aufgabe.

Vollmer (2009) untersucht, wie sich die (geografische) Fachkompetenz der Lerner in schriftlichen Produkten abbildet, und kommt zu der Feststellung, dass die disziplinspezifischen Diskurskonventionen häufig nicht umgesetzt werden und die Lernertexte hinter der notwendigen fach(sprach)lichen Komplexität zurückbleiben. Dielmann (2009) wählt in ihrer Forschungsarbeit einen unterrichtspraktischen Ansatz und analysiert Klausurtexte unter anderem hinsichtlich der (quantitativen) Verwendung von Fachbegriffen oder akademischer Lexik. Sie zeigt auf, dass „viele historische Fachbegriffe und inhaltliche Vollständigkeit allein noch keine sehr gute historische Darstellung ausmachen" (ebd.: 94). Beide Autoren legen in ihrer Analyse Diskursfunktionen wie ‚beschreiben', ‚erörtern' oder ‚evaluieren' zugrunde. Diese werden als integrale Einheiten verstanden, die konzeptuelles Verständnis, Denk- und Verbalisationsprozesse in sich vereinen. Für die Diskussion der Didaktik des Bilingualen Unterrichts lässt sich schlussfolgern, dass den Diskursfunktionen deutlich mehr Aufmerksamkeit geschenkt werden muss, um disziplinenspezifische Sprachkonventionen zu entwickeln (siehe auch den Abschnitt *Interaktion*).

Hawker (2013) fokussiert als Teilgebiet ihrer größeren Studie den Einsatz kognitiver Strategien, die Lerner im Zuge der Ausbildung ihrer fachlichen Kompetenz in der fremdsprachlichen Lernumgebung aktivieren. Sie zeigt den fortwährenden und komplexen Strategieeinsatz der Lerner in ihrer *zone of proximal development* (nach Vygotsky) auf, der sich nicht nur auf den Bereich des prozeduralen Wissens beschränkt, sondern insbesondere metakognitive und evaluative Strategien beinhaltet, mit deren Hilfe die Lerner durch bewusste Fokussierung und Aufmerksamkeitslenkung die Kontrolle über ihren Lernprozess erlangen und behalten.

Underachievers. Nachdem der Diskurs um den Bilingualen Unterricht von einer höchst positiven Rhetorik geprägt war, welche die vermeintlichen Vorzüge dieser Unterrichtsform in den Mittelpunkt stellt, finden sich in neueren Veröffentlichungen auch kritischere Töne (Bonnet 2012). Erstaunlich ist vor allem, dass die positive Grundhaltung, die sich in Erfahrungsberichten, aber auch politischen Positionspapieren findet, häufig ohne forschungsbasierte Evidenz auskommt. Diese wird nun zunehmend gefordert, auch um weitreichende Programme, wie z. B. bilinguale Lernangebote für *alle* Lernergruppen, zu untermauern.

Bisher weitgehend unbeachtet geblieben sind abgebrochene Lernerkarrieren im Bilingualen Unterricht, die Apsel (2012) in seiner qualitativ-interpretativ ausgerichteten Untersuchung in den Blick nimmt. Zwar hatte Zydatiß (2007) bereits darauf hingewiesen, dass Lerner aus strategischen Gründen (i. d. R. die Hoffnung auf bessere Noten) aus dem Bilingualen Unterricht ausscheiden, eine differenzierte Erhebung von (negativen) Einflussfaktoren auf den Bildungserfolg steht allerdings noch aus.

Sprachenvielfalt. Ebenfalls wenig Beachtung gefunden hat bisher die Tatsache, dass für Lerner mit mehrsprachigen Hintergründen der Fachunterricht in der Schulsprache (üblicherweise Deutsch) bereits ‚bilingualer‘ Unterricht ist, während die offiziell so bezeichnete Unterrichtsform für manche Lerner bereits eine Dritt- oder Viertsprache beinhaltet (→ Art. 24). Die mitgebrachten sprachlichen Ressourcen sind möglicherweise auf unterschiedlichen Kompetenzniveaus angesiedelt. Auch dieser Aspekt gewinnt an Bedeutung im Kontext neuester bildungspolitischer Initiativen, Bilingualen Unterricht für alle Lerner anzubieten.

Vor dem Hintergrund der positiven Einschätzung mehrsprachiger Lerner in den nationalen Bildungsstudien (z. B. DESI Konsortium 2006) lässt sich beispielsweise die Frage stellen, inwieweit der Bilinguale Unterricht mehrsprachige Lerner begünstigt, ihre sprachlichen Ressourcen zu nutzen.

4. Fokus: Interaktion

Die unterrichtliche Interaktion ist zentrales Thema der Arbeiten von Dalton-Puffer (2007), Dalton-Puffer/Smit (2007) und Goredema (2012). Insgesamt liegt in diesem Bereich aber noch ein deutliches Forschungsdesiderat vor.

Die Sprache im Klassenzimmer analysiert Dalton-Puffer (2007) mit diskursanalytischen Mitteln und kommt dabei zu Ergebnissen, die unmittelbar an die negativen Einschätzungen Vollmers (2009) einer ungenügenden Umsetzung disziplinspezifischer Diskurskonventionen anschlussfähig sind: Die unterrichtliche Interaktion bietet oft keine ausreichende Möglichkeit, angemessene thematische und rhetorische Strukturen zu entwickeln. Die Lehrkraft tritt zu wenig als sprachliches Vorbild in Erscheinung und stellt keinen angemessenen Input zur Verfügung.

Im Rahmen einer ethnografischen Studie verfolgt Goredema (2012) einen ähnlichen Ansatz und untersucht mithilfe der kritischen Diskursanalyse die sprachlichen Interaktionen im Unterricht im Hinblick auf rhetorische Strukturen, Interaktions- und Partizipationsmuster, die Emergenz von CALP-Strukturen im Cummins'schen Sinne und weitere Aspekte. Im Vergleich zu Dalton-Puffer (2007) plant Goredema eine Einbettung der Ergebnisse in einen größeren Kontext, der die schulischen und gesellschaftlichen Bedingungen, den pädagogischen Ansatz und die Einstellungen der Lerner mit reflektiert.

Literatur

Apsel, Carsten (2012): Coping with CLIL. Dropouts in Bilingual Streams in Germany. In: *International CLIL Research Journal.* http://www.icrj.eu/14/article5.html [05.10.2012].

Bonnet, Andreas (2004): *Chemie im bilingualen Unterricht. Kompetenzerwerb durch Interaktion.* Opladen.

Bonnet, Andreas (2012): Towards an Evidence Base for CLIL. How to Integrate Qualitative and Quantitative as Well as Process, Product and Participant Perspectives in CLIL Research. In: *International CLIL Research Journal.* http://www.icrj.eu/14/article7.html [05.10.2012].

Bredenbröker, Winfried (2000): *Förderung der fremdsprachlichen Kompetenz durch bilingualen Unterricht – Empirische Untersuchungen.* Frankfurt/M.

Breidbach, Stephan/Viebrock, Britta (2012): CLIL in Germany. Results From Recent Research in a Contested Field of Education. In: *International CLIL Research Journal.* http://www.icrj.eu/14/article1.html [05.10.2012].

Breidbach, Stephan/Viebrock, Britta (Hrsg.) (2013): *Content and Language Integrated Learning (CLIL) in Europe - Research Perspectives on Policy and Practice.* Frankfurt/M.

Coyle, Do/Hood, Philip/Marsh, David (2010): *CLIL. Content and Language Integrated Learning.* Cambridge.

Dalton-Puffer, Christiane (2007): *Discourse in Content and Language Integrated Learning (CLIL) Classrooms.* Amsterdam.

Dalton-Puffer, Christiane/Hüttner, Julia (2013): Der Einfluss subjektiver Sprachlerntheorien auf den Erfolg der Implementierung von CLIL-Programmen. In: Breidbach/Viebrock (Hrsg.)

Dalton-Puffer, Christiane/Smit, Ute (Hrsg.) (2007): *Empirical perspectives on CLIL Classroom Discourse.* Frankfurt/M.

D'Angelo, Lauretta (2013): The Construction of the CLIL Subject Teacher Identity. In: Breidbach/Viebrock (Hrsg.).

Decke-Cornill, Helene (1999): Einige Bedenken angesichts eines möglichen Aufbruchs des Fremdsprachenunterrichts in eine bilinguale Zukunft. In: *Neusprachliche Mitteilungen* 52 (3), 164–170.

DESI Konsortium (Hrsg.) 2006: Unterricht und Kompetenzerwerb in Deutsch und Englisch. http://www.dipf.de/de/projekte/pdf/biqua/desi-zentrale-befunde [15.03.2012].

Dielmann, Susanne (2009): Integriertes Sach-Sprachlernen im bilingualen Geschichtsunterricht: Analysen von Klausurtexten. In: Daniela Caspari/Wolfgang Hallet/Anke Wegner/Wolfgang Zydatiß (Hrsg.): *Bilingualer Unterricht macht Schule. Beiträge aus der Praxisforschung.* Frankfurt/M., 81–95.

Dirks, Una (2004): ‚Kulturhüter‘ oder ‚Weltenwanderer‘? Zwei ‚ideale‘ Realtypen bilingualen Sachfachunterrichts. In: Andreas Bonnet/Stephan Breidbach (Hrsg.): *Didaktiken im Dialog. Konzepte des Lehrens und Wege des Lernens im bilingualen Sachfachunterricht.* Frankfurt/M., 129–140.

Goredema, Prue (2012): Assessing CLIL. In: *International CLIL Research Journal.* http://www.icrj.eu/14/article6.html [05.10.2012].

Hawker, Irina (2013): The CLIL Learning Experience: Strategies and underlying knowledge employed by limited English primary school students during conceptual and linguistic comprehension. In: Breidbach/Viebrock (Hrsg.).

Rumlich, Dominik (2013): CLIL and Students' Linguistic Accuracy in Written English. Empirical Findings. In: Breidbach/Viebrock (Hrsg.).

Viebrock, Britta (2007): *Bilingualer Erdkundeunterricht. Subjektive didaktische Theorien von Lehrerinnen und Lehrern.* Frankfurt/M.

Vollmer, Helmut J. (2009): Diskursfunktionen und fachliche Diskurskompetenz bei bilingualen und monolingualen Geografielernern. In: Stephan-Alexander Ditze/Ana Halbach (Hrsg.): *Bilingualer Sachfachunterricht (CLIL) im Kontext von Sprache, Kultur und Multiliteralität.* Frankfurt/M., 165–185.

Zydatiß, Wolfgang (2007): *Deutsch-Englische Züge in Berlin (DEZIBEL). Eine Evaluation des bilingualen Sachfachunterrichts an Gymnasien.* Frankfurt/M.

Britta Viebrock

V Methodik

32 Spezifische Methoden für den Bilingualen Unterricht/CLIL

Integrierte bilinguale Sachfachdidaktik als Ausgangspunkt der Methodendiskussion

Auf die Frage ,Welche Methoden sind in spezifischer Weise relevant für den Bilingualen Unterricht/CLIL?' gibt es keine einfachen Antworten. Dies liegt in erster Linie daran, dass Unterrichtsmethoden keinen Wert an sich darstellen und in Wechselwirkung zu Unterrichtszielen, -inhalten und Kompetenzen sowie zu weiteren Kontextfaktoren stehen:

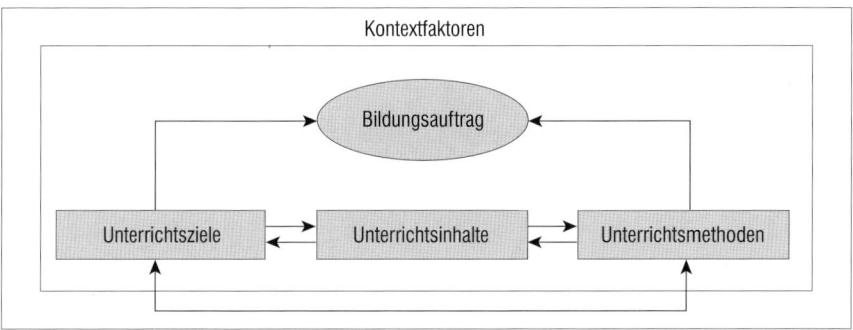

Ziel-Inhalt-Methode-Relation (nach Meyer 2002: 2)

Diese überschaubare Relation entwickelt eine enorme Komplexität, wenn man sie auf den Bilingualen Unterricht/CLIL bezieht und Fragen der folgenden Art stellt:

▸ *Bildungsauftrag:* Warum unterrichten wir ein (Sach-)Fach in einer Fremdsprache? Mögliche Antworten lauten: zur Erweiterung und Vertiefung themen- und inhaltsorientierter kommunikativer Kompetenzen in einer Fremdsprache, zum Erwerb einer zwei-/mehrsprachigen Sach(fach)kompetenz, zur Erweiterung interkultureller Kompetenzen, zur authentischen Erschließung kultureller Welten etc. (→ Art. 18). Daraus ergeben sich spezifische Konsequenzen für die methodische Inszenierung des Lehr- und Lerngeschehens.

▸ *Unterrichtsziele/Inhalte*: Wie wirken sich fachspezifische Ziele und Inhalte auf die Methodik des Bilingualen Unterrichts/CLIL aus? Fremdsprachen werden als Lern- und Arbeitssprachen nicht nur in Fächern wie Geschichte, Erdkunde, Sozialwissenschaften eingesetzt, sondern im Prinzip in allen Fächern mit jeweils eigenen didaktischen Ansprüchen und unterrichtsmethodischen Traditionen, sodass Bilingualer Unterricht/CLIL als ,Gemeinschaftsprojekt' des jeweiligen Sachfachs mit Methoden des Fremdsprachenunterrichts verstanden werden kann (→ Art. 17).

▸ *Kontextfaktoren*: Welche Auswirkungen haben unterschiedliche Kontextfaktoren auf die Methodik des Bilingualen Unterrichts/CLIL? Zu solchen
Kontextfaktoren gehören unter anderem: Alter der Lernenden, Spracher-
werbsstand, Leistungsfähigkeit der Lernenden, ‚Lehrgangs'-Dauer und Stun-
denvolumen, Qualifikation der Lehrkräfte (→ Art. 7) und schließlich auch die
Vehikula selbst mit eigenen didaktisch-methodische Traditionen, was sich an
einem Praxisvergleich zwischen englisch und französisch geführtem Fachunterricht unschwer ablesen lässt.

In der aktuellen Methoden-Diskussion ist die Dichotomie von ‚fachunterrichtlich erweitertem Fremdsprachenunterricht' *versus* ‚Fachunterricht in L2 als
Arbeitssprache' inzwischen durch die Emergenz einer integrierten bilingualen Sachfachdidaktik überwunden (vgl. u. a. Breidbach 2007, Otten/Wildhage
2003, Wolff 2011, Zydatiß 2002; → Art. 1, 2, 3 und 17). So lassen sich zwar einerseits didaktische Rahmenkonzepte konstruieren, z. B. Coyles (2006) 4Cs-Mo-
dell, die CLIL-Matrix des ECML (o. J.) oder Hallets (1999) *Bilingual Triangle*
(→ Art. 28), andererseits sind daraus angesichts der Vielzahl von ziel-, inhalts-
und kontextbedingten Faktoren keine einheitlichen Wegweisungen für eine
Methodik des Bilingualen Unterrichts/CLIL ableitbar. Entsprechend bleiben
die folgenden Ausführungen auf das Schlüsselproblem des Bilingualen Unter-
richts/CLIL beschränkt: Mit welchen Unterrichtsmethoden ist die Diskrepanz
zwischen dem zu überbrücken, was Schülerinnen und Schüler sagen können
(Fremdsprachenkompetenz), und dem, was sie sagen wollen (Inhaltskompe-
tenz; vgl. Bach 2002: 18 f.)?

Allgemeine Strategien

Mit vier Strategien wird in der schulischen Praxis die Kluft zwischen Inhalts- und
Sprachkompetenz im Bilingualen Unterricht/CLIL überbrückt:

▸ mit unterrichtsorganisatorischen Maßnahmen (u. a. Bildung besonderer Lerngruppen mit leistungsfähigen Lernenden, vermehrte Lernzeiten für den bilingual unterrichteten Sachfachunterricht, zusätzliche Lernzeiten für den vorbereitenden Fremdsprachenunterricht);

▸ mit zwei Komplementärsprachen (z. B. in der Frühphase des bilingualen Unterrichts in Deutschland wurden Lernprozesse in beiden ‚Partnersprachen',
Deutsch und Französisch, abgesichert);

▸ mit didaktisch defensiven Strategien, indem die Anforderungen zeitweise
oder dauerhaft abgesenkt werden;

▸ mit didaktisch offensiven Strategien, die fachinhaltliche Anforderungen im
Prinzip beibehalten und für die Aufgabenbewältigung funktional sprachliche
Unterstützung anbieten.

Im Folgenden werden unterrichtsmethodische Konsequenzen kommentiert, die
sich aus didaktisch defensiven und offensiven Herangehensweisen ergeben.

Didaktisch defensive unterrichtsmethodische Strategien

Defensiven Strategien liegt die Annahme zugrunde, dass die Fremdsprache als Arbeitssprache den für L1 gebotenen Fortschritt in der ‚Sache' hemmt und dass Sozialformen, sprachliche Handlungsmuster, Texte und sonstige Lehr- und Lernmaterialien an die sich erst entwickelnden Sprachkompetenzen angepasst werden müssen, indem sprachliche Komplexität im rezeptiven wie im produktiven Bereich reduziert wird. Solche Annahmen können zu einer Intensivierung des Frontalunterrichts mit stärkerer Gewichtung rezeptiver Aktivitäten führen.

Defensive Strategien zeichnen sich dadurch aus, dass Lehr- und Lernprozesse dominant auf mündlicher Basis ablaufen. Dabei sind kurz getaktete fragend-entwickelnde Zyklen üblich, wobei sprachreduzierte Schülerreaktionen Akzeptanz finden, sofern sie fachlich zutreffend sind. Zu den defensiven Techniken gehören unter anderem zweisprachige Wortlisten und Annotationen, Arbeitsblätter und Überprüfungsformen mit geschlossenen und halb-offenen Aufgabenformaten, Ersatz von fachgebotenen Sachtexten durch alltagsübliche Textsorten.

Andererseits sind defensive Strategien in der alltäglichen Unterrichtspraxis ein Mittel, anlassbezogen sprachliche Blockaden zu überwinden (z. B. Einhilfen durch *prompting*, Rückverweise auf L1) und um die Motivation der Lernenden an den Themen und Problemstellungen des Fachunterrichts aufrechtzuerhalten.

Lamsfuß-Schenk und Wolff (1999) sehen in den defensiv-instruktivistischen Inszenierungen Gründe dafür, dass sich – wie gelegentlich für den Bilingualen Unterricht/CLIL festgestellt – Schülerinnen und Schüler überfordert fühlen. Jedenfalls muss bezweifelt werden, dass diese Strategien über den gesamten Bildungsgang hinweg der mit den Bildungsstandards der KMK eingeleiteten Kompetenzorientierung wirksam Rechnung tragen (KMK 2004) und auch prozedurales Wissen im Sinne umfassender fachunterrichtlicher Diskursfähigkeit unterstützen können.

Didaktisch offensive unterrichtsmethodische Strategien

Offensive Strategien sind dem Ziel verpflichtet, Lernende langfristig aus der (fremd-)sprachlichen Abhängigkeit der Lehrenden zu entlassen und Lerngelegenheiten so zu strukturieren, dass Schülerinnen und Schüler an fachunterrichtlich spezifischen Diskursen aktiv teilhaben, also in der Fremdsprache sachfachliterat werden. Somit bietet es sich an, die Methoden-Diskussion zum Bilingualen Unterricht/CLIL mit einer die gesamte Schule und Sprachbildung insgesamt in den Blick nehmenden Perspektive zu führen (vgl. dazu u. a. Zydatiß 2005: 156). Damit ist ein Sprachregister angesprochen, das mit Bezeichnungen wie ‚Schulsprache', ‚Bildungssprache', ‚fachunterrichtliche Diskursfähigkeit', *language(s) in/for education*' erfasst wird und im Prinzip für alle Fächer relevant ist. Es geht dabei um einen Sprachgebrauch, der sich in seiner idealisierten Ausprägung als prägnant, präzise, vollständig, eindeutig, kohärent, komplex, strukturiert, objektiv, distant, emotionsfrei, situationsungebunden und dekontextualisiert charakterisieren lässt. Wesentliches Merkmal des sowohl für kognitive Prozesse als auch für die Erfassung und Bewertung unterrichtlicher Leistungen relevanten schulsprachlichen Registers ist seine konzeptuelle Schrift(sprach)lichkeit – auch in der mündlichen Kommunikation. Natürlich muss der Bilinguale Unterricht/CLIL als sprachsensibler Fachunterricht berücksichtigen, dass für Fremdsprachenlerner Besonderheiten existieren. Mit den folgenden offensiven unterrichtsmethodischen Strategien (siehe auch Thürmann 2010; → Art. 33) wird diesen besonderen Bedingungen Rechnung getragen.

Fokussierungsstrategien. In der unterrichtlichen Praxis trifft man häufig auf Techniken, die der Reduktion von erwarteten sprachlichen Schwierigkeiten dienen. Die spezifischen sprachlichen Herausforderungen des Fachunterrichts werden auf diesem Wege für die Wahrnehmung der Schüler jedoch eher ausgeblendet. Gegen solche Tendenzen richten sich methodische Techniken, die Transparenz für die sprachlichen Anforderungen des Fachunterrichts herstellen. Mit einem doppelten Fokus wird die Aufmerksamkeit der Lernenden auf die Verknüpfung von kognitiven und sprachlichen Anforderungen gelenkt, z. B. im Sinne des *advance organising*, des Aktivierens sowohl von fachlichem als auch von sprachlichem Vorwissen, von Rückmeldungen sowohl zu Unterrichtsinhalten, als auch zu Sprachhandlungsmustern mit entsprechenden Impulsen zu ihrer Optimierung.

Strategie der Aufgabenorientierung. Als Ausgangspunkt offensiver Strategien eignet sich die Aufgabenorientierung (*task-based methodology*; → Art. 38). Sie steht in einer „symbiotischen Beziehung" (Meyer 2010) zum Bilingualen Unterricht/CLIL, indem sie

▶ Sprachhandlungsmuster mit kognitiven Operationen verknüpft,
▶ (fremd-)sprachliches Lernen am Erwerb von Erkenntnissen und dem Aushandeln von fachlichen Bedeutungen ausrichtet,
▶ im Sinne von *multiple-performance tasks* sprachliche Kenntnisse, Fähigkeiten und Fertigkeiten aus unterschiedlichen Bereichen (Hörverstehen, Gespräche führen, Texte schreiben etc.) funktional zusammenführt, existierendes Sprachkönnen durch sinnvolle Anwendung festigt und im Prozess der Aufgabenbewältigung weiter ausdifferenziert.

Aufgabenorientierte Methoden sind geeignet, Schülerinnen und Schüler zu kognitiv herausfordernden fachliteralen Leistungen zu motivieren, weil sie Problemlagen modellieren, die von den Lernenden eigenaktiv bearbeitet werden, indem sie sich fachmethodischer, fachinhaltlicher und sprachlicher Lösungsstrategien bedienen, die aus vorangegangenem Unterrichtsgeschehen verfügbar oder ableitbar sind. Oft konstruieren solche Aufgaben ‚Lücken' (Informations-, Meinungs-, Argumentationslücken), die in kollaborativen Arbeitsformen durch sprachintensiven Austausch geschlossen werden (vgl. dazu u. a. Ellis 2003: 86 ff.).

Strategie der Orientierung an fachrelevanten Textsorten und kognitiv-sprachlichen Grundfunktionen. Wenn man Schule als Diskursgemeinschaft mit typischen textuellen Verwendungsmustern begreift, wird man Zydatiß (2005: 158) zustimmen, der das implementierte Curriculum eines Faches in den textgebundenen ‚Materialien' manifestiert sieht, wobei ‚Text' hier das kohärente diskursive Sprachhandeln meint und mündlich interaktive Formen einschließt. Als Ausgangsgröße für Methoden der (fremd-)sprachlichen Unterstützung bieten sich also die fachunterrichtlich typischen Textsorten an – allerdings unter Einbeziehung nichtlinearer Darstellungsformen wie Bildern, Bildfolgen, Filmen, Diagrammen, Formeln etc. (→ Art. 21). Die entscheidende Frage ist, ob sich der Bilinguale Unterricht/CLIL darauf beschränken sollte, im Sprachunterricht erworbenes Text(sorten)wissen vorauszusetzen, oder ob Aufbau und Erweiterung von Textkompetenz zum genuinen Gegenstand des Fachunterrichts gehören. Da sich domänenspezifische Themen und Inhalte von kognitiven Operationen und sprachlichem Handeln nicht trennen lassen, bahnen offensive methodische Strategien fachunterrichtlich notwendiges Textsortenwissen an.

Komplementär zu den textsortenbasierten Methoden beziehen sich offensive Strategien auf sogenannte grundlegende kognitiv-sprachliche Funktionen. Im Gegensatz zu Textsorten bzw. Diskurstypen werden diese als endliche Inventare modelliert, so bereits 1975 von Werlich. Für den Bilingualen Unterricht/CLIL sind Diskursfunktionen (→ Art. 19) häufig thematisiert worden, z. B. von Otten/Wildhage (2003), Vollmer (2009), Thürmann/Vollmer/Pieper 2010, Zydatiß (2002, 2005), unter anderem weil mit ihrer Hilfe eine Transferbasis für die Lernenden zwischen L1 und L2 sowie zwischen den Sachfächern konstruiert werden kann. Außerdem lassen sich mit einem überschaubaren Inventar von Funktionen wie z. B. ‚benennen/definieren', ‚beschreiben/darstellen', ‚berichten/erzählen', ‚erklären/erläutern', ‚bewerten/beurteilen', ‚argumentieren/Stellung nehmen', ‚simulieren/modellieren' für die Lernenden Bezüge zwischen Sprachmitteln, kognitiven Operationen und Textsorten herstellen.

Reflexions- und metakommunikative Strategien. Zunehmend wird in der didaktisch-methodischen Diskussion neben dem möglichst authentischen Sprachhandeln im Bilingualen Unterricht/CLIL die Bedeutung von Sprachreflexion und Metakommunikation akzentuiert (→ Art. 23). Dies gilt für den Bilingualen Unterricht/CLIL auf drei Ebenen:

▸ auf der Ebene von Kontrasten und Vergleichen zwischen informellen umgangssprachlichen Verwendungsmustern und den besonderen Konventionen darstellungsbezogener Verständigung im Fachunterricht;
▸ auf der Ebene der Zielsprache im Sinne einer gezielten fachsprachlichen Ausdifferenzierung und Erweiterung der aus dem Fremdsprachenunterricht mitgebrachten sprachlichen Mittel;

▸ auf der Ebene des Vergleichs und Kontrasts von kulturellen Skripten für do-
mänen-spezifische Textsorten und das (vor-)wissenschaftliche Aushandeln
von Bedeutungen in L1 und L2.

Methodische Techniken der Reflexion und Metakommunikation zielen über die
Lenkung der Aufmerksamkeit für und die Wahrnehmung *('noticing')* von fachspezifischen Begriffssystemen sowie von prototypischen Merkmalen fachrelevanter
Textsorten als literale Prozeduren mit ihren spezifischen Routineausdrücken auf
den nachhaltigen Aufbau bildungssprachlichen Wissens und Könnens. Das methodische Prinzip von Reflexion und Metakommunikation stützt sich auf interlinguale
Transferbasen sowie die Transferierbarkeit des prozeduralen Wissens und ist eingebunden in Konzepte einer reflexiven Didaktik des Bilingualen Unterrichts/CLIL
als „bildender Unterricht" (Breidbach 2007, auch Bonnet 2004 und Hallet 2002).

Lernprozessbegleitende Strategien. Techniken dieser Art beziehen sich zum
einen auf das Sprach- und Interaktionsverhalten der Lehrkräfte (u. a. Entschleu-
nigung der Interaktion, sprachliche Modellierung z. B. durch laute Denksprache,
Hilfestellung bei der Überwindung von Formulierungsschwierigkeiten). Außerdem stützen sie die Entwicklung von fachspezifischen Lesefertigkeiten, z. B. das
3-Phasenmodell bei Helbig (2001), das 4-Phasenmodell bei Krechel (2003; → Art.
35), das kollaborative Aushandeln von fachrelevanten Bedeutungen und Arbeits-
prozessen durch Stärkung der interaktionalen Kompetenz (Bonnet 2004; → Art.
26) sowie die Vorbereitung von kohärenten mündlichen oder schriftlichen Diskursen, z. B. durch Visualisierung kognitiv strukturierender semantischer Netze,
durch die gemeinsame De-Konstruktion von Modelltexten, durch den Wechsel
der Darstellungsformen (→ Art. 21), durch vermehrte schriftsprachliche Arbeitsphasen sowie durch die Bereitstellung eines Überangebots sprachlicher Mittel
zur reflektierten Auswahl durch die Lernenden.

Literatur

Bach, Gerhard (²2002): Bilingualer Unterricht. Lernen – Lehren – Forschen. In: Gerhard Bach/
Susanne Niemeier (Hrsg.): *Bilingualer Unterricht. Grundlagen, Methoden, Praxis, Perspektiven.* Frankfurt/M., 11–23.

Bonnet, Andreas (2003): Kompetenz durch Bedeutungsaushandlung. Ein integratives Mo-
dell für Bildung und sachfachliches Lernen im bilingualen Unterricht. In: Andreas Bonnet/
Stephanie Breidbach (Hrsg.): *Didaktiken im Dialog. Konzepte des Lehrens und Wege des
Lernens im bilingualen Sachfachunterricht.* Frankfurt/M.

Bonnet, Andreas (2004): *Chemie im bilingualen Unterricht. Kompetenzerwerb durch Interaktion.* Opladen.

Bonnet, Andreas (2007): Fach, Sprache, Interaktion. Eine 3-Säulen-Methodik für CLIL. In:
Fremdsprachen lehren und lernen 36, 126–141.

Breidbach, Stephan (2007): *Bildung, Kultur, Wissenschaft. Reflexive Didaktik für den bilingualen Sachfachunterricht.* Münster.

Coyle, Do (1999): Supporting Students in Content and Language Integrated Contexts. Planning for Effective Classrooms. In: John Mash (Hrsg.): *Learning through a Foreign Language – Models, Methods, Outcomes.* London, 46–62.

Coyle, Do (2006): *CLIL in Catalonia. From Theory to Practice.* Gerona.

Ellis, Rod (2003): *Task-Based Language Learning and Teaching.* Oxford.

European Centre for Modern Languages, ECML (o. J.): CLIL Matrix. Achieving Good Practice in Content and Language Integrated Learning/Bilingual Education. Graz. http://archive. ecml.at/mtp2/clilmatrix/EN/qMain.html [10. 05. 2012].

Hallet, Wolfgang (1999): Ein didaktisches Modell für den bilingualen Sachfachunterricht. The Bilingual Triangle. In: *Neusprachliche Mitteilungen* 52 (1), 23–27.

Helbig, Beate (2001): *Das bilinguale Sachfach Geschichte. Eine empirische Studie zur Arbeit mit französischsprachigen (Quellen-)Texten.* Tübingen.

KMK = Sekretariat der Ständigen Konferenz der Kultusminister der Länder in der Bundesrepublik Deutschland (2004): Erläuterungen zur Konzeption und Entwicklung der Bildungsstandards. http://www.kmk.org/fileadmin/veroeffentlichungen_beschluesse/2004/2004_12_16-Bildungsstandards-Konzeption-Entwicklung.pdf [22. 04. 2012].

Krechel, Hans-Ludwig (2003): Bilingual Modules. Flexible Formen bilingualen Lehrens und Lernens. In: Manfred Wildhage/Edgar Otten (Hrsg.): *Praxis des bilingualen Unterrichts.* Berlin, 194–216.

Lamsfuß-Schenk, Stefanie/Wolff, Dieter (1999): Bilingualer Sachfachunterricht: Fünf kritische Anmerkungen zum state of the art. In: *Zeitschrift für Interkulturellen Fremdsprachenunterricht* 4 (2). http://zif.spz.tu-darmstadt.de/jg-04-2/beitrag/lamsfus2.htm [21. 04. 2012].

Meyer, Hilbert (2002): Unterrichtsmethoden. http://www.uni-potsdam.de/fileadmin/projects/ erziehungswissenschaft/documents/studium/Textboerse/pdf-Dateien/06_meyer_unterrichtsmethoden.pdf [10. 04. 2012].

Meyer, Oliver (2010): Towards Quality-CLIL. Successful Planning and Teaching Strategies. In: *Pulso: Revista de Educación* 3, 11–29.

Otten, Edgar/Wildhage, Manfred (2003): Eckpunkte einer ‚kleinen' Didaktik des bilingualen Sachfachunterrichts. In: Edgar Otten/Manfred Wildhage (Hrsg.): *Praxis des bilingualen Unterrichts.* Berlin, 12–45.

Thürmann, Eike (2010): Zur Konstruktion von Sprachgerüsten im bilingualen Sachfachunterricht. In: Sabine Doff (Hrsg.): *Bilingualer Sachfachunterricht in der Sekundarstufe. Eine Einführung.* Tübingen, 137–153.

Thürmann, Eike/Vollmer, Helmut/Pieper, Irene (2010): *Languages of Schooling. Focusing on Vulnerable Learners.* Strasbourg.

Vollmer, Helmut J. (2009): Diskursfunktionen und fachliche Diskurskompetenz bei bilingualen und monolingualen Geographielernern. In: Stephan-Alexander Ditze/Ana Halbach (Hrsg.): *Bilingualer Sachfachunterricht (CLIL) im Kontext von Multilingualität, Plurikulturalität und Multiliteralität.* Frankfurt/M., 173–192.

Werlich, Egon (1975): *Typologie der Texte. Entwurf eines linguistischen Modells zur Grundlegung einer Textgrammatik.* Heidelberg.

Wolff, Dieter (2011): Der bilinguale Sachfachunterricht (CLIL). Was dafür spricht, ihn als innovatives didaktisches Konzept zu bezeichnen. In: *Forum Sprache* 6, 75–83 http://www. hueber.de/sixcms/media.php/36/978-3-19-596100-4_ForumSprache_62011_Kontroversen_ Artikel05.pdf [10. 04. 2012].

Zydatiß, Wolfgang (2002): Konzeptuelle Grundlagen einer eigenständigen Didaktik des bilingualen Sachfachunterrichts: Forschungsstand und Forschungsprogramm. In: Stephan Breidbach/Gerhard Bach/Dieter Wolff (Hrsg.): *Bilingualer Sachfachunterricht: Didaktik, Lehrer-, Lernerforschung und Bildungspolitik zwischen Theorie und Empirie.* Frankfurt/M., 31–61.

Zydatiß, Wolfgang (2005): Diskursfunktionen in einem analytischen curricularen Zugriff auf Textvarietäten und Aufgaben des bilingualen Sachfachunterrichts. In: Franz-Joseph Meißner (Koord.): *,Neokommunikativer' Fremdsprachenunterricht. Fremdsprachen lehren und lernen* 34, 156–173.

Eike Thürmann

33 *Scaffolding*

Lernpsychologische Grundlagen

‚*Scaffolding*‘ ist zu einem Modewort mit unscharfen, sogar widersprüchlichen Bedeutungen geworden. Die Popularität des Wortes resultiert wohl aus der Metaphorik im Sinne von ‚Gerüst‘ als Unterstützung von (fremd-)sprachlichen und fachinhaltlichen Lernprozessen.

Mit der allein von der Metapher geleiteten Verwendung der Bezeichnung (*scaffolding* im weiteren Sinne) werden häufig alle denkbaren Hilfestellungen angesprochen, zum Beispiel lehrerseitiges Soufflieren, eng fragend-entwickelnde Unterrichtsführung, Arbeitsblätter und Überprüfungsformen mit halboffenen und geschlossenen Aufgabenformaten. Aus der Befürchtung, Lernende zu überfordern, kann eine permanente Instruktionsstruktur werden, die sich negativ auf die Bereitschaft der Lernenden auswirkt, Verantwortung für das eigene Lernen zu übernehmen. Damit steht *scaffolding* im weiteren Sinne in Opposition zum Konzept des *scaffolding* im engeren Sinne, das sich aus entwicklungspsychologischen Theorien zur Stärkung des eigenverantwortlichen Lernens ableiten lässt.

Für Vygotskij (1934/2002) ist die sprachlich vermittelnde Interaktion in einem konkreten kulturell geprägten sozialen Kontext Grundlage des frühen kindlichen Lernens. Damit komme der Sprache als „Denkwerkzeug“ besondere Bedeutung zu, da alles menschliche Wissen als sozial und sprachlich vermitteltes Wissen zu verstehen sei. Für die begriffliche Ausprägung von *scaffolding* im engeren Sinne ist insbesondere Vygotskijs Theorie der „Zone der proximalen Entwicklung“ relevant. Gemeint ist damit das Lernpotenzial eines Kindes, also die Distanz zwischen dem, was es bereits selbständig ausführen kann, und dem, was es unter Anleitung und mit Hilfestellung eines Erwachsenen oder eines weiterentwickelten Kindes zu leisten in der Lage ist. Lernen als Basis für kognitiv-sprachliche Entwicklungsprozesse wird verstanden als ein Prozess der „Lehre“ *(apprenticeship)* zwischen Kind und Erwachsenem und dem daraus resultierenden Transfer von der sozialen zur kognitiven Ebene als Internalisierungsprozess von Wissen bzw. Fähigkeiten. Die „Zone der proximalen Entwicklung“ ist der primäre Aktivitätsbereich für erfolgreiches Lernen.

Explizit wird der Begriff ‚*scaffolding*‘ von Wood/Bruner/Ross (1976) verwendet, die sich auf das kindliche Lernpotenzial und die unterstützende Rolle einer kompetenten Person (Tutor/Tutorin) beziehen. Auf Grundlage ihrer kinderpsychologischen Studien kommen sie zu folgenden Funktionen des *scaffolding* (Wood/Bruner/Ross 1976: 98): Der Tutor stellt sicher, dass das Kind an der Aufgabenstellung interessiert ist und versteht, was zu tun ist. Er gestaltet Aufgaben so, dass sich das Kind auf wenige Schritte konzentrieren kann, die Voraussetzung für eine erfolgreiche Bewältigung sind, und er bemüht sich, Interesse und Zielorientierung aufrechtzuerhalten. Er lenkt die Aufmerksamkeit des Kindes auf kritische Aspekte der Aufgabenbewältigung und macht Diskrepanzen zwischen dem aktuellen Bearbeitungsstand und den gewünschten Ergebnissen bewusst. Der Tutor begleitet den Problemlösungsprozess so, dass beim Kind keine Versagensängste entstehen und stellt ein Modell für die Aufgabenbewältigung bereit. Dabei geht es nicht einfach um das „Vor- und Nachmachen", sondern um die Modellierung eines Lösungsverhaltens.

Die schulpädagogische Weiterentwicklung des *scaffolding*-Konzepts

Bei der Übertragung des *scaffolding*-Konzepts von der frühkindlichen Entwicklung auf Situationen der institutionellen Bildung sind grundlegende Elemente des Vygotskij/Bruner'schen Ansatzes erhalten geblieben: *Scaffolding* hat dienende Funktion für den Erwerb von selbstgesteuerter Problemlösungsfähigkeit und ist abhängig von individuellen Lernbedarfen. Die Unterstützung ist befristet angelegt und wird zurückgenommen, wenn die Lernenden ihrer nicht mehr bedürfen. Sie wird von herausfordernden Aufgaben gesteuert, bezieht sich auf konkrete Situationen und unterstützt die Ko-Konstruktion von Wissen, indem kognitive Orientierung angeboten wird und kognitiv-sprachliche Mittel und Methoden zur reflektierten Auswahl bereitgestellt werden.

Das aktuelle *scaffolding* Konzept – wie es z. B. von Walqui (2003, 2006) und van Lier (1996, 2004), Walqui/van Lier (2010) ausformuliert wird – steht in Einklang (a) mit sozial-konstruktivistischen Lerntheorien, (b) mit funktional-semiotischen und diskursorientierten Herangehensweisen, die sich vor allem auf Halliday (z. B. Halliday/Hasan 1989) beziehen, und (c) mit aufgabengesteuerten sprachdidaktischen Strategien. Die diesen theoretischen Modellen inhärente Verklammerung von sozialen, kognitiven und funktional-sprachlichen Aspekten mag erklären, warum das *scaffolding*-Konzept insbesondere für den Bilingualen Unterricht/CLIL relevant ist, in dem die funktionale Verbindung von sprachlichen und kognitiv-inhaltlichen Aktivitäten didaktisch-methodisch im Mittelpunkt steht.

Mit Bezug auf das schulische Lehren und Lernen wird das *scaffolding*-Konzept von den Beziehungstypen (a) Experte zu Novize und (b) Peer zu Peer deutlich erweitert, um den Gegebenheiten in Lerngruppen Rechnung zu tragen. Diesen Schritt hat zum Beispiel van Lier (2004) vollzogen. Demnach kann erfolgreiches Lernen als selbstgesteuerter Wissenserwerb durch Aktivitäten in vier Quadranten unterstützt werden:

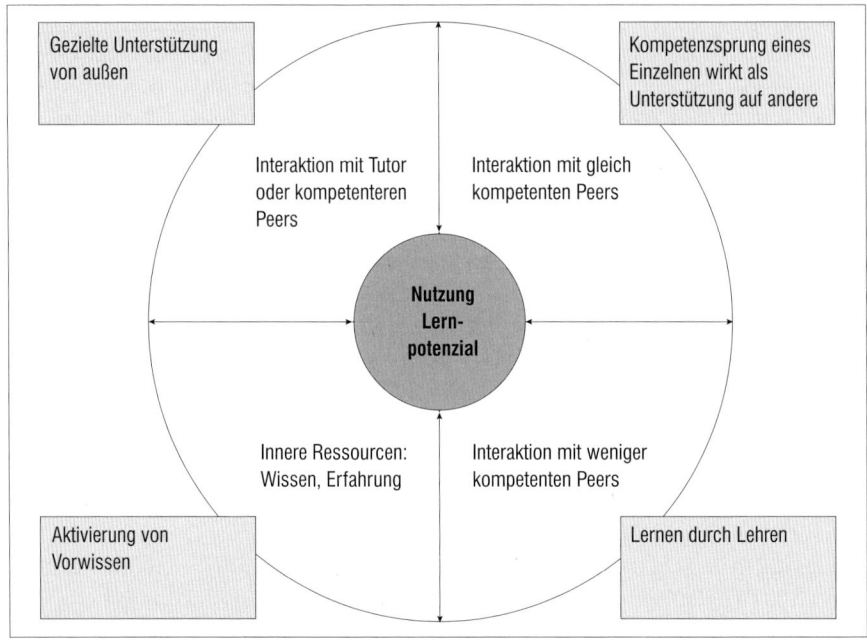

Ausweitung der „Zone der nächsten (proximalen) Entwicklung nach van Lier (2004)

Scaffolding-Techniken im Bilingualen Unterricht/CLIL

Für den Bilingualen Unterricht/CLIL zeichnen sich *Scaffolding*-Techniken dadurch aus, dass sie den Erwerb sprachlicher Handlungsfähigkeit in funktionaler Verbindung mit der Bearbeitung konkreter fachunterrichtlicher Aufgabenstellungen unterstützen (→ Art. 32).

Unterstützung unterrichtlicher Interaktion. Unterrichtliche Interaktionen im Bilingualen Unterricht/CLIL dienen vor allem dem Aushandeln von Arbeitsweisen und Bedeutungen, was die Lernenden in einem überwiegend oder ausschließlich in der Fremdsprache geführten Fachunterricht vor Herausforderungen stellt (→ Art. 26). Unterstützt werden die Lernenden dabei vor allem durch den reflektiert kontrollierten Sprachgebrauch der Lehrkraft, also z. B. durch angepasstes Sprechtempo, klare und deutliche Artikulation, Akzentuierung von thematischen Inhaltswörtern, verständnisunterstützende Körpersprache, Verstärkung der inhaltlichen Redundanz, laute Denksprache als Modell unter Verwendung der fachunterrichtlichen Begrifflichkeit.

Interaktionen, die als Kette von Impuls/Frage – Antwort –Rückmeldung/Bewertung ablaufen und spracharme Antworten ermöglichen, tragen wenig zur Entwicklung von fachbezogener Diskursfähigkeit bei. Das *scaffolding* besteht in diesem Zusammenhang darin, mit dem Feedback zugleich eine Weiterführung des Diskurses einzuleiten bzw. Gelegenheit zu geben, Diskurse selbst zu initiieren oder zu erweitern. Unterstützung bieten außerdem Rückmeldungen zur sprachlichen Form von Schüleräußerungen – vorausgesetzt, dass diese den inhaltlichen Gedankengang nicht stören und sich der Techniken bedienen, die Selbstkorrektur und Selbststeuerung ermöglichen, z. B. *recasts* und *prompts* (vgl. dazu u. a. die Erläuterungen von Meyer 2010).

Zu *scaffolds* in diesem Bereich gehören auch angemessene Wartezeiten – gemeint sind die zeitlichen Intervalle zwischen Lehrerimpuls und Schülerreaktion. Gerade im Bilingualen Unterricht/CLIL konstruieren Lernende über ihre innere Denksprache inhaltlich komplexe Äußerungen, wofür sie Zeit brauchen. So würde ein dauerhaft zu schnell getakteter Bilingualer Unterricht/CLIL zur Fossilisierung von Interimkompetenzen tendieren. Schriftlichkeit in instrumenteller Funktion zur Vorbereitung auf mündlich-kohärente und inhaltlich anspruchsvolle Aussagen gehört zu den wirkungsvollsten *scaffolds* für den Bilingualen Unterricht/CLIL.

Unterscheidung zwischen anlassbezogener und curricular-systemischer Unterstützung. Kognitiv-sprachliche Unterstützung, die an curricular vorgegebene Fachinhalte und Fachkompetenzen gebunden ist, nennt Sharpe (2001: 32) *designed-in scaffolding*, Brush/Saye (2002: 2) sprechen von *hard scaffolds* im Sinne von „static supports that can be anticipated and planned in advance". Hier werden sie als curricular-systemisches *scaffolding* bezeichnet. Im Gegensatz dazu steht das anlassbezogene *scaffolding* (Sharps *point-of-need scaffolding*). Brush/ Saye definieren diese „weichen" *scaffolds* folgendermaßen:

> Soft scaffolds are dynamic, situation-specific aid provided by a teacher or peer to help with the learning process […] This type of assistance is generally provided "on-the-fly," where the teacher monitors the progress students are making while engaged in a learning activity and intervenes when support or guidance is needed. (Brush/Saye 2002: 2)

Die Unterscheidung von curricular-systemischer und anlassbezogener Unterstützung ist für die Gestaltung des Bilingualen Unterrichts/CLIL von erheblicher Bedeutung, weil sie das in der Praxis noch häufig anzutreffende Immersions-Schema durchbricht, das sich weitgehend nur anlassbezogener *scaffolding*-Techniken bedient. Das curricular-systemische *scaffolding* bildet die Grundlage sowohl für eine spezifische Didaktik-Methodik des Bilingualen Unterrichts/CLIL als auch für die Koordination des Lehrens und Lernens von Fach- und Sprachunterricht insgesamt.

Vorbereitung des Lernfeldes und Initiierung von Arbeits- und Lernprozessen. Aktivierung von Vorwissen in Verbindung mit der Vorausschau auf Arbeitsweisen und erwartete Ergebnisse *(advance organising)* bereitet das Lernfeld vor und schafft für die Lernenden Transparenz und Orientierung. Rückverweise auf verankertes Vorwissen *(bridging)* leiten über zum Aufbau und zur Ausdifferenzierung kognitiver Schemata. Für den Bilingualen Unterricht/CLIL ergibt sich jedoch dadurch eine Besonderheit, dass neben dem fachinhaltlichen auch das sprachliche Vorwissen aktiviert und die sprachlichen Formate der Arbeitsweise sowie die sprachlichen Erwartungen an die Arbeitsergebnisse explizit vorgestellt werden.

In erster Linie ist die reflektierte Aufgabenstellung von Bedeutung sowie das Aushandeln, welche Aktivitäten (und in welchen Schritten) damit verbunden sind (→ Art. 28). So sollte die Formulierung von komplexeren Aufgaben bestimmte Angaben enthalten, die die erwarteten sprachlichen Leistungen für die Schülerinnen und Schüler transparent machen (vgl. Thürmann 2010a: 42).

Unterstützung für die Beschaffung und Erschließung von Informationen. *Scaffolds*, mit denen die Fähigkeit angebahnt wird, Informationen zu beschaffen und sprachlich wie inhaltlich zu erschließen, stützen sich vor allem in Verbindung mit Sachtexten auf auch sonst schulisch übliche Lesetechniken und Lesestrategien (z. B. Krechels Lese-Phasen-Modell; → Art. 35). Wesentlich ist, dass die Schülerinnen und Schüler lernen, abhängig von der Situation und dem Zweck des Lesens eine bestimmte ‚Lesehaltung' einzunehmen, mit der die Verarbeitungstiefe der Textinhalte festgelegt wird (orientierendes, suchendes, genaues, kritisches, kreatives, unterhaltendes Lesen). Unter den Begriff der Lesetechnik lassen sich Lesehandlungen subsumieren wie punktuelles, sequenzielles, diagonales, kursorisches, intensives Lesen. Mit ‚Lesestrategien' werden häufig schrittig aufgebaute Kombinationen von Einzeltechniken verstanden, so z. B. SQ3R *(survey, question, read, recite, review)*, PQ4R *(preview, questions, read, reflect, recite, review)* oder das MURDER-Schema *(setting the Mood to study, reading for Understanding, Recalling the material, Digesting the material, Expanding knowledge, Review)*.

Leisen (2006: 2) weist darauf hin, dass Lesen als doppelt zyklischer Prozess modelliert werden kann. *Scaffolds* können also nicht nur die Anpassung des Lesers an den Text unterstützen, sondern auch die Anpassung des Textes an den Leser, also die Manipulation des Textes zur Erleichterung des Leseverstehens, was sich im Wesentlichen für die Anfangsphase des Bilingualen Unterrichts/CLIL empfiehlt (vgl. Beispiele zum Umgang mit Sachtexten im sprachsensiblen Fachunterricht bei Leisen 2010).

Als didaktisch-methodische Ankerkonzepte für das curricular-systemische *scaffolding* zeichnen sich fachübliche Textsorten ab. Zydatiß (2005: 157 f.) argumentiert, dass dem Bilingualen Unterricht/CLIL – wie dem Fachunterricht insgesamt – die Aufgabe vorgegeben ist, literale Techniken in der mündlichen wie in der schriftlichen Sprachverwendung anzubahnen. Die strukturellen und sprachlichen Gestaltungsmerkmale von fachunterrichtlich relevanten Texten sind als ‚soziokulturelle Artefakte in historisch gewachsene Traditionszusammenhänge' einer wissenschaftlichen Disziplin bzw. eines Schulfaches eingebettet (Zydatiß 2002: 46) und innerhalb dieser Diskursgemeinschaft weitgehend konsensfähig.

Daraus ergeben sich für das *scaffolding* im Bilingualen Unterricht/CLIL insofern Chancen, als die Zahl solcher fachrelevanten Textsorten unterrichtlich handhabbar ist. Das darauf bezogene *scaffolding* nutzt Techniken der Modellbildung für den Aufbau des Textsortenwissens für die Informationserschließung, was wiederum für produktive Verwendungszusammenhänge von den Lernenden genutzt werden kann (vgl. dazu z.B. die Technik des *genre-based curriculum cycle* von Hammond 2001).

Unterstützung der Verarbeitung von Informationen zwecks Aneignung von Wissen. Zu den *scaffolding*-Techniken, die dem Aufbau und der Vernetzung von Wissensstrukturen dienen, gehören z.B. Rückverweise auf deklarative und prozedurale Wissensbestände sowie Ausbau, (Re-)Strukturierung und Ausdifferenzierung kognitiver Schemata. Dies kann insbesondere durch Visualisierung von Zusammenhängen im Sinne von semantischen Netzen erfolgen. Solche Techniken betten einzelne Konzepte in kognitive Schemata so ein, dass fachunterrichtliche Strukturen nachvollziehbar werden:

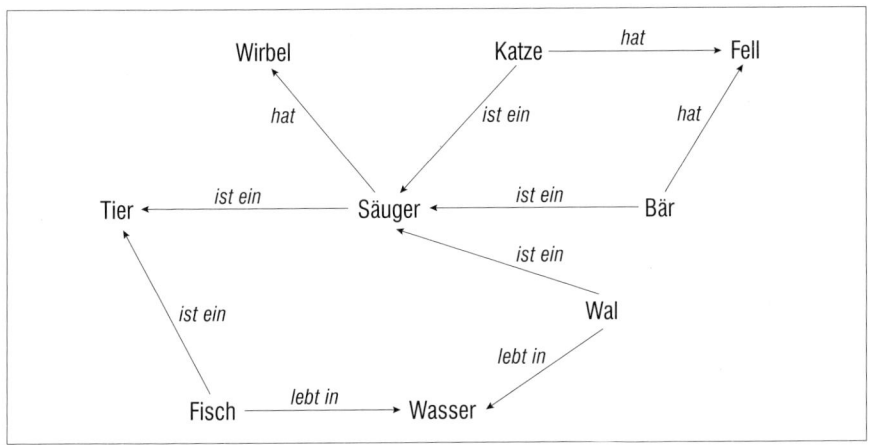

Semantische Netze (Quelle: MediaCluster Online Affairs o. J.)

Als Ankerkonzept für das *scaffolding* von kognitiven Operationen werden grundlegende kognitiv-sprachliche Funktionen genutzt (Dalton-Puffer 2007 spricht von *academic language functions*, vgl. auch Otten/Wildhage 2003, Zydatiß 2005, Vollmer 2009; → Art 19). Sie liegen unterhalb der Ebene von Textsorten – können einerseits weitgehend für Textsorten konstitutiv sein (z.B. narrative Diskursfunktion für Erzählung, Bericht). Andererseits können einzelne Textsorten auf mehrere Diskursfunktionen zugreifen, z.B. Leserbrief mit berichtenden, argumentativen und wertenden Passagen.

Unterstützung der Kommunikation von Arbeitsergebnissen. *Scaffolds* zur Unterstützung mündlicher und schriftlicher Diskursfähigkeit thematisieren vor allem Textsortenwissen, indem die Lernenden sich bewusst machen, zum Beispiel welchen Zweck eine technische Versuchsbeschreibung hat, welche generellen Gütemerkmale ihr zukommen, aus welchen Bestandteilen sie sich zusammensetzt, wie sie gegliedert ist und welche sprachlichen Mittel bei Formulierungen nützlich sein können (vgl. Thürmann 2010b: 150). Das Textsortenwissen wird entweder im Zusammenhang mit der Schreibaufgabe im Prozess an Modellen gewonnen oder steht bereits zum Beispiel aus dem Sprachunterricht zur Verfügung.

Im Bilingualen Unterricht/CLIL wird die Sprachproduktion in erster Linie durch die eindeutige Festlegung des erwarteten Produkts (Outcome-Definition mit explizitem Bezug auf Textsorte und relevanten Diskursfunktionen in der Aufgabenstellung, vgl. dazu Hallet 2011: 128) sowie durch die Bereitstellung von sprachlichen Mitteln zur reflektierten Auswahl durch die Lernenden unterstützt. Schwerpunkte für die Bereitstellung sprachlicher Mittel sind fachunterrichtliche Begrifflichkeit, fachübliche Kollokationen wie *Kraft ausüben*, Mittel zur Herstellung von Textkohäsion und Leserlenkung sowie sprachliche Mittel, die logische, zeitliche und örtliche Relationen innerhalb von Satz und Text anzeigen.

Literatur

Bruner, Jerome S. (1985): Vygotsky. An Historical and Conceptual Perspective. In: James V. Wertsch (Hrsg.): *Culture, Communication, and Cognition. Vygotskian Perspectives*. Cambridge, 21–34.

Brush, Thomas. A./Saye, John W. (2002): A Summary of Research Exploring Hard and Soft Scaffolding for Teachers and Learners Using a Multimedia Supported Learning Environment. In: *Journal of Interactive Online Learning* 1 (2), 1–12. http://ncolr.org/jiol/issues/pdf/1.2.3.pdf [02.04.2012].

Dalton-Puffer, Christiane (2007): *Discourse in Content and Language Integrated (CLIL) Classrooms*. Amsterdam.

Hallet, Wolfgang (2011): *Lernen fördern: Englisch. Kompetenzorientierter Unterricht in der Sekundarstufe I*. Seelze.

Halliday, Michael A. K./Hasan, Ruquaia (1989): *Language, Context and Text*. Oxford.

Hammond, Jane (Hrsg.) (2001): *Scaffolding. Teaching and Learning in Language and Literacy Education*. Newtown/NSW.

Leisen, Josef (2006): Lesekompetenz im naturwissenschaftlichen Unterricht. 1–6. http://www.leseverstehen.de/seiten/02%20Artikel%20zum%20Leseverstehen/01%20Lesekompetenz%20im%20naturwissenschaftlichen%20-%20NiU-95-2006.pdf [20.02.2012; auch erschienen in: *Naturwissenschaften im Unterricht – Physik* 5, 4–9].

Leisen, Josef (2010): *Handbuch Sprachförderung im Fach. Sprachsensibler Fachunterricht in der Praxis*. Bonn.

MediaCluster Online Affairs GmbH (o.J.): http://www.online-affairs.com/2010/09/wo-gehen-wir-hin-semantisches-internet-web-3-0 [10.04.2012].

Meyer, Oliver (2010): Zum Umgang mit Fehlern im Bilingualen Unterricht. http://edoc.ku-eichstaett.de/4529 [22.04.2012].

Otten, Edgar/Wildhage, Manfred (2003): Eckpunkte einer „kleinen" Didaktik des bilingualen Sachfachunterrichts. In: Edgar Otten/Manfred Wildhage (Hrsg.): *Praxis des bilingualen Unterrichts*. Berlin, 12–45.

Sharpe, Tina (2001): Scaffolding in Action. Snapshots from the Classroom. In: Hammond (Hrsg.), 31–48.

Thürmann, Eike (2010a): Pirate Attacks in the Gulf of Aden! Scaffolding für Präsentationen und textsortenbezogenes Schreiben. In: *Der fremdsprachliche Unterricht: Englisch* 44, 39–44.

Thürmann, Eike (2010b): Zur Konstruktion von Sprachgerüsten im bilingualen Sachfachunterricht. In: Sabine Doff (Hrsg.). *Bilingualer Sachfachunterricht in der Sekundarstufe. Eine Einführung.* Tübingen, 137–153.

van Lier, Leo (1996): *Interaction in the Language Curriculum. Awareness, Autonomy and Authenticity.* London.

van Lier, Leo (2004): *The Ecology and Semiotics of Language Learning.* Dordrecht.

Vollmer, Helmut. J. (2009): Diskursfunktionen und fachliche Diskurskompetenz bei bilingualen und monolingualen Geographielernern. In: Stephan.-Alexander Ditze/Ana Halbach (Hrsg.): *Bilingualer Sachfachunterricht (CLIL) im Kontext von Multilingualität, Plurikulturalität und Multiliteralität.* Frankfurt, 173–192.

Vygotskij, Lev S. (1934/2002): *Denken und Sprechen. Psychologische Untersuchungen.* Hrsg. und übers. von J. Lompscher und G. Rückriem. Weinheim, Basel.

Walqui, Aida (2003): *Teaching Reading to Adolescent English Learners.* San Francisco.

Walqui, Aida (2006): Scaffolding Instruction for English Language Learners. A Conceptual Framework. In: *The International Journal of Bilingual Education and Bilingualism* 9/2. 159–180. http://www.educacion.gob.es/exterior/centros/losangeles/es/series/201003-Scaffolding-Walqui.pdf [08.10.2012].

Walqui, Aida/van Lier, Leo (2010): *Scaffolding the Academic Success of Adolescent Learners. A Pedagogy of Promise.* San Francisco.

Wood, David/Bruner, Jerome S./Ross, Gail (1976): The role of tutoring in problem solving. In: *Journal of child psychology and psychiatry* 17, 89–100.

Zydatiß, Wolfgang (2002): Konzeptuelle Grundlagen einer eigenständigen Didaktik des bilingualen Sachfachunterrichts: Forschungsstand und Forschungsprogramm. In: Stephan Breidbach/Gerhard Bach/Dieter Wolff (Hrsg.): *Bilingualer Sachfachunterricht: Didaktik, Lehrer-Lernerforschung und Bildungspolitik zwischen Theorie und Empirie.* Frankfurt/M., 31–61.

Zydatiß, Wolfgang (2005): Diskursfunktionen in einem analytischen curricularen Zugriff auf Textvarietäten und Aufgaben des bilingualen Sachfachunterrichts. In: Franz-Joseph Meißner (Koord.): *'Neokommunikativer' Fremdsprachenunterricht. Fremdsprachen lehren und lernen* 34, 156–173.

Zydatiß, Wolfgang (2010): Scaffolding im Bilingualen Unterricht. Inhaltliches, konzeptuelles und sprachliches Lernen stützen und integrieren. In: *Der fremdsprachliche Unterricht: Englisch* 106, 2–11.

Eike Thürmann

34 Fachmethoden im Bilingualen Unterricht

Bilinguale Fachmethoden

Die Planung und Anwendung von Fachmethoden – d.h. Verfahren, mit denen im Unterricht Wissen vermittelt und angeeignet wird – unterliegen im bilingualen Unterricht mehrdimensionalen Herausforderungen: Sachfachliche Inhalte und Arbeitsweisen sowie daraus resultierende sprachliche Anforderungen werden simultan bearbeitet (→ Art. 17, 32). Die Prozessierung dieser Fachmethoden im Unterricht stellt einen interaktiven Prozess dar, in dem 'Lernen' (häufig als individuell-kognitives Phänomen betrachtet) auch in seiner kommunikativ-sozialen Dimension relevant wird: Die Teilnehmer reden miteinander, gestikulieren, führen Arbeitsmaterialien ein und fertigen Skizzen an der Tafel sowie private Heft-Mitschriften an (→ Art. 26). Das heißt, die Prozessierung von Fachmethoden erweist sich als ein multimodaler und multimedialer Interaktionsprozess, in dem Mediatisierungspraktiken (z. B. durch physische und symbolische Artefakte) eine zentrale Rolle spielen. Im Folgenden wollen wir daher die konzeptuellen Grundlagen bilingualer Fachmethoden einführen und Fragen der interaktiven Ausgestaltung von unterrichtlichen Prozessen thematisieren.

Der Begriff der Methode wird in Pädagogik und Fachdidaktiken mit zum Teil unterschiedlichen Inhalten gefüllt. Eine Methode ist allgemein zunächst ein „planmäßiges Verfahren zur Erreichung eines Ziels" (Brockhaus 1911: 175). Im schulischen Kontext wird der Terminus häufig zuvorderst im Sinne der Unterrichtsmethode verstanden, also als „Formen und Verfahren, mit denen Lehrende und Lernende die sie umgebende natürliche und gesellschaftliche Wirklichkeit im Unterricht vermitteln und sich aneignen" (Jank/Meyer 2002: 54). Der Ausdruck der Fachmethode hingegen ist in der schulisch-didaktischen Diskussion doppelt besetzt: Einerseits bezieht er sich auf fachspezifische, aus der Wissenschaft auf Schülerniveau reduzierte Maßnahmen und Verfahren, die eine Wissensentnahme und Erkenntnisgewinnung aus den für das jeweilige Fach üblichen Medien und Arbeitsvorgängen ermöglichen und einen unerlässlichen Teil einer umfassenden Fachschulung darstellen; andererseits stellen sie Konglomerate von fachgebundenen Verfahren und Herangehensweisen dar, die der Lehrkraft für die inhaltliche Vermittlung und fachdienliche Schüleraktivierung anempfohlen werden (vgl. 1.1.3 und 1.1.4). Ergänzt man schließlich das Adjektiv bilingual, so ergibt sich nochmals eine Bedeutungs- und Funktionsverschiebung, da zwei besondere Dimensionen impliziert werden, die den bilingualen Fachmethoden(kompetenzen) bzw. einer bilingualen Fachmethodik eine kategorische Eigenständigkeit verleihen (→ Art. 32).

Dimensionen bilingualer Fachmethoden. (a) Integration von Sprache und Inhalt. Seit einigen Jahren hat sich in der Schulforschung zum Bilingualen Unterricht die Auffassung durchgesetzt, dass inhaltliches und sprachliches Lernen im gelingenden Bilingualen Unterricht idealiter integriert ablaufen (vgl. Breidbach 2007, Vollmer 2005a; → Art. 17). Dies gilt auch für den bilingualen Fachmethodenkontext. So vermittelt Fachmethodik im mehrsprachigen Zusammenhang anders als im regulären Unterricht mehr als nur eine inhaltlich adäquate Umgangsweise mit den relevanten Medien und Arbeitsmitteln des Faches. Sie schult gleichzeitig und gezielt die Fähigkeiten zur sprachlichen Vermittlung der inhaltlichen Ergebnisse und Prozesse, indem inhaltlich-methodische Sachelemente mit den notwendigen fachdiskursiven Wissensbausteinen untrennbar verwoben werden: Hier bewirkt Inhaltslernen Sprachlernen und Sprachlernen Inhaltslernen.

(b) Mehrsprachigkeit. Die „Ausbildung einer sprachlich angemessenen, doppelten Sachfachliteralität" (Vollmer 2005b: 134) gilt heute als natürliche Zielsetzung des bilingualen Unterrichts (→ Art. 4, 24). Der Paradigmenwechsel vom Bemühen um eine weitgehende Einsprachigkeit zur dosierten Mitbenutzung der Schulsprache ist theoretisch und praktisch in weiten Teilen vollzogen. Die Befunde aus empirischen Studien und der *conceptual-change*-Forschung zu Defiziten bei Verständnis, Vernetzung und Behaltensleistungen, die reale Sorge vor einem fachbezogenen Semilingualismus, Probleme mangelnder affektiver Identifikation, die steigende Anzahl von Schülerinnen und Schülern mit Migrationshintergrund (für die schulische Bilingualität entsprechend in der L2 und L3 stattfindet) sowie die angestrebte inhaltliche und fachterminologische Durchlässigkeit für Schul-, Jahrgangs- und Bildungsgangwechsler haben dem dosierten Gebrauch der deutschen Sprache im bilingualen Unterricht durchschlagende Legitimität verschafft (→ Art. 24). Die reflektierte Verwendung und (kognitive) Verknüpfung zweier Sprachen ist in der Folge ein weiterer Aspekt, der bilinguale Fachmethodik von der Fachmethodik des Regelunterrichts unterscheidet. So kommt insbesondere der analytischen und praxismethodischen Beschäftigung im mehrsprachigen Unterricht die Aufgabe zu, der Entwicklung von Ausdrucksfähigkeit, Begriffen und *Language Awareness* einen unterstützenden und produktiven Kontext zu bieten. Während dies selbstredend auch im regulären Unterricht in Bezug auf die Schulsprache geschieht (und spätestens seit den PISA-Reformen auch zunehmend überwacht und intensiviert wird), leistet der unterrichtsmethodisch adäquat vermittelte, genuin bilinguale Fachmethodenzusammenhang diesen Ausbau von sprachlichen Fähigkeiten in zwei linguistischen Kodes und eröffnet so die Möglichkeit zu einer tieferen Verankerung, zu mehr anwendungsorientierter Flexibilität und zu einer fruchtbaren komparativen Betrachtung analytisch-methodischer Sprachelemente (→ Art. 23).

Bilinguale Fachmethodik als Unterrichtsziel *(subject skills)*. Die Literatur bietet eine Reihe von Begrifflichkeiten für die bilinguale Fachmethodenkompetenz von Schülerinnen und Schülern, z.B. *study skills*, *tools*, *strategies*, fachrelevante Arbeitsweisen, Fertigkeiten etc. (vgl. Heimes 2011: 15, 25). Theoretisch untermauert ist insbesondere der Terminus der *subject skills* (mit seinem deutschen Pendant der bilingual-fachmethodischen Kompetenzen) bzw. dessen fachspezifische Ausformung, z.B. *history skills*, *geography skills* usw. (vgl. Heimes 2011). Grundsätzlich beinhalten die *subject skills* im Bilingualen Unterricht drei Komponenten: Erstens bestehen sie aus allgemeinen *skills* und *strategies*, die in jeder Disziplin von Relevanz sind, beispielsweise Präsentationsfähigkeiten, Dokumentationsroutinen oder Reflexionsstrategien. Zweitens liefert die Komponente der fachlichen Methodenkompetenz die Techniken und Verfahren für die sachlich korrekte Bearbeitung der

speziellen Medien der zweisprachig unterrichteten Disziplin (über die Definition
fachlicher Methodenkompetenz wird innerhalb der jeweiligen Fachwissenschaften zumeist heftig gestritten). Drittens fließt die Komponente der (fremd)sprachli-
chen Methodenkompetenz, die *language learner strategies*, in das Konstrukt der
subject skills ein. Auch hier finden sich zahlreiche Definitionen in der fachdidaktischen Diskussion. Eine der einflussreichsten Setzungen stammt von Dieter Wolff
(1998: 72ff.), der fremdsprachlicher Methodenkompetenz die sechs Teilfähigkei-
ten der Sprachmittelerwerbsstrategien, fertigkeitsbezogenen Strategien, Kommunikationsstrategien, Reflexionsstrategien, metakognitiven Lernstrategien und
sozialen Strategien zuschreibt. In den bilingualen Fachmethodenkompetenzen
verschmelzen alle drei Komponenten zu einer neuen, wirkungsmächtigen Verbindung. Beispielsweise schärfen sich im Fach Geschichte oder Politik bilingual die
Fähigkeiten zur Bearbeitung von Quellentexten oder visueller Materialien aus, indem sich hier die fachanalytisch adäquate Herangehensweise an Texte, Bilder, Karikaturen, etc. mit der Schulung (fach-)sprachlicher Kompetenz zur korrekten Beschreibung und Interpretation (in L1 und L2) verknüpfen. Ein zweites Beispiel lässt
sich dem zweisprachigen Unterricht in Naturwissenschaften entnehmen, wo die
korrekte Dokumentation, mediale Darstellung und Interpretation der Ergebnisse
eines Experiments mit dem sprachlichen Rückgriff auf entsprechende Techniken
des *scaffolding* (Notizen, visuelle Hilfen, Musterstrukturen usw. (→ Art. 33)) und
Kommunikationsstrategien (Paraphrasierung, Vermeidung usw.) simultan erlernt
und weiterentwickelt werden. Letztlich wird durch die Schulung und Anwendung
der *subject skills* also die Weiterentwicklung fachlicher, sprachlicher und methodischer Kompetenzen vereint (siehe Abb.).

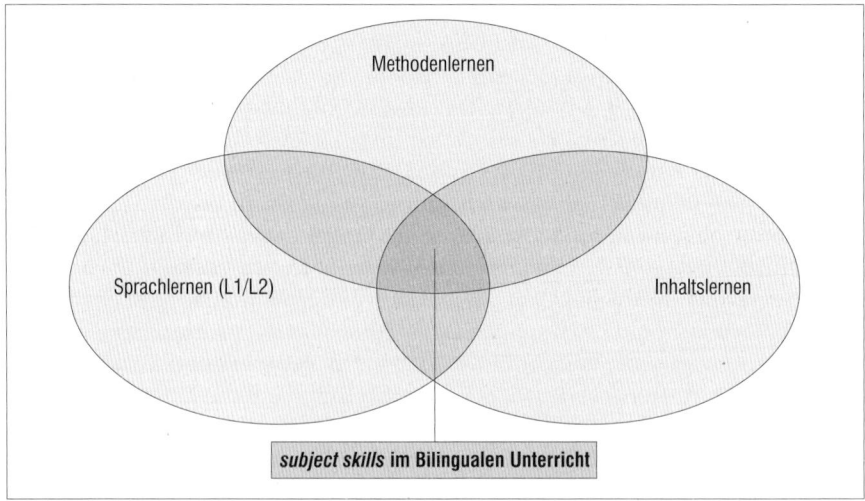

Subject skills als Zentrum bilingualer Kompetenzerweiterung

Bilinguale Fachmethodik als Unterrichtsinstrument. Der Terminus der bilingualen Fachmethodik kann überdies als didaktisches Handwerkszeug der mehrsprachig unterrichtenden Lehrkraft betrachtet werden. Otten und Wildhage (2003: 35) sprechen hier von „fachspezifischen Zugangsweisen". Fachmethoden in diesem didaktischen Sinne werden von der Lehrkraft systematisch im Unterricht eingeführt und beinhalten eine Batterie von aufeinander abgestimmten Unterrichtsmethoden, inhaltlichen Ansätzen und variierenden Sozialformen, die wiederum eine gezielte Schulung und selbständige Anwendung der oben erläuterten fachmethodischen Kompetenzen von Schülerinnen und Schülern anvisieren. Beispiele aus der alltäglichen Unterrichtspraxis sind die Konfliktanalyse im Fach Politik, der historische Längsschnitt in Geschichte, die Raumanalyse der Geografen, die *scientific method* der Biologie oder die Modellmethode des Physikers.

Bilinguale Fachmethodik und Interaktion

Die Ausgestaltung der Fachmethoden im Unterricht erfolgt als ein kommunikativer Prozess zwischen Lehrer und Schülern. Da die Teilnehmer dabei nicht nur miteinander reden, sondern auch Texte erarbeiten, gestikulieren, sich im Raum bewegen, Tafelskizzen anfertigen oder Informationen im Heft notieren, wird dieser grundlegend multimedial und multimodal gestaltet und erfordert eine enge wechselseitige Koordinierung aller Beteiligten. Dokumentiert man reale Unterrichtssituationen per Video, so lassen sich – insbesondere an inhaltlich schwierigen Situationen – die Bedingungen herausarbeiten, unter denen die gewählten Verfahren gelingen und welche ‚Risiken und Nebenwirkungen' sie bergen können. Im Folgenden werden exemplarisch drei fachmethodische Interaktionsformen auf ihre kommunikative Prozessierung untersucht.

Restrukturierung von Informationen durch Tafel-Skizzen. Eine Aufgabe in bilingualen Unterrichtseinheiten besteht darin, fremdsprachige Quellen- oder Sachtexte zu erschließen (siehe oben „fachliche Methodenkompetenz"). Insbesondere im Geschichtsunterricht ist das hermeneutische Verfahren typisch, textuelle Informationen mithilfe von visuellen Darstellungen – wie z. B. Skizzen oder Schaubildern – an der Tafel zu sammeln und zu restrukturieren (vgl. Abb.; bei den hier abgebildeten Skizzen handelt es sich um detailgetreue handschriftliche Nachzeichnungen – für die Originalversionen und ihre interaktive Entstehung siehe Pitsch 2006, 2007a, 2007b und 2009).

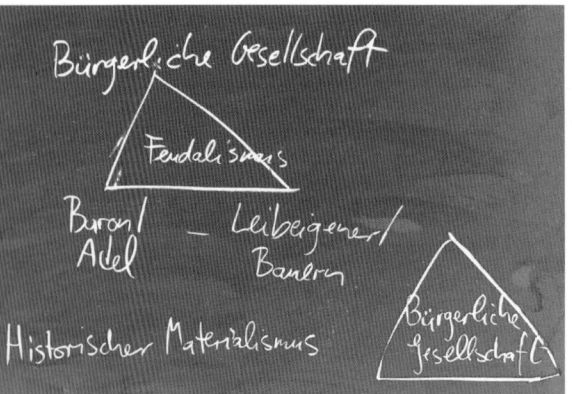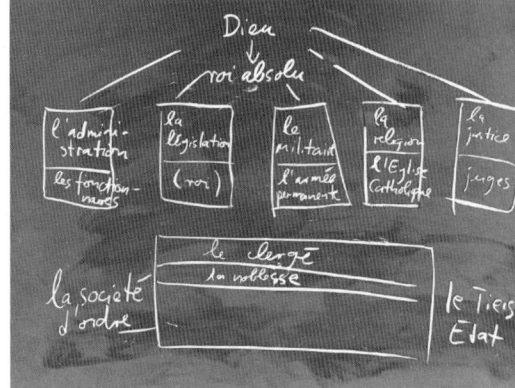

Tafelbilder aus bilingualem Geschichtsunterricht (Nachzeichnungen)

In der (fach-)didaktischen Literatur wird häufig diskutiert, inwiefern eine spezifische Visualisierungsform angemessen für die Darstellung eines Sachverhalts ist oder – von didaktischen Credos geprägt – ob Schaubilder gemeinsam an der Tafel zu entwickeln oder besser als fertige Produkte zu präsentieren seien (Jung 1998). Demgegenüber erlauben Videoanalysen von Unterricht zu rekonstruieren, wie – d. h. mit welchen Verfahren – solche Skizzen interaktiv hergestellt werden. Manche Tafelbilder entstehen für alle Beteiligten ad hoc aus der Situation heraus (Abb. oben links), andere werden vom Lehrer im Voraus geplant, aber im Unterrichtsgeschehen – in einer Situation der Asymmetrie – noch einmal gemeinsam mit den Schülern neu hergestellt (Abb. oben rechts). Diese Dualität führt leicht dazu, dass Lehrer einerseits zwar offene Fragen stellen, gleichzeitig aber durch Gesten oder Körperorientierung auf Elemente des aktuellen Tafelbildes – im Sinne einer Engführung – die erwartete Antwort visuell suggerieren bzw. „vorsagen" (Pitsch 2006, 2007b).

Im Kommunikationsprozess können Tafel-Skizzen unterschiedliche Funktionen einnehmen: (a) zum Sammeln und Strukturieren von Informationen; (b) als ein Instrument des Lehrers, um neue inhaltliche Anschlussmöglichkeiten zu eröffnen (z. B. Abb. oben links: „Wie müssen die Eckpunkte des unteren Dreiecks in Analogie zum oberen Dreieck beschriftet werden?"); (c) manche Strukturen erlauben den Schülern, selbständig Leerstellen in der Skizze zu entdecken und damit für sie neue Fragen zu formulieren. In allen Fällen ist eine multiple Orientierung der Teilnehmer zwischen der Tafel, dem Arbeits-/Textblatt und den Interaktionspartnern notwendig. Sie erfordert ein hohes Maß an interaktiver Koordinierung, bei der die zeitlich präzise Ausrichtung eines Blickes oder einer Zeigegeste des Lehrers wichtige Orientierungshinweise für die Aufgabenbearbeitung der Schüler liefert (Pitsch 2006).

Sprachlich-gestische Doppelsemantisierung des Lehrers. Das Wechselspiel zwischen der fachlichen Methodenkompetenz und den *language learner strategies* zeigt sich paradigmatisch an redebegleitenden Gesten. Nicht nur greifen Sprachlerner – wenn sie nach einem Wort suchen – auf gestische Darstellungsformen zurück, sondern auch Lehrer gestikulieren während ihrer Gesprächsbeiträge. Einerseits erleichtert solche Gestik des Sprechers den Rezipienten das Verständnis von Äußerungen (vgl. McCafferty/Stam 2008). Andererseits bieten spezifische Ausgestaltungen wie das Verfahren einer permanent mitlaufenden sprachlich-gestischen Doppelsemantisierung des Lehrers Potenzial für Verständnisprobleme von fachlichen Inhalten.

Durch eine parallel zur verbalen Äußerung mitlaufende semantisierende Gestik beinhaltet ein Gesprächsbeitrag zusätzliche Angebote für das Verständnis der sprachlichen Ebene. Wird beispielsweise die Formulierung „eine Gesellschaftsform wird aufgehoben" mit einer gestischen Aufwärtsbewegung verbunden, dann kann ein Schüler zunächst damit den ihm bekannten Alltagsbegriff „etwas aufheben" evozieren. Dessen Bedeutung unterscheidet sich aber vom Fachterminus wie er (1) vom Lehrer für die Beschreibung des Übergangs in eine höhere Gesellschaftsform in der marxistischen Gesellschaftstheorie verwendet wird und (2) in der aufwärtsgerichteten Gestik die Symbolik der Tafelskizze (Abb. S. 248 links) im Übergang von der unteren rechten zur oberen linken (die Gesellschaftsformen repräsentierenden) Dreiecksskizze aufgegriffen wird. Im Moment der Erklärung des Lehrers werden solche Äußerungen für Schüler zunächst vermeintlich rezipierbar und erlauben die Fortsetzung der thematischen Arbeit ohne sprachfokussierende Nebensequenzen. Im Nachhinein allerdings erweist sich in der dekontextualisierten Betrachtungsweise dem Schüler der eigentliche fachliche Inhalt als unverständlich – auch wenn er zwischenzeitlich selbst die komplexe Gestalt aus sprachlichem Begriff und Gestik übernommen hat (Pitsch 2009).

Schüler-Mitschriften: Festhalten von Informationen. Auf der Ebene der allgemeinen *skills* gehören Dokumentationsroutinen zu zentralen fachmethodischen Fertigkeiten. Schülerinnen und Schüler werden in der Regel dazu angehalten, parallel zum Unterrichtsdiskurs Notizen anzufertigen. Dieses erfolgt eigenständig, aber eng verzahnt und zeitlich koordiniert mit dem offiziellen Unterrichtsdiskurs (Pitsch 2007a): Schüler beobachten den Interaktionsverlauf im Hinblick auf die impliziten und expliziten Orientierungshinweise des Lehrers, um zu entscheiden, welche Informationen für sie notationsrelevant sind und wann dieses erfolgen sollte.

Bereits subtile Aktivitäten des Lehrers (Reformulierung, Übersetzung, gestische Verortung eines Begriffs in der Tafelskizze, etc.) werden von den Schülern als Relevanzmarkierungen für den Beginn einer Mitschrift behandelt. Während des Mitschreibens nehmen sie Beteiligungsformate ein, bei denen ihre Aufmerksamkeitsorientierung zwischen Heft und Lehrer/Tafel in spezifischer Weise wechselt. In solchen Situationen, in denen Schüler in jeweils eigenen Rhythmen auf ihr Heft bzw. nach vorne blicken, sind lehrerseitig explizitere Hinweisverfahren auf Momente notwendig, in denen Schüler ihre Aufmerksamkeit auf den Unterrichtsdiskurs richten sollten, z. B. um eine Restrukturierung in der Tafel-Skizze mit zu vollziehen (Pitsch 2007a). In solchen Kontexten erhalten auch allgemein als problematisch beschriebene Verfahren wie das sog. „Lehrer-Echo" ((mehrfaches) Wiederholen von Schüler-Äußerungen) eine neue Dimension: Es kann auch Ausdruck enger Koordinierungsbemühungen des Lehrers sein, um sukzessive verschiedene Schüler in ihrem jeweils aktuellen Beteiligungsstatus zu adressieren (Pitsch/Ayass 2008).

Ausblick

Die vorgestellten Aspekte und Beispiele illustrieren die praktisch-interaktiven ‚Risiken und Nebenwirkungen' fachmethodischen Arbeitens im bilingualen Unterricht. Sie unterstreichen die Notwendigkeit einer überlegten und auf interaktive Einflüsse geprüften Unterrichtsplanung und -organisation. Die Erforschung bilingualer Fachmethoden ist derweil eine interdisziplinäre Herausforderung, die bisher noch spärlich angenommen worden ist. Neben der Frage nach dem angemessenen Einsatz der deutschen Sprache oder den Zusammenhängen zum fremdsprachlichen Lernen (Heimes 2011) sollte auch eine interaktionistische multimediale Perspektive zunehmend in den Vordergrund rücken (Pitsch 2006). Gerade solche Blickwinkel könnten sich auch als hilfreich für die Umsetzung kollegialer Hospitations- und Supervisionskonzepte erweisen.

Literatur
Bach, Gerhard/Niemeier, Susanne (Hrsg.) (³2005): *Bilingualer Unterricht. Grundlagen, Methoden, Praxis, Perspektiven.* Frankfurt/M.
Breidbach, Stephan (2007): *Bildung, Kultur, Wissenschaft. Reflexive Didaktik für den bilingualen Sachfachunterricht.* Münster.
Brockhaus' Kleines Konversations-Lexikon (1911): Methode [1808]. Band 2. Leipzig: Brockhaus, 175.
Heimes, Alexander (2011): *Psycholinguistic Thought meets Sociocultural Theory. Die integrativen Zusammenhänge von Fachmethodik und Fremdsprachenlernen im bilingualen (Geschichts-)Unterricht.* Frankfurt/M.
Jank, Werner/Meyer, Hilbert (⁵2002): *Didaktische Modelle.* Berlin.
Jung, Udo O. H. (1998): Vom Tafelbild zum Tafelanschrieb. In: Udo O. H. Jung (Hrsg.): *Praktische Handreichungen für Fremdsprachenlehrer.* Frankfurt/M., 168–175.
McCafferty, Steven G./Stam, Gale (Hrsg.) (2008): *Gesture. Second Language Acquisition and Classroom Research.* New York.
Pitsch, Karola (2006): *Sprache, Körper, Intermediäre Objekte: Zur Multimodalität der Interaktion im bilingualen Geschichtsunterricht.* Dissertation, Universität Bielefeld, Fakultät für Linguistik und Literaturwissenschaft. Online-Publikation PUB Theses der Universität Bielefeld: urn:nbn:de:hbz:361-17464.
Pitsch, Karola (2007a): Koordinierung von parallelen Aktivitäten. Zum Anfertigen von Mitschriften im Schulunterricht. In: Reinhold Schmitt (Hrsg.): *Koordination. Analysen zur multimodalen Interaktion.* Tübingen, 411–446.

Pitsch, Karola (2007b): Unterrichtskommunikation revisited. Tafelskizzen als interaktionale Ressource. In: *Bulletin Suisse de Linguistique Appliquée* 85, 59–80.

Pitsch, Karola (2009): Interaktion und Spracharbeit im bilingualen/immersiven Geschichtsunterricht: Zum Zusammenhang von Verbalsprache, Körpergestik und Notationspraktiken. In: Stephan-Alexander Ditze/Ana Halbach (Hrsg.): *Bilingualer Unterricht (CLIL) im Kontext von Sprache, Kultur und Multiliteralität.* Frankfurt/M., 203–223.

Pitsch, Karola/Ayaß, Ruth (2008). Gespräche in der Schule. Interaktion im Unterricht als multimodaler Prozess. In: Herbert Willems (Hrsg.): *Lehr(er)buch Soziologie. Für die pädagogischen und soziologischen Studiengänge.* Wiesbaden, 959–982.

Vollmer, Helmut J. (2005a): Bilingualer Sachfachunterricht als Inhalts- und als Sprachlernen. In: Bach/Niemeyer (Hrsg.), 47–70.

Vollmer, Helmut J. (2005b): Förderung des Spracherwerbs im bilingualen Sachfachunterricht. In: Bach/Niemeyer (Hrsg.), 131–150.

Wildhage, Manfred/Otten, Edgar (2003): Content and Language Integrated Learning. In: Manfred Wildhage/Edgar Otten (Hrsg.): *Praxis des bilingualen Unterrichts.* Berlin, 12–45.

Wolff, Dieter (1998): Lernerstrategien beim Fremdsprachenlernen. In: Johannes-Peter Timm (Hrsg.): *Englisch lehren und lernen. Didaktik des Englischunterrichts.* Berlin, 70–77.

Karola Pitsch, Alexander Heimes

35 Textarbeit im Bilingualen Unterricht

Die Arbeit mit Texten ist eines der zentralen Themen der Methodik des bilingualen Sachfachunterrichts (→ Art. 32). Texte sind Ausgangspunkt für die Erfassung und Erarbeitung von neuen Informationen, für die mündliche und schriftliche Textproduktion, sind aber auch für die Lernenden Gedächtnisstützen, um ihre Gedanken zu strukturieren, zu festigen und sich einzuprägen. Wie im monolingualen Unterricht hängt auch im bilingualen Sachfachunterricht das Erarbeiten, Erweitern, Vernetzen und Memorieren von Fachwissen zum großen Teil von der Arbeit mit Texten und vom Leseverständnis ab. Dabei ist das Lesen von fremdsprachlichen Texten gemeinsame Aufgabe des Fremdsprachenunterrichts wie auch der bilingualen Sachfächer.

Texte im bilingualen Sachfachunterricht

Bilinguale Sachfachlehrkräfte suchen Texte nach Kriterien wie Aussagegehalt, inhaltlicher Relevanz, Anschaulichkeit bzw. Abstraktionsgrad der Darstellung, inhaltlichem und sprachlichem Schwierigkeitsgrad sehr sorgfältig aus. Dabei kommen sehr vielfältige Arbeitsmittel zum Einsatz, nach Möglichkeit authentische fremdsprachliche Materialien:

▸ *Kontinuierliche Texte (Fließtexte):* Politische Reden, Ansprachen, Programme, Manifeste, Anträge, Communiqués, Vertrags- und Gesetzestexte, Memoiren, Briefe, Berichte, Zeitungsartikel, Pamphlete, satirische oder politische Lieder und Chansons, Tondokumente, Landschaftsbeschreibungen, Erläuterungen, Meinungstexte, Stellungnahmen, Gutachtertexte, Definitionen, Texte aus Fachwörterbüchern und Enzyklopädien usw.;

▸ *Diskontinuierliche Texte:* Fotos, Videos, Karikaturen, Schaubilder, Diagramme, Karten, Kartenskizzen usw. (→ Art. 21).

Fließtexte werden häufig nicht isoliert, sondern in Verbindung mit anderen Materialien in Form von Textblöcken mit Bildern, Grafiken, Tabellen oder Skizzen kombiniert eingesetzt.

Texte haben im bilingualen Sachfachunterricht eine andere Funktion als im Fremdsprachenunterricht: Sie sind nicht Anlass für Analysen von Sprach- und Textstrukturen, sondern sie dienen der Auswertung von sachfachlich relevanten Informationen, die mit Informationen aus anderen Dokumenten verknüpft und verarbeitet sowie Gegenstand der sachfachlichen Diskussion werden. Texte werden insofern im bilingualen Sachfachunterricht als umfangreiche Informationsspeicher angesehen. Der Lernende liest den Text durch und nimmt die relevanten Informationen heraus, verarbeitet und bewertet sie. Bilinguale Sachfachlehrer suchen hierfür vor allem nach Möglichkeit solche Texte aus, die die Lernenden durch sprachliches und inhaltliches Niveau nicht abschrecken und die nicht durch Länge und Detailreichtum verwirren und entmutigen und dem Lernenden erlauben, ein Sinnsystem herzustellen (vgl. dazu auch Leisen 2001: 20).

Besondere Leseschwierigkeiten im bilingualen Sachunterricht

Die Sprache in den authentischen Texten und die Lernersprache divergieren bei der Auswertung von Texten im bilingualen Sachfachunterricht mehr noch als im Fremdsprachenunterricht: Der Lerner ist gehalten, die Informationen, die der authentische Text liefert, in seiner eigenen Sprache zu formulieren. Beim Auswerten von Texten stellen sich besondere Schwierigkeiten für die Lernenden, die besonders durch den Gebrauch der Fremdsprache bedingt sind:

▸ unbekannte Wörter, besonders auch aus dem fachsprachlichen Vokabular;
▸ unbekannte grammatische Formen und Konstruktionen: so werden häufig auch in den Anfangsphasen Passivkonstruktionen in Texten verwendet;
▸ ungewohnte Wortstellungen;
▸ idiomatische Ausdrücke und Redewendungen, differenziertere *chunks;*
▸ die Bedeutungsvielfalt vermeintlich bekannter Wörter;
▸ die Bedeutungen von *faux amis/false friends;*
▸ kontextuell und fachlich bedingte Bedeutungsvarianten.

Hinzu kommen zum Teil Darstellungskonventionen, die die Lernenden aus ihrem muttersprachlichen Unterricht nicht oder noch nicht kennen, ferner Phänomene, Sachverhalte und Sichtweisen aus dem Land oder den Ländern der L2, die ihnen fremd oder unbekannt sind, sodass das Lesen und Auswerten von Texten besondere Anforderungen an sie stellt.

Der Leseprozess im bilingualen Sachfachunterricht

Die Auswertung der Fließtexte im bilingualen Unterricht ist ein sehr komplexer Prozess, in dem besonders folgende Prinzipien wichtig sind:

▸ *Das Prinzip der eigenständigen Auseinandersetzung:* Lesen kann nicht nur als technischer Vorgang verstanden werden, sondern ist eine aktive Auseinandersetzung mit dem Text.

▸ *Das Prinzip der Verstehensinseln:* Der Lernende geht bei der Texterschließung von Verstehensinseln aus und erschließt das noch Unverstandene.

▸ *Das Prinzip der Übertragung in eine andere Darstellungsform:* Der Leser wird angeleitet, den Text in eine andere Darstellungsart zu übertragen, sofern dies möglich oder sinnvoll ist; z. B. einen neuen Text produzieren, ein Organigramm entwickeln.

▸ *Das Prinzip der zyklischen Bearbeitung:* Der Leser wird mit immer anderen Aufträgen in Zyklen zur erfolgreichen produktiven Bearbeitung des Textes angeleitet (vgl. Studienseminar Koblenz 2009: 16 f,).

Lesen ist ein sehr komplexer, doppelt zyklischer Prozess, bei dem eine Interaktion zwischen dem Text und dem, was die Lesenden denken oder bereits wissen, stattfindet. Lesende haben bereits Vorkenntnisse (Sprachwissen, Textwissen, fachliches Wissen und allgemeines Weltwissen, Lernstrategiewissen usw.), ganz bestimmte Erwartungen an den Text und Hypothesen darüber, was der Text vermitteln wird (*top-down*-Prozesse). Auch während des Lesens werden laufend Hypothesen gestellt und überprüft. Je mehr Erwartungen und Hypothesen vorhanden sind, desto schneller werden die Inhalte der Texte an die Schemata der Lesenden angepasst und mit ihnen vernetzt – und umgekehrt werden die bestehenden Schemata auch an das neue Wissen angepasst. Lesen wird also doppelt als zyklischer Prozess modelliert: Textgeleitet und aufsteigend konstruiert der Leser im Herauslesen, im *bottom-up*-Prozess, aus den Textinformationen, sprachlichen und textuellen Merkmalen Vorstellungen, die er im *top-down*-Prozess absteigend und hineinlesend mit seinen Vorstellungen schemageleitet am Text überprüft und anpasst. Hierzu werden sie von Stimuli des Textes (sprachliche wie textuelle Merkmale wie Verstehensinseln, Wortschatzeinheiten, Textlänge, Textgestaltung, Hervorhebungen, Überschriften) geleitet (vgl. auch Leisen 2001: 85). Dabei setzen beim Leser kognitive Prozesse ein, die das Textverstehen unterstützen: Daten dekodieren, Vorwissen aktivieren, Hypothesen bilden und testen, inferieren: von Bekanntem auf Unbekanntes schließen, charakteristische Merkmale erkennen, verallgemeinern, schlussfolgern, überprüfen.

Um die fachlichen Ansprüche im bilingualen Sachfachunterricht und eine adäquate Verarbeitungstiefe beim Lesen von Texten zu erreichen, sind schon recht früh das Ermitteln und Erschließen von Informationen, das Interpretieren von Textinhalten und das Reflektieren und Bewerten von Textaussagen relevant.

Textverstehen und Lesarten

Bei der Arbeit mit Texten im bilingualen Sachfachunterricht werden besonders folgende Lesearten und Leseprinzipien eingesetzt: *skimming* beim überblicksmäßigen, *scanning* beim gezielten Heraussuchen von Textinformationen, *kursorisches Lesen* zum schnellen globalen Textverständnis, *detailliertes und analytisches Lesen, antizipierendes Lesen* beim Bilden und Verifizieren von Hypothesen, *überprüfendes Lesen* beim Vergleich der Notizen und den Textinhalten, *zyklisches Lesen* – einen Text zunächst orientierend, dann extensiv und danach intensiv lesen, manchmal wiederholt extensiv und intensiv lesen.

Besonders bei schwierigeren Texten hat sich das Prinzip der zyklischen Bearbeitung als sinnvoll erwiesen. Der Lernende wird zum mehrfachen zyklischen Bearbeiten des Textes unter immer neuen und anderen Gesichtspunkten geführt. Ausgangspunkt ist dabei das Finden von Verstehensinseln: Der Lernende erschließt den Text ausgehend von Verstehensinseln, die er immer mehr erweitert.

Das zyklische Lesen in einem mehrphasigen Leseprozess

Auch im bilingualen Sachfachunterricht hat es sich besonders bei schwierigeren und umfangreicheren Fließtexten als sinnvoll erwiesen, den Leseprozess zu organisieren (→ Art. 33). Hier bietet sich ein mehrphasiges Grundmodell an:

▸ *Phase 1:* Vorbereiten des Lesens: Reaktivierung des sprachlichen und inhaltlichen Vorwissens (Weltwissen, Fachkenntnisse) und Bereitstellung zusätzlicher Informationen;

▸ *Phase 2:* Erstes Erfassen von Informationen über Verstehensinseln und Markieren bzw. Notieren wichtiger Wörter und Satzteile;

▸ *Phasen 3 und 4:* Erfassen von Details und Verknüpfen der Details mit den Kernaussagen des Textes, mit bereits vorhandenen Kenntnissen und Suchen nach Begründungen, Ziehen von Schlussfolgerungen und Bewerten der Aussagen;

▸ *Phase 5:* Überprüfen, Überarbeiten, Ergänzen der Informationen und Gesamtbewertung des Aussagegehalts des Textes.

Da die schon von Beginn an eingesetzten meist authentischen Dokumente häufig sprachlich schwierig und inhaltlich anspruchsvoll sind, ist es wichtig, dass der Unterrichtende den Schülerinnen und Schülern entsprechende Hilfen zur Verfügung stellt bzw. diese über adäquate Arbeitstechniken verfügen, um diese Materialen sachfachgerecht auszuwerten. Dabei werden Lesetechniken aus dem Fremdsprachenunterricht und sachfachrelevante Arbeitsweisen miteinander verknüpft.

Der Einsatz von Arbeitstechniken bei der Textarbeit

Vorbereitende Techniken. Um das Auswerten der fremdsprachlichen Materialien vorzubereiten, sollten vor der Auswertung der Arbeitsmittel ähnlich wie im Fremdsprachenunterricht vorbereitende Aktivitäten initiiert werden, um sprachliches Vorwissen (Fachtermini, allgemeinsprachliches themenspezifisches Vokabular), sachfachliches Wissen (Fachwissen, allgemeines Weltwissen, Textwissen, strategisches Wissen) zu reaktivieren bzw. entsprechende Kenntnisse bereitzustellen, die die angemessene Auswertung des Arbeitsmittels erleichtert bzw. erst ermöglicht. *Brainstorming, mind mapping* und *clustering* sind hierbei geeignete Methoden.

Bei der Auswertung der Materialien sollten die Lernenden über bestimmte Arbeitstechniken verfügen, die sie vom Fremdsprachenunterricht auf den bilingualen Sachfachunterricht übertragen.

Das Inferieren von Wortbedeutungen. Das Erschließen der Bedeutungen unbekannter Wörter aus dem sprachlichen Vorwissen (L1 und L2, später auch L3) und mit Hilfe des Kontextes hat sich in der 2. Lesephase als besonders effektiv erwiesen.

Das Arbeiten mit Wörterbüchern und anderen Arbeitsmitteln. Auf das Wörterbuch sollten die Schülerinnen und Schüler in der 2. und 3. Lesephase zurückgreifen, wenn das Erschließen mithilfe des sprachlichen Vorwissens und Kontextes nicht möglich ist. Dabei findet die Arbeit mit zweisprachigen Wörterbüchern im Bilingualen Unterricht wesentlich häufiger Anwendung als im Fremdsprachenunterricht. Das schnelle Erfassen der Bedeutung auch durch Kontextvergleich, das effiziente Erfassen muttersprachlicher und fremdsprachlicher Äquivalenzen bei sachfachrelevanten Begriffen ist ein wichtiges Verfahren. Es empfiehlt sich die Arbeit mit fremdsprachlichen Fachwörterbüchern, besonders bei der Bedeutungserfassung wichtiger Schlüsselwörter, deren Bedeutungen in L1 und L2 kontrastieren.

Annotierungs- und Visualisierungstechniken. In allen Lesephasen hat es sich als sinnvoll erwiesen, dass die Schülerinnen und Schüler Techniken des Annotierens anwenden, die sie aus dem Fremdsprachenunterricht kennen wie (farbiges) Unterstreichen, Umrahmen, Markieren, Ergänzen von Symbolen und Stichworten, Notieren von wichtigen Informationen auf einem Begleitblatt, unstrukturiert oder strukturiert (z. B. in Form eines Auswertungsgitters).

Visualisierungsverfahren, die die inhaltlichen Strukturen des Textes transparent machen und die mündliche und schriftliche Versprachlichung der gewonnenen Informationen besonders effektiv vorbereiten, sind das Anfertigen von Zeichnungen, Skizzen und Organigrammen. Das Organigramm (Strukturdiagramm, Flussdiagramm) stellt möglichst übersichtlich die Schlüsselwörter und ihre Beziehungen durch Symbole und Linien in Form eines abstrakteren Schaubildes dar. (Detailliertere Ausführungen zum Einsatz von Lesetechniken vgl. Krechel 2000.)

Strategien zur Texterschließung und Leseaufgaben

Wie im muttersprachlichen Fachunterricht lassen sich beim Umgang mit Texten auch im Bilingualen Unterricht zwei Grundprinzipien des Lesens von Texten beobachten: Anpassung des Textes an die Lesenden und Anpassung der Lesenden an den Text. Bei der Anpassung des Textes an die Lesenden wird der Text vereinfacht bzw. mit sprachlichen und methodischen Hilfen bzw. Unterstützungssystemen (Kernthesen, Hervorhebungen, Teilüberschriften, Tabellen, Strukturskizzen, Schaubildern, Worterklärungen) an die Fähigkeiten der Lesenden angepasst. Dies ist besonders der Fall, wenn Texte die Lernenden deutlich überfordern. Zur Anpassung der Lesenden an den Text werden Strategien zur Texterschließung kontinuierlich aufgebaut und vermittelt. Dies sollte gemeinsame Aufgabe besonders des Fremdsprachenunterrichts und der bilingualen Sachfächer sein. Das Hauptproblem besteht darin, dass viele Schülerinnen und Schüler verschiedene Sachtexte mit derselben Methode lesen und keine der Textsorte gemäße Strategie anwenden, und diese auch nicht passend zur Leseabsicht (vgl. auch Leisen 2001: 9).

Im bilingualen Sachfachunterricht haben sich Strategien zur Texterschließung, die auf einen eigenständigen Umgang mit Texten abzielen, besonders bewährt, wie Fragen zum Text beantworten, Fragen an den Text stellen und sie selbst beantworten, den Text strukturieren, den Text farborientiert markieren, den Text in eine andere Darstellungsart übertragen (Skizze, Bild, Tabelle, Strukturdiagramm, Prozessdiagramm, *mind map*), den Text expandieren durch Beispiele und Erläuterungen bei sehr verdichteten Sachtexten, Schlüsselwörter suchen und den Text zusammenfassen.

Besonders in den Anfangsphasen des bilingualen Sachfachunterrichtes bietet sich auch der gezielte Einsatz von Leseaufgaben an, die die Aufmerksamkeit der Lernenden auf Wichtiges im Text lenken bzw. das Anwenden von Lesestrategien und Lesekompetenzen fördern, z. B. das Ausfüllen von Lückentexten, das Arbeiten mit einem Textpuzzle, die Beschriftung von Zeichnungen und Bildern mit Begriffen aus dem Text, das Füllen eines Thesentopfes, Auswertungsgitter, Diagramm, Grafik, Bild ausfüllen und mit Textinformationen füllen, Wahr/falsch-Aussagen zum Text ankreuzen. (Vgl. dazu auch die Werkzeugkästen für Sachfachunterricht in Deutsch als Fremdsprache bei Leisen 2001.)

Fachliche Fokussierungen

Von großer Wichtigkeit ist, dass fremdsprachlich relevante Methoden der Texterschließung, Arbeitstechniken und Leseaufgaben nicht einfach additiv in den bilingualen Sachfachunterricht übertragen, sondern in die eigene, auf das Sachfach ausgerichtete Lesedidaktik integriert werden. Entscheidend ist die Förderung des strategischen Lesens, d. h. die Lernenden müssen nicht nur die Lesetechnik beherrschen, sondern Sinnbezüge herstellen und das Gelesene mit bereits erworbenen Kenntnissen verknüpfen und kombinieren. Zum strategischen Lesen gehört das Organisieren von Gedanken, das Problemlösen, das Vergleichen, die Deskription, die Ursachenanalyse, das Schlussfolgern und Bewerten. Dabei wird das Lesen des Textes auf bestimmte sachfachrelevante inhaltliche Orientierungen fokussiert. Beim Lesen von historischen Quellen im bilingualen Geschichtsunterricht muss darauf geachtet werden, dass der Einsatz von Makrostrategien bei der Texterschließung nicht zu kurz kommt. Denn um einen Quellentext adäquat erschließen zu können, bedarf es der Berücksichtigung des kulturellen, sozioökonomischen und politischen Hintergrundes dieses Quellentextes. Deshalb muss der Prozess des Textverständnisses durch bewusstes systematisches Hinzuziehen und Erweitern des historischen Vorwissens ablaufen. Die Lernenden müssen relativ früh befähigt werden, adäquate Informationsquellen auszuwählen, besonders relevante Textstellen zu finden, Texte zu strukturieren und zusammenzufassen, Begriffe aus dem Textzusammenhang zu erklären, Sachtexte orientierend zu lesen, sie zu gliedern, Inhalte mit eigenen Worten wiederzugeben, selbständig Fragen zu formulieren, die Argumentationsstruktur eines Textes zu beschreiben, sprachliche Mittel zu untersuchen, Sachtexte nach Standpunkt des Autors zu analysieren, selbständige kritische Wertungen vornehmen und unterschiedliche Texte miteinander zu vergleichen (vgl. die Art. in Teil VI).

Fazit

Textarbeit und das Auswerten der meist authentischen Arbeitsmaterialien im bilingualen Sachfachunterricht stellt besondere Anforderungen an die Lernenden. Der Leseprozess im bilingualen Sachfachunterricht ist ein komplexer, doppelzyklischer Prozess, besonders bei längeren und schwierigeren Fließtexten. Erfolgreiche Textarbeit kann durchgeführt werden, wenn Lehrkräfte die Texte an die Lernenden anpassen, z. B. durch die Auswahl und Gestaltung der Texte und die Bereitstellung von Unterstützungssystemen. Zudem muss die Anpassung der Lernenden an den Text erfolgen. Dies setzt das Einüben von entsprechenden Arbeitstechniken im Fremdsprachenunterricht voraus, die im mehrsprachigen Fachunterricht übernommen und sachfachlich orientiert eingeübt werden. Arbeitstechniken wie Inferieren von Wortbedeutungen, die Arbeit mit zweisprachigen Wörterbüchern, Techniken des suchenden und überfliegenden Lesens, des detaillierten und analytischen Lesens, ferner Visualisierungstechniken, Techniken der Textgliederung, Schreibtechniken und Überarbeitungstechniken, die Textrezeption und Textproduktion im mehrsprachigen Fachunterricht stützen, sollten im Sprachunterricht vorgestellt und eingeübt werden. Liegen hier Defizite vor, sollten im Rahmen eines methodenorientierten fachübergreifenden Projektes solche sprachlichen bzw. fremdsprachlichen Arbeitstechniken vermittelt, eingeübt und evaluiert werden. Auch Sachfachlehrerinnen und -lehrer sollten nicht nur die Inhalte ihres Fachs kennen und beherrschen, sondern auch die spezifischen Strategien bzw. Techniken des Lesens sowie Phasen und Probleme des Leseprozesses genau kennen und entsprechende Strategien der Texterschließung, Unterstützungssysteme und Leseaufgaben behutsam, sukzessive und in sinnvoller Progression erproben und einsetzen.

Literatur

Chevalier, Brigitte (1992): *Lecture et prise de notes.* Paris.

Helbig, Beate (1998): Lern- und Arbeitstechniken im bilingualen Sachfachunterricht aufgezeigt am Beispiel von Texterschließungsstrategien (Sekundarstufe 1). In: *Der fremdsprachliche Unterricht: Französisch* (34), 44–48.

Helbig, Beate (2001): *Das bilinguale Sachfach Geschichte. Eine empirische Studie zur Arbeit mit französischsprachigen (Quellen-)Texten.* Tübingen.

Jansen O'Dwyer, E. (2007): *Two for one. Die Sache mit der Sprache. Didaktik des zweisprachigen Fachunterrichts.* Bern.

Krechel, Beate (2009): Arbeit mit fremdsprachlichen Quellentexten im bilingualen Sachfach Geschichte. Unveröffentlichte Seminararbeit an der Universität des Saarlandes. Saarbrücken.

Krechel, Hans-Ludwig (1995): Inhaltsbezogene Spracharbeit im bilingualen Sachfach Erdkunde. In: British Coucil/CREDIF/Goethe-Institut (Hrsg.): *Triangle 13.* Paris, 95–112.

Krechel, Hans-Ludwig (2000): Techniques d'apprentissage et de travail dans les classes bilingues. Une formation particulière des enseignants. In: *Actualité de l'enseignement bilingue. Le français dans le monde. Numéro spécial.* Janvier 2000, 99–110.

Krechel, Hans-Ludwig (2005): *Mehrsprachiger Fachunterricht in Ländern Europas.* Tübingen.

Leisen, Josef (Hrsg.) (2001): *Methoden-Handbuch. Deutschsprachiger Fachunterricht (DFU).* Bonn.

Studienseminar Koblenz (Hrsg.) (2009): *Sachtexte lesen im Fachunterricht der Sekundarstufe.* Seelze-Velber.

Wildhage, Manfred/Otten, Edgar (Hrsg.) (^{2}2007): *Praxis des bilingualen Unterrichts.* Berlin.

Hans-Ludwig Krechel

36 Lernmethoden, -techniken und -strategien im Bilingualen Unterricht

In diesem Beitrag werden die Lernprozesse der Schülerinnen und Schüler im Bilingualen Unterricht erörtert. Das spezifisch bilinguale Strategienrepertoire wird dargestellt, soweit es bislang empirisch untersucht wurde. Es wird auf Untersuchungsergebnisse eingegangen, die nachweisen, dass die Überwindung der fremdsprachlichen Hürde im Bilingualen Unterricht auch eine besondere Lernchance darstellt. Der im Bilingualen Unterricht von den Schülerinnen und Schülern geforderte Einsatz von Lernstrategien wie auch von Diskurs- und Kommunikationsstrategien bilingualer Lernender ist geeignet, eine tiefere Elaboration der fachlichen Unterrichtsinhalte zu bewirken.

Lernmethoden, -strategien und -techniken: Stand der Theoriebildung – Problemaufriss und Begrifflichkeiten

Unter ‚Lernmethoden' werden zum einen übergeordnete Strategien der Lernenden und zum anderen konkrete Lern- und Arbeitstechniken verstanden. Lerntechniken und Arbeitstechniken sind vom Lerner eher bewusst ausgewählte Techniken, die gezielt zur Erweiterung oder Bewusstmachung deklarativen und prozeduralen Wissens eingesetzt werden. Strategien hingegen sind psychologische Verhaltensweisen zur Steuerung von Lernprozessen, derer sich der Lerner in der Regel unbewusst bedient (vgl. Wolff 2009: 137 f.). Solche Lernstrategien können aber auch bewusst gemacht und bewusst eingesetzt werden. Im Bilingualen Unterricht wird zwischen Lernstrategien und Diskurs- oder Kommunikationsstrategien unterschieden. Mit den Lernstrategien werden die Lernprozesse und mit den Diskursstrategien der Unterrichtsdiskurs gesteuert. Im Bilingualen Unterricht kommt der bewussten Förderung des Einsatzes von Lern- und Arbeitstechniken durch die Lehrenden ein besonderes Gewicht zu, um dadurch auch die strategisch gesteuerten Lernprozesse der Schülerinnen und Schüler zu verbessern (vgl. Wolff 2002: 360 ff.; auch z. B. Helbig 1998 und 2001, Leisen 1999, Thürmann 2000, Müller-Schneck 2006, Lohmann 2009, Wolff 2009, Krechel 2010, Wannagat 2010).

In der didaktischen Literatur zum Bilingualen Unterricht liegen zum Thema Lernmethoden zwei Diskussionsstränge vor: Der erste bezieht sich auf Unterrichtskonzepte, die die Förderung des Einsatzes von Lernstrategien und -techniken fordern und unterstützen; hier sind stellvertretend die Arbeiten von Krechel und Leisen zu nennen (→ Art. 32, 33, 35). Der zweite Diskussionsstrang setzt sich mit der empirischen Erforschung von Lernprozessen im Bilingualen Unterricht auseinander (→ Art. 30, 31). Studien, die Lernprozesse bilingualer Schülerinnen und Schüler mit dem Fokus auf sachfachliches Lernen, möglichst in authentischer Unterrichtspraxis, untersuchen, sind nach wie vor in der Unterzahl (vgl. die Literaturübersicht bei Breidbach/Osterhage 2005). Darüber hinaus wird einigen Studien zum Bilingualen Unterricht vorgeworfen, zu wenig auf die Theorien der jeweiligen Fachdidaktiken Bezug zu nehmen (vgl. Hasberg 2004: 227 ff.).

Der vorliegende Beitrag konzentriert sich auf den zweiten Strang der Diskussion, auf die Empirie. Es wird gezeigt, dass sowohl die Notwendigkeit als auch die Bereitschaft zum Einsatz von Lernstrategien und Lern- und Arbeitstechniken im Bilingualen Unterricht besonders hoch ist.

Elaborationstiefe als Merkmal bilingualen Lernens

In der Gedächtnispsychologie wird das Ausmaß von Elaborationen für den Behaltenseffekt beim Lernen verantwortlich gemacht. Unter Elaboriertheit ist zu verstehen, inwieweit das informationsverarbeitende Subjekt, also z. B. der Schüler, die enkodierten Items mit anderen, bereits vorhandenen Elementen verknüpft und damit den neu erworbenen Wissensinhalt in den Wissensspeicher integriert (Wolff 2002: 41). Es hat sich in diesem Zusammenhang gezeigt, dass die spezifische bilinguale Lernsituation nicht nur eine Hürde, sondern auch eine Lernchance darstellt. Zahlreiche Hinweise zeigen, dass akademische Unterrichtsinhalte im Bilingualen Unterricht im Vergleich zum schulsprachlichen Unterricht tiefer von den Lernenden elaboriert werden. Die Lernenden müssen die Diskrepanz zwischen ihren kognitiven Möglichkeiten einerseits und ihren fremdsprachlichen Fähigkeiten andererseits überwinden (vgl. Thürmann 2000) und vollziehen bei der Überwindung dieser Schwierigkeiten eine tiefere Elaboration der Unterrichtsinhalte (Le Pape Racine 2007: 161 f., Lamsfuß-Schenk 2008, Lohmann 2009: 47, Dalton-Puffer 2010: 6, Heine 2010: 209, Wannagat 2010: 223).

Erarbeitungsprozesse wie auch Ergebnisse der bilingualen Lernprozesse sind deutlich von der Orientierung an Details, an sprachlichen Einzelheiten und insgesamt von einem kleinschrittigeren, im Ergebnis genaueren Vorgehen geprägt. Der Grad der Elaboration der Unterrichtsinhalte kann durch die Notwendigkeit des Einsatzes charakteristischer Lern- und Kommunikationsstrategien im Bilingualen Unterricht erklärt werden. Die Verwendung einer zweiten Sprache beeinflusst auch die konzeptuelle Konstruktionsarbeit der Schüler. Die Suche nach der geeigneten sprachlichen Form, etwa in Phasen der Aufgabenlösung, löst eine intensivere Rekonstruktion des inhaltlichen Wissensbestandteils aus (Heine 2010: 209 ff.; vgl. auch Lamsfuß-Schenk 2008, Lohmann 2009: 47, Dalton-Puffer 2010, Heine 2010: 209, Wannagat 2010: 223).

Aus diesen Ergebnissen ergibt sich der Ansatz einer Theorie des bilingualen Lernens, die ins Zentrum die fachbezogenen Konstruktionsprozesse der Schülerinnen und Schüler unter den Bedingung der Verwendung von zwei Sprachen im Unterricht rückt.

Lernmethoden empirisch: Strategienrepertoire von Lernenden im Bilingualen Unterricht

In empirischen Untersuchungen zum bilingualen Lernen fallen bislang besonders die Gruppe der Lernstrategien (insbesondere Erarbeitungs-, Kontroll- und Stützstrategien) sowie die Gruppe der Diskurs- und Kommunikationsstrategien in den Blick. Zunächst zu den Erarbeitungsstrategien:

Teilnehmer am Bilingualen Unterricht setzen vor allem Strategien des detaillierten Lesens ein, um fremdsprachlich vorliegende Unterrichtsmaterialien zu erschließen. Dabei beziehen sie fachliche Begriffe stärker in den Erarbeitungsprozess ein als Lernende im deutschsprachigen Unterricht (Vgl. Lamsfuß-Schenk 2008: 248 f.). Um Verstehensprobleme zu überwinden, setzen sie weitere Strategien ein:

▸ *Nachfragen:* Bei Verstehensproblemen werden unbekannte Wörter bei Mitschülern oder beim Lehrer nachgefragt.
▸ *Übersetzen:* Unbekannte Wörter werden mithilfe des Wörterbuches übersetzt.
▸ *Inferieren:* Unbekannte Wörter werden aus dem Textzusammenhang abgeleitet, gelegentlich auch mithilfe von Kenntnissen aus anderen Fremdsprachen (vgl. Bredenbröker 2002: 146).
▸ *Kontrollstrategien:* Die mit den genannten Strategien gelösten Verstehensprobleme werden auf Plausibilität im Satzzusammenhang hin überprüft, ein ganzer Satz oder auch ein ganzer Textabschnitt wird unter Einbeziehung des neu erschlossenen Bestandteils reformuliert.
▸ *Mehrfaches Lesen:* Bei der Erarbeitung eines Textes werden diese Erarbeitungsstrategien wiederholt eingesetzt und so insgesamt die Textlektüre in

mehreren Schleifen wiederholt (vgl. Lamsfuß-Schenk 2008: 237 f.; vgl. auch Wolff 2009: 157). Diese Lesestrategie wird auch als ‚Interaktives Lesen' bezeichnet, bei dem durch einen Wechsel zwischen *top-down-* und *bottom-up-* Prinzip Inhalte von den bilingualen Lernenden sowohl auf dem Globalniveau *(top)* als auch auf dem Detailniveau *(bottom)* entnommen werden und so eine tiefere Verarbeitung der Inhalte stattfindet (Le Pape Racine 2007: 161).

Detailliertes Lesen kann dann eine ungeeignete Strategie sein, wenn bei auftretenden fremdsprachlichen Schwierigkeiten der Leseprozess abgebrochen wird (vgl. Helbig 1998). Deswegen sind auch Stützstrategien notwendig: Zum einen durch die Lehrenden: Das detaillierte Lesen kann vorentlastet werden durch auf das Globalverständnis von Materialien ausgerichtete Bereitstellungsstrategien (siehe Krechel 2010: 160), außerdem kann der Leseprozess durch eine leitende Fragestellung gestützt werden. Die leitende Fragestellung lenkt die Aufmerksamkeit des Lernenden, hilft bei der Selektion von Textanteilen und reduziert Komplexität. Es erweist sich im Übrigen als eine charakteristische Stützstrategie bilingual unterrichteter Schülerinnen und Schüler, sich in hohem Maß an der Aufgabenstellung zu orientieren – anders als monolingual lernende. Aufgabenstellungen können von ihnen gezielt als Verstehenshilfe genutzt werden, um die hohe Komplexität der Texterarbeitung zu reduzieren (Lamsfuß-Schenk 2008: 186).

In einer empirischen Untersuchung zum Vergleich von bilingual und monolingual lernenden Lernenden im Geschichtsunterricht zeigten sich Strategien des oberflächlichen Lesens fast ausschließlich in der monolingual lernenden Geschichtslerngruppe. Die Lernenden hielten die deutschsprachig vorliegenden Texte für einfach zu verstehen, glaubten schneller, die Texte angemessen verstanden zu haben und beendeten die Erarbeitungsprozesse früher. Sie hatten insgesamt deutlich weniger Denkoperationen bei der Texterschließung vorgenommen und somit eine niedrigere Verarbeitungstiefe erreicht (Vgl. Lamsfuß-Schenk 2008; ebenso Le Pape Racine 2007: 162).

Eine weitere, in besonderer Weise charakteristisch bilinguale Strategie ist das Paraphrasieren – es wird sowohl als Erarbeitungs- als auch als Diskurs- und Kommunikationsstrategie eingesetzt. Im Bilingualen Unterricht ergeben sich immer wieder Interaktionen zwischen Lernenden oder zwischen Lernenden und Lehrkraft zur Bedeutungsaushandlung einzelner fachlicher Begriffe, nicht nur bezogen auf die Bedeutung des Begriffes in der Fremdsprache, sondern auch bezogen auf die Bedeutung der Übersetzung ins Deutsche (z. B. Lamsfuß-Schenk 2008: 200). Eine vergleichbare Konzentration auf einzelne Begriffe und Formulierungen, ein Ausloten von Bedeutungsvarianten durch Paraphrasierungen müsste im deutschsprachigen Fachunterricht erst von der Lehrkraft initiiert werden (vgl. auch Le Pape Racine 2007: 163).

Bilingual Lernende setzen außerdem als Diskursstrategien Strategien des Mitformulierens bei Sprechakten der Mitschülerinnen und Mitschüler und gegebenenfalls des Einhelfens zur Fortsetzung der Interaktion ein. Untersuchungen von authentischen Unterrichtsdiskursen zeigen, dass häufig mehrere Lernende an einer sprachlichen Überarbeitung beteiligt sind. Solche Fälle des stillen Mitformulierens und Einhelfens sind typisch für das Diskursverhalten von Lernenden im Bilingualen Unterricht (Dalton-Puffer 2007: 256, Lamsfuß-Schenk 2008: 181).

Eine häufig auftretende Diskursstrategie der bilingual Lernenden ist das Code-Switching (→ Art. 24). Das Wechseln zwischen den Sprachen ist eine häufig eingesetzte Strategie, die der Aufrechterhaltung der Kommunikation oder der begrifflichen Präzisierung dient. Ein Sprachwechsel am Ende einer Interaktion kann auch als Strategie der Ergebnissicherung gedeutet werden (Wolff 2009: 152). Des Weiteren greifen diese Lernenden auch auf Code-Switching vom Deutschen in die Fremdsprache zurück, wenn sie etwa in einer auf Deutsch geführten Diskussion die fremdsprachlichen Fachbegriffe verwenden, möglicherweise, da sie über die entsprechenden deutschen Termini nicht verfügen (Lamsfuß-Schenk 2008: 176). Schließlich werden im Bilingualen Unterricht Begriffe und damit verbundene Konzepte gelernt, über die die Lernenden (anders als im Fremdsprachenunterricht) auch in der Schulsprache noch nicht verfügen. Das ist auch ein Grund dafür, dass Code-Switching von der Fremdsprache in die Schulsprache nicht immer zur Lösung von Verstehensproblemen führt, da das Verstehensproblem kein lexikalisches, sondern ein konzeptuelles ist (vgl. Bonnet 2004: 124).

Desiderata und Perspektiven

Ein zentrales Desiderat ist nach wie vor eine breit angelegte empirische Erforschung Bilingualen Unterrichts, bei der Forscher und Lehrkräfte aller betroffenen Didaktiken – nicht nur der Fremdsprachendidaktik – beteiligt sein müssen, um tragfähige, breit akzeptierte Ergebnisse zu liefern.

Des Weiteren darf die bilinguale Didaktik nicht die allgemeinen Tendenzen der Unterrichtsentwicklung aus dem Blick verlieren. Ganz wesentlich für das Verständnis von Lernprozessen im bilingualen wie in jedem anderen zeitgemäßen Unterricht ist, neben individuellen Lernprozessen, das kooperative Lernen. In Prozessen kooperativen Lernens übernehmen Lernende Rollen in einer Kleingruppe, tragen Verantwortung für den eigenen Lernprozess und handeln in horizontaler Kommunikation Bedeutung aus. Eine Befragung der nordrhein-westfälischen bilingualen Geschichtslehrenden zeigte jedoch, dass nur 27 % der befragten Lehrkräfte Gruppenarbeit im Bilingualen Unterricht für sinnvoll erachten, weitere 8 % sprachen sich für Partnerarbeit aus (Müller-Schneck 2006: 134). Diese große Zurückhaltung beruht vermutlich auf der Frage nach der Rolle der Fremdsprache. Es besteht die Sorge, dass die Lernenden in Phasen des kooperativen Lernens die Fremdsprache nicht oder nicht angemessen benutzen (vgl. Viebrock 2010: 118). Dies liegt teilweise an einem reduzierten Verständnis kooperativer Arbeitsformen sowie an mangelnder Erfahrung damit. Gerade Formen kooperativen Lernens – vorausgesetzt, die Lernenden verfügen über ein den bilingualen Erfordernissen angemessenes Repertoire an Lernstrategien und -techniken – bieten ein sehr großes Potenzial für eigenverantwortliches Lernen und authentischen Sprachgebrauch in einem schülerzentrierten Experimentierraum (Vgl. Krechel 2010: 167; allgemein: Brüning/Saum 2009).

Auch darf bei der Erforschung Bilingualen Unterrichts nicht die Qualität des Unterrichts, in dem Daten erhoben werden, ausgeblendet werden. Ein lehrerzentrierter, auf den Erwerb enzyklopädischen Wissens fokussierter Bilingualer Unterricht kann das strategische Verhalten der Lernenden nicht in gleicher Weise fördern wie schülerzentrierter, offener Unterricht, in dem die problemorientierten Denkprozesse der Lernenden im Zentrum stehen.

Ein weiteres Desiderat für den bilingualen Unterricht sind Formen reflexiven Lernens. Diese spielen in Veröffentlichungen zur Praxis des Bilingualen Unterrichts bislang kaum eine Rolle. Die Reflexion des eigenen Lernprozesses – in der Vergangenheit vor allem im Zusammenhang mit der Förderung von Lernerautonomie gefordert (Lamsfuß-Schenk/Wolff 1999) – erhält jüngst ein neues Gewicht im Zuge der individuellen Förderung, wobei in der Begründung (ganz wie schon 1999) hervorgehoben wird, dass die Reflexion der eigenen Lernleistungen und des eigenen Lernweges eine unverzichtbare Voraussetzung für die zielgerichtete Förderung der Lernkompetenz der Lernenden sei. Es gibt eine große Vielfalt an Formen: Beobachtungsbögen, Lerntagebücher, Portfolios, um nur einige Beispiele zu nennen (vgl. Zöllner/Vollstädt o. J.). Das Potenzial dieser Dimension der Förderung des selbständigen Lernens ist nicht nur für den Regelunterricht, sondern gerade auch für den methodenintensiven Bilingualen Unterricht noch nicht im Ansatz ausgeschöpft.

Literatur

Bonnet, Andreas (2004): Kompetenz durch Bedeutungsaushandlung – ein integratives Modell für Bildung und sachfachliches Lernen im bilingualen Unterricht. In: Andreas Bonnet/ Stephan Breidbach (Hrsg.): *Didaktiken im Dialog. Konzepte des Lehrens und Wege des Lernens im bilingualen Sachfachunterricht.* Frankfurt/M., 115–126.

Bredenbröker, Winfried (2002): Förderung der fremdsprachlichen Kompetenz durch bilingualen Sachfachunterricht: Empirische Untersuchungen. In: Gerhard Bach/Stephan Breidbach/Dieter Wolff (Hrsg.): *Bilingualer Sachfachunterricht. Didaktik, Lehrer-/Lernerforschung und Bildungspolitik zwischen Theorie und Empirie.* Frankfurt/M., 141–150.

Breidbach, Stephan/Osterhage, Sven ([3]2005): Die Forschungslandschaft im Bereich 'Bilingualer Sachfachunterricht'. Eine Bibliographie 1996–2005. In: Gerhard Bach/Susanne Niemeier (Hrsg.): *Bilingualer Unterricht. Grundlagen, Praxis, Methoden, Perspektiven.* Frankfurt/M., 177–277.

Brüning, Ludger/Saum, Tobias (2009): *Erfolgreich unterrichten durch Kooperatives Lernen. Strategien zur Schüleraktivierung.* Essen.

Dalton-Puffer, Christiane (2007): *Discourse in Content and Language Integrated Learning (CLIL) Classrooms.* Amsterdam.

Dalton-Puffer, Christiane; Nikula, Tarja und Smit, Ute (2010): Language Use and Language Learning in CLIL. Current findings and contentious issues. In: Christiane Dalton-Puffer/ Tarja Nikula/Ute Smit (Hrsg.): *Language Use in Content and Language Integrated Learning (CLIL).* Philadelphia, 279–291.

Hasberg, Wolfgang (2004): Historisches Lernen im bilingualen Geschichtsunterricht (?). In: Andreas Bonnet/Stephan Breidbach (Hrsg.): *Didaktiken im Dialog. Konzepte des Lehrens und Wege des Lernens im bilingualen Sachfachunterricht.* Frankfurt/M., 221–236.
Heine, Lena (2010): Fremdsprache und konzeptuelle Repräsentation: bilingualer Unterricht aus kognitiver Perspektive. In: Sabine Doff (Hrsg.): *Bilingualer Sachfachunterricht in der Sekundarstufe. Eine Einführung.* Tübingen, 199–212.
Helbig, Beate (1998): Lern- und Arbeitstechniken im bilingualen Sachfachunterricht aufgezeigt am Beispiel von Texterschließungstechiken (Sekundarstufe I). In: *Der fremdsprachliche Unterricht: Französisch* 32, 53–57.
Helbig, Beate (2001): *Das bilinguale Sachfach Geschichte. Eine empirische Studie zur Arbeit mit französischsprachigen (Quellen-)Texten.* Tübingen.
Krechel, Hans-Ludwig (2010): Lern- und Arbeitstechniken im bilingualen Sachfachunterricht. In: Sabine Doff (Hrsg.): *Bilingualer Sachfachunterricht in der Sekundarstufe. Eine Einführung.* Tübingen, 154–168.
Lamsfuß-Schenk, Stefanie (2008): *Fremdverstehen im bilingualen Geschichtsunterricht: Eine Fallstudie.* Frankfurt/M.
Lamsfuß-Schenk, Stefanie/Wolff, Dieter (1999): Bilingualer Sachfachunterricht. Fünf kritische Anmerkungen zum *state of the art.* In: *Zeitschrift für Interkulturellen Fremdsprachenunterricht* 4 (2). http://www.spz.tu-darmstadt.de/projekt_ejournal/jg_04_2/beitrag/lamsfus2.htm [03.04.2012].
Le Pape Racine, Christine (2007): Integrierte Sprachendidaktik – Immersion und das Paradoxe an ihrem Erfolg. In: *Beiträge zur Lehrerbildung* 25 (2), 156–167. http://www.bzl-online.ch/archivdownload/artikel/BZL_2007_2_156-167.pdf [13.05.2012].
Leisen, Josef (Hrsg.) (1999): *Methoden-Handbuch deutschsprachiger Fachunterricht (DFU).* Bonn.
Lohmann, Christa (2009): Ein Erfolgsmodell. Studien belegen: Bilingualer Unterricht erhöht sprachliche und interkulturelle Kompetenzen. In: *Praxis Englisch* 3 (6): 46–48.
Müller-Schneck, Elke (2006): *Bilingualer Geschichtsunterricht. Theorie, Praxis, Perspektiven.* Frankfurt/M.
Thürmann, Eike (2000): Eine eigenständige Methodik für den bilingualen Sachfachunterricht? In: Gerhard Bach/Susanne Niemeier (Hrsg.): *Bilingualer Unterricht. Grundlagen, Methoden, Praxis, Perspektiven.* Frankfurt/M., 75–97.
Viebrock, Britta (2010): Alltagstheorien, methodisches Wissen und unterrichtliches Handeln von Lehrkräften im bilingualen Sachfachunterricht. In: Sabine Doff (Hg.): *Bilingualer Sachfachunterricht in der Sekundarstufe. Eine Einführung.* Tübingen, 107–123.
Wannagat, Ulrich (2010): *Bilingualer Geschichtsunterricht im internationalen Fokus: Eine Vergleichsstudie zur Unterrichtspraxis in Deutschland und Hongkong.* Frankfurt/M.
Wolff, Dieter (2002): *Fremdsprachenlernen als Konstruktion. Grundlagen für eine konstruktivistische Fremdsprachendidaktik.* Frankfurt/M.
Wolff, Dieter (2009): Strategien im bilingualen Sachfachunterricht. In: Manfred Raupach (Koord.): *Strategien im Fremdsprachenunterricht. Fremdsprachen lehren und lernen* 38, 137–157.
Zöllner, Hermann/Vollstädt, Witloff (o.J.): Dimensionen und Strategien individueller Förderung. In: *Lernen für den Ganztag,* Hg. v. Landesinstitut Berlin/Brandenburg. http://www.ganztag-blk.de/ganztags-box/cms/front_content.php?idcat=674&client=1&lang= [13.4.2012].

Stefanie Lamsfuß-Schenk

VI Didaktiken und Methodiken bilingualer Fächer

37 Bildende Kunst

Das Fach Bildende Kunst bietet sich für die Methode des Bilingualen Sachfach-unterrichts in zweierlei Hinsicht an: als autarkes Fach in der Stundentafel aller Schulformen von der Grundschule bis zum Gymnasium, aber auch als Fach, das den Einstieg in bilinguales Lernen in weiteren Fächern vorbereiten und erleichtern kann sowie Bezüge zu anderen Fächern auf verschiedenen Ebenen herzustellen in der Lage ist. Die besondere Eignung des Faches ist durch seine ganzheitlich-handlungsorientierte Ausrichtung bestimmt, die durch den kreativ künstlerischen Charakter des Faches eine weitere Spezifizierung erfährt (Rymar-czyk 2003, Stiller 2004, Knorr/Teske 2010).

Die Entwicklung des Faches Bildende Kunst als bilinguales Sachfach. Das Fach Bildende Kunst hat einen festen Platz im Kanon bilingualer Sachfächer gefunden. Im Jahr 2006 wurde Kunst in der Hälfte aller deutschen Bundesländer bilingual unterrichtet, womit es hinter den gesellschaftswissenschaftlichen Fächern zusammen mit Sport an vierter Stelle steht in der Häufigkeit der Implementierung in den Fächerangeboten der Länder (KMK 2006: 16f.). Dieser Umstand ist umso beachtlicher, als Kunst nicht überall für jedes Lehramt mit einer Fremdsprache kombiniert studiert werden kann (vgl. z. B. Regelungen für das Bundesland Bayern). Dort, wo das Fach Kunst Teil des bilingualen Fächerkanons ist, fällt seine Zuordnung zu den unteren Jahrgangsstufen auf. Per Erlass von 1985 kann Kunst z. B. in Nordrhein-Westfalen bereits ab Klasse 6 in einen bilingualen Zug integriert sein (Rymarczyk 2003: 58), und auch an den Europaschulen in Brüssel wird es ab Klasse 6, wie auch Musik, in der Fremdsprache unterrichtet (ebd.: 35f.). Es wird argumentiert, dass die handlungsbezogen-kreativen bzw. künstlerisch-ästhetischen Fächer das Verstehen durch ihren anschaulichen und selbsterklärenden Kontext stark begünstigen und die Fremdsprache somit eine geringere Barriere darstellt als in eher textbezogenen Fächern (Rymarczyk 2004: 289f.; → Art. 38).

Eine Didaktik des bilingualen Kunstunterrichts. Eine bilinguale Didaktik/ Methodik des Faches Bildende Kunst lässt sich durch seine mannigfaltigen inhaltlichen Anschlussmöglichkeiten an den Fremdsprachenunterricht ableiten. Fachdidaktische Eigenheiten und Hauptanliegen wie etwa interkulturelle Kompetenz, aber auch Wissen über (Bild-)Sprache und (bild-)sprachliche Systeme bzw. das Konzept der *visual literacy* und Medienkompetenz generell sind sowohl didaktische Kernaufträge des Kunst- als auch des Fremdsprachenunterrichts (Abendroth-Timmer u. a. 2004: 19f.). Diese Verknüpfungen liegen den diversen Ansätzen zugrunde, die für das Fach im Kontext (englischsprachigen)

Bilingualen Sachfachunterrichts bisher vorgeschlagen wurden. Ein Beispiel hierfür sind Ausführungen entlang der ‚vier Cs' (*content, communication, cognition, culture/citizenship*, Coyle 2002: 27 f.), die Theorie und Praxis von CLIL-Programmen konturieren. Diese Ausführungen (Rymarczyk 2010) schließen sowohl kunsttheoretische bzw. kunsthistorische Aspekte als auch das künstlerische Tun mit ein und können zu einer Didaktik des bilingualen Kunstunterrichts zusammengefügt werden. Sie konturieren vier Lernfelder, die die Bausteine einer bilingualen Didaktik-Methodik des Faches Bildende Kunst darstellen.

Fachliches Lernen – theoretische Auseinandersetzung mit Bilderkultur und ästhetische Praxis. Die Inhalte des Faches Kunst werden in erster Linie durch die Verzahnung des theoretisch orientierten Anteils der Kunstrezeption sowie des praktischen Anteils des künstlerischen Tuns, der sogenannten ästhetischen Praxis, bestimmt. Das Erlernen des Umgangs mit Kunst, sie zu erfahren und wertzuschätzen, erfolgt demnach nicht nur über schriftliche und visuelle Texte, sondern auch gerade dann, wenn Schüler und Schülerinnen sich konkret handelnd mit Werkstücken und künstlerischen Gegenständen auseinandersetzen. Die ästhetische Praxis zeichnet sich durch die Aktivierung des visuellen und des haptischen Sinneskanals aus, sodass sich für den Fremdsprachenerwerb eine kontextreiche Lernumgebung *(rich learning environment)* ergibt. Die Gegenstände des Kunstunterrichts entsprechen damit in Gänze den Kriterien für die Erstellung von CLIL-Materialien, die Mehisto (2010) u. a. wie folgt erläutert: „Materials foster cooperative learning, visualization and hands-on activities. They offer students choice, and some control over the learning process" (→ Art. 28). Das Arbeiten mit diversen Bildtexten (Fotografien, Zeichnungen, Gemälden, Computer- bzw. Video- und Filmkunst), Materialien und Objekten, die angesehen und in die Hand genommen werden können, ermöglicht den Einsatz nonverbaler Kontextualisierungsstrategien, was den fremdsprachlichen Lernprozess optimal unterstützt. Da in den in erster Linie rezeptiven Anteilen des Unterrichts (Kunstgeschichte und -wissenschaft) die fremdsprachliche Verstehensbarriere massiv reduziert wird, können anders als in stark textbasierten Fächern authentische Bildtexte eingesetzt werden, ohne dass ein systematischer Rückgriff auf die Erst- bzw. Schulsprache damit einhergehen müsste. Das häufig beklagte Dilemma sowohl des Bilingualen Unterrichts als auch des Fremdsprachenunterrichts, die Diskrepanz zwischen der kognitiven und emotionalen Interessenslage der Lernenden und dem von ihnen zu bewältigenden fremdsprachlichen Anforderungsniveau, kann folglich im Fach Bildende Kunst vergleichsweise leicht reduziert werden. Ein weiterer Aspekt, der durch die kontextreiche Lernumgebung positiv beeinflusst wird, liegt im Bereich der mündlichen Textproduktion. Die Lernenden können ihre verbalen Äußerungen mit Zeigen auf konkrete Gegenstände des Kunstunterrichts begleiten, sodass sie sich bereits mit minimalen, deiktischen Aussagesätzen (*This here; I like that one*) verständlich mitteilen und so selbst als Lernanfänger aktiv am Unterrichtsdiskurs beteiligen können (Rymarczyk 2003: 185 ff.). Schließlich sei in diesem Kontext noch auf einen erheblichen Vorteil des handlungsbezogenen Faches hingewiesen: Die Leistungen der Schüler und Schülerinnen müssen nicht in der fast unlösbaren Verquickung von Fremdsprache und Gegenstand erhoben werden (→ Art. 29). Sie können stattdessen durch die praktischen Arbeiten der Lernenden gemessen werden, sodass eventuelle Beeinträchtigungen der Note durch fremdsprachliche Beeinflussungen weitgehend ausgeschlossen werden können (ebd.: 80 ff., 120). In Bundesländern wie Nordrhein-Westfalen und Bremen schlägt sich dieser Umstand in der Regelung nieder, dass in Fächern mit starkem konkreten Handlungsbezug wie etwa Kunst und Sport nicht *in erster Linie*, sondern *nur* die fachlichen Leistungen beurteilt werden (ebd.: 85).

(Bild-)sprachliches Lernen – kunstspezifische Sprachfunktionen und ‚visual literacy'. Kommunikation im bilingualen Kunstunterricht bringt ebenfalls zwei Komponenten zusammen, und zwar sprachliches Lernen, insbesondere der kunstspezifischen Sprachfunktionen, und *visual literacy*, die durch die Beschäftigung mit der Bildsprache bzw. den bildnerischen Mitteln herausgebildet wird. Die hohe Zahl an Zugangs- und Interpretationswegen, die die Vielschichtigkeit eines Kunstwerks dem Betrachter eröffnet, bedingt die Verwendung der sogenannten expressiven Funktion von Sprache. Wenn wir versprachlichen, was wir subjektiv wahrnehmen, empfinden und im Umgang mit Kunst ausdrücken wollen, bedienen wir uns unterschiedlicher Kategorien expressiver Redemittel wie z. B. *explaining/conveying ideas, feelings and meanings (in images); explaining/expressing hopes, fears and difficulties (with regard to one's artwork); explaining/expressing one's own ideas, feelings and state of mind* (etc.) (Rymarczyk 2003: 161 ff.). Selbst diese hier unvollständig wiedergegebene Aufzählung zeigt bereits, dass die (sprachliche) Auseinandersetzung mit den künstlerischen Gegenständen von Autonomie und Schülerorientierung gekennzeichnet ist. Im Zusammenspiel mit der Authentizität der Bildtexte, einem weiteren lernförderlichen Prinzip des Fremdsprachenunterrichts, und der Genuität der sprachlichen Äußerungen in jedem bilingualen Sachfachunterricht kann wohl zu Recht von einer Stützfunktion des Faches Bildende Kunst bzw. seiner Medien in der Jahrgangsstufen übergreifenden vertikalen Verflechtung der bilingualen Sachfächer gesprochen werden. Das Primat des Sachfaches kann beibehalten werden (→ Art. 17) und selbst junge und schwächere Lernende profitieren vom *scaffolding*, das die Materialien zu leisten in der Lage sind, indem sie dem Unterricht rezeptiv folgen und sich aktiv daran beteiligen können (→ Art. 33; Rymarczyk 2012).

Zusammen mit der fremdsprachlichen Kompetenz wird *visual literacy* ausgebildet. Die Beschäftigung mit bildnerischen Mitteln wirkt sich sowohl auf den rezeptiven als auch auf den produktiven Umgang mit Bildtexten aus und somit auf *visual literacy*, wenn man einer weiten Definition folgt: „The ability to interpret, use, appreciate, and create images and video using both conventional and

21st century media in ways that advance thinking, decision making, communication, and learning" (NCREL/Metiri Group 2003: 15). Die Betonung der Fertigkeiten der *visual literacy* ergibt sich aus der Allgegenwärtigkeit der neuen bildbasierten Technologien, sie kommt aber auch der Relevanz von Bildern in einzelnen Fächern entgegen. Publikationen zu Bilingualem Unterricht betonen im Grunde ausnahmslos die Wichtigkeit bildlicher Darstellungen für die Vermittlung fachspezifischer Informationen. Mehisto u. a. (2008: 140) beispielsweise erwähnen sie in einer Auflistung von *scaffolding*-Techniken: „using graphic organisers such as Venn diagrams, tables and charts; […] using pictures and realia" (→ Art. 21). Es wäre wünschenswert, dass *visual literacy* im Kunstunterricht professionell angebahnt wird, um den Bildgebrauch nicht auf Illustrationen zu verkürzen oder auf die Nutzung als Motivationsmoment zu reduzieren.

Kognitives Lernen – Denken und Sprache. Bei der Verküpfung von Denken und Sprache steht die heuristische Sprachfunktion im Vordergrund, die mit Cummins' Konzept der sprachlichen Performanzkategorie *CALP (Cognitive Academic Language Proficiency)* verbunden werden kann (→ Art. 25). Mit Rymarczyk, die sowohl die Schüler- als auch die Lehrerperspektive berücksichtigt, kann die heuristische Sprachfunktion wie folgt definiert werden: „Einblick gewinnen/gewähren in bestimmte konkrete und abstrakte Sachverhalte durch ihr Entdecken/Aufzeigen und Strukturieren" (2003: 146). Diese Doppelperspektive trägt dem Umstand Rechnung, dass Lernende eines speziellen Inputs bedürfen, wenn es gilt, die Fremdsprache als Hauptmedium des Lehrens und Lernens einsetzen zu können bzw. eine fachspezifische und wissenschaftsbasierte Diskursfähigkeit zu erlangen.

In jüngster Zeit wird sowohl im Inland als auch im Ausland das Potenzial des musischen Bereichs – und konkret des Faches Kunst – zur Entwicklung eines bildungsrelevanten Sprachregisters verstärkt diskutiert. Es wird betont, dass ästhetische Phänomene zum kommunikativen Austausch anregen, dass mit Sprache Kunstwerke erschlossen werden und dass Lernende durch die Arbeit mit Werken der bildenden Kunst in einem interdisziplinären bzw. fächerübergreifenden Ansatz zu tieferen Denk- und Lernprozessen geführt werden können (Tishman/Palmer 2006, Kirschenmann u. a. 2011). Die von fremdsprachlichen Verstehensbarrieren freien visuellen Texte Bildender Kunst fordern die Betrachter zum Sehen, Nachdenken und Erkunden auf, sodass kognitive Fertigkeiten wie etwa Beschreiben, Erläutern, Schlussfolgern und Bewerten herausgebildet werden können (→ Art 19). Als Kategorien heuristischer Redemittel für den bilingualen Kunstunterricht ergeben sich folglich: *Describing/Recognizing; Explaining/ Classifying; Concluding/Suggesting* (Rymarczyk 2003: 146). Dass die entsprechenden Redemittel *(language exponents)* mit heuristischer Funktion stark von dem subjektiven Umgang der Lernenden mit der Detailfülle und der Vielschichtigkeit von Kunstwerken geprägt ist, lässt sich an den folgenden Beispielen von Redemitteln der Kategorie *Concluding/Suggesting* ablesen:

I/you can/cannot see/comprehend/recognize/feel/distinguish between [...]
So/because of this/therefore I/you should/could paint/draw/make sth. [comparative]
If I/you chose a different colour/texture/form/material, the [artwork] would be [comparative].

(Rymarczyk 2003: 146)

Mit der Fokussierung der Fachsprache – bzw. im fächerübergreifenden Sinne der Bildungssprache – wird ein weiterer Lernzielbereich des Bilingualen Unterrichts eingelöst, und zwar der der metasprachlichen Zielsetzungen. Durch die Unterscheidung von Alltags- und Fach- bzw. Bildungssprache wird sowohl Sprachbewusstheit *(Language Awareness)* als auch Sprachlernbewusstheit aufgebaut (→ Art. 23). Beides geschieht mit dem Unterstützungsapparat der dem Fach Bildende Kunst eigenen Medien und Unterrichtsprinzipien, da die Lern- und Arbeitstechniken des Faches unabdingbar mit der Heranführung an Reflexions- und Denkprozesse verknüpft sind: „By both design and default, art naturally invites deep and extended thought" (Tishman/Palmer 2006).

Kulturelles Lernen: trans- und interkulturelle Aspekte

Das kulturelle Lernen wird oftmals als wichtigster Aspekt des Bilingualen Unterrichts gesehen (Rymarczyk 2003: 38 f.; → Art. 3). Der internationale Gegenstandsbereich des Faches Bildende Kunst ermöglicht es auf vielfältige Art und Weise, sowohl auf die zielkulturelle als auch auf die kulturübergreifende Dimension abzuheben. Die Mehrfachperspektivierung der Unterrichtsinhalte ist auf drei Wegen einzulösen. Sie kann über die Thematik der Kunstwerke erfolgen, die den Rezipienten Alteritätserfahrungen und Fremdverstehen ermöglichen, wenn Themen zeitgenössischer oder historischer Relevanz wie beispielsweise ‚Krieg' oder ‚Migration und Exil' für diverse Zielkulturen behandelt werden (vgl. z. B. die vorgestellten Arbeiten in Rymarczyk 2007). Des Weiteren lässt sich Multiperspektivität über die Zugehörigkeit einer Künstlerin oder eines Künstlers zu einer der Zielsprachenkulturen erreichen sowie über Stilrichtungen, sofern sie einer der Zielsprachenkulturen zugerechnet werden können (vgl. z. B. Abstrakter Expressionismus – USA; Präraffaelismus – Großbritannien). Pluralität und Kontroversität werden in diesen Kontexten nicht nur über die Andersartigkeit der fremden Kultur wahrgenommen, sondern auch über die der historischen Zeit, was inhaltliche Verbindungen zu anderen Fächern wie Geschichte, aber auch zu den Literaturanteilen im Fremdsprachenunterricht schaffen kann (Rymarczyk 2007). Neben der Fremdheitserfahrung in der Auseinandersetzung mit Themen, Künstlern und Epochen können auch Differenzerkenntnisse im fremden Raum gewonnen werden, wenn in großen musealen Werkschauen bzw. in entsprechend gestaltetem Unterricht z. B. bestimmte Sujets, Künstler/Künstlerinnen oder Stile verglichen werden. Das Beispiel der 2012 u. a. in Stuttgart gezeigten Ausstellung *Turner – Monet – Twombly* zeigt die Fülle der Bezugs- und Ansatzpunkte auf, die das Fach Bildende Kunst im Bilingualen Unterricht aufgreifen kann.

Fazit

Um bilingualen Sachfachunterricht einer größeren Schülerzahl zugänglich zu machen, wird die Einrichtung bilingualer Module derzeit stark unterstützt (→ Art. 7). Es ist offensichtlich, dass diese bilingualen Module nur dann wirklich effektiv sein können, wenn es zu einer horizontalen Verzahnung zwischen den Fächern kommt, in denen sie angeboten werden. Das Fach Bildende Kunst bietet eine Fülle von Möglichkeiten zu solchen horizontalen Verzahnungen, denn die Lerngewinne, die in den Feldern ‚(bild-)sprachliches Lernen' und ‚kognitives Lernen' entstehen, können leicht vom Kunstunterricht auf andere Fächer übertragen werden.

Ein Ansatz, der zu einer vorbildlichen didaktisch-methodischen Konturierung Bildender Kunst im Kontext Bilingualen Sachfachunterrichts führt und horizontale Verzahnungen unterstützt, wird von Knorr und Teske (2010) vorgeschlagen. Für die Bildrezeption stellen sie ein sechsstufiges Modell vor, das sich vor allem dadurch auszeichnet, dass die Wahrnehmung subjektiver Eindrücke („personal approach") schon für die zweite Stufe vorgesehen ist. Mit der frühen Fokussierung subjektiver Eindrücke hebt sich das kunstspezifische Rezeptionsmodell von den für andere Fächer vorgeschlagenen Modellen ab, die, wie z. B. die sogenannte „I-D-E-A-Methode" (Meyer 2010: 14), vergleichsweise lange auf der rein deskriptiven Ebene verharren. Die horizontale Verzahnung zwischen den Fächern könnte von einer Diskussion über den Einsatz von Bildtexten im Bilingualen Unterricht und einem Vergleich der in den unterschiedlichen Bereichen präferierten Verfahren sicherlich profitieren.

Wie die bisherigen Ausführungen deutlich zeigen, ist das Fach Bildende Kunst auf dem Weg, seine Randstellung im bilingualen Fächerkanon zu verlassen. Mit der steigenden Verfügbarkeit des Internets und der entsprechend zunehmenden Relevanz von *visual literacy* wächst die Notwendigkeit, Bildrezeption und -produktion sowie intermediale Verbindungen professionell zu vermitteln. Die fachspezifischen Ansätze und Verfahren der Bildenden Kunst rücken somit weiter in den Vordergrund. Schließlich lässt sich die interdisziplinäre Relevanz des Faches auch an der Forschung und fachdidaktischen Veröffentlichungen ablesen. Sie geht über die Fachgrenzen hinaus und ist ebenfalls im Kontext von Intertextualität, Filmkunst und Arbeiten zu Museen als außerschulischen Lernorten zu finden.

Literatur

Abendroth-Timmer, Dagmar/Bonnet, Andreas/Breidbach, Stephan/Hoffmann, Reinhard/Kircher, Ernst/Küster, Lutz/Rymarczyk, Jutta/Vollmer, Helmut J./Zydatiß, Wolfgang (2004): Didaktiken im Dialog – für eine integrative Didaktik des bilingualen Unterrichts. In: Andreas Bonnet/Stephan Breidbach (Hrsg.): *Didaktiken im Dialog. Konzepte des Lehrens und Wege des Lernens im bilingualen Sachfachunterricht.* Frankfurt/M., 13–27.

Coyle, Do (2002): Against All Odds: Lessons from Content and Language Integrated Learning in English Secondary Schools. In: Daniel W. C. So/Gary M. Jones (Hrsg.): *Education and Society in Plurilingual Contexts.* Brussels, 37–55.

Kirschenmann, Johannes/Richter, Christoph/Spinner, Kaspar H. (Hrsg.) (2011): *Reden über Kunst. Fachdidaktisches Forschungssymposium in Literatur, Kunst und Musik.* München.

KMK = Sekretariat der Ständigen Konferenz der Kultusminister der Länder in der Bundesrepublik Deutschland (2006): *Konzepte für den bilingualen Unterricht – Erfahrungsbericht und Vorschläge zur Weiterentwicklung* (Bericht des Schulausschusses vom 10.04.2006). http://www.kmk.org/fileadmin/veroeffentlichungen_beschluesse/2006/2006_04_10-Konzepte-bilingualer-Unterricht.pdf [14.03. 2012].

Knorr, Petra/Teske, Doris (2010): Moving Images. Video Art and Language: Integrated Learning. In: Christiane Bongartz/Jutta Rymarczyk (Hrsg.): *Languages across the Curriculum. Ein multiperspektivischer Zugang.* Frankfurt/M., 137–156.

Mehisto, Peeter/Marsh, David/Frigols, María Jesús (2008): *Uncovering CLIL. Content and Language Integrated Learning in Bilingual and Multilingual Education.* Oxford.

Mehisto, Peeter (2010): Criteria for Producing CLIL Learning Materials. http://www.ccn-clil.eu/clil_criteria_web/index.php?page=10 [14.03. 2012].

Meyer, Oliver (2010): A Great Day at the Roman Baths. In: *Der fremdsprachliche Unterricht: Englisch* 106, 12–16.

NCREL/Metiri Group (2003): *Literacy in the Digital Age.* Naperville (IL). http://pict.sdsu.edu/engauge21st.pdf [14.03. 2012].

Rymarczyk, Jutta (2003): *Kunst auf Englisch. Ein Plädoyer für die Erweiterung des bilingualen Sach-Fachkanons.* München.

Rymarczyk, Jutta (2004): Einleitung: Bilingualer Sachfachunterricht aus Sicht künstlerisch-ästhetischer Fachdidaktiken und Sport. In: Andreas Bonnet/Stephan Breidbach (Hrsg.): *Didaktiken im Dialog. Konzepte des Lehrens und Wege des Lernens im bilingualen Sachfachunterricht.* Frankfurt/M., 289–290.

Rymarczyk, Jutta (2007): Zum Wechselspiel von Text und Bildender Kunst in einer intermedialen Literatur- und Kulturdidaktik. In: Wolfgang Hallet/Ansgar Nünning (Hrsg.): *Neue Ansätze und Konzepte der Literatur- und Kulturdidaktik.* Trier, 341–362.

Rymarczyk, Jutta (2010): Sich ein Bild machen und darüber reden – Das Fach Kunst im bilingualen Unterricht. In: Sabine Doff (Hrsg.): *Bilingualer Sachfachunterricht in der Sekundarstufe.* Tübingen, 89–103.

Rymarczyk, Jutta (2012): „‚Bilingual' ist doch die richtige Bezeichnung!". *Code-Switching* im englischsprachigen Kunstunterricht. In: Bärbel Diehr/Lars Schmelter (Hrsg.): *Bilingualen Unterricht weiterdenken – Programme, Positionen, Perspektiven.* Frankfurt/M., 111–130.

Stiller, Jürgen (2004): Kunstunterricht bilingual – Chancen für ästhetisches Lernen. In: Andreas Bonnet/Stephan Breidbach (Hrsg.): *Didaktiken im Dialog. Konzepte des Lehrens und Wege des Lernens im bilingualen Sachfachunterricht.* Frankfurt/M., 305–317.

Tishman, Shari/Palmer, Patricia (2006): *Artful Thinking.* Final Report. Cambridge, MA. http://pzweb.harvard.edu/Research/ArtfulThinkingFinalReport.pdf [10.03.2012].

Jutta Rymarczyk

38 Musik

Aspekte eines Bilingualen Musikunterrichts im Kontext einer *multiliteracies*-Konzeption

Bei der Diskussion eines bilingualen Fächerkanons ist die Spezifik ganzheitlich-orientierter Fächer wie Kunst und Musik herauszustellen. Dabei wird die Affinität eines Unterrichtsfaches bzw. seiner Inhalte zu der Kultur der Zielsprachenländer als ein vorrangiges Kriterium begriffen (Rymarczyk 2003: 82ff.). Die Arbeit mit Musik mit Originaltexten und -quellen liefert Authentizität des Ausdrucks.

Daraus leitet sich eine kulturhistorische Kontextualisierung einer Gattung und ein kulturelles Lernen mit Originaltexten und -quellen als ein erster Aspekt von bilingualem Musikunterricht ab.

Musik wird neben Kunst und Sport als ein handlungsbezogen-kreatives/künstlerisches Fach gefasst, das sich besonders für den Einstieg in ein schulisches bilinguales Lehren und Lernen eignet (Rymarczyk 2003: 90). Die seltene Nutzung von Musik in einem CLIL-Kontext hingegen ist begründet durch die unbefriedigende Stellung des Faches Musik im Curriculum, den geringen Stundenumfang, die Möglichkeit der Abwahl und die geringe Anzahl an Lehrpersonen mit doppelter Fakultas (Helms 2004a/b). Gleichwohl bietet eine Integration gerade dieser beiden künstlerischen Fächer eine besondere Chance.

Neben Handlungsorientierung (Rauhe/Reinecke/Ribke 1975) ist Lebensweltorientierung ein zweites zentrales Prinzip der Musikpädagogik, das für den bilingualen Musikunterricht relevant ist. Der Aspekt des lebensweltlichen Lernens wird betont, einschließlich Topos-Orientierung (Ehrenforth 1993, 2001, Bäßler 1996). Wenn das Ziel eines integrierten Musik- und Fremdsprachenunterrichts das Verstehen von Mitteilungshandlungen in bisher fremden sozialen bzw. kulturellen Kontexten sein soll, kommt es darauf an, im Unterricht eine allgemeine Sensibilisierung für die Funktionsweisen von Kommunikation und eine Literalität in möglichst vielen Medien zu entwickeln (Helms 2004a: 299). Hier leiten sich zwei Aspekte eines bilingualen Musikunterrichts ab: Verstehen der historischen transkulturellen Ursprünge einer Gattung und deren Relevanz für eigene (popkulturelle) Orientierungen als lebensweltliches Lernen, gefasst als essenzielle Komponente von rezeptionsorientierter Literalität und das Erlernen der Formensprache bzw. Aneignung von zielkulturspezifischen musikalischen Ausdrucksformen, definiert als Komponente einer produktionsorientierten Literalität.

Neben Kommunikation sind also die Literalitäten oder auch *multiliteracies*, verstanden als Kompetenzen, in sozialen Praktiken multimedial agieren zu können (New London Group 1996), gemeint. Die *multiliteracies*-Konzeption ermöglicht es, die Aspekte des Lebensweltbezugs im Sinne von Teilhabe (Rezeption) und Partizipation (Produktion) zu fassen. Die Übertragung auf einen bilingualen Musikunterrichtskontext zielt darauf ab, das Konzept einer (fremdsprachigen) musikalischen Literalität in ihrer Situiertheit im bilingualen Musikunterricht zu skizzieren. Lebensweltlich wirksam gemachte (fremdsprachige) musikalische Literalität wirkt rezeptiv-verstehend und Musik produktiv-verwendend.

Voraussetzung sind musikalisch-akustische Hörverstehensprozesse, die zur Entwicklung von *audio literacy* geführt werden sollten: „Eine [...] aus musik- und fremdsprachendidaktischer Perspektive notwendige Hörschulung bzw. die schrittweise Ausbildung von *audio literacy* könnte dann eine Kategorie von bilingualem Musikunterricht sein." (Blell 2006: 117) Diese musikalisch-akustischen Hörverstehensprozesse bzw. die Hörschulung, die zur Entwicklung von *audio literacy* führen, werden als Teil einer *multiliteracies*-Konzeption gesehen, die zu

Teilhabe und Partizipation und damit lebensweltlich wirksam gemachter (fremd-sprachiger) musikalischer Kompetenz führen kann. Somit ist *audio literacy* Vor-aussetzung und Teil einer (fremdsprachigen) musikalischen Literalität zugleich.

Der bilinguale Musikunterricht benötigt auch eine kommunikationsorientier-te Didaktik (Helms 2004b: 9f.), eine „allgemeine Didaktik der Kommunikation [...], die das Verstehen [...] lehrt. Das gemeinsame kognitive Lernziel kann nicht *language awareness* heißen, es muss *communication awareness* sein" (Helms 2004a: 301). Bilingualer Musikunterricht sollte es ermöglichen, in Kommunika-tionskontexte einzutauchen, die Kontexten der *Zielkultur* nahekommen, indem historisch transkulturelle Ursprünge der eigenen (pop-)kulturellen Orientierun-gen verstanden werden, aber auch zum Zwecke des eigenen Ausdrucks im Sinne von fremdsprachiger musikalischer Ausdrucksfähigkeit weitergeführt werden. Nach dieser Auffassung ist *communication awareness* Teil einer fremdsprachi-gen musikalischen Literalität, die sowohl den Erwerb multimodaler Ausdrucks- und Kommunikationsfähigkeiten als auch die Beherrschung der Muster von mu-sikalischen Textformen bzw. Musikstücken umfasst.

Erfahrungen und Möglichkeiten der Umsetzung in ausgewählten Projekten

In den letzten Jahren ist eine Belebung auf dem Gebiet von CLIL-Projekten mit Musik zu beobachten. Bilinguale Musikzweige sind äußerst rar (Bartels 2010), CLIL-Module, Lerneinheiten, die über einen begrenzten Zeitraum gehen, hin-gegen nehmen zu. Vier ausgewählte Projekte sollen als unterrichtspraktische Grundlage einer Reflexion der *multiliteracies*-Konzeption vorgestellt werden.

Projekt	Schwerpunkt
The Blues got ya! Der Blues in einem fächerüber-greifenden Unterrichtsprojekt in den Fächern Musik und Englisch (Salden)	Behandlung der musikalischen, sprachlichen und soziokulturellen Dimension des Blues in vernetzter Form
Bilingualer Musikunterricht: Herausforderungen und Möglichkeiten — Unterrichtsforschung im Rahmen einer englischsprachigen Einheit zu Jazz/Rock/Pop (Bartels)	Möglichkeiten und Grenzen des Einsatzes der englischen Sprache als Kommunikationsmedi-um und Arbeitssprache im handlungsorientier-ten Musikunterricht
West Side Story — unterrichtet als bilingualer Musikunterricht unter Einbindung von Methoden des szenischen Spiels (Rosenbrock)	Methoden des szenischen Spiels ermöglichen eine kommunikativ-handlungsorientierte Auseinandersetzung mit einem Musical aus dem nordamerikanischen Raum und fördern Interkulturelles Lernen
Central Park in the Dark — Ein CLIL-Modul zu Musik auf Englisch (Kupetz/Pohl/Ziegenmeyer)	Behandlung von Kunstmusik des 20. Jahrhunderts aus dem anglophonen Kulturraum mittels Wechsel der Darstellungs-formen (von der Bildcollage zur Toncollage)

Projektübersicht

Keines der genannten Projekte berücksichtigt alle vorgestellten vier Aspekte der *multiliteracies*-Konzeption im CLIL-Kontext konsequent, zusammengenommen verdeutlichen sie jedoch das Potenzial dieses Ansatzes für die Praxis des bilingualen Musikunterrichts. In der untenstehenden Tabelle werden in den Projekten erprobte Unterrichtspraxen, aber auch noch nicht ausgeschöpftes Potenzial, im Hinblick auf die vier Aspekte beschrieben. Anschließend werden sie näher erläutert.

Kulturhistorische Kontextualisierung einer Gattung – kulturelles Lernen im bilingualen Musikunterricht mit Originaltexten und -quellen. Alle ausgewählten Projekte beziehen sich auf Musik, die in unterschiedlichen kulturhistorischen Kontexten des englischsprachigen Raumes entstanden ist. Ein vertieftes Verständnis dieser Musik ist nur auf der Grundlage einer soliden Kenntnis dieses

Projekt Aspekt	*Blues*	*Jazz*	*West Side Story*	*Central Park in the Dark*
Kulturhistorische Kontextualisierung	Situation von Afroamerikanern im amerikanischen Süden um 1900 *(share-croppers, Jim Crow laws)*	„Swing Era": USA der 1940er Jahre, Kommerzialisierung des Jazz, Tanzmusik	Situation puertoricanischer Einwanderer im New York der 1950er Jahre; Verarbeitung von Shakespeares *Romeo and Juliet* in diesem kulturhistorischen Kontext	Charles Ives als Vertreter ernster amerikanischer Musik atonaler Prägung des 20. Jahrhunderts; emotionale Zugänge (musikalisch verarbeitet) zur Bedeutung des Central Park für die Großstadt New York um 1900
Verstehen der Ursprünge eigener Orientierungen	*Worksong, Field Holler*, afrikanische Tradition gesungener Erzählung in amerikanischem Umfeld umgesetzt, Einfachheit der Mittel (Gitarre, rudimentär gespielt)	Beginn der Kommerzialisierung afroamerikanischer Musik, Übernahme durch weiße Musiker	Akkulturations- und Integrationsprobleme von Einwanderern, verschiedene Stile von Jazz und lateinamerikanischer Musik im Kontext zeitgenössischer ernster Musik	Musikalisch-künstlerische Verarbeitung von Klangbildern eines bekannten Parks und dadurch Betrachtung der Großstadt New York aus einer anderen Perspektive, Erweiterung von Hörgewohnheiten ➜

kulturhistorischen Kontextes möglich. Umgekehrt ermöglicht die Auseinander-setzung mit der Musik auch ein vertieftes Verständnis ihres kulturhistorischen Kontextes. Die Projekte *Blues* und *Central Park* thematisieren diesen explizit als Grundlage ihrer Projekte. Die beiden anderen Projekte berücksichtigen den kul-turhistorischen Kontext aufgrund der Schwerpunkte ihrer Projekte im Bereich der Methodik und der Sprache nicht explizit.

➔ Projekt Aspekt	*Blues*	*Jazz*	*West Side Story*	*Central Park in the Dark*
Erlernen der Formen	Musik: Blues-Schema, Pentatonik, Blues-Tonleiter, *Dirty Intonation*, Improvisation, *Call/ Response* Sprache: Varietät des *Black American English*, poetische Form von Blues-Texten	Musik: Offbeats, Backbeats durch ein handlungsorien-tiertes Vorgehen bei der sprachlichen und musikprakti-schen Erarbeitung *Call/ Response*-Prinzip, *Walking Bass* Sprache: Fachbe-griffe zur Versprach-lichung o. g. musikalischer Elemente des Swing	Nachvollziehen verschiedener musikalischer Formen und Ausdrucksmög-lichkeiten von Emotionen und Charaktereigen-schaften im Zusammenhang mit Handlungs-aspekten	Atonale Musik und Toncollage; Mittel zur Versprachli-chung musika-lisch/künstleri-scher Ausdrucksformen in der Zielsprache; Lesen einer Partitur
Erwerb multiliteraler und -modaler Ausdrucksfä-higkeit	Zusammenführung aller Aspekte unter dem Topos „Leid" in einer eigenstän-digen Komposition eines Blues-Stü-ckes mit entspre-chendem Blues-Text	Zusammenhang zwischen Hören, beschreibender Sprache und „nichtsprachlicher [musikpraktischer] Anschlusshandlun-gen" (Helms)	Umsetzung und Nachvollzug von Emotionen und Charaktereigen-schaften in körperliche Aktionen im methodischen Kontext szenischen Spiels	Einstieg über eine von SuS erstellte Bildcollage zum Central Park Versprachlichung der musikalischen Verarbeitung von Höreindrücken eines kulturellen Phänomens in dessen kulturhisto-rischem Kontext, fachsprachliche Kommentierung einer Partitur

Projekterfahrungen und -potenziale (hellgrau hervorgehoben: noch nicht ausgeschöpfte Potenziale)

Die Projekte weisen unterschiedliche Grade einer kulturhistorischen Kontextualisierung von Musikformen auf, besonders ausgeprägt im Falle der originär afroamerikanischen Musikform. Kulturelles Lernen im bilingualen Musikunterricht gelingt besonders gut mit Originaltexten und -quellen.

Verstehen der historischen transkulturellen Ursprünge eigener (popkultureller) Orientierungen. Auch im Hinblick auf den Bezug zur Lebenswelt der Schülerinnen und Schüler bietet die Vernetzung multipler Literalitäten Möglichkeiten, durch den erleichterten Zugang sowohl zu musikalischen als auch zu sprachlichen und kulturellen Aspekten die Ursprünge und Zusammenhänge eigener Orientierungen zu verstehen. Im Hinblick auf musikalische Hörgewohnheiten ermöglichen das *Blues*- und das *Jazz*-Projekt das Verstehen afroamerikanischer Einflüsse auf die heutige Popularmusik mit unterschiedlichen historischen Schwerpunkten. Geht es im *Blues*-Projekt um die Wort- und Tonsprache des Blues und dessen Wurzeln in afrikanischer Musikkultur als Ursprung, aus dem sich Wort- und Tonsprache aktueller populärer Musik entwickelt hat, so bietet das *Jazz*-Projekt das Potenzial, sich am Beispiel der *Swing*-Ära in den 1940er Jahren mit dem Phänomen der Kommerzialisierung originär afroamerikanischer Musik und der Übernahme ihrer musikalischen Sprache durch weiße Musiker auseinanderzusetzen.

Einen vollständig anderen Ansatz bietet das *Central-Park*-Projekt, indem Schülerinnen und Schülern die Möglichkeit gegeben wird, sich ihrer Wahrnehmung einer so bekannten Entität wie dem New Yorker *Central Park* durch die Auseinandersetzung mit der künstlerischen und musikalischen Verarbeitung dieser Toncollage bewusster zu werden. Ein ähnliches Potenzial bietet die Auseinandersetzung mit der *West Side Story* im Hinblick auf ein vertieftes Verständnis der Auswirkungen von Akkulturations- und Integrationsproblemen auf den betroffenen Menschen selbst.

Die Projekte befördern ein Verstehen der historischen transkulturellen Ursprünge eigener popkultureller Orientierungen (R & B, Poprock) und damit lebensweltliches Lernen zur Entwicklung fremdsprachiger musikalischer Literalität.

Erlernen der Formensprache einer fremden Sprachform und Aneignung dieser Ausdrucksform. Auf verschiedenen Ebenen vernetzen alle vorgestellten Projekte das Erlernen einer musikalischen Formensprache in einem bestimmten kulturhistorischen Kontext mit einer Auseinandersetzung mit der Fremdsprache. Es findet sich eine Bandbreite von einer rezeptiven zu einer produktiven Auseinandersetzung, von einer Beschreibung musikalischer Phänomene – sowohl konkret als Handlungsanweisung als auch abstrakt im Sinne einer Analyse – bis zur künstlerischen Vernetzung von Musik und Sprache, im *West-Side-Story*-Projekt sogar in Verbindung mit einer szenischen Darstellung.

Insbesondere im Hinblick auf eine konkrete kommunikative Ebene werden im *Jazz*-Projekt sprachliche Anweisungen in der Zielsprache erfolgreich direkt in musikalisches Handeln umgesetzt. Dadurch werden musikalische Merkmale des *Swing* handlungsorientiert sowohl in ihrer sprachlichen Beschreibung als auch in ihrer musikpraktischen Ausführung erarbeitet.

Auf einer etwas abstrakteren Ebene geht es im *Central-Park*-Projekt um die analytisch beschreibende Auseinandersetzung mit US-amerikanischer Kunstmusik des 20. Jahrhunderts in der Zielsprache. Dies geschieht sowohl rezeptiv in der Arbeit mit ‚Charles Ives' note to the score' als authentisch zielsprachlicher Quelle als auch produktiv durch die analytisch-beschreibende Arbeit mit der Notenschrift (Partitur) im Sinne einer Auseinandersetzung mit der Formensprache atonaler Musik (z. B. der Toncollage). Ergänzend hierzu konzentriert sich das *West-Side-Story*-Projekt durch den Fokus auf die Methode der szenischen Interpretation verstärkt auf den darstellend-handelnden Nachvollzug von Emotionen von Figuren aus Bernsteins *West Side Story*, anhand des Skripts und seiner Umsetzung in musikalische Formen. Einen weiteren Schritt geht das *Blues*-Projekt durch die Erarbeitung des Zusammenhangs typischer Merkmale der Form von Text und Musik sowie von Form-Aspekten im Hinblick auf die Varietät des *Black American English* und der Blues-Pentatonik anhand exemplarischer Analysen verschiedener Blues-Stücke.

Die Projekte ermöglichen das Erlernen der Formensprache, beispielsweise einer originär afroamerikanischen, historischen Musikform und gegebenenfalls die Aneignung dieser musikalischen Ausdrucksformen zum Zweck des eigenen Ausdrucks (fremdsprachige musikalische Kommunikationsfähigkeit).

Erwerb multiliteraler Ausdrucks- und Kommunikationsfähigkeit und Beherrschung musikalischer Muster und ‚Textformen'. Die bisher thematisierten Aspekte lassen sich in allen vorgestellten Projekten unter dem übergreifenden Aspekt der multiliteralen Ausdrucks- und Kommunikationsfähigkeit (Text, Musik, Bilder, Gesang, Instrumente) zusammenfassen. Die Bandbreite reicht hierbei von der reinen Versprachlichung musikalischer Phänomene in der Zielsprache über die Umsetzung in eine weitere Kunstform (szenische Darstellung) bis zu einem umfassenden künstlerischen Ausdruck in Form einer Komposition eines eigenen Blues-Stücks mit eigenem Text.

Der Ansatz einer Versprachlichung von Musik findet unterschiedliche Ausprägungen im *Jazz*- bzw. im *Central-Park*-Projekt. Geht es im *Jazz*-Projekt zum Beispiel um eine Unterscheidung zwischen *offbeats* und *backbeats* im Jazz, die durch Mitklatschen handlungsorientiert nachvollzogen werden kann und die zeigt, dass „nichtsprachliche Anschlusshandlungen [nach Helms] möglich sind und eine signifikante Form von Kommunikation darstellen können" (Bartels 2010: 173), so werden im *Central-Park*-Projekt nach einem Einstieg über eine von Schülerinnen und Schülern erstellte Bildcollage zum *Central Park* im Jahre 1900 die Höreindrücke der musikalischen Verarbeitung beschreibend versprachlicht und in den kulturhistorischen Kontext eingebettet.

Das *Blues*-Projekt ergänzt diesen Ansatz um den kreativen Ausdruck einer Interaktion zwischen Musik und Sprache im Formenfeld des Blues, der – zusammengefasst unter dem Topos ‚Leid' – den kulturhistorischen Hintergrund dieser Art von Musik berücksichtigt und für die Schülerinnen und Schüler handlungsorientiert nachvollziehbar macht.

Der Einsatz von Methoden der szenischen Interpretation im *West Side Story*-Projekt ergänzt den Ansatz der Versprachlichung von Musik um die Verknüpfung mit einer schauspielerischen Darstellung als weiterer Kunstform. Der individuelle emotionale Zustand von Individuen im kulturhistorischen Kontext puertoricanischer Einwanderer in New York der 1950er Jahre kann auf diese Weise in seiner literarischen (authentisch in der Zielsprache), musikalischen und schauspielerischen Darstellung multiliteral durchdrungen werden.

Musikstücke werden als bedeutungshaltige Texte mit einer eigenen (Noten-)Sprache und Grammatik, das heißt mit musikalischen Mustern und ‚Textformen' erlebt und verstanden. Die Projekte ermöglichen den Erwerb einer multiliteralen und multimedialen Ausdrucks- und Kommunikationsfähigkeit mittels Text, Bild, szenischer Darstellung und musikpraktischer Ausführung.

Perspektiven

Bilingualer Musikunterricht ist genuin *fächerübergreifend* und wird vorrangig *projektorientiert* betrieben. Eine Spielart des bilingualen Musikunterrichts zeigt sich im fächerübergreifenden Zugang zwischen Englisch- und Musikunterricht. Die konkrete Durchführung des Unterrichtsprojektes ‚*The Blues got ya!*' mit fächerübergreifendem Ziel vollzieht sich über fachspezifische Arbeitsphasen zunächst getrennt und auch mit verschiedenen Arbeitssprachen und mündet in einer zielsprachlichen Präsentation. Insgesamt zeigt das Projekt, dass das Verstehen einer mehrfach codierten Kunstform (Text und Musik) im Sinne von *communicative awareness* im Zusammenhang mit einem kognitiv und affektiv erfassten interkulturellen Inhalt im fächerübergreifenden Musikunterricht erfolgreich in die Praxis umgesetzt werden kann.

Die Projektskizzen zeigen, dass die vier beschriebenen Aspekte des bilingualen Musikunterrichts für die Praxis relevant sind und mit den musikpädagogischen Konzepten wie *Lebensweltbezug*, *Toposorientierung* und *Handlungsorientierung* eine Symbiose eingehen. Wenn man davon ausgeht, dass Musik immer auch eine Ausdrucksform von Menschen ist, die in einem bestimmten kulturellen Kontext handeln, der sich auch in den sprachlichen Ausprägungen dieser Kultur wiederfindet, bietet die Auseinandersetzung mit Musik in der Fremdsprache (Fremd-)Sprachenförderung betreibend die Möglichkeit eines tieferen Verständnisses des kulturhistorischen und des gesamtkulturellen Kontextes.

Literatur

Bäßler, Hans (1996): *Zeiterfahrung. Perspektiven einer lebensweltorientierten Musikpädagogik*. Mainz.

Bartels, Daniela (2008): *Bilingualer Musikunterricht – ein Modul für Jazz – theoretisch und praktisch perspektiviert*. Wissenschaftliche Hausarbeit zur 1. Staatsprüfung für das Lehramt an Gymnasien. Leibniz Universität Hannover.

Bartels, Daniela (2010): Bilingualer Musikunterricht: Herausforderungen & Möglichkeiten – Unterrichtsforschung im Rahmen einer englischsprachigen Einheit zu Jazz/Rock/Pop. In: Gabriele Blell/Rita Kupetz (Hrsg.): *Der Einsatz von Musik und die Entwicklung von audio literacy im Fremdsprachenunterricht*. Frankfurt/M., 167–177.

Blell, Gabriele ([4]2006): Musik im Fremdsprachenunterricht und die Entwicklung von Audio Literacy. In: Udo O. H. Jung (Hrsg.): *Praktische Handreichung für Fremdsprachenlehrer*. Frankfurt/M., 112–119.

Blell, Gabriele/Kupetz, Rita (2010): Musik und die Entwicklung von audio literacy im Fremdsprachenunterricht. In: Gabriele Blell/Rita Kupetz (Hrsg.): *Der Einsatz von Musik und die Entwicklung von audio literacy im Fremdsprachenunterricht*. Frankfurt/M., 9–27.

Ehrenforth, Karl Heinrich (1993): Musik als Leben. Zu einer lebensweltlich orientierten ästhetischen Hermeneutik. In: *Musik & Bildung* 6, 14–17.

Ehrenforth, Karl-Heinrich (2001): Lebenswelt – das „wirklich Erste" – Musikerziehung zwischen ästhetischer Autonomie-Idee und dialogischem Bildungskonzept. In: Karl-Heinrich Ehrenforth (Hrsg.): *Musik – unsere Welt als andere. Phänomenologie und Musikpädagogik im Gespräch*. Würzburg, 33–58.

Helms, Dietrich (2004a): Musik dreisprachig? Probleme und Chancen eines bilingualen Musikunterrichts. In: Andreas Bonnet/Stephan Breidbach (Hrsg.): *Didaktiken im Dialog. Konzepte des Lehrens und Wege des Lernens im bilingualen Sachfachunterricht*. Frankfurt/M., 291–304.

Helms, Dietrich (2004b): Tanzende Vampire: Musik, Theater und bilingualer Sachfachunterricht. In: *Englisch* (1), 9–15.

KMK = Sekretariat der Ständigen Konferenz der Kultusminister der Länder in der Bundesrepublik Deutschland (Hrsg.): (2005): Einheitliche Prüfungsanforderungen in der Abiturprüfung Musik. http://www.kmk.org/fileadmin/veroeffentlichungen_beschluesse/1989/1989_12_01-EPA-Musik.pdf [14.05.2012].

Kupetz, Rita/Pohl, Elinor/Ziegenmeyer, Birgit (2010): Central Park in the Dark – Ein CLIL-Modul zu Musik auf Englisch. In: Gabriele Blell/Rita Kupetz (Hrsg.): *Bilingualer Sachfachunterricht und Lehrerausbildung für den bilingualen Unterricht*. Frankfurt/M., 147–165.

Leisen, Josef (2010): *Handbuch Sprachförderung im Fach. Sprachsensibler Fachunterricht in der Praxis*. Bonn.

New London Group (1996): A Pedagogy of Multiliteracies. Designing Social Futures. In: *Harvard Educational Review* 66, 60–92.

Rauhe, Hermann/Reinecke, Hans-Peter/Ribke Wilfried (1975): *Hören und Verstehen. Theorie und Praxis handlungsorientierten Musikunterrichts*. München.

Rosenbrock, Anja (2005): *West Side Story – unterrichtet als bilingualer Musikunterricht unter Einbindung von Methoden des szenischen Spiels. Ein Unterrichtsversuch in der Jahrgangsstufe 9 eines Bilingualzweiges am Gymnasium*. Hausarbeit zur 2. Staatsprüfung für das Lehramt an Gymnasien. Studienseminar Leer.

Rymarczyk, Jutta (2003): *Kunst auf Englisch? Ein Plädoyer für die Erweiterung des bilingualen Sachfachkanons*. München.

Salden, Ulrich (2002): *The Blues got ya! Der Blues in einem fächerübergreifenden Unterrichtsprojekt in den Fächern Musik und Englisch (Klasse 10)*. Hausarbeit zur 2. Staatsprüfung für das Lehramt an Gymnasien. Studienseminar Hannover II.

Rita Kupetz, Ulrich Salden

39 Darstellendes Spiel

Darstellendes Spiel als bilinguales Unterrichtsfach

Bilingualer Unterricht hat mittlerweile auch die musischen Fächer erfasst, zu denen das Darstellende Spiel gehört. Das Unterrichtsfach Darstellendes Spiel gibt es in Deutschland seit über 30 Jahren. Seit 2006 können Schülerinnen und Schüler im Fach Darstellendes Spiel ihr Abitur ablegen (KMK 2006b). Im Kern geht es in diesem Fach um die Ausbildung einer theaterästhetischen Handlungskompetenz. Der Kompetenzerwerb vollzieht sich im Wesentlichen über das aktive Theaterspielen, welches die „Entwicklung bzw. die Erweiterung der theatralen Spielfähigkeit" (Senatsverwaltung Berlin 2006: 9) ebenso zum Ziel hat wie die Schulung der Reflexion fremder und eigener Spielpraxis. In fast allen Bundesländern existieren Lehrpläne für das Fach Darstellendes Spiel sowie Möglichkeiten zu einer berufsbegleitenden Fort- und Weiterbildung für interessierte Lehrkräfte. Grundständige Studiengänge für das Fach sind eher selten (z. B. Universitätsverbünde Hildesheim-Hannover-Braunschweig und Nürnberg-Erlangen; Rostock). Verbreitung findet das Fach vor allem auf der Abiturstufe und im Wahlpflichtbereich verschiedener Schulformen. Das regional sehr unterschiedliche Unterrichtsangebot hängt von verschiedenen Bedingungen ab, allen voran von der Verfügbarkeit einer für das Fach qualifizierten Lehrkraft.

Als bilinguales Unterrichtsfach ist Darstellendes Spiel noch weniger bekannt als die monolinguale Variante, obwohl die Kultusministerkonferenz die Ausweitung des bilingualen Unterrichts über die gesellschaftswissenschaftlichen Fächer hinaus auf möglichst viele weitere Fächer empfahl (KMK 2006a: 25). Die bundesweit geringe Verbreitung des bilingualen Unterrichtsfachs Darstellendes Spiel steht in keinem Verhältnis zu den Potenzialen und Möglichkeiten, die dieses Fach bietet. Gerade beim Theaterspielen in Verbindung mit fremden Sprachen lassen sich sachfachliches, ästhetisches und fremdsprachliches Lernen miteinander verzahnen. Es bieten sich vielfältige Anlässe zum interkulturellen (Wedel 2010a), mehrsprachigen und aufgabenorientierten Lernen. Kommunikation wird als ganzkörperliches Geschehen ernst genommen, und es wird der Wahrnehmungsschulung sowie der Entwicklung und Deutung von Körpersprache mehr Aufmerksamkeit geschenkt als in jedem anderen Fach.

Kompetenzerwerb im bilingualen Unterrichtsfach Darstellendes Spiel

Da derzeit keine Rahmenlehrpläne für das bilinguale Unterrichtsfach Darstellendes Spiel existieren, lässt sich die angestrebte Kompetenzentwicklung ausschließlich auf der Grundlage des monolingualen Faches beschreiben. Laut Berliner Rahmenlehrplan für Darstellendes Spiel sollen die Schülerinnen und Schüler im monolingualen Unterrichtsfach Darstellendes Spiel Theater verstehen, gestalten, reflektieren, daran teilhaben und so eine theaterästhetische Handlungskompetenz entwickeln. Eine wichtige Rolle spielt dabei das eigene Spielhandeln. Die Schülerinnen und Schüler sollen Erfahrungen mit dem Medium Theater sammeln (Senatsverwaltung Berlin 2006). Stimmige Darstellungen entstehen dann, wenn die Schülerinnen und Schüler mit den auch Laien zur Verfügung stehenden theatralen Mitteln das zum Ausdruck bringen können, was sie zum Ausdruck bringen wollen.

Im bilingualen Unterricht Darstellendes Spiel wird nun die muttersprachliche, deutschsprachige bzw. schulsprachliche theaterästhetische Handlungskompetenz um eine fremdsprachliche theaterästhetische Handlungskompetenz erweitert (→ Art. 18). Das erfolgt durch das Kennenlernen, Verstehen und Deuten von Gestaltungsmitteln aus eigenen und fremden Theatertraditionen (z. B. italienische Commedia dell'arte, japanisches Kabuki) und der Entwicklung einer Fachsprachlichkeit (Sachkompetenz). Hinzu kommen die Inszenierung und Gestaltung von Theater unter Einbezug verschiedener Sprachen (Gestaltungskompetenz), die Rezeption fremdsprachigen Theaters (kulturelle Kompetenz) und die Reflexion über fremdsprachiges Theater unter Einsatz fremdsprachiger Fachsprachlichkeit sowie dessen Evaluation (kommunikative Kompetenz). Dieser Kompetenzzuwachs soll den Schülerinnen und Schülern ermöglichen, unter anderem am fremdsprachigen Theaterdiskurs teilzunehmen, zum Beispiel an fremdsprachigen Theatervorstellungen, Workshops, Partnerschulbesuchen und dem Auslandsschuljahr (Wedel 2010b).

Zur besonderen Rolle und Funktion von Sprache

Bilingualer Unterricht in der wortgetreuen Interpretation bedeutet ‚Unterricht in zwei Sprachen', denn das Fachwissen soll in der Regel nicht nur in der Fremdsprache, sondern parallel dazu in der Muttersprache bzw. der Schulsprache aufgebaut werden. Die Sprachen sind im Bilingualen Unterricht Kommunikationsmedium und Gegenstand. Das Besondere am bilingualen Fach Darstellendes Spiel im Gegensatz zu den anderen bilingual unterrichteten Fächern ist nun, dass die Sprache zusätzlich zu ihren Funktionen als Medium und als Unterrichtsgegenstand auch als theatrales Zeichen fungiert, das den Gesetzmäßigkeiten theatraler Darstellung unterliegt. Darüber hinaus ist die Sprache ein theatrales Zeichen unter vielen. Laut einer Übersicht von Fischer-Lichte existieren im Bühnenraum neben den sprachlichen Zeichen noch Geräusche, Musik, paralinguistische, mimische, gestische und proxemische Zeichen, Maske, Frisur, Kostüm, Raumkonzeption, Dekoration, Requisiten und Beleuchtung (Fischer-Lichte 1988: 28).

Die wichtigste theatrale Gesetzmäßigkeit besteht darin, dass die Träger dieser Zeichen auf der Bühne doppelt vorhanden sind, einmal als reale Personen, Gegenstände und Erscheinungen, und zum anderen als Figuren und Requisiten in einer Bühnenpräsentation. Theatrale Zeichen, so Fischer-Lichte, zeichneten sich durch Mobilität und Polyfunktionalität aus. Mobil seien sie deshalb, weil sie sich fast unbegrenzt gegeneinander austauschen oder ersetzen ließen. Regen könne z. B. durch Geräusche, Beleuchtung, Kostüm, Requisit, Gestik oder Worte dargestellt werden. Die Polyfunktionalität theatraler Zeichen komme darin zum

Ausdruck, dass jene ohne jegliche materielle Veränderung unterschiedliche Zeichenfunktionen übernehmen könnten (Fischer-Lichte 1988: 181 ff.). Zum Beispiel kann ein Stuhl auf der Bühne nicht nur in der Bedeutung eines Stuhls verwendet werden, er kann auch eine Aussichtsplattform, einen Rucksack oder einen feindlichen Gegner darstellen. Theater ereignet sich überall dort, wo die Zuschauer für die Zeit der Vorstellung diese neuen Bedeutungen akzeptieren.

Aus der Rolle von Sprache als mobilem und polyfunktionalem theatralem Zeichen ergeben sich für den Bilingualen Unterricht im Darstellenden Spiel weitere Besonderheiten. Sprachliche Zeichen als Mittel der Verständigung können durch andere theatrale Zeichen, allen voran den körperlichen, mimischen und gestischen, ergänzt oder durch sie ersetzt werden. In der ersten Zeit des bilingualen Kurses kann das eine Lernerleichterung für die Teilnehmenden darstellen, denn viele vorbereitende Theaterübungen sind nonverbaler Natur, z. B. Raumerkundungs-, Bewegungs- und Pantomimeübungen.

In Folge der Sicht auf Sprache als theatralem Zeichen werden die überkommenen Kategorien von falscher und richtiger Sprache unwirksam. Auf der Bühne zählt nur noch, ob sprachliche Äußerungen einer Figur stimmig und überzeugend sind. Das gestattet, mit Sprache zu experimentieren, sprachliche Risiken einzugehen, Fehler und Unsicherheiten auszuhalten, Vagheiten in Kauf zu nehmen, Bestätigung auch für noch Unfertiges zu finden – Sprache als Spiel zu nutzen (Bach 2002: 21). Die Sicht auf die Lernersprache als einer vor allem defizitären Sprache wird abgelöst von einer Sicht auf eine sich entwickelnde und zwischen den Kulturen stehende sowie um Bedeutung ringende Sprache in zuweilen poetischer Qualität (Huber 2003: 23).

Genauso wenig, wie sich eine einzige sprachliche Norm auf der Bühne durchsetzen lässt, lässt sich die Anzahl der zum Einsatz kommenden Sprachen limitieren. Prinzipiell kann jede Nationalsprache theatrales Zeichen sein, auch Fantasiesprachen und natürlich das Code-Switching. Code-Switching bezeichnet die besonders bei Kindern und Jugendlichen in städtischen Gebieten zu beobachtende Mischung verschiedener Sprachen im Verlauf einer Konversation und ist laut Gogolin ein Zeichen für ein „reichhaltiges Sprachspiel" sowie sprachlicher Intelligenz und Kreativität (→ Art. 24). Mit der Bevorzugung und Förderung bestimmter Sprachen an unseren Schulen aber würden die tatsächliche gesellschaftliche Sprachpraxis vernachlässigt sowie sprachliche Machtverhältnisse abgebildet und reproduziert. Eine aktuelle Aufgabe unserer Schulen bestehe darin, ihr monolinguales Selbstverständnis aufzugeben und die wirkliche gesellschaftliche Sprachpraxis aufzugreifen. Dies bedeute, nach Formen des Bilingualen Unterrichts zu suchen, die diese sprachlichen Machtverhältnisse nicht weiter zementierten, sondern den Bilingualen Unterricht in einen „Ort der Thematisierung von Mehrsprachigkeit" verwandelten (Gogolin 2002: 71). Die Forderung nach einer Ausrichtung des Bilingualen Unterrichts als mehrsprachigen Unterricht erhält somit eine politische Dimension (→ Art. 4).

Mehrsprachiger Unterricht als konstituierendes Merkmal des Bilingualen Unterrichts Darstellendes Spiel nutzt die Wandelbarkeit sprachlicher theatraler Zeichen. Die Schülerinnen und Schüler lernen durch den Umgang mit theatralen Zeichen, dass Bedeutungen nicht den Dingen innewohnen, sondern dass sie ihnen bewusst zugeschrieben werden. Die nachbereitenden, reflektierenden Unterrichtseinheiten bieten diverse Ansatzpunkte, um sich über das Verhältnis zwischen künstlerischer Realität und erlebter Wirklichkeit auszutauschen und eigene Wertungen und Zuschreibungen zu untersuchen.

Bilingualer Sachfachunterricht Darstellendes Spiel bedeutet demnach Unterricht im Fach Darstellendes Spiel unter Einsatz von mindestens zwei Sprachen. Dabei kann es sich um Schulfremdsprachen, um die Umgebungssprache(n) oder die Herkunftssprachen der Schülerinnen und Schüler handeln. Die zum Einsatz kommenden Sprachen fungieren im Unterricht hauptsächlich als Medium, als Gegenstand oder als theatrales Zeichen. Die Beschaffenheit der an der Bühnenpräsentation beteiligten Sprache(n) wird vor allem vom Inhalt des jeweiligen Theaterprojekts bestimmt. Vom Inhalt unabhängige Vereinbarungen können den Einsatz ausgewählter Sprachen als Unterrichtsmedium und als Gegenstand der Sprachbetrachtung regeln.

Gestaltung von bilingualem Unterricht im Fach Darstellendes Spiel

Die Sprache in ihrer Dreifachfunktion als Kommunikationsmedium, Unterrichtsgegenstand und theatrales Zeichen verweist bereits darauf, dass sich sprachliches, sachfachliches und theaterästhetisches Lernen im bilingualen Fach Darstellendes Spiel nicht getrennt voneinander betrachten lassen. Laut Zydatiß stellt integriertes Sach- und Sprachlernen eine didaktische Notwendigkeit dar, da sachfachliche Inhalte, verbales Denken und sprachliche Realisierung im gegenstandsbezogenen Fachunterricht miteinander verwoben sind. Schnittmengen seien die Kognitionen, also die für das verbale Denken im Sachfach notwendigen bzw. distinktiven Begriffsbildungen und kognitiven Prozesse. Die meisten Kognitionen würden sprachlich transportiert, jeder Unterricht sei deshalb letztendlich auch Sprachunterricht (Zydatiß 2002: 37; → Art. 17).

Daraus ergibt sich die einzigartige Herausforderung für den bilingualen Unterricht im Fach Darstellendes Spiel, theatrales und (fremd-)sprachliches sowie theaterästhetisches Lernen miteinander auf der Ebene der Unterrichtsprozesse zu verzahnen. Allerdings ist Arbeit an der Sprache in Verbindung mit dem Proben von Theaterstücken nichts Neues: Bühnenvorlagen müssen geschrieben, gelesen, verstanden und adaptiert werden. An der Aussprache und an der Körpersprache wird gefeilt. Neuer Schwerpunkt ist aber, dass die Schülerinnen und Schüler im bilingualen Sachfachunterricht Unterstützung bei fremdsprachigen Äußerungen benötigen sowie ein methodisch durchdachtes System, um die (Fremd-)Sprachen gemeinsam mit dem Inhalt des Faches – dem Spiel – nachhaltig zu entwickeln.

Aus den vielen methodischen Vorschlägen aus dem Bereich der Fremdsprachendidaktik für die Arbeit an fremdsprachiger Lexik und Grammatik sowie für das
Hören, Lesen, Schreiben, Sprechen und das Sprachmitteln bieten sich drei Unterstützungssysteme besonders an (→ Art. 32): die Schulung der Diskurskompetenz,
der aufgabenorientierte Ansatz und das *scaffolding* (→ Art. 33).

Eine wichtige Aufgabe des Bilingualen Unterrichts bestehe in der Entwicklung der fachspezifischen Diskurskompetenz. Das Lernen im Sachfachunterricht
ereigne sich in der Interaktion zwischen Experten und Novizen, das heißt, fach-
wissenschaftliches Wissen werde diskursiv aufgebaut, indem die Schüler und
Schülerinnen in die Konzepte, Denkweisen, Methoden und Diskurspraktiken
des jeweiligen Faches eingeführt würden (→ Art. 33). Dies schlage sich in bestimmten textgebundenen Diskurspraktiken (mündlichen wie schriftlichen) nieder (Zydatiß 2007:44 ff.). Zydatiß nennt zum Beispiel: Verfassen von Zusammen-
fassungen, Geschichten und Briefen; szenische Darstellung von Dialogen und
Rollenspielen sowie von Debatten und Streitgesprächen; Beschreiben und Auswerten von Bildern, Fotos, Karikaturen; stilistisch-rhetorisches Analysieren von
Texten und kritisches Bewerten von Textbau und Textaussagen (Zydatiß 2007:
44 ff.; → Art. 19). Eine Auflistung der zu erwartenden sprachlichen Handlungen
im Abitur im Darstellenden Spiel ist in den Einheitlichen Prüfungsanforderungen (KMK 2006b: 15 f.) zu finden. Diese Aufzählung weist deutlich darauf hin,
dass auch im bilingualen Unterrichtsfach Darstellendes Spiel konkrete sprachliche Leistungen erbracht werden müssen. Ein Bewusstsein für die relevanten Diskurspraktiken und Textsorten und deren distinktive Merkmale ermöglichen es
den Lehrkräften, ihre Schülerinnen und Schüler gezielt auf die fachlichen Anforderungen vorzubereiten.

Darüber hinaus ist der Unterrichtsdiskurs sehr von den jeweiligen Aufgabenstellungen geprägt (Zydatiß 2005: 158; → Art. 28, 32). Unterricht im Fach Darstellendes Spiel ereignet sich in der Regel in Projektform und lässt sich schon aus diesem Grund dem aufgabenorientierten Ansatz zuordnen. Nach einer Definition
von Müller-Hartmann und Schocker-von Ditfurth nennt eine Aufgabe oder *task*
den Zweck und das erwartete Ergebnis einer Unterrichtsaktivität, es wird der
Schwerpunkt darauf gelegt, was gesagt wird, nicht aber auf die Verwendung einer bestimmten grammatischen Struktur *(focus on meaning)*. Außerdem soll die
Sprache so verwendet werden, wie sie im Alltag vorkommen könnte, als *real or
authentic language use* (Müller-Hartmann/Schocker-von Ditfurth 2005: 2). Im
Darstellenden Spiel folgen einige Improvisationsaufgaben diesem Schema: Je-
mand soll etwa durch eine imaginäre Galerie voller Skulpturen laufen (dargestellt durch andere Mitspieler im *freeze*) und die Kunstwerke kommentieren. Der
aufgabenorientierte Ansatz stellt neben der grundsätzlichen Legitimation dieses Vorgehens auch Strukturierungshilfen bereit, wie Aufgabentypen für einen
authentischen, kommunikationsorientierten Unterricht (*problem-solving tasks,
puzzles* usw.), aber auch Beschreibungsraster für diese Aufgaben, Vorschläge

für Stundenabläufe und Lehrgangdesign. Außerdem bietet er methodische Möglichkeiten, formale sprachliche Probleme im Kontext zu thematisieren. Ein weiterer Vorteil aufgabenorientierten Arbeitens bestehe darin, dass die Bearbeitung der Aufgaben individuelles und kooperatives Handeln erfordere, dass durch das Aushandeln von Bedeutungen sprachliche Lernprozesse angeregt würden und dass die Lernenden als individuelle, ganzheitliche und soziale Wesen angesprochen würden (Caspari 2006: 36).

Eng mit dem aufgabenorientierten Ansatz ist eine bestimmte Art der Hilfestellung verbunden, das *scaffolding* (→ Art 33). Dabei werden mithilfe eines sprachlichen Gerüsts der Schüler oder die Schülerin darin unterstützt, Inhalte zum Ausdruck zu bringen, die sie ohne Hilfe so noch nicht sagen könnten. Wichtiges Prinzip dabei ist, dass die Hilfen mit wachsender Kompetenz der Lernenden Stück für Stück wieder reduziert werden (z. B. können Wortgeländer, Fragen, alle Arten der Fehlerkorrektur oder das Darbieten eines Zieltextes als *scaffold* dienen). Besonders bewährt hat sich der Wechsel der Darstellungsformen mit einer Progression von einfachen zu komplexen Darstellungen (vgl. Leisen 2005; → Art. 21). So können die Schülerinnen und Schüler einen Dialog zunächst nonverbal präsentieren, dann nur mit Einwortsätzen und zum Schluss als komplexe Konversation.

Bilingualer Unterricht im Darstellenden Spiel muss nicht nur sprachlich vorbereitet werden, er muss auch die didaktischen und methodischen Anforderungen an den Unterricht im Fach erfüllen. Ältere und neuere Handbücher aus den Bereichen der Spiel- und Theaterpädagogik sowie des Darstellenden Spiels stellen zahlreiche Übungen zur Vorbereitung, Durchführung und Nachbereitung von Theaterprojekten im Unterrichtsfach Darstellendes Spiel bereit und machen Vorschläge zu ihrer Strukturierung. Die größte Herausforderung für die Lehrkräfte aber bleibt die sprachliche und inhaltliche Verzahnung der Unterrichtsthemen in einer Art und Weise, die den Schülerinnen und Schülern ein nachvollziehbares und anregendes Lernangebot macht und deren (fremd-)sprachliche wie auch theaterästhetische Handlungskompetenz fördert.

Literatur
Bach, Gerhard (²2002): Bilingualer Unterricht: Lernen-Lehren-Forschen. In: Gerhard Bach/ Susanne Niemeier (Hrsg.) (2002): *Bilingualer Unterricht.* Frankfurt/M., 11–23.
Caspari, Daniela (2006): Aufgabenorientierung im Fremdsprachenunterricht. In: Karl-Richard Bausch/Eva Burwitz-Melzer/Frank G. Königs/Hans-Jürgen Krumm (Hrsg.): *Aufgabenorientierung als Aufgabe.* Tübingen, 33–42.
Fischer-Lichte, Erika (²1988): *Semiotik des Theaters. Bd. 1. Das System theatralischer Zeichen.* Tübingen.
Gogolin, Ingrid (2002): Interkulturelle sprachliche Bildung als Rahmung für bilingualen Sachfachunterricht. In: Stephan Breidbach/Gerhard Bach/Dieter Wolff (Hrsg): *Bilingualer Sachfachunterricht.* Frankfurt/M., 63–74.
Huber, Ruth (2003): *Im Haus der Sprachen wohnen. Wahrnehmung und Theater im Fremdsprachenunterricht.* Tübingen.

KMK = Sekretariat der Ständigen Konferenz der Kultusminister der Länder in der Bundesrepublik Deutschland (2006a): *Bericht „Konzepte für den bilingualen Unterricht – Erfahrungsbericht und Vorschläge zur Weiterentwicklung"* (Bericht des Schulausschusses vom 10.04.2006. http://www.kmk.org/fileadmin/veroeffentlichungen_beschluesse/2006/2006_04_10-Konzepte-bilingualer-Unterricht.pdf [15.04.2012].

KMK = Sekretariat der Ständigen Konferenz der Kultusminister der Länder in der Bundesrepu-blik Deutschland (Hrsg.) (2006b): *Einheitliche Prüfungsanforderungen in der Abiturprüfung (EPA) im Fach Darstellendes Spiel.* Beschluss der Kultusministerkonferenz vom 16.11.2006. http://www.kmk.org/fileadmin/veroeffentlichungen_beschluesse/2006/2006_11_16-EPA-darstellendes-Spiel.pdf [15.04.2012].

Leisen, Josef (2005): Wechsel der Darstellungsformen. Ein Unterrichtsprinzip für alle Fächer. In: *Der fremdsprachliche Unterricht: Englisch* 39/36, 9–11.

Müller-Hartmann, Andreas/Marita Schocker-von Ditfurth (2005): Aufgabenorientierung im Fremdsprachenunterricht: Entwicklungen, Forschung und Praxis, Perspektiven. In: A. Müller-Hartmann/M. Schocker-von Ditfurth (Hrsg.): *Aufgabenorientierung im Fremdsprachenunterricht: Task-Based Language Learning and Teaching.* Tübingen, 1–51.

Senatsverwaltung für Bildung, Jugend und Sport Berlin 2006: *Rahmenlehrplan Darstellendes Spiel für die gymnasiale Oberstufe.* http://www.berlin.de/imperia/md/content/senbildung/unterricht/lehrplaene/sek2_darstellendes_spiel.pdf?start&ts=1283429276&file=sek2_darstellendes_spiel.pdf [15.04.2012].

Wedel, Heike (2010a): Alles auf den Kopf stellen. Zur besonderen Qualität interkulturellen Lernens im bilingualen Sachfachunterricht ,Darstellendes Spiel'. In: *Scenario,* Jahrgang 10/Ausgabe 1. http://publish.ucc.ie/scenario/2010/01/wedel/03/de [15.04.2012].

Wedel, Heike (2010b): *Darstellendes Spiel auf Englisch als Perspektive für den bilingualen Sachfachunterricht.* Dissertation, Humboldt-Universität zu Berlin, Philosophische Fakultät II, publiziert am 02.08.2010. urn:nbn:de:kobv:11-100177116 [15.04.2012].

Zydatiß, Wolfgang (2002): Konzeptuelle Grundlagen einer eigenständigen Didaktik des bilingualen Sachfachunterrichts: Forschungsstand und Forschungsprogramm. In: Stephan Breidbach/Gerhard Bach/Dieter Wolff (Hrsg.): *Bilingualer Sachfachunterricht.* Frankfurt/M., 31–61.

Zydatiß, Wolfgang (2005): Diskursfunktionen in einem analytischen curricularen Zugriff auf Textvarietäten und Aufgaben des bilingualen Sachfachunterrichts. In: Franz-Joseph Meißner (Koord.): *,Neokommunikativer' Fremdsprachenunterricht. Fremdsprachen lehren und lernen* 34, 157–173.

Zydatiß, Wolfgang (2007): *Deutsch-Englische Züge in Berlin (DEZIBEL). Eine Evaluation des bilingualen Sachfachunterrichts an Gymnasien.* Frankfurt/M. u.a.

Heike Wedel

40 Biologie

Naturwissenschaftliche Fächer auf Englisch zu unterrichten, galt vor circa zehn Jahren noch als exotisches Unterfangen. Die Diskussionen im Bereich des bilingualen Unterrichts wurden von Historikern dominiert, und auch Lehrerfortbildungen oder Ausbildungsmodule für Naturwissenschaftler gab es kaum. Diese Situation hat sich in den letzten Jahren drastisch verändert, und Biologie kann heute neben Geschichte und Politik- und Wirtschaftskunde zu den beliebtesten CLIL-Fächern an bilingualen Schulen gerechnet werden; Biologie/Englisch ist unter Biologiestudierenden eine der vier häufigsten Fachkombinationen (Bohn

2008). Der Beitrag beschäftigt sich mit didaktischen und methodischen Prinzipien für einen erfolgreichen bilingualen Biologieunterricht.

Sachfachkompetenz im englischsprachigen Biologieunterricht

Jede Art des fremdsprachigen Fachunterrichts steht vor der Herausforderung einer höheren Diskrepanz zwischen sprachlichen und kognitiven Fähigkeiten als im deutschsprachigen Unterricht (vgl. Richter/Reischauer 2004). Während Klieme u. a. (2006) die signifikante Zunahme der Sprachkompetenz im englischsprachigen Sachfachunterricht klar belegen konnten, liegen bislang kaum systematische Untersuchungen bezüglich der Auswirkungen auf die Sachfachkompetenzen vor. Erste systematische Untersuchungen von Osterhage (2007) zeigen jedoch, dass die Sachfachleistungen im bilingualen Biologieunterricht zumindest nicht leiden (vgl. auch Bohn 2002; Koch/Bünder 2008 sowie Bonnet 2002 für Chemie). Finn (2012) sieht allerdings Hinweise, dass sich CLIL auch negativ auf kreative Denkprozesse auswirken könnte, da sich Unterrichtssprache und die muttersprachlich bzw. schulsprachlich geprägten Denkprozesse und Bilder unterscheiden (vgl. auch Buchinger/Bohn 2007). Dem steht jedoch die Beobachtung von Verbesserungen im Bereich des sinnentnehmenden Lesens, in der Benutzung von Fachtermini sowie in der generellen Motivation im Vergleich zu monolingualen Lerngruppen entgegen (Buchinger/Bohn 2007).

Die Eignung von Biologie als bilinguales Sachfach

Zu einer Zeit, in der selbst traditionsreiche deutsche Universitäten in den Biowissenschaften vermehrt auf englischsprachige Lehrveranstaltungen und Studiengänge umstellen, lässt sich ein entscheidender Mehrwert von CLIL gegenüber dem deutschsprachigen Biologieunterricht allein schon mit der wissenschaftspropädeutischen Funktion begründen. Darüber hinausgehende Gründe lassen sich wie folgt systematisieren:

Anschaulichkeit	Die Fachinhalte sind hervorragend bildlich darstellbar, z. B. auch in *Concept Maps* und Diagrammen.
Sinnliche Erfahrbarkeit	Unterrichtsgegenstände aus Sinnesphysiologie oder z. B. Ökologie sind oft am eigenen Körper oder in der unmittelbaren Umgebung erleb- und erfahrbar.
Alltags- und Gegenstandsbezüge	Biologie ist die Leitwissenschaft unserer Zeit. Medizin, Genetik, Ökologie, Neurobiologie oder Evolution bieten deshalb viele aktuelle Diskussionsanlässe.
Experimentieren	Beim Experimentieren wird beobachtet, gemessen und modelliert. Dabei ergibt sich eine spracherwerbsfördernde Verbindung von Sprechen und Handeln.

➜ Wechsel der Darstellungsformen	Beim Übertragen z. B. eines experimentellen Aufbaus in ein Flussdiagramm und bei der Übertragung der Ergebnisse in Grafiken „durchwandern" die Schüler unterschiedliche Abstraktionsebenen und verbalisieren ihr Vorgehen (→ Art. 21).
Starke sprachliche Normierung	Naturwissenschaftliche Diskurse sind gekennzeichnet durch präzise Beschreibungen. Fachbegriffe sind entweder aus der englischen, lateinischen oder griechischen Sprache entlehnt und meist in beiden Sprachen identisch.
Transferwert des Vokabulars	Die moderne Alltagswelt ist stark durch die Wissenschaftssprache geprägt, die daher einen hohen Transferwert besitzt (z. B. *observe, measure, monitor, inhibit, cause, elicit, increase, decrease*).
Authentizität	Die moderne Biologie ist die am stärksten englischsprachig geprägte Naturwissenschaft (mit Medizinforschung und Biotechnologie an amerikanischen oder britischen Spitzenuniversitäten).

Die Eignung von Biologie als bilinguales Sachfach (vgl. Bohn und Doff 2010)

Im Gegensatz zu diesen fremd- und fachdidaktischen Begründungszusammenhängen hat die Interkulturalität, die ja in historisch und gesellschaftswissenschaftlich geprägten Fächern oft als zentrales Paradigma angeführt wird, nur wenige Bezüge zum englischsprachigen Fachunterricht in der Biologie. Naturwissenschaften sind in wesentlich geringerem Ausmaß durch nationale oder kulturelle Sichtweisen geprägt. Die sprachlichen und nichtsprachlichen Darstellungen biologischer Fachinhalte wie des menschlichen Immunsystems oder des Baus des Gehirns ähneln sich überall auf der Welt erheblich. Natürlich gibt es auch Ausnahmen, die sich insbesondere auf die Anwendungsorientierung der modernen Biotechnologien beziehen. Die angloamerikanischen Länder gelten als deutlich technologiefreundlicher, wenn es beispielsweise um transgene Pflanzen oder die Reproduktionsmedizin geht.

Didaktische und methodische Leitlinien für den bilingualen Biologieunterricht

Im bilingualen Unterricht gilt zwar das Primat des Fachunterrichts, dennoch zeigen Lehrerbefragungen, dass bilingual unterrichtende Lehrkräfte häufig eine Mischung aus Sach- und Sprachfachmethodik praktizieren und etwa die Hälfte bilingualen Unterricht als eine Kombination aus Sprach- und Fachlernen versteht (Buchinger/Bohn 2007; → Art. 17). Hieraus ergeben sich enorme unterrichtliche Herausforderungen, die im Folgenden erläutert werden und zur Formulierung von methodischen und didaktischen Leitlinien dienen sollen.

Fremdsprachliche Verankerung des neu Gelernten. Schülerinnen und Schüler müssen in der Fremdsprache ständig Probleme bewältigen und neue Wortbedeutungen oder fachliche Sinnzusammenhänge gemeinsam konstruieren und aushandeln. Dabei denken sie auch in ihrer Muttersprache oder in der Schulsprache. Um das gewöhnlich mitteilungsbezogene, fachorientierte Aushandeln von Bedeutungen und die Verankerung des neu Gelernten mit entsprechenden Ausdrücken, Bildern oder sonstigen mentalen Repräsentationen zu gewährleisten, muss der Unterricht in der Fremdsprache geführt werden (vgl. auch Bohn 2011). Auch in der Neurobiologie und in der Spracherwerbsforschung geht man auf Grund empirischer, experimenteller und anatomischer Befunde davon aus, dass es im menschlichen Gehirn funktionell getrennte Systeme gibt, die für Spracherwerb und Lernen verantwortlich sind (vgl. Milner B. u.a. 1998, Lightbown und Spada 1999, Spitzer 2007)

Der ritualisierte Einsatz der ‚Scientific Method'. Beim Bilden von Hypothesen in Form von Text und Flussdiagrammen, dem Übertragen eines experimentellen Aufbaus in eine Skizze, der anschließenden Übertragung von Untersuchungsergebnissen in Graphiken sowie der Präsentation von Ergebnissen und der Formulierung von Schlussfolgerungen handelt es sich um ein ritualisiertes Voranschreiten gemäß des hypothetisch-deduktiven naturwissenschaftlichen Erkenntnisweges (*Scientific Method*), welches es den Schülern ermöglicht, unterschiedliche Abstraktionsebenen gedanklich und fremdsprachlich zu ‚durchwandern'. Bei jedem Wechsel dieser Darstellungsformen (z.B. Skizze, Grafik, Präsentation) sind sie dabei immer wieder gezwungen, ihr Vorgehen zu verbalisieren und damit auch fremdsprachlich zu verankern. Dieses Vorgehen verbindet fachliches und sprachliches Lernen/Erwerben (vgl. Leisen, 2005; → Art. 21) und sollte als ‚roter Faden' in jedem bilingualen Unterricht erkennbar sein.

Sprachliche Registerbildung mit ‚Scientific Method' und ‚Concept Mapping'. Die *Scientific Method* ist nicht nur das paradigmatische Konstruktionsprinzip des Biologieunterrichts, sondern auch ein ideales Strukturierungsprinzip für die Wortschatzarbeit im bilingualen Unterricht. Die regelmäßige Abfolge ihrer bewährten Schritte (*Observation, Question, Hypothesis, Investigation, Conclusion*) ermöglicht auf Seiten der Lernenden eine registerspezifische Zuordnung von immer wiederkehrenden Ausdrücken und Fachtermini. Dies erleichtert das Erlernen neuer Wörter erheblich, und sowohl Bohn (2002) als auch Richter und Zimmermann (2003) haben dokumentiert, wie dies vom Lehrer mit einer zu erstellenden *mind map* oder mit einem *wordfinder* unterstützt werden kann. Solche Lernhilfen gehören im Prinzip in jedes Arbeitsheft eines Schülers oder in Plakatform an die Wand des Biologieraumes. Darüber hinaus haben sich das Erstellen von *Concept Maps* (siehe Abb. *Concept Maps: Enzymes*, Jg. 10/11) und die analoge Sortierung von Vokabelzetteln entsprechend der fachlichen Progression im Biologieunterricht (siehe Abb. *Word Field: From Stimulus to Response*, Jg. 12/13) bewährt. Beide Methoden sind ebenfalls sehr geeignet, um die Registerbildung bei der Wortschatzarbeit mit einer fachlichen Plateaubildung zu verbinden.

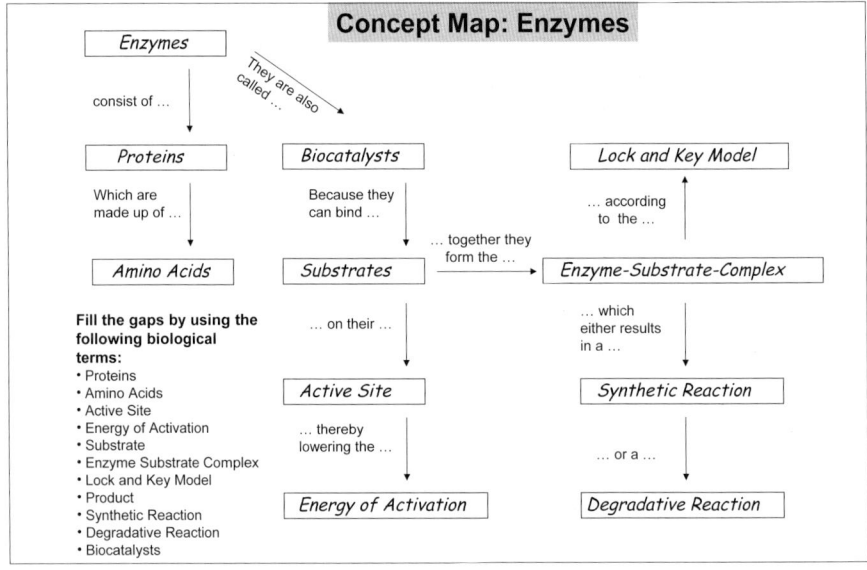

Arbeitsblatt *Concept Maps: Enzymes*

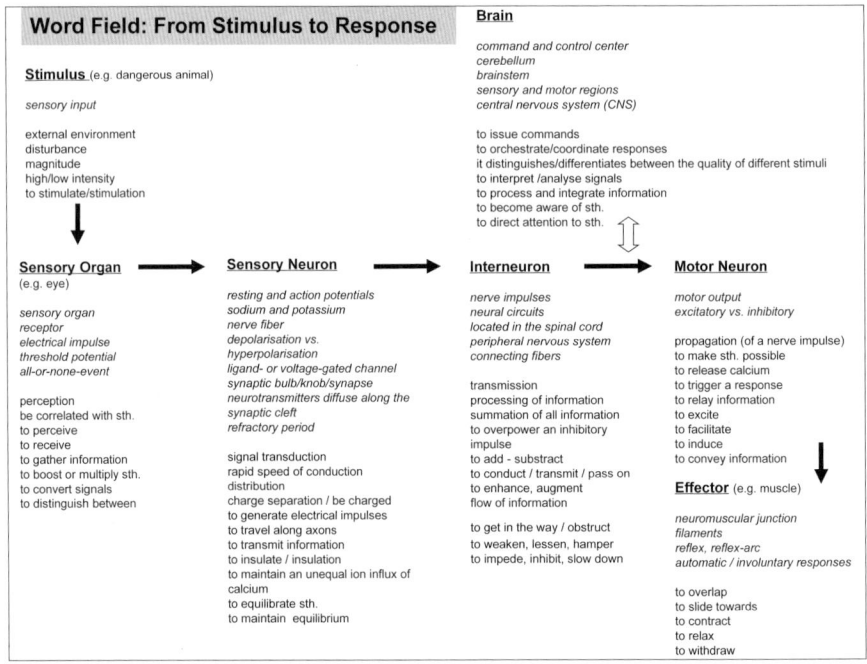

Arbeitsblatt *Word Field: From Stimulus to Response*

Anfängliche Lehrerzentriertheit und die Gewährung einer „silent period".
Wenn Schülerinnen und Schülern zum ersten Mal mit CLIL konfrontiert werden,
fehlen ihnen buchstäblich die Worte. In diesem Fall ist eine Lehrerzentrierung
akzeptabel und sogar sinnvoll. Viele Anfänger durchlaufen zudem anfänglich
eine Phase des stillen Zuhörens, wie sie auch beim Erstspracherwerb von Kindern zu beobachten ist (*silent period*, vgl. Krashen 1985). Die meisten Schülerinnen und Schüler legen diese rezeptive, passive Lernhaltung jedoch sehr bald ab,
und spätestens nach einem Lernjahr sollte sich der bilinguale Unterricht in Bezug
auf die Redeanteile von Lernenden und Lehrendem nicht mehr wesentlich vom
deutschsprachigen Unterricht unterscheiden.

Experimentieren und diskutieren lassen. Experimentieren verbindet fachliches Handeln und sprachliches Lernen optimal. Es müssen einfache, zielsprachliche Instruktionen umgesetzt, Messungen protokolliert und Ergebnisse diskutiert
werden. Dies ist eine konstruktive Lernsituation für Fach und Sprache. Allerdings
kann man es in „Anfängerkursen" tolerieren, wenn während des Experimentie-
rens gelegentlich Deutsch geredet wird. Den wesentlichen Teil der sachfachlichen Arbeit – das Protokoll, die Präsentation und die anschließende Diskussion –
sollten die Schüler jedoch auf Englisch bewältigen und die Tafelbilder sollten sich
an der *Scientific Method* orientieren (siehe oben und Abb. *Explore Streamlined
Shapes*, Jg. 6/7). In fortgeschrittenen Kursen gehen die Lernenden meist so sou-
verän mit der Fremdsprache um, dass sie manchmal sogar auf deren Verwendung
bestehen und sich gegenseitig auffordern, Englisch zu sprechen.

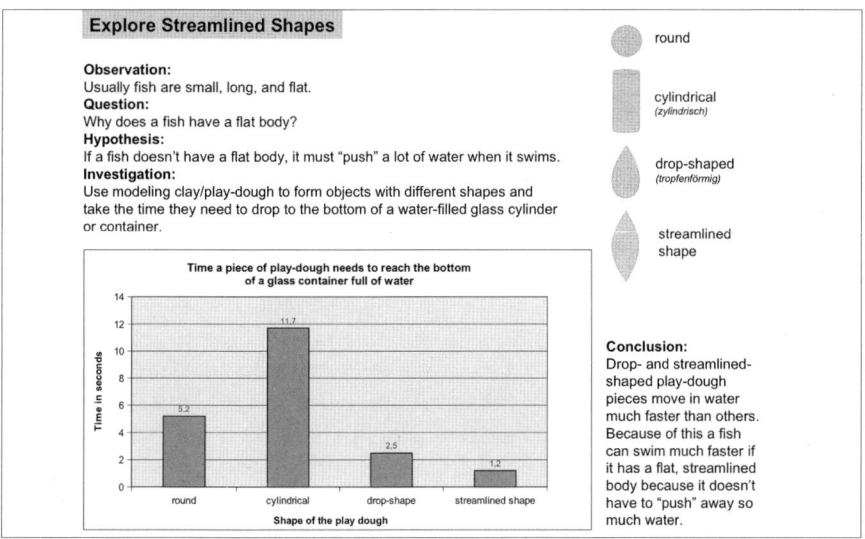

Arbeitsblatt *Explore Streamlined Shapes*

Spielerische und sprachbezogene Sicherungsmethoden zur Plateaubildung. Jeder Unterricht ist auf Plateaubildung und Sicherungsphasen angewiesen, aber wenn – wie im Falle des fremdsprachlichen Fachunterrichts – bereits kurze Unaufmerksamkeiten oder Abwesenheiten gravierende Verständnislücken zur Folge haben können, dann sind Phasen des Übens und der Rückmeldung von Seiten des Lehrers von besonderer Bedeutung. Richter und Reischauer (2004) haben eine ausgezeichnete Sammlung von Sicherungsmethoden vorgelegt, die die spielerischen Aspekte betonen, damit sie motivierend wirken. Diese Methoden können ebenso wie Rollenspiele oder das Vertonen von Lehrfilmen (*Dubbing of Movies)* auf viele Fachinhalte angewendet und zum Teil von den Schülern selbst erstellt werden.

Erzählen und erzählen lassen. Das menschliche Gehirn scheint für die Aufnahme und Verarbeitung von Geschichten prädestiniert zu sein. Im herkömmlichen naturwissenschaftlichen Unterricht wird dieser Form des Lernens noch viel zu wenig Platz eingeräumt. Dabei hält die moderne Biologie in der Immunbiologie (Jenner), der Mikrobiologie (Flemming), der Photosynthese (Priestley) oder in zahlreichen Fallbeispielen der Neurobiologie spannende Entdeckungsgeschichten bereit. Eine weitere Möglichkeit sind „Phantasiegeschichten" im naturwissenschaftlichen Unterricht (vgl. Bohn 2002) wie z. B. die Erzählung der Lichtreaktion der Fotosynthese in Form einer Fantasiegeschichte über die Reise des Photons „Quirky" darstellen.

Last but not least kann man auch die Bilderwelt von Hollywood-Spielfilmen in den naturwissenschaftlichen Unterricht integrieren. Die Beschreibung der *Matrix* im gleichnamigen Film bietet sich beispielsweise zur Besprechung von Neuro-/Sinnesphysiologie und deren erkenntnistheoretischer Dimensionen an. Ein Film wie *Gattaca,* der die möglichen negativen gesellschaftlichen Konsequenzen der modernen genetischen Screening- und Reproduktionstechnologien sehr plastisch und (leider) durchaus realistisch darstellt, kann auch einmal komplett im Unterricht angeschaut und besprochen werden.

Gelassenheit bei der Fehlerkorrektur. Selbstverständlich wird im bilingualen Unterricht die korrekte Verwendung der Fremdsprache angestrebt. Aber aufgrund der inhalts- und mitteilungsbezogenen Kommunikation sowie des Primats des Fachunterrichts spielt sie eine weitaus geringere Rolle. Im Hinblick auf Fehler müssen Schüler und Lehrer daher Gelassenheit (nicht Gleichgültigkeit!) im Umgang mit der Fremdsprache trainieren. Taugliche Einhilfen sind das Zuflüstern von alternativen Ausdrucksweisen („Prompting"), das Präzisieren von Ausdrücken („Bridging") oder der punktuelle Rückgriff auf das Deutsche (→ Art. 24) In Überprüfungen und Klassenarbeiten empfiehlt es sich besonders bei Anfängern, durch gesteuerte Textproduktion (Lückentexte, Zuordnung bzw. Ergänzung von Teilsätzen) oder *multiple-choice*-Aufgaben die sprachlichen und z. T.

auch fachlichen Anforderungen so zu reduzieren, dass auch die weniger sprach-
begabten Schüler die Fachfragen beantworten können. Auch bei der Korrektur
ist anfangs Gelassenheit und Wohlwollen angeraten. Schon das Bemühen um
die richtige Formulierung muss manchmal belohnt werden, selbst wenn die Aus-
drucksweise noch missverständlich ist. Im zweiten oder dritten bilingualen Lernjahr kann (und sollte!) eine bilinguale Arbeit genauso anspruchsvoll und selektiv
sein wie eine deutschsprachige.

Zusammenfassung und Wiederholung in der Schulsprache. Es hat sich in
vielen Lerngruppen bewährt, nach der englischsprachigen Plateaubildung
auch immer wieder einmal eine Stunde einzubauen, in der die erarbeiteten
Fachinhalte kurz auf Deutsch präsentiert werden (→ Art. 24). Dies kann idea-
ler Weise in Form von kurzen Referaten (2–5 Minuten) durch die Schüler selbst
ausgeführt werden. Dies gibt den Schülern (insbesondere in der Anfangsphase)
Sicherheit, aber es gewährleistet auch, dass die biologischen Fachinhalte wirklich bilingual verfügbar sind und die Schüler sich in ihrer Mutter- oder Schulsprache nicht „sprachlos" fühlen. Ganz nebenbei erfüllt es auch den Zweck,
die „Durchlässigkeit" eines bilingualen Angebotes zu gewährleisten. Denn es
kann immer der Fall eintreten, dass ein Schüler einen bilingualen Kurs wieder
verlassen muss.

Zusammenfassung und Ausblick

Die stetige Entwicklung und Etablierung des englischsprachigen Biologieunterrichts an deutschen Schulen ist ein Paradebeispiel für eine gelungene Unter-
richts- und Schulentwicklung (→ Art. 7). Es hat sich gezeigt, dass englischsprachiger Biologieunterricht nicht nur didaktisch überzeugend begründbar ist, sondern
auch klar definierbare unterrichtsmethodische und didaktische Prinzipien existieren, die als Leitlinien für erfolgreichen Unterricht dienen können. Der englischsprachige Biologieunterricht ist zumindest im gymnasialen Bereich dabei,
sich zu einem stark nachgefragten Unterrichtsangebot zu entwickeln.

Vor diesem Hintergrund ergeben sich jedoch neue Herausforderungen. Zum
einen muss die Leistungsfähigkeit des englischsprachigen Biologieunterrichts
mit Bezug auf die Vermittlung von Sachfachkompetenz besser untersucht werden (s. oben). Darüber hinaus müssen Studienseminare und Universitäten Wege
finden, die Ausbildung von Studierenden mit der Fächerkombination Biologie
und einer Fremdsprache zu verbessern und stärker auf eine spätere Tätigkeit an
einem englisch- oder fremdsprachigen, naturwissenschaftlichen Zweig auszu-
richten.

Last but not least sollte die Fächerprogression sowie die Passung von Fremd-
sprach- und Sachfachcurricula überdacht werden (→ Art. 7). Wenn der englischsprachige Fachunterricht künftig an immer mehr Schulen zum Regelangebot
wird und der Englischunterricht in der Grundschule und den ersten Jahren der

Sekundarstufe I intensiviert wird, sollte es die Möglichkeit geben, die Belegung von CLIL-Fächern zu ermöglichen und dafür die Stundenzahl im Fremdsprachenunterricht zu reduzieren. Auf diese Weise könnte man es primär naturwissenschaftlich ausgerichteten CLIL-Schülern ermöglichen, mehr mathematisch-informatische und naturwissenschaftliche Fächer zu belegen. Davon könnten sowohl der fremdsprachliche Unterricht als auch die naturwissenschaftlichen Fächer profitieren.

Literatur
Bohn, Matthias (2002): Biologie bilingual: ein Oberstufenprojekt. In: Claudia Finkbeiner (Hrsg.): Bilingualer Unterricht. Lehren und Lernen in zwei Sprachen. Hannover, 23–31.
Bohn, Matthias (2007a): Bi(o)-Lingual: Die Zukunft des Biologieunterrichts ist zweisprachig (Editorial für *Biologie in unserer Zeit*, Ausgabe 4, 2007).
Bohn, Matthias (2007b): Nimm Zwei: Biologie auf Englisch (*What's New*, Autumn 2007, Cornelsen, 3–5, online: http://www.cornelsen.de/teachweb/1.c.1295620.de).
Bohn, Matthias (2008): Didaktische, methodische und organisatorische Herausforderungen auf dem Weg zum bilingualen Biologieunterricht der Zukunft. In: Annette Scheersoi/ Hans P. Klein (Hrsg.): *Bilingualer Biologieunterricht*. Aachen, 25–47.
Bohn, Matthias/Doff, Sabine (2010): Biologie bilingual: Die Perspektive der Unterrichtspraxis. In: Sabine Doff (Hrsg.): *Bilingualer Sachfachunterricht in der Sekundarstufe*. Tübingen, 72–88.
Bohn, Matthias (2011): Zehn Fragen zum bilingualen Biologieunterricht. In: *Unterricht Biologie* 367/368, 7–8.
Bonnet, Andreas (1999): Begriffliches Lernen im bilingualen Unterricht Chemie. In: *Englisch*, 34 (1), 3–8.
Bonnet, Andreas (2002): 47 % – Das Spracherwerbspotenzial englischsprachigen Chemieunterrichts. In: Gerhard Bach/Stephan Breidbach/Dieter Wolff (Hrsg.): *Bilingualer Sachfachunterricht*. Frankfurt/M., 125–139.
Bredenbröker, Winfried (2002): Förderung der fremdsprachlichen Kompetenz durch bilingualen Sachfachunterricht: Empirische Untersuchungen. In: Stephan Breidbach/Gerhard Bach/Dieter Wolf (Hrsg.): *Bilingualer Sachfachunterricht: Didaktik, Lehrer-/Lernerforschung und Bildungspolitik zwischen Theorie und Empirie*. Frankfurt/M., 141–149.
Buchinger, Irene/Bohn, Matthias (2007): Bilingualer Unterricht: Didaktische und methodische Herausforderungen aus der Sicht der Praktiker (*What's New*, Autumn 2007, Cornelsen, 1–4, online: http://www.cornelsen.de/teachweb/1.c.1295606.de).
Deschner, Ina (2006): Wie gelingt die Förderung der Kommunikationsfähigkeit im bilingualen Biologieunterricht, Evaluation einer Unterrichtseinheit zur Fotosynthese im 8. Schuljahr. http://www.europaschulen.de/fileadmin/evaluationen/05_06/Evaluation%20NBS%20 R%F6dermark%202005-06.pdf [01.11.2012].
Finn, Alke (2012): *Bio bilingual: Entwicklung und Durchführung eines Unterrichtskonzepts zu bilingualem Unterricht*. Marburg.
Kandel, Eric (2006): *In Search of Memory: The Emergence of a New Science of Mind*. London.
Klieme, Eckhard u.a. (2008): „Unterricht und Kompetenzerwerb in Deutsch und Englisch – Zentrale Befunde der Studie Deutsch-Englisch-Schülerleistungen-International (DESI)", Deutsches Institut für Internationale Pädagogische Forschung.
KMK = Sekretariat der Ständigen Konferenz der Kultusminister der Länder der Bundesrepublik Deutschland (2006): „Konzepte für den bilingualen Unterricht – Erfahrungsbericht und Vorschläge zur Weiterentwicklung", Bericht des Schulausschusses vom 10.04.2006.
Koch, Angela (2005): *Bilingualer naturwissenschaftlicher Anfangsunterricht: Entwicklung – Erprobung – Evaluation*. Dissertation, Kiel.

Koch, Angela/Bünder, Wolfgang (2008): Bilingualer Unterricht in den Naturwissenschaften: Didaktische Begründungen und unterrichtspraktische Beispiele. In: *Der mathematische und naturwissenschaftliche Unterricht* 61 (1), 4–11.

Kondring, Birgit/Ewig, Michael (2005): Aspekte der Leistungsmessung im bilingualen Biologieunterricht. In: *Berichte des Institutes für Didaktik der Biologie der Westfälischen Wilhelms-Universität Münster*, IDB Münster, 14, 49–62.

Krashen S. (1985): *The Input Hypothesis: Issues and Implications.* London.

Leisen, Josef (2005): Wechsel der Darstellungsformen: Ein Unterrichtsprinzip für alle Fächer. In: *Der fremdsprachliche Unterricht: Englisch* 78/39, 9–11.

Lightbown, Patsy/Spada, Nina (1999*): How Languages are Learned.* Oxford.

Milner, Brena/Squire, Larry R./Kandel, Eric (1998): Cognitive neuroscience and the study of memory: Review. In: *Neuron* 20, 445–468.

Osterhage, Sven (2007): Sachfachkönnen (*scientific literacy*) bilingual und monolingual unterrichteter Biologieschüler: ein Kompetenzvergleich. In: Daniela Caspari/Wolfgang Hallet/Anke Wegner/Wolfgang Zydatiß (Hrsg.): *Bilingualer Unterricht macht Schule. Beiträge aus der Praxisforschung.* Frankfurt/M., 41 – 50.

Richter, Renate/Zimmermann, Marianne (2003): Biology: Und es geht doch: Naturwissenschaftlicher Unterricht auf Englisch. In: Manfred Wildhage/Edgar Otten (Hrsg.): *Praxis des bilingualen Unterrichts.* Berlin, 116–146.

Richter, Renate/Reischauer, Dirk (2004): Sicherungsmethoden im bilingualen Biologieunterricht. In: *Unterricht Biologie* 28(297/298), 20-seitige Beilage.

Spitzer, Manfred (2003): Gehirnforschung und das Lernen Erwachsener: Langsam aber sicher. In: *DIE Zeitschrift für Erwachsenenbildung* 3, 38–40.

Spitzer, Manfred (²2007): *Lernen: Gehirnforschung und die Schule des Lebens.* Heidelberg, Berlin.

Weitzel Holger (2004): Welche Bedeutung haben vorunterrichtliche Vorstellungen für das Lernen? In: Ulrike Spörhase-Eichmann/Wolfgang Ruppert (Hrsg.): *Biologie-Didaktik: Praxishandbuch für die Sekundarstufe I und II.* Berlin, 75–96.

Matthias Bohn

41 Chemie

Anfängliche Zweifel hinsichtlich der Eignung des Fachs Chemie für den Bilingualen Unterricht gelten heute als erledigt. Vielmehr wird dem bilingualen Chemieunterricht bestätigt, dass sowohl das Sprachlernen als auch das Fachlernen davon profitieren. Ebenso wurde plausibel gemacht, dass im bilingualen Chemieunterricht interkulturelles Lernen stattfinden kann (Bonnet 2004), und Hallets *Bilingual Triangle* (Hallet 1998) wurde als inhaltsbezogenes Planungsinstrument für den Bilingualen Unterricht auch chemiespezifisch konkretisiert (Bohrmann-Linde 2012; → Art. 28). Als Zielperspektive für bilingualen Chemieunterricht lässt sich eine mehrsprachige *scientific literacy* formulieren (Hallet 2007). Das Konzept der *scientific literacy* ist bereits in den Bildungsstandards für das Fach Chemie realisiert. Diese können als zentrales Begründungsparadigma für den bilingualen Chemieunterricht angesehen werden (ebd.). Die darin aufgeführten Kompetenzbereiche Fachwissen, Erkenntnisgewinnung, Kommunikation und Bewertung sind allerdings mit Blick auf deutschsprachigen Chemieunterricht konkretisiert. Ein fremdsprachig als *conceptual knowledge, methodology and negotiation of meaning, communication und evaluation across/between cultures* gedachtes Analogon (vgl. u. a. Bonnet/Breidbach/Hallet 2003 und Hallet 2007), das zudem die Konkretisierungsebenen und Aufgabenbeispiele auf bilingualen Chemieunterricht zuschneidet und genauer ausdifferenziert, könnte zukünftig eine wichtige bildungstheoretische Grundlage sein (→ Art. 3, 18).

Verbreitung von bilingualem Chemieunterricht und offizielle Zielsetzungen

Die Entwicklung und Verbreitung von bilingualem Chemieunterricht steckt noch in den Kinderschuhen. Laut der aktuell verfügbaren Daten des Sekretariats der KMK (Abbildung des Sachstands im Schuljahr 2004/2005) ist bilingualer naturwissenschaftlicher Unterricht hauptsächlich auf das Fach Biologie beschränkt, Chemie wurde nur in den Bundesländern Brandenburg, Hamburg und Sachsen-Anhalt angeboten (KMK 2006). Aktuellsten Daten für die Gymnasien des Bundeslandes Nordrhein-Westfalen zufolge (http//www.bilingual-ag-nrw.de) liegt die Zahl der Gymnasien mit bilingualem Angebot bei 109, darunter bietet lediglich 1 Gymnasium das Fach Chemie an, keines das Fach Physik, 19 hingegen das Fach Biologie. Die angeführten Zahlen beziehen sich auf fest im Schulprogramm verankerte bilinguale Angebote. Die Lage in anderen Bundesländern ist ähnlich.

Dass aber eine Verbreitung des bilingualen Angebots über die traditionell gewählten gesellschaftswissenschaftlichen Fächer hinaus von offizieller Stelle gewollt ist, wird zum Beispiel durch das Programm ‚Bilingual für alle‘ deutlich. In diesem Sinne beschreibt das Schulministerium Nordrhein-Westfalen für Bilingualen Unterricht in der Sekundarstufe I: „In allen Sachfächern kann phasenweise bilingualer Unterricht in Modulform angeboten werden“, und darüber hinaus: „Auch außerhalb bilingualer Bildungsgänge kann ab Klasse 9, in Gymnasien ab Klasse 8, Unterricht in Sachfächern auf Beschluss der Schulkonferenz vollständig oder zeitlich begrenzt bilingual erteilt werden. Für eine erhöhte Stundenzahl im Sachfach kann die Schule eine Stunde des Unterrichts der jeweiligen Fremdsprache verwenden.“ (http://www.schulministerium.nrw.de/BP/Unterricht/Faecher/BilingualerUnterricht/index.html [25.05.2012])

Lehrkräfte, Unterrichtsformen, Lehr- und Lernarrangements

Aufgrund der äußerst dünnen Personaldecke an Lehrkräften mit der Doppelfakultas Englisch/Chemie wird bilingualer Chemieunterricht auch von Chemielehrerinnen und -lehrern angeboten, die bedingt durch ihre jeweils spezielle Biografie eine hohe Affinität zur Fremdsprache erworben haben und diese in ihre Unterrichtsangebote einfließen lassen können. Eine kleinere weitere Gruppe stellen fortgebildete Chemielehrer dar.

Die folgenden Ausführungen gehen auf eine Analyse von 18 zwischen 1985 und 2011 veröffentlichten Zeitschriftenartikeln zum Thema bilingualer Chemieunterricht zurück. Die Artikel sind in fachdidaktischen und sprachdidaktischen

Zeitschriften erschienen. Es wird deutlich, dass bilingualer Chemieunterricht im Wesentlichen auf gymnasialer Ebene und mehrheitlich in der Sekundarstufe I durchgeführt wird, grundsätzlich unter Verwendung der Fremdsprache Englisch. Die meisten der Artikel wurden von Lehrkräften mit Doppelfakultas veröffentlicht, 4 berichten über *team teaching* und einer von einer bilingualen Unterrichtseinheit, die von Fachlehrerinnen mit besonders guten Fremdsprachenkenntnissen durchgeführt wurde. In den Artikeln werden überwiegend Module im Stundenumfang zwischen 3 und 23 Stunden angeführt bzw. detailliert vorgestellt, grundsätzlich handelte es sich dabei um Unterricht mit praktisch durchgeführten Experimenten.

Einerseits wurde, wie auch beim Bilingualen Unterricht in anderen Sachfächern, die Fremdsprache im Chemieunterricht verwendet (z.B. Rittersbacher 2006, Bohrmann-Linde/Köhne 2010), andererseits wurden einfache chemische Experimente in den Englischunterricht, zum Teil als Ersatz für Literaturunterricht, integriert (z.B. Wiskamp/Grieshober-Treber 2002). Eine weitere Variante bestand darin, sowohl den Englischunterricht als auch den Chemieunterricht für bilingualen Chemieunterricht zu nutzen (z.B. Bonnet 1997), wobei die Englischstunden darauf verwendet wurden, die Schüler zum Teil durch einfache Experimente mit der neuen Unterrichtssituation vertraut zu machen, erstes Fachvokabular einzuführen bzw. erste Texte zum Thema oder Versuchsanleitungen zu besprechen, während im Chemieunterricht die Experimentier- und Auswertungsphasen stattfanden. Bonnet führt im Zusammenhang einer mehrteiligen Analyse seiner 23-stündigen Unterrichtssequenz an einer Hamburger Schule die Definition einer Unterrichtsform *basic science* ein: „naturwissenschaftlicher [*bilingualer*] Unterricht, der vom Anspruchsniveau deutlich unter dem Niveau des regulären Chemieunterrichts steht. Er setzt voraus, dass das Behandelte zwar in der Sache neu ist, in der intellektuellen Durchdringbarkeit mit Fachvorstellungen und Fachbegriffen aber leicht zu bewältigen ist." (Bonnet 2005: 7)

Eine weitere Variante bestand letztlich in der Gestaltung einer freiwilligen nachmittäglichen Arbeitsgemeinschaft ‚*Science Club*' für die Orientierungsstufe (Koch/Bünder 2008), die über zwei Schuljahre hinweg angeboten wurde.

Erfahrungsbasierte Befunde zu bilingualem Chemieunterricht

In seiner Dissertation konstatiert Bonnet hinsichtlich des Versuchs, die Situation des Faches Chemie im Bilingualen Unterricht allgemein gültig abbilden zu wollen: „Ein solches Unterfangen wäre im Übrigen schnell abgeschlossen, da dieser Unterricht de facto nahezu nicht vorhanden ist." (Bonnet 2004: 157) Daran hat sich grundsätzlich wenig geändert. Dennoch seien im Folgenden aus den genannten Publikationen, die Reflexionen eigener Unterrichtspraxis bzw. Fragebögen-Ergebnisse ausschnittweise wiedergeben, einige als allgemeingültig einstufbare Befunde zum bilingualen Chemieunterricht extrahiert. (Bei den im Folgenden angeführten Quellen handelt es sich aus Platzgründen um Beispie-

le, in denen die genannten Aspekte thematisiert werden. Die Aufzählung ist ausdrücklich nicht ausschließlich gedacht.)

▸ Im bilingualen Chemieunterricht ist das sprachliche Lernen in authentische
Kommunikationsanlässe und psychomotorische Aktivitäten eingebettet. Es
kommt zu einem mehrfachen *binding* (Umsetzung von gesprochener Sprache
in Handlung und umgekehrt bei der Kommunikation während der Durchführung eines Experiments, ferner Umsetzung von Text in Handlung und umgekehrt bei der Durchführung von Experimenten nach einer Versuchsvorschrift
und dem Verfassen von Protokollen) (Bonnet 1998).

▸ Die Schüler sind in den bilingualen Phasen aufmerksamer und konzentrierter.
Dies liegt unter anderem daran, dass im bilingualen Chemieunterricht eine
lexikalische Vorentlastung nur selten möglich ist und die Lernenden doppelt
gefordert sind, da gleichzeitig fachliches und sprachliches Wissen erworben
werden müssen (Hülden/Kurtz 2003). Der hohe inhaltliche Anspruch und die
Sprachproduktion in der Fremdsprache sind nicht immer gleichzeitig gut zu
bewältigen, wodurch es zu Wortstellungsfehlern und anderen grammatikali-
schen Schwächen kommen kann (Hegerfeld 2006).

▸ Motivationale Synergieeffekte: Bilingualer Chemieunterricht spricht eine
größere Gruppe von Schülerinnen und Schülern an, die für das Fach Motivierten und die für die Sprache Motivierten (Klingauf 2002, Bohrmann-Linde/
Köhne 2010). Zudem kommt es zu einem Aufbrechen herkömmlichen Rollen-
verhaltens zugunsten neuer Kooperations- und Kommunikationsformen (Rittersbacher 2006).

▸ Im bilingualen Chemieunterricht können, insbesondere während der experimentellen Tätigkeit, viele alltagsrelevante Begriffe gelernt werden, die im
Englischunterricht nicht vermittelt werden. Diese Tatsache muss den Schülerinnen und Schülern allerdings erst bewusst gemacht werden (Bonnet 1999,
Bohrmann-Linde 2008).

▸ Code-Switching (→ Art. 24): Außer bei sozialen Problemen und in emotionalen
Situationen ist ein Wechsel in die Schulsprache bzw. die Muttersprache häufig ein Symptom für fachliche Hürden. In diesem Fall bricht das Gespräch zusammen, da der Wechsel in die Muttersprache keinen Qualitätssprung in der
Verbalisierung sachfachlicher Inhalte bewirkt: „nicht die englischen, sondern
die *chemischen* Vokabeln saßen nicht – die Begriffe waren inhaltsleer" (Hegerfeld 2006: 39).

▸ Die erhöhte Aufmerksamkeit auf sprachliche Lernprozesse und Verständnis-
schwierigkeiten führt bei Lernenden und Lehrenden zu einer Sensibilisierung
für die und Reflexion der stattfindenden Lernprozesse (Koch/Bünder 2008).

▸ Explizite Spracharbeit ist im bilingualen Chemieunterricht – wie auch im monolingualen Chemieunterricht, in dem sie aber häufig vernachlässigt wird –
phasenweise unabdingbar und akzeptiert: „Mit Englisch als Unterrichtsmedium jedoch ist die Begriffsklärung notwendig, um das Gespräch fortsetzen zu

können. Was in der Muttersprache als überflüssiger Umweg empfunden wird, ist in der Fremdsprache notwendiger Bestandteil des Weges zum inhaltlichen Ziel" (Bonnet 2005: 25 f.). Spracharbeit sollte aber so weit wie möglich funktionell ausgerichtet und kontextuell eingebettet sein (Hülden/Kurtz 2003).

▸ Die fremde Sprache schafft einen neuen Zugang zum fachlichen Gegenstand und macht Unklarheiten deutlich, die durch verstanden geglaubte Termini aus der Alltagssprache nicht deutlich geworden wären. „Während muttersprachliche Lerner erst mühsam eine Trennung zwischen der alltagssprachlichen und der wissenschaftlichen Verwendung eines Begriffs vornehmen müssen, können bilinguale Lerner die Begriffe unvorbelastet füllen und bringen bei der anschließenden Rückübertragung in die Muttersprache ein präziseres Begriffsverständnis mit." (Hegerfeldt 2006: 40)

▸ Die Reflexion über die verwendete Sprache und eine Umwälzung der Begriffe führt zu einer vertieften Auseinandersetzung mit der chemischen Fachsprache. Insgesamt profitiert das sachfachliche Lernen und bilingualer Chemieunterricht kann zu einer größeren sachfachlichen Kompetenz beitragen (Bonnet 1999, 2005, Bohrmann-Linde/Köhne 2010).

▸ Zur Methodik besteht Konsens darüber, dass kooperative Lernformen im bilingualen Chemieunterricht lernwirksam sind und einen breiten Platz einnehmen sollten und dass ein Wechsel der Repräsentationsformen und deren Reflexion ein notwendiges Mittel sind, was im Chemieunterricht durch die vielfältigen Darstellungsweisen der Materie in Form verschiedener Modelle und Strukturdarstellungen sowie die verbalen Beschreibungen von Reaktionen und ihrer komprimierten Darstellung in Form von Reaktionsgleichungen par excellence gegeben ist (Koch/Bünder 2008; → Art. 21).

Forschung zum bilingualen Chemieunterricht

Bilingualer Chemieunterricht ist derzeit aufgrund seiner geringen Verbreitung und einer damit einhergehenden kleinen Induktionsbasis ein wenig beforschtes Feld. So existieren bisher lediglich zwei Dissertationen. Angela Koch untersucht in ihrer Dissertation den sachfachlichen Lernzuwachs monolingual und bilingual instruierter Schüler einer Naturwissenschafts-AG in der Unterstufe anhand ausführlicher Analysen von *concept maps* (Koch 2005).

Die Dissertation von Andreas Bonnet hat den Kompetenzerwerb im bilingualen Chemieunterricht am Ende der Sekundarstufe I zum Gegenstand (Bonnet 2004). Insgesamt wird in der Arbeit der Begriff der naturwissenschaftlichen Kompetenz diskutiert und empirisch die Rolle der Interaktion beim Erwerb chemischer Kompetenz aus verschiedenen Blickwinkeln beleuchtet. Bonnets Arbeit ist für die Entwicklung einer Didaktik für den bilingualen Chemieunterricht wegweisend, da hier grundlegende Modelle zum Kompetenzerwerb aufgestellt werden, die auf bilingualen Chemieunterricht anwendbar sind (Genaueres siehe Bonnet 2004).

Einen weiteren Beitrag stellen die Aktivitäten im Rahmen des Forschungspro-
jekts ‚BiChem' aus der Chemiedidaktik der Bergischen Universität Wuppertal
dar, innerhalb dessen in Kooperation mit einem Partner-Gymnasium Materialien für den bilingualen Chemieunterricht entwickelt, getestet und optimiert
werden.

Materialien für den bilingualen Chemieunterricht

Wenngleich es eine fast unendliche Menge englischsprachiger Materialien zu
chemischen Themen und viele englische Schulbücher gibt, so sind die wenigsten
direkt einsetzbar, da sie nicht mit deutschen Fachcurricula kompatibel sind. Für
einen zeitgemäßen Chemieunterricht, der Kontexte und Fachsystematik didaktisch integriert, einzelne Lernbausteine auf konstruktivistischen Lernzyklen basierend gestaltet und das Experiment als Ausgangspunkt für Erkenntnisgewinn
und Kompetenzerwerb einsetzt (wie für monolingualen Chemieunterricht z. B.
im Lehrwerk *Chemie 2000+* Tausch/von Wachtendonk 2007 realisiert), bieten sie
eher Hintergrundinformation und Hilfe beim Zusammenstellen des jeweils erforderlichen Wortschatzes. Dennoch bietet ein Vergleich deutscher und englischsprachiger Schulbücher bereits eine interkulturelle Erfahrung bezüglich der Ver-
mittlungsweisen von Chemie (→ Art. 27, 28).

Die aufwendige Erstellung von Materialien obliegt also den Lehrkräften selbst.
Einige der bisher erstellten Materialien sind öffentlich zugänglich, z. B. Arbeitsblätter zu den Themen Alkalimetalle (Klingauf/Lüpke 2007) oder zukunftssichere Energieversorgung (Bohrmann-Linde 2011), viele Experimentiervorschriften
zu allen Sachgebieten der Chemie über eine Homepage von Hans-Jürgen Jäger
(http://www.bilingual-chemie.de) oder Print- und Elektronikmaterialien über die
Homepage des Projekts ‚*BiChem* – Bilingualer Chemieunterricht' (http://www.
chemiedidaktik.uni-wuppertal.de; über das Homepage-Angebot hinausgehende Materialien sind bei der Autorin erhältlich).

Bei den ‚BiChem'-Materialien handelt es sich um Arbeitsblätter in Form von
Glossaren zu bestimmten Wortfeldern mit den deutschen und englischen Fachbegriffen und Beispielsätzen, Experimentiervorschriften mit Auswertungsfragen
und Informationstexten mit Arbeitsanweisungen, die immer auch Vokabelhilfen
enthalten. Weiterhin wurden unterschiedlich komplexe interaktive *Flash*-Bau-
steine (z. B. zu den Themen Natriumchlorid-Synthese, Eigenschaften von Wasser,
Löslichkeit, Periodensystem) bilingual ausgerichtet und mit Vokabellisten sowie
kontextbezogenen Beispielsätzen versehen, die für die explizite Spracharbeit
eingesetzt werden können. Eine neue Generation von interaktiven *Flash*-Bau-
steinen stellt die Animation zum Thema ‚*Acids and Alkalis*' für das 3. Lernjahr
Chemie dar. Der Baustein trägt dem für bilingualen Chemieunterricht geforderten reflexiven Sprachgebrauch Rechnung. Er enthält auch ausdruckbare Arbeitsblätter in deutscher und englischer Variante, mit in der Regel in Kommunikation
mit einem Partner zu lösenden Aufgaben zur Betrachtung und Umwälzung der

Fachbegriffe. Die Arbeitsblätter sind differenziert nach rezeptivem und produktivem Sprachgebrauch, sodass die Fachinhalte von Lernern mit verschieden ausgeprägten Sprachkompetenzen gefestigt werden können.

Perspektiven und Desiderate

Neben der Materialentwicklung besteht eine wichtige Entwicklungslinie darin, dass eine Ausdehnung von bilingualem Chemieunterricht auf alle weiterführenden Schulformen angestrebt wird. Dies wird realisierbar sein, wenn die zukünftigen und praktizierenden Lehrkräfte entsprechend aus- und weitergebildet werden. Kurzfristig können Lehrerfortbildungsangebote und eine weitere Vernetzung von Lehrkräften diesem Ziel dienen. Für eine nachhaltige Entwicklung ist aber die Implementierung von Studiengängen, die auf bilinguales Lehren ausgerichtet sind und aus denen heraus auch weitere Forschung zum bilingualen Chemieunterricht wachsen kann, unverzichtbar.

Literatur

Bohrmann-Linde, Claudia (2008): Getting Started. Einstiege in den bilingualen Chemieunterricht. In: *Praxis der Naturwissenschaften – Chemie in der Schule* 57 (7), 43–49.

Bohrmann-Linde, Claudia (2011): Here comes the sun. Ein Stationenlernen zum Thema zukunftssichere Energieversorgung im bilingualen Chemieunterricht. In: *Naturwissenschaften im Unterricht Chemie* 22 (121), 22–28.

Bohrmann-Linde, Claudia (2012): Auf dem Weg zu einer Fachdidaktik Bilingualer Chemieunterricht. In: Bärbel Diehr/Lars Schmelter (Hrsg.): *Bilingualen Unterricht weiterdenken – Programme, Positionen, Perspektiven.* Frankfurt/M.,183 – 200.

Bohrmann-Linde, Claudia/Köhne, Thorsten (2010): ‚You can't – was heißt trennen? – these particles' und es geht doch: bilingualer Chemieunterricht. In: *Praxis der Naturwissenschaften-Chemie in der Schule* 59 (7), 45–48.

Bonnet, Andreas (1997): Do they really burn …? Chemie im Englischunterricht. In: *Englisch* 32 (1), 13–19.

Bonnet, Andreas (1998): Can I have Klebeband? Handlungsorientierung des bilingualen Unterrichts im Fach Chemie. In: *Englisch* 33 (4), 122–139.

Bonnet, Andreas (1999): Night Lights, Vinegar and Baking Powder. Basic Science im Englischunterricht. In: *Englisch* 34 (2), 45–53.

Bonnet, Andreas (2004): *Chemie im bilingualen Unterricht: Kompetenzerwerb durch Interaktion.* (Dissertation) Opladen.

Bonnet, Andreas (2005): Was kann Bilingualer Unterricht zum Verstehen von Chemie beitragen? In: *chimica didactica* 31 (96), 6–28.

Bonnet, Andreas/Breidbach, Stephan/Hallet, Wolfgang (2003): Fremdsprachlich handeln im Sachfach: Bilinguale Lernkontexte. In: Gerhard Bach/Johannes-Peter Timm (Hrsg.): *Englischunterricht.* Tübingen, 172–196.

Hallet, Wolfgang (1998): The Bilingual Triangle – Überlegungen zu einer Didaktik des bilingualen Sachfachunterrichts. In: *Praxis des neusprachlichen Unterrichts,* 45 (2), 115–125.

Hallet, Wolfgang (2007): Scientific Literacy und Bilingualer Sachfachunterricht. In: Claus Gnutzmann (Koord.): *Fremdsprache als Arbeitssprache in Schule und Studium. Fremdsprachen lehren und lernen,* 36, 95–110.

Hegerfeldt, Anne (2006): Die Fremdsprache im Anfangsunterricht Chemie. In: *Praxis Fremdsprachenunterricht,* 6, 36–41.

Hülden, Frank/Kurtz, Jürgen (2003): Zum Zusammenspiel von fachbezogenem und sprachbezogenem Lernen in einem bilingualen Modul im Fach Chemie. In: *Englisch* 3, 89–96.

Klingauf, Meike (2002): Chemie auf Englisch. Bilingualer Unterricht in einem ungewöhnlichen Sachfach. In: Claudia Finkbeiner (Hrsg.) (2002): *Bilingualer Unterricht: Lehren und Lernen in zwei Sprachen*. Hannover, 49–61.

Klingauf, Meike/Lüpke, Dorothea (2007): Alkali Metals Go Bilingual. In: *Naturwissenschaften im Unterricht Chemie* 18 (98), 30–38.

KMK = Sekretariat der Ständigen Konferenz der Kultusminister der Länder in der Bundesrepublik Deutschland (Hrsg.) 2006: Konzepte für den bilingualen Unterricht – Erfahrungsbericht und Vorschläge zur Weiterentwicklung. http://www.kmk.org/fileadmin/veroeffentlichungen_beschluesse/2006/2006_04_10-Konzepte-bilingualer-Unterricht.pdf [25. 05. 2012].

Koch, Angela (2005): *Bilingualer naturwissenschaftlicher Anfangsunterricht: Entwicklung – Erprobung – Evaluation*. (Dissertation) Kiel. (Online: http://eldiss.uni-kiel.de/macau/receive/dissertation_diss_00001531 [25. 05. 2012].)

Koch, Angela/Bünder, Wolfgang (2008): Bilingualer Unterricht in den Naturwissenschaften – didaktische Begründungen und unterrichtspraktische Beispiele. In: *Der mathematisch-naturwissenschaftliche Unterricht* 61 (1), 4–11.

Rittersbacher, Christa (2006): We're doing science. Bilingualer Sachfachunterricht an der Realschule. In: *Praxis Fremdsprachenunterricht* 6, 31–35.

Tausch, Michael/von Wachtendonk, Magdalene (Hrsg.) (2007): *Chemie 2000+ Sekundarstufe II*. Bamberg.

Wiskamp, Volker/Grieshober-Treber, Erika (2002): Properties of Matter – ein Thema im Englischunterricht. In: *Chemie & Schule* 17 (1), 21–23.

Claudia Bohrmann-Linde

42 Physik

Der bilinguale Physikunterricht in Deutschland

Der bilinguale Physikunterricht in Deutschland führt ein zahlenmäßig bescheidenes Dasein, das nicht einmal in verlässlichen Zahlen erfasst ist. Recherchen im Internet, die in Ermangelung statistischer Erhebungen durchgeführt wurden, zeigen, dass es in vielen Bundesländern vereinzelt Schulen – überwiegend Gymnasien – gibt, die ein bilinguales Angebot in Physik unterbreiten, zumindest in ihrem Schulprofil damit werben. Selten handelt es sich hier um einen durchgängigen Physikunterricht in der Fremdsprache, meistens sind es einzelne Themengebiete (z. B. Optik) oder es sind bilinguale Zusatzangebote. Der Hauptgrund liegt zum einen in der Entwicklungsgeschichte des Bilingualen Unterrichts in Deutschland, der von den gesellschaftlichen Fächern ausging, und zum anderen im Fehlen entsprechend ausgebildeter Lehrkräfte. Die Fächerkombination moderne Fremdsprache und Physik kommt sehr selten vor. Die Gründe liegen im Wahlverhalten der Studierenden und in der Bevorzugung physikaffiner Fächerkombinationen. Es gibt aber auch strukturelle Gründe. So ist in Bayern das gymnasiale Lehramt im Fach Physik nur in Kombination mit dem Fach Mathematik möglich.

Will man den bilingualen Physikunterricht legitimieren, muss man sich mit der Situation, der Akzeptanz, dem Image und der Wirkung des Physikunterrichts auf Lernende auseinandersetzen. Der bilinguale Physikunterricht muss unter anderen und sprachlich erschwerten Bedingungen das liefern, was guter Physikunterricht leisten sollte. Eine auf der Folie einschlägiger Untersuchungen sehr herausfordernde Aufgabe.

Physik ist mit hoher Geschlechterdifferenz das mit Abstand unbeliebteste Unterrichtsfach. In einer Stichprobe nennen 25 % der Jungen und 61 % der Mädchen Physik als das unbeliebteste Fach (vgl. Muckenfuß 1995: 43). Nach Untersuchungen (vgl. Häußler u. a. 1998) gibt es drei Typen von Physiklernern:

▸ Typ A mit 13 % ist meist ein Junge mit guten Physikleistungen, hat ein hohes Könnensbewusstsein für Physik, hat keine inhaltlichen Präferenzen und ist an allem interessiert, was der Physikunterricht bietet.

▸ Typ B mit 50 % und gleich vielen Jungen wie Mädchen hat Noten im mittleren Bereich, zeigt Interesse für die praktische Seite der Physik, die zum Nutzen der Menschen da ist. Physik um der Physik willen zu lernen steht nicht im Zentrum des Interesses.

▸ Typ C mit 37 % ist meist ein Mädchen mit schlechten Noten in Physik, hat kein Könnensbewusstsein für Physik entwickelt, interessiert sich nur temporär für Physik, wenn es persönlich bedeutsam ist, z.B. Physik und Medizin, Naturerscheinungen.

Wird Physik beliebter und leichter, wenn es bilingual unterrichtet wird? Der Logik folgend müsste das Physiklernen im bilingualen Physikunterricht noch schwerer sein, weil zu den inhaltlichen Schwierigkeiten noch die der Sprache hinzukommen. Warum sollte das Fach beliebter werden, wenn es in einer Fremdsprache unterrichtet wird und die Inhalte dennoch dieselben bleiben? Ein in Modellprojekten bekannter und oft bestätigter Effekt ist eine meist kurzfristige Motivations- und Interessenssteigerung aufgrund der Neuigkeit. Um dauerhafte Effekte zu erreichen, muss der bilinguale Physikunterricht an zwei Stellen ansetzen:

▸ Die Inhalte müssen in einen sinnstiftenden Kontext gesetzt werden, und der Unterricht muss die Lernenden in einen handelnden Umgang mit dem Wissen (Inhalten) bringen, das heißt, er muss kompetenzorientiert gestaltet sein.

▸ Der bilinguale Physikunterricht muss sprachsensibel gestaltet sein.

Kompetenzorientierung und Sprachsensibilität sind zwei Desiderate an jeden Physikunterricht. Was für den fremdsprachigen Physikunterricht gut ist, ist auch gut für den deutschsprachigen Physikunterricht. Gerade unter den besonderen und sprachlich erschwerten Bedingungen kann der bilinguale Physikunterricht dieses leisten:

▸ Die Kompetenzorientierung zusammen mit der Kontextorientierung bringt und erzwingt jene Lernsituationen, in denen Lernende fachlich und sprachlich handeln müssen.

▸ Die Sprachsensibilität ist ein bedingendes Prinzip des Fremdsprachenunterrichts, und bilingual unterrichtende Lehrkräfte wissen, dass es kein Fachlernen ohne Sprachlernen geben kann. Diese Einsicht fehlt bedauerlicherweise vielen monolingual unterrichtenden Physiklehrkräften, da sie um die Bedeutung von Sprache beim Lernen und Verstehen im Fach nicht wissen. Fremd-sprachenlehrkräfte kennen die Bedeutung eines (CALP-)Sprachbades (→ Art. 25), und sie bringen zudem das handwerkliche Können mit, um Sprachlern-prozesse im Fach auf den Weg zu bringen und sprachsensibel zu begleiten. Dem bilingualen Physikunterricht könnte deshalb das gelingen, was der mono-linguale Physikunterricht nicht erreicht, nämlich nachhaltige Akzeptanz, Inter-esse und Lernerfolg. Dabei ist der an vielen Stellen zitierte Mehrwert für das Ler-nen in der Fremdsprache nicht eingerechnet.

Die Kompetenzorientierung des bilingualen Physikunterrichts

Die Nationalen Bildungsstandards (KMK 2005) formulieren die vier Kompetenz-bereiche für alle drei Naturwissenschaften einheitlich mit je fachspezifischen Aus-prägungen. Die folgende Kompetenzmatrix gibt den gemeinsamen Kern wieder.

		Kompetenzbereiche (Naturwissenschaften)			
		Fachwissen	Erkenntnis-gewinnung	Kommunikation	Bewertung
Anforde-rungsbe-reiche	I	Fakten und einfache Sachverhalte wiedergeben	Fachmethoden nachvollziehen	einfache Sachver-halte in vorgegebe-nen Formen darstellen	Auswirkungen fachlicher Erkenntnisse benennen
	II	Wissen in einfachen Kontexten anwenden	vorgegebene Fachmethoden nutzen	vorgegebene Kommunikationsfor-men situations- und adressatengerecht einsetzen	fachliche Erkenntnisse, Standpunkte und Lösungsvorschlä-ge bewerten
	III	Wissen auf teilweise unbekannte Kontexte anwenden	Fachmethoden kombiniert und problembezogen auswählen und nutzen	Kommunikationsfor-men situations- und adressatengerecht auswählen und einsetzen	fachliche Erkenntnisse, Standpunkte und Lösungsvorschlä-ge multiperspekti-visch bewerten

Gemeinsamer Kern der Bildungsstandards in den Naturwissenschaften

Die Kompetenzbereiche geben die Breite der fachlichen und fachmethodischen Anforderungen an. Die Kompetenzstufen, auch Anforderungsbereiche genannt, beschreiben deren Tiefe.

Die Diskussion um die PISA-Studien belebte in Deutschland eine Diskussi-on über das Konzept der *scientific literacy* in Auseinandersetzung mit dem in Deutschland traditionsreichen Konzept der naturwissenschaftlichen Bildung.

Naturwissenschaftliche Bildung war in Deutschland stets geprägt durch den Bildungsbegriff im Sinne der Anregung aller Kräfte des Menschen zur Aneignung der Welt. Der Mensch bildet sich naturwissenschaftlich, indem er sich die Welt unter dem Blick der Naturwissenschaften erkennend und verstehend aneignet. Der naturwissenschaftlich gebildete Mensch muss nicht zwingend den Weg in die Welt zurückgehen, das heißt, er muss nicht in die Performanz gehen.

Das *scientific-literacy*-Konzept demgegenüber fordert die Performanz und ist auf das Handeln in der Welt ausgerichtet. *Scientific literacy* (→ Art. 18) bezeichnet die Fähigkeit,

▸ naturwissenschaftliches Wissen und grundlegende naturwissenschaftliche Konzepte anzuwenden;
▸ naturwissenschaftliche Fragestellungen zu erkennen;
▸ aus Belegen Schlussfolgerungen zu ziehen, um Entscheidungen zu verstehen und zu treffen, welche die natürliche Welt und die durch menschliches Handeln an ihr vorgenommenen Änderungen betreffen; die Fähigkeit, diese Schlüsse anderen mitzuteilen.

Unverkennbar korrespondieren die vier Kompetenzbereiche in den Nationalen Bildungsstandards mit den Kompetenzbeschreibungen des *scientific-literacy*-Konzeptes. Bonnet (2004) bezieht sich vorausschauend auf das *scientific-literacy*-Konzept. Es ist ergiebig, die vier Kompetenzbereiche fremdsprachig zu denken, so wie es Bonnet überzeugend für den Chemieunterricht tut (Bonnet 2004).

Im Kompetenzbereich ‚Fachwissen' geht es neben den Inhalten und Sachverhalten ganz besonders um physikalische Konzepte, z.B. Kraftkonzept, Energiekonzept, Spannungskonzept. Das korrespondiert mit dem Konzept „conceptual knowledge" nach Hallet (Hallet 2002; → Art. 20), nämlich der Forderung nach Integration von Sprache und Inhalt im Konzept.

Im Kompetenzbereich ‚Erkenntnisgewinnung' werden Fachmethoden genutzt, um Erkenntnisse zu generieren.

▸ *Wahrnehmen:* Beobachten und Beschreiben eines Phänomens, Erkennen einer Problemstellung, Vergegenwärtigen der Wissensbasis;
▸ *Ordnen:* Zurückführen auf und Einordnen in Bekanntes, Systematisieren;
▸ *Erklären:* Modellieren von Realität, Aufstellen von Hypothesen;
▸ *Prüfen:* Experimentieren, Auswerten, Beurteilen, kritisches Reflektieren von Hypothesen;
▸ *Modelle bilden:* Idealisieren, Beschreiben von Zusammenhängen, Verallgemeinern, Abstrahieren, Begriffe bilden, Formalisieren, Aufstellen einfacher Theorien, Transferieren;
▸ *Experimentieren:* Eingebettet in den Prozess physikalischer Erkenntnisgewinnung ist das Experimentieren als ein wesentlicher Bestandteil physikalischen Arbeitens.

Der Kompetenzbereich bringt die Lernenden unweigerlich in handelnde Situationen, die zum Versprachlichen herausfordern. Es geht in diesem Kompetenzbereich weniger um die Erkenntnisse selbst – die dem Kompetenzbereich Fachwissen zugeschrieben werden – als um den Prozess der Erkenntnisgewinnung. Erkenntnisgewinnungsprozesse sind solche des Aushandelns und des Verhandelns mit sich selbst und mit anderen in der Lerngemeinschaft. Lernen braucht den Diskurs, was Bonnet am Beispiel des Chemieunterrichts im Bereich „Methodology and Negotiation of Meaning" (Bonnet 2004) überzeugend zeigt.

Die Kompetenzbereiche ‚Fachwissen' und ‚Erkenntnisgewinnung' sind auch im Konzept der naturwissenschaftlichen Bildung unstrittig, und sie waren schon immer Gegenstand des Physikunterrichts. Für die Kompetenzbereiche ‚Kommunikation' und ‚Bewertung' gilt das jedoch nur bedingt.

Lernende müssen es nicht nur wissen, nicht nur können, sondern sie müssen auch zeigen, dass sie es können. Kompetenzen müssen in der Performanz gezeigt werden, das heißt, Wissen und Können müssen kommuniziert werden. Wissen muss im Sprachhandeln ‚versprachlicht' werden. Das kann in sehr verschiedenen Darstellungsformen geschehen (→ Art. 21). Die Kommunikation im Fach und über das Fach *(learners' own and foreign lifeworld contexts)* geschieht vorzugsweise in einem sinnstiftenden Kontext. Es müssen relevante Lernsituationen gestaltet werden, die zur ‚Sprache drängen'. Fachlernen und Sprachlernen im Fach gehen zusammen. Denn ohne das Sprachlernen im Fach gibt es auch kein Fachlernen. Sprache ist nicht vor den Inhalten da, sondern entwickelt sich gleichzeitig mit dem Lernen der Fachinhalte. Insofern kann man Fach und Sprache nicht voneinander trennen – weder fachdidaktisch noch sprachdidaktisch noch lernpsychologisch. In der Folge müssen Fachinhalte und Sprache aber auch gleichzeitig gelernt und gelehrt werden. Es geht dabei um das Lernen der Bildungssprache (CALP) im Fach (→ Art. 25). Das gilt für jeden Fachunterricht, unabhängig davon, ob er in deutscher Sprache oder der Fremdsprache erteilt wird.

Physikalische Bildung im *scientific-literacy*-Konzept muss durch ‚Bewertung' den Weg in die Welt zurückfinden. Dieser Kompetenzbereich ist nach wie vor ein Desiderat in der Praxis des Physikunterrichts. Die Kategorien ‚Fremdverstehen' und ‚Perspektivenwechsel' *(evaluation across/between cultures)* haben Eingang in den Fremdsprachenunterricht gefunden (vgl. auch Hallet 2007 sowie Bonnet/Breidbach/Hallet 2009). So muss es gelingen, physikalische Situationen auf fachliche, persönliche, gesellschaftliche Folgen und Wirkungen hin multiperspektivisch zu bewerten. Die Redemittel aus dem fremdsprachigen Unterricht stehen bereit, es müssen allein noch die fachlichen Standardsituationen durch Aufgabenstellungen geschaffen werden, die eine Bewertung evozieren. In einem kontextorientierten Unterricht aber liegen diese Situationen auf der Hand.

Die Kompetenzorientierung zusammen mit der Kontextorientierung basierend auf dem *scientific-literacy*-Konzept bringt und erzwingt jene Lernsituationen, in denen Lerner fachlich und sprachlich an Inhalten handeln müssen.

Der bilinguale Physikunterricht als sprachsensibler Physikunterricht

Der bilinguale Physikunterricht muss zwingend sprachsensibel konzipiert sein. Er bildet und fördert die Sprache an und mit den Fragestellungen des Fachs. Ihm liegen folgende Leitlinien der Sprachbildung zugrunde (→ Art. 13):

▸ Die Lernenden werden in fachlich authentische, aber bewältigbare Sprachsituationen (Sprachbad, sprachliche Standardsituationen) gebracht.

▸ Die Sprachanforderungen liegen knapp über dem individuellen Sprachvermögen (kalkulierte sprachliche Überforderung).

▸ Die Lerner erhalten so viele Sprachhilfen, wie sie zum erfolgreichen Bewältigen der Sprachsituationen benötigen (Sprachförderung, Sprachunterstützung).

Kompetenzen werden im handelnden Vollzug erworben und entwickelt. Ziel ist, sie nicht zu überfordern, sondern gezielt zu fordern und ihnen auf diese Weise beim Lernen fachliche wie sprachliche Erfolgserlebnisse zu verschaffen.

Sprachbildung entfaltet sich im bilingualen Physikunterricht an den sprachlichen Standardsituationen (→ Art. 13). Sprachlehren und Sprachlernen im bilingualen Fachunterricht müssen durch Methoden-Werkzeuge unterstützt werden. Das sind lehrergesteuerte oder schüleraktive Verfahren, Materialien, Hilfsmittel zur Unterstützung von Lehr- und Lernprozessen. Diese finden sich in der Literatur (Leisen 2010).

Literatur

Bonnet, Andreas (2004): *Chemie im bilingualen Unterricht. Kompetenzerwerb durch Interaktion.* Opladen.

Bonnet, Andreas/Breidbach, Stephan/Hallet, Wolfgang (2009): Fremdsprachlich handeln im Sachfach: Bilinguale Lernkontexte. In: Gerhard Bach/Johannes-Peter Timm (Hrsg.): *Englischunterricht.* Tübingen, 172 – 196.

Hallet, Wolfgang (2002): Auf dem Weg zu einer bilingualen Sachfachdidaktik: Bilinguales Lernen als fremdsprachige Konstruktion wissenschaftlicher Begriffe. In: *Praxis des neusprachlichen Unterrichts* 49 (2), 115 – 126.

Hallet, Wolfgang (2007): Scientific Literacy und Bilingualer Sachfachunterricht. In: Claus Gnutzmann (Koord.): *Fremdsprachen als Arbeitssprache in Schule und Studium. Fremdsprachen lehren und lernen* 36, 95 – 110.

Häußler, Peter/Bünder, Wolfgang/Duit, Reinders/Gräber, Wolfgang/Mayer, Jürgen (1998): *Naturwissenschaftsdidaktische Forschung. Perspektiven für den Unterricht.* Kiel.

KMK = Sekretariat der Ständigen Konferenz der Kultusminister der Länder in der Bundesrepublik Deutschland (Hrsg.) (2005): Bildungsstandards im Fach Physik für den Mittleren Schulabschluss. Beschluss der Kultusministerkonferenz vom 16. 12. 2004. München, Neuwied.

Leisen, Josef (2010): *Handbuch Sprachförderung im Fach. Sprachsensibler Fachunterricht in der Praxis.* Bonn.

Muckenfuß, Heinz (1995): *Lernen im sinnstiftenden Kontext. Entwurf einer zeitgemäßen Didaktik des Physikunterrichts.* Berlin.

Schecker, Horst (2007): Die Bildungsstandards Physik. Orientierungsrahmen für den Unterricht. In: *Naturwissenschaften im Unterricht – Physik* 97, 7 – 8.

Josef Leisen

43 Mathematik

Das Fach Mathematik gehört mittlerweile zum Kanon der bilingual unterrichteten Fächer an deutschen Schulen. Das dokumentiert der Bericht des Schulausschusses der Kultusministerkonferenz sowie der *Eurydice Report* von 2006, der für den europäischen Kontext eine Ausweitung von CLIL auf alle Fächer und alle Sprachen feststellt (→ Art. 2). Unterstellt wird vielfach, dass alle Fächer theoretisch in allen Fremdsprachen unterrichtet werden können, obgleich empirische Nachweise über den Nutzen des Bilingualen Unterrichts für die meisten Sachfächer noch ausstehen (vgl. z.B. Mentz 2010: 34). Auch für den bilingualen Mathematikunterricht liegt keine eigenständige Sachfachdidaktik vor; eine belastbare empirische Fundierung fehlt ebenfalls. Einige Verlage haben inzwischen Unterrichtsmaterialien für dieses Fach vorgelegt (z.B. Westermann, Cambridge University Press), und es ist davon auszugehen, dass die schulische Praxis der Theoriebildung um einige Längen voraus ist. Darauf deuten auch die Praxiserfahrungen einiger deutscher Auslandsschulen hin, an denen zum Teil seit vielen Jahren das Fach Mathematik auf Deutsch als Fremdsprache unterrichtet wird (→ Art. 13).

CLIL hat auch die Unterrichtspraxis der Grundschulen beeinflusst und zu neuen, mehrsprachigen Schulformen geführt (→ Art. 9). Mittlerweile liegen konzeptionelle Überlegungen vor, wie der Ansatz des bilingualen Sachfachunterrichts auch auf den herkömmlichen Grundschulunterricht übertragen werden kann. Der Umgang mit Zahlen und Formen, das Messen, Wiegen und Rechnen sind ein Lernbereich, der explizit für ein solches fächerübergreifendes Arbeiten genannt wird (vgl. BIG-Kreis 2011: 19). Mit der ‚kommunikativen Öffnung' des Fremdsprachenunterrichts in Richtung der Mathematik sollen neue sprachliche und interkulturelle Handlungsfelder erschlossen sowie die Entwicklung einer nachhaltigen Mehrsprachigkeit gefördert werden (vgl. ebd.: 27).

Grundlagen des Faches

Die Mathematik stellt den Werkzeugkasten zur Verfügung für die „Vermessung der Welt" (Daniel Kehlmann 2005) und liefert allen empirischen Wissenschaften Methoden und Begriffe zur Bearbeitung ihrer Forschungsgegenstände. Sie ist eine der ältesten Wissenschaften und gilt als *die* ‚exakte' Wissenschaft aufgrund der strengen Anwendung ihrer Methoden und konsequenten Beweisführung. Einerseits gilt die Mathematik als Sprache der Physik und Naturwissenschaften, andererseits weist sie aber auch große Schnittmengen mit der Philosophie etwa im Bereich der Logik auf. Die Nähe zu den Geisteswissenschaften, den Naturwissenschaften sowie zur Informatik und den Ingenieurswissenschaften begründet ihre Sonderrolle im Konzert der Wissenschaften. Als ‚reine' Mathematik besitzt sie ihre ureigenen Gegenstände wie die Geometrie, Arithmetik, Algebra oder Stochastik und entwickelt sich beständig weiter nach innen. Gleichzeitig entfaltet sie als ‚angewandte' Mathematik wie keine andere Wissenschaft in einer Vielzahl von Lebens- und Arbeitsbereichen eine ungeheure Erkenntnis- und Gestaltungskraft nach außen (vgl. Leuders 2010: 9). Insbesondere durch die beschleunigten globalen gesellschaftlichen Veränderungsprozesse und die zunehmende Technologisierung des Alltags wird ihr eine wachsende Bedeutung als Basis für alle Wissenschaften und in etlichen Berufszweigen zugeschrieben (vgl. Maaß 2006: 7).

Mathematische Bildung – *mathematical literacy*. Neben anderen wesentlichen Erkenntnissen verwies PISA 2000 auf eine „grundlegende Unstimmigkeit zwischen deutschem und internationalem Verständnis von mathematischer Grundbildung" (Leuders 2010: 50). Die OECD hatte in der Studie einen offenen Kompetenzbegriff zugrunde gelegt, der sich an der in anglo-amerikanischen Ländern einflussreichen Auffassung von mathematischer Bildung als *mathematical literacy* orientierte, die wie folgt definiert wird:

> an individual's capacity to identify, to understand, and to engage in mathematics and to make well-founded judgements about the role mathematics plays, as needed for an individual's current and future private life, occupational life, social life with peers and relatives, and life as a concerned, constructive, and reflective citizen. (OECD 2000: 50)

Entgegen der traditionellen deutschen Auffassung mathematischer Grundbildung ging es in PISA nicht um die Reproduktion technischer mathematischer Fertigkeiten in kontextfreien Aufgabenitems (‚Vorrats-Bildung'), sondern um die „Fähigkeit, mathematisches Denken und mathematische Wege der Weltbegegnung in vielfältigen Situationen zu aktivieren" (Leuders 210: 50). Das ganzheitliche, an gesellschaftlicher Partizipation orientierte Konzept der *scientific literacy* wurde in der deutschen Bildungslandschaft in der Post-PISA-Phase in durchschlagender Weise wirksam (vgl. Hallet 2007: 97). So hat die bildungstheoretische Grundannahme, dass sich *literacy* als funktionale, auf die Lebensanforderungen bezogene Bildung definieren lässt, die in Kompetenzbereiche untergliedert werden kann, Eingang in die Bildungsstandards aller naturwissenschaftlichen Fächer gefunden. Mithin leistet auch der Mathematikunterricht einen wesentlichen Beitrag zur Allgemeinbildung und zur Persönlichkeitsentwicklung mit unmittelbarer lebenspraktischer Bedeutung im Alltag, etwa beim Vergleich von Preisen oder dem Ermitteln eines Zinsgewinns (vgl. Leuders 2010: 52).

Neben dem Umgang mit Zahlen und dem Beherrschen grundlegender mentaler und schriftlicher Rechenoperationen ist dabei ein flexibel nutzbarer ‚Zahlensinn' von besonderer Bedeutung: Überschlagen, Schätzen und Runden sind Fähigkeiten, mit denen sich Ergebnisse zügig überprüfen lassen (vgl. Leuders 2010). Mathematische Grundbildung leistet aber auch einen wichtigen Beitrag zur Entwicklung einer allgemeinen Lesekompetenz sowie einer *visual litera-*

cy, zum Beispiel beim Lesen mathematikhaltiger Texte bzw. dem Verstehen von Grafiken, Tabellen oder dem Entwickeln von geometrischen Raumvorstellungen. Ziel ist es, die Bereitschaft zu entwickeln, „die Welt (auch) mit mathematischen Augen zu sehen" (Leuders 2010: 54).

Bildungsstandards im Fach Mathematik. Die Bildungsstandards für das Fach Mathematik basieren auf Erfahrungen der Schulpraxis, internationalen Standardmodellen sowie den theoretischen Grundlagen von PISA (vgl. KMK 2003: 3 ff.). Sie stellen somit nicht etwa die traditionellen Sachgebiete der Mathematik ins Zentrum, sondern „allgemeine und mathematische Kompetenzen", in denen sich der Bildungsanspruch des Faches niederschlägt: Mathematiklernen darf nicht auf „die Aneignung von Kenntnissen und Fertigkeiten reduziert werden", sondern soll das Verständnis für mathematische Inhalte sichern (vgl. KMK 2004: 6). Für die Grundschule bedeutet dies, dass dem Einüben von Rechenoperationen das Verständnis vorausgehen muss, dass eine Zahl ein Symbol für eine Menge darstellt. Bis zum Ende der Grundschulzeit sollen mathematische Kompetenzen in außermathematischen (‚Anwendungsorientierung') und innermathematischen (‚Strukturorientierung') Kontexten angewendet werden können. Als übergeordnetes Bildungsziel für den Bereich der Grundschule gilt es, „positive Einstellungen und Grundhaltungen zum Fach" aufzubauen sowie die „Freude an der Mathematik" und die „Entdeckerhaltung der Kinder" zu fördern und zu entwickeln (ebd.).

Wie für die Grundschule werden die allgemeinen mathematischen Kompetenzen auch für den Mittleren Abschluss in die folgenden Bereiche unterteilt: mit symbolischen, formalen und technischen Elementen der Mathematik umgehen; Probleme mathematisch lösen; mathematisch argumentieren, modellieren und kommunizieren sowie mathematische Darstellungen verwenden (vgl. KMK 2003: 7). Für den Mittleren Abschluss soll der Mathematikunterricht Grunderfahrungen ermöglichen, die zeigen, dass technische, natürliche, soziale und kulturelle Erscheinungen und Vorgänge mit Hilfe der Mathematik wahrgenommen, verstanden und unter Nutzung mathematischer Gesichtspunkte beurteilt werden können (vgl. ebd.: 6). Indem die Schülerinnen und Schüler lernen, dass mathematisches Wissen funktional, flexibel und in vielen Kontexten angewendet werden kann, sollen sie die Mathematik als ein anregendes, nutzbringendes und kreatives Betätigungsfeld erleben; damit zielt der Mathematikunterricht ganz explizit auf die Persönlichkeitsentwicklung und die Werteorientierung der Lernenden (vgl. ebd.). Wie für die naturwissenschaftlichen Fächer kann für den Mathematikunterricht eine Orientierung an dem umfassenden Bildungsziel der Diskursfähigkeit festgestellt werden (vgl. Hallet 2007: 102). Das Konzept der Integration von sprachlich-kommunikativem und fachlich-inhaltlichem Lernen im Sachunterricht ist somit im Prinzip auf den Bilingualen Unterricht übertragbar. Erweitert um die Dimension der Fremdsprachlichkeit liefern die Bildungsstandards für das Fach Mathematik die bildungstheoretischen Begründungen und didaktischen Rahmungen für einen bilingualen Mathematikunterricht (vgl. ebd.).

CLIL Mathematics: Grundzüge und didaktische Herausforderungen

Nachdem die naturwissenschaftlichen Fächer mittlerweile als etablierte bilinguale Sachfächer gelten, da sie nachweislich Potenzial für (fremd-)sprachliches Lernen aufweisen (vgl. Bonnet 2004, Viebrock 2009), scheint sich nun auch die Mathematik zum CLIL-Fach zu entwickeln. Die Vorbehalte kreisten traditionell um die Argumente, die Mathematik sei ein wenig sprachintensives, aber sehr anspruchsvolles Fach, das sich einer internationalen Sprache bediene, die zum CLIL-Lernziel des interkulturellen Lernens wenig beitragen könne. Befürchtet wird, dass sich die Fremdsprache im Mathematikunterricht negativ auf die Fachkompetenzen auswirken könne und ein ohnehin als ‚schwer' empfundenes Fach noch schwieriger wird. In den letzten Jahren gab es im deutschen Sprachraum vereinzelt Veröffentlichungen, die dieser Auffassung widersprachen (vgl. Küppers/Schmidt 2006) oder in Form dokumentierter Unterrichtspraxis zeigten, wie Mathematik auf Englisch unterrichtet werden kann (vgl. z. B. Bliemel 1999, 2002). Mit *Teaching Maths through English* liegt zudem eine kompakte, praxisorientierte, allerdings wenig reflektierte Übersicht über den CLIL-Lernbereich Mathematik vor, die als CLIL-Fortbildungsmodul von der Cambridge University für ihre kommerziellen *ESOL-Examination Centres* entwickelt wurde (vgl. http://www.cambridgeesol.org/exams). Britta Viebrock (2009) skizziert und diskutiert in ihren konzeptionellen Überlegungen Grundzüge eines bilingualen Mathematikunterrichts und verweist auf erste empirische Erkenntnisse, die darauf hinzuweisen scheinen, dass der Einsatz einer Fremdsprache im Mathematikunterricht das Fachlernen nicht behindert, was mit Verweis auf Cummins (1984) mit der Existenz eines sprachunspezifischen kognitiven Systems begründet wird (vgl. Viebrock 2009: 65, mit Bezug auf eine Studie von Zaunbauer/Möller 2006).

Mathematisch kommunizieren. Die Gegenstände des Faches Mathematik sind weder unter dem Mikroskop zu beobachten noch in einem Labor zu untersuchen: „The only way to have access to them [mathematical objects, AK] and deal with them is using signs and semiotic representations" (Duval 2006: 107). Die Durchdringung der mathematischen Gegenstände erfolgt durch Sprache, und gleichzeitig entsteht Mathematik in sprachlichen Aushandlungsprozessen. Reflexionen über die Art, Funktion und Bedeutung von Sprache für das mathematische Verstehen sind daher zentrale Elemente der Mathematikdidaktik. Die Fachsprache der Mathematik wird gerne mit einer Fremdsprache verglichen, die eigenen Gesetzmäßigkeiten im Bereich der Grammatik, Syntax und Semantik folgt (vgl. z. B. Hußmann 2010: 60). Der Gebrauch von Symbolen und die Formelhaftigkeit der mathematischen Sprache dienen der Informationsverdichtung, um die Kommunikation zu vereinfachen und zu präzisieren und formale Denkoperationen mechanisch und exakt auszuführen. Mathematisches Verstehen stellt Lernende vor eine paradoxe Herausforderung: „How can they distinguish the represented object from the semiotic representation used if they cannot get access to the mathematical object apart from the semiotic representation?" (Duval 2006: 107). Zwar findet die Mathematik in fast allen Lebensbereichen Anwendung, die eigentlichen Rechenoperationen entziehen sich hingegen einer Anschauung. Die Aufgaben im Mathematikunterricht sind bei einer möglichen minimalen Kontextualisierung kognitiv anspruchsvoll. Weil die Fachsprache der Mathematik mit ihren unterschiedlichen Registern (Verbalsprache: *Sinus, Parameter, Hypotenuse;* Symbolsprache: $\alpha\,\pi\,\lambda$, Formelsprache: $a^2 + b^2 = c^2$) zuweilen wie eine Geheimsprache wirkt, wird das Fach häufig als ‚schwer' empfunden: „Changing representation register is the threshold of mathematical comprehension for learners at each stage of the curriculum. It depends on coordination of several representation registers and it is only in mathematics that such a register coordination is strongly needed" (Duval 2006: 128).

Die Bedeutung, die Duval dem kompetenten Wechsel zwischen den mathematischen Repräsentationsebenen zuschreibt, trifft sich mit der Auffassung Hallets über die besondere Bedeutung von Formal- und Symbolsprachen (im Verhältnis zur Umgangs- und Verbalsprache) für das integrierte Sach- und *Sprach*lernen: „In light of the wide range of possible symbolisations [...] in the different disciplines and cultural domains, it is quite astounding that pedagogies, including that of CLIL, mainly rely on verbal discourse only" (Hallet 2012: 194). Leisen argumentiert, dass der Wechsel der Darstellungsformen zwischen den verschiedenen Repräsentationsebenen den Kern einer Didaktik des bilingualen Fachunterrichts ausmache (→ Art. 21), da er stets mit hochwertigen kognitiven Operationen verknüpft sei wie dem Verbalisieren, dem Visualisieren, Formalisieren und Konkretisieren und sich oft als didaktischer Schlüssel zum fachlichen Verstehen erweise. Für den bilingualen Mathematikunterricht bedeutet das, dass mathematisches Verstehen auf der Ebene der Formel- und Symbolsprache durch den Wechsel in eine zweite Verbalsprache, die Fremdsprache, möglicherweise an Verarbeitungstiefe gewinnt und nachhaltig unterstützt werden kann.

Desiderate und Perspektiven

Unbehagen und Differenzerfahrungen mit der Fachkultur der Mathematik werden von der Mathematikdidaktik als Ausgangspunkt für interkulturelles Lernen konzeptionalisiert (vgl. z. B. Prediger 2004) und können ebenfalls für den CLIL-Unterricht fruchtbar gemacht werden. Dringend notwendig sind Forschungsarbeiten, die die positiven Praxiserfahrungen sowie die ersten konzeptionellen Überlegungen zum bilingualen Mathematikunterricht empirisch untermauern (vgl. Viebrock 2009: 74 ff.). Neben der Theoriebildung für das Fach stellen die Materialentwicklung, die curriculare Implementierung sowie die Lehreraus- und

-weiterbildung weitere Desiderate dar. Einzelaspekte wie der Einfluss von CLIL auf die nachweisbare Geschlechterdifferenz im Mathematikunterricht oder seine Bedeutung für die Aufnahme in CLIL-Programmen und damit verbundene Selektionsmechanismen sind weitere offene Fragen.

Impulse für den bilingualen Mathematikunterricht werden in Zukunft möglicherweise auch von der im Jahr 2005 von der Kultusministerkonferenz eingeführten Deutschen Internationalen Abiturprüfung (DIAP) ausgehen (vgl. KMK 2005). Als kostenfreie Alternative zum *International Baccalaureat* (IB) bietet das DIAP Schulen die Möglichkeit, über Prüfungsteile in bilingualen Fächern eine Profilentwicklung im Bereich der Mehrsprachigkeit zu entwickeln und einen Abschluss anzubieten, der zu einer international anerkannten Hochschulzugangsberechtigung führt (→ Art. 15). Der Mathematikunterricht spielt hierbei eine besondere Rolle, weil er als Kernfach des Abiturs ein verlässliches CLIL-Fach ist.

Das Potenzial von *CLIL-Maths* – z. B. als ein Grundmodul, das allen CLIL-Fächern vorgeschaltet wird, nicht zuletzt auch deswegen, um den Wechsel zwischen den Repräsentationsebenen als wesentliches CLIL-Prinzip einzuüben; oder als Mathematik-Leistungskurs auf Englisch – ist durch die Bedeutung einer mathematischen Grundbildung als Schlüsselkompetenz in fast allen Wissenschaften sowie durch die Internationalisierung des Arbeitsmarktes zweifellos enorm.

Literatur

BIG-Kreis (2011): *Lernen in zwei Sprachen. Die Fremdsprache in den Lernbereichen in der Grundschule.* Empfehlungen des BIG-Kreises der Stiftung Lernen. http://www.praktisches-lernen.de/btk/pdf/BIG_In_zwei_Sprachen_Lernen_2011.pdf [13.2.2012].

Bliemel, Willibald (1999): Mathematik im Englischunterricht. In: *Praxis des neusprachlichen Unterrichts* 2 (46), 143–145.

Bliemel, Willibald (2002): Fächerübergreifende Aktivitäten Englisch – Mathematik. In: *Praxis des neusprachlichen Unterrichts/Fremdsprachenunterricht* (Sonderheft), 19–25.

Bonnet, Andreas (2004): *Chemie im bilingualen Unterricht. Kompetenzerwerb durch Interaktion.* Opladen.

Cummins, Jim (1984): *Bilingual Education and Special Education: Issues in Assessment and Pedagogy.* San Diego.

Duval, Raymond (2006): A Cognitive Analysis of Problems of Comprehension in a Learning of Mathematics. In: *Educational Studies in Mathematics* (61), 103–131.

Eurydice (Hrsg.) (2006): Content and Language Integrated Learning (CLIL) at School. Comparative Study and Country Reports. http://eacea.ec.europa.eu/education/eurydice/thematic_studies_archives_en.php [15.07.2011].

Hallet, Wolfgang (2007): Scientific Literacy und bilingualer Sachfachunterricht. In: Claus Gnutzmann (Koord.): *Fremdsprache als Arbeitssprache in Schule und Studium. Fremdsprachen lehren und lernen* (36), 95–110.

Hallet, Wolfgang (2012): Semiotic Translation and Literacy Learning in CLIL. In: David Marsh/Oliver Meyer (Hrsg.). *Quality Interfaces: Examining Evidence & Exploring Solutions in CLIL.* Eichstätt, 191 – 201.

Hußmann, Stephan (2010): Umgangssprache – Fachsprache. In: Timo Leuders (Hrsg.): *Mathematikdidaktik. Praxishandbuch für die Sekundarstufe I und II.*[2003] Berlin, 60–75.

Kehlmann, Daniel (2005): *Die Vermessung der Welt.* Reinbek bei Hamburg.

KMK = Sekretariat der Ständigen Konferenz der Kultusminister (KMK) (2003): Bildungsstandards im Fach Mathematik für den Mittleren Abschluss. http://www.kmk.org/fileadmin/ veroeffentlichungen_beschluesse/2004/2004_10_15-Bildungsstandards-Mathe-Primar.pdf [14. 2. 2012].

KMK = Sekretariat der Ständigen Konferenz der Kultusminister (KMK) (2004): Bildungsstandards im Fach Mathematik für den Primarbereich. http://www.kmk.org/fileadmin/veroeffentlichungen_beschluesse/2003/2003_12_04-Bildungsstandards-Mathe-Mittleren-SA.pdf [14. 2. 2012].

KMK = Sekretariat der Ständigen Konferenz der Kultusminister (KMK) (2005): Deutsche Internationale Abiturprüfung. http://www.kmk.org/bildung-schule/auslandsschulwesen/ deutsche-internationale-abiturpruefung.html [14. 2. 2012].

KMK = Sekretariat der Ständigen Konferenz der Kultusminister (KMK) (2006): Konzepte für den Bilingualen Unterricht. Erfahrungsbericht und Vorschläge zur Weiterentwicklung. http://www.kmk.org/home.htm [20. 2. 2012].

Küppers, Almut/Schmidt, Dietlinde (2006): Mit der Mathematik rechnen! Zahlenzauber im Bilingualen Unterricht. In: Almut Küppers/Jürgen Quetz (Hrsg.): *Motivation Revisited. Festschrift für Gert Solmecke*. Berlin, 125–134.

Leuders, Timo (2010): Perspektiven von Mathematikunterricht. In: ders. (Hrsg.): *Mathematikdidaktik. Praxishandbuch für die Sekundarstufe I und II*. Berlin, 15–58.

Maaß, Katja (2007): *Mathematisches Modellieren. Aufgaben für die Sekundarstufe I*. Berlin.

Mentz, Olivier (2010): Alle Fächer eignen sich – oder doch nicht? Überlegungen zu einem bilingualen Fächerkanon. In: Sabine Doff (Hrsg.): *Bilingualer Sachfachunterricht in der Sekundarstufe. Eine Einführung*. Tübingen, 29–43.

OECD (2000): *Measuring Student Knowledge and Skills. PISA 2000. The PISA 2000 Assessment of Reading, Mathematical, and Scientific Literacy*. http://www.oecd.org/dataoecd/44/63/33692793.pdf [20. 02. 2012].

Prediger, Susanne (2004): *Mathematiklernen in interkultureller Perspektive. Mathematikphilosophische, deskriptive und präskriptive Betrachtungen*. München, Wien.

Viebrock, Britta (2009): M2 (multilingual x mathematical) – Some Considerations on a Content and Language Integrated Learning Approach to Mathematics. In: *ForumSprache* 2, 62–75.

Zaunbacher, Anna C. M./Möller, Jens (2006): Schriftsprachliche und mathematische Leistungen in der Erstsprache. Ein Vergleich monolingul und teilimmersiv unterrichteter Kinder der zweiten und dritten Klassenstufe. In: *Zeitschrift für Fremdsprachenforschung* 17 (2), 181–200.

Almut Küppers

44 Informatik

Auf dem Weg zu bilingualem Informatikunterricht

Ausgangslage. Zum Zeitpunkt der Erstellung dieses Artikels ist bilingualer Informatikunterricht an Schulen in Deutschland nahezu nicht vorhanden. Zumindest sind den Autoren keine quantitativ relevanten Umsetzungen bekannt. So weist etwa ein Überblick für das Bundesland Nordrhein-Westfalen nur *ein* Gymnasium und *eine* Gesamtschule mit einem bilingualen Angebot in Informatik aus (Ministerium für Schule und Weiterbildung NRW 2011: 96). Für diese Situation gibt es verschiedene Gründe:

▶ *Qualifikation der Lehrkräfte:* Lehrerinnen und Lehrer im Bilingualen Unterricht benötigen eine hohe Kompetenz (idealerweise C2 nach dem europäischen Referenzrahmen) in der Fremdsprache sowie Grundlagenwissen zum Sprachlernen. Allerdings haben die – ohnehin wenigen – Informatiklehrkräfte mehrheitlich kein sprachliches Zweitfach studiert. Umgekehrt ist von Fremdsprachenlehrerinnen und -lehrern in der Regel keine genügende informatische Bildung zu erwarten.

▸ *Mangel an Unterrichtsmaterial:* Es existiert – mit Ausnahme von Bayern – kein Standardlehrwerk für den Informatikunterricht, geschweige denn eine englischsprachige Variante. Es finden sich zwar didaktisch gestaltete Veröffentlichungen für den anglo-amerikanischen *Computer-Science*-Unterricht (vgl. z. B. Bell u. a. 2005), diese müssten jedoch sprachlich von den in Deutschland Unterrichtenden (um-)gestaltet werden.

▸ *Informatik ist kein Pflichtfach:* Da Informatik in den meisten Bundesländern kein Pflichtfach ist, käme ein bilinguales Angebot in Informatik nur einer *sehr* kleinen Untergruppe eines Jahrgangs zugute. Dies sind Teilnehmende des bilingualen Programms (Zweig) ihrer Schule, die außerdem *auch* Informatik belegen – sofern man die Bilingualität in Informatik nicht nur epochen- oder modulweise implementiert, was die Autoren aber nicht für sinnvoll erachten.

Bei so geringer Prävalenz bilingualer Angebote entsteht leicht der Eindruck, dass schon das *Fach* Informatik für Bilingualen Unterricht ungeeignet sein könnte. Der vorliegende Artikel wird dieser Sicht entgegentreten und Informatik als eines der für Bilingualen Unterricht *am besten* geeigneten Fächer herausstellen. Zu diesem Zweck folgen zunächst einige einleitende Bemerkungen hinsichtlich der Inhalte und Ziele des Informatikunterrichts, bevor der Beitrag mit strukturellen Vorschlägen und einer exemplarischen Umsetzung schließt.

Was ist Informatikunterricht? Informatik ist begrifflich ein Kompositum aus Information und Automatik. Dreh- und Angelpunkt des Fachs ist die automatische Verarbeitung von Daten.

Im Gegensatz zum Schulfach Mathematik und den klassischen naturwissenschaftlichen Fächern (Biologie, Chemie, Physik), die als verpflichtender Bestandteil der allgemeinen Bildung in allen Stundentafeln etabliert sind, bestehen hinsichtlich der Inhalte und Ziele des Faches Informatik viele Fehlvorstellungen. Zwar haben die meisten Menschen eine grobe Idee davon, dass es in Informatik ‚irgendwie um die Verwendung von Rechnern' (im Folgenden als ‚Informatiksysteme' bezeichnet) gehen muss – die genaue Vermutung hinsichtlich Inhalten des Fachs variiert jedoch erheblich. Daher sollen an dieser Stelle zunächst einige Fehlvorstellungen ausgeräumt werden. Erstens: Das Schulfach Informatik ist nicht primär eine Bedienschulung an konkreten Systemen (Textverarbeitung, Tabellenkalkulation, Betriebssystem usw.). Zweitens: Informatikunterricht beschäftigt sich nicht (hauptsächlich) mit dem elektrotechnischen Aufbau eines Informatiksystems. Schülerinnen und Schüler der Informatik lernen daher nicht, wie man defekte Informatiksysteme repariert. Drittens: Auch wenn oft mit einer Programmiersprache gearbeitet wird, so ist diese eher Mittel zum Zweck als hauptsächlicher Gegenstand des Unterrichts.

Ziel des Informatikunterrichts ist – im Gegensatz zu diesen anwendungsbezogenen Perspektiven – eine *informatische Bildung bzw. Literalität* der Schülerinnen und Schüler. Es handelt sich dabei um

> die Fähigkeit einer Person, die Rolle zu erkennen und zu verstehen, die Informatik und Informatiksysteme in der Welt spielen, fundierte auf informatischem Wissen beruhende Urteile abzugeben und sich auf eine Weise mit der Informatik und ihren Anwendungen zu befassen, die den Anforderungen des gegenwärtigen und künftigen Lebens dieser Person als konstruktivem, engagiertem und reflektierendem Bürger entspricht. (Puhlmann 2004)

Solche ‚informatische Literalität' ist „das Ergebnis von Lernprozessen, in denen Grundlagen, Methoden, Anwendungen, Arbeitsweisen und die gesellschaftliche Bedeutung von Informatiksystemen erschlossen werden" (Gesellschaft für Informatik o. J.). Die Schülerinnen und Schüler sollen also Handlungskompetenz in Bezug auf Informatiksysteme entwickeln. Informatikunterricht avisiert daher eine Synthese der drei oben genannten Bereiche: Arbeit mit *konkreten Systemen*, Kennenlernen *technischer Aspekte* von Informatiksystemen, *Verwendung* von *Programmiersprachen*. Diese Dinge sind aber nicht zentraler Inhalt des Unterrichts, sondern Mittel zum Zweck: Statt die *konkrete* Problemlösung mit Programmiersprache X interessiert die Bildung eines *gedanklichen Modells* (Stichwort: informatische Modellierung) zur *schematischen* Lösung eines Problems.

Verdeutlicht werden kann dies am Unterrichtsinhalt *Rekursion:* Aus informatischer Sicht interessiert nicht so sehr, wie sich Rekursion in einer konkreten Programmiersprache umsetzen lässt, sondern wie Rekursion zur automatisierten Lösung von Problemen eingesetzt werden kann. Die Umsetzung in die Programmiersprache erfolgt erst in einem zweiten Schritt.

Bilingualer Informatikunterricht – warum? Die meisten bilingualen Angebote an deutschen Schulen finden sich im Bereich der gesellschaftswissenschaftlichen Fächer. Diese galten ursprünglich als besonders geeignet für einen bilingualen Zugang (vgl. Hallet 2005; → Art. 1). Ein derart einschränkender Blick wird in jüngerer Zukunft jedoch infrage gestellt und zunehmend auch die Eignung von anderen Fächern betont. In Veröffentlichungen zu bilingualem Unterricht in Fächern des mathematisch-naturwissenschaftlichen Aufgabenbereichs finden sich meist vier Argumentationslinien (vgl. etwa Richter/Zimmermann 2009):

▸ Der *Wissenschaftsdiskurs* im jeweiligen Fach findet in der Regel auf Englisch statt. Aktuelle Erkenntnisse können daher nur unter Verwendung englischsprachiger Quellen im Unterricht Berücksichtigung finden.

▸ *Fachbegriffe* ähneln sich im Deutschen und Englischen oft sehr, da sie auf den gleichen (lateinischen oder griechischen) Wortstamm zurückzuführen sind.

▸ Erkenntnisse aus dem mathematisch-naturwissenschaftlichen Feld haben ebenfalls eine *kulturelle Dimension*.

▸ Englischsprachige Veröffentlichungen sind häufig mehr auf *Verständlichkeit* ausgerichtet als ihre deutschsprachigen Äquivalente. Ihre Nutzung wird jedoch erst durch eine hohe fremdsprachliche Kompetenz ermöglicht.

Diese Punkte sind eins zu eins auf den Informatikunterricht übertragbar. Allerdings gibt es hier noch weitaus stärkere – informatikspezifische – Argumente, die nicht nur die Eignung des Fachs für Bilingualen Unterricht offensichtlich machen, sondern darlegen, dass Informatikunterricht ohne zumindest zeitweise Verwendung der englischen Sprache aus Sicht der Autoren kaum vorstellbar ist. Es ergibt sich, dass ‚bilingual' bezogen auf das Fach Informatik vor allem englischsprachig meinen muss.

Zunächst ist festzuhalten, dass sich im Fach Informatik auch solche Teile des Fachdiskurses nur über die englische Sprache erschließen, mit denen Lernende früh in Berührung kommen: Insbesondere gilt dies für technische Spezifikationen, die korrekt verstanden werden *müssen* und deren Übersetzung nicht praktikabel ist. Ohne ein hohes Maß an fremdsprachlicher Kompetenz ist es Lernenden zum Beispiel unmöglich, die API-Beschreibung der im Unterricht verwendeten Programmiersprache auszuwerten. Für einen schülerzentrierten und schüleraktivierenden Unterricht sind solche Kompetenzen jedoch unverzichtbar. Ebenso ist ohne Englisch ein Verständnis von gängigen Netzwerkprotokollen (oder ähnlichen standardisierten Ablaufbeschreibungen) erschwert – bereits in den *Einheitlichen Prüfungsanforderungen Informatik* wird der RFC 868 im englischsprachigen Original verwendet (vgl. Kultusministerkonferenz 2004: 54 ff.). Und auch die für das Zentralabitur in Nordrhein-Westfalen zu behandelnden dynamischen Datenstrukturen sind einschließlich der darauf definierten Operationen vollständig in englischer Sprache abgefasst. Derartige fremdsprachige Anteile sind also integrale Elemente des Unterrichts.

Denkt man dies etwas weiter, offenbart sich eine weitere Dimension: Programmier*sprachen* enthalten englische Schlüsselwörter wie Kontrollstrukturen *(if, while, for)* oder primitive Datentypen *(int, float, char)*. Diese sind semantisch an die entsprechenden Konstruktionen im Englischen angelehnt. Es ist daher wahrscheinlich, dass sich in einem bilingualen Informatikunterricht Synergieeffekte ergeben und die höhere Kompetenz in der englischen Sprache positive Auswirkungen auf ein schematisches Verständnis programmiersprachlicher Konstrukte hat. Daraus ergibt sich gegebenenfalls eine Möglichkeit zur Vermeidung gängiger sprachlich basierter Misskonzeptionen (‚*if*-Schleife'), auf deren Vermeidung im monolingualen Unterricht viel Energie verwendet werden muss.

Man kann etwas augenzwinkernd schlussfolgern, dass *guter* Informatikunterricht bereits ohne entsprechende Ausrichtung bilinguale Anteile haben muss. Zumindest ist aber nach den obigen Ausführungen kaum vorstellbar, dass irgendein Fach *besser* für den Bilingualen Unterricht geeignet ist. Allgemein ist *Sprache* einer der zentralen Begriffe des Informatikunterrichts – als „Mittel und Zweck" (vgl. Gramm 2002). Die zentralen Unterrichtsinhalte und damit verbundenen Spezifika (Modellierungsprache, Programmiersprache, formale Sprachen) verdeutlichen dies.

Grundlegende Akzente für einen bilingualen Informatikunterricht

Wie kann eine bilinguale Sachfachdidaktik für den Informatikunterricht aussehen? Leisen diskutiert einen ‚Wechsel der Darstellungsfomen' als mögliches ‚Unterrichtsprinzip für alle Fächer' im bilingualen Sachfachunterricht (→ Art. 21). Sein unterrichtliches Modell enthält *alle* Hauptaspekte einer bilingualen Sachfachdidaktik: Fachlernen, Sprachlernen und Fremdsprachenlernen. Es integriert die Fremdsprache adäquat im Sinne einer *language of learning, language for learning* und *language through learning* (vgl. Coyle u. a. 2011: 36) gemäß dem Prinzip *Content and Language Integrated Learning* (CLIL).

Auf das Fach Informatik ist das Unterrichtskonzept von Leisen nicht nur übertragbar, sondern für dieses sogar besonders geeignet. Diese Tatsache ergibt sich aus dem inhaltlichen Kern des Informatikunterrichts: dem Themenbereich Modellierung. Es ist unter Fachdidaktikern unstrittig, dass Modellierung eine so herausragende Bedeutung in der Informatik (und somit auch für die angestrebte informatische Bildung) besitzt, dass sie in keinem Informatikunterricht fehlen darf und omnipräsente Grundlage desselben sein muss (vgl. Thomas 2002). Gleich, welches Teilgebiet der Informatik im Unterricht fokussiert wird, das Vorgehen ist strukturell immer ähnlich dem pragmatischen Ansatz der Informatik: (1) Ausgehend von einem realen Problem/Phänomen (2) mittels verschiedener Modellierungsschritte (3) zu einem informatischen System zu gelangen, das das Problem zu lösen imstande ist (vgl. Humbert 2006: 14). Modellierung ist damit das Bindeglied zwischen realer Welt und Informatiksystemen. Als konkretes Beispiel seien an dieser Stelle etwa die Unterrichtsinhalte ‚objektorientierte Programmierung' und ‚endliche Automaten' angeführt, deren unterrichtliche Einbindung in der Regel diesem dreiphasigen Prozess folgt.

Modellierung aber ist nichts anderes als ein Wechsel der Darstellungsformen. Dieser ist in Informatik somit nicht – wie möglicherweise in anderen Fächern – nur Unterrichtsprinzip und speziell gewählter Zugang, sondern charakteristisch für das Fach an sich. Die in Leisen (2005) befindliche Grafik der Darstellungsebenen und Darstellungsformen (→ Art. 21) lässt sich damit für das Fach Informatik wie in der Abbildung dargestellt abwandeln. Zwischen den Ebenen findet Modellierung statt.

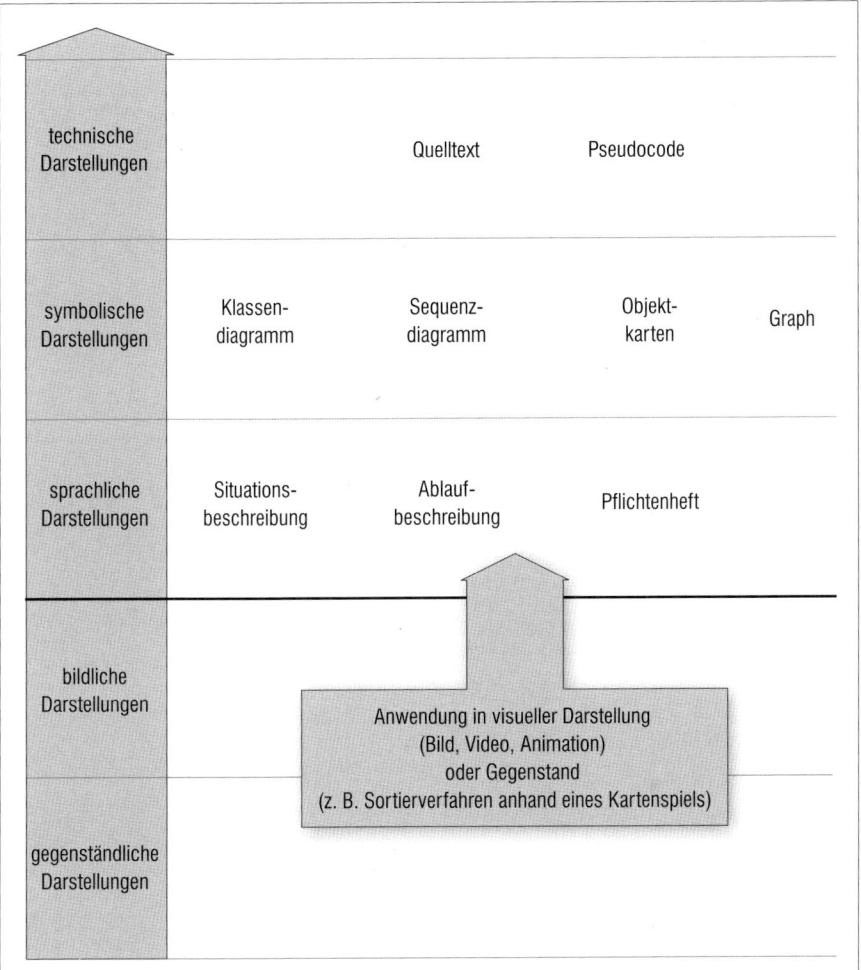

technische Darstellungen		Quelltext	Pseudocode	
symbolische Darstellungen	Klassen-diagramm	Sequenz-diagramm	Objekt-karten	Graph
sprachliche Darstellungen	Situations-beschreibung	Ablauf-beschreibung	Pflichtenheft	
bildliche Darstellungen		Anwendung in visueller Darstellung (Bild, Video, Animation) oder Gegenstand (z. B. Sortierverfahren anhand eines Kartenspiels)		
gegenständliche Darstellungen				

Darstellungsebenen und -formen im Informatikunterricht

Dabei sind zwei Dinge wichtig: Erstens finden sich ab der sprachlichen Ebene ausschließlich informatikspezifische Darstellungsformen, die aus der Fachwissenschaft ohnehin bekannt sind. Dies ist als Gewinn zu sehen, der sich aus der Modellierung als grundlegendem Prinzip der Informatik ergibt. Zweitens werden nicht alle Ebenen für jedes Unterrichtsthema durchlaufen. Mit zunehmendem Alter der Lernenden ist die *sprachliche* Fixierung einer Anwendung oft Ausgangspunkt des Unterrichts – gegebenenfalls visuell unterstützt. Dies sollte allerdings nicht darüber hinwegtäuschen, dass auch die Übertragung von einer bildlichen in eine sprachliche Form Modellierung darstellt, die ebenfalls als Quelle sprachlichen Handelns genutzt werden kann.

Zwei Beispiele für die Umsetzung

Erstellung eines Objektdiagramms. Die nachfolgende Abbildung ist die englische Übersetzung einer Situationsbeschreibung aus Arbeiter (2008). Der englischsprachige Text wird den Schülerinnen und Schülern zur Verfügung gestellt.

"Bookworm" – The Online Bookstore
"Bookworm" currently has a special offer on three books:

- "Lord of the Rings", author: J. R. R. Tolkien, ISBN: 978-0261102385, price: $32.50

- "Angels & Demons", author: Dan Brown, ISBN: 978-0552150736, price: $6.45

- "Objects First with Java", author: David J. Barnes, ISBN: 978-0132835541, price: $40

There are 10 copies left of "Lord of the Rings", 4 copies left of "Angels & Demons", and 7 left of "Objects First with Java".
Martin and Stephanie each have an account with "Bookworm". Martin's account number is 123-45A-X23 and his account balance is $300. Stephanie's account balance is $125 and her account number is 123-45A-X25.

Situationsbeschreibung (nach Arbeiter 2008: 5)

Die Schülerinnen und Schüler sollen aus der Situationsbeschreibung unter Anwendung des Verfahrens von Abbott (auch bekannt als Subjekt-Verb-Methode) zunächst Objekte (einschließlich möglicher Attribute mit Attributwerten) ableiten und diese dann zu einem Objektdiagramm zusammenfügen. Das Verfahren von Abbott stellt eine grammatische Analyse des Textes dar: Basierend auf den im Text enthaltenen Wortarten (hier insbesondere: Substantive und Adjektive) werden Kandidaten für Objekte, Attribute und Attributwerte herausgearbeitet. Später werden auf Basis eines erweiterten Textes (Ablaufbeschreibung) sinnvolle Methoden ermittelt (vgl. ausführliche Darstellung des Verfahrens in Arbeiter 2008). Das Unterrichtsbeispiel stellt also einen Wechsel von der sprachlichen in die symbolische Darstellungsebene dar.

Bei der Analyse der obigen Situationsbeschreibung ist zum Beispiel die in der Abbildung dargestellte Lösung möglich.

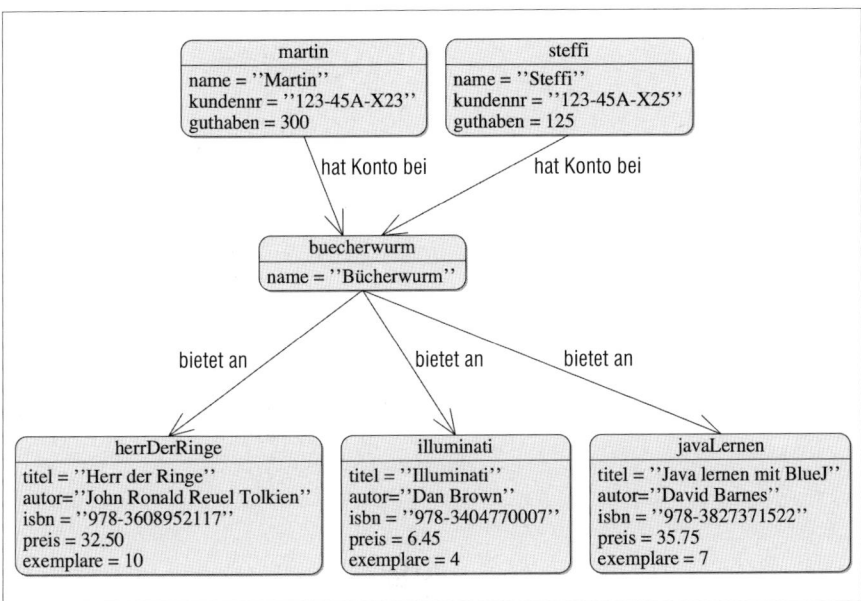

Mögliches Objektdiagramm zur Situationsbeschreibung

Dabei fällt bezüglich der Anforderungen an einen bilingualen Unterricht auf:
▸ Die Situationsbeschreibung ist allgemeinsprachlich und daher von den Schülerinnen und Schülern mit den Kenntnissen aus dem Englischunterricht gut zu bewältigen.
▸ Fachsprachlicher und fachlicher Kompetenzgewinn ergeben sich aus dem Verfahren von Abbott an sich bzw. in der Überführung in die symbolische Darstellung. Die dabei zu verwendenden Fachbegriffe (‚object‘, ‚attribute‘, ‚attribute value‘) sind den deutschen Äquivalenten sehr ähnlich. Es ist daher mit Transfer, jedoch nicht mit Interferenzen zu rechnen.
▸ Die Vielfalt an möglichen Lösungen bietet eine ergiebige Diskussionsmöglichkeit in der Fremdsprache mit allgemein- und fachsprachlichen Anteilen.

Entwurf eines endlichen Automaten – interkulturell. Das Aufgabenblatt aus der nachfolgenden Abbildung kann relativ früh zu Beginn einer Unterrichtsreihe über endliche Automaten eingesetzt werden. Die Schülerinnen und Schüler müssen mit den Grundtermini des Themengebiets (Bestandteile eines DFA etc.) vertraut sein.

Word search

When you click "Search" on an online dictionary website, your search is often performed via an algorithm that simulates a finite automaton. In the following tasks you are required to *construct* a DFA for each of the search tasks given. The alphabet is {A, ..., Z}.

1. *Construct* a DFA that...

   a) only accepts the word "PYTHON".

   b) accepts any word containing the substring "SOS"

   c) accepts any word starting with "CH".

   d) accepts any word ending in "TING"

   e) accepts any word that starts with "B" and ends in "LY".

2. *Implement* the DFAs from task 1.

Konstruktionsvorgabe zur Erstellung eines DFA

Ähnliche Aufgaben finden sich in vielen Werken für den Informatikunterricht (vgl. etwa Hubwieser u. a. 2010: 27).

Leicht erweitert man um eine kulturelle Dimension: Aufbauend auf den geleisteten Modellierungen wird dann z. B. ein DFA zur Erkennung deutscher Autokennzeichen entwickelt, der in seiner Struktur ähnlich komplex ist wie die bereits konstruierten Automaten. In einem zweiten Schritt könnten die Schülerinnen und Schüler dann einen Vergleich mit Autokennzeichen der USA durchführen und dabei herausfinden, dass deren Variationsreichtum die Konstruktion eines passenden endlichen Automaten schwierig bis unmöglich macht. Ein Vergleich mit weiteren Ländern kann sich anschließen.

Solche kulturellen Querbezüge gelten als besonders gewinnbringend für den Bilingualen Unterricht (→ Art. 3). Sie ermöglichen den Lernenden langfristig einen ‚Blick über den Tellerrand'. Zudem sollten sie aber auch zum Fachthema beitragen – so bietet die kulturelle Erweiterung hier einen ersten Zugang zu den Grenzen endlicher Autoamten bzw. regulärer Sprachen.

Die allgemein- und fachsprachliche Komplexität der obigen Aufgabe ist von Schülerinnen und Schülern gut zu bewältigen: Neben den Fachtermini sind auch die verwendeten Operatoren sehr nah an ihren deutschen Äquivalenten (*to construct* – konstruieren, *to implement* – implementieren). Dies begünstigt die Zugänglichkeit stark.

Der Zugang zu Aufgaben erschließt sich daher offensichtlich auch über Operatoren. Es scheint daher erstrebenswert, englischsprachige Operatoren generell zum fachsprachlichen Unterrichtsinhalt zu machen – etwa indem Schülerinnen und Schüler zunächst eine Tabelle mit Operatoren und deren Definitionen in der Fremdsprache erhalten. Diese kann erst einmal als sprachliches Hilfsmittel im Unterricht präsent sein, bis sie den Lernenden geläufig ist.

Perspektiven und Desiderate

Die obigen Ausführungen legen nahe, dass es an der Zeit ist, sich näher mit der Idee eines bilingualen Informatikunterrichts zu befassen. Es scheint zunächst ein wenig erstaunlich, dass gerade das Fach Informatik in dieser Hinsicht bislang so gut wie nicht bedacht wurde. Dieser Umstand ist vermutlich der fehlenden fremdsprachlichen C2-Qualifikation vieler Informatiklehrenden bzw. der mangelnden informatischen Qualifikation vieler Englischlehrerinnen und -lehrer geschuldet.

Darüber hinaus muss kritisch angemerkt werden: Die Autoren halten es nicht für zielführend, bilingualen Informatikunterricht ausschließlich auf einzelne Module des Fachs zu beschränken. Schon gar nicht darf es zu einem Alleingang des Faches kommen – denn die daraus folgende Beschränkung eines bilingualen Angebots auf den Differenzierungsbereich (dies wäre zumindest in Nordrhein-Westfalen eine Folge) erscheint aus der Zielperspektive von Immersion und Interkulturalität nicht sinnvoll. Soll bilingualer Informatikunterricht erfolgreich sein, so muss dieser in ein schulisches Gesamtkonzept der bilingualen Bildung eingebettet werden (→ Art. 7): erstens, um die Schülerinnen und Schüler nicht zu überfordern; zweitens, um eine Reduktion der Fachlichkeit zu vermeiden.

Für die Ausgestaltung eines bilingualen Informatikunterrichts scheinen die beiden folgenden Entwicklungslinien sinnvoll: Notwendig sind einerseits evaluierte Unterrichtsversuche, um die vorgestellten Strukturvorschläge hinsichtlich ihrer Praxistauglichkeit validieren zu können. Andererseits ist die Entwicklung von fremdsprachlich-didaktischem Unterrichtsmaterial voranzutreiben, denn diese sollte den gegebenenfalls involvierten Fachlehrerinnen und -lehrern nicht dauerhaft komplett in Eigenregie zugemutet werden. Schlussendlich muss die Frage geklärt werden, ob sich Informatikunterricht unter Berücksichtigung aller eingangs beschriebenen organisatorischen Einschränkungen als bilinguales Fach sinnvoll realisieren lässt, wobei den Autoren die Einführung eines Pflichtfaches Informatik ohnehin überfällig erscheint.

Literatur

Arbeiter, Thomas (2008): *Objektorientierte Modellierung und ihre Umsetzung inklusive Prüfung der erreichten Kompetenzen.* Arnsberg, Studienseminar für Lehrämter an Schulen – Seminar für das Lehramt für Gymnasien und Gesamtschulen, Hausarbeit gemäß OVP. http://www.ham.nw.schule.de/pub/bscw.cgi/d1109771/hausarbeit.pdf [10.10.2012].

Bell, Tim/Witten, Ian H./Fellows, Mike (2005): *Teaching Computer Science Unplugged. Teachers' Edition.* http://csunplugged.org/sites/default/files/activity_pdfs_full/CS_Unplugged-en-10.2006.pdf [07.03.2012].

Coyle, Do/Hood, Philip/Marsh, David (2011): *CLIL. Content and Language Integrated Learning [2010].* Cambridge.

Gesellschaft für Informatik e.V. (o.J.): *Empfehlungen für ein Gesamtkonzept zur informatischen Bildung an allgemein bildenden Schulen.* http://www.erzwiss.uni-hamburg.de/personal/breier/gesamtkonzept.htm [14.02.2012].

Gramm, Andreas (2002): *Entwurf eines bilingualen Sachfachunterrichts Informatik.* http://andreasgramm.de/papers/Gramm_Bilingualer_Sachfachunterricht_Informatik.pdf [17.02.2012].

Hallet, Wolfgang (2005): Bilingualer Unterricht: Fremdsprachig denken, lernen und handeln. In: *Der fremdsprachliche Unterricht: Englisch* 78, 2–8.

Hubwieser, Peter/Löffler, Patrick/Schwaiger, Petra/Spohrer, Matthias/Steinert, Markus/Voss, Siglinde/Winhard, Ferdinand (2010): *Informatik 5. Lehrwerk für Gymnasien.* Stuttgart.

Humbert, Ludger (²2006): *Didaktik der Informatik – mit praxiserprobtem Unterrichtsmaterial* (Leitfäden der Informatik). Wiesbaden. http://humbert.in.hagen.de/ddi/ [13.03.2012].

Kultusministerkonferenz (2004): *Einheitliche Prüfungsanforderungen Informatik i.d.F. von 2004.*

Leisen, Josef: Wechsel der Darstellungsformen. Ein Unterrichtsprinzip für alle Fächer (2005): In: *Der fremdsprachliche Unterricht: Englisch* 78, 9–11.

Ministerium für Schule und Weiterbildung NRW (2011): *Das Schulwesen in Nordrhein-Westfalen aus quantitativer Sicht 2010/11. Statistische Übersicht 373. 2. Auflage.* http://www.schulministerium.nrw.de/BP/Schulsystem/Statistik/2010_11/StatUebers373.pdf [19.02.2012].

Puhlmann, Hermann (2004): Informatische Literalität nach dem PISA-Muster und ihre Operationsalisierung durch Test-Items. http://ddi.cs.uni-potsdam.de/InformatcaDidactica/Puhlmann2004.pdf. In: *informatica didactica*(6).

Richter, Renate/Zimmermann, Marianne (³2009): Biology. Und es geht doch: Naturwissenschaftlicher Unterricht auf Englisch. In: Manfred Wildhage/Edgar Otten (Hrsg.): *Praxis des bilingualen Unterrichts.* Berlin., 116–146.

Thomas, Marco (2002): *Informatische Modellbildung – Modellieren von Modellen als ein zen-trales Element der Informatik für den allgemeinbildenden Schulunterricht.* Dissertation, Universität Potsdam Didaktik der Informatik.

Martin Reinertz, Ludger Humbert

45 Religion

Zur Verbreitung von bilingualem Religionsunterricht

Im Vergleich zu anderen Unterrichtsfächern wird das Fach Religion nach wie vor eher selten bilingual unterrichtet oder in entsprechende Schulprofile und -projekte aufgenommen. Obwohl der Religionsunterricht sich grundsätzlich als gut geeignetes bilinguales Fach empfiehlt, scheinen doch häufig seine Organisationsstruktur (Unterricht in konfessionell bzw. religiös getrennten Gruppen mit nichtreligiösem Alternativfach), inhaltliche Bedenken oder fehlendes Unterrichtsmaterial dem entgegenzustehen.

Bildungspolitisch wird mittlerweile in mehreren Bundesländern neben festen bilingualen Zügen (meist mit den Standardfächern Geografie und Geschichte) auch ein jahrgangs- oder modulweiser bilingualer Unterricht in anderen Fächern an Gymnasien, Realschulen und Gesamtschulen sowie teilweise an beruflichen Schulen ermöglicht oder gefördert, sodass hier auch der Religionsunterricht zum Zuge kommen kann (→ Art. 10). Eine gewisse Vorreiterrolle nimmt Baden-Württemberg ein. Hier kann in der Lehramtsausbildung im Rahmen des Studiengangs Europalehramt auch Religion als ‚Bilingualfach‘ gewählt werden. Auch in der 2006 erschienenen Handreichung des baden-württembergischen Kultusministeriums zum Bilingualen Unterricht an Realschulen ist der Religionsunterricht mit vertreten (Ministerium für Kultus, Jugend und Sport Baden-Württemberg 2006). Seit einigen Jahren gibt es zudem eine vom Religionspädagogischen Institut der Badischen Landeskirche unterstützte Lehrerfortbildung ‚Bilingualer Religionsunterricht‘ an der PH Karlsruhe (vgl. PH Karlsruhe o.J.). Aber auch in anderen Bundesländern und in Österreich ist bilingualer Religionsunterricht – in der Regel auf Englisch – zu finden (zu Österreich vgl. Hübner 2009: Kap. 2.4.2).

Zur Begründung des bilingualen Religionsunterrichts – Begründungsargumente aus der Sicht des Sprachlernens. Aus dieser Sicht zeichnet sich der Religionsunterricht aus durch:

▸ eine große Gegenstandsbreite,

▸ die Erschließung eines spezifischen Lebens- und Kulturbereichs, der für das Verständnis der abendländischen Geschichte und Gegenwartskultur eine entscheidende Rolle spielt,

▸ zentrale Bildungsziele im Bereich der interkulturellen und interreligiösen Verständigung,

▸ die hohe Bedeutung von Sprache und Sprachverstehen sowie von gesprächsorientierten Methoden,

▸ die besondere Wichtigkeit von persönlich betreffenden Lebensthemen, die zum sprachlichen Ausdruck eigener Wahrnehmungen, Meinungen, Gefühle und Urteile herausfordern,

▸ eine mit der Breite und Vieldimensionalität des Religionsunterrichts zusammenhängende Vielfalt von Unterrichtsmethoden, von sprachlichen und außersprachlichen Kommunikationsformen.

Begründungsargumente aus religionsdidaktischer Sicht. Wie bei allen Sachfächern muss sich die Sinnhaftigkeit eines bilingualen Religionsunterrichts nicht lediglich aus der Sicht des Sprachlernens, sondern vor allem aus sachfachdidaktischer Sicht begründen lassen, um sich nicht dem Verdacht auszusetzen, er werde lediglich für das Fremdsprachenlernen funktionalisiert. Im Falle von Religion ist es zunächst sinnvoll, sich einige kritische Anfragen zu vergegenwärtigen, die durchaus ernst zu nehmen sind: Kann ein Fach, in dem immer wieder existenzielle Fragen thematisiert werden, in dem die Schülerinnen und Schüler mit ihren ganz persönlichen Meinungen und Problemen zu Wort kommen können sollen und in dem es um etwas sehr Persönliches, den religiösen Glauben, geht, in einer fremden Sprache unterrichtet werden? Und sind die religiöse Sprache sowie die christliche Tradition heute den meisten Schülerinnen und Schülern nicht so fremd geworden, dass es kontraproduktiv erschiene, sie nun auch noch in einer fremden Sprache wieder vertrauter machen und in ihrer möglichen Lebensbedeutsamkeit erschließen zu wollen?

Demgegenüber ergeben sich durch die Fremdsprachigkeit im bilingualen Religionsunterricht auch besondere Chancen, welche die genannten kritischen Anfragen relativieren können. Religiöse Bildung repräsentiert einen anthropologisch fundierten und kulturell bedeutsamen Zugang zu Welt und Wirklichkeit und gehört damit unverzichtbar zur schulischen Bildung (→ Art. 3). Als ihr allgemeinstes Ziel kann die Fähigkeit beschrieben werden, die religiös-weltanschaulichen Dimensionen im eigenen Leben, in der Lebenswelt und in der umgebenden Kultur wahrnehmen, über sie kommunizieren und reflektieren zu können sowie in religiös-weltanschaulichen Fragen urteilsfähig zu sein. Auf dieser Basis lässt sich als zentrales Argument für einen bilingualen Religionsunterricht die *Notwendigkeit* sehen, über religiös-weltanschauliche (und eng damit zusammenhängende ethische) Fragen auch *fremdsprachig* kommunizieren zu können. Dies auch deshalb, weil diese besonders bedeutsam für ein gelingendes Zusammenleben in multikulturellen, europäischen und globalen Kontexten sind. Pointiert gefragt: Soll denn das zusammenwachsende Europa ein ‚religionsfreies‘ und ‚wertefreies‘ Europa sein, weil die heutigen Heranwachsenden nicht gelernt haben, über religiöse und ethische Themen fremdsprachlich zu kommunizieren? Und werden unsere Schülerinnen und Schüler auf die Herausforderungen der Multikulturalität und Globalität angemessen vorbereitet, wenn sie nicht gelernt haben, sich auch über Fragen von Religion, Weltanschauung und Moral fremdsprachig kompetent zu unterhalten – zumal gerade Religion in anderen Ländern und Erdteilen bekanntlich eine noch sehr viel wichtigere Rolle spielt als in Mitteleuropa? Dabei sei angemerkt, dass die Vermittlung solcher kommunikativen Kompetenzen natürlich nicht nur als Aufgabe eines bilingualen Religions- oder Ethikunterrichts verstanden werden kann; es legt sich vielmehr nahe, dass möglichst auch im Fremdsprachenunterricht und anderen bilingual unterrichteten Sachfächern religiöse und ethische Themen mehr Beachtung finden sollten, als das gegenwärtig der Fall ist (vgl. zur Marginalisierung von Religion im Englischunterricht Hollm/Pirner 2010: 73–76; etwas anders scheint die Situation in Österreich zu sein: Hübner 2009: 124).

Für den Religionsunterricht verbindet sich mit der angesprochenen Argumentation die besondere Chance für eine auch in der religionsdidaktischen Diskussion immer wieder geforderte Überwindung der Deutschland- und Europa-Zentriertheit und eine Förderung der religionsdidaktisch wichtigen Ziele des globalen Lernens, der interkulturellen und interreligiösen Bildung. In diesem Sinn kann auch der kulturvergleichende Blick ‚von außen‘ die Erschließung der

eigenen Lebenswelt und Kultur in den Bereichen Religion, Kirche und Welt-
anschauungen fördern; dies gilt gerade auch für typisch ‚deutsche' Themen
wie die Reformation oder die Kirchengeschichte der NS-Zeit. So kann etwa ein
Blick in US-amerikanische Schulbücher zum Thema Reformation interessante
neue Einsichten erbringen und vor allem das Bewusstsein für die unausweich-
liche Perspektivität von historischer und weltanschaulich-religiöser Wahrnehmung fördern. Ähnliches gilt für traditionelle ‚Standard'-Inhalte und -Themen
des Religionsunterrichts (z. B. Bibel, Jesus), die durch die Fremdsprachigkeit im
Sinn einer Theologie und Didaktik der Verfremdung in einem neuen Licht erscheinen und neu erschlossen werden können. Der aus der Literaturtheorie von
Bertolt Brecht stammende Begriff der ‚Verfremdung' ist bereits in den 1970er
Jahren Theologen wie Hans-Dieter Bastian, Alex Stock oder Horst Klaus Berg
in die theologische und religionspädagogische Diskussion eingeführt worden
(vgl. Berg 1986).

Ein weiteres Argument insbesondere für englischsprachigen bilingualen Religionsunterricht ist, dass wichtige Religionsunterrichts-Themen geografisch in
englischsprachigen oder überseeischen Ländern angesiedelt und von daher auf
Englisch authentischer, mit Einbezug von Originaldokumenten behandelt werden können (z. B. Martin Luther King, Reformation in England und USA, Schöp-
fung und Evolution, Mahatma Gandhi). Ähnliches gilt aber auch für die Lebenswelt der Schülerinnen und Schüler, die heute stark von der überwiegend
englischsprachigen populären Medienkultur geprägt ist (vgl. Pirner 2012, Rosenstock u. a. 2009).

Gegen Bedenken, dass persönlich betreffende Themen (wie z. B. Abtreibung,
Glaubensthemen) sich nicht für bilingualen Religionsunterricht eignen, ist darauf zu verweisen, dass die fremde Sprache den Schülerinnen und Schülern unter Umständen gerade zusätzliche Spielräume für eigene Distanzierung und Reflexion eröffnen kann.

Religionsdidaktisch bedeutsam ist ferner, dass Kinder und Jugendliche mit
Migrationshintergrund in einem fremdsprachigen Religionsunterricht potenziell
bessere Möglichkeiten haben, sich und ihre eigenen religiösen Traditionen einzubringen, weil hier alle Schülerinnen und Schüler gleichermaßen mit Sprach-
schwierigkeiten zu kämpfen haben und eine Sprachfehlertoleranz für alle besteht. Annette Deschner verweist in diesem Zusammenhang als theologischen
Hintergrund auf eine biblische Hermeneutik, welche die (auch sprachliche und
kulturelle) Vielfalt der Interpretationen für die Erschließung des Reichtums der
biblischen Texte betont (vgl. Deschner 2009).

Schließlich zeigen Erfahrungen und empirische Befunde (siehe unten), dass
bilingualer Religionsunterricht bei Schülerinnen und Schülern sowie bei Eltern ein Mehr an Interesse wecken kann, weil er als noch herausfordernder, an-
spruchsvoller und lohnenswerter als der herkömmliche Religionsunterricht empfunden wird.

Zum Stand der wissenschaftlichen Forschung

Angesichts der relativ geringen Verbreitung von bilingualem Religionsunterricht ist es nicht verwunderlich, dass sich auch Forschungsaktivitäten bislang in Grenzen halten. Immerhin war der Religionsunterricht im baden-württembergischen Modellprojekt ‚Bilinguales Lehren und Lernen an Realschulen' (2007–2013) beteiligt, das von einer Begleitforschung evaluiert wurde.

An der PH Ludwigsburg wurde 2005/2006 ein erstes empirisches Unterrichtsforschungsprojekt zum bilingualen Religionsunterricht durchgeführt (vgl. Pirner 2007). Es handelte sich um eine explorative Fallstudie in einer 9. Klasse an einem Stuttgarter Gymnasium mit bilingualem Profil, in der ein halbes Schuljahr lang der zweistündige Religionsunterricht auf Englisch erteilt, aufgezeichnet und ausgewertet wurde. Dazu wurden standardisierte Fragebögen vor und nach der Intervention sowie mehrere Interviews mit ausgewählten Schülerinnen und Schülern in Form des ‚Nachträglichen Lauten Denkens' eingesetzt. Die Leitfragen für das Projekt waren bewusst sehr offen formuliert und bezogen sich auf Charakteristika, Chancen und Probleme des bilingualen Religionsunterrichts. Folgende Haupthypothesen wurden aus dem empirischen Material entwickelt:

▸ *These 1:* Die Probleme durch die Englischsprachigkeit halten sich in Grenzen und beeinträchtigen die religionsunterrichtlichen Lernprozesse nur wenig.

▸ *These 2:* Durch die Sprachprobleme im bilingualen Religionsunterricht ergeben sich lernproduktive Nebenwirkungen. Dazu gehörten eine höhere Konzentration und Aufmerksamkeit, die sich auch positiv auf die Auseinandersetzung mit den behandelten Inhalten auswirkte (kognitive Aktivierung). Außerdem ergab sich auch eine gesteigerte soziale Aktivierung, weil sich die Schülerinnen und Schüler bei sprachlichen Schwierigkeiten immer wieder gegenseitig halfen, mitdachten und sich gegenseitig korrigierten. Weitere lernproduktive Effekte waren kommunikative Enthemmung durch Fehlertoleranz sowie gesteigertes Sprachbewusstsein.

▸ *These 3:* Die Englischsprachigkeit verbessert tendenziell die Motivation und Einstellung der Schülerinnen und Schüler zum Religionsunterricht. Dies war aus dem Prä-Post-Vergleich der Fragebögen ersichtlich.

▸ *These 4:* Die fremde Sprache ermöglicht lernproduktive Erfahrungen von Perspektivität und reflexiver Selbstdistanzierung. Dieser Aspekt wurde besonders in Passagen des Nachträglichen Lauten Denkens deutlich.

▸ *These 5:* Die Verlangsamung des Unterrichts durch die Fremdsprache lässt sich insgesamt eher als produktiv für den Lernprozess verstehen.

▸ *These 6:* Die erhöhten Anforderungen an die Lehrkraft führen zu einer intensiveren, problem- und sprachbewussteren Unterrichtsvorbereitung und -durchführung.

Aus dem Kontext des Projekts ging eine Magisterarbeit zum Religionsunterricht auf Englisch hervor (Aichler 2007), in der über Auswertungen der empirischen Studie hinaus auch theoretische Grundlagen erarbeitet wurden.

Eine erste Dissertation zum bilingualen (katholischen) Religionsunterricht ist 2009 an der Universität Wien vorgelegt worden. Neben theoretischen Überlegungen enthält sie die Ergebnisse von Interviews mit fünf Lehrkräften an Wiener Gymnasien, die die Verfasserin zu deren Erfahrungen mit bilingualem Religionsunterricht befragt hat. Als Fazit plädiert sie unter anderem für eine reflektierte Auswahl und Aufbereitung der Themen, einen sorgfältigen, kritischen Umgang mit dem – notwendigerweise häufig selbst zusammengesuchten – englischsprachigen Material sowie für eine möglichst enge Kooperation zwischen Englisch- und Religionslehrkraft (Hübner 2009: 168 f.). Auf der Basis ihrer Forschungen hat Hübner selbst eine fächerübergreifende, stark von Freiarbeitselementen geprägte Unterrichtseinheit Englisch-Religion in einer 5. (entspricht in Deutschland der 9. Klasse) Wiener Gymnasialklasse durchgeführt und evaluiert, die im Wesentlichen auf der Ganzschriftlektüre von Sharon Drapers Roman *Tears of a Tiger* aufbaute. Die berichteten Ergebnisse waren überwiegend positiv, insbesondere war laut Hübner eine hohe Motivation der Schülerinnen und Schüler zu erkennen, selbst in lehrerunabhängigen Arbeitsgruppen Englisch zu sprechen (Hübner 2009: 93).

Auf dem Weg zu einer bilingualen Sachfachdidaktik Religion

Bilingualer Religionsunterricht kann einerseits von den Konzepten und Erfahrungen anderer Bilingualfächer profitieren, erfordert aber auch eigene didaktische Perspektiven. Umgekehrt können andere Bilingualfächer möglicherweise von den Charakteristika des Religionsunterrichts Anregungen erhalten. Die systematische Entwicklung einer bilingualen Religionsdidaktik steht noch aus; insofern können die folgenden Überlegungen nur einige erste Perspektiven zu benennen versuchen.

Nahezu alle neueren religionsdidaktischen Ansätze (vgl. als Überblick Grümme/Lenhard/Pirner 2012) erscheinen mit dem bilingualen Ansatz vereinbar, müssten aber jeweils auf besondere Perspektiven, Chancen und Schwierigkeiten hin befragt werden. So liegt etwa die besondere Chance des symboldidaktischen Ansatzes darin, dass hier symbolische Zeichen, Gegenstände oder Bilder einerseits als Alternative und andererseits als Anregung von verbalsprachlicher Kommunikation dienen. In Ansätzen wie dem ‚Theologisieren mit Kindern und Jugendlichen' werden existenzielle Fragen und Ansichten der Schülerinnen und Schüler auf- und ernstgenommen, was zu einer intensiven Gesprächs- und Kommunikationskultur führen kann.

Generell sind die Sprache und ihre Grenzen ein genuines Thema von Religion und Theologie und somit auch des Religionsunterrichts, weil die religiöse Wirklichkeit ebenso wie die existenzielle Dimension des Menschen von jeher an die Grenzen des Sagbaren führt. Die sprachlichen Grenzerfahrungen, die sich mit der unvollkommenen Beherrschung der Fremdsprache ergeben, können im Religionsunterricht insofern eine theologische Tiefendimension gewinnen. Und gerade im religiösen Bereich können sich unterschiedliche Sprachbilder (vgl. etwa engl. *Good Friday* für Karfreitag) und semantische Differenzierungen (vgl. etwa engl. *heaven/sky*) in der Fremdsprache als hilfreich für ein besseres, tieferes Verstehen erweisen. Eine andere mögliche Brücke zwischen bilingualem Lehren und Lernen zu religiösen Inhalten stellt die Schülererfahrung der Fehlertoleranz im bilingualen Religionsunterricht dar, die offen ist für religiöse Interpretationen des Angenommenseins trotz Fehlern und Schwächen. Solche Bezüge zwischen Fremdsprachigkeit und religiösem Lernen gilt es im bilingualen Religionsunterricht didaktisch fruchtbar zu machen. Angesichts der häufig sehr existenziell-persönlichen Themen des Religionsunterrichts ist das Prinzip der ‚funktionalen Fremdsprachigkeit' (Butzkamm) für den bilingualen Religionsunterricht besonders zu betonen und damit die Freiheit von Lehrkraft und Schülerinnen und Schüler, in der (Sprach-)Not auch auf die deutsche Sprache zurückzugreifen.

Eine Didaktik des bilingualen Religionsunterrichts wird sich nicht als einheitliche entwickeln lassen, sondern ist von vornherein mehrdimensional anzulegen und an Thema wie dominanten Zielstellungen eines Moduls zu orientieren: Es macht für das didaktisch-methodische Vorgehen einen Unterschied, ob die Verfremdung eines Standardthemas wie Jesus von Nazareth oder globales Lernen zum Thema Mission und Entwicklung im Fokus des bilingualen Religionsunterrichts steht. Für den Einstieg in bilingualen Religionsunterricht empfiehlt sich, mit einzelnen Modulen zu starten, um auf der Basis solcher Erfahrungen die Möglichkeit von jahrgangsbezogenen Modellen zu prüfen. Dabei ist die Kooperation mit dem Fremdsprachenunterricht sowie eventuell mit anderen Bilingualfächern grundsätzlich anstrebenswert.

Literatur

Aichler, Timo (2007): *Religion auf Englisch. Grundlagentheoretische und empirische Annäherung an bilinguales Lehren und Lernen im Fach Religion der Sekundarstufe.* PH Ludwigsburg, unveröffentlichte Magisterarbeit.

Berg, Horst Klaus (1986): *Biblische Texte verfremdet.* München, Stuttgart.

Deschner, Annette (2009): CLIL and Religious Education. In: *Vienna English Working Papers (VIEW[Z])* 18 (3). Special Issue. Conference Proceedings Bridging the Gap Between Theory and Practice in English Language Teaching. 26–28 February 2009. Teacher Education Issues and Developments in EFL. Edited by the Center for English Language Teaching (CELT), 150–152. (Online: http://typo3.univie.ac.at/fileadmin/user_upload/dep_anglist/weitere_Uploads/Views/Views_18_3_2009_special_issue.pdf [10.3.2012].)

Felberbauer, Maria (2004): He's got the whole world in his hands. Akademielehrgang ‚A New Start' – Englisch als Arbeitssprache für Religionslehrer/innen. In: *Christlich-pädagogische Blätter* 117 (2), 104–107.

Grümme, Bernhard/Lenhard, Hartmut/Pirner, Manfred L. (Hrsg.) (2012): *Religionsunterricht neu denken. Innovative Ansätze und Perspektiven der Religionsdidaktik.* Stuttgart.

Hollm, Jan u.a. (2010): Zwischenbericht der Wissenschaftlichen Begleitung zum Schulversuch ‚Bilinguale Züge an Realschulen' in Baden-Württemberg. Online unter: http://www.ph-ludwigsburg.de/fileadmin/subsites/2b-engl-t-01/Bili/Zwischenbericht_Schulversuch_BLLZuege_RS_Ba-Wue.pdf (12.3.2012).

Hollm, Jan/Pirner, Manfred L. (2010): ‚The boundary is the best place for acquiring knowledge' – Religionsdidaktik und Englischdidaktik im Dialog. In: Manfred L. Pirner/Andrea Schulte (Hrsg.): *Religionsdidaktik im Dialog – Religionsunterricht in Kooperation*. Jena, 73–99.

Hübner, Veronika (2009): *Cross-curricular Modules of Content and Language Integrated Learning as an Opportunity of Religious Education in a Pluralistic Context*. Dissertation, Universität Wien, Katholisch-Theologische Fakultät.

Ministerium für Kultus, Jugend und Sport Baden-Württemberg (Hrsg.) (2006): *Bilingualer Unterricht in der Realschule*. Stuttgart. (Auch online: http://www.schule-bw.de/schularten/realschule/publikationen/handreichungbil.pdf [10. 3. 2012].)

PH Karlsruhe (o. J.): Lehrerfortbildungen zum bilingualen Religionsunterricht an der PH Karlsruhe. http://www.ph-karlsruhe.de/institute/ph/institut-fuer-europaeische-studien-und-bilingualitaet-europalehramt/personen-im-europalehramt/profiv-dr-annette-deschner/lehrerfortbildungen-und-bilingualer-religionsunterricht/ [12. 10. 2012].

Pirner, Manfred L. (2006): Religionsunterricht bilingual – eine neue Herausforderung. In: Michael Wermke/Gottfried Adam/Martin Rothgangel (Hrsg.): *Religion in der Sekundarstufe II. Ein Kompendium*. Göttingen, 398–409.

Pirner, Manfred L. (2007): Empirische Unterrichtsforschung zum bilingualen Religionsunterricht und Konsequenzen für den ‚normalen' Religionsunterricht. In: *Theo-Web. Zeitschrift für Religionspädagogik* 6 (2), 42–52.

Pirner, Manfred L. (2012): Medienweltorientierte Religionsdidaktik. In: Grümme/Lenhard/Pirner (Hrsg.), 159 - 172.

Pirner, Manfred L./Aichler, Timo (2005): The Roots of Pop Music. Spirituals im bilingualen Religionsunterricht. In: *Der fremdsprachliche Unterricht: Englisch* 39/78, 22–25.

Pirner, Manfred L./Aichler, Timo (2006): Evangelische Religionslehre. Nobody Knows the Trouble I've Seen. In: Ministerium für Kultus, Jugend und Sport Baden-Württemberg (Hrsg.): *Bilingualer Unterricht in der Realschule*. Stuttgart, 70–73. (Online: http://www.schule-bw.de/schularten/realschule/publikationen/handreichungbil.pdf [10. 3. 2012]).

Rosenstock, Roland/Volkmann, Laurenz/Enter, Hans/Vanderbeke, Dirk (Hrsg.) (2009): Themenheft Religionen im fremdsprachlichen Unterricht. In: *Praxis Fremdsprachenunterricht: English/Französisch/Russisch* 04/09.

Hinweise und Linklisten zum bilingualen Religionsunterricht finden sich auf der Homepage des Autors: http://www.manfred-pirner.de (‚Bilingualer Religionsunterricht').

Manfred L. Pirner

46 Philosophie und Ethik

Philosophie bzw. Ethik gehören nicht zu den ‚klassischen' bilingual unterrichteten Sachfächern. Gerade sie lassen sich aber unproblematisch mit Fremdsprachen als Arbeitssprachen kombinieren, sodass weder das Sachfach den Zwecken des Fremdsprachenlernens noch die Fremdsprache lediglich den Zielen des Sachfachs untergeordnet wird.

Verknüpfung von Sprach- und Inhaltslernen

Die Möglichkeit der direkten Verknüpfung von Sprach- und Inhaltslernen im fremdsprachigen Philosophieunterricht ist wohl eines der stärksten Argumente für diese Unterrichtsform und soll deshalb als Erstes genannt und ausführlich dargestellt werden.

Der Philosophieunterricht verlangt eine hohe sprachliche und gedankliche Präzision. Geeignete Verfahren für den angemessenen Umgang mit Texten sowie sprachliche Mittel spielen eine ungemein wichtige Rolle. Die Fragen, die andere Sachfächer sich im Rahmen des Bilingualen Unterrichts bezüglich der Gewichtung von Sprach- und Inhaltslernen stellen müssen, bedürfen hinsichtlich des fremdsprachigen Philosophieunterrichts keiner Klärung, da auch im deutschsprachigen Philosophieunterricht sprachbezogene Einheiten durchgeführt werden sollen. Inhaltliche philosophische Fragestellungen können dabei sowohl Anlass zur Reflexion über Sprache geben, als auch aufgrund von Sprachbetrachtung entwickelt werden. Sprache und Inhalt können sich somit gegenseitig befördern und müssen im fremdsprachigen Philosophieunterricht nicht losgelöst voneinander thematisiert werden (→ Art. 17).

Des Weiteren ermöglicht die Verwendung der Fremdsprache, den oberflächlichen Einsatz von Begriffen und Strukturen zum Beispiel aus der Alltagssprache präziser wahrzunehmen und zu reflektieren, da die Schülerinnen und Schüler genauer überlegen müssen, welche Vokabel ihre Sprechabsicht am besten verdeutlicht. Die intensivere Reflexion kann auf leichte Bedeutungsnuancen aufmerksam machen sowie scheinbare Synonyme hinterfragen helfen (die Tendenz, Begriffe wie ‚glauben‘, ‚wissen‘ und ‚meinen‘ oder ‚Mensch‘ und ‚Person‘ in der Alltagssprache gleichzusetzen, muss in der Philosophie aufgebrochen werden, da hier den Unterschieden große Bedeutung zukommt;→ Art. 20).

Die folgenden konkreten Aufgabenbeispiele konzentrieren sich auf die unmittelbare Verknüpfung von Sprach- und Inhaltslernen. Der Zugewinn ist dabei auf philosophischer wie fremdsprachlicher Seite unter der genauen und reflektierten Verwendung sprachlicher Mittel und der Erkenntnis des engen Zusammenhanges zwischen Sprache, Handeln und moralischer Wertung zu verzeichnen.

‚Think it through‘. Im Alltag verwenden wir einen Begriff wie z. B. ‚gut‘ in verschiedensten Kontexten und meinen damit ganz unterschiedliche Eigenschaften: z. B. ‚interessant‘ (‚Der Film war gut‘), ‚talentiert‘ (‚ein guter Sportler‘) oder ‚seine Aufgabe angemessen erfüllend‘ (‚Das Fahrrad ist gut‘). Eine Verwendung des Begriffs in der Moralphilosophie grenzt die Bedeutung ein: Gemeint ist ‚moralische Richtigkeit‘ (‚Eine Handlung ist gut, wenn …‘). Diese Unterscheidung wird den Lernenden mithilfe von Aufgaben wie ‚Think it through‘ nahegebracht. Mithilfe solcher Aufgaben lernen die Schülerinnen und Schüler die Wichtigkeit präziser Sprachverwendung kennen, genau zwischen Modalverben wie *ought* und *must* zu unterscheiden und sie bewusst einzusetzen.

We often respond to events, situations and issues with strong moral language – words that can be used in a judgemental way:
- ▸ right – 'It is right to do what your parents tell you!'
- ▸ wrong – 'It is wrong to kill!'
- ▸ ought – 'We ought to help others!'
- ▸ should – 'We should do what the law says!'
- ▸ good – 'It is good to talk!'
- ▸ bad – 'It is bad to tell lies!'
- ▸ must – 'We must care for the homeless!'

Write down one example for each of the following:
- ▸ A **moral** act – an act that is considered to be right
- ▸ An **immoral** act – an act considered to be wrong
- ▸ An **amoral** act – an act that shows no understanding between right and wrong
- ▸ A **non-moral** act – an act not concerned with right or wrong
- ▸ A **non-moral** judgement – a view or opinion that has nothing to do with right and wrong.

‚Think it through' (erstellt nach Jenkins 2003)

‚The Tuck-Shop-Dilemma' und ‚Right and Wrong'. Auch der Einsatz von Dilemmageschichten, die Situationen beschreiben, in denen ein Wertekonflikt die Entscheidung für eine bestimmte Handlung erschwert, ist in diesem Zusammenhang sinnvoll. Die Diskussion, die damit ausgelöst werden soll, elizitiert notwendigerweise den Einsatz von Modalverben und Konditionalsätzen. Die Lernenden sol3 len Optionen durchdenken *(He can/could ...)* und ihre Folgen abschätzen *(If he ...)*, eigene Einschätzungen abgeben *(He should ..., He must ...)*, sich gedanklich in die Lage der betreffenden Person versetzen *(I would/wouldn't ...)* und Begründungen geben. Vor diesem Hintergrund können dann moralphilosophische Theorien eingeführt werden. Beispiele sind das sogenannte ‚Gefangenen-Dilemma' (vgl. Sainsbury 1995), welches Cohen (1999) adaptiert und in den schulischen Kontext verlegt, und *‚Right and Wrong'*, das uns Nagel (1987) vorstellt.

Suppose you work in a library, checking people's books as they leave, and a friend asks you to let him smuggle out a hard-to-find reference work that he wants to own.
You might hesitate to agree for various reasons. You might be afraid that he'll be caught, and that you and he will then get into trouble. You might want the book to stay in the library so that you can consult it yourself. But you may also think that what he proposes is wrong – that he shouldn't do it and you shouldn't help him. [...]
If you think it would be wrong to help your friend steal a book, then you will feel uncomfortable about doing it: in some way you won't want to do it, even if you are also reluctant to refuse [sic] help a friend. Where does the desire not to do it come from; what is its motive, the reason behind it?

‚Right and Wrong' (Nagel 1987: 59 f.)

‚Argument Indicators'. Im Philosophieunterricht müssen vielfältige sprachliche Handlungen vollzogen werden. Besonders relevant sind das Beschreiben, Definieren, Infrage-Stellen, Bewerten, Argumentieren, Schlussfolgern, Betonen, Korrigieren, Zusammenfassen, Zitieren (→ Art. 19). Deshalb ist es zwingend notwendig, geeignete Indikatoren im Unterricht zu thematisieren. Ein Beispiel zu diesem Thema lässt sich in Fisher (2001: 23) finden: Unter dem Oberbegriff *‚argument indicators'* unterscheidet er *‚conclusion indicators' (so, hence, consequently, from which we can infer that)* und *‚reason indicators' (because, since, the reasons are)*. Neben Beispielen der Verwendung der Wörter im Kontext, stellt Fisher dem Leser Aufgaben oder lässt Textpassagen auf *‚argument indicators'* hin analysieren. Die Thematisierung der Sprechakttheorie nach Austin (1975), die selbst dem Bereich der Sprachphilosophie angehört, wäre hier ebenfalls denkbar. Als geeignetes Mittel zur Analyse von Argumentationsstrukturen findet die Sprechaktanalyse auch in Lehrwerken und fachdidaktischer Literatur Berücksichtigung (z. B. Draken u. a. 2005: 93).

‚Possible Worlds and Twin Earth'. Als letztes Beispiel sei ein Eintrag aus dem Kompendium von Baggini und Fosl (2003) genannt, das in kurzer und verständlicher Weise philosophische Fragestellungen, Methoden und Techniken darstellt und erläutert sowie weiterführende Literaturhinweise gibt. Die Einträge lassen sich als ergänzende Informationen, Einstieg oder Denkanstoß im Unterricht einsetzen. Bei der Thematisierung des nachfolgend dargestellten Problems nach Hilary Putnam kommt einem die Fremdsprache ungemein zu Hilfe, da hier das Konzept der unterschiedlichen Begriffe für ein und dasselbe ‚Etwas' ja schon als Grundprinzip des Fremdsprachenlernens offensichtlich wird.

> Putnam asks us to imagine a possible world that he calls 'Twin Earth'. On Twin Earth, everything is just like it is on Earth. There are human beings, they eat, drink, listen to Britney Spears and occasionally kill each other (not that those last two facts are in any way connected). But there is one difference: what Twin Earthers call 'water' is not H2O, but another complex chemical compound, which we can call XYZ.
> Some say that if it looks like a duck, walks like a duck and quacks like a duck, then it is a duck. But Putnam argues that, from our perspective, whatever XYZ is, it just isn't water. What we call water is H2O, and XYZ isn't H2O. Therefore, though we may both have clear, refreshing liquids, which we both call water and that both function like water, Twin Earth water isn't Earth water. Just because it has the same name it doesn't mean it is the same stuff.

‚Possible Worlds and Twin Earth' (Baggini und Fosl 2003: 59)

Einsatz von Originaltexten. Eine beachtliche Zahl der bedeutendsten Philosophen veröffentlichte und veröffentlicht ihre Werke in Sprachen, die zu den fest an deutschen Schulen etablierten Fremdsprachen gehören. Falls es sich nicht um eine Sprache handelt, die von allen Schülerinnen und Schülern der Schule erlernt wird, müsste für den Einsatz lediglich überprüft werden, ob alle Kursteilnehmer über Kenntnisse in dieser Sprache verfügen oder ob ‚Expertengruppen' eingesetzt werden müssten (→ Art. 24).

Für den Einsatz von Originaltexten im Philosophieunterricht sprechen gleich mehrere Aspekte. In der Philosophie kommt es – anders als bei literarischen Werken oder dem künstlerischen Umgang mit Sprache – darauf an, die Gedanken des Autors in ihrem spezifischen Kontext so nah wie möglich kennenzulernen und zu verstehen. Zum Beispiel ist eine sprachliche Absicherung der Interpretation eines Textes durch den Vergleich mit dem Original häufig sinnvoll, da Übersetzungsfehler oder -ungenauigkeiten zu Missverständnissen führen können oder die Betrachtung der ursprünglichen Begriffe neue Erkenntnisse ermöglicht (wie feine Bedeutungsunterschiede oder historische und kulturelle Zusammenhänge, die in der Übersetzung verlorengehen oder angepasst werden). Diese Erkenntnis kann auf Seiten der Lernenden zu einem Problembewusstsein bezüglich der Verwendung, aber auch Anfertigung von Übersetzungen führen.

Gerade englischsprachige Philosophen finden sich regelmäßig in den Zentralabiturvorgaben für Philosophie in Nordrhein-Westfalen wieder (z. B. Mill, Russell, Locke, Hume, Hobbes, Bentham, Moore, Rawls, Putnam, Peter Singer). Der Einsatz von englischen Originaltexten ist darüber hinaus in der Regel unproblematisch, weil englische und amerikanische Autoren ihre Texte häufig in populärwissenschaftlicher Form verfassen, um ihre Wissenschaft für ein breites Publikum interessant zu machen; die Texte sind deshalb oftmals sprachlich leicht verständlich und anschaulich.

Internationale Philosophietradition. Die verschiedenen Kulturen in Europa blicken auf eine lange gemeinsame Tradition des philosophischen Denkens zurück. Die Berücksichtigung der einzelnen Kulturen, Denker sowie Strömungen unter Einbeziehung der Sprache als Teil ihrer Kultur verdeutlicht ähnliche und gegensätzliche Entwicklungen und kann Begründungen für diese liefern. Der Philosophieunterricht in Kombination mit der Fremdsprache bietet Möglichkeiten, synchrones und diachrones Fremdverstehen verstärkt zu fördern und eine Mehrfach-Perspektivierung (vgl. Christ 2000) zu unterstützen, sodass Schülerinnen und Schüler im Sinne der interkulturellen Kompetenz unterschiedliche Denk- und Deutungsmuster kennenlernen und mit Blick auf ihren eigenen Standpunkt einordnen. Im Philosophieunterricht mit Fremdsprachen als Arbeitssprachen können diese Aspekte in besonderer Weise thematisiert werden, das heißt in größerer Intensität und Breite, als es im Unterricht der meisten anderen Fächer möglich wäre.

Befähigung der Schüler für eine internationale Werte-Gemeinschaft

Pirner (2007: 45) formuliert für den Religionsunterricht ein wichtiges Potenzial, das sich auch auf den Philosophieunterricht übertragen lässt, indem er fordert,

„dass die Sprach- und Verständigungsfähigkeit der SchülerInnen in einem vereinten Europa und in der zusammenwachsenden Welt gerade auch religiöse und ethische Aspekte einbeziehen muss." In einer so verstandenen internationalen Gemeinschaft müssen die Lernenden zum Beispiel in der Lage sein, sich bedeutungsvoll über Werte und Normen zu verständigen.

Im Unterricht kann eine Vorbereitung darauf darin bestehen, dass bei Fragestellungen der angewandten Ethik, die internationale Relevanz haben (Gentechnik, Tierschutz, die Rolle der UN für den Frieden in der Welt, die Todesstrafe, Sterbehilfe), internationale Organisationen angeschrieben werden und ihre Antworten im Unterricht ausgewertet und durch philosophische Ansätze gestützt oder mit diesen kontrastiert werden. Verschiedene Gruppen könnten außerdem Informationen zu einem bestimmten Thema aus jeweils unterschiedlichen Perspektiven sammeln, die anschließend den anderen Gruppen vorgestellt werden. Auf diese Weise lässt sich ein detailliertes und umfassendes Bild zusammenfügen. Beispiele wären Themen wie ‚Bewusstsein' (aus philosophischer, psychologischer, religiöser und biologischer Sicht), ‚Klonen' (aus medizinischer, biologischer, philosophischer, religiöser Sicht) oder ‚Umweltverschmutzung' (aus wirtschaftlicher, politischer, philosophischer und biologischer Sicht). Die einzelnen Themen lassen sich auch hinsichtlich der kulturellen Perspektive vergleichen: Eine Gegenüberstellung der rechtlichen Vorgaben und der gesellschaftlichen Einstellung gegenüber diesen Themen in unterschiedlichen Nationen kann sehr aufschlussreich sein.

Besonders für den Einsatz von Englisch als Arbeitssprache im Philosophieunterricht sprechen neben der Tatsache, dass alle Schülerinnen und Schüler in Deutschland Englisch lernen, auch die nächsten zwei Argumente:

▸ *Unterrichtsvorgaben:* Da die (Kern-)Lehrpläne der Fächer Philosophie, Praktische Philosophie und Englisch (Nordrhein-Westfalen) viele Parallelen mit Blick auf Kompetenzen, Inhalte, Methoden und Ziele aufweisen (wie Förderung der interkulturellen Kompetenz, Sensibilisierung für Sprache und ihren Gebrauch, Bezug der Themen auf die Alltags-/Erfahrungswelt der Schülerinnen und Schüler, angemessener Umgang mit Texten), liegt eine Verknüpfung nahe. Thematische Überschneidungen finden sich deshalb auch in vielen Unterrichtsmaterialien: Die persönliche Lebensgestaltung, Glück, Gerechtigkeit, das Individuum in der Gesellschaft, Gefahren und Chancen der neuen Technologien, Verantwortung der Umwelt und anderen Lebewesen gegenüber sowie persönliche und gesellschaftliche Werte sind für diese Fächer zentral. Unter Einbindung der emotionalen Ebene, die mit vielen dieser Themen einhergeht, wird den Lernenden ermöglicht, Gefühle zu reflektieren, sie angemessen zu versprachlichen und sich auch in emotional geladenen Situationen in der Fremdsprache zu verständigen, was zur Spontaneität in anderen realsprachlichen Situationen beitragen kann. Pirner (2007: 44) geht zudem davon aus, dass es Lernenden mithilfe der durch die Fremdsprache geschaffenen

Distanz gegebenenfalls leichter fällt, über „existenzielle und persönlich nahe gehende Themen" zu sprechen.

▸ *Englisch als Wissenschaftssprache der Philosophie:* In der zeitgenössischen Philosophie wird Englisch als Wissenschaftssprache präferiert. Dieser Aspekt hat dreifache Bedeutung: 1. findet eine Vorbereitung auf spätere Anforderungen in Beruf und Studium statt, 2. erkennen die Schülerinnen und Schüler den Nutzen der Fremdsprache außerhalb des Unterrichts und 3. werden aus diesem Grund heutige wissenschaftliche Texte vornehmlich auf Englisch publiziert, das heißt, Originaltexte sind relativ leicht zu finden.

Organisatorische Aspekte eines solchen Unterrichtsvorhabens und mögliche Grenzen. Mittlerweile sind viele Umsetzungsmöglichkeiten für Bilingualen Unterricht oder ,Fremdsprachen-als-Arbeitssprachen'-Konzepte bekannt und erprobt. Für den Philosophieunterricht mit Fremdsprachen als Arbeitssprachen spricht aus organisatorischer wie auch aus inhaltlicher Sicht einiges dafür, das Konzept mit einzelnen, jedoch regelmäßig und fest eingeplanten Modulen umzusetzen:

▸ Die teils hohe Komplexität philosophischer Themen und Sprache stellt häufig eine große Herausforderung für Lernende dar. Deshalb müssen der Einsatz der Fremdsprache und die Auswahl der Themen wohlüberlegt sein. Überfordert ein fremdsprachiger Text die Lernenden bei Weitem, tritt die Bedeutsamkeit in den Hintergrund, denn ,[n]othing is "interesting" if you can't do it' (Lewis/Hill 1992: 107).

▸ Die Argumente, die für den Einsatz fremdsprachiger Originaltexte sprechen, gelten selbstverständlich ebenso für die Bearbeitung deutscher Originaltexte, wenn es um die deutsche Philosophietradition und die dazugehörigen traditionellen, kulturellen und historischen Hintergründe geht. Abgesehen von Verfahren, die den Lernenden die Übersetzungsproblematik, kulturelle Deutungsunterschiede oder Ähnliches bewusst machen sollen, erscheint die Verwendung von fremdsprachigen Übersetzungen deutscher Originale widersinnig.

Die Organisation in Form von Modulen erleichtert zudem den Einstieg und die Einbettung des fremdsprachigen Sachfachunterrichts in die allgemeine Stundentafel prinzipiell für alle Schulen, die sich für diese Art des Unterrichts interessieren.

Fazit

Die Möglichkeiten, die der Einsatz von Fremdsprachen als Arbeitssprachen im Philosophieunterricht bietet, übertreffen die sich bis hierher abzeichnenden Grenzen bei Weitem, denn das beachtliche Potenzial, das durch die Verknüpfung der beiden Komponenten entsteht, erbringt für beide und über sie hinaus Vorteile, die der ausschließlich deutschsprachige Unterricht nicht bzw. nicht mit so hoher Effektivität erreichen kann.

Literatur

Austin, John L. (²1975): *How to do Things With Words.* Cambridge/MA.

Baggini, Julian/Fosl, Peter S. (2003): *The Philosopher's Toolkit. A Compendium of Philosophical Concepts and Methods.* Malden u.a.

Christ, Herbert (2000): Zweimal hinschauen – Geschichte bilingual lernen. In: Lothar Bredella/Franz-Joseph Meißner/Ansgar Nünning/Dietmar Rösler (Hrsg.): *Wie ist Fremdverstehen lehr- und lernbar? Vorträge aus dem Graduiertenkolleg Didaktik des Fremdverstehens.* Tübingen, 43–83.

Cohen, Martin (1999): *101 Philosophy Problems.* London u.a.

Draken, Klaus/Flohr, Peter/Hübner, Jörg/Maeger von Buchner, Stefan (2005): *Philosophieren. 1. Einführung in die Philosophie – Anthropologie – Erkenntnistheorie.* Bamberg.

Fisher, Alec (2001): *Critical Thinking. An Introduction.* Cambridge.

Jenkins, Joe (²2003): *Ethics & Religion.* Oxford u.a.

Lewis, Michael/Hill, Jimmie (³1992): *Practical Techniques for Language Teaching.* Hove: Language Teaching Publications.

Löwing, Andrea (2004): *Englisch als Arbeitssprache in anderen Fächern – Möglichkeiten und Grenzen aufgezeigt am Beispiel des Philosophieunterrichts.* (Schriftliche Hausarbeit im Rahmen der Ersten Staatsprüfung für das Lehramt, vorgelegt an der Universität Siegen)

Löwing, Andrea (2006): Englisch im Philosophieunterricht. In: *Praxis Fremdsprachenunterricht – Bilinguales Lernen* 6, 46–49.

MSW = Ministerium für Schule und Weiterbildung des Landes Nordrhein-Westfalen (Hrsg.) (2007a): *Kernlehrplan für den verkürzten Bildungsgang des Gymnasiums – Sekundarstufe I (G8) in Nordrhein-Westfalen: Englisch.* Frechen.

MSW = Ministerium für Schule und Weiterbildung des Landes Nordrhein-Westfalen (Hrsg.) (2007): *Kernlehrplan Sekundarstufe I in Nordrhein-Westfalen – Praktische Philosophie. Entwurf.* Frechen.

MSWWF = Ministerium für Schule und Weiterbildung, Wissenschaft und Forschung des Landes Nordrhein-Westfalen (Hrsg.) (1999a): *Richtlinien und Lehrpläne für die Sekundarstufe II – Gymnasium/Gesamtschule in Nordrhein-Westfalen: Englisch.* Frechen.

MSWWF = Ministerium für Schule und Weiterbildung, Wissenschaft und Forschung des Landes Nordrhein-Westfalen (Hrsg.) (1999b): *Richtlinien und Lehrpläne für die Sekundarstufe II – Gymnasium/Gesamtschule in Nordrhein-Westfalen: Philosophie.* Frechen.

Nagel, Thomas (1987): *What Does It All Mean? A Very Short Introduction to Philosophy.* Oxford u.a.

Pirner, Manfred L. (2007): Empirische Untersuchung zum bilingualen Religionsunterricht und Konsequenzen für den ‚normalen' Religionsunterricht. In: *Theo-Web. Zeitschrift für Religionspädagogik* 6, 42–52.

Sainsbury, Richard Mark (²1995): *Paradoxes.* Cambridge.

Andrea Thielmann

47 Geografie

Die Stellung im bilingualen Fächerkanon

Obwohl der Geografieunterricht (in einigen Bundesländern auch als Erdkunde bezeichnet) zu den Nebenfächern gehört und zum Teil mit ungünstigen Rahmenbedingungen konfrontiert ist (z.B. kein durchgängiger Unterricht von Klasse 5 bis 12/13, teils eingebettet in sogenannte ‚Verbundfächer', eingeschränkte Wahlmöglichkeiten im Kurssystem der Sekundarstufe II), gehört seine bilinguale Variante in allen Schularten zu den am häufigsten in der Stundentafel vertretenen Fächern. Aktuell wird ein solcher Unterricht in allen Ländern der Bundesrepublik Deutschland angeboten, wenn auch mit quantitativen Unterschieden (KMK 2006). Er hat nunmehr auch in der geografiedidaktischen Basisliteratur (Haubrich 2006; Rinschede 2007) und in entsprechenden Zeitschriften seinen Platz gefunden. An verschiedenen Hochschulstandorten haben Studierende die Möglichkeit, sich bereits in der 1. Phase der Lehrerausbildung für bilingualen Geografieunterricht zu qualifizieren.

Wie in anderen Fächern wird auch der bilinguale Geografieunterricht in speziell dafür eingerichteten Klassen erteilt. Inzwischen haben sich aber auch Organisationsformen etabliert (sogenannte ‚bilinguale Module‘), bei denen im regulären deutschsprachigen Unterricht einzelne Themen in einer Fremdsprache unterrichtet werden (→ Art. 10).

In der Literatur gibt es übereinstimmende Begründungen für den hohen Stellenwert des bilingualen Geografieunterrichts: „Erdkunde ist aus didaktischen Gründen oft erstes Sachfach, da Anschaulichkeit und deskriptive Sprachhandlungen fachimmanent sind" (KMK 2006: 17). Darüber hinaus wird auf den hohen alltagsweltlichen Bezug vieler geografischer Themen hingewiesen. Vielfach wird auch die Nutzung zahlreicher unterschiedlicher Medien, die sich zumeist auch leicht versprachlichen lassen, erwähnt. Schließlich wird darauf aufmerksam gemacht, dass mit dem bilingualen Geografieunterricht die interkulturelle Kompetenz von Schülerinnen und Schülern verbessert werden kann.

Bei einer zusammenfassenden Betrachtung ergibt sich, dass der bilinguale Geografieunterricht sehr gut geeignet ist, der übergeordneten Zielstellung bilingualer Bildung, wie von der KMK (ebd.: 10) formuliert, gerecht zu werden. Die erweiterte kontextuelle Verknüpfung der Themen und Sprechimpulse führt zu aktiverem und ausgedehnterem Sprachhandeln, in dessen Vollzug Sprachwissen unterschiedlichster Art, muttersprachlich bzw. schulsprachlich basierte und außersprachliche Kompetenzen integrativ eingesetzt werden. Neben spezifisch sprachlichen Kenntnissen werden auch Fachkenntnisse, Alltags- und Weltwissen aktiviert und vor allem Verfahren zur Überbrückung eigenen Nichtwissens geübt. Der Lernprozess verläuft daher hier weniger sprachsystematisch, unterstützt aber die individuellen Ansätze einer Bewältigung kommunikativer Aufgaben stärker als im reinen Sprachunterricht. Die Schüler werden deutlicher als (Sprach-)Handelnde herausgefordert (→ Art. 3).

Grundlegende Ziele und Inhalte – Kompetenzen und Standards

Mittlerweile gibt es in der deutschen Geografiedidaktik einen Konsens darüber, dass bilingualer Geografieunterricht als Sachfachunterricht in einer Fremdsprache aufzufassen ist und damit dem CLIL-Konzept folgt, als dessen Kernidee die Integration von Fachinhalten und Sprachlernen angesehen wird. Daraus resultiert die Übereinstimmung der grundlegenden Ziele und der Inhalte des bilingu-

alen mit dem deutschsprachigen Geografieunterricht. Demzufolge sind die Leit-
ziele des bilingualen Geografieunterrichts „die Einsicht in die Zusammenhänge
zwischen natürlichen Gegebenheiten und gesellschaftlichen Aktivitäten in verschiedenen Räumen der Erde und eine darauf aufbauende raumbezogene Handlungskompetenz" (DGfG 2007: 5). Im Unterricht werden dabei sowohl allgemein-
als auch regionalgeografische Inhalte in den Mittelpunkt gerückt.

Mit der Konzentration auf das Konzept der Kompetenzentwicklung und der
Erarbeitung von Bildungsstandards haben sich die Grundbedingungen für den
Unterricht in zahlreichen Fächern entscheidend verändert (→ Art.18). Die eingangs erwähnte ‚Sonderrolle' des Geografieunterrichts spiegelt sich auch in diesem Prozess wider; die Standards wurden nicht (wie für einige andere Fächer)
von der KMK, sondern fachintern unter der Federführung der Deutschen Gesellschaft für Geographie entwickelt und im Jahre 2006 veröffentlicht. Das bedeutet aber zugleich, dass ihnen die entsprechende Verbindlichkeit fehlt. Die in diesem Dokument fixierten Grundauffassungen zu Leitzielen und Konzepten für die
Analyse von Räumen sind auch im bilingualen Geografieunterricht als Grundlage jedweden Handelns anzusehen. Der in den entsprechenden Erläuterungen
enthaltene Hinweis, dass diese Konzepte „eine Basis zur horizontalen Vernetzung von Wissen (sind), indem sie für die Lernenden Verbindungen zu anderen
Sachverhalten und Fächern deutlich machen" (KMK 2006: 12), schafft eine di-
rekte Verbindung zum Bilingualen Unterricht und erlaubt im Folgenden die Konzentration auf solche Sachverhalte, die sich aus dessen Besonderheiten ergeben.

Der naheliegende und deshalb auch vorrangig zu erwähnende Unterschied
bezieht sich auf den Kompetenzbereich Kommunikation, denn „die Fähigkeit,
geographische Sachverhalte zu verstehen, zu versprachlichen und präsentieren
zu können sowie sich im Gespräch mit anderen darüber sachgerecht austauschen
zu können" (ebd.: 9), schließt immer die Kommunikation in einer Fremdsprache
ein. Somit müssen die Ziele geografischer Bildung um jene Aspekte erweitert
werden, die Bach (2002: 11) mit „Mehrsprachigkeit als Kulturkompetenz" bezeichnet hat (→ Art. 24).

Die im bilingualen Geografieunterricht geführte intensive Diskussion um die
Bedeutung von Sprache im Lernprozess hat inzwischen auch Rückwirkungen auf
den deutschsprachigen Geografieunterricht (vgl. Czapek 2000). Demgegenüber
gibt es für die übrigen Kompetenzbereiche nur punktuelle Modifizierungen. Sowohl mit Blick auf das Fachwissen als auch die räumliche Orientierung ist davon
auszugehen, dass im bilingualen Geografieunterricht Raumbeispiele aus den
Ländern/Regionen der Zielsprache eine größere – aber keine dominante! – Rolle spielen. Dabei darf die Behandlung derartiger Länder aber nicht im Sinne der
deskriptiven Landeskunde älterer Prägung erfolgen. Mit einer solchen inhaltlichen Differenzierung ergeben sich vielfach auch andere Möglichkeiten, interkulturelle Themenfelder aufzugreifen. Im Kompetenzbereich ‚Erkenntnisgewin-
nung/Methoden' gibt es insofern eine veränderte Ausgangssituation, weil die

Fähigkeit der Informationsgewinnung und -auswertung viel stärker an fremd-sprachlichen Quellen geschult wird. Somit kann auch davon ausgegangen wer-den, dass die größere Vielfalt von Informationsquellen und -formen und die damit verbundene Authentizität auch Auswirkungen auf den Kompetenzbereich ‚Be-urteilung/Bewertung' hat.

Lehr-/Rahmenpläne

Aus den bisherigen Darstellungen leitet sich ab, dass die Lehr- oder Rahmenplä-ne für den deutschsprachigen Geografieunterricht zugleich die Grundlage für sei-ne bilinguale Variante darstellen. Dabei gilt auch hier, dass die Bildungshoheit der Länder zu unterschiedlichen Inhaltskonzepten und Darstellungsformen geführt hat. So gibt es zum Beispiel in Rheinland-Pfalz für den bilingualen Erdkundeunter-richt Dokumente, die denen des deutschsprachigen Unterrichts in Form und Inhalt grundsätzlich entsprechen. In anderen Bundesländern existieren demgegenüber Empfehlungen für den Bilingualen Unterricht, die als Grundlage für die Erstellung schuleigener Curricula dienen können. Diese Informationen weichen häufig auch hinsichtlich formaler Merkmale von den übrigen Lehr- oder Rahmenplänen ab.

Grundlegende unterrichtsmethodische Aspekte

Mit Bezug auf das Wechselverhältnis von Zielen, Inhalten und Methoden kann konstatiert werden, dass es für das methodische Vorgehen im bilingualen Geogra-fieunterricht vielfache Übereinstimmungen, aber auch Unterschiede im Vergleich zum deutschsprachigen gibt (→ Art. 34). Letztere beziehen sich naturgemäß auf alle Unterrichtsmethoden, in denen die Kommunikation im Mittelpunkt steht; sie be-treffen besonders den Unterricht in der Anfangsphase des Bilingualen Unterrichts und schwächen sich bis zu den Klassen der gymnasialen Oberstufe merklich ab. Von daher ist das gesamte methodische Vorgehen in der Klassenstufe 7/8 zum Bei-spiel viel stärker an den Prinzipien der Anschaulichkeit, Elementarisierung und Kleinschrittigkeit zu orientieren (→ Art. 32). In der Unterrichtspraxis wird es unum-gänglich sein, Schülerinnen und Schülern fremdsprachliche Redemittel, zweispra-chige Wortlisten, Zusammenstellungen von *key terms* oder auch Strategien zur Worterschließung (z.B. *bridging/prompting*) an die Hand zu geben und darüber hinaus immer wieder auf sprachliche Modelle zurückzugreifen.

Weil auch der Fremdsprachenunterricht zu sprachlichen Vorentlastungen für den bilingualen Geografieunterricht führen kann, werden Umfang und Inten-sität sprachmethodischer Schritte sehr wesentlich davon abhängen, inwieweit es eine tatsächliche Kooperation zwischen dem Sach- und dem Sprachfach gibt (→ Art. 25).

Arbeit mit Materialien und Medien

Nach der Etablierung des bilingualen Geografieunterrichts hat es sehr lange ge-dauert, ehe ein annähernd adäquates Medienangebot zur Verfügung gestellt werden konnte. Über Jahre hinweg beschränkten sich die vorhandenen Materialien auf einzelne thematische Schwerpunkte, mit denen meist nur einige Unterrichtssequenzen gestaltet werden konnten (→ Art. 27, 28). Zwar gab es auch in verschiedenen Bundesländern bemerkenswerte Initiativen und Anstrengungen, die unterrichtliche Praxis durch spezielle Publikationen, meist von engagierten Lehrkräften erstellt, zu unterstützen – in der Mehrzahl jedoch war die Vorbereitung des Bilingualen Unterrichts mit einem sehr hohen Arbeitsaufwand verbunden. Inzwischen hat sich diese Situation wesentlich verbessert, und vor allem mit den Unterrichtsmaterialien der führenden Schulbuchverlage konnte die Kluft zwischen dem bilingualen und dem deutschsprachigen Geografieunterricht entscheidend verringert werden. Mittlerweile gibt es Schulbücher sowohl für vorbereitende Unterrichtseinheiten in den Klassen 5 und 6 als auch für die Klassen 7 bis 10. Mit dem *Diercke International Atlas* steht seit 2010 ein spezielles Kartenwerk zur Verfügung. Allerdings ist nicht zu übersehen, dass die Verlage gerade im bilingualen Bereich zumeist aus ökonomischen Gründen kaum Möglichkeiten sehen, Materialien zur Verfügung zu stellen, die den unterschiedlichen Bedingungen in den einzelnen Bundesländern in allen Belangen gerecht werden.

Mit Blick auf die für den Geografieunterricht insgesamt typische Medienvielfalt betont Lenz (2004a, 2004b) für den Bilingualen Unterricht die herausragende Bedeutung der sogenannten nichtkontinuierlichen Texte, also von Karten, Bildern, grafischen Darstellungen oder statistischen Angaben. Derartige Materialien enthalten viele visuelle Impulse; für ihre Nutzung ist es dennoch unumgänglich, Schülerinnen und Schülern medienbezogene Redemittel anzubieten, mit denen die Versprachlichung geübt werden kann. Die aktuellen Schulbücher enthalten diesbezüglich Beispiele wie *working with maps/pictures/diagrams*. Als besondere Hilfe können sich auch die aus dem Fremdsprachenunterricht bekannten Texterschließungsstrategien und -techniken (z. B. *skimming, scanning, detailed reading, note-taking*; → Art. 32, 35) bzw. die Schritte zur inhaltlichen und sprachlichen Entlastung *(scaffolding*; → Art. 33) erweisen. Ein wesentlicher Unterschied bei der Medienarbeit ergibt sich für den bilingualen Geografieunterricht aus der Tatsache der deutlich intensiveren Einbeziehung authentischer Materialien. Obgleich sie unbestritten zu einer wesentlichen Bereicherung des Unterrichts führen, müssen auch die entsprechenden limitierenden Aspekte beachtet werden. Sie liegen neben bedeutend höheren Herausforderungen in sprachlicher Hinsicht insbesondere in den konzeptionellen Unterschieden zwischen dem deutschsprachigen und dem Geografieunterricht der jeweiligen Zielsprachenländer, die sich auch in den Unterrichtsmedien bemerkbar machen.

Lernkontrollen und Lernergebnisse

Aus der Tatsache, dass im Bilingualen Unterricht nicht die Sprache, sondern das Sachfach Lerngegenstand ist, leiten sich auch Schlussfolgerungen für die Leistungsüberprüfung ab. Die nachfolgend aufgeführte ministerielle Vorgabe für Nordrhein-Westfalen gilt – mit Ausnahme von Rheinland-Pfalz (hier werden sachfachliche und sprachliche Aspekte im Verhältnis 2:1 berücksichtigt) – sinngemäß für alle übrigen Bundesländer: „Bei der Bewertung der Leistungen in den bilingualen Sachfächern des Lernbereichs Gesellschaftslehre und im Fach Biologie werden in erster Linie die fachbezogenen Kenntnisse, Fähigkeiten und Fertigkeiten beurteilt. Die fremdsprachlichen Leistungen werden zusätzlich erbracht" (Ministerium für Schule, Jugend und Kinder des Landes Nordrhein-Westfalen, o.J.: 16).

Allerdings ist nicht zu übersehen, dass Leistungsermittlung auch im bilingualen Geografieunterricht ein sehr sensibles Thema ist und es auch hier gegensätzliche Auffassungen gibt. Der von Lenz (2003) unterbreitete Vorschlag, fachsprachliche Fehler (bezogen auf Fachbegriffe und Fehler beim Ausdrücken von Kausalitäten) sowie allgemeinsprachliche Fehler, die die Verständlichkeit beeinträchtigen, in die Bewertung einzubeziehen, ist mehr als ein Kompromiss; vielmehr berücksichtigt er, dass sprachlich-stilistische Aspekte auch im deutschsprachigen Geografieunterricht eine Rolle spielen. Ansonsten können die Auffassungen und Ergebnisse aktueller schul- und fachpolitischer Diskussionen bezüglich der Gestaltung von Lernkontrollen oder Formulierung von Aufgaben auch auf den bilingualen Geografieunterricht übertragen werden.

Aus den bisherigen Praxiserfahrungen kann abgeleitet werden, dass die anfangs häufig geäußerten Befürchtung, Lernergebnisse von Schülerinnen und Schülern im bilingualen Geografieunterricht blieben hinter denen des deutschsprachigen Unterrichts zurück, unbegründet sind.

Perspektiven und Desiderate

In der wissenschaftlichen Diskussion taucht häufig die Frage auf, ob der Bilinguale Unterricht eine eigenständige Fachdidaktik benötigt. Die Antwort auf diese sehr zugespitzte Frage ist zum gegenwärtigen Zeitpunkt noch nicht eindeutig möglich. Aus allgemeiner lerntheoretischer Sicht ist sie mit ‚ja' zu beantworten, denn Bilingualer Unterricht kann weder einseitig aus der Perspektive des Sachfaches noch aus der der Fremdsprache betrachtet werden. Andererseits sollte der grundsätzliche Konsens, dass Bilingualer Unterricht Sachfachunterricht ist, nicht als ‚Freibrief' dafür angesehen werden, der Sachfachdidaktik eine Monopolstellung zubilligen zu wollen. Mit Blick auf vorhandene Konzepte spricht vieles dafür, dass auch der bilinguale Geografieunterricht „ein integrativer Unterricht von sachfachlichen und fremdsprachlichen Belangen" ist (Bach 2002). Mit anderen Worten: Es ist nicht möglich, „sprachliches Lernen" und „sachfachliches Lernen" zu trennen.

Die Beantwortung der oben aufgeworfenen Frage hängt aber auch sehr wesentlich davon ab, mit welchen Grundinhalten die zentralen Begriffe ‚Didaktik' bzw. ‚Fachdidaktik' und ‚Methodik' besetzt sind. Während sich die Didaktik mit dem Lehr-Lern-Prozess im Allgemeinen beschäftigt, untersucht die Fachdidaktik

Geografie jene Sachverhalte, die sich auf die Vermittlung und Aneignung geografischer Aussagen und Erkenntnisse beziehen. Sie nimmt damit eine gewisse ‚Brückenfunktion' ein, denn sie verbindet die Bezugswissenschaft Geografie mit den Erziehungswissenschaften, aber auch mit der schulischen Praxis. Die damit einhergehenden Aufgaben der Geografiedidaktik beziehen sich auf einige zentrale Fragestellungen, die in enger Wechselwirkung stehen:

▶ Warum sollen geografische Aussagen gelehrt und Erkenntnisse gewonnen werden?
▶ Welche geografischen Aussagen/Erkenntnisse sollen vermittelt/angeeignet werden?
▶ Wie sollen geografische Aussagen/Erkenntnisse vermittelt/angeeignet werden?
▶ Womit sollen geografische Aussagen/Erkenntnisse vermittelt/angeeignet werden?

Während die Fragen nach dem *Wie?* und *Womit?* – als klassische Fragen der Methodik – in manchen Diskussionen als Fragen angesehen werden, die der Didaktik unterzuordnen sind, gibt es gute Gründe, vor dem Hintergrund der aus der täglichen Unterrichtsarbeit erwachsenden Anforderungen, eine solche strikte Trennung von didaktischen und methodischen Überlegungen und Aktivitäten aufzugeben. Daraus kann dann auch abgeleitet werden, dass die Unterschiede zwischen dem bilingualen und dem deutschsprachigen Geografieunterricht nicht im grundsätzlich didaktischen, sondern letztlich doch stärker im methodischen Bereich liegen. Wenn darüber hinaus immer wieder berücksichtigt wird, dass für den konkreten Geografieunterricht in einer Fremdsprache didaktische Aspekte des entsprechenden Sprachfaches unumgänglich sind, dürfte die Notwendigkeit, sowohl sachfach- als auch sprachfachdidaktische Aspekte zu integrieren, höchst augenscheinlich sein. Ob damit eine ausreichende Basis für eine völlig eigenständige Didaktik des bilingualen Geografieunterrichts gegeben ist, darf zum gegenwärtigen Zeitpunkt bezweifelt werden. Zumindest aber ergibt sich, dass monolingualer und bilingualer Geografieunterricht nicht als ‚Gegensatzpaare' anzusehen sind und Fachunterricht in einer Fremdsprache sowie Fremdsprachenunterricht sehr gut kooperieren können (und sollten) (→ Art. 25).

Literatur

Bach, Gerhard (2002): Bilingualer Unterricht: Lernen – Lehren – Forschen. In: Gerhard Bach/ Susanne Niemeier (Hrsg.): *Bilingualer Unterricht. Grundlagen, Methoden, Praxis, Perspektiven*. Frankfurt/M., 11–23.

Czapek, Frank-Michael (2000): Begriffs- und Sprachbildung als Prinzip des Geographieunterrichts – Gedanken zum lernstrukturellen Profil des Fach-Unterrichts. In: *Geographie und Schule*, 22, 124, 24–30.

DGfG = Deutsche Gesellschaft für Geographie (2007): Bildungsstandards im Fach Geographie für den mittleren Schulabschluss. http://www.geographie.de/docs/geographie_bildungsstandards_aufg.pdf [[17.11.2012].

Goley, David (2004): Warum bilingualer Geographieunterricht auf der Sekundarstufe I? Eine entwicklungspsychologische, lern- und spracherwerbstheoretische Begründung. In: *Geographie und ihre Didaktik*, 32, 2, 76–93.

Haubrich, Hartwig (³1997): *Didaktik der Geographie konkret*. München.

Haubrich, Hartwig (2006) (Hrsg.): *Geographie unterrichten lernen. Die neue Didaktik der Geographie konkret*. München.

Hoffmann, Reinhard (2003) (Hrsg.): *Bilingualer Geographieunterricht. Konzepte – Praxis – Forschung*. Nürnberg.

Hoffmann, Reinhard (2004): Geographie als bilinguales Sachfach: Fachdidaktische Grundsatzüberlegungen. In: Andras Bonnet/Stephan Breidbach (Hrsg.): *Didaktiken im Dialog. Konzepte des Lehrens und Lernes im bilingualen Sachfachunterricht* Frankfurt/M., 207–219.

Hoffmann, Reinhard/Meyer, Christiane (2009): Bilingualer Geographieunterricht in Deutschland. In: *Praxis Geographie* 5, 4–6.

KMK = Sekretariat der Ständigen Konferenz der Kultusminister der Länder in der Bundesrepublik Deutschland (2006): Bericht „Konzepte für den bilingualen Unterricht – Erfahrungsbericht und Vorschläge zur Weiterentwicklung". 2006_04_10-Konzepte-bilingualer-Unterricht.pdf [08.12.2011].

Lenz, Thomas (2002): Medien für den bilingualen Geographieunterricht. In: *Geographie und Schule* 137, 37–39.

Lenz, Thomas (2003): Leistungsüberprüfung und Leistungsbewertung im bilingualen Geographieunterricht. In: *Geographie und Schule* 143, 38–45.

Lenz, Thomas (2004a): Gemeinsamkeiten, Unterschiede und Überschneidungsbereiche des Geographie- und des Fremdsprachenunterrichts. In: *Geographie und Schule* 147, 41–45 (Teil 1), 148, 38–41 (Teil 2).

Lenz, Thomas (2004b): Filme im bilingualen Geographieunterricht – Konzeption und methodischer Einsatz. In: *geographie heute* 218, 43–45.

Meyer, Christiane (2003): *Bedeutung, Wahrnehmung und Bewertung des bilingualen Unterrichts. Studien zum zweisprachigen Erdkundeunterricht in Rheinland-Pfalz*. Dissertation. Universität Trier.

Meyer, Oliver (2009): Content and Language Integrated Learning (CLIL) im Geographieunterricht. Strategien und Prinzipien für ein erfolgreiches Unterrichten. In: *Praxis Geographie* 5, 8–13.

Ministerium für Schule, Jugend und Kinder des Landes Nordrhein-Westfalen (o.J.) (Hrsg.): *Bilingualer Unterricht. Bilinguale Angebote in Nordrhein-Westfalen*.

Rinschede, Gisbert (³2007): *Geographiedidaktik*. Paderborn u.a.

Reinhard Hoffmann

48 Geschichte

Der Erfolg des Bilingualen Unterrichts ist in der Bundesrepublik ungebrochen. Durch die derzeit stattfindende organisatorische Öffnung der klassischen bilingualen Züge hin zu Modulunterricht, Projektkursen und Differenzierungsangeboten in der Mittelstufe dürfte die Beliebtheit der mehrsprachigen Schulung sogar nochmals zugenommen haben. Das Fach Geschichte war von Anfang an eng mit der Durchführung bilingualer Konzepte verknüpft. Bis heute ist *history* zusammen mit *geography* die am häufigsten mehrsprachig unterrichtete Disziplin und wird von Lehrkräften, Schülern und Eltern sehr positiv bewertet (Müller-

Schneck 2006). Dennoch schlägt dem bilingualen Geschichtsunterricht immer wieder unverhohlene Ablehnung aus der Fachdidaktik entgegen. Zu den hier regelmäßig geäußerten Bedenken gehören die Warnung vor substanziellen Verlusten bezüglich des Fachlernens, der Vorwurf der fehlenden Problemorientierung und der Herabstufung des Faches zum Handlanger des Fremdsprachenunterrichts oder Befürchtungen hinsichtlich einer schlichten Überforderung der Schülerinnen und Schüler. In der Folge ist es nicht überraschend, dass die Verfechter und Forscher des bilingualen Geschichtsunterrichts hauptsächlich in der Fremdsprachendidaktik zu finden sind. Dem Patt zwischen der skeptischen Geschichtsdidaktik einerseits und Praxis wie Fremdsprachenforschung andererseits scheint letztlich der Umstand geschuldet zu sein, dass eine systematische bilinguale Geschichtsdidaktik bisher nicht in Sicht ist. Erst seit einigen Jahren mehren sich die Stimmen, die eine verstärkte Kooperation von Fremdsprachen- und Geschichtsdidaktik fordern (vgl. Barricelli/Zwicker 2009, Gruner 2009, Heimes 2011). Im Folgenden werden einige theoretische und praktische Grundlagen des bilingualen Geschichtsunterrichts knapp und überblicksartig vorgestellt.

Ziele und Inhalte

Das oberste Ziel des bilingualen Geschichtsunterrichts besteht selbstredend in der Entwicklung eines aufgeklärten Geschichtsbewusstseins und der erfolgreichen Initiierung historischen Lernens. Diese beiden mannigfach miteinander verwobenen prozessualen Direktiven lassen sich beispielsweise an den vier Kompetenzen des Strukturmodells von Schreiber u.a. (vgl. 2006) operationalisieren. Dieses umfasst die historische Sachkompetenz, historische Fragekompetenz, historische Methodenkompetenz und historische Orientierungskompetenz. Im mehrsprachigen Geschichtsunterricht wird die hier erfasste mehrschichtige Kompetenzentwicklung durch eine besondere (fremd-)sprachliche und kulturelle Dimension erweitert.

Sachfachkompetenz. Historische Sachkompetenz besteht gemäß dem Modell von Schreiber u.a. (2006) aus historischer Begriffs- und Strukturierungskompetenz (siehe unten). Die Beherrschung der letztgenannten Teilfähigkeit äußert sich in der erfolgreichen Strukturierung und Systematisierung von faktenbasiertem und prozedural-analytischem Geschichtswissen entlang den Dimensionen von Geschichtsbewusstsein, den Kategorien historischen Denkens und den heuristischen Konzepten der Geschichtswissenschaft (vgl. Sauer 2006: 19ff.). Im bilingualen Geschichtsunterricht generiert der Einsatz des authentischen, fremdsprachigen Materials nun besondere Herausforderungen und Chancen. Die Inhalte und Themen des mehrsprachigen Unterrichts lassen sich grundsätzlich durch Hallets (1998) *Bilingual Triangle* erfassen: Diesem Konzept entsprechend lassen sich alle Inhalte als Themen der schulsprachlichen Kultur (z.B. Bismarcks Innenpolitik), der Zielkultur (z.B. die amerikanische Revolution) oder als poly-

bzw. multikulturell angelegte Themen (z.B. der Erste Weltkrieg) kategorisie-ren. Da bilingualer Geschichtsunterricht aber selbstverständlich auch den deut-schen Curricula und Abiturvorgaben verpflichtet ist, sind die Inhalte deutscher Geschichte in vielen Fällen gesetzt, sodass es zwecks bilingualer Akzentuierung häufig zu thematischen Mischformen kommt. Hier wird in das Sujet der Schul-sprache die „Perspektive des Zielsprachenlandes mit einbezogen, z.B. indem re-cherchiert wird, inwiefern dort die ausgewählte Thematik überhaupt beachtet wird, wie sich der Umgang mit dem Thema gestaltet und vor allem, welche Be-wertungen aus der Sicht des anderen Landes vorgenommen werden" (Gruner 2009: 44). Praktisch geschieht dies durch die Kontrastierung bzw. den Vergleich von deutschen und fremdsprachigen Quellen und Darstellungen.

Insgesamt scheint der kontrastive und komplementäre Ansatz des bilingua-len Geschichtsunterrichts bei didaktisch überlegter Handhabung die Sensibili-tät von Lernenden für standortgebundene Perspektivik und für den Konstrukt-charakter von Geschichte bzw. verfasster Geschichte positiv zu beeinflussen. Die authentische Spracherfahrung wird in diesem Fall zum Katalysator für die Aus-bildung der Konstruktions- und Dekonstruktionsfähigkeiten der Lernenden (vgl. ‚historische Methodenkompetenz' bei Schreiber u.a. 2006), das heißt „die Fähig-keit und Fertigkeit, mit Hilfe von Quellen historische Narrationen zu entwickeln bzw. vorhandene historische Narrationen in ihrer (Tiefen-)Struktur zu erfas-sen" (Gruner 2009: 46). Zudem scheint die parallele Umsetzung von diachro-nem (d.h. historischem) und synchronem (d.h. interkulturellem) Fremdverstehen in Folge von Mehrsprachigkeit und der Verwendung authentischer, mehrspra-chiger Medien zu einer andersartigen, vergleichenden Erfahrung des Eigenen und des Fremden zu führen (Lamsfuß-Schenk 2008). Durch die im bilingualen Geschichtsunterricht idealiter besonders geförderte Perspektivübernahme bzw. Multiperspektivität können so die Fähigkeiten der Lernenden zu Empathie und (Selbst-)Reflexion vertieft und kann daraus resultierend eine Reorganisation des Geschichtsbewusstseins bewirkt werden (vgl. ‚historische Orientierungskompe-tenz' bei Schreiber u.a. 2006; Gruner 2009: 48). Ferner dürften sich dadurch zu-sätzliche Ansatzpunkte zur Schulung der historischen Fragekompetenz bieten, d.h. die Fähigkeit zum (Er-)Kennen, Verwenden und Finden von historischen Fragen und Fragetypen (vgl. Schreiber, Körber u.a. 2006; Gruner 2009, 45). In diesem Zusammenhang darf allerdings nicht verschwiegen werden, dass die em-pirische Überprüfung solcher Wirkungen und Interdependenzen erst am Anfang steht.

Sprachkompetenz. Ein entscheidender Teil der Fachschulung im (bilingualen) Geschichtsunterricht ist die Vermittlung historischer Fachterminologie (vgl. his-torische Begriffskompetenz als Teilfähigkeit der Sachkompetenz bei Schreiber u.a. 2006). Diese ist jedoch weder Selbstzweck noch ein Wert an sich. Der his-torische Fachausdruck ist nichts anderes als die sprachliche Repräsentation des historischen Fachkonzepts, das vermittelt und verstanden werden muss. In der korrekten Verwendung des Fachterminus im Kontext spiegelt sich daher das konzeptuelle Verständnis oder Unverständnis des Schülers oder der Schülerin. Aus diesem Grunde ist im bilingualen Geschichtsunterricht nicht nur Wortschatzarbeit bezüglich der eigentlichen *technical terms* notwendig, sondern auch das gezielte Trainieren der *sub-technical language*, das heißt der aus dem jeweiligen Fachkontext herauslösbaren und transferfähigen sprachlichen Exponenten der *academic language functions* (z. B. Verben des Bewertens, Verben des Abwägens etc.) und der fachlich verwendeten Komponenten der Komplementärterminologie, das heißt nützliche allgemeinsprachliche Elemente (z. B. *linking words, qualifying terms* etc.) (vgl. Zydatiß 2002: 47 f., Heimes 2011: 72 ff.). Erst durch einen soliden Bestand an *sub-technical language* und Komplementärterminologie wird es den Lernenden – auch in deutscher Sprache – möglich, im bilingualen Unterricht Fachkonzepte adäquat zu beschreiben, zu hinterfragen und damit zu begreifen. Ein explizites sprachliches Ziel des mehrsprachigen Geschichtsunterrichts besteht folglich in der Befähigung der Lernenden zum historischen Diskurs, also dem fachlich korrekten Sprechen über Vergangenes in zwei Sprachen.

Implizit ist freilich auch die Verbesserung der allgemeinen Fremdsprachenfähigkeiten der Schülerinnen und Schüler ein legitimes Ziel. Es scheint offensichtlich, dass in Verbindung mit dem Fachlernen verschiedene Sprachlernprozesse angestoßen werden: So ist das authentische Material des bilingualen Geschichtsunterrichts thematisch und sprachlich sehr anspruchsvoll. In der Folge sind die Jugendlichen zu einer intensiven sprachlichen Auseinandersetzung mit dem Input sowie zu „tieferer semantischer Verarbeitung" (Heine 2010: 211) gezwungen, die fach- und sprachmethodisch im Unterricht vorbereitet und begleitet werden muss. Um dem erhöhten Schwierigkeitsgrad zu genügen, werden in fremdsprachlicher Hinsicht die fachbezogenen Lesestrategien, Strukturierungsverfahren, Markierungsroutinen etc. weiterentwickelt und das Erschließungsniveau in der Fremdsprache kontinuierlich erhöht (Lamsfuß-Schenk 2008, Heimes 2011; →Art. 32, 33, 35). Die vermehrte Übungsgelegenheit und das intensivierte Feedback durch die häufige praktisch-methodische Anwendung scheinen außerdem zu einer erhöhten Ausdifferenzierung der allgemeinen Sprachreflexionsstrategien und einer generellen Verbesserung der Sprachrichtigkeit beizutragen (vgl. Heimes 2011).

Fremdsprache und Schulsprache

Die Verwendung der Fremdsprache ist das zentrale Alleinstellungsmerkmal des bilingualen Geschichtsunterrichts. Diese aktive und passive Mehrsprachigkeit erfordert, dass die Lehrkraft Kompetenz in der Anwendung und eine sensible Wahrnehmung für die Notwendigkeit von kommunikativem *scaffolding* (z. B. *bridging, prompting, paraphrasing* etc.; →Art. 33) im fremdsprachigen Unterrichtsdialog besitzt. Auch die Darbietung, Vermittlung und übende Verankerung von *pre-scaffolding*, das heißt von unterstützenden Formulierungen, Satzgerüsten und Diskurshilfen, ist für Erfolg und Anspruch des bilingualen Geschichtsunterrichts von großer Bedeutung (vgl. Heimes 2011). Die Sorge vor einer Überforderung der Lernenden durch den sprachlichen Anspruch wird in neueren Befragungen zerstreut. Lernende (und auch Lehrende) werden durch die Idee, eine Fremdsprache im Fach Geschichte zu nutzen, offenbar sogar zusätzlich motiviert (vgl. Müller-Schneck 2006). Die Agierenden des bilingualen Geschichtsunterrichts scheinen zu spüren, dass es die Integration der Rollen als Inhalts- und Fremdsprachenlerner ist, die dem Lernenden zum Vorteil gereicht. So spricht einiges dafür, dass ähnlich der Situation im Erstsprachenerwerb sachfachliches Konzept (in der Entwicklung vom Alltagskonzept hin zum wissenschaftlichen Konzept) und sprachliche Darstellung hier simultan entwickelt werden und dadurch eine tiefere Verarbeitung fremd- und fachsprachlicher Elemente stattfindet (vgl. Heimes 2011; → Art. 17).

Ein überlegter Einbezug der deutschen Sprache ist im bilingualen Geschichtsunterricht derweil unverzichtbar. Neben den dargestellten fachlich-inhaltlichen Gründen der Kontrastierung und Multiperspektivität (vgl. Wildhage 2003: 80ff.) spricht gerade in der Sekundarstufe I – das Fach Geschichte wird ob seines Schwierigkeitsgrades meist erst ab der 8. Klasse bilingual angeboten – die Sicherung des inhaltlichen Verständnisses und der umfassenden bilingualen historischen Ausdrucksfähigkeit für ein didaktisch legitimiertes *macro-code-switching*, also die Verwendung der Schulsprache Deutsch in ausgewählten Unterrichtsphasen (vgl. Heimes 2011; → Art. 24). Barricelli und Zwicker (2009: 22) betonen ferner die Gefahr einer mangelnden affektiven Verbindung bei unzureichender Einbindung des Deutschen im bilingualen Geschichtsunterricht, „sobald identifikatorisches Lernen und emotionale Bewegungen beabsichtigt werden". Müller-Schnecks (2006: 174f.) empirische Untersuchung zeigt indes, dass die regelmäßige Verwendung des Deutschen in bilingualen Geschichtsklassenzimmern längst gang und gäbe ist (nur 4 % der Befragten geben an, Deutsch nicht zu benutzen).

Vor dem Hintergrund der *Conceptual-change*-Forschung spielt überdies das *micro-code-switching*, der unmittelbare Vergleich von deutschen und fremdspachlichen Begriffen, gegebenenfalls mit kurzfristigen und eingeschränkten Ausflügen in die Schulsprache, eine wichtige Rolle im bilingualen Geschichtsunterricht (→ Art. 24). Hier werden die konzeptuellen Bedeutungen der Fachtermini miteinander verglichen und zum Ausgangspunkt für die Überprüfung von Sichten, Interpretationen und Bewertungen und somit für die Fachkonzeptentwicklung (,funktionale Zweisprachigkeit'; vgl. Otten/Wildhage 2003: 31f., Wildhage 2003: 104f.). Bekannte Beispiele sind die Ausdrücke *Völkerwanderung* vs. *Barbarian Invasions*, *Erster Weltkrieg* vs. *the Great War*, *Röhm-Putsch* vs. *Night of the Long Knives* etc. (weitere Beispiele bei Wildhage 2003: 81). Dieser fruchtbare, komparative Ansatz darf gleichwohl nicht als gänzlich unterrichtstragendes Prinzip überschätzt werden. Mittlerweile liegen unterrichts-praktische Vorschläge und Modelle zur Handhabung von Mehrsprachigkeit und Code-Switching im bilingualen Geschichtsunterricht vor (vgl. Heimes 2010; zur differenzierten Mehrsprachigkeit vgl. Heimes 2011: 154 ff.).

Medien und Methoden

Neben explizit multiperspektivischen Verfahren greift der bilinguale Geschichts-unterricht auf die bekannten inhaltsbezogenen (Längsschnitt, Querschnitt, Fall-analyse etc.) und unterrichtsmethodischen Strukturierungskonzepte (Problem-orientierung, Handlungsorientierung, Aufgabenorientierung etc.) zurück (vgl. Günther-Arndt 2010). Aufgrund der Mehrsprachigkeit bzw. der verwendeten fremdsprachigen Medien spielen jedoch bestimmte unterrichtsmethodische Ak-zentuierungen und Elemente eine größere Rolle als im deutschen Geschichtsun-terricht. Beispielsweise darf dem Prinzip der Veranschaulichung große Relevanz zugeschrieben werden (Wildhage/Otten 2003: 105 ff.). So kann eine systemati-sche Visualisierung, zum Beispiel durch den verstärkten Einsatz von nonverbalen Medien und von ‚greifbaren' Hilfsmaterialien oder durch die häufigere Verwen-dung von grafischen Strukturierungstechniken, effektiv dazu beitragen, schwie-rige (Fach-)Sprachsituationen zu entschärfen (→ Art. 21). Ebenso sind kreativ-szenische und dialogisierende Verfahren im bilingualen Geschichtsunterricht in ausgewählten Situationen gut geeignet, um stark abstrahierende Gedanken-gänge fachlich und sprachlich auf ein handhabbares Niveau herunterzubrechen. Überdies bieten sich Verfahren der Personifizierung und Elementarisierung an, um historische Grundsituationen auf handelnde Personen zu transferieren und damit Identifikationsangebote zu schaffen und zu reflektieren (Rautenhaus 2005: 112 f.).

Die Medien des bilingualen Geschichtsunterrichts unterscheiden sich grund-sätzlich nicht von denen der deutschsprachigen Geschichtsstunden. In beiden Fällen kommt eine Fülle von Quellen (Textquellen, Bilder, Lieder etc.) und Dar-stellungen (Karten, Statistiken, Schulbücher etc.) zum Einsatz. Der Kernunter-schied liegt im sprachlichen Code des Mediums und den damit verbundenen Schwierigkeiten und Anforderungen. Im bilingualen Geschichtsunterricht spie-len daher die *history skills*, also die mehrsprachig verankerten, geschichtsme-thodischen Fähigkeiten von Lernenden eine große Rolle (vgl. Wildhage 2003: 90 ff.; → Art. 34). In den bilingual-geschichtsmethodischen Fähigkeiten verknüpft sich die fremdsprachliche Leistung (Dekodierung, Beschreibung, Vorstellung etc.) historischen Materials oder die sprachliche Dokumentation von Untersu-chungsergebnissen mit den fachlich-analytischen Herangehensweisen (den Prü-fungsprozessen, Verfahrensscripts, Kategoriebildungen etc.). Auf diese Weise werden sie zu Schlüsselinstrumenten der Konstruktion und Dekonstruktion von Geschichtsnarrationen. Praktisch bedeutet dies, dass aus dem Fremdsprachen-unterricht stammende Techniken, beispielsweise Lesemethodik, *note-making*, *presentation skills* mit den ‚handwerklich'-analytischen und kritisch-reflektierenden Verfahren integriert vermittelt und vertieft werden. Was in dieser fachmethodischen Integration von Sprache und Inhalt entsteht, ist im Alltagsunterricht gemeinhin bekannt als *working with texts, how to analyse a cartoon* usw.

Die Bedeutung bilingual-historischer Fachmethodenfähigkeiten geht jedoch noch deutlich über den eigentlichen Unterricht hinaus: In einer beschleunigten Welt, in der Geschichtskultur internationalisiert und digitalisiert sowie Wissenschaft wie Bildung längst multilingual verfasst sind, wird ein Repertoire von mehrsprachig ausgebildeten Arbeitstechniken und inhaltlich-kritischen Verfahrensweisen unverzichtbar. Die Vermittlung und Ausbildung bilingual-historischer Fachmethodik wird somit zu einer signifikanten Komponente einer zeitgemäßen Studien-, Berufs- und Lebensvorbereitung.

Desiderate und Perspektiven

Die Erforschung des bilingualen Geschichtsunterrichts und die Entwicklung einer bilingualen Geschichtsdidaktik sind und bleiben Herausforderungen, die eine enge Kooperation der verschiedenen Disziplinen sowie eine verstärkte Zusammenarbeit von Wissenschaft und Praxis unabdingbar machen. So gibt es auch nach zwei Jahrzehnten der systematischen Forschung noch manch blinden Fleck auf der bilingual-historischen Landkarte. Neben dem weiterhin fehlenden Gesamtkonzept zum Einsatz des Deutschen sind es beispielsweise die Aspekte der Leistungsmessung und der Binnendifferenzierung (vgl. Heimes 2012), die angesichts der sich wandelnden Unterrichtsbedingungen und der zunehmend veränderten Zusammensetzung der Schülerschaft bedeutsame Desiderate der bilingualen Geschichtsforschung darstellen.

Literatur

Barricelli, Michele/Zwicker, Falk (2009): Different words, possible words. Zum Problem des code-switching im bilingualen Geschichtsunterricht. In: *Zeitschrift für Geschichtsdidaktik* 8, 12–51.

Gruner, Carola (2009): Kompetenzorientiertes Lernen im bi-lingualen Geschichtsunterricht? In: *Zeitschrift für Geschichtsdidaktik* 8, 40–51.

Günther-Arndt, Hilke (Hrsg.) (³2010): *Geschichtsmethodik. Handbuch für die Sekundarstufe I und II.* Berlin.

Hallet, Wolfgang (1998): The Bilingual Triangle. Überlegungen zu einer Didaktik des bilingualen Sachfachunterrichts. In: *Praxis des Neusprachlichen Unterrichts* 45, 115–125.

Heimes, Alexander (2010): Bilinguale Methoden für den mehrsprachigen Sachfachunterricht. In: *Praxis Fremdsprachenunterricht* 2, 7–10.

Heimes, Alexander (2011): *Psycholinguistic Thought meets Sociocultural Theory. Die integrativen Zusammenhänge von Fachmethodik und Fremdsprachenlernen im bilingualen (Geschichts-)Unterricht.* Frankfurt/M.

Heimes, Alexander (2012): Wege der Binnendifferenzierung im bilingualen Sachfachunterricht. In: *Praxis Fremdsprachenunterricht* 2, 9–11.

Heine, Lena (2010): Fremdsprache und konzeptuelle Repräsentation: bilingualer Unterricht aus kognitiver Perspektive. In: Sabine Doff (Hrsg.): *Bilingualer Sachfachunterricht in der Sekundarstufe. Eine Einführung.* Tübingen, 199–212.

Lamsfuß-Schenk, Stefanie (2008): *Fremdverstehen im bilingualen Geschichtsunterricht. Eine Fallstudie.* Frankfurt/M.

Müller-Schneck, Elke (2006): *Bilingualer Geschichtsunterricht. Theorie, Praxis, Perspektiven.* Frankfurt/M.

Otten, Edgar/Wildhage, Manfred (2003): Content and Language Integrated Learning. Eckpunkte einer ‚kleinen' Didaktik des bilingualen Sachfachunterrichts. In: Manfred Wildhage/Edgar Otten (Hrsg.): *Praxis des bilingualen Unterrichts.* Berlin, 12–45.

Rautenhaus, Heike (³2005): Prolegomena zu einer Didaktik des bilingualen Sachfachunterrichts, Beispiel: Geschichte. In: Gerhard Bach/Susanne Niemeyer (Hrsg.): *Bilingualer Unterricht. Grundlagen, Methoden, Praxis, Perspektiven.* Frankfurt/M., 109–120.

Sauer, Michael (2006): *Geschichte unterrichten. Eine Einführung in die Didaktik und Methodik.* Seelze.

Schreiber, Waltraud/Körber, Andreas/von Borries, Bodo/Krammer, Reinhard/Leutner-Ramme, Sibylla/Mebus, Sylvia/Schöner, Alexander/Ziegler, Béatrice (2006): *Historisches Denken. Ein Kompetenz-Strukturmodell.* Neuried.

Wildhage, Manfred (2003): *History.* In: Manfred Wildhage/Edgar Otten (Hrsg.): *Praxis des bilingualen Unterrichts.* Berlin, 77–115.

Zydatiß, Wolfgang (2002): Konzeptuelle Grundlagen einer eigenständigen Didaktik des bilingualen Sachfachunterrichts: Forschungsstand und Forschungsprogramm. In: Stephan Breidbach/Gerhard Bach/Dieter Wolff (Hrsg.): *Bilingualer Sachfachunterricht. Didaktik, Lehrer-/Lernforschung und Bildungspolitik zwischen Theorie und Empirie.* Frankfurt/M., 31–62.

Alexander Heimes

49 Sozialkunde/Politik und Wirtschaft

Das Sachfach Sozialkunde – mit unterschiedlichen Bezeichnungen wie Gemeinschaftskunde, politische Bildung, Politik oder auch Politik und Wirtschaft oder Politik/Gesellschaft/Wirtschaft – unterliegt in den Bundesländern unterschiedlichen Regelungen etwa hinsichtlich seines Anteils in Stundentafeln. Obwohl aber als wesentliche Gemeinsamkeit gilt, dass der Sozialkundeunterricht in allen Bundesländern tendenziell als weniger wichtige Aufgabe angesehen wird, gehört Sozialkunde dennoch neben Erdkunde und Geschichte von Anfang an zu den ‚klassischen' Sachfächern für den bilingualen Sachfachunterricht in der Bundesrepublik Deutschland. Dies geht wesentlich auf den deutsch-französischen Unterricht zurück, da um 1970 zunächst die Überwindung der Erbfeindschaft sowie die Völkerverständigung elementare bildungs- und sprachenpolitische Motive darstellten (→ Art. 1). Der bilinguale Sachfachunterricht insgesamt sowie der Sozialkundeunterricht im Besonderen diente von Anbeginn der Entwicklung eines kritischen Identitätsbewusstseins oder eines „geläuterten und realistischeren Bewußtseins über die eigene nationale Identität" (Schütz 1993: 95 f.), sodann mit Blick auf die europäische Integration der Ausbildung eines (kritischen) europäischen Bewusstseins und schließlich der Entwicklung eines Bewusstseins globaler Verantwortung. Nicht nur, aber gerade im Fach Sozialkunde spielt die Förderung der Fähigkeit und Bereitschaft zur politischen Teilhabe und Gestaltung eine zentrale Rolle, und dies gilt auch für den bilingualen Sozialkundeunterricht.

Wirtschaft und Beruf rücken ebenfalls fächerübergreifend und fachspezifisch im Hinblick auf europäische und weltweite Verflechtungen in Industrie und Handel sowie zeitgenössische Bedingungen der Berufstätigkeit des Einzelnen in den Mittelpunkt. Entsprechend wird dem bilingualen Sozialkundeunterricht nicht nur die Vermittlung einer hohen allgemein- und fachsprachlichen Kompetenz in der Fremdsprache zugeordnet, sondern auch die Berufsorientierung und die Vermittlung von differenzierten Kenntnissen in technischen, beruflichen und ökonomischen Bereichen (→ Art. 3, 11, 18, 51).

Aufgaben und Ziele des Sozialkundeunterrichts

Dem Sozialkundeunterricht wird übergreifend das Leitziel politischer Mündigkeit zugeschrieben, und dabei zuallererst die Entwicklung politischer Urteils- und Handlungsfähigkeit. Die Förderung von Analysefähigkeit, kritischer Reflexivität und politischer Urteilsfähigkeit gilt als Kernauftrag der politischen Bildung. Sie wird für das Individuum und seinen Anspruch darauf, rational auf die Politik reagieren und ebenso rational, diskursiv und argumentativ in der politischen Öffentlichkeit agieren zu können, als elementar begriffen; sie wird aber auch für den demokratischen Staat als grundlegend gesehen, da dieser wesentlich darauf angewiesen ist, dass die Bürger zugunsten seiner Bewahrung und Fortentwicklung möglichst kompetent über Politik zu urteilen in der Lage sind (vgl. Detjen 2007: 228). Mit Blick auf (welt-)gesellschaftliche und politische Entwicklungen rücken außerdem die Befähigung zum politischen Urteilen auf europäischer und globaler Ebene, *European citizenship* und *world citizenship* in den Fokus. Der bilinguale Sozialkundeunterricht leistet einen spezifischen Beitrag zur Vorbereitung auf die gesellschaftliche und politische Zukunft in Europa bzw. zur Übernahme globaler Verantwortung, indem er unter anderem konkret auf die Analyse und Reflexion anderer und eigener gesellschaftlicher, politischer und ökonomischer Gegebenheiten, Sachverhalte, Verfahrensweisen und Sichtweisen abhebt (→ Art. 3).

Auch die politische Handlungsfähigkeit gilt zunächst vor dem Hintergrund der Rolle der Bürgerinnen und Bürger in der Demokratie als elementares Ziel der politischen Bildung. Im Hinblick auf die Teilhabe an der politischen Öffentlichkeit wird vor allem auf das Wissen über Teilnahmerechte und Partizipationsmöglichkeiten sowie auf die Entwicklung komplexer praktischer Fähigkeiten für die Teilnahme an der politischen Öffentlichkeit abgezielt, wobei unter anderem komplexe kommunikative bzw. rhetorische Fähigkeiten als auch der Umgang mit Medien von Bedeutung sind (vgl. Detjen 2007: 238 f.). Was den bilingualen Sozialkundeunterricht betrifft, so spielt auch hier die Frage nach Teilnahmerechten und Partizipationsmöglichkeiten eine Rolle, besonders aber zielt dieser im Kontext der komplexen europäischen und weltweiten Verflechtungen in Gesellschaft, Politik und Wirtschaft sowohl auf die Befähigung zur Kommunikation, zur *negotiation of meaning*, zum politischen Diskurs und zur politischen Debatte im internationalen Kontext als auch auf die Befähigung zum adäquaten Umgang mit internationalen Medien.

Zu den elementaren Zielen des Sozialkundeunterrichts gehört neben und in engem Zusammenhang mit der Entwicklung von Urteils- und Handlungsfähigkeit auch die Vermittlung von Wissen. Dies gilt grundsätzlich hinsichtlich der Vorbereitung auf die Wahrnehmung der Bürgerrolle als wesentlich. Im Rahmen des bilingualen Sozialkundeunterrichts werden außerdem mit Blick auf die Rolle des Bürgers in der EU und die Verantwortung des Einzelnen in globalen Zusammenhängen spezifisch auch Aspekte der Europäisierung und Globalisierung, komplexe Prozesse der Internationalisierung von Kultur, Ökonomie und Politik sowie gesellschaftliche, politische und ökonomische Positionen aus anderen Gesellschaften stärker einbezogen als im monolingualen Sachfachunterricht (vgl. Sander 2002: 38).

In Verbindung mit den genannten Aufgaben und Zielen des Sozialkundeunterrichts wird schließlich auch die Entwicklung demokratischer Einstellungen und Werthaltungen bzw. die Ausbildung eines freiheitlich-demokratischen Wertbewusstseins akzentuiert. Dass politische Mündigkeit und mit ihr die genannten Aufgaben und Ziele des Fachunterrichts sich nicht nur auf den demokratischen Nationalstaat beziehen, sondern durchaus auch auf supranationale, europäische und globale Entscheidungshorizonte (vgl. Steffens 2008: 112), unterstreicht die besondere Bedeutung bilingualen Sozialkundeunterrichts.

Inhalte des Sozialkundeunterrichts

Die Auswahl und Strukturierung von Inhalten für den Sozialkundeunterricht stellt nicht nur angesichts (welt-)gesellschaftlicher, politischer und ökonomischer Komplexität, der Pluralität der Erfahrungen, Lebensbedingungen und Interessen, täglich neuer Information und der Ungewissheit der Zukunft eine Herausforderung für die Fachdidaktik und die Unterrichtspraxis dar. Auch ist „der unscharfe Kern des Politischen" (Petrik 2007: 27 ff.) bzw. die Umstrittenheit des Politikbegriffs als wesentliche Schwierigkeit anzusehen, zumal ausgehend von einem weiten Politikbegriff, bei dem Politik überall dort geschieht und entsteht, „wo Menschen den öffentlichen Aspekt ihres gesellschaftlichen Lebens zu regeln versuchen" (Rohe 1994: 136), quasi jede Situation zum Thema politischer Bildung werden kann.

Die genannten Herausforderungen gelten auch für den bilingualen Sozialkundeunterricht, aber sie verweisen unmittelbar auch auf besondere Chancen: Zwar liegen für den Unterricht im Fach Sozialkunde bzw. Politik und Wirtschaft Lehrpläne vor, und es dominiert im bilingualen Sachfachunterricht in der Regel die Anbindung an die Lehrpläne für den einsprachigen Unterricht. Zugleich aber werden für den bilingualen Sozialkundeunterricht vielfach schüler-, problem- und handlungsorientiert solche Inhalte ausgewählt, die einen besonderen Bezug zur jeweiligen Zielkultur und zum eigenen Kulturkreis aufweisen, die den

Vergleich, Kontrastierung und Perspektivwechsel gewährleisten, und es werden neben europäischen auch außereuropäische Kontexte, globale Phänomene, Gegebenheiten und Sachverhalte und je plurale Perspektiven betrachtet. Der bilinguale Sozialkundeunterricht eröffnet gerade vor dem Hintergrund gesellschaftlicher Komplexität, von Pluralität und Differenz facettenreiche Perspektiven, flexible Schwerpunktsetzungen sowie an jeweilige Interessen anschließende Gelegenheiten zur Reflexion auf andere und eigene Welt- und Selbstverhältnisse (→ Art. 3). Schließlich wird auch im Kontext des bilingualen Sachfachunterrichts die Diskussion um sprachlich wie sachfachlich bedingte Fremdheitserfahrungen, Fachkulturen und damit Traditionen und Modernitäten fachwissenschaftlicher Diskurse des Anderen und des Selbst begonnen, ein Aspekt, der nicht nur hinsichtlich des Verstehens und der Verständigung, sondern auch des souveränen und demokratischen Gestaltens von Gegenwart und Zukunft elementar erscheint.

Kompetenzen und Standards

Im Bereich der politischen Bildung ist die Entwicklung und Diskussion von Kompetenzmodellen sowie von mehr oder weniger domänenspezifischen Kompetenzen und Standards in vollem Gange. Die bisher vorliegenden Modelle stellen im Wesentlichen Beispiele dafür dar, dass der Versuch, Kompetenzmodelle für die politische Bildung zu entwickeln bzw. die kompetenzorientierte Differenzierung des Leitziels politischer Mündigkeit zu leisten, ein komplexes Unterfangen bleibt und bleiben muss – besonders dann, wenn es darum geht, über den nationalen Rahmen hinauszusehen, europäische und globale Perspektiven einzubeziehen und dies in mehr als einer Sprache zu gewährleisten (→ Art. 18).

Dass die Entwicklung von Kompetenzmodellen und Bildungsstandards für die politische Bildung keineswegs abgeschlossen ist, zeigen gegenwärtig beispielsweise die Publikationen *Konzepte der Politik – Ein Kompetenzmodell* (Weißeno u. a. 2010) sowie *Konzepte der politischen Bildung – Eine Streitschrift* (Autorengruppe Fachdidaktik 2011). Die Autoren der Publikation *Konzepte der Politik* konzentrieren sich auf die Auflistung von Basiskonzepten und Fachkonzepten und damit auf die Struktur des Fachwissens bzw. das relevante Wissen in der politischen Bildung (vgl. Weißeno u. a. 2010: 17). Die in der *Streitschrift* dargelegte Kritik an diesem Modell richtet sich auf eben diese Reduktion der Komplexität von bereits vorliegenden Kompetenzmodellen, auf die „Einseitigkeit und Geschlossenheit der verwendeten Konzepte, die keinen multiperspektivischen sozialwissenschaftlichen Zugriff auf das Phänomen des Politischen erlauben", und insgesamt auf das zugrundeliegende „Wissensmodell" bzw. die sich abzeichnende „Begriffsdidaktik" (Autorengruppe Fachdidaktik 2011: 163ff.). Die Autorengruppe Fachdidaktik hingegen schlägt „sozialwissenschaftliche Basiskonzepte als Leitideen der politischen Bildung" (System, Akteure, Bedürfnisse, Grundorientierungen, Macht und Wandel) vor, um diese im Sinne eines weiten Politikbegriffs als „Orientierungshilfen für die multiplen sozialwissenschaftlichen Bezüge des Politischen zu nutzen" (ebd.). Im Zuge der in der Fachdidaktik lebendigen Debatte um die Frage der Basis- und Fachkonzepte bleibt für den bilingualen Sozialkundeunterricht festzuhalten, dass der Bezug auf Basis- und Fachkonzepte und der Versuch ihrer systematischen Inventarisierung – besonders auf der Folie eines weiten Politikbegriffs – für den bilingualen Sachfachunterricht durchaus relevant erscheint, weil dies einen wichtigen Beitrag zur didaktischen Fundierung des bilingualen Sozialkundeunterrichts leisten kann bzw. weil sich hier eine zentrale Größe der Integration fachlichen und sprachlichen Lernens, fachlicher und sprachlicher Bildung abzeichnet. Zugleich aber wird hier die Schwierigkeit deutlich, gesellschaftliche, politische und ökonomische Realität inhaltlich und sprachlich differenziert zu fassen und dem Fachdiskurs in den jeweiligen Zielsprachen gerecht zu werden, ohne spezifische, letztlich fachkulturelle, Nuancen zu nivellieren oder auch transkulturelle Aspekte zu übersehen.

Als wesentlich gilt es schließlich, den subjektiven Sinndeutungen bzw. Deutungsmustern der Schüler Raum zu geben und dennoch (im Rückgriff auch auf sozialwissenschaftliche Basiskonzepte) ein Anknüpfen an Grundorientierungen zu gewähren. Im Zentrum steht dann ein Verständnis politischen Lernens, politischer Bildung, das letztlich auf der „kommunikativen Praxis offener und demokratischer Verständigung" und der „Verhandlung der politischen Konzepte und Deutungsmuster von Schülerinnen und Schülern durch ‚Interaktion', ‚Begegnung', ‚Dialog'" fußt (ebd.: 167 f.). Eben hierin liegt dann auch ein entscheidender Mehrwert des bilingualen Sozialkundeunterrichts: Dieser umfasst eine kommunikative Praxis offener und demokratischer Verständigung, die über vorfindliche Konzepte, über vorfindliche Selbst- und Weltsichten hinausgeht und auch die bilinguale, mehrsprachige Kommunikation, mithin die Reflexion auf Konzepte in anderen Sprachen, andere Selbst- und Weltsichten forciert. Wenn Wolfgang Sander beklagt, dass die Fachkultur der politischen Bildung noch zu wenig internationalisiert ist (vgl. Sander 2002: 38), so gilt dies vergleichbar auch für die fachdidaktische Reflexion auf die sprachliche Bedingtheit fachlichen Lernens, politischen Denkens und Handelns und des Lebens von Partizipation und Mündigkeit insgesamt.

Verfahren, Interaktion und Kommunikation

Die Verfahren für den bilingualen Sozialkundeunterricht entsprechen prinzipiell denen des monolingualen Sachfachunterrichts und bieten vielfältige Gelegenheiten zur Aktivierung, zur Kommunikation und Interaktion der Schülerinnen und Schüler. So sind im Rahmen des Sozialkundeunterrichts Verfahren wie die Fallanalyse und die Konfliktanalyse, aber auch die Dilemma-Methode und die Problemstudie, die Fallstudie oder das Planspiel gängig. Im Rahmen der Erkundung, der Bürgeraktion, des Projekts oder auch eines Praktikums greifen noch stärker Facetten des aktiven Handelns, während schließlich die Zukunftswerkstatt und die Szenario-Technik Aktivitäten des Entgrenzens einschließen (vgl. Reinhardt/Richter 2007: 16 f.). Den Sozialkundeunterricht prägen außerdem oftmals die komplexe Aushandlung von Bedeutung, zudem inszenierte Interaktionsformen wie das Rollenspiel, Streitgespräche und Debatten, eigentlich jede Form der „spielerischen Repräsentanz von Realität" (ebd.). Die genannten Verfahren und Interaktionsformen sind deshalb von zentraler Relevanz, weil fachliches Lernen und ein Verständnis für Demokratie gefördert werden können bzw. eine strukturelle Entsprechung zwischen Sache und Lernprozess vorliegt, zwischen dem Demokratischen der Politik und dem Kontroversen der Interaktion im Unterricht (vgl. ebd.). Da politische Bildung wesentlich auf die Auseinandersetzung mit Prozessen der Konstruktion politischer Wirklichkeit gerichtet ist, auf Kommunikationsprozesse, die durch Konsens und Differenz sowie Dissens und Kompromiss geprägt sind, und weil sie zugleich auf die Selbstbestimmung des Einzelnen und seine demokratische Partizipation abhebt, bildet die Befähigung zur Kommunikation, zur Argumentation in der unterrichtlichen kommunikativen Praxis einen Schwerpunkt. Es wird damit der Zusammenhang von Gespräch und Demokratie hervorgehoben bzw. das Gespräch als Methode und sprachliche Kompetenz als Ziel begriffen (vgl. Massing 2005: 501).

Obgleich dem Fach Sozialkunde vielfältige Formen der Kommunikation und Interaktion im Unterricht sowie auch die Befähigung zur Kommunikation zugeordnet werden, zeigen empirische Befunde für den monolingualen ebenso wie für den bilingualen Sachfachunterricht (vgl. Wegner 2011), dass in weiten Teilen eine Als-ob-Kommunikation der Beteiligten vorliegt, dass eine Aushandlung von Bedeutung nicht versucht wird, vielmehr eine Programmorientierung der Lehrenden und ein Einlassen darauf seitens der Schülerinnen und Schüler zu verzeichnen ist, sodass sowohl fachliche als auch sprachliche Lern- und Bildungsprozesse nur bedingt ermöglicht werden. Gleichwohl liegt gerade aufgrund der Bedeutung kommunikativer Prozesse im Sozialkundeunterricht nicht nur ein reichhaltiges Potenzial auch für sprachliches Lernen vor, das facettenreich ausgeschöpft werden kann; *classroom interaction*, wie sie mit den genannten Verfahren umrissen wird, bietet im bilingualen Sozialkundeunterricht konsequent die Möglichkeit, soziale, politische, ökonomische und kulturelle *negotiations* zu modellieren (→ Art. 26).

Perspektiven und Desiderata

Das Sachfach Sozialkunde bietet vielfältige Chancen des sachfachlichen und sprachlichen Lernens und der Bildung, und es eignet sich in besonderem Maße für den bilingualen Sachfachunterricht, weil die Auseinandersetzung mit pluralen, europäischen und globalen Perspektiven auf Gesellschaft, Politik und Wirtschaft auch die Entwicklung der Mündigkeit des Einzelnen und seine Befähigung zur Partizipation auch im Sinne von *European citizenship* und *world citizenship* unterstützen kann.

Der Sozialkundeunterricht ist aber auch durch eine besondere Komplexität seiner Aufgaben und Ziele bedingt. Aufgaben und Ziele, auch Beschreibungen von Kompetenzen und Standards bleiben gerade deshalb letztlich vielfach vage, und es stellt sich die Frage, inwieweit eine Ausbuchstabierung von Kompetenzen und Standards in diesem Sachfach überhaupt gelingen kann und dann auch mit Blick auf den bilingualen Sozialkundeunterricht adäquat gewendet werden kann.

Auch mit Bezug auf die Inhalte, auf die Gegenstände des Politischen, des Gesellschaftlichen, des Wirtschaftlichen usw. zeichnet sich per se eine fundamentale Komplexität des Sachfachs und seiner Didaktik ab. Ob und inwiefern etwa eine Fokussierung auf Basis- und Fachkonzepte sinnvoll erscheint, bleibt derzeit weitgehend offen. Im Hinblick auf den bilingualen Sachfachunterricht erscheint es jedoch plausibel, dem Begriffslernen (→Art. 20), der Konzeptbildung sowie der Reflexion auf die komplexe gesellschaftliche Bedingtheit sprachlicher Phänomene und von Sprache im Ganzen einen zentralen Stellenwert beizumessen.

Ein entscheidender Gewinn des bilingualen Sozialkundeunterrichts ist schließlich gerade auf der Ebene der Verfahren bzw. in der doppelten Relevanz der Kommunikation und Interaktion im Unterricht zu sehen. Diese gilt es aber, so zeigen empirische Befunde, viel stärker wahrzunehmen und auch zu nutzen, um die sprachlichen, kommunikativen, diskursiven Fähigkeiten der Schülerinnen und Schüler, ihre Sprachbewusstheit und zugleich ihre Fähigkeit zur Teilhabe an demokratischen Prozessen tatsächlich auch zu fördern.

Ein elementares Desiderat stellt schließlich die empirische Erforschung des bilingualen Sozialkundeunterrichts dar, wobei sowohl die unterrichtlichen Prozesse in den verschiedenen Schulformen, Jahrgängen und Organisationsformen in den Fokus rücken müssen als auch die Perspektiven der Beteiligten auf unterrichtliche Prozesse, auf das Lehren und Lernen im Unterricht.

Die Wahrnehmung und Anerkennung schülerseitiger Sinndeutungen, Anliegen und Entwicklungsziele, aber auch die wechselseitige Anerkennung von Lehrenden und Lernenden, ihren Sinnfragen und ihre Perspektiven auch auf den Unterricht erscheinen letztlich elementar, wenn es um die Integration fachlichen und sprachlichen Lernens geht bzw. darum, dass Lernen und Bildung unter der Bedingung von Pluralität und Differenz und im Rahmen einer intergenerationellen Diskurskultur möglich werden.

Literatur

Autorengruppe Fachdidaktik (2011): *Konzepte der politischen Bildung. Eine Streitschrift.* Schwalbach/Ts.

Detjen, Joachim (2007): *Politische Bildung. Geschichte und Gegenwart in Deutschland.* München, Wien.

Massing, Peter (2005): In Gesprächen lernen: Gesprächsformen in der politischen Bildung. In: Wolfgang Sander (Hrsg.): *Handbuch politische Bildung.* Schwalbach/Ts., 498–508.

Petrik, Andreas (2007): *Von den Schwierigkeiten, ein politischer Mensch zu werden. Konzept und Praxis einer genetischen Politkdidaktik.* Opladen.

Reinhardt, Sibylle/Richter, Dagmar (2007): Der didaktische Rahmen. In: dies. (Hrsg.): *Politik-methodik. Handbuch für die Sekundarstufe I und II*. Berlin, 7–26.
Rohe, Karl (²1994): *Politik. Begriffe und Wirklichkeiten*. Stuttgart u. a.
Sander, Wolfgang (2002): Politische Bildung nach der Jahrtausendwende. Perspektiven und Modernisierungsaufgaben. In: *Aus Politik und Zeitgeschichte* B45, 36–44.
Schütz, Helmut (1993): Politik bilingual. Anmerkungen zum Unterricht im Sachfach Politik in deutsch-englischen Zweisprachenzweigen an Gymnasien in Nordrhein-Westfalen. In: *Die Neueren Sprachen* 92 (1/2), 94–113.
Steffens, Gerd (2008): Weltbürgertum – ein neues Leitbild für die politische Bildung? In: *Praxis Politische Bildung. Materialien – Analysen – Diskussionen* 12 (2), 106–113.
Wegner, Anke (2011): *Weltgesellschaft und Subjekt. Bilingualer Sachfachunterricht an Real- und Gesamtschulen: Praxis und Perspektiven*. Wiesbaden.
Weißeno, Georg/Detjen, Joachim/Juchler, Ingo/Massing, Peter (2010): *Konzepte der Politik – ein Kompetenzmodell*. Schwalbach/Ts.

Anke Wegner

50 Sport

Sport als bilinguales Sachfach in Deutschland heute

Sport gilt in Deutschland als eines der weniger gefragten Fächer im bilingualen Fächerkanon. Dennoch wächst auch das Interesse an Sport als bilingualem Sachfach stetig: Waren es laut der KMK-Statistik von 1999 noch 4 Bundesländer, die im Rahmen der deutsch-englischen Züge in Deutschland Sport als bilinguales Sachfach angaben, so hat sich die Zahl laut KMK-Bericht von 2006 auf 10 Bundesländer erhöht (Baden-Württemberg, Bayern, Brandenburg, Bremen, Hamburg, Hessen, Mecklenburg-Vorpommern, Niedersachsen, Nordrhein-Westfalen, Saarland) (KMK 2006: 17, 36–41). Sport wird in den genannten Bundesländern wahlweise in den Klassenstufen 6–10, vereinzelt auch in der Oberstufe als bilinguales Sachfach eingesetzt. Von einer flächendeckenden Verbreitung kann dabei nicht ausgegangen werden; vielmehr davon, dass lediglich einzelne Schulen in diesen Ländern Sport in der Fremdsprache unterrichten.

Was Veröffentlichungen zum Thema betrifft, so sind seit der Dissertation der Verfasserin (Rottmann 2006), einer qualitativ-empirisch hermeneutischen Studie zum prozesshaften, integrierten Sprach- und Bewegungslernen im bilingualen Sportunterricht, keine umfangreicheren Arbeiten oder bahnbrechenden Erkenntnisse hinzugekommen. Seminar- und Abschlussarbeiten geringeren Umfangs sowie Unterrichtsentwürfe und -materialien bestimmen das Bild.

Die wenn auch wachsende, so doch vergleichsweise geringe Berücksichtigung des Faches Sport im bilingualen Fächerkanon mag damit zusammenhängen, dass es im Sportunterricht auf den ersten Blick eher um Bewegungshandeln in Spiel und Sport als um Sprachhandeln geht, wohingegen dem sprachlichen Handeln eher eine instrumentelle Funktion zukommt (das Bewegungsgeschehen organisieren, initiieren und reflektieren helfen).

Nachfolgend werden zunächst die Charakteristika des Faches Sport als bilinguales Sachfach hervorgehoben. Darauf aufbauend werden die Potenziale des bilingualen Sportunterrichts herausgearbeitet, um zu zeigen, warum und unter welchen Bedingungen sich Sport als bilinguales Sachfach besonders eignet.

Charakteristika des Faches Sport als bilinguales Sachfach

Im Unterschied zu anderen Sachfächern geht es im Sportunterricht um Bewegungen bei Sport und Spiel, die mit selbstbestimmten oder vorgegebenen Zielen ausgeführt werden. Inhalte und Wirkungen des Sportunterrichts zielen zunächst auf die körperliche und die motorische Dimension der Entwicklung von Kindern und Jugendlichen ab. Möglichkeiten zu lernen (Lerngelegenheiten) ergeben sich dabei in Bezug auf den eigenen Körper, den Umgang mit anderen und die gegenständliche Umwelt sowie auf der fremdsprachlichen Ebene. Ausgehend von der Erlebnis- und Erfahrungswelt der Lernenden bestimmen verschiedene Aspekte wie Leistungsfähigkeit, Gestaltung, Risiko und Wagnis, Gesundheit und Fitness die inhaltliche Ausprägung des Sportunterrichts (vgl. Bildungsplan Gymnasium Sekundarstufe I für Sport der Stadt Hamburg, BSBFHH 2011: 11).

Offensichtliche äußere Charakteristika des Sportunterrichts, die ihn von anderen Fächern markant unterscheiden, sind der Unterrichtsraum und die Unterrichtsmaterialien: Sportunterricht findet in Umgebungen und mit Objekten statt, die ein eigenständiges, körperliches, aktives Bewegen fordern und bieten. Neben körperbezogenen Lerngelegenheiten entstehen dadurch individuelle Freiräume und spezifische Gelegenheiten zur sozialen und damit auch zur sprachlichen Interaktion.

Hinsichtlich der Unterrichtsaktivität steht Sportunterricht im Zeichen von Bewegung, Spiel und Sport. Auch der größte Teil der weiteren Aktivitäten (Auf- und Abbauten, Unterrichtskommunikation, kognitive Elemente) ist direkt mit motorischem Handeln verbunden. Informationen der Lehrperson (z.B. Bewegungsbilder durch Vormachen, verbale oder visuelle Arbeitsanweisungen etc.) müssen dabei von den Lernenden in sportliches Handeln umgesetzt werden. Umgekehrt müssen Lehrperson und Lernende in der Lage sein, ihr sportliches Handeln zu reflektieren und zu artikulieren. Sportunterricht steht somit im Zeichen der ‚Handlungsorientierung‘ und des ganzheitlichen Lernens, denn schließlich aktualisieren Bewegungen immer zugleich soziale Bezüge, Emotionen, Motive, Kognitionen und Wertvorstellungen (vgl. Bräutigam 2003).

Aus dem spezifischen Unterrichtssetting ergeben sich Besonderheiten hinsichtlich der Unterrichtskommunikation: Aufgrund der Tatsache, dass motorische Elemente im Mittelpunkt des Sportunterrichts stehen, sind die Sprachanteile hier oft geringer als in anderen Unterrichtsfächern. Dennoch ist verbale Kommunikation notwendig, um gemeinsames Sporttreiben sowie Unterricht und Lernprozesse zu organisieren.

Die Sprechanlässe im (bilingualen) Sportunterricht sind handlungsgebunden: Es müssen motorische oder taktische, in spezifische soziale Kontexte eingebundene und häufig emotional aufgeladene Situationen und Aufgabenstellungen bewältigt werden. Die aus diesen Handlungskontexten entstehenden Sprechanlässe sind real; die Schülerinnen und Schüler sind hier ‚mit Leib und Seele' involviert.

Der Kommunikationsraum im Sportunterricht ist maßgeblich durch die Größe des Fachraumes, die große Anzahl sich bewegender Schülerinnen und Schüler und die damit verbundene erhöhte Geräuschkulisse geprägt. Das stimmliche Durchdringen der Lehrperson zu allen Lernenden ist nicht in jeder Situation gewährleistet. Dadurch schließt Verständigung hier in hohem Maße Zeichen- und Bewegungssprache mit ein (z. B. gehobener Arm der Lehrperson oder Pfiff in die Trillerpfeife zur Aufmerksamkeitszentrierung, Demonstration von Bewegungsabläufen zur Untermalung und Verdeutlichung sprachlicher Erklärungen).

Hinsichtlich der Sozialformen im Sportunterricht ist zu sagen, dass sich die praktische Frage nach dem Einteilen einer Klasse (Einzelarbeit, Partnerarbeit, Gruppen oder Mannschaften) wesentlich häufiger stellt als in anderen Sachfächern. Durch den Umgang mit verschieden großen Gruppen und mit sich daraus ergebenden unterschiedlichen sozial-interaktionalen Strukturen eröffnen sich für die Lernenden Erfahrungsmöglichkeiten und Lerngelegenheiten hinsichtlich der Gruppen- und Mannschaftsbildung, der Kooperation und Konkurrenz in unterschiedlich gearteten sportlichen Situationen, des *fair play*, des Erlebens individueller Unterschiede, aber auch des eigenständigen Erarbeitens von Bewegungslösungen. Für die (fremd-)sprachliche Interaktion bietet jede der genannten Sozialformen spezifische Kommunikations- und Lerngelegenheiten sowohl zwischen Lehrperson und Lernenden als auch für die Lernenden untereinander.

Als letztes Spezifikum seien die *Leistungsanforderungen* genannt: In der Regel finden im Fach Sport weder schriftliche Leistungsüberprüfungen statt, noch werden Hausaufgaben aufgegeben. Auch der Leistungsdruck vonseiten der Institution Schule ist verhältnismäßig gering (vgl. Scherler 2004: 147). Die fremdsprachliche Kompetenz bleibt außerhalb der Bewertung. Gleichzeitig ist allerdings nicht zu übersehen, dass die intensive Auseinandersetzung mit dem eigenen Körper, die körperliche Interaktion mit Mitschülern (in Kooperations- und Konkurrenzsituationen) und die körperliche und gleichsam mentale Erprobung in Bewegungssituationen für einige Lernende als durchaus druckvoll und belastend empfunden werden kann.

Potenziale des bilingualen Sportunterrichts

In die Praxis des bilingualen Sportunterrichts fließen unterrichtstheoretische, bildungstheoretische, sportdidaktische und fremdsprachendidaktische Aspekte ein, die nicht klar voneinander zu trennen sind. Vielmehr zeichnet sich ihr Verhältnis zueinander durch eine Verwobenheit auf mehreren Ebenen, durch Parallellaufen und Ineinanderfließen aus. Alle vier Bereiche beeinflussen das Unterrichtsgeschehen stets mit; aus ihnen erwachsen die Gelegenheitsstrukturen für Sachfach und Fremdsprache integrierendes Lernen im bilingualen Sportunterricht (→ Art. 17). Der Erwerb von Handlungskompetenz im bilingualen Sportunterricht vollzieht sich, indem unterrichtstheoretische, bildungstheoretische, fremdsprachen- und sportdidaktische Aspekte in ganz bestimmten und variierenden Konstellationen aufeinandertreffen. Dadurch werden jeweils Handlungssituationen hervorgebracht, die spezifische Kombinationen und Verknüpfungen von Sprechen der Fremdsprache, Bewegen und Denken fordern und damit den Raum für entsprechende Lerngelegenheiten eröffnen.

Folglich werden die genannten vier Inszenierungsbereiche genutzt, um die strukturell verschiedenen Möglichkeiten für integratives Lernen (Gelegenheitsstrukturen) und damit die Potenziale bilingualen Sportunterrichts zu beschreiben. Die sport- und die fremdsprachendidaktischen Aspekte werden dabei im Sinne der Integrationskonzeption gemeinsam betrachtet.

Sport- und fremdsprachendidaktische Aspekte. Das Sprechen der Fremdsprache und das Bewegen gehen im bilingualen Sportunterricht ein Verweisungsverhältnis ein. Dieses beläuft sich auf den Gebrauch der Fremdsprache in Verbindung mit der Wahrnehmung und Durchführung funktionaler Bewegungen sowie mit Aspekten der Unterrichtsorganisation und des -ablaufs innerhalb dieses handlungsbezogenen Settings. Es geht hier also zum einen um die durch die Fremdsprache veränderten sprachlichen Zeichen, die die kognitiven Prozesse prägen. Zum anderen entsteht die Möglichkeit des Denkens in Bewegungsbildern. Bewegungserfahrungen und -beobachtungen werden in Form von Bewegungsbildern gespeichert, welche wiederum mit fremdsprachlichen Begriffen verknüpft werden können. Ein Verweisungszusammenhang besteht damit nicht nur auf intersubjektiver, sondern auch auf innersubjektiver Ebene (vgl. Miller 1986).

Ausgelöst durch die durch Bewegung und Fremdsprache bestimmte doppelte Fachlichkeit ergibt sich eine erhöhte Komplexität des Unterrichtsszenarios. Es entsteht ein ‚zweiter Raum', der von den Schülerinnen und Schülern und der Lehrperson auf sehr unterschiedliche Weise genutzt werden kann. Dadurch, dass die fremdsprachliche Kompetenz nicht in die Leistungsbewertung im Sachfach einbezogen wird, hat das Englische zunächst einmal den Charakter eines angstfreien Erprobungsraumes, eines Lern-Moratoriums. So kommt eine Atmosphäre des Probehandelns zustande, die Versuche legitimiert und sich auf die Einstellung der Lernenden zur Bewegung ein Stück weit übertragen kann. Gleichzeitig stellt die Fremdsprache aber auch einen zweiten Anforderungsbereich dar. Er bietet den Lernenden die zusätzliche Möglichkeit, Wissen und Können im Bereich der Fremdsprache zu beweisen, indem sie in einem authentischen Setting fremdsprachlich agieren und kommunizieren. Eine derartig enge und bewusste Integration von Bewegungslernen und Sprache bewirkt eine Aufwertung der

Sprache zum einen per se, zum anderen als Vehikel zum Bewegungslernen und zur kognitiven Verarbeitung von Bewegungsabläufen. Darüber hinaus ergeben sich durch die doppelte Fachlichkeit Möglichkeiten für Perspektivenwechsel, die es erlauben, das Gewohnte – also zum einen die Bewegung und zum anderen die Fremdsprache – aus einem anderen Blickwinkel zu erfahren.

Für Lehrpersonen bietet der zweite Raum die Möglichkeit, die oben genannten Aspekte bewusst in die Unterrichtsinszenierung zu integrieren und sie systematisch bereitzustellen. Dies kann z. B. in Form einer Inszenierung von Krisen geschehen: Geht man nämlich davon aus, dass Lernen sich als Transformation von Erfahrung vollzieht und dass solche Transformationen durch Krisen, Brüche und Irritationen ausgelöst werden (Combe 2004), so kann der Einsatz der Fremdsprache als zusätzliche Ebene der Inszenierung bzw. des Hervortretens von Krisen gesehen werden.

Wie können nun die in der Kombination von Sport und Englisch mit ihren spezifischen Charakteristika liegenden Gelegenheitsstrukturen genutzt bzw. didaktisch-methodisch umgesetzt werden, um einen optimalen Bereitstellungsrahmen für Lerngelegenheiten zu schaffen?

Unterrichtstheoretische Aspekte. Bilingualer Sportunterricht sollte so gestaltet sein, dass das Bewegungslernen durch die fremdsprachige Unterrichtskommunikation nicht beeinträchtigt, sondern befördert und unterstützt wird. Dazu muss zunächst das Verständnis des Handlungsgeschehens, der Aufgabenstellungen sowie der Bewegungs- und Spielabläufe und der Bewegungstechniken gewährleistet sein. Hierzu gehören die zeitökonomische Etablierung fachsprachlichen Vokabulars sowie die Kommunikation auf einem lernstandsgerechten Sprachniveau. Um diese Maßnahmen zusätzlich zu unterstützen und gleichsam das komplexe Interaktionsgefüge im Sportunterricht zu organisieren, ist es sinnvoll, Routinen und Rituale zu etablieren. Des Weiteren können in diesem Zusammenhang eine bewusste Nutzung des Verweisungscharakters von Sprechen und Bewegen und eine gezielte Kombination beider Interaktionsformen zu einer Verbindung von auditiven und visuellen Botschaften und damit zu einer erhöhten Anschaulichkeit und zu ‚mehrkanaligem‘ Verständnis beitragen. Dieser letzte Aspekt betrifft nicht nur die Lehrerkommunikation, sondern ‚mehrkanaliges‘ Verständnis kann auch über das Inszenieren entsprechender Verweisungen in der Schülerinteraktion mittels gezielter Aufgabenstellungen ermöglicht werden. Ein Beispiel dafür bieten u. a. bewegungsinitiierende oder -begleitende Sprachformeln (z. B. ‚Chin on your chest!‘ als Aufforderung eines hilfestellenden Schülers, das Abrollen im Handstand einzuleiten).

Um fremdsprachliche Kompetenz im bilingualen Sportunterricht über ihre rezeptive Komponente hinaus zu fördern, müssen *fremdsprachliche Sprechanlässe* geschaffen werden. Fremdsprachige Sprechanlässe können im Bereich strikter Vorstrukturierungen (‚Teil-Sein‘), z. B. in Form von Sprachformeln, im Zusammenhang mit Phasen freier Selbst- und Sacherfahrung ('Teil-Nehmen') und ebenso auf dem gesamten Spektrum dazwischen inszeniert werden (vgl. Markowitz 1986). Dabei ist davon auszugehen, dass sie je nach Inszenierungsform sehr unterschiedliche Lerngelegenheiten ermöglichen. So beinhaltet stark vorstrukturierter Sprachgebrauch eher die Möglichkeit des Einschleifens der Vokabeln, des Ausdrucks, der Aussprache und der Bewegungsausführung, auf die Bezug genommen wird. Freie, kreative Sprachproduktion hingegen bezieht sich eher auf die individuelle sprachliche Thematisierung 'am eigenen Leib' gemachter Erfahrungen sowie auf affektiv aufgeladene Mitteilungen. Sie ist somit meist die Folge einer Erfahrung, die den Drang nach Artikulation hervorruft oder deren Artikulation von der Lehrperson eingefordert wird. Sprechanlässe dieser Art beinhalten das Potenzial, die eigene Bewegungserfahrung fremdsprachlich zu reflektieren und damit sowohl hinsichtlich der Bewegung als auch hinsichtlich des Fremdsprachengebrauchs kognitiv zu verarbeiten.

Es deutet sich an, dass verschiedenartige Sprechanlässe nicht nur unterschiedliche Formen der Sprachproduktion hervorrufen, sondern im Bezug auf Bewegungslernen verschiedene Möglichkeiten eröffnen. Die dahinterstehenden Implikationen für bilingualen Sportunterricht werden zusammenfassend unter der bildungstheoretischen Perspektive betrachtet.

Bildungstheoretische Aspekte. Gelegenheitsstrukturen für fremdsprachliches und Bewegungslernen können jeweils auf einem Spektrum zwischen Teil-Sein in Form von Reproduktion vorstrukturierten Wissens einerseits und Teil-Nehmen in Form von kreativer und produktiver Wissensgenerierung andererseits geschaffen werden. Wenngleich dem Teil-Nehmen der höchste Autonomie- und Bildungsgrad zugeschrieben wird, hat auch das Teil-Sein durchaus seine Berechtigung im Lernprozess (siehe oben). Einerseits ist der Lern- und Erfahrungsraum des bilingualen Sportunterrichts durch Rituale und feste Formen geprägt, andererseits gibt es überraschende Situationen, in denen Lernende reagieren, entwerfen, kreativ sein müssen, in denen sie also die Standardisierung überwinden können. So betrachtet sind Fremdspracherwerb und Bewegungslernen jeweils schöpferisches Verhalten, andererseits aber auch das Ausagieren von Mustern in Routinen und Ritualen. Integratives Lernen im bilingualen Sportunterricht verbindet Sprachen- und Bewegungslernen auf dem gesamten Kontinuum, das sich zwischen diesen beiden Polen erstreckt.

Teil-Sein und Teil-Nehmen inszenieren Reflexion unterschiedlich. Während das Teil-Sein eher ein unbewusstes 'Einschleifen' von fremdsprachlichen Formeln und Bewegungsausführungen durch Wiederholung initiiert, setzt das Teil-Nehmen eine bewusste fremdsprachliche Sprachverwendung und eine kognitive Verarbeitung der eigenen Bewegungserfahrungen voraus. Das Moment der Reflexion wird somit zum zentralen Unterscheidungskriterium für die auf dem Kontinuum angesiedelten Lernmodi und zur 'Eintrittskarte' in die Diskussion um Bildung. Versteht man nämlich Bildung als Veränderung und Stabilisierung des Selbst- und Weltverhältnisses, so sind im Modus des Teil-Nehmens genutzte Lerngelegenheiten im Rahmen von Bildung diskutierbar, Lerngelegenheiten, die aus dem Teil-Sein heraus ergriffen werden, jedoch nicht.

Der einfachste, am besten umsetzbare und am ehesten überprüfbare Weg, die kognitive Verarbeitung von Sinneseindrücken im bilingualen Sportunterricht zu initiieren, besteht in der Inszenierung ihrer Verbalisierung oder Verschriftung (z. B. Phasen von schriftlicher Gruppenarbeit, in denen zuvor gemachte Bewegungserfahrungen beschrieben, diskutiert, analysiert und dann verschriftlicht werden; das Kommentieren von Videoaufzeichnungen eigener ‚sportlicher Situationen'; das Führen, Aufzeichnen und erneute Kommentieren von Interviews mit Spielern, ‚Trainern' und ‚Zuschauern'). Über die fremdsprachliche Reflexion von eigenen oder imaginierten Bewegungserfahrungen hinaus bieten derartige Aufgabenstellungen die Möglichkeiten der Perspektivenübernahme und der relativen Distanzierung vom Eigenen. Damit enthalten sie ein Bildungspotenzial im doppelten Sinne.

Eine weitere Möglichkeit der Inszenierung von Reflexionsprozessen liegt darin, Räume für Bedeutungsaushandlungen zu schaffen. In der Äußerung und Verteidigung der eigenen Konzepte von Welt und in der Konfrontation mit den Konzepten anderer (Mitschüler, andere soziokulturelle Räume und deren Sportarten usw.) erwarten den Lernenden neue Eindrücke, Störungen, Brüche und andere krisenhafte Erfahrungen. Auf diese Weise können Prozesse der Reflexion, der Distanznahme und des Perspektivenwechsels initiiert werden, die ebenfalls Bildungspotenzial enthalten.

Perspektiven und Desiderate

Im bilingualen Sportunterricht sollte es nicht nur darum gehen, die Unterrichtssprache von Deutsch in eine Fremdsprache zu verlagern. Vielmehr muss das Ziel eines effektiven bilingualen Sportunterrichts sein, Gelegenheitsstrukturen bereitzustellen, in denen durch die gezielte Verknüpfung von Bewegung und Fremdsprache komplexe Lerngelegenheiten für ein integratives fremdsprachliches Lernen und Bewegungslernen ermöglicht werden.

Um dies zu erreichen, muss zweierlei gewährleistet sein: Zum einen sollte eine lehr- und stoffzentrierte Planungsdidaktik zunehmend um eine prozessdidaktische Perspektive, die von tatsächlichen Lernprozessen der Schülerinnen und Schüler ausgeht, ergänzt werden. Zum anderen wären Lehrkräfte wünschenswert, die nicht nur in Sport und in der Fremdsprache ausgebildet sind, sondern die darüber hinaus eine Zusatzqualifikation zum Bilingualen Unterricht erworben haben. Entsprechende Zusatzqualifikationen sollten sachfachspezifische Anteile enthalten, deren Fokus gezielt auf der Bereitstellung von Bewegung und Fremdsprache integrierenden Lerngelegenheiten liegt.

Literatur
Bräutigam, Michael (2003): *Sportdidaktik. Ein Lehrbuch in 12 Lektionen.* Aachen.
BSBFHH = Behörde für Schule und Berufsbildung der Freien und Hansestadt Hamburg (Hrsg.) (2011): Bildungsplan Gymnasium Sekundarstufe I Sport. http://www.hamburg.de/contentblob/2373336/data/sport-gym-seki.pdf [03. 03. 2012].
Combe, Arno (2004): Brauchen wir eine Bildungsgangforschung? Grundbegriffliche Klärungen. In: Matthias Trautmann (Hrsg.): *Entwicklungsaufgaben im Bildungsgang. Studien zur Bildungsgangforschung.* Wiesbaden, 48 – 63.
KMK = Sekretariat der Ständigen Konferenz der Kultusminister der Länder in der Bundesrepu-blik Deutschland (2006): Konzepte für den bilingualen Unterricht – Erfahrungsbericht und Vorschläge zur Weiterentwicklung. http://www.kmk.org/fileadmin/veroeffentlichungen_beschluesse/2006/2006_04_10-Konzepte-bilingualer-Unterricht.pdf [03. 03. 2012].
Markowitz, Jürgen (1986): *Verhalten im Systemkontext. Zum Begriff des sozialen Epigramms. Diskutiert am Beispiel des Schulunterrichts.* Frankfurt/M.
Miller, Max (1986): *Kollektive Lernprozesse. Studien zur Grundlegung einer soziologischen Lerntheorie.* Frankfurt/M.
Rottmann, Birte (2006): *Sport auf Englisch. Lerngelegenheiten im bilingualen Sportunterricht.* Wiesbaden.
Scherler, Karlheinz (2004): *Sportunterricht auswerten: eine Unterrichtslehre.* Hamburg.

Birte Lightner

51 Berufsbezogene Fächer

Der Boom des Bilingualen Unterrichts ist auch an den berufsbildenden Schulen nicht vorbeigegangen und hat inzwischen zu bilingualen Schulprofilen, Zweigen, Modulen, Projekten und sonstigen Angeboten geführt. Man möchte den allgemeinen Trend nicht verpassen, die vorliegenden Ergebnisse der empirischen Studien sowie die positiven praktischen Erfahrungen nutzen und sich an dem bundesweiten „Feldversuch" (Doff/Klippel 2007: 28) beteiligen, auch wenn noch zahlreiche Fragen weiterhin ungelöst sind (→ Art. 7). Dabei wird die berufsspezifische Sprachkompetenz nicht isoliert betrachtet, sondern immer im Kontext der allgemeinen Fremdsprachendidaktik. Generell verspricht man sich davon unter anderem eine höhere Attraktivität und Akzeptanz des Fremdsprachenunterrichts im beruflichen Schulwesen, Möglichkeiten der inneren und äußeren Differenzierung und bessere Chancen auf dem internationalen Arbeitsmarkt bzw. bei der Wahl der universitären Laufbahn.

Während der Einzug des Bilingualen Unterrichts in die beruflichen Vollzeitschulformen (Berufsfachschule, Fachoberschule, Berufliches Gymnasium) von den betreffenden Schulen in besonderer Weise herausgestellt und von zahlreichen begleitenden Maßnahmen (Weiterbildungsangebote, Zusatzqualifikationen u. Ä.) unterstützt wurde und wird, geschah und geschieht der Einzug in die Teilzeitberufsschule weniger spektakulär. Dort ist der Fremdsprachenunterricht gerade erst dabei, sich zu etablieren. In vielen Bereichen konnte er mittlerweile seine Berufsrelevanz herausstellen, sich mit den Berufsfeldern verbünden und in den Lehrplänen und Schulcurricula stärker Berücksichtigung finden. Dennoch sind bilinguale Ausbildungsangebote, wie z. B. die bilingualen Klassen für Fachinformatiker an der Staatlichen Gewerbeschule G 18 in Hamburg, der bilinguale Zug im Bildungsgang IT-Systemelektroniker am Theodor-Reuter-Berufskolleg in Iserlohn oder die bilinguale Klasse im Berufsfeld Ernährung/Hauswirtschaft für die Ausbildungsberufe Hotelkauffrau/-kaufmann und Restaurantkauffrau/-kaufmann an dem Staatlichen Beruflichen Schulzentrum Jena-Göschwitz weiterhin die Ausnahme, obwohl sich die Kernfächer im berufsbezogenen Bereich eigentlich besonders für CLIL-Unterricht eignen (Wolff 2002: 9). Nach und nach entscheiden sich immer mehr berufsbildende Schulen, berufliche Unterrichtsinhalte auf Englisch zu unterrichten, um der Forderung nach internationaler beruflicher Handlungskompetenz nachzukommen. Im Weiteren wird es um derartige Unterrichtsangebote für Schülerinnen und Schüler gehen, die das duale Ausbildungssystem durchlaufen und damit in der Regel nur einen Teil ihrer Ausbildungszeit in der Schule verbringen.

Die Bedeutung der Fremdsprache in der Berufsausbildung

Der Nachweis „internationaler Berufskompetenz" (Müller 2007: 1) ist längst nicht mehr auf große Konzerne und einzelne Fachkräfte beschränkt. Sowohl im kaufmännischen als auch im technischen und gewerblichen Bereich werden heutzutage von den Arbeitnehmern neben beruflicher Handlungskompetenz auch entsprechende Fremdsprachenkenntnisse erwartet und eingefordert. Englisch ist dabei die am häufigsten genutzte Fremdsprache am Arbeitsplatz. Die Internationalisierung der Berufsbildung und des Arbeitsmarktes hat die Nachfrage nach Fremdsprachenkenntnissen immens gesteigert. Anforderungen wie ‚fließendes Englisch' oder ‚fundierte Englisch-Kenntnisse in Wort und Schrift' sind in Stellenangeboten aller Branchen und Berufssparten zu finden.

Welche Erwartungen sind mit diesen oder ähnlichen Formulierungen in den Anzeigen auf dem Stellenmarkt tatsächlich verbunden? Die naheliegende Antwort ‚Das ist Sache des Englischunterrichts' hat dazu geführt, dass spezielle berufsorientierende bzw. berufsvorbereitende Lernangebote in den Englischunterricht der allgemeinbildenden Schulen aufgenommen wurden und Themen wie ‚The World of Work' mittlerweile in die gängigen Lehrwerke aller Verlage Eingang gefunden haben. Darüber hinaus gibt es ein breites Angebot an Zusatzmaterialien, das kaum mehr zu überblicken ist und ständig im Hinblick auf berufsspezifische Themen und Inhalte erweitert wird. Angesichts der Tatsache, dass es ca. 350 Ausbildungsberufe in der Berufsausbildung gibt, lässt sich auch die Zusammenfassung einzelner Berufsgruppen in den Lehrplänen oder bei der KMK-Fremdsprachenzertifizierung zum Beispiel zu kaufmännisch-verwaltenden, gewerblich-technischen, gastgewerblichen sowie den sozialpflegerischen, sozialpädagogischen und Gesundheitsberufen nachvollziehen. Die Tatsache, dass das Angebot einer Zusatzqualifikation zum expliziten Nachweis der Fremdsprachenkompetenzen von Auszubildenden unterschiedlicher Berufsgruppen überraschend gut angenommen wird, ist ein wichtiger Indikator für das Interesse an der fremdsprachlichen Qualifizierung.

Curriculare Bestimmungen

Im Rahmen der beruflichen Bildung hat der Fremdsprachenunterricht „eine entscheidende Gelenkfunktion" (Egloff 2001: 12). Diese Einsicht hat den Englischunterricht in der Berufsschule nachhaltig verändert. Das moderne Verständnis von berufsqualifizierendem Fremdsprachenunterricht, der quer durch alle Berufe kommunikative und interkulturelle Kompetenzen vermitteln soll, die sowohl für internationale berufliche Tätigkeiten im Ausland als auch für die zunehmenden multikulturellen Arbeitszusammenhänge im Inland immer wichtiger werden, hat dazu geführt, dass die Rahmenlehrpläne für nahezu alle Ausbildungsberufe fremdsprachliche Anteile enthalten und auch die Lehrpläne für den Fremdsprachenunterricht an Berufsschulen (z. B. HKM 2001) eine berufs- und handlungsorientierte Fremdsprachenvermittlung betonen. Während der traditionelle Fremdsprachenunterricht weiterhin im allgemein bildenden Lernbereich angeboten wird, weisen die Rahmenlehrpläne der Konferenz der Kultusminister der Länder (vgl. KMK 1998) in den meisten Fällen fremdsprachige Lerninhalte für den berufsbezogenen Bereich implizit als integrativen Bestandteil eines Lernfeldes oder explizit als eigenständiges Lernfeld aus (Fehling/Schwarz-Hadereck 2011: 213). Der Unterschied wird deutlich im Vergleich. Während das Lernfeld 7 ‚Realisieren mechatronischer Teilsysteme' für den Ausbildungsberuf ‚Mechatroniker/Mechatronikerin' vorsieht, dass die Auszubildenden grundlegende Schaltungen und deren Wirkungsweise auch in englischer Sprache beschreiben (KMK 1998: 11), bezieht sich das Lernfeld 9 ‚Englisch im berufsbezogenen Kontext anwenden' (HKM 2007: 13) für den Ausbildungsberuf ‚Staatlich geprüfter chemisch-technischer Assistent/Staatlich geprüfte chemisch-technische Assistentin' direkt auf die angestrebte fremdsprachliche Kompetenz. Häufig werden die Anforderungen jedoch abstrakt auf die Verwendung der Zielsprache im simulierten beruflichen Kontext bezogen, weil die konkreten fachlichen Inhalte nicht benannt werden. Alle drei Varianten bieten Ansatzmöglichkeiten, den Sachfachunterricht ganz oder teilweise in einer Fremdsprache durchzuführen, vor allem wenn sich die Sachfachthemen dafür in besonderer Weise eignen. Die Bewertung erfolgt dann innerhalb des berufsbezogenen Lernbereichs. Wenn gewünscht bzw. erforderlich, müssen die berufsbezogenen Fremdsprachenkenntnisse gesondert nach- und ausgewiesen werden.

Die Notwendigkeit einer bilingualen Didaktik

Trotz der zunehmenden Popularität des bilingualen Sachfachunterrichts in allen Fächern und Schulformen (Haß 2006: 62–67) ist die Frage ungeklärt, wie ein Erfolgskonzept aussehen und ob es eine „eigenständige Didaktik des bilingualen Sachfachunterrichts" (Hallet 1998: 115) geben kann. Jedenfalls ist eine Zuordnung zur Fremdsprachendidaktik im berufsbildenden Kontext besonders problematisch, da hier der Fremdsprachenunterricht nach wie vor eine untergeordnete Rolle spielt. Dies hat den Lernfeldansatz (Sloane 2000) in das Sachfach integriert und die Bildung von Lehrerteams favorisiert, die die Inhalte der einzelnen Lernfelder adäquat abstimmen sowie Bezüge zu den Unterrichtsfächern ausweisen. Dies wird der Tatsache gerecht, dass sich die einzelnen Berufe bzw. Berufsgruppen nicht nur durch ihre unterschiedlichen Fachsprachen, sondern auch hinsichtlich der benötigten Fertigkeiten und Kompetenzen in der Fremdsprache unterscheiden. Im Idealfall findet heutzutage innerhalb der für die Lernfelder verantwortlichen Teams eine Abstimmung statt, welche Themen und Inhalte eines Lernfeldes fremdsprachlich erarbeitet werden.

In seiner engen Verbindung von Sachkompetenz und Sprachkompetenz benötigt dieser lernfeldbezogene Unterricht Lehrerinnen und Lehrer, die in beiden Welten zu Hause sind. (Egloff 2001: 12). Prädestiniert sind also Lehrkräfte, deren Lehrbefähigung das jeweilige Berufsfeld mit dem Unterrichtsfach Englisch (oder der betreffenden bilingualen Fremdsprache) vereint. Sie können mit der in einem Lernfeld benötigten Flexibilität die berufstheoretischen Inhalte hinsichtlich Komplexität, Anwendungszusammenhängen oder sprachlichem Anforderungsprofil in der Zielsprache unterrichten. Für Lehrende allgemeinbildender Berufsschulen mit zwei allgemeinen Unterrichtsfächern ist die Situation wesentlich schwieriger, selbst wenn sie bereit sind, sich in einen berufsrelevanten Kontext einzuarbeiten, da sie mit den beruflichen Handlungsabläufen wenig vertraut sind. Ähnlich schwierig sind die Bedingungen für Berufsschullehrkräfte, die aufgrund ihrer beruflichen Fremdsprachenkenntnisse zwar flexibel genug sind, um die fachlichen Anforderungen zu erfüllen, die Lernprozesse im Hinblick auf Sprachsensibilisierung und Sprachbewusstmachung jedoch selten ausreichend differenziert reflektieren können.

Ein zentrales Problem im Hinblick auf die Möglichkeit, in der Berufsschule erfolgreich bilingual zu unterrichten, sind die von großer Heterogenität geprägten Lerngruppen, die nicht selten eine Bandbreite von A2 bis C1 in einem Klassenverband aufweisen. Gerade hier bietet der bilinguale Sachfachunterricht aber vielleicht auch eine Chance, da neben dem Motivationspotenzial der Zwang zur Vereinfachung und Anschaulichkeit eine höhere Vielfalt an bewusst eingesetzten Methoden erfordert (→ Art. 34, 36), der Unterricht klarer strukturiert und transparenter erscheint und eine Integration der fremdsprachlichen und der berufsfachlichen Kompetenz möglich ist. Die Tatsache, dass die Auszubildenden in ihren Betrieben vielfältige berufsrelevante Erfahrungen sammeln, die im Unterricht ,zur Sprache kommen' können, begünstigt den bilingualen Fachunterricht im Sinne von CLIL. Dabei schafft die Fremdsprache gleichzeitig eine gewisse Distanz, die in der intensiven Auseinandersetzung mit inhaltlich komplexen Sachverhalten erforderlich ist. Damit werden Gruppenarbeit und Projektarbeit begünstigt sowie optimale Voraussetzungen für lerneraktivierende, kooperative Lernformen geschaffen.

Die Befürchtung, dass der fachliche Lernerfolg im Bilingualen Unterricht behindert werden könnte und damit zu schlechteren Lernergebnissen führt, muss ernst genommen werden. Die fremdsprachliche Erarbeitung prüfungsrelevanter Themen und Inhalte muss den Anforderungen externer Abschlussprüfungen standhalten, womit eine Absicherung des Erwerbs der Sachkompetenz bei den Lernenden Vorrang hat vor der Überprüfung ihrer Fremdsprachenkenntnisse in Form von Leistungsnachweisen oder durch die Teilnahme an einer Prüfung zur Zertifizierung ihrer Fremdsprachenkenntnisse. Auch ist, um den fachlichen Anforderungen an die berufstheoretische Ausbildung gerecht zu werden und die Auszubildenden erfolgreich auf die jeweiligen Abschlussprüfungen vorzubereiten, das selbstverständliche Nebeneinander von Ziel- und Muttersprache unabdingbar, unabhängig davon, ob man mit Butzkamms „Pendelstrategie" oder der „Strategie des fliegenden Wechsels" argumentiert (Rittersbacher 2006: 25). Das regelmäßige Code-Switching dient nicht nur der Sicherung fachlicher Inhalte, sondern ist integrativer Bestandteil beruflicher Kommunikation am Arbeitsplatz (→ Art. 24).

Beispiele aus der Unterrichtspraxis

Obwohl praxisnahe bilinguale Ansätze bereits in vielen Ausbildungsberufen verankert sind, wird deren inhaltliche Ausgestaltung an den Schulen häufig weiterhin den Fremdsprachenlehrkräften überlassen. Die Verunsicherung hinsichtlich der Trennschärfe zwischen berufsspezifischem bzw. berufsbezogenem Fremdsprachenunterricht und fremdsprachlichem Sachfachunterricht (→ Art. 25) hat dazu geführt, dass Unterrichtsideen und geeignete Unterrichtsmaterialien selten kommuniziert werden und, von Einzefällen abgesehen, nicht zur Veröffentlichung gelangen. Ein veröffentlichtes Beispiel ist ein freiwilliges, jahrgangsübergreifendes Lernmodul für leistungsstarke Auszubildende, das im Rahmen des BLK-Modellversuchs ‚Diflex' an der Berufsschule für Elektroinstallationstechnik und Elektromechanik in München entwickelt wurde, bei dem es um die Planung und Realisierung einer Steuerung für eine Förderbandanlage geht (Hubert 2001).

Ein weiteres Beispiel steht stellvertretend für den inhaltlichen Anspruch und den Planungsansatz bei der Entwicklung von bilingualen Unterrichtsreihen auf der Grundlage der curricularen Vorgaben. Für das Lernfeld 10: ‚Auslandsgeschäfte abwickeln' für den Ausbildungsberuf ‚Bankkaufmann/Bankkauffrau' mündete die Kompetenzformulierung: „Die Schülerinnen und Schüler beschreiben Risiken im Außenwirtschaftsverkehr und beraten Kunden über Dienstleistungen im Auslandsgeschäft" (KMK 1997: 20) in einer Unterrichtsreihe ‚*Dealing with International Business Transactions*' (Müller, 2007), die die fachlichen Inhalte *(Risks in International Trade; Methods of Payments; Documents in International Trade; Incoterms and Letter of Credit)* geschickt mit kooperativen

Methoden fremdsprachlich erarbeitet. Wesentliches Planungselement ist die Sicherstellung, dass im englischsprachig durchgeführten Unterricht die Zielsetzungen des Wirtschaftsunterrichts in angemessenem Maße erreicht werden, was in diesem Fall durch eine Vergleichsgruppe sichergestellt wurde.

Perspektiven und Desiderate

Der Vielschichtigkeit des berufsbezogenen bilingualen Unterrichts gerecht zu werden, ist im Rahmen eines Artikels schwierig. Dennoch lassen sich Erkenntnisse und Erfahrungen ableiten, die übertragbar bzw. verallgemeinerbar sind. Insgesamt erfolgt der Einzug bilingualer Unterrichtsangebote in die Berufsausbildung schleppend, und vielerorts lösen Absichtserklärungen nicht das erforderliche Umdenken aller an der Ausbildung Beteiligten aus. Vielmehr bleibt es bei vorsichtigen Vorstößen Einzelner, die sich schulisch dieses Anliegens annehmen (→ Art. 7). Ein Hindernis stellt sicherlich auch die Tatsache dar, dass es Auszubildenden häufig an Selbstvertrauen in die eigene Fremdsprachenkompetenz mangelt, sodass sie im Hinblick auf ihre Prüfung Nachteile befürchten. Dabei liegt in den Teamstrukturen, die durch das Lernfeldkonzept an den Schulen geschaffen wurden, eine echte Chance, denn der bilinguale Fachunterricht muss fest im berufsbezogenen Lernfeldunterricht verankert werden (Fehling/ Schwarz-Hadarek 2011) und darf nicht bloß eine Variante des berufsbezogenen bzw. berufsspezifischen Fremdsprachenunterrichts darstellen. Fest steht, dass das Schattendasein des Fremdsprachenunterrichts in der Berufsschule mit isolierten Einheiten zu Wirtschaftsenglisch für Bankkaufleute oder endlos langen Listen französischer Vokabeln für das Hotel- und Gaststättengewerbe beendet ist. Der Berufsschulunterricht ist offener und anwendungsbezogener geworden und folgt konsequenter denn je dem Prinzip der Handlungsorientierung bzw. der „vollständigen Handlung" (Dolzanski 2012: 103).

Die Einsicht, dass jegliche Art von Berufstätigkeit Fremdsprachenkenntnisse voraussetzt oder impliziert, hat dazu geführt, dass der Rechtfertigungsdruck einer hohen Erwartungshaltung an den Bilingualen Unterricht gewichen ist. Strittig ist jedoch weiterhin, inwieweit berufsbezogene Inhalte und Fertigkeiten, sei es im Theorie- oder im Praxisunterricht, tatsächlich fremdsprachlich erarbeitet bzw. gesichert werden können und welche Anforderungen dies an die unterrichtenden Lehrkräfte stellt. Um die Anerkennung und Unterstützung der Ausbildungsbetriebe und Kammern zu erhalten, wird die Lehrperson im Idealfall der Berufspädagoge sein, der eine Fakultas in der Fremdsprache besitzt oder seine Fremdsprachenkenntnisse konsequent weiterentwickelt. Das Gleiche gilt für die Lehrkraft in der Fremdsprache, die bereit ist, in dem jeweiligen Lernfeldteam konstruktiv mitzuarbeiten. Auch die Schulbuchverlage haben reagiert: Nachdem die Verlage lange Zeit die Entwicklung beobachteten, haben sie inzwischen die fremdsprachliche Erarbeitung der Fachinhalte entweder in die Fachbücher aufgenommen oder einen neuen Markt geschaffen.

Bilinguale Berufsbildungsangebote stellen eine Aufwertung des berufsbezogenen Unterrichts dar. Sie dürfen nicht den Fremdsprachenunterricht ersetzen, wie manche Skeptiker befürchten, sondern tragen vielmehr zur Förderung und Stärkung der (fremd-)sprachlichen Kommunikationsfähigkeit auf dem Weg zur Mehrsprachigkeit bei, wie sie von der Europäischen Union propagiert wird. Der zweisprachige Erwerb der Fachsprache und die flexible Anwendung bereiten auf eine Berufstätigkeit im nationalen wie internationalen Kontext vor. In der engen Verknüpfung der beiden kann man die Synergien nutzen und damit den Lernfortschritt steigern. Die große Herausforderung wird darin bestehen, für die einzelnen Ausbildungsschulen sowie die unterschiedlichen Ausbildungsberufe individuelle Lösungen zu finden, die sowohl bei den Lernenden als auch auf dem Arbeitsmarkt auf breite Akzeptanz stoßen.

Literatur

Beare, Kenneth (1997): *How many People Learn English Globally?* http://esl.about.com/od/englishlearningresources/f/f_eslmarket.htm [18.06.2012].

Doff, Sabine/Klippel, Friederike (2007): *Englischdidaktik*. Berlin.

Dolzanski, Christoph (2012): Es muss nicht immer eine Lernschleife sein … Alternative Verlaufsmodelle für schüleraktive Lernarrangements im Wirtschaftsunterricht. In: *Wirtschaft und Erziehung* (4), 100–107.

Dülfer, Christine (2004): *Die Integration des Englischunterrichts in Lernfelder der neu geordneten Berufe (Schwerpunkt: Industriekaufleute)*. In: Barbara Toepfer (Hrsg.): *Sprachliche und kulturelle Bildung in beruflichen Schulen*. Wiesbaden, 99–110.

Egloff, Gerd (2001): Fremdsprachenunterricht an beruflichen Schulen. In: *IfL – Aktuell*. Hamburg, 10–13.

Eistert, Ulrike/Fünffinger, Matthias/Lanbein, Annie Françoise/Ueberschaar, Ralf/Szabóné Virág, Katalin (2007): *Bilingualer Unterricht an beruflichen Schulen. Ausgewählte Methoden*. Baltmannsweiler.

Fehling, Anke/Schwarz-Hadarek, Dana (2011): Bilinguales Lehren und Lernen an berufsbildenden Schulen. In: *Erziehungswissenschaft und Beruf* 59 (2), 213–218.

Feick, Rita (2004): *Der Englischunterricht in der Teilzeitberufsschule: Wo hat er seinen Standort innerhalb des Lernfeldansatzes?* in: Barbara Toepfer (Hrsg.): *Sprachliche und kulturelle Bildung in beruflichen Schulen*. Wiesbaden, 92–98.

Graddol, David (2006): *English Next*. British Council. http://www.britishcouncil.org/learning-research-english-next.pdf [18.06.2012].

Hallet, Wolfgang (1998): *The Bilingual Triangle:* Überlegungen zu einer Didaktik des bilingualen Sachfachunterrichts. In: *Praxis des neusprachlichen Unterrichts* 49 (2), 115–125.

Haß, Frank (Hrsg.) (2006): *Fachdidaktik Englisch*. Stuttgart.

Heinz, Klaus (2002): *The Basics of Mechatronics – Eine Unterrichtsreihe für den Englischunterricht im Ausbildungsberuf Mechatronikerin/Mechatroniker in Anlehnung an das Konzept des bilingualen Sachfachunterrichts*. Studienseminar an beruflichen Schulen Kassel mit Außenstelle Fulda [unveröffentl. Ms.].

HKM = Hessisches Kultusministerium (2007): *Lehrplan Zweijährige Höhere Berufsfachschule (Assistentenausbildung) Berufsbildender Bereich Fachrichtung Chemietechnik*. http://berufliche.bildung.hessen.de/p-lehrplaene/hbfs/lp_hbfs_berufsb_chemietechnik.pdf [18.06.2012].

HKM = Hessisches Kultusministerium (2008): *Lehrplan Fremdsprachenunterricht in der Berufsschule*. http://berufliche.bildung.hessen.de/p-lehrplaene/bs/lp-fremdsprachenbs.pdf [18.06.2012].

Hubert, Werner (2001). Programmierung und technisches Englisch für leistungsstarke Auszubildende. In: Uwe Fasshauer/Burkhard Bendig/Dagmar Griebenhain/Josef Rützel(Hrsg.): *Beweglichkeit ohne Beliebigkeit – Modularisierung und Schulentwicklung in der beruflichen Bildung.* Bielefeld, 269–276.

KMK = Sekretariat der Ständigen Konferenz der Kultusminister der Länder in der Bundesrepublik Deutschland (1997): Rahmenlehrplan für den Ausbildungsberuf Bankkaufmann/ Bankkauffrau. http://www.kmk.org/fileadmin/pdf/Bildung/BeruflicheBildung/rlp/Bankkaufmann97-10-17.pdf [18. 06. 2012].

KMK = Sekretariat der Ständigen Konferenz der Kultusminister der Länder in der Bundesrepublik Deutschland (1998): Rahmenlehrplan für den Ausbildungsberuf Mechatroniker/ Mechatronikerin. http://www.kmk.org/fileadmin/pdf/Bildung/BeruflicheBildung/rlp/Mechatroniker98-01-30.pdf [18. 06. 2012].

KMK = Sekretariat der Ständigen Konferenz der Kultusminister der Länder in der Bundesrepublik Deutschland (1998): Rahmenvereinbarung über die Zertifizierung von Fremdsprachenkenntnissen in der beruflichen Bildung. http://www.iq.hessen.de/irj/IQ_Internet?cid= 05b50ba4beda62c915225fd6a80d4b1b [18. 06. 2012].

Müller, Sabine (2007): *Dealing with International Business Transactions.* Studienseminar an beruflichen Schulen Kassel mit Außenstelle Fulda [unveröffentl. Ms.].

Rittersbacher, Christa (2006): Fliegender Wechsel im bilingualen Unterricht. In: *Praxis Fremdsprachenunterricht 2*, 6, 24–25.

Sloane, Peter (2000): Lernfelder und Unterrichtsgestaltung. *In: Die berufsbildende Schule (BbSch)* 52 (3), 79–85.

Wolff, Dieter (2002). *Bilingualer Sachfachunterricht in Europa: Ein Überblick.* In: Claudia Finkbeiner (Hrsg.): *Bilingualität und Mehrsprachigkeit Modelle, Projekte, Ergebnisse.* Hannover, 7–13.

Rita Feick

Anhang

Register

A

AbiBac 23, 92, 113f.

Abschluss, bilingualer 10, 78, 113f.

Aktionsplan 18, 47, 60

Alltagssprache 41, 153f., 182, 207, 269, 299, 332

Arbeitssprache 12, 14, 21, 74, 77–83, 111, 118, 121f., 219f., 229–231, 274, 278, 331, 335–337

Arbeitstechniken 134f., 204, 254, 255–259, 269, 351

Aufgaben 27f., 37, 63, 69, 71–73, 90, 99, 133, 150, 162, 176, 183, 199, 200, 202–205, 207f., 211, 214, 231f., 236f., 240, 284f., 292, 300, 312, 322f., 332, 334, 339, 343f., 353f., 358

Aufgabenorientierung 232, 280, 284f., 350

Auslandsschulwesen 94–96, 98, 100f.

Authentizität 29, 68, 190, 193, 199, 223, 267, 271, 288, 341

B

Basic Interpersonal Communication Skills 97, 159, 180

Bedeutungsaushandlung 93, 187, 188–193, 218, 261, 311, 357, 365

Begriff 32, 34, 145–151

Begriffslernen 125, 145f., 148, 358

Berufsausbildung 96, 367, 371

Berufsbildende Schule 12, 47, 78, 80–82, 84, 86, 96, 366f.

BICS 97f., 159, 180

Bikulturalismus 15

Bildende Kunst 181, 265–270

Bildung 13, 16, 17, 26–29, 47, 55, 60, 88f., 121, 127, 148f., 185, 189, 230, 237, 304–306, 309, 315f., 318, 323, 326, 339f., 351–358, 365, 368f.

Bildung, Sachfach- 204, 207

Bildungsgangdidaktik 27, 296

Bildungsplan 28, 60, 67, 88–92, 360

Bildungspolitik 11–14, 16, 18, 40, 46, 48f., 53f., 74, 88, 131, 324

Bildungsprozess 16, 27, 28, 31, 67, 140, 189, 357

Bildungssprache 93, 97, 127, 129, 132, 170, 189, 192, 231, 269, 306

Bildungsstandards 54f., 92, 125, 203, 208, 211, 231, 295, 304f., 309–311, 340, 355

Bildungstheorie 15f., 26, 182, 184, 190, 296, 309, 311, 361f., 364

Bildung, transformatorische 28, 189

bilingualer Bildungsgang 74, 87, 90f., 111, 183

bilingualer Zweig 13f., 41, 50, 74, 77f., 80, 105, 108, 366

bilinguales Modul 41, 50, 74, 77–79, 84, 90f., 108, 196f., 270, 339, 366

Bilingualität 34, 74, 125, 245, 315

bilingual literacy 37

Bilingual Triangle 30, 37, 206, 230, 295, 346

Biologieunterricht 41f., 76, 90f., 96, 140, 149, 152, 181, 183f., 197, 286–289, 293, 296, 315, 343

C

CALP 97, 132, 159, 180, 227, 304, 268, 306

CertiLingua 78, 88, 112f., 116

Chemieunterricht 29, 41, 96, 108, 142, 218, 287, 295–301, 305f., 315

Code-Switching 36, 72, 85, 174, 177, 179, 225, 262, 282, 298, 349f., 370

Cognitive Academic Language Proficiency 97f., 132, 159, 180, 227, 268, 304

Communication Awareness 273, 278

Concept Map 192, 213, 287, 289f., 299

Curriculum 11, 13, 34–36, 40, 42–44, 50, 53–57, 63, 80f., 84, 87–94, 107, 141, 194, 208, 223, 233, 272, 280, 293, 300, 312, 336, 341, 347, 354, 367f., 370

D

Darstellendes Spiel 280–285

Darstellungsform 8, 56, 98, 100, 151–159, 177f., 183, 192, 199, 204, 207, 233f., 249, 253, 273, 285, 288f., 306, 312, 318f., 341

Deutsche Internationale Abiturprüfung 114, 313

Deutsch-französischer Vertrag 12, 14

Differenzierung 11, 16, 33, 35, 43, 73, 77, 86, 101, 158, 207, 213, 323, 330, 340, 345, 351, 355, 366

Diskurs 15f., 27f., 30, 57, 89, 128f., 136, 138, 159, 169, 171, 181, 184, 187, 199, 205f., 225f., 231, 234, 238f., 288, 306, 348, 353, 355, 358

Diskursanalyse 138, 189, 226

Diskursfähigkeit 12, 26, 29, 42, 55f., 92, 125f.,

128, 132–134, 176, 181 f., 184, 189, 199, 203 f., 210, 213, 218, 231, 238, 242, 268, 284, 310

Diskursfähigkeit, fachliche 80, 92, 125, 128, 169, 199, 231, 238

Diskursfunktion 44, 56, 128, 134, 138–143, 148, 151, 183, 192, 204, 207, 225, 233, 241 f.

Diskurskompetenz → Kompetenz, diskursive

Diskursstrategien 144, 259, 261 f.

E

Einsprachigkeit 161, 174 f., 177, 179, 245

Emergenz 27, 189, 191, 193, 227, 230

Entwicklungsaufgaben 27, 214

Erdkundeunterricht → Geografieunterricht

Ethikunterricht 69, 326, 331, 336

Europarat 18, 115, 143

Europaschulen 265

Europass 115

Eurydice 11, 18, 20, 23, 48, 308

Evaluation 13, 19, 23, 113, 133, 168, 172, 200, 209–211, 224, 281, 296, 306

F

Fachdidaktik 41 f., 101, 146, 148, 204, 244, 259, 308, 343, 346, 354, 356

Fachkompetenz 110, 112, 125–127, 159, 213, 225, 239, 287, 293, 311, 346

Fachsprache 41 f., 125, 153 f., 199–201, 220, 269, 299, 311 f., 369, 372

Fachterminologie 70, 91, 136, 149, 170, 196, 199–201, 213, 254, 287, 289, 297, 322, 347–349

Fachtext 36, 98, 100, 135 f., 171, 181

Fachunterricht 11, 22, 34, 37, 40, 47 f., 54, 78, 84, 94–99, 101, 110, 114, 137, 141, 151, 154, 156–158, 176 f., 180, 184 f., 196, 203–205, 210, 212, 218, 226, 230–233, 238, 240, 255, 257, 261, 283, 287 f., 292 f., 306 f., 312, 344, 354, 369, 371

Fachunterricht, deutschsprachiger 37, 94–96, 101, 203, 205, 210, 261

Fachwissen 126, 159, 182, 204 f., 207, 251, 254, 281, 295, 304–306, 340, 355

Feedback 192, 238, 348

Fehlertoleranz 327 f., 330

Fertigkeiten 69, 72, 79, 127, 131, 134, 135, 183, 190, 198–201, 204, 208, 223, 232, 245 f., 249, 268, 309 f., 343, 369, 371

Form, generische 56 f., 142, 184

Forschung, empirische 31, 34, 37, 142–144, 173, 216, 218, 259–262, 358

Fremdheitserfahrung 26, 28–30, 269, 355

Fremdsprache 11 f., 14–16, 18, 21, 23, 34 f., 37 f., 40, 42 f., 46–48, 51, 54–57, 61–63, 65–68, 70–83, 85 f., 89, 92 f., 95, 97, 107–110, 112 f., 118, 120, 124–129, 132, 146, 150 f., 160 f., 163, 167–171, 174–181, 185, 198, 223, 229, 268, 278, 281, 296, 298, 311, 325, 328, 337, 339, 344, 348 f., 359, 362 f., 365, 367

Fremdsprachendidaktik 14, 22, 30, 35, 40–43, 104, 174 f., 177, 180 f., 262, 284, 346, 361 f., 366, 369

Fremdsprachenunterricht 13–15, 34–36, 40, 43, 51, 56, 67–69, 73–77, 79, 92, 114, 124–126, 128, 162 f., 165, 167 f., 170, 172, 174, 176, 178–185, 198, 200, 216–218, 229 f., 233, 251 f., 254–257, 262, 265–267, 269, 272, 294, 303, 308, 306, 326, 330, 341 f., 344, 346, 350, 366, 368–372

Fremdsprachlichkeit 124, 181, 310

Fremdverstehen 29, 218, 269, 306, 335, 347

G

Genre 57, 128, 134, 142 f., 204

Geografieunterricht 41 f., 75–78, 89–91, 111 f., 143, 152, 169, 183, 195–197, 200 f., 204, 211, 213, 218, 229, 324, 338–344, 352

Gesamtschule 47, 76–78, 104, 314, 325

Geschichtsunterricht 29, 40–42, 75–78, 83, 85, 89–92, 96, 113, 137, 143, 149, 169 f., 177, 181, 189, 195 f., 197, 200 f., 210, 212 f., 218, 246–248, 257, 261, 269, 286, 324, 345–351

Globalisierung 23 f., 54, 58, 75, 114, 119, 354

Grammatik 57, 148, 224, 278, 284, 298, 311

Grundschule 7, 11, 14, 24, 43, 47, 60, 62, 66–73, 95, 161–166, 265, 293 f., 308, 310

Gymnasium 13, 21, 43, 47, 74 f., 78, 81–83, 85, 88, 91 f., 95 f., 104–108, 112–114, 195 f., 265, 296 f., 300, 302, 314, 328, 360

Gymnasium, berufliches 85, 366

H

Handlungskompetenz 83, 110, 112, 146, 280 f., 285, 316, 340, 362, 367

Handlungsorientierung 70, 114, 162, 265, 272 f., 275, 277 f., 350, 354, 360, 371

Hauptschule 77, 106, 108

Herkunftssprachen 11, 61 f., 283

Heterogenität 49, 86, 99, 369

Hörverstehen 69, 232, 272

I

Identität 12, 16, 26, 30, 188–190, 222, 352

Immersion 11, 14 f., 20, 43, 62, 97, 99, 132, 138, 160 – 166, 224, 239, 304, 307, 323
Individualisierung 207
Informatikunterricht 8, 96, 308, 314 – 319, 322 f., 367
Input 61 – 65, 166, 199, 204, 206, 226, 268, 348
Interaktion 16, 57, 64, 71, 106, 121, 132, 140, 150 f., 155 f., 184, 187 – 193, 222, 225 – 227, 234, 236, 238, 247, 253, 261 f., 278, 284, 299, 356 – 358, 360 f.
Interkulturalität 15 f., 288, 323
International Baccalaureate 115, 313
Internationalisierung 101, 107, 117, 313, 354, 367

K

Kita, Kindertagesstätte 60 – 65, 160
Kommunikation, fachliche 37, 41, 70, 126, 157, 306, 363
Kommunikation, lebensweltliche 57
Kompetenz 12, 15, 22, 33, 37, 42, 44, 57, 62, 68, 84, 90, 93, 99, 107, 109, 111 f., 115, 127 f., 131, 139, 141, 168 f., 176, 178, 189, 191, 203, 207, 210, 212, 217, 229, 285, 303 f., 306, 335, 339 f., 346, 353, 355, 369
Kompetenz, bikulturelle 15
Kompetenz, diskursive 12, 42, 80, 92, 126, 128, 132 – 134, 176, 189, 210, 213, 218, 284
Kompetenz, fachliche 55, 89, 97 f., 110, 112 f., 180, 214, 225, 244 f., 321, 369
Kompetenz, fremdsprachliche 12, 14, 22, 28, 35, 38, 40, 43, 74, 79, 87, 104, 110, 112, 150, 167, 177, 181, 191, 210, 212 f., 217, 230, 267, 314, 317, 361 – 363, 368 f., 371
Kompetenz, generische 57, 128, 184
Kompetenz, inhaltliche 230
Kompetenz, interaktionale 190 – 193, 205, 234
Kompetenz, interkulturelle 23 f., 26, 28, 41, 85, 112 f., 115 f., 229, 265, 335 f., 339, 368
Kompetenz, kommunikative 26, 40, 42, 55, 84 f., 92, 163, 229, 273, 277 f., 281, 326, 340, 358, 368, 372
Kompetenz, Medien- 265
Kompetenz, metakognitive 28
Kompetenz, methodische 67, 80, 134 f., 154, 181, 245 – 247, 249
Kompetenz, muttersprachliche 33, 74, 162, 176, 281
Kompetenz, objektsprachliche 131, 134, 136
Kompetenz, sachfachliche 28, 44, 67, 176, 192, 199, 216, 218, 229, 299, 369 f.
Kompetenz, selbstregulative 28
Kompetenz, sprachliche 23, 29, 33 f., 42, 56, 61 f., 67, 72, 84, 86, 93, 97 f., 100, 121, 143,

189 f., 217, 223 – 225, 230 f., 246, 287, 301, 347, 366, 369
Kompetenz, Text- 128, 134, 142 f., 233
Kommunikation, lebensweltliche 97, 180
Kompetenzbeschreibungen 93, 213, 305
Kompetenzentwicklung 72, 99, 202 – 205, 225, 280, 340
Kompetenzerwerb 15, 36, 56, 68, 110, 131, 190 – 193, 207, 225, 280, 299 f., 317, 321 f., 347, 350, 357
Kompetenzniveau 37, 80, 93, 210, 213, 225 f.
Kompetenzorientierung 69, 93, 203, 214, 231, 303 f., 306
Konstruktion 72, 136, 138, 150, 155 f., 159, 181, 187, 203, 205, 216, 237, 260
Konstruktivismus 144
Konzept 11, 14, 16, 18 – 20, 23, 26 f., 30, 32, 40, 43, 49, 61, 68, 74, 77, 79, 81 f., 97, 105, 124 – 127, 132, 136, 142, 146 – 151, 155 f., 165, 167 f., 170, 176, 178 f., 181 f., 192, 213, 245, 287, 289 f., 349
Konzeptbildung 30, 36, 42, 145 – 150, 175, 189, 283, 358
Kulturenvielfalt 110

L

Language Awareness 38, 150, 167 – 174, 217, 245, 269, 273
language support 71
Lebensweltbezug 199, 272, 278
Lehren, bilinguales 104, 170, 209, 272, 301, 328, 330
Lehrerausbildung 22, 48, 80, 103, 325, 339
Lehrerbildung 44, 47, 50 f., 67, 102 f., 105 – 109, 208
Lehrerfortbildung 19, 22, 67, 80, 312, 325
Lehrerhandreichungen 195 f.
Lehrer-/Lernerforschung 221 – 228
Lehrerzentrierung 223, 291
Lehrkraft 14, 20, 22 f., 38, 46, 50, 52 – 54, 57 f., 67 – 73, 75, 78, 80, 86, 89 – 91, 95 f., 98 – 109, 113, 119, 126, 131, 138 f., 141 f., 144, 150, 154 – 156, 159, 166, 183 – 185, 222, 272, 288, 291, 296, 301, 314, 323, 330, 348, 360 f., 363, 365, 369, 371
Lehrwerk 71, 183, 194 – 198, 200 – 202, 219, 300, 315, 334, 367
Leistungsbeurteilung 19, 23, 44, 64, 72, 90, 98, 114, 209, 211 – 213, 232, 238, 254, 295, 304, 306, 342 f., 347, 349, 351, 361 f., 368, 370
Leistungsmessung 209, 211 – 213
Lernen, bilinguales 78, 81, 104, 110, 115 f., 125, 170, 209, 219, 259 f., 265

Lernen, fachliches 16, 55 f., 98, 112, 125, 129, 146, 180, 183, 198, 259, 266, 288, 295, 299, 303, 306, 311, 318, 346, 348, 356 f.
Lernen, fremdsprachliches 36, 56, 60, 67, 86, 89, 98, 110 f., 126, 181, 185, 212, 216, 250, 280, 365
Lernen, generisches 57, 204, 207
Lernen, globales 326, 330
Lernen, historisches 346
Lernen, individuelles 172
Lernen, inhaltliches 40, 124–126, 129, 167–169, 171 f., 200, 245, 310, 331 f.
Lernen, interkulturelles 44, 110, 113, 197, 199, 218, 295, 312
Lernen, kognitives 268, 270
Lernen, kooperatives 262
Lernen, lebensweltliches 272, 276
Lernen, monolinguales 55
Lernen, sprachliches 11, 18, 36, 46, 56, 61, 66, 97–102, 107, 124, 126, 129, 138 f., 146, 167 f., 172, 181, 183, 200 f., 232, 244 f., 267, 270, 289, 291, 295, 298, 303, 306 f., 311 f., 318, 325, 331, 339, 356–358
Lernen, transkulturelles 55
Lernersprache 252
Lernertext 224 f.
Lerngelegenheit 231, 360–365
Lernort 71, 270
Lernprozess 15, 26 f., 30 f., 35, 61, 72, 78, 98, 116, 138, 148, 150, 155 f., 168, 172 f., 175, 188, 203 f., 212, 218, 225, 230 f., 234, 236, 239 f., 258–260, 262 f., 266, 268, 285, 298, 304, 307, 316, 328, 339 f., 343, 348, 357, 360, 364 f., 369
Lernstrategien 172, 199, 246, 258–260, 263
Lerntechniken 258
Lerntheorie 15, 139, 182, 219, 223, 237
Lesekompetenz 256, 309
Lesen 127, 157, 159, 162, 240, 251–257, 260 f., 284, 287, 310
Lesestrategien 169, 172, 240, 256, 261, 348
Leseverstehen 69, 98, 135, 216, 224, 240
Lexikon, mentales 60, 189
lingua franca 12, 51, 54, 75, 118, 120, 169
literacy 204, 309
literacy, audio 272 f.
literacy, mathematical 309
literacy, scientific 295, 304–306, 309
literacy, visual 265, 267 f., 270, 310

M
Majoritätensprache → Mehrheitssprache

Materialentwicklung 58, 80, 105, 119, 202–208, 301, 312
Materialien 51, 70, 87, 89, 91, 98, 106 f., 127, 150, 170–172, 183, 194–197, 199, 219, 254 f., 266 f., 300, 307, 315, 323, 328 f., 336, 341 f., 346, 348, 350, 360, 370
Mathematikunterricht 22, 41, 69, 78, 96, 125, 154, 156, 163, 165 f., 204, 302, 308–313
Mehrheitssprache 21, 24, 62, 161
Mehrkulturalität 54 f.
Mehrperspektivität 30
Mehrsprachigkeit 18 f., 23–25, 32–39, 46, 48 f., 51 f., 54 f., 60, 62, 79, 107, 109, 127, 161, 167, 175 f., 199, 216, 226, 245, 282, 308, 313, 340, 347 f., 350, 372
Mehrsprachigkeitsdidaktik 35 f.
Metakognition 150, 167 f., 170, 172 f.
Metakommunikation 233 f.
Methoden, bilinguale 202, 229 f., 239, 244 f., 247, 250, 351
Methoden, fachliche 152, 183, 204, 243–245, 247, 278, 284, 292, 304 f., 307, 350, 369
Methoden, Lern- und Arbeits- 184, 258–260
Methoden, Unterrichts- 229 f., 244 f., 247, 325, 341
Methodenkompetenz 135, 246 f., 346 f.
Methodenkompetenz, fachliche 245–247, 249
Methodenlernen 56, 158, 184, 246
Migrantensprache 161
Migration 61–65, 174, 245, 327
Minderheitssprache 11, 21, 24 f., 161
Modellierung 26, 124, 127, 132, 139, 205, 234, 237, 316, 318–320, 322
Modul, bilinguales 14, 21, 50 f., 78 f., 82 –84, 195 f., 325, 330, 337, 345
monolingual 55, 210, 251, 261, 280, 282, 287, 298–300, 303 f., 317, 344, 354, 356 f.
Motivation 85, 131, 165, 216, 223, 231, 287, 298, 303, 328 f.
Multikulturalität 326
multiliteracies 271–274
Multimodalität 207
Multiperspektivität 36, 79, 199, 206, 210, 269, 306, 347, 349, 363, 365
Musikunterricht 69, 265, 271–276, 278
Muttersprache 34–36, 38, 47, 60, 69 f., 72, 75, 96 f., 120, 161, 166, 170 f., 174 f., 177 f., 200, 211, 281, 289, 298 f., 370

O
Output 199

P

Performanz 44, 132, 173, 190, 305 f.
Philosophieunterricht 308, 331 f., 334–337
Physikunterricht 89, 96, 213, 296, 302–304, 306–308
Portfolio der Sprachen, Europäisches 115
Präsentationstechniken 56, 184
Primarschule 21 f., 66–73
Problemlösung 205–207, 237, 316
Professionalität 98
Programm, bilinguales 60 f., 64 f., 226, 296
Projekt, fächerübergreifendes 229, 257, 268, 278, 308
Prozessorientierung 150

R

Realschule 11, 47, 77 f., 104, 106, 108, 196 f., 325, 328
Redemittel 69, 72, 141, 267 f., 306, 341 f.
Referenzrahmen, Gemeinsamer europäischer 78, 112, 115 f., 315
Reflexion 26–30, 55, 70, 89, 107, 110, 112, 124, 150, 172, 189, 204, 233 f., 245 f., 263, 269, 273, 280 f., 297–299, 311, 327, 332, 347, 353, 355 f., 358, 364 f.
Reflexivität 15, 27–29, 190, 193, 353
Religionsunterricht 69, 89, 324–330, 335

S

Sachfachdidaktik, bilinguale 40, 52, 229 f., 318, 329
Sachfachlernen 56, 180, 183
Sachfachunterricht 18, 22, 36, 40, 43, 48, 56–58, 60, 67 f., 70 f., 74 f., 79, 86, 89 f., 92 f., 96, 103–105, 124 f., 128, 142, 155 f., 166–177, 181 f., 185, 197, 202, 210, 218, 221, 223, 230, 251–257, 265–267, 270, 283 f., 287, 308, 318, 337, 339, 343, 352, 354–358, 368–370
Sachkompetenz 44, 281, 346 f., 369
Sachtext 69, 152, 159, 172, 231, 240, 247, 256 f.
scaffolding 8, 57, 70, 129, 133 f., 150 f., 191–193, 198–201, 205, 207, 236–241, 246, 267 f., 284 f., 342, 348 f.
Schema, kognitives 155, 240 f., 253
Schreiben 69, 128, 135 f., 141, 157, 162, 164, 199, 232, 284
Schreiben, diskursives 135
Schreiben, generisches 135
Schülerorientierung 267
Schulentwicklung 37, 49 f., 52 f., 58, 68, 85, 208, 293
Schulpolitik 12

Schulprofil 37, 50, 53, 302, 324, 366
Schulsprache 11, 24, 34, 40, 42, 47, 132, 161 f., 167, 169, 175 f., 180, 207, 211, 213 f., 226, 231, 245, 262, 266, 281, 289, 293, 298, 347–349
Schulsystem 11, 18–20, 23–25, 48, 52, 74, 87
Sekundarschule 11, 21, 76
Selbstevaluation 168, 172
skills 69, 72, 79, 127, 131, 135, 183, 198, 200 f., 208, 223, 249
skills, higher order thinking 16, 28, 133, 190
skills, study 134, 135, 199, 245
skills, subject 245 f.
Sozialformen 184, 231, 247, 361
Sozialkundeunterricht 41, 76–78, 83, 90, 149, 169, 196, 213, 246 f., 286, 352–358, 371
Sportunterricht 41, 69, 76, 78, 204, 213 f., 265, 267, 272, 359–365
Spracharbeit 99, 126, 129, 141, 184, 298, 300
Sprachbewusstheit 97, 167, 269, 358
Sprachenangebot 51, 55 f.
Sprachenfolge 37
Sprach(en)lernen 18, 46, 58, 60, 73, 96–102, 107, 119, 124–127, 129, 138 f., 167 f., 181, 245 f., 283, 295, 303, 306 f., 312, 315, 318, 325, 339
Sprachenlernen, fächerübergreifendes 55 f., 114
Sprachenlernen, vernetztes 36
Sprachenpolitik 18, 38, 46, 49–51, 352
Spracherwerb 61, 71, 99 f., 119, 155, 174, 181, 188, 224, 230, 287, 289, 364
Sprachkorrektheit 224
Sprachlichkeit 41 f., 55, 124, 132, 142, 181, 211, 310
Sprachmittlung 69 f., 213
Sprachplanung 23
Sprachproduktion 298, 364
Sprachproduktion, mündliche 63, 190
Sprachproduktion, schriftliche 242
Sprachreflexion 70, 172, 233, 348
Sprachsensibilität 232, 240, 303
Sprachunterricht 22, 66, 233, 239, 242, 257, 283, 339
Sprachvergleich 29
Sprechen 69, 126, 128, 135, 139, 157, 164, 284, 287, 348, 362 f.

T

Tertiärsprachen 35
Test → Leistungsbeurteilung
Textarbeit 56, 184, 219, 251, 254, 257
Text, diskontinuierlicher 135, 252, 342
Text, kontinuierlicher 135, 251, 256
Text, mündlicher 56, 71, 98, 182, 192, 251

Textproduktion, mündliche 266, 292
Text, schriftlicher 56, 71, 98, 182, 224, 251, 266
Textsorte 129, 135, 199, 231, 233 f., 240 – 242,
  256, 284
Theorie, subjektive 209, 219, 222 f.
Transfer 131, 168, 233 f., 236, 288, 321

U
Übersetzung 170 f., 249, 261, 317, 335, 337
Umgebungssprache 34 – 36, 49, 174 – 176, 178 f.,
  283
Unterricht, monolingualer 210, 251, 259 – 261,
  287, 291, 295, 303, 332, 337, 339 – 344, 350
Unterrichtsdiskurs 136, 140, 143, 218, 249 f.,
  259, 262, 267, 284, 360

V
Vehikularsprache 14, 74
Verkehrssprache 13
Viabilität 148, 188, 191, 193
Vielsprachigkeit 35, 42
Vollimmersion 11
Vorkurs 83, 101 f., 182 f.

W
Wissen 15, 30, 35 – 37, 42, 55, 57, 61, 71,
  98 f., 112, 125, 128, 131, 138 f., 141 f., 144 f.,
  147 – 149, 154, 159, 168, 173, 180 – 182, 184 f.,
  203 f., 213, 225, 231, 234, 243, 254, 258, 265,
  284, 298, 303, 306, 310, 354, 362, 364
Wissen, Alltags- 145, 181, 339
Wissen, Welt- 254, 339
Wissenschaftssprache 108, 118, 120 – 122, 146,
  169, 182, 288, 337
Wissenserwerb 55 f., 98, 100, 204, 237, 241
Wortschatz 61, 63 f., 72, 136, 171, 200, 216 f.,
  253, 289, 300, 348
Wortschatz, Fach- 70, 91, 93, 136, 200

Z
Zertifikat 83 f., 102 – 104, 108 – 110, 113
Zertifizierung 46, 83, 111 f., 116, 367, 370
zone of proximal development 150, 203, 225,
  236, 238
Zweisprachigkeit 33 f., 36, 74, 161, 174, 179, 349

Autorenverzeichnis

Dr. Matthias Bohn, Christina-Rauch-Schule, Gymnasium des Landkreises Waldeck-Frankenberg, Große Allee 73, 34454 Bad Arolsen, matthias.bohn@christian-rauch-schule.de

Dr. Claudia Bohrmann-Linde, Bergische Universität Wuppertal, Chemie und ihre Didaktik, Gaußstr. 20, 42119 Wuppertal, bohrmann@uni-wuppertal.de

Prof. Dr. Andreas Bonnet, Universität Hamburg, FB Erziehungswissenschaft, Didaktik der Englischen Sprache und Literatur, Von-Melle-Park 8, 20146 Hamburg, Andreas.Bonnet@uni-hamburg.de

Prof. Dr. Heiner Böttger, Katholische Universität Eichstätt-Ingolstadt, Sprach- und Literaturwissenschaftliche Fakultät, Englischdidaktik, Universitätsallee 1, 85072 Eichstätt, heiner.boettger@ku-eichstaett.de

Corinna Böwing, Studiendirektorin, Fachleiterin für Englisch und bilingualen Unterricht am Studienseminar Wolfsburg, Wolfsburger Landstr. 1a, 38442 Wolfsburg, Cboewing@aol.com

Prof. Dr. Stephan Breidbach, Humboldt-Universität Berlin, Philosophische Fakultät II, Institut für Anglistik und Amerikanistik, Unter den Linden 6, 10099 Berlin, stephan.breidbach@staff.hu-berlin.de

Prof. Dr. Petra Burmeister, Pädagogische Hochschule Weingarten, Fakultät II, Fach Englisch, Kirchplatz 2, 88250 Weingarten, burmeister@ph-weingarten.de

Prof. Dr. Christiane Dalton-Puffer, Universität Wien, Institut für Anglistik und Amerikanistik, Campus Altes AKH, Spitalgasse 2, Hof 8, 1090 Wien, christiane.dalton-puffer@univie.ac.at

Prof. Dr. Bärbel Diehr, Bergische Universität Wuppertal, Fachbereich A: Geistes- und Kulturwissenschaften, Institut für Anglistik/Amerikanistik, Gaußstr. 20, 42119 Wuppertal, diehr@uni-wuppertal.de

Rita Feick, Lehrerin an der Berufsbildenden Schule, Frischbörner Str. 4, 36341 Lauterbach, hr.feick@t-online.de

Verena Fries, Justus-Liebig-Universität Gießen, Institut für Anglistik, Otto-Behaghel-Str. 10B, 35394 Gießen, verena.fries@anglistik.uni-giessen.de

Prof. Dr. Claus Gnutzmann, Senator-Bauer-Str. 23, 30625 Hannover, c.gnutzmann@tu-bs.de

Prof. Dr. Wolfgang Hallet, Justus-Liebig-Universität Gießen, Institut für Anglistik, Otto-Behaghel-Str. 10B, 35394 Gießen, Wolfgang.Hallet@anglistik.uni-giessen.de

Alexander Heimes, Oberstudienrat für Englisch, Geschichte, Mathematik, Goethe Gymnasium Stolberg, Lerchenweg 5, 52223 Stolberg, aheimes0@uni-koeln.de

Prof. Dr. Lena Heine, Ruhr-Universität Bochum, Fakultät für Philologie, Seminar für Sprachlehrforschung, 44780 Bochum, lena.heine@rub.de

Prof. Dr. Reinhard Hoffmann, Universität Trier, Fachbereich VI, Geographie und ihre Didaktik, Behringstr., 54286 Trier, hoffman1@uni-trier.de

Prof. Dr. Ludger Humbert, Bergische Universität, Fachgruppe Mathematik und Informatik, Didaktik der Informatik, Gaußstr. 20, 42119 Wuppertal, humbert@uni-wuppertal.de

Jenny Jakisch, Technische Universität Braunschweig, Englisches Seminar, Bienroder Weg 80, 38106 Braunschweig, j.jakisch@tu-braunschweig.de

Prof. Dr. Frank G. Königs, Philipps-Universität Marburg, Informationszentrum für Fremdsprachen-forschung, Hans-Meerwein-Str., 35032 Marburg, koenigs@staff.uni-marburg.de

Dr. Hans-Ludwig Krechel, Zentrum für schulpraktische Lehrerausbildung Bonn, Godesberger Allee 136, 53115 Bonn, H.L.Krechel@t-online.de

Prof. Dr. Rita Kupetz, Leibniz Universität Hannover, Philosophische Fakultät, Englisches Seminar: Didaktik des Englischen, Königsworther Platz 1, 30167 Hannover, rita.kupetz@engsem.uni-hannover.de

Dr. Almut Küppers, Goethe-Universität Frankfurt a. M., FB 10, Institut für England- und Amerikastudien, Grüneburgplatz 1, 60629 Frankfurt a. M., mckenzie@em.uni-frankfurt.de

Dr. Stefanie Lamsfuß-Schenk, Studiendirektorin Französisch, Geschichte, Siebengebirgsgymnasium Bad Honnef, Rommersdorfer Str. 78–82, 53604 Bad Honnef, lamsfuss-schenk@t-online.de

Josef Leisen, Leiter des Staatlichen Studienseminars für das Lehramt an Gymnasien Koblenz, Emil-Schüller-Str. 12, 56068 Koblenz, leisen@studienseminar-koblenz.de

Dr. Birthe Lightner geb. Rottmann, 1220 Rosecrans Street 301, San Diego, CA 92106, USA, birte.lightner@cox.net

Kathrin Lipski-Buchholz, Technische Universität Braunschweig, Englisches Seminar, Bienroder Weg 80, 38106 Braunschweig, k.lipski-buchholz@tu-bs.de

Prof. Dr. Olivier Mentz, Pädagogische Hochschule Freiburg, Fakultät für Kultur- und Sozialwissenschaften, Institut für Romanistik, Kunzenweg 21, 79117 Freiburg, mentz@ph-freiburg.de

Prof. Dr. Manfred L. Pirner, Friedrich-Alexander-Universität Erlangen-Nürnberg, Religionspädagogik und Didaktik des ev. Religionsunterrichts, Regensburger Str. 160, 90478 Nürnberg, manfred.pirner@ewf.uni-erlangen.de

Dr. Karola Pitsch, Universität Bielefeld, Technische Fakultät, AG Angewandte Informatik, 33501 Bielefeld, karola.pitsch@uni-bielefeld.de

Frank Rabe, Technische Universität Braunschweig, Englisches Seminar, Bienroder Weg 80, 38106 Braunschweig, f.rabe@tu-bs.de

Martin Reinertz, Studienrat, Lehrer für Englisch und Informatik, Lehrbeauftragter englische Sprachwissenschaft, TU Dortmund; Reinoldus- und Schiller-Gymnasium, Hallerey 49–51, 44149 Dortmund, martin.reinertz@uni-dortmund.de

Prof. Dr. Andreas Rohde, Universität zu Köln, Philosophische Fakultät, Englisches Seminar II, Gronewaldstr. 2, 50931 Köln, arohde@uni-koeln.de

Henny Rönneper, Ministerium für Schule und Weiterbildung des Landes Nordrhein-Westfalen, Referat 522: Fremdsprachenunterricht, Internationale Abschlüsse, Bilingualer Unterricht, Weiterbildungskollegs, Völklinger Str. 49, 40221 Düsseldorf, henny.roenneper@msw.nrw.de

Prof. Dr. Jutta Rymarczyk, Pädagogische Hochschule Heidelberg, Fakultät für Kultur- und Geisteswissenschaften, Institut für Fremdsprachen und ihre Didaktik, Abteilung Englisch, Keplerstr. 87, 69120 Heidelberg, rymarczyk@ph-heidelberg.de

Ulrich Salden, Studiendirektor, Fachleiter Englisch am Studienseminar Hannover II für das Lehramt an Gymnasien, Vahrenwalder Str. 185, 30165 Hannover; Englisch- und Musiklehrer am Matthias-Claudius-Gymnasium, Matthias-Claudius-Str. 15–17, 30989 Gehrden, Ulrich.Salden@t-online.de

Prof. Dr. Lars Schmelter, Bergische Universität Wuppertal, Fachbereich A: Geistes- und Kulturwissenschaften, Romanistik, Gaußstr. 20, 42119 Wuppertal, lars.schmelter@uni-wuppertal.de

Andrea Thielmann geb. Löwing, Oberstudienrätin, Gymnasium der Stadt Lennestadt, Am Biertappen 45, 57368 Lennestadt-Altenhundem, andrea.thielmann@gmx.de

Dr. Eike Thürmann, Wiedbach 68, 45357 Essen, eikethuermann@googlemail.com

Prof. Dr. Jutta Viebrock, Goethe-Universität Frankfurt, Fachbereich 10, Neuere Philologien, Grüneburgplatz 1, 60629 Frankfurt a. M., viebrock@em.uni-frankfurt.de

Prof. Dr. Karin Vogt, Pädagogische Hochschule Heidelberg, Fakultät für Kultur- und Geisteswissenschaften, Abteilung Englisch, Keplerstr. 87, 69120 Heidelberg, vogt@ph-heidelberg.de

Prof. Dr. Helmut Johannes Vollmer, Rüsternkamp 43, 22607 Hamburg, hvollmer@uni-osnabrueck. de

Dr. Heike Wedel, Fortbildnerin/Beraterin in den Bereichen Didaktik von Sprachunterricht und Schultheater; Lehrerin und Sprachkoordinatorin an der Carl-von-Linné-Schule für Körperbehinderte, Paul-Junius-Str. 15, 10367 Berlin, wedelheike@gmail.com

Prof. Dr. Anke Wegner, Institut für Bildungswissenschaft, Universität Wien, Sensengasse 3a, 1090 Wien, Österreich, anke.m.wegner@gmx.de

Prof. Dr. Dieter Wolff, Am Hausberg 12, 45219 Essen, wolff.dieter@t-online.de

Prof. Dr. Wolfgang Zydatiß, Paradestr. 48, 12101 Berlin, WBKZydatiss@t-online.de

Fachbegriffe verstehen

EYNAR LEUPOLD

Miniglossar Fremdsprachenunterricht

11 x 16 cm, 112 Seiten

ISBN 978-3-7800-1046-9

€ 9,95

Seit einigen Jahren fließen verstärkt Begriffe aus verschiedenen Fachgebieten, insbesondere aus der empirischen Bildungsforschung und der Testtheorie in das Vokabular der Fremdsprachendidaktik ein. Das sichere Verstehen von Schlüsselbegriffen wie Bildungsstandards, task-based language learning oder Output-Orientierung ist für Lehrkräfte unerlässlich. Nur ein Verständnis der Begriffe und ihrer Hintergründe sichert den kritischen Umgang mit fachdidaktischen Veröffentlichungen, so dass Sie Ihren Unterricht an den gewonnenen Erkenntnissen ausrichten können.

Das **Miniglossar Fremdsprachenunterricht** bietet hier schnellen, sicheren und unkomplizierten Zugang, den gerade Studenten und Berufseinsteiger schätzen. Darüber hinaus bietet das Miniglossar auch erfahrenen Lehrkräften Hinweise auf weiterführende Literatur zu den gesuchten Begriffen aus der Englisch-, Französisch- und Spanischdidaktik. Hilfreich für alle Fremdsprachenlehrkräfte!

Fachbuch

Alle Preise zzgl. Versandkosten, Stand 2013.

Unser Leserservice berät Sie gern:
Telefon: 0511/4 00 04 -150
Fax: 0511/4 00 04 -170
leserservice@friedrich-verlag.de

www.klett-kallmeyer.de

Der neue Grundlagenband

WOLFGANG HALLET, FRANK G. KÖNIGS (Hrsg.)

Handbuch Fremdsprachendidaktik

16 x 23 cm, 399 Seiten

ISBN 978-3-7800-1053-7
€ 29,95

Das **Handbuch Fremdsprachendidaktik** macht den aktuellen Stand der Fremdsprachenforschung und der Fremdsprachendidaktik im deutschsprachigen Raum
kompakt und übersichtlich zugänglich. Es beleuchtet die Fremdsprachendidaktik
aus unterschiedlichen Perspektiven und auf unterschiedlichem Abstraktionsgrad.
Die zahlreichen namhaften Autoren richten hierbei den Blick auf die **für die Schule
wichtigsten Fremdsprachen**. Die einzelnen Artikel geben einen Überblick über das
jeweilige Sachgebiet oder Thema und stellen die einschlägigen Ansätze, die zentralen Konzepte und die Forschung, aber auch Desiderate, dar. Zugleich verdeutlichen
sie die theoretischen Grundlagen und die Implikationen für eine zeitgemäße Praxis
des Fremdsprachenunterrichts. So werden die wissenschaftlichen Erkenntnisse der
fremdsprachlichen Einzeldidaktiken zusammengeführt und Theorie, Empirie und
Methodik in einem Band dokumentiert.
Geeignet für Fremdsprachenlehrer aller Schulstufen.

Unser Leserservice berät Sie gern:
Telefon: 0511/4 00 04 -150
Fax: 0511/4 00 04 -170
leserservice@friedrich-verlag.de

www.klett-kallmeyer.de